TEXTES DE LA RENAISSANCE
71

Œuvres complètes
Ier volume

Cet ouvrage a été publié pour la première fois en 2003
dans la collection *Textes de la Renaissance* dirigée par Claude Blum.

Joachim Du Bellay

Œuvres complètes

Ier volume

La Deffence, et illustration de la langue françoyse

Édition critique par Francis Goyet et Olivier Millet

PARIS
CLASSIQUES GARNIER

Francis Goyet est professeur de littérature française de la Renaissance à l'université Grenoble Alpes. Spécialiste de rhétorique, il s'intéresse en particulier aux problèmes d'invention et de disposition. Il codirige la revue en ligne *Exercices de rhétorique* et a notamment publié *Le Regard rhétorique* (Paris, 2017). Il est également l'éditeur scientifique de plusieurs traités poétiques du XVIe siècle.

Olivier Millet est professeur émérite de littérature française du XVIe siècle à Sorbonne Université. Ses travaux portent sur la littérature religieuse, la rhétorique humaniste et le théâtre de la Renaissance. Nous lui devons notamment *Calvin et la dynamique de la parole* (Paris, 1992). Il a également dirigé l'édition des *Œuvres complètes* de Joachim Du Bellay et publié le théâtre de Marguerite de Navarre.

Réimpression de l'édition de Paris, 2003.

ISBN 978-2-406-13064-2 (livre broché)
ISBN 978-2-8124-5566-7 (livre relié)
ISSN 1262-2842

AVERTISSEMENT
SUR LA PRÉSENTE ÉDITION

Il n'est sans doute pas nécessaire de justifier l'entreprise d'une nouvelle édition des œuvres complètes de Joachim Du Bellay. Celles de nos prédécesseurs, elles-mêmes plus ou moins complètes[1], peuvent rendre des services, qui resteront encore indispensables à l'avenir dans le cas de l'édition d'Henri Chamard (1908-1931), que complètent les deux volumes des œuvres latines (1984-1985) publiés par madame Geneviève Demerson. Ce complément, et les mises à jour surtout bibliographiques apportées à certains volumes de l'édition Chamard à l'occasion de leurs rééditions, ne satisfont cependant pas le besoin que l'on ressent de disposer d'une édition établie sur des principes différents de ceux qui ont présidé à celles proposées par nos prédécesseurs et qui refléteraient certains progrès de la critique philologique et littéraire, progrès remarquables depuis les années soixante.

Il nous semble d'abord indispensable de donner les pièces ou recueils de Du Bellay dans l'ordre chronologique où ils ont paru pour la première fois. On sait que l'édition Chamard procède à des regroupements, tantôt chronologiques, tantôt génériques, tantôt mixtes, qui imposent implicitement une interprétation de la poésie bellayenne en isolant de grands massifs («Recueils de sonnets», «Recueils lyriques», «Discours et traductions»), eux-mêmes pour ainsi dire coupés, jusqu'aux deux volumes donnés ultérieurement par madame Demerson, des poésies latines. Il nous semble que le principe qu'avait adopté Paul Laumonier pour Ronsard, et qui a si bien servi la compréhension de l'œuvre et la réputation de l'ami de Joachim, devrait également être mis au service des poésies de ce dernier. Dans l'édition Chamard de Du Bellay, les pièces sont datées ordinairement,

1 Marty-Laveaux, 1866-1867; Séché, 1903-1913, et, après Chamard, 1908-1931, Hervier, 1954-1956. Voir les références dans Margaret Brady Wells, *Du Bellay, A Bibliography*, Londres, Grant et Cutler, «Research Bibliographies and Checklists», 1974.

à la place où elles sont reproduites, de façon exacte, et on trouve un apparat critique exhaustif en matière de variantes textuelles et typographiques; mais le lecteur n'a pas la possibilité matérielle et critique d'assister en quelque sorte au développement progressif, et parfois surprenant, du poète tel qu'il s'est manifesté à ses contemporains. En l'absence d'une édition collective de ses Œuvres, qu'il n'eut pas le temps de donner avant sa mort, la mémoire de Du Bellay ne peut pas être mieux servie qu'en suivant dans toute la mesure du possible l'ordre successif dans lequel il a lui-même publié pour la première fois ses pièces et recueils. S'il le faut, dans le cas des pièces parues isolément avant d'être intégrées dans un recueil, ou dans le cas de celles qui viennent s'ajouter à un recueil dans une édition suivant l'édition *princeps*, nous la produisons à sa date de première publication, quitte à en signaler par un renvoi, l'existence à la place qui lui revient dans le recueil ou l'édition ultérieurs. Dans le cas de *L'Olive* cependant, les deux éditions successives de 1549 et de 1550 sont suffisamment différentes pour que nous ayons tenu à reproduire l'un et l'autre recueils, cohérents chacun à sa manière. Le choix que nous avons fait en général pour l'établissement des textes, celui de la première édition, se justifie par le fait, bien connu, que Du Bellay, à la différence de Ronsard, se corrigeait très peu. Nous privilégions donc, en appliquant les deux principes simples que nous venons de mentionner, l'effet de découverte et de fraîcheur que produit sur le lecteur, du seizième siècle ou d'aujourd'hui, le surgissement progressif d'une oeuvre qui fut dramatiquement interrompue par la mort. En conséquence, les œuvres posthumes prendront place à la fin, après les textes édités du vivant de l'auteur. En ce qui concerne les deux premiers volumes, nous mettons *La Deffence*, parue en même temps que la première *Olive,* avant celle-ci. Ce choix, correspondant à l'ordre traditionnel des éditions modernes et au caractère programmatique de ce texte par rapport à ce qui suit, peut aussi se justifier parce qu'avec la dédicace de *La Deffence*, datée du 15 février 1549, nous avons un élément chronologique absent par contre de l'édition originale de la première *Olive*, que seul le privilège commun du 20 mars {1549} qu'elle partage avec *La Deffence* permet à cet égard de situer à son tour – mais avec un point d'interrogation subsistant [1] – dans cette chronologie relative.

Le principe chronologique aura également l'avantage de ne pas séparer artificiellement les textes latins des textes français, les traductions des œuvres «de l'invention de l'auteur», la prose de la poésie. Nous ferons une seule exception à l'ordre chronologique en faveur des lettres conservées, que l'on trouvera dans le dernier volume de la présente édition avec des documents d'archive. Elles ont d'abord un statut documentaire, que signalera cette place particulière. Les liens qui unissent les poésies latines et les poésies françaises de notre auteur ont été soulignés de façon de plus en plus précise et systématique par la critique de ces deux dernières décennies; c'est là un des progrès majeurs accomplis par celle-ci, et il est désormais impératif qu'une édition reflète, dans l'ordre des textes comme dans leur annotation, ce point de vue nouveau sur la création poétique bellayenne en l'une et l'autre langues, en ne séparant pas les deux moitiés qui la constituent.

La présente entreprise est le fruit d'un travail collectif. Nous nous sommes efforcés d'appliquer des principes communs, et nous avons partagé le plaisir d'une véritable collaboration même dans le domaine particulier qui était imparti à chacun des membres de l'équipe. Mais il aurait été absurde de faire entrer les textes si différents entre eux que nous éditons dans le lit de Procuste d'un modèle unique de présentation et d'annotation. On ne peut pas traiter *La Deffence* comme les *Vers lyriques* ou comme un recueil de sonnets du type de celui de *L'Olive*. De plus, il nous a semblé fructueux de solliciter de chaque collaborateur les compétences qui pouvaient le mieux éclairer la singularité du texte ou du recueil qui lui était confié. C'est ainsi par exemple que *La Deffence*, à moins d'être considérée comme on le fait encore souvent, comme un manifeste écrit à la hâte et peu cohérent, appelait un commentaire restituant le système des catégories rhétoriques et esthétiques sur lequel elle repose. Ailleurs, c'est le détail des sources - au demeurant également complété dans le cas de *La Deffence* - qui appelait plutôt une attention nouvelle, ou bien c'est

[1] Voir à ce sujet *infra*, p. 373 la note 5 à la dédicace de *La Deffence*, qui mentionne les arguments d'Yves Giraud en faveur d'une datation de la parution de *La Deffence* après le 15 février *1550*. Il manque encore une preuve décisive.

à l'intégration des acquis de la critique littéraire qu'il fallait surtout songer.

Nous ne prétendons pas remplacer entièrement et définitivement l'ancienne édition Chamard dans la mesure où, présente dans toutes les bibliothèques savantes, elle continuera d'offrir aux érudits intéressés, sur certains points, des renseignements que nous n'avons pas cru nécessaire de reproduire à notre tour. Par exemple, si nous avons établi pour chaque pièce ou recueil qui le demandait un apparat critique, nous n'avons retenu que les variantes linguistiques ou textuelles, à l'exclusion des variantes proprement typographiques (i pour y, etc.) que Chamard signale également. Les historiens de l'orthographe ou de l'imprimerie disposant déjà, chez Chamard, de relevés exhaustifs des variantes typographiques, il était inutile de donner de nouveau ce qui est disponible et parfaitement établi ailleurs. Inversement, nous avons accordé de l'importance aux aspects typographiques (mise en page, majuscules et ponctuation) qui concernent l'écriture ou la poétique de l'auteur ou du genre, comme on le verra par exemple dans le cas de *L'Olive*, aspects négligés par Chamard.

Le premier volume comprend la première pièce poétique publiée par Du Bellay et *La Deffence*. Le second couvre la suite des productions du poète en 1549 et 1550. Chaque volume comportera un glossaire pour tous les textes qui y figurent, sauf, dans le cas du présent volume, pour *La Deffence*, dont la langue est par ailleurs copieusement expliquée en commentaire et dans l'annotation. Le dernier volume comportera un Index des noms et une Table générale des *Incipits*.

Pour la matière des deux premiers volumes, ont été plus particulièrement responsables les membres suivants de l'équipe éditoriale: Francis Goyet pour *La Deffence*, Marie-Dominique Legrand pour les *Vers Lyriques* et les *Autres Œuvres poetiques*, Daniel Ménager pour le *Prosphonematique*, le *Recueil de poesie* et la *Musagnomachie*, Olivier Millet pour *L'Olive* et *L'Antérotique*. Michel Magnien (pièces liminaires latines) et G. Hugo Tucker (lecture critique de plusieurs contributions) ont également participé directement au second volume.

I. DU BELLAY, A LA VILLE DU MANS

Cesse, Le Mans, cesse de prendre gloire
En tes Grebans, ces deux divins espritz:
Trop plus sera durable la memoire
De ton renom, si tu donnes le prix
A Peletier, sus tous le mieux appris
A translater, & qui d'invention
N'a pas acquis moindre perfection.
Mais si doutteuse en est la verité
Au temps present, laissons l'affection,
Je m'en rapporte à la posterité.

LA DEFFENCE,

ET ILLUSTRATION DE LA *Langue Françoyse.*

Par I. D. B. A.

Imprimé à Paris pour Arnoul l'Angelier,
tenant sa Bouticque au second pillier
de la grand'sale du Palays.

1549.

AVEC PRIVILEGE.

[2] Extraict du privilege.

Il est permis par lettre patente du Roy nostre sire, à Arnoul l'Angelier de faire imprimer & mettre en vente deux petitz livres intitulez La deffence & Illustration de la langue Francoyse, & l'autre Cinquante Sonnetz à la louange de l'Olive, l'Anterotique de la vieille & de la jeune amye, & vers Lyriques nouvellement composez. Et deffence faicte à tous libraires & imprimeurs d'imprimer ou mettre en vente lesdictz livres, fors de ceulx que ledict l'Angelier aura faict imprimer, durant le temps & terme de trois ans prochains, sur peine de confiscation desdictz livres & d'amende arbitraire.

Par le conseil

N. Buyer.

Et seellé de cyre jaune.

[3] A MONSEIGNEVR LE REVERENDISSIME

Cardinal du Bellay

S.

VEU le Personnaige, que tu joues au Spectacle de toute l'Europe, voyre de tout le Monde en ce grand Theatre [4] *Romain, veu tant d'affaires, & telz, que seul quasi tu soutiens: ô l'Honneur du sacré College! pecheroy'-je pas (comme dit le Pindare Latin) contre le bien publicq',* [5] *si par longues paroles j'empeschoy' le tens, que tu donnes au service de ton Prince, au profit de la Patrie, & à l'accroissement de ton immortelle renommée*[1]*? Epiant donques quelque heure de ce peu de relaiz, que tu prens pour respirer soubz le pesant faiz des affaires Francoyses (charge vrayement digne de si robustes epaules, non moins que le Ciel de celles du grand Hercule*[2]*) ma Muse a pris la hardiesse d'entrer au sacré Cabinet de tes sainctes, & studieuses occupations: & la entre tant de riches, & excellens vœuz de jour en jour dediez à l'image de ta grandeur, pendre* [6] *le sien humble, & petit: mais toutesfois bien heureux s'il rencontre quelque faveur devant les yeux de ta bonté, semblable à celle des Dieux immortelz, qui n'ont moins agreables les pauvres presentz d'un bien riche vouloir, que ces superbes, & ambicieuses offrandes. C'est en effect la Deffence & Illustration de nostre Langue Francoyse. A l'entreprise de laquele rien ne m'a induyt, que l'affection naturelle envers ma Patrie, & à te la dedier, que la grandeur de ton nom. Afin qu'elle se cache (comme soubz le Bouclier d'Ajax*[3]*) contre les traictz envenimez de ceste antique Ennemye de vertu, soubz* *l'umbre de tes esles*[1]. [7] *De toy dy-je, dont l'incomparable Scavoir, Vertu, & conduyte toutes les plus grandes choses, de si long tens de tout le Monde sont experimentées, que je ne les scauroy' plus au vif exprimer, que les couvrant (suyvant la ruse de ce noble peintre Tymante*[2]*) soubz le voyle de silence. Pour ce, que d'une si grande chose il vault trop myeux (comme de Carthage disoit T. Live*[3]*) se taire du tout,* [8] *que d'en dire peu. Recoy donques avecques ceste accoutumée Bonté, qui ne te rend moins aymable entre les plus petiz, que ta Vertu, & Auctorité venerable entre les plus grands, les premiers fruictz, ou pour myeulx dire les premieres fleurs du Printens*[4] *de celuy, qui en toute Reverence, & Humilité bayse les mains de ta R. S. Priant le Ciel te departir autant de heureuse, & longue vie, & à tes haultes entreprises estre autant favorable, comme envers toy il a eté liberal, voyre prodigue de ses Graces.*

A Dieu, De Paris ce. I5. de Fevrier. I549[5].

[9] ¶ L'autheur prye les Lecteurs differer leur jugement jusques à la fin du Livre, & ne le condamner sans avoir premierement bien veu, & examiné ses raisons.

[10] Ἰωάννης Ἀυρατὸς

εἰς κελτικῆς γλώσσης Ἀπολογίαν.

Εἷς οἰωνὸς ἄριστος ἀμύνεσθαι περὶ πάτρης,
Εἶπεν ὁμηρείων εὐεπίη χαρίτων.
Ἓν δὲ κλέος μέγ' ἄριστον ἀμύνεσθαι περὶ γλώττης
Τῆς πατρίης, κἀγώ φημὶ παρῳδιάων
Βελλάϊ˙ ὡς γοῦν σεῦ πρόγονοι φιλοπάτριδες ἄνδρες
Ἤκουσαν, πατρίης γῆς πέρι μαρνάμενοι.
Οὕτως καὶ πατρίης σὺ συνηγορέων περὶ γλώττης
κληδόν' ἀεὶ σχήσεις, ὡς φιλόπατρις ἀνήρ[1].

[11] LA DEFFENCE, ET ILLUSTRATION

DE LA

LANGUE FRANCOISE.

Livre premier.

l'Origine des Langues.

Chap. I.

SI LA NATURE (dont quelque Personnaige de grand' renommée non sans rayson a douté, si on la devoit [12] appeller Mere, ou Maratre[1]) eust donné aux Hommes un commun vouloir, & consentement, outre les innumerables commoditez, qui en fussent procedées, l'Inconstance humaine, n'eust eu besoing de se forger tant de manieres de parler. Laquéle diversité[2], & confusion, se peut à bon droict appeller la Tour de Babel. Donques les Langues ne sont nées d'elles mesmes en façon d'Herbes, Racines & Arbres: les unes infirmes, & debiles en leurs espéces: les autres saines, & robustes, & plus aptes à porter le faiz des conceptions humaines: mais toute leur vertu est née au monde du vouloir, & arbitre des mortelz. Cela (ce me semble) est une grande rayson, pourquoy on ne doit ainsi louer une Langue, & blamer l'autre: veu qu'elles viennent toutes d'une mesme source, & origine: c'est la fantasie[3] des hommes: & ont eté formees d'un mesme jugement, à une mesme fin: c'est pour signifier entre nous les conceptions, & [13] intelligences de l'esprit[4]. Il est vray que par succession de tens les unes pour avoir eté plus curieusement reiglées sont devenues plus riches, que les autres: mais cela ne se doit attribuer à la felicité desdites Langues, ains au seul artifice, & industrie des hommes. Ainsi donques toutes les choses, que la artifice, & industrie des hommes. Ainsi donques toutes les choses, que la Nature a crées, tous les Ars, & Sciences en toutes les quatre parties du monde, sont chacune endroict soy une mesme chose: mais pour ce que les hommes sont de divers vouloir, ilz en parlent, & ecrivent diversement. A ce propos, [14] je ne puis assez blamer la sotte arrogance, & temerité d'aucuns de notre nation, qui n'etans riens moins que Grecz, ou Latins, deprisent, & rejetent d'un sourcil plus que Stoïque, toutes choses ecrites en Francois: & ne me puys assez emerveiller de l'etrange opinion d'aucuns scavans, qui pensent que nostre vulgaire soit incapable de toutes bonnes lettres, & erudition: comme si une invention pour le Languaige seulement devoit estre jugée bonne, ou mauvaise. A ceux la je n'ay entrepris de satisfaire. A ceux cy je veux bien (s'il m'est possible) faire changer d'opinion par [15] quelques raisons, que brefvement j'espere deduyre: non que je me sente plus cler voyant en cela, ou autres choses, qu'ilz ne sont, mais pour ce que l'affection qu'ilz portent aux langues estrangieres, ne permet qu'ilz veillent faire sain, & entier jugement de leur vulgaire.

Que la Langue Francoyse ne doit estre nommée barbare.

Chap. II.

Pour commencer donques à entrer en matiere, quand à la signification de ce mot Barbare: Barbares anciennement etoint nommez ceux, qui ineptement parloint Grec. Car comme les etrangers venans à Athenes s'efforcoint de parler Grec, ilz tumboint souvent en ceste voix absurde βάρϐαρας[1]. Depuis les Grecz transportarent [16] ce nom aux meurs brutaux, & cruelz, appellant toutes nations hors la Grece, Barbares. Ce qui ne [17] doit en rien diminuer l'excellence de notre Langue: veu que ceste arrogance Greque, admiratrice seulement de ses inventions, n'avoit loy ny privilege de legitimer ainsi sa Nation, & abatardir les autres: comme Anacharsis disoit, que les Scythes etoint Barbares entre les Atheniens, mais les Atheniens aussi entre les Scythes[1]. Et quand la barbarie des meurs de notz Ancéstres eust deu les[2] mouvoir à nous apeller Barbares, si est ce, que je ne voy point, pourquoy on nous doive maintenant estimer telz: veu qu'en civilité de meurs[3], equité de loix, magnanimité [18] de couraiges, bref en toutes formes, & manieres de vivre non moins louables, que profitables, nous ne sommes rien moins qu'eux: mais bien plus, veu qu'ilz sont telz maintenant, que nous les pouvons justement apeller par le nom, qu'ilz ont donné aux autres. Encores moins doit avoir lieu, de ce que les Romains nous ont appellez Barbares, veu leur ambition, & insatiable faim de gloyre: qui tachoint non seulement à subjuguer, mais à rendre toutes autres nations viles, & abjectes aupres d'eux: principalement les Gauloys, dont ilz ont receu plus de honte, & dommaige, que des autres. A ce propos, songeant beaucoup de [19] foys[4], d'ou vient que les gestes du peuple Romain, sont tant celebrés de tout le Monde, voyre de si long intervale preferés à ceux de toutes les autres Nations ensemble, je ne treuve point plus grande raison que ceste cy[5]: c'est que les Romains ont eu si grande multitude d'Ecrivains, que la plus part de leur[6] gestes (pour ne dire pis) par l'Espace de tant d'années, ardeur de batailles, vastité d'Italie, incursions d'estrangers, s'est conservée entiere jusques à nostre tens. Au contraire les faiz des autres nations singulierement des Gauloys, avant qu'ilz tumbassent en la puyssance des Francoys, & les faiz des Francoys mesmes depuis qu'ilz ont donné leur nom aux Gaules, ont eté si mal recueilliz, que nous [20] en avons quasi perdu non seulement la gloyre, mais la memoyre[1]. A quoy a bien aydé l'envie des Romains, qui comme par une certaine conjuration conspirant contre nous, ont extenué en tout ce qu'ilz ont peu, notz louanges belliques, dont ilz ne pouvoint endurer la clarté[2]: & non seulement nous ont fait tort en cela, mais pour nous rendre encor' plus odieux, & contemptibles, nous ont apellez brutaux, cruelz, & Barbares. Quelqu'un [21] dira, pourquoy ont ilz exempté les Grecz de ce nom? pource qu'ilz se feussent fait plus grand tort, qu'aux Grecz mesmes, dont ilz avoint emprunté tout ce, qu'ilz avoint de bon, au moins quand aux Sciences, & illustration de leur Langue. Ces raysons me semblent suffisantes de faire entendre à tout equitable Estimateur des choses, que nostre Langue (pour avoir eté nommés Barbares[3] ou de noz ennemys, ou de ceux, qui n'avoint Loy de nous bailler ce Nom) ne doit pourtant estre deprisée mesmes de ceux, aux quelz elle est propre, & naturelle: & qui en rien ne sont moindres, que les Grecz, ou Romains.

[22] *Pourquoy la Langue Francoyse n'est si riche que la Greque, & Latine.*

Chap. III.

Et si nostre Langue n'est si copieuse, & riche que la Greque, ou Latine, cela ne doit estre imputé au [23] default d'icelle, comme si d'elle mesme elle ne pouvoit jamais estre si non pauvre, & sterile: mais bien on le doit attribuer à l'ignorance de notz majeurs[1], qui ayans (comme dict quelqu'un[2], parlant des anciens Romains) en plus grande recommendation le bien faire, que le bien dire, & mieux aymans laisser à leur posterité les exemples de vertu, que les preceptes: se sont privez de la gloyre de leurs bien faitz, & nous du fruict de l'immitation d'iceux: & par mesme moyen nous ont laissé nostre Langue si pauvre, & nue, qu'elle a besoing des ornementz, & (s'il fault ainsi parler) des plumes d'autruy. Mais qui voudroit dire que la [24] Greque, & Romaine eussent tousjours eté en l'excellence qu'on les a vues du tens d'Homere, & de Demosthene, de Virgile, & de Ciceron[3]? Et si ces aucteurs eussent jugé, que jamais pour quelque diligence[4], & culture, qu'on y eust peu faire, elles n'eussent sceu produyre plus grand fruict, se feussent ilz tant eforcez de les mettre au point, ou nous les voyons maintenant? Ainsi[5] puys-je dire de nostre Langue, qui commence encores à fleurir, sans fructifier: ou plus tost comme une Plante, & Vergette, n'a point encores fleury, tant se fault qu'elle ait apporté tout le fruict, qu'elle pouroit bien produyre. Cela certainement non pour le default de la Nature d'elle aussi apte à engendrer, que les autres: mais pour la coulpe de ceux, qui l'ont euë en garde, & ne l'ont cultivée à suffisance: ains comme une plante [25] sauvaige, en celuy mesmes Desert, ou elle avoit commencé à naitre, sans jamais l'arrouser, la tailler, ny defendre des Ronces, & Epines, qui luy faisoint umbre, l'ont laissée envieillir, & quasi mourir. Que si les anciens Romains eussent eté aussi negligens à la culture de leur Langue, quand premierement elle commenca à pululer, pour certain en si peu de tens elle ne feust devenue si grande. Mais eux en guise de bons Agriculteurs, l'ont premierement transmuée d'un lieu sauvaige en un domestique: puis affin que plus tost, & mieux elle peust fructifier, coupant à l'entour les inutiles rameaux, l'ont pour echange d'iceux restaurée de Rameaux francz[1], & domestiques magistralement tirez de la Langue Greque, les quelz soudainement se sont si bien entez, & faiz semblables à leur tronc, que desormais n'apparoissent plus adoptifz, mais naturelz. De la sont nées en la [26] Langue Latine ces fleurs, & ces fruictz colorez de cete grande eloquence, avecques ces nombres, & cete lyaison si artificielle, toutes les quelles choses non tant de sa propre nature, que par artifice toute Langue a coutume de produyre. Donques si les Grecz, & [27] Romains plus diligens à la culture de leurs Langues que nous à celle de la nostre, n'ont peu trouver en icelles si non avecques grand labeur[2], & industrie ny grace, ny Nombre, ny finablement aucune eloquence, nous devons nous emerveiller si nostre vulgaire n'est si riche comme il pourra bien estre, & de la prendre occasion de le mepriser comme chose vile, & de petit prix? Le tens viendra (peut estre) & je l'espere moyennant la bonne destinée Francoyse, que ce noble, & puyssant Royaume obtiendra à son tour les resnes de la monarchie, & que nostre Langue, (si avecques Francoys n'est du tout ensevelie la Langue Francoyse) [28] qui commence encor' à jeter ses racines, sortira de terre, & s'elevera[3] en telle hauteur, & grosseur, qu'elle se poura egaler aux mesmes Grecz & Romains, produysant comme eux, des Homeres, Demosthenes, Virgiles, & Cicerons[4], aussi bien que la France a quelquesfois produit des Pericles, Nicies, Alcibiades, Themistocles, Cesars, & Scipions.

Que la Langue Francoyse n'est si pauvre que beaucoup l'estiment.

Chap. IIII.

Je n'estime pourtant nostre vulgaire, tel qu'il est maintenant, estre si vil, & abject, comme le font ces ambicieux admirateurs des Langues Greque, & Latine, qui ne penseroint & feussent ilz la mesme Pythô, [29] Déesse de persuasion, pouvoir rien dire de bon, si n'etoit en Langaige etranger, & non entendu du vulgaire. Et qui voudra de bien pres y regarder, trouvera que nostre Langue Francoyse n'est si pauvre, qu'elle ne puysse rendre fidelement, ce qu'elle emprunte des autres, si infertile, qu'elle ne puysse produyre de soy quelque fruict de bonne invention, au moyen de l'industrie, & diligence des cultiveurs d'icelle, si quelques uns se treuvent tant amys de leur païz, & d'eux mesmes, qu'ilz s'y veillent employer. Mais à qui apres Dieu rendrons nous graces d'un tel benefice, si non à nostre feu bon Roy, & Pere Francoys premier de ce nom, & [30] de toutes vertuz? je dy premier, d'autant qu'il a en son noble Royaume premierement restitué tous les bons Ars, & Sciences en leur ancienne dignité: & si a nostre Langaige au paravant scabreux, & mal poly, rendu elegant, & si non tant copieux, qu'il poura bien estre, pour le moins fidele Interprete de tous les autres. Et qu'ainsi soit, Philosophes, Historiens, Medicins, Poëtes, Orateurs Grecz, & Latins ont apris à parler Francois. Que diray-je des Hebreux? Les [31] Saintes lettres donnent ample temoingnaige de ce que je dy. Je laisseray en cest endroict les superstitieuses raisons de ceux, qui soutiennent que les mysteres de la Theologie ne doivent estre decouvers, & quasi comme prophanez en langaige vulgaire, & ce que vont allegant ceux, qui sont d'opinion contraire[1]. Car ceste Disputation n'est propre à ce, que j'ay entrepris, qui est seulement de montrer que nostre Langue n'ha point eu à sa naissance les Dieux, & les Astres si ennemis, qu'elle ne puisse un jour parvenir au point d'excellence, & de perfection aussi bien que les autres, entendu que toutes Sciences se peuvent fidelement, & copieusement traicter en icelle, comme on peut voir en si grand nombre de Livres Grecz, & Latins, voyre bien [32] Italiens, Espaignolz, & autres traduictz en Francoys, par maintes excellentes plumes de nostre tens.

Que les Traductions ne sont suffisantes pour donner perfection à la Langue Francoyse. Chap. V.

Toutesfois ce tant louable labeur de traduyre ne me semble moyen unique, & suffisant, pour elever nostre vulgaire à l'egal, & Parangon des autres plus fameuses Langues. Ce que je pretens prouver si clerement, que nul n'y vouldra (ce croy je) contredire, s'il n'est manifeste calumniateur de la verité. Et premier, c'est une chose accordée entre tous les meilleurs Aucteurs de Rethorique, qu'il y a cinq parties de bien dire, l'Invention, l'Eloquution, la Disposition, la Memoire, & la Pronuntiation[2]. Or pour autant que ces [33] deux dernieres ne se aprennent tant par le benefice des Langues, comme elles sont données à chacun selon la felicité de sa Nature[3], augmentées, & entretenues par studieux exercice, & continuelle diligence, pour autant aussi que la Disposition gist plus en la discretion, & bon jugement de l'Orateur[4], qu'en certaines reigles, &

preceptes: veu que les evenementz du Tens, la circunstance des Lieux, la condition des personnes, & la diversité des Occasions sont innumerables. Je me contenteray de parler des deux premieres scavoir de l'Invention, & de l'Eloquution. l'Office donques de l'Orateur est de chacune chose proposée elegamment, & copieusement parler[1]. Or ceste faculté de parler ainsi de toutes choses, ne se peut acquerir que par l'Intelligence parfaite des Sciences, les queles ont été premierement traitées par les Grecz, & puis par les Romains Imitateurs d'iceux. Il fault donques necessairement que ces deux Langues soint entendues de celuy, qui veut acquerir cete copie, & richesse d'Invention, premiere, & principale [34] Piece du Harnoys[2] de l'Orateur. Et quand à ce poinct, les fideles Traducteurs peuvent grandement servir, & soulaiger ceux, qui n'ont le moyen Unique de vacquer aux Langues estrangeres. Mais[3] quand à l'Eloquution, partie certes la plus difficile, & sans la quelle toutes autres choses restent comme Inutiles, & semblables à un Glayve encores couvert de sa Gayne : Eloquution (dy je) par la quelle Principalement un Orateur est jugé plus excellent, & un Genre de dire meilleur, [35] que l'autre: comme celle, dont est apellée la mesme Eloquence: & dont[4] la vertu gist aux motz propres, usitez, & non aliénes du commun usaige de parler: aux Methaphores, Alegories, Comparaisons, Similitudes, Energies[5], & tant d'autres figures, & ornemens, [36] sans les quelz tout oraison, & Poëme sont nudz, manques, & debiles[6]. Je ne croyray jamais qu'on puisse bien apprendre tout cela des Traducteurs, pour ce qu'il est impossible de le rendre avecques la mesme grace, dont l'Autheur en a usé: d'autant que chacune Langue a je ne scay quoy propre seulement à elle, dont si vous efforcez exprimer le Naif en une autre Langue observant la Loy de traduyre, qui est n'espacier point hors des Limites de l'Aucteur, vostre Diction sera contrainte, froide, & de mauvaise grace. Et qu'ainsi soit, qu'on [37] me lyse un Demosthene, & Homere Latins: un Ciceron, & Vergile Francoys[1], pour voir s'ilz vous engendreront telles Affections, voyre ainsi qu'un Prothée vous transformeront en diverses sortes, comme vous sentez lysant ces aucteurs en leurs Langues. Il vous semblera passer de l'ardente Montaigne d'Aethne sur le froid Sommet de Caucase. Et ce, que je dy des Langues Latine, & Greque, se doit reciproquement dire de tous les vulgaires, dont j'allegueray seulement un Petrarque, du quel j'ose bien dire, que si Homere, & Virgile renaissans avoint entrepris de le traduyre, ilz ne le pouroint rendre avecques la mesme grace, & nayfveté, qu'il est en son vulgaire Toscan. Toutesfois, quelques uns de notre Tens ont entrepris de le faire parler Francoys[2]. [38] Voyla en bref les Raisons, qui m'ont fait penser, que l'office & diligence des Traducteurs, autrement fort utile pour instruyre[3] les ingnorans des Langues etrangeres en la congnoissance des choses, n'est suffisante pour donner à la nostre ceste perfection, & comme font les Peintres à leurs Tableaux ceste derniere main[4], que nous desirons. Et si les raisons, que j'ay alleguées, ne semblent assez fortes, je produiray pour mes garans, & deffenseurs les anciens Aucteurs Romains, Poëtes principalement, & Orateurs, les quelz (combien que Ciceron ait traduyt quelques Livres de Xenophon, & d'Arate, & qu'Horace baille les preceptes de bien traduyre[5]) ont vacqué à ceste partie plus pour leur [39] etude, & profit particulier, que pour le publier à l'amplification de leur Langue, à leur gloire, & commodité d'autruy. Si aucuns ont veu quelques Oeuvres de ce tens la soubz tiltre de traduction, j'entens de Ciceron, de Virgile, & de ce bienheureux

Siecle d'Auguste, ilz me pourroint dementir de ce que je dy.

Des mauvais Traducteurs, & de ne traduyre les Poëtes.

Chap. VI.

Mais que diray-je d'aucuns, vrayement mieux dignes d'estre appellés Traditeurs, que Traducteurs[1]? Veu qu'ilz trahissent ceux, qu'ilz entreprennent exposer, les frustrant de leur gloire, & par mesme moyen seduysent les Lecteurs ignorans, leur montrant le blanc pour le noyr: [40] qui pour acquerir le Nom de Scavans, traduysent à credict les Langues, dont jamais ilz n'ont entendu les premiers Elementz, comme l'Hebraique, & la Grecque[2]: & encor' pour myeux se faire valoir, se prennent aux Poëtes, genre d'aucteurs certes, auquel si je scavoy', ou vouloy' traduyre, je m'adroisseroy' aussi peu à cause de ceste Divinité d'Invention, qu'ilz ont plus que les autres, de ceste grandeur de style, magnificence de motz, gravité de sentences, audace, & varieté de figures, & mil' autres lumieres de Poësie: bref ceste Energie, & ne scay quel Esprit, qui est en leurs Ecriz, que les Latins appelleroient Genius[3]. Toutes les quelles [41] choses se peuvent autant exprimer en traduisant, comme un Peintre peut representer l'Ame avecques le Cors de celuy, qu'il entreprent tyrer apres le Naturel. Ce que je dy ne s'adroisse pas à ceux, qui par le commandement des Princes, & grands Seigneurs traduysent les plus fameux Poëtes Grecz, & Latins: pour ce que l'obeïssance, qu'on doit à telz Personnaiges, ne reçoit aucune Excuse en cet endroit, mais bien j'entens parler à ceux, qui de gayeté de cœur (comme on dict) entreprennent telles choses legerement, & s'en aquitent de mesmes. O Apolon! O Muses! prophaner ainsi les sacrées Reliques de l'Antiquité? Mais je n'en diray autre chose. Celuy donques qui voudra faire œuvre digne de prix en son vulgaire, laisse ce labeur de traduyre, [42] principalement les Poëtes, à ceux, qui de chose laborieuse, & peu profitable, j'ose dire encor' inutile, voyre pernicieuse à l'Acroissement de leur Langue, emportent à bon droict plus de molestie, que de gloyre.

Comment les Romains ont enrichy leur Langue.

Chap. VII.

Si les Romains (dira quelqu'un) n'ont vaqué à ce Labeur de Traduction, par quelz moyens donques ont ilz peu ainsi enrichir leur Langue, voyre jusques à l'egaller quasi à la Greque? Immitant les meilleurs Aucteurs Grecz, se transformant en eux, les devorant, & apres les avoir bien digerez, les convertissant en sang, & nouriture se proposant chacun selon son Naturel, & l'Argument, qu'il vouloit elire, le meilleur Aucteur, dont ilz observoint diligemment toutes les plus rares, & exquises vertuz, & icelles comme Grephes, [43] ainsi que j'ay dict devant[1], entoint, & apliquoint à leur Langue. Cela faisant (dy-je) les Romains ont baty tous ces beaux Ecriz, que nous louons, & admirons si fort: egalant ores quelqu'un d'iceux, ores le preferant aux Grecz. Et de ce, que je dy, font bonne preuve Ciceron, & Virgile, que voluntiers, & par Honneur je nomme tousjours en la Langue Latine, des quelz comme[2] l'un se feut entierement adonné à l'Immitation des Grecz, contrefist, & exprima si au vif la copie de Platon, la vehemence de Demosthene, & la joyeuse douceur d'Isocrate: que Molon Rhodien l'oyant quelquefois declamer, s'écria, qu'il emportoit l'eloquence Grecque [44] à Rome. L'autre immita si bien Homere, Hesiode, & Thëocrit, que depuis on a dict de luy, que de ces troys il a surmonté l'un, egalé l'autre, & aproché si pres de l'autre, que si la felicité des Argumens, qu'ilz ont traitez, eust esté pareille, la Palme seroit bien douteuse[1]. Je vous demande donq' vous autres, qui ne vous employez qu'aux Translations, si ces tant fameux Aucteurs se fussent amusez à traduyre, eussent ilz elevé leur Langue à l'excellence, & hauteur, ou nous [45] la voyons maintenant? Ne pensez donques quelque diligence, & industrie, que vous puissez mettre en cest endroict, faire tant que nostre Langue encores rampante à terre, puisse hausser la teste, & s'elever sur piedz.

D'amplifier la Langue Francoyse par l'immitation des anciens Aucteurs Grecz, & Romains.

Chap. VIII.

Se compose donq' celuy, qui voudra enrichir sa Langue, à l'immitation des meilleurs Aucteurs Grez, & Latins: & à toutes leurs plus grandes vertuz, comme à un certain but, dirrige la pointe de son Style. Car[2] il n'y a point de doute, que la plus grand' part de l'Artifice ne soit contenue en l'immitation, & tout ainsi [46] que ce feut le plus louable aux Anciens de bien inventer, aussi est ce le plus utile de bien immiter, mesmes à ceux, dont la Langue n'est encor' bien copieuse, & riche. Mais[1] entende celuy, qui voudra immiter, que ce n'est chose facile de bien suyvre les vertuz d'un bon Aucteur, & quasi comme se transformer en luy, veu que la Nature mesmes aux choses, qui paroissent tressemblables, n'a sceu tant faire, que par quelque notte, & difference elles ne puissent estre discernées. Je dy cecy, pour ce qu'il y en a beaucoup en toutes Langues, qui[2] sans penetrer aux plus cachées, & interieures parties de l'Aucteur, qu'ilz se sont proposé, s'adaptent seulement au premier Regard, & s'amusant à la beauté des Motz, perdent la force des choses. Et certes, comme ce n'est point chose vicieuse, mais grandement louable emprunter d'une Langue etrangere les Sentences, & [47] les motz[3], & les approprier à la sienne: aussi est ce chose grandement à reprendre, voyre odieuse à tout Lecteur de liberale Nature, voir en une mesme Langue une telle Immitation, comme celle d'aucuns Scavans mesmes, qui s'estiment estre des meilleurs, quand plus ilz ressemblent un Heroet, ou un Marot. Je t'amonneste donques (ò toy, qui desires l'Accroissement de ta Langue, & veux exceller en icelle) de non immiter à pié levé, comme n'agueres a dict quelqu'un[4], les plus fameux Aucteurs d'icelle, ainsi que font ordinairement la plus part de notz Poëtes Francoys, chose certes autant vicieuse, comme de nul profict à nostre vulgaire: veu que ce n'est autre chose (ò grande Liberalité!) si non luy donner ce, qui estoit à luy. Je voudroy' [48] bien que nostre Langue feust si riche d'Exemples domestiques[5], que n'eussions besoing d'avoir recours aux Etrangers. Mais si Virgile, & Ciceron se feussent contentez d'immiter ceux de leur Langue, qu'auront[1] les Latins outre Ennie, ou Lucrece, outre Crasse ou Antoyne?

Response à quelques objections.

Chap. IX.

Apres avoir le plus succintement qu'il m'a eté possible ouvert le chemin à ceux, qui desirent l'Amplification de notre Langue, il me semble bon, & necessaire de repondre à ceux, qui l'estiment barbare, & irreguliere, incapable de cete elegance, & copie, qui [49] est en la Greque, & Romaine: d'autant (disent ilz)[2] qu'elle n'a ses Declinations, ses piez & ses Nombres, comme ces deux autres Langues. Je ne veux alleguer en cet endroict (bien que je le peusse faire sans honte) la Simplicité de notz Majeurs, qui se sont contentez d'exprimer leurs Conceptions avecques paroles nues, sans Art, & Ornement: non Immitans la Curieuse diligence des Grecz, aux quelz la Muse avoit donné la Bouche ronde (comme dict quelqu'un[3]) c'est à dire, parfaite en toute elegance, & Venusté de paroles: comme depuis aux Romains Immitateurs des Grecz. Mais [50] je diray bien, que nostre Langue n'est tant irreguliere, qu'on voudroit bien dire: veu qu'elle se decline si non par les Noms, Pronoms, & Participes pour le moins par les Verbes, en tous leurs Tens, Modes, & Personnes. Et si elle n'est si curieusement reiglée, ou plus tost [51] liée, & gehinnée en ses autres parties, aussi n'ha elle point tant d'Hetheroclites, & Anomaux, monstres etranges de la Grecque, & de la Latine. Quand aux piedz, & aux nombres, je diray au second Livre en quoy nous les recompensons. Et certes (comme dict un grand Aucteur de Rethorique[4] parlant de la felicité, qu'ont les Grecz en la composition de leurs motz). Je ne pense que telles choses se facent par la nature desdites Langues, mais nous favorisons tousjours les Etrangers. Qui eust gardé notz Ancestres de varier toutes [52] les parties declinables, d'allonger une syllabe, & accoursir l'autre: & en faire des piedz ou des Mains[1]? Et qui gardera notz successeurs d'observer telles choses, si quelques Scavans, & non moins ingenieux de cest aage entreprennent de les reduyre en Art? comme Ciceron[2] promettoit de faire au droict Civil, chose, qui à quelques uns a semblé impossible, aux autres non. Il ne fault point icy alleguer l'excellence de l'antiquité: [53] & comme Homere[3] se plaignoit que de son tens les cors estoient trop petiz, dire que les Espris modernes ne sont à comparer aux anciens. L'architecture, l'art du Navigaige[4], & autres Inventions antiques certainement sont admirables: non toutesfois si on regarde à la necessité mere des Ars[5], du tout si grandes, qu'on doyve estimer les Cieux, & la Nature y avoir dependu toute leur vertu, vigueur, & industrie. Je ne produiray pour temoings de ce, que je dy l'Imprimerie Seur des Muses, & dixieme d'elles: & ceste non moins admirable, [54] que pernicieuse foudre d'Artillerie: avecques tant d'autres non antiques inventions, qui montrent veritablement, que par le long cours des Siecles, les Espris des hommes ne sont point si abatardiz, qu'on voudroit bien dire. Je dy seulement, qu'il n'est pas impossible[6], que nostre Langue puisse recevoir quelquefoys cest ornement, & artifice aussi curieux, qu'il est aux Grecz, & Romains. Quand au son, & je ne scay quelle naturelle douceur (comme ilz disent) qui est en leurs Langues, je ne voy point que nous l'ayons moindre au jugement des plus delicates Oreilles. Il est bien vray [55] que nous usons du prescript de Nature, qui pour parler nous a seulement donné la

Langue[1]. Nous ne vomissons pas notz paroles de l'Estommac, comme les yvroingnes, nous ne les etranglons pas de la Gorge, comme les Grenoilles: nous ne les decoupons pas dedans le Palat comme les Oyzeaux: nous ne les siflons pas des levres comme les Serpens. Si en telles manieres de parler gist la douceur des Langues, je confesse que la nostre est rude, & mal sonnante. Mais aussi avons nous cest avantaige de ne tordre point la Bouche en cent mile sortes, comme les Singes, voyre comme beaucoup mal se souvenans de Minerve, qui jouant quelquefois de la fluste, & voyant en un myroir la deformité de ses Levres, la Jeta bien loing, malheureuse Rencontre au Presumptueux Marsye, qui depuis en feut ecorché. Quoy donques (dira quelqu'un[2]) veux tu à l'exemple [56] de ce Marsye, qui osa comparer sa Fluste rustique à la douce Lyre d'Apolon, egaler ta Langue à la Grecque, & Latine? Je confesse, que les Aucteurs d'icelles nous ont surmontez en Scavoir & facunde: és queles choses leur a été bien facile de vaincre ceux, qui ne repugnoint point[3]. Mais que par longue, & diligente Immitation de ceux, qui ont occupé les premiers ce, que Nature n'ha pourtant denié aux autres, nous ne puissions leur succeder aussi bien en cela, que nous avons deja fait en la plus grand' part de leurs Ars Mecaniques, & quelquefois en leur Monarchie, je ne le diray pas: car[4] telle Injure ne s'etendroit seulement contre les Espris des hommes, mais contre Dieu, qui a donné pour Loy [57] inviolable à toute chose crée de ne durer perpetuellement: mais passer sans fin d'un Etat en l'autre: etant la fin, & Corruption de l'un, le commencement, & generation de l'autre. Quelque Opiniatre repliquera encores. Ta Langue tarde trop à recevoir ceste perfection. Et je dy, que ce Retardement ne prouve point qu'elle ne puisse la recevoir: aincoys je dy, qu'elle se poura tenir certaine de la garder longuement, l'ayant acquise avecques si longue Peine: suyvant la Loy de Nature, qui a voulu, que tout Arbre qui naist, Florist, et Fructifie bien tost, bien tost aussi envieillisse, & meure, & au contraire, celuy durer par longues Années, qui a longuement travaillé à jeter ses Racines.

[58] *Que la Langue Francoyse n'est incapable de la Philosophie, & pourquoy les Anciens estoint plus scavans que les hommes de notre Aage.*

Chap. X.

Tout ce, que j'ay dict pour la defence, & Illustration de notre Langue, apartient principalement à ceux, qui font profession de bien dire, comme les Poëtes, & les Orateurs. Quand aux autres parties de Literature, & ce Rond de Sciences, que les Grecz ont nommé Encyclopedie[1], J'en ay touché au commencement une partie, [59] de ce, que m'en semble: c'est que l'Industrie des fideles Traducteurs est en cet endroict fort utile, & necessaire: & ne les doit retarder, s'ilz rencontrent quelquefois des motz, qui ne peuvent estre receuz en la famille Francoyse: veu que les Latins ne se sont point eforcez de traduyre tous les vocables Grecz, comme Rhetorique, Musique, Arithmetique, Gëometrie, Phylosophie[2] & quasi tous les noms des Sciences, les noms des figures, des Herbes, des Maladies, la Sphere, & ses parties, & generallement la plus grand' part des termes usitez aux sciences naturelles, & Mathematiques.

Ces motz la donques seront en notre Langue comme etrangers en [60] une Cité: aux quelz toutesfois les Periphrazes serviront de Truchementz. Encores seroy' je bien d'opinion[1] que le scavant Translateur fist plus tost l'office de Paraphraste, que de Traducteur: s'efforceant donner à toutes les Sciences, qu'il voudra traiter, l'ornement, & lumiere de sa Langue: comme Ciceron se vante d'avoir fait en la Phylosophie, & à l'exemple des Italiens, qui l'ont quasi toute convertie en leur vulgaire, principalement la Platonique. Et si[2] on veut dire que la Phylosophie est un faiz d'autres Epaules, que de celles de [61] notre Langue, j'ay dict au commencement de cet œuvre[3], & le dy encores, que toutes Langues sont d'une mesme valeur, & des mortelz à une mesme fin d'un mesme jugement formées. Parquoy[4] ainsi comme sans muer des coutumes, ou de nation, le Francoys, et l'Alement, non seulement le Grec, ou Romain se peut donner à Phylosopher, aussi je croy, qu'à un chacun sa Langue puysse competemment communiquer toute doctrine. Donques si la Phylosophie semée par Aristote, & Platon au fertile champ Atique etoit replantée en notre Pleine Francoyse, ce ne seroit la [62] jeter entre les Ronses, & Epines, ou elle devint sterile[5]: mais ce seroit la faire de loingtaine prochaine, & d'Etrangere Citadine de notre Republique. Et paravanture ainsi que les Episseries[6], & autres Richesses Orientales, que l'Inde nous envoye, sont mieulx congnues, & traitées de nous, & en plus grand prix, qu'en l'endroict de ceux, qui les sement, ou recueillent: semblablement les Speculations Phylosophiques deviendroient plus familieres, qu'elles ne sont ores, & plus facilement seroient entendues de nous, si quelque scavant Homme les avoit transportées de Grec, & Latin en notre Vulgaire, que de ceux, qui les vont (s'il fault ainsi parler), cueillir aux lieux ou elles croissent. Et si on veut dire, que diverses Langues sont aptes à signifier diverses conceptions: aucunes les conceptions des Doctes, autres celles des Indoctes & que la Grecque [63] principalement convient si bien avecques les Doctrines, que pour les exprimer il semble, qu'elle ait eté formée de la mesme Nature, non de l'humaine Providence. Je dy[1], qu'icelle Nature, qui en tout Aage, en toute Province, en toute Habitude est tousjours une mesme chose, ainsi comme voluntiers elle s'exerce son Art par tout le Monde, non moins en la Terre, qu'au Ciel, & pour estre ententive à la production des Creatures raisonnables, n'oublie pourtant les iraisonnables: mais avecques un egal Artifice engendre cetes cy, & celles la: aussi est elle digne d'estre congneue, & louée de toutes personnes, & en toutes Langues. Les Oyzeaux, les Poissons, & les [64] Bestes terrestres de quelquonque maniere, ores avecques un son, ores avecques l'autre, sans distinction de paroles signifient leurs Affections. Beaucoup plus tost nous Hommes devrions faire le semblable, chacun avecques sa Langue: sans avoir recours aux autres. Les Ecritures, & Langaiges ont été trouvez non pour la conservation de la Nature, la quelle (comme divine qu'elle est) n'a mestier de nostre ayde: mais seulement à nostre bien, & utilité: affin que presens, absens, vyfz, & mors manifestans l'un à l'autre le secret de notz cœurs, plus facilement parvenions à notre propre felicité, qui gist en l'intelligence des Sciences, non point au son des Paroles: & par consequent celles Langues, & celles Ecritures devroint plus estre en usaige, les queles on apprendroit plus facilement. Las & combien seroit meilleur, qu'il y eust au Monde un seul Langaige Naturel, que d'employer tant d'Années pour apprendre des [65] Motz: & ce jusques à l'Aage bien souvent, que n'avons plus ny le moyen, ny le loysir de vaquer à plus grandes choses. Et certes songeant beaucoup de foys[1], d'ou[2] provient que les Hommes de ce Siecle generalement sont moins Scavans en toutes Sciences, & de moindre prix que les Anciens, entre beaucoup de raysons je treuve cete cy, que j'oseroy', dire la principale: c'est l'Etude des Langues Greque, & Latine. Car si le Tens, que nous consumons à apprendre les dites Langues, estoit employé à l'etude des Sciences, la Nature certes n'est point devenue si Brehaigne, qu'elle n'enfentast de nostre Tens des Platons, & des Aristotes. Mais nous, [66] qui ordinairement affectons plus d'estre veuz[3] Scavans, que de l'estre, ne consumons pas seulement nostre Jeunesse en ce vain Exercice, mais comme nous repentans d'avoir laissé le Berseau, & d'estre devenuz Hommes, retournons encor' en Enfance: & par l'Espace de XX, ou XXX Ans ne faisons autre chose qu'apprendre à parler, qui Grec, qui Latin, qui Hebreu. Les quelz Ans finiz, & finie avecques eux ceste vigueur, & promptitude, qui naturellement regne en l'Esprit des jeunes Hommes, alors nous procurons estre faictz Phylosophes, quand pour les Maladies, troubles d'Afaires domestiques, & autres empeschementz, qu'ameine le Tens, nous ne sommes plus aptes à la Speculation des choses. Et bien souvent etonnez de la difficulté, & [67] longueur d'apprendre des motz seulement, nous laissons tout par desespoir, & hayons les Lettres premier que les ayons goutées, ou commencé à les aymer, fault il donques laisser l'etude des Langues? non, d'autant que les Ars, & Sciences sont pour le present entre les mains des Grecz, & Latins. Mais il se devroit faire à l'avenir qu'on peust parler de toute chose, par tout le monde, & en toute Langue. J'entens bien que les Proffesseurs des Langues ne seront pas de mon opinion: encores moins ces venerables Druydes, qui pour l'ambicieux desir, qu'ilz ont d'estre entre nous ce, qu'estoit le Philosophe Anacharsis entre les Scythes[1], [68] ne craignent rien tant, que le Secret de leurs mysteres, qu'il fault apprendre d'eux, non autrement que jadis les Jours des Chaldëes[2], soit decouvert au Vulgaire, & qu'on ne creve (comme dict Ciceron) les yeulx des Corneilles. A ce propos, il me souvient avoir ouy dire maintesfois à quelques uns de leur Academie[3], que le roy Francoys, Je dy celuy Francoys, à qui la France ne doit moins qu'à Auguste Romme, avoit deshonnoré les Sciences, & laissé les Doctes en mespris. [69] O Tens! ò Meurs[4]! ò crasse Ignorance, n'entendre point que tout ainsi qu'un mal, quand il s'etent plus loing, est d'autant plus pernicieux, aussi est un bien plus profitable, quand plus il est commun! Et s'ilz veulent dire (comme aussi disent ilz) que d'autant est un tel bien moins excellent, & admirable entre les Hommes: Je repondray, qu'un si grand appetit de Gloire, & une telle Envie ne devroit regner aux Coulonnes de la Republique Chrestienne[5]: mais bien en ce Roy ambicieux qui se plaignoit à son Maitre pour ce qu'il avoit divulgué les Sciences Acroamatiques, c'est à dire, qui ne se peuvent apprendre que par l'Audition du Precepteur[6]. Mais quoy? ces Geans Ennemis du Ciel veulent ilz [70] limiter la puissance des Dieux, & ce, qu'ilz ont par un singulier benefice donné aux Hommes, restreindre, & enserrer en la Main de ceux, qui n'en scauroient faire bonne garde? Il[7] me souvient de ces Reliques[8], qu'on voit seulement par une petite Vitre, & qu'il n'est permis toucher avecques la Main. Ainsi veullent ilz faire de toutes les Disciplines, qu'ilz tiennent enfermées dedans les Livres Grecz, & Latins, ne permettant qu'on les puisse voir autrement: ou les transporter de ces Paroles mortes en celles, qui sont vives, & volent ordinairement par les Bouches des Hommes[9]. J'ay (ce me semble) deu assez contenter ceux, qui disent, que nostre Vulgaire est trop vil, & barbare, pour traiter si hautes Matieres, que la Philosophie. Et s'ilz n'en sont encores bien satisfaiz, je leur demanderay: Pourquoy [71] donques ont voyaigé les Anciens Grecz par tant de païz, & dangers, les uns aux Indes[1], pour voir les Gymnosophistes, les autres en Egypte, pour emprunter de ces vieux Prestres, & Prophetes ces grandes Richesses, dont la Grece est maintenant, si superbe? Et toutefoys ces Nations, ou la Phylosophie a si voluntiers habité, produysoint (ce croy-je) des Personnes aussi Barbares, & inhumaines, que nous sommes: & des paroles aussi etranges, que les nostres. Bien peu[2] me soucyroy'-je de l'elegance d'Oraison, qui est en Platon & en Aristote, si leurs Livres sans rayson etoint ecriz. La Phylosophie vrayement les a adoptez pour ses filz, non pour estre nez en Grece, mais pour avoir d'un hault Sens bien parlé, & bien ecrit d'elle. La vérité si bien par eux [72] cherchée, la disposition, & l'ordre des choses, la sentencieuse breveté de l'un, & la divine copie de l'autre est propre à eux, & non à autres: mais la Nature, dont ilz ont si bien parlé est Mere de tous les autres, & ne dedaigne point se faire congnoitre à ceux, qui procurent avecques toute industrie entendre ses secrez non pour devenir Grecz, mais pour estre faictz Phylosophes. Vray[3] est que pour avoir les Ars, & Sciences tousjours eté en la puissance des Grecz, & Romains plus studieux de ce, qui peut rendre les Hommes immortelz, que les autres: nous cr̃oyons que par eux seulement elles puyssent, & doyvent estre traictées. Mais[4] le Tens viendra paravanture (et je suplye au Dieu [73] tresbon, & tresgrand, que ce soit de nostre Aage) que quelque bonne Personne non moins hardie, qu'ingenieuse, & scavante: non ambicieuse, non craignant l'envie, ou hayne d'aucun, nous otera cete faulse persuasion, donnant à notre Langue la fleur, & le fruict des bonnes Lettres, autrement si l'Affection, que nous portons aux Langues etrangeres (quelque excellence, qui soit en elles) empeschoit cete notre si grande felicité, elles seroint dignes veritablement non d'envie, mais de hayne, non de fatigue, mais de facherie, elles seroint dignes finablement d'estre non apprises, mais reprises de ceux, qui ont plus de besoing du vif intellect de l'Esprit, que du son des paroles mortes. Voyla quand aux Disciplines. Je reviens aux Poëtes, & Orateurs [74] principal object de la matiere, que je traite, qui est l'ornement, & illustration de notre Langue.

Qu'il est impossible d'egaler les Anciens en leurs Langues.

Chap. XI.

Toutes Personnes de bon Esprit entendront assez, que cela, que j'ay dict pour la deffence de notre Langue, n'est pour decouraiger aucun de la Greque, & Latine: car tant[1] s'en fault, que je soye de cete Opinion, que je confesse, & soutiens celuy ne pouvoir faire œuvre [75] excellent en son vulgaire, qui soit ignorant de ces deux Langues, ou qui n'entende la Latine pour le moins. Mais[2] je seroy' bien d'avis qu'apres les avoir apprises, on ne deprisast la sienne: & que celuy, qui par une Inclination naturelle (ce qu'on peut Juger par les œuvres Latines, & Thoscanes de Petrarque, & Boccace: voire [76] d'aucuns scavans Hommes[3] de nostre Tens) se sentiroit plus propre à ecrire en sa Langue, qu'en Grec, ou en Latin, s'etudiast plus tost à se rendre immortel entre les siens, ecrivant bien en son vulgaire, que mal ecrivant en ces deux autres Langues, estre vil aux doctes pareillement, & aux indoctes. Mais[1] s'il s'en trouvoit encores quelques uns de ceux, qui de simples paroles font tout leur Art, & Science: en sorte que nommer la Langue Greque, & Latine, leur semble parler d'une Langue divine, & parler de la vulgaire, nommer une Langue inhumaine, incapable de toute erudition, s'il s'en trouvoit de telz (dy je) qui voulussent faire des braves, & depriser toutes choses ecrites en Francoys: Je leur demanderoy' voluntiers en ceste sorte. Que pensent doncq' faire ces Reblanchisseurs de murailles: [77] qui jour, & nuyt se rompent la Teste à immiter, que dy je immiter? Mais transcrire un Virgile, & un Ciceron? batissant leur[2] Poëmes des Hemystyches de l'un, & jurant en leurs Proses aux motz & Sentences de l'autre[3]: songeant (comme a dict quelqu'un[4]) des [78] Peres conscriptz, des Consulz, des Tribuns, des Commices, & toute l'antique Rome, non autrement qu'Homere, qui en sa Batracomyomachie adapte aux Raz, & Grenoilles les magnifiques Tiltres des Dieux, & Déesses. Ceux la certes meritent bien la punition de celuy, qui ravy au Tribunal du grand Juge, repondit, qu'il etoit Ciceronien[5]. Pensent ilz[6] donques je ne dy egaler, mais aprocher seulement de ces Aucteurs, en leurs Langues? recuillant de cet Orateur, & de ce Poëte ores un Nom, ores [79] un Verbe, ores un Vers, & ores une Sentence: comme si en la façon qu'on rebatist un vieil Edifice, ilz s'attendoint rendre par ces pierres ramassées à la ruynée Fabrique de ces Langues sa premiere grandeur, & excellence. Mais vous ne serez ja si bons Massons (vous, qui estes si grands Zelateurs des Langues Greque, & Latine) que leur puissiez rendre celle forme, que leur donnarent premierement ces bons, & excellens Architectes. & si vous esperez (comme fist Esculape des Membres d'Hippolyte) que par ces fragmentz recuilliz, elles puyssent estre resuscitées, vous vous abusez: ne pensant point qu'à la cheute de si superbes Edifices conjointe à la ruyne fatale de ces deux puissantes Monarchies, une partie devint poudre, & l'autre doit estre en [80] beaucoup de pieces, les queles vouloir reduire[1] en un, seroit chose impossible: outre que beaucoup d'autres parties sont demeurées aux fondementz des vieilles Murailles, ou egarées par le long cours des siecles ne se peuvent trouver d'aucun. Parquoy venant à redifier cete Fabrique, vous serez bien loing de luy restituer sa premiere grandeur, quand ou souloit estre la Sale, vous ferez paravanture les Chambres, les Etables, ou la Cuysine: confundant les Portes, & les Fenestres, bref changeant toute la forme de l'Edifice. Finablement j'estimeroy' l'Art pouvoir exprimer la vive Energie de la Nature[2], si vous pouviez rendre cete Fabrique renouvelée semblable [81] à l'antique: etant manque l'Idée, de la quele faudroit tyrer l'exemple pour la redifier. Et ce (afin d'exposer plus clerement ce, que j'ay dict) d'autant que les Anciens usoint des Langues, qu'ilz avoint succées avecques le Laict de la Nourice: & aussi bien parloint les Indoctes, comme les Doctes : si non que ceux cy aprenoint les Disciplines, & l'Art de bien dire, se rendant par ce moyen plus eloquens, que les autres. Voyla pourquoy leurs bienheureux Siecles etoint si fertiles de bons Poëtes, & Orateurs. Voyla pourquoy les femmes mesmes aspiroint à ceste gloire d'Eloquence, & Erudition: comme Sapho[3], Corynne, Cornelie, [82] & un milier d'autres, dont les Noms sont conjoings avecques la memoire des Grecz, & Romains. Ne pensez donques immitateurs, Troupeau servil[4], parvenir au point de leur excellence: veu qu'à grand'peine avez-vous appris leurs motz, & voyla le meilleur de votre aage passé. Vous deprisez nostre vulgaire, paravanture[5] non pour autre raison, sinon que des enfance, & sans etude nous l'apprenons: les autres avecques grand peine, & industrie. Que s'il etoit comme la Greque, & Latine, pery, & mis en Reliquaire de Livres[1], je ne [83] doute point qu'il ne feust (ou peu s'en faudroit) aussi dificile à apprendre comme elles sont. J'ay bien voulu dire ce mot, pour ce que la curiosité humaine admire trop plus les choses rares, & difficiles à trouver, bien qu'elles ne soint si commodes pour l'usaige de la vie, comme les odeurs, & les Gemmes: que les communes, & necessaires, comme le Pain, & le Vin. Je ne voy pourtant, qu'on doyve estimer une Langue plus excellente, que l'autre, seulement pour estre plus difficile, si on ne vouloit dire, que Lycophron feust plus excellent qu'Homere, pour estre plus obscur: et Lucrece[2] que Virgile, pour ceste mesme raison.

[84] *Deffence de l'Aucteur.*

Chap. XII.

Ceux, qui penseront, que je soye trop grand Admirateur de ma Langue, aillent voir le premier Livre des fins des Biens, & des Maulx, fait par ce Pere d'eloquence Latine Ciceron, qui au commencement dudict Livre, entre autres choses, repond à ceux, qui deprisoint les choses ecrites en Latin, et les aymoint myeux lire en Grec[3]. La conclusion du propos[4] est, qu'il estime la Langue Latine, non seulement n'estre pauvre, comme les Romains estimoint lors: mais encor' estre plus riche, que la Greque. Quel ornement (dit il) d'Orayson copieuse, ou elegante a defailly je diray à nous, ou aux bons Orateurs, ou aux Poëtes, depuis qu'ilz ont eu quelqu'un, qu'ilz peussent immiter? Je ne veux pas donner [85] si hault loz à notre Langue, pour ce qu'elle n'a point encores ses Cicerons, & Virgiles, mais j'ose bien asseurer, que si les scavans Hommes de notre Nation, la daignoint autant estimer, que les Romains faisoint la leur, elle pouroit quelquesfoys, & bien tost se mettre au ranc des plus fameuses. Il est tens de clore ce pas, afin de toucher particulierement les principaux poinctz de l'amplification, & ornement de notre Langue. En quoy (Lecteur) ne t'ebahis, si je ne parle de l'Orateur, comme du Poëte. Car outre que les vertuz de l'un sont pour la plus grand' part communes à l'autre, je n'ignore point qu'Etienne Dolet, Homme de bon Jugement en [86] notre vulgaire, a formé l'Orateur Francoys, que quelqu'un (peut estre) amy de la memoire de l'Aucteur, & de la France mettra de bref, & fidelement en lumiere.

Fin du premier Livre de la deffence, & illustration de la Langue Francoyse.

[87] LE SECOND LIVRE

DE

LA DEFFENCE, ET ILLUSTRATION

DE LA

LANGUE FRANCOYSE.

L'intention de l'Aucteur.

Chap. I.

Pour ce, que le Poëte, & l'Orateur sont comme les deux Piliers, qui soutiennent l'Edifice de chacune Langue, [88] laissant celuy, que j'entens avoir eté baty par les autres, j'ay bien voulu pour le devoir en quoy je suys [89] obligé à la Patrie, tellement quellement ebaucher celuy, qui restoit: esperant que par moy, ou par une plus docte Main, il poura recevoir sa perfection. Or ne veux-je en ce faisant, feindre comme une certaine Figure de Poëte, qu'on ne puysse[1] ny des yeux, ny des oreilles, ny d'aucun sens apercevoir, mais comprendre seulement de la cogitation, & de la Pensée: comme ces Idées, que Platon constituoit en toutes choses, aux queles ainsi qu'à une certaine Espece imaginative, se refere tout ce, qu'on peut voir. Cela certainement est [90] de trop plus[2] grand scavoir, & loysir, que le mien: & penseray avoir beaucoup merité des miens, si je leur montre seulement avecques le doy le chemin, qu'ilz doyvent suyvre pour attaindre à l'excellence des Anciens, ou quelque autre (peut estre) incité par nostre petit Labeur les conduyra avecques la Main. Mettons donques pour le commencement[1] ce, que nous avons (ce me semble) assez prouvé au I. livre. C'est, que sans l'immitation des Grecz, & Romains nous ne pouvons donner à notre Langue l'excellence, & lumiere des autres plus fameuses. Je scay que beaucoup me reprendront, qui ay osé le premier des Francoys[2] introduyre quasi comme une nouvelle Poësie: ou ne se tiendront plainement satisfaictz tant pour la breveté, dont j'ay voulu user, que pour la diversité des Espris, dont les uns treuvent [91] bon ce, que les autres treuvent mauvais. Marot[3] me plaist (dit quelqu'un) pour ce, qu'il est facile, & ne s'eloingne point de la commune maniere de parler. Heroët (dit quelque autre) pour ce, que tous ses vers sont doctes, graves, & elabourez, les autres d'un autre se delectent. Quand à moy, telle superstition ne m'a point retiré de mon Entreprinse: pour ce, que j'ay tousjours estimé notre Poësie Francoyse estre capable de quelque plus hault, & meilleur Style, que celuy, dont nous sommes si longuement contentez. [92] Disons donques brevement ce, que nous semble de notz Poëtes Francoys.

Des Poëtes Francoys.

Chap. II.

De tous les anciens Poëtes Francoys, quasi un seul[4] Guillaume du Lauris, & Jan de Meun sont dignes d'estre leuz, non tant pour ce qu'il y ait en eux beaucoup de choses, qui se doyvent immiter des Modernes comme pour y voir quasi comme une premiere Imaige de la Langue Francoyse, venerable pour son antiquité. Je ne doute point que tous les Peres cryroint la honte estre perdue[5], si j'osoy' reprendre, [93] ou emender quelque chose en ceux que Jeunes ilz ont appris, ce que je ne veux faire aussi, mais bien soutiens-je que celuy est trop grand Admirateur de l'Ancienneté, qui veut defrauder les Jeunes de leur gloire meritée: n'estimant rien, comme dict Horace, si non ce, que la mort a sacré, comme si le Tens, ainsi que les vins, rendoit les Poësies meilleures[1]. Les plus recens, mesmes ceux, qui ont esté nommez par Clement Marot en un certain Epygramme à Salel[2], sont assez congneuz par leurs Oeuvres. J'y renvoye les Lecteurs, pour en faire jugement. Bien diray-je, que Jan le Maire de Belges, [94] me semble avoir premier illustré & les Gaules, & la Langue Francoyse[3]: luy donnant beaucoup de motz, & manieres de parler poëtiques, qui ont bien servy mesmes aux plus excellens de notre Tens. Quand aux Modernes, ilz seront quelquesfoys assez nommez: & si j'en vouloy' parler, ce seroit seulement pour faire changer d'opinion, à quelques uns ou trop iniques, ou trop severes Estimateurs des choses, qui tous les jours treuvent à reprendre en troys, ou quatre des meilleurs: [95] disant, qu'en l'un[4] default ce, qui est le commencement de bien ecrire, c'est le Scavoir: & auroit augmenté sa gloire de la moitié, si de la moitié il eust diminué son Livre. L'autre outre sa Ryme, qui n'est par tout bien riche, est tant denué de tous ces delices, & ornementz[5] poëtiques, qu'il merite plus le nom de Phylosophe, que de Poëte. Un autre pour n'avoir encores rien mis en lumiere soubz son nom, ne merite, qu'on luy donne le premier lieu: & semble (disent aucuns) que par les Ecriz de ceux de son Tens, il veille eternizer [96] son nom, non autrement que Demade[6] est ennobly par la contention de Demosthene, & Hortense, de Ciceron. Que si on en vouloit faire jugement au seul rapport de la Renommée, on rendroit les vices d'iceluy egaulx, voyre plus grands, que ses vertuz, d'autant que tous les Jours se lysent nouveaux Ecriz soubz son Nom à mon avis aussi eloignez d'aucunes choses, qu'on m'a quelquesfois asseuré estre de luy, comme en eux n'y a ny grace, ny erudition[1]. Quelque autre voulant trop s'eloingner du vulgaire, est tumbé en obscurité[2] aussi difficile à eclersir en ses Ecriz aux plus Scavans, comme aux plus Ignares. Voyla une partie de ce que [97] j'oy dire en beaucoup de lieux des meilleurs de notre Langue. Que pleust à Dieu le Naturel d'un chacun estre aussi candide à louer les vertuz, comme diligent à observer les vices d'autruy. La Tourbe de ceux (hors mis cinq, ou six) qui suyvent les principaux, comme Port'enseignes[3], est si mal instruicte de toutes choses, que par leur moyen nostre vulgaire n'a garde d'etendre gueres loing les Bornes de son Empire. Et si j'etoy' du nombre de ces anciens Critiques Juges des Poëmes, comme un Aristarque, & Aristophane[4], ou (s'il fault [98] ainsi parler) un Sergent de Bande en notre Langue Francoyse, j'en mettroy' beaucoup hors de la Battaille si mal armez, que se fiant en eux, nous serions trop eloingnez de la victoire, ou nous devons aspirer. Je ne doute point que beaucoup, principalement de ceux, qui sont accommodez à l'opinion vulgaire, & dont les tendres Oreilles, ne peuvent rien souffrir au desavantaige de ceux, qu'ilz ont desja receuz comme Oracles, trouverront mauvais de ce, que j'ose si librement parler, & quasi comme Juge souverain pronuncer de notz Poëtes Francoys: mais si j'ay dict bien, ou mal, je m'en rapporte à ceux, qui sont plus amis de la Verité, que de Platon[5], ou Socrate: & ne sont imitateurs des Pythagoriques, [99] qui pour toutes raisons n'alleguoint si non, cetuy la l'a dit[6]. Quand à moy, si j'etoy' enquis de ce, que me semble de notz meilleurs Poëtes Francoys, je diroy' à l'exemple des Stoïques[7], qui interroguez si Zenon, si Clëante, si Chrysippe sont Saiges, repondent, ceulx la certainement avoir eté grands, & venerables, n'avoir eu toutefois ce, qui est le plus excellent en la Nature de l'Homme, je repondroy' (dy-je) qu'ilz ont bien ecrit, qu'ilz ont illustré notre Langue, que la France leur est obligée, mais aussi diroy-je bien, qu'on pouroit trouver en notre Langue (si quelque scavant [100] Homme y vouloit mettre la main) une forme de Poësie beaucoup plus exquise, la quele il faudroit chercher en ces vieux Grecz, & Latins, non point és Aucteurs Francoys: pour ce, qu'en ceux cy on ne scauroit prendre, que bien peu, comme la peau, & la couleur: en ceux la on peut prendre la chair, les oz, les nerfz, & le sang[1]. Et si quelqu'un mal aysé à contenter ne vouloit prendre ces raisons en payement, je diray (afin de n'estre veu examiner, les choses si rigoreusement sans cause) qu'aux autres Ars, & Sciences la mediocrité peut meriter quelque louange: mais aux Poëtes ny les Dieux, ny les Hommes, ny les Coulonnes n'ont point concedé estre mediocres, suyvant l'opinion d'Horace[2], que je ne puis assez souvent nommer: pour ce qu'és choses, que je traicte, il me semble avoir le Cerveau myeux purgé, & le Nez meilleur[3], que les autres. Au [101] fort comme Demosthene[4] repondit quelquesfois à Echines, qui l'avoit repris, de ce qu'il usoit de motz apres, & rudes, de telles choses ne dependre les fortunes de Grece: aussi diray-je, si quelqu'un se fache de quoy je parle si librement, que de la ne dependent les Victoires du Roy Henry, à qui Dieu veille donner la felicité d'Auguste, & la bonté de Trajan[5]. J'ay bien voulu (Lecteur studieux de la Langue Françoyse) demeurer longuement en cete partie, qui te semblera (peut estre) contraire à ce, que j'ay promis: veu que je ne prise assez haultement, ceux qui tiennent le premier lieu en nostre vulgaire, qui auoy' entrepris de le louer, & deffendre. Toutesfoys je croy, que tu ne le trouveras point etrange, si tu consideres, que je ne le puis mieux defendre, qu'atribuant la Pauvreté d'iceluy non à son [102] propre, & naturel, mais à la negligence de ceux, qui en ont pris le gouvernement, & ne te puis mieux persuader d'y ecrire, qu'en te montrant le moyen de l'enrichir, & illustrer, qui est l'Imitation des Grecz, & Romains.

[103] *Que le Naturel n'est suffisant à celuy qui en Poësie veult faire Oeuvre digne de l'immortalité.*

Chap. III.

Mais pource qu'en toutes Langues y en a de bons & de mauvais, je ne veux pas (Lecteur) que sans election, & jugement tu te prennes au premier venu. Il vauldroit beaucoup mieux ecrire sans Immitation, que ressembler un mauvais Aucteur. Veu mesmes, que c'est chose accordée entre les plus Scavans le Naturel faire plus sans la Doctrine, que la Doctrine sans le Naturel[1]. [104] Toutesfois d'autant que l'Amplification de nostre Langue (qui est ce, que je traite) ne se peut faire sans Doctrine, & sans Erudition, je veux bien avertir ceux, qui aspirent à ceste gloire, d'immiter les bons Aucteurs Grecz, & Romains, voyre bien Italiens, Hespagnolz, & autres: ou du tout n'ecrire point, si non à soy (comme on dit) & à ses Muses[2]. Qu'on ne m'allegue point [105] icy, quelques uns des nostres, qui sans doctrine, à tout le moins non autre, que mediocre, ont acquis grand bruyt en nostre vulgaire. Ceux, qui admirent voluntiers les petites choses, & deprisent ce, qui excede leur Jugement[3], en feront tel cas, qu'ilz voudront: mais je scay bien que les scavans ne les mettront en autre Ranc, que de ceux, qui parlent bien Francoys, & qui ont (comme disoit Ciceron des anciens Aucteurs Romains) bon Esprit, mais bien peu d'Artifice[1]. Qu'on ne m'allegue point aussi que les Poëtes naissent, car cela s'entend de ceste ardeur, & allegresse d'Esprit, qui naturellement excite les Poëtes, & sans la quele toute Doctrine leur seroit manque, & inutile. Certainement[2] ce seroit chose trop facile, & pourtant contemptible, se faire eternel par Renommée, si la felicité de nature donnée mesmes aux plus Indoctes, etoit suffisante pour faire chose digne de l'Immortalité. Qui veut voler par les Mains, & Bouches [106] des Hommes, doit longuement demeurer en sa chambre: & qui desire vivre en la memoire de la Posterité, doit comme mort en soymesmes suer, & trembler maintesfois : & autant que notz Poëtes Courtizans boyvent: mangent & dorment à leur oyse, endurer de faim, de soif, & de longues vigiles. Ce sont les Esles, dont les Ecriz des Hommes volent au Ciel[3]. Mais afin que je retourne au commencement de ce propos, regarde nostre immitateur premierement[4] ceux, qu'il voudra immiter, & ce, qu'en eux il poura, & qui se doit immiter, pour ne faire comme ceux, qui voulans aparoitre [107] semblables à quelque grand Seigneur, immiteront plus tost un petit geste, & facon de faire vicieuse de luy, que ses vertuz, & bonnes graces. Avant toutes choses, fault qu'il ait ce jugement de cognoitre ses forces[5], & tenter combien ses Epaules peuvent porter: qu'il sonde[6] diligemment son Naturel, & se compose à l'immitation de celuy, dont il se sentira approcher de plus pres. Autrement son immitation ressembleroit celle du Singe.

Quelz genres de Poëmes, doit elire le Poëte Francoys.

Chap. IIII.

Ly, donques, & rely premierement (ò Poëte futur) fueillete de Main nocturne, & journelle, les Exemplaires [108] Grecz et Latins[1]: puis me laisse toutes ces vieilles Poësies Francoyses aux Jeuz Floraux de Thoulouze, & au puy de Rouan: comme Rondeaux, Ballades, Vyrelaiz, Chantz Royaulx, Chansons, & autres telles episseries[2], qui corrumpent le goust de nostre Langue: [109] & ne servent si non à porter temoingnaige de notre ignorance. Jéte toy à ces plaisans Epigrammes, non [110] point comme font au jourd'huy un tas de faiseurs de comtes nouveaux, qui en un dizain sont contens n'avoir rien dict qui vaille aux IX. premiers vers, pourveu qu'au dixiesme il y ait le petit mot pour rire, mais à l'immitation d'un Martial, ou de quelque autre bien [111] approuvé, si la lascivité ne te plaist, mesle le profitable avecques le doulz[3]. Distile avecques un style coulant, & non scabreux ces pitoyables Elegies, à l'exemple d'un Ovide, d'un Tibule, & d'un Properce [112] y entremeslant quelquesfois de ces Fables anciennes, non petit ornement de Poësie. Chante moy ces Odes, incongnues encor' de la Muse Francoyse, d'un [113] Luc bien accordé au son de la Lyre Greque, & Romaine: & qu'il n'y ait vers, ou n'aparoisse quelque vestige de rare, & antique erudition[4]. Et quand à ce, te fourniront de matiere les louanges des Dieux, & des Hommes vertueux, le discours fatal des choses mondaines, la solicitude des jeunes hommes, comme l'amour, les vins libres, & toute bonne chere[5]. Sur toutes choses, prens [114] garde que ce genre de Poëme soit eloingné du vulgaire, enrichy, & illustré de motz propres, & Epithetes non oysifz, orné de graves sentences, & varié de toutes manieres de couleurs, & ornementz Poëtiques: non comme un Laissez la verde couleur, Amour avecques Psyches, O combien est heureuse[1]: & autres telz Ouvraiges, mieux [115] dignes d'estre nommez Chansons vulgaires, qu'Odes, ou vers Lyriques. Quand aux Epistres, ce n'est un [116] Poëme, qui puisse grandement enrichir nostre vulgaire: pource qu'elles sont voluntiers de choses familieres, & domestiques, si tu ne les voulois faire à l'immitation [117] d'Elegies, comme Ovide[2]: ou sentencieuses & graves, [118] comme Horace. Autant te dy-je des Satyres, que les Francois, je ne scay comment ont apellées Coqz à l'Asne: es quelz je te conseille aussi peu t'exercer, [119] comme je te veux estre aliene de mal dire, si tu ne voulois à l'exemple des Anciens en vers Heroiques (c'est à dire de X à XI) & non seulement de VIII à IX[3], soubz le nom de Satyre, & non de cete inepte appellation de Coq, à l'Asne, taxer modestement les vices de ton Tens, & pardonner aux noms des personnes vicieuses. [120] Tu has pour cecy Horace, qui selon Quintilian[4], tient le premier lieu entre les Satyriques. Sonne moy ces beaux Sonnetz, non moins docte, que plaisante Invention Italienne, conforme de Nom à [121] l'Ode, & differente d'elle seulement, pource, que le Sonnet a certains Vers reiglez, & limitez: & l'Ode peut courir par toutes manieres de Vers librement, voyre en inventer [122] à plaisir à l'exemple d'Horace, qui a chanté en XIX. sorte de Vers comme disent les Grammariens[5]. Pour le Sonnet donques tu as Petrarque, & quelques modernes Italiens. Chante moy d'une musette bien resonnante, & d'une Fluste bien jointe[6] ces plaisantes Ecclogues Rustiques à l'exemple de Thëocrit, & de [123] Virgile: Marines à l'exemple de Sennazar

Gentilhomme [124] Nëapolitain[1]. Que pleust aux Muses, qu'en toutes les Especes de Poësie, que j'ay nommées nous eussions beaucoup de telles immitations, qu'est cete Ecclogue sur la naissance du filz de Monseigneur le Dauphin[2], à mon gré un des meilleurs petiz Ouvraiges, que fist onques Marot. Adopte moy aussi en la famille Françoyse ces coulans, & mignars Hendecasyllabes à [125] l'exemple d'un Catulle, d'un Pontan, & d'un Second: ce, que tu pouras faire, si non en quantité, pour le moins en nombre de Syllabes[3]. Quand aux Comedies, & Tragedies, [126] si les Roys, & les Republiques les vouloint restituer en leur ancienne dignité, qu'ont usurpée les Farces, & Moralitez[4], je seroy' bien d'opinion, que tu t'y employasses, & si tu le veux faire pour l'ornement de ta Langue, tu scais ou tu en doibs trouver les Archetypes.

[127] *Du long Poëme Francoys*[5]. Chap. v.

Donques ò toy, qui doué d'une excellente felicité de Nature, instruict de tous bons Ars, & Sciences, principalement Naturelles, & Mathematiques, versé en tous genres de bons Aucteurs Grecz, & Latins, non ignorant des parties, & offices de la vie humaine, non de trop haulte condition, ou appellé au regime publiq', non aussi abject, & pauvre, non troublé d'afaires domestiques, mais en repoz, & tranquilité d'esprit[6], acquise premierement par la magnanimité de ton couraige, puis [128] entretenue par ta prudence, & saige gouvernement, ò toy (dy-je) orné de tant de graces, & perfections, si tu as quelquefois pitié de ton pauvre Langaige, si tu daignes l'enrichir de tes Thesors, ce sera toy veritablement, qui luy feras hausser la Teste, & d'un brave Sourcil s'egaler aux superbes Langues Greque, &

Latine, comme a faict de nostre Tens en son vulgaire un Arioste Italien, que j'oseroy' (n'estoit la sainteté des vieulx Poëmes) comparer à un Homere, & Virgile. Comme luy donq', qui a bien voulu emprunter de nostre Langue les Noms, & l'Hystoire de son Poëme, choysi moy quelque [129] un de ces beaux vieulx Romans Francoys, comme un Lancelot, un Tristan, ou autres: & en fay renaitre au monde un admirable Iliade, & laborieuse Eneïde. Je veux bien en passant dire un mot à ceulx, qui ne s'employent qu'à orner, & amplifier notz Romans, & en font des Livres certainement en beau, & fluide Langaige, mais beaucoup plus propre à bien entretenir Damoizelles[1], qu'à doctement ecrire: je voudroy' [130] bien (dy-je) les avertir d'employer cete grande Eloquence à recuillir ces fragmentz de vieilles Chroniques Francoyses, & comme a fait Tite Live des Annales, & autres anciennes Chroniques Romaines, en batir le Cors entier d'une belle Histoire, y entremeslant à [131] propos ces belles Concions, & Harangues à l'immitation de celuy, que je viens de nommer, de Thucidide, Saluste, ou quelque autre bien approuvé, selon le genre d'ecrire, ou ilz se sentiroint propres[2]. Tel Oeuvre certainement seroit à leur immortelle gloire, honneur de la France, & grande illustration de nostre Langue. Pour reprendre le propos, que j'avoy' laissé. Quelqu'un (peut estre) trouverra etrange, que je requiere une si exacte perfection en celuy, qui voudra faire un long Poëme, veu aussi, qu'à peine se trouverroint, encores qu'ilz feussent instruictz de toutes ces choses, qui voulussent entreprendre un œuvre de si laborieuse longueur, & quasi de la vie d'un Homme. Il semblera à quelque autre, que voulant bailler les moyens d'enrichir nostre Langue, je face le contraire, d'autant que je retarde[3] plus tost & refroidis l'etude de ceux, qui etoint bien affectionnez à leur vulgaire, que je ne les incite, pource, que debilitez par desespoir, ne voudront point essayer ce, à quoy ne s'attendront de pouvoir parvenir. Mais c'est chose [132] convenable, que toutes choses soint experimentées de tous ceux, qui desirent attaindre à quelque hault point d'excellence, & gloire non vulgaire. Que si quelqu'un n'a du tout cete grande vigueur d'Esprit, cete parfaite intelligence des Disciplines, & toutes ces autres commoditez, que j'ay nommées, tienne pourtant le cours tel qu'il poura. Car c'est chose honneste à celuy, qui aspire au premier Ranc, demeurer au second, voire au troizieme. Non Homere seul entre les Grecz, non Virgile entre les Latins, ont aquis loz, & reputation. Mais telle a eté la louange de beaucoup d'autres chacun en son genre, que pour admirer les choses haultes, on ne laissoit pourtant de louer les inferieures. Certainement si nous avions des Mecenes[1], & des Augustes, les Cieux, & la Nature ne sont point si Ennemis de nostre [133] Siecle, que n'eussions encores des Virgiles. L'honneur[2] nourist les Ars, nous sommes tous par la gloire enflammez à l'etude des Sciences, & ne s'elevent jamais les choses, qu'on voit estre deprisées de tous. Les Roys, & les Princes devroint (ce me semble) avoir memoire de ce grand Empereur[3], qui vouloit plus tost la venerable [134] puissance des Loix estre rompue, que les Oeuvres de Virgile condamnées au feu par le Testament de l'Aucteur, feussent brulées. Que diray-je de cet autre grand Monarque[1], qui desiroit plus le renaitre d'Homere, que le gaing d'une grosse battaille? & quelquefoys etant pres du Tumbeau d'Achile[5], s'ecria haultement. O bienheureux Adolescent, qui as trouvé un tel Buccinateur de tes louanges! Et à la verité sans la divine Muse [135] d'Homere, le mesme Tumbeau, qui couvroit le corps d'Achille, eust aussi accablé son Renom. Ce qu'avient à tous ceux, qui mettent l'asseurance de leur immortalité au Marbre, au Cuyvre, aux Collosses, aux Pyramides, aux laborieux Edifices, & autres choses non moins subjectes aux injures du Ciel, & du Tens de la flamme, & du fer, que de fraiz excessifz, & perpetuelle sollicitude[1]. Les Allechementz de Venus, la gueule, & les ocieuses plumes ont chassé d'entre les Hommes tout desir de l'immortalité[2]: mais encores est ce chose plus indigne, [136] que ceux, qui d'ignorance, & toutes especes de vices font leur plus grande gloire, se moquent de ceux qui en ce tant louable labeur Poëtique employent les heures, que les autres[3] consument aux Jeuz, aux Baings, aux Banquez, & autres telz menuz plaisirs. Or neantmoins quelque infelicité de siecle, ou nous soyons, toy à qui les Dieux, & les Muses auront eté si favorables comme j'ay dit, bien que tu soyes depourveu de la faveur des hommes, ne laisse pourtant à entreprendre un œuvre digne de toy, mais non deu à ceux, qui[4] tout ainsi qu'ilz ne font choses louables, aussi ne font ilz cas d'estre louez: espere le fruict de ton labeur de l'incorruptibile[5], & non envieuse Posterité: c'est la Gloire, seule echelle, par les degrez de la quele les mortelz d'un pié leger montent au Ciel, & se font compaignons des Dieux.

[137]

D'inventer des Motz, & quelques autres choses, que doit observer le Poëte Francoys.

Chap. VI.

Mais de peur, que le vent d'Affection ne pousse mon Navire si avant en cete Mer, que je soye en danger du nauffrage[6], reprennant la Route, que j'avoy' laissée, je veux bien avertir celuy, qui entreprendra un grand œuvre, qu'il ne craigne point d'inventer, adopter, & composer à l'immitation des Grecz quelques Motz Francoys, comme Ciceron se vante d'avoir fait en sa Langue[1]. Mais si les Grecz, & Latins eussent esté supersticieux en cet endroit, qu'auroint-ilz ores, de quoy magnifier si haultement cete Copie, qui est en leurs Langues? [138] Et si Horace permet, qu'on puysse en un long Poëme dormir quelquesfois[2], est-il deffendu en ce mesme endroict user de quelques motz nouveaux, mesmes quand la necessité nous y contraint? Nul, s'il n'est vrayment du tout ignare, voire privé de Sens commun, ne doute point que les choses n'ayent premierement eté: puis apres les motz avoir eté inventez pour les signifier: & par consequent aux nouvelles[3] choses estre necessaire imposer nouveaux motz, principalement és Ars, dont l'usaige n'est point encores commun, & vulgaire, ce qui peut arriver souvent à nostre Poëte, au quel sera necessaire emprunter beaucoup de choses non encor' traitées en nostre Langue. Les Ouvriers[4] (afin [139] que je ne parle des Sciences liberales) jusques aux Laboureurs mesmes, & toutes sortes de gens mecaniques ne pouroint conserver leurs metiers, s'ilz n'usoint de motz à eux usitez, & à nous incongneuz. Je suis bien d'Opinion, que les Procureurs, & Avocatz usent des termes propres à leur profession sans rien innover: mais vouloir oter la liberté à un scavant Homme, qui voudra enrichir sa Langue, d'usurper quelquefois des Vocables non vulgaires, ce seroit retraindre notre Langaige non encor' assez riche soubz une trop plus rigoreuse Loy, que celle, que les Grecz, & Romains se sont donnée. Les quelz[5] combien qu'ilz feussent sans comparaison, plus que nous copieux, & riches, neantmoins ont concedé aux Doctes Hommes user souvent de motz non acoutumés és choses non acoutumées. Ne crains [140] donques Poëte futur, d'innover quelques termes en un long Poëme principalement, avecques modestie toutesfois, Analogie, & Jugement de l'Oreille, & ne te soucie, qui le treuve bon, ou mauvais[1]: esperant que la Posterité l'approuvera, comme celle, qui donne foy aux choses douteuses, lumiere aux obscures, nouveauté aux antiques, usaige aux non accoutumées, & douceur [141] aux apres, & rudes[2]. Entre autres choses, se garde bien nostre Poëte d'user de Noms propres Latins, ou Grecz, chose vrayment aussi absurde, que si tu appliquois une Piece de Velours verd à une Robe de Velours rouge, mais seroit-ce pas une chose bien plaisante user en un ouvraige Latin d'un Nom propre d'Homme, ou d'autre chose, en Francoys? comme Jan currit Loyre fluit & autres semblables. Accommode donques telz Noms propres de quelque Langue, que ce soit à l'usaige de ton vulgaire[3]: suyvant les Latins, qui pour Ἡρακλῆς, ont dict Hercules, pour Θησεὺς, Theseus: & dy Hercule, Thesée, Achile, Ulysse, Virgile, Ciceron, Horace. Tu doibz pourtant user en cela de jugement, & discretion, car il y a beaucoup de telz noms, qui ne se peuvent [142] approprier en Francoys, les uns Monosyllabes, comme Mars, les autres dissyllabes, comme Venus, aucuns de plusieurs syllabes, comme Jupiter, si tu ne voulois dire Jove, & autres infinitz, dont je ne te scauroy' bailler certaine reigle. Parquoy je renvoye tout au jugement de ton oreille. Quand au reste, use de motz purement Francoys, non toutesfois trop communs, non point aussi trop inusitez, si tu ne voulois quelquefois usurper, & quasi comme enchasser ainsi qu'une Pierre [143] precieuse, & rare, quelques motz antiques en ton Poëme, à l'exemple de Virgile, qui a usé de ce mot Olli pour Illi Aulaï pour Aulæ, & autres[4]. Pour ce faire te faudroit voir tous ces vieux Romans, & Poëtes

Françoys, ou tu trouverras un Ajourner, pour faire Jour (que les Praticiens se sont fait propre) Anuyter pour faire Nuyt. Assener, pour frapper, ou on visoit, & proprement d'un coup de Main, Isnel pour Leger & mil' autres bons motz, que nous avons perduz par notre negligence. Ne doute point que le moderé usaige de telz vocables ne donne grande majesté tant au Vers, comme à la Prose: ainsi que font les Reliques des Sainctz aux Croix, & autres sacrez Joyaux dediez aux Temples.

[144] De la Rythme, & des Vers sans Rythme. Chap. VII.

Quand à la Rythme, je suy' bien d'opinion, qu'elle soit riche, pour ce qu'elle nous est ce, qu'est la quantité aux Grecz, & Latins. Et bien que n'ayons cet usaige de Piez comme eux, si est ce, que nous avons un certain nombre de Syllabes en chacun Genre de Poëme, par les quelles comme par Chesnons le vers Francois lié, & enchainé est contraint de se rendre en cete etroite prison de Rythme, soubz la garde le plus souvent d'une couppe feminine, facheux, & rude Gëolier, & incongnu [145] des autres vulgaires. Quand je dy, que la Rythme doint estre riche, je n'entens qu'elle soit contrainte, & semblable à celle d'aucuns, qui pensent avoir fait un grand chef d'œuvre en Francoys, quand ilz ont rymé un Imminent, & un Eminent, un Misericordieusement, & un Melodieusement[1]: & autres de semblable farine, encores qu'il n'y ait sens, ou raison, qui vaille. Mais la Rythme de notre Poëte sera voluntaire, non forcée: receüe, non appellée: propre, non aliene: naturelle, non adoptive: [146] bref, elle sera telle, que le vers tumbant en icelle ne contentera moins l'oreille, qu'une bien armonieuse Musique tumbante en un bon, & parfait accord. Ces

Equivoques donq', & ces simples, Rymez avecques leurs composez[1], comme un Baisser, & Abaisser, s'ilz ne changent, ou augmentent grandement la signification de leurs simples, me soint chassez bien loing, autrement, [147] qui ne voudroit reigler sa Rythme comme j'ay dit, il vaudroit beaucoup mieux ne rymer point: mais faire des vers libres[2], comme a fait Petrarque en quelque endroit: & de notre tens le seigneur Loys Aleman en sa non moins docte, que plaisante Agriculture[3]. Mais tout ainsi que les Peintres, & Statuaires mettent plus grand' industrie à faire beaux, & bien proportionnez les corps, qui sont nuds, que les autres: aussi faudroit-il bien que ces Vers non rymez, feussent bien charnuz, & nerveuz: afin de compenser par ce moyen le default de la Rythme. Je n'ignore point, que quelques [148] uns ont fait une Division de Rythme: l'une en Son, & l'autre en Ecriture: à cause de ces dyphthongues Ai. Ei. Oi. faisant conscience de rymer Maitre, & Prestre, Fontaines, & Athenes, Connoitre, & Naitre[4]. Mais je ne veulx que notre Poëte regarde si supersticieusement à ces petites choses: & luy doit suffire, que les deux dernieres syllabes soint unisones[5], ce qui arriveroit en la plus [149] grand' part tant en voix, qu'en Ecriture, si l'orthographe Francoyse n'eust point eté depravée par les Praticiens. Et pour ce, que Loys Mégret non moins amplement, que doctement a traité cete partie, Lecteur, je te renvoye à son Livre[6]: & feray fin à ce propos, t'ayant sans plus averti de ce mot en passant, c'est, que tu gardes de rythmer les motz manifestement longs [150] avecques les brefz, aussi manifestement brefz, comme un pásse, & trace, un máitre, & mettre, un chevelúre, & hure[7], un bast, & bat, & ainsi des autres.

De ce mot Rythme, de l'invention des Vers rymez, & de quelques autres Antiquitez usitées en notre Langue.

Chap. VIII.

Tout[1] ce, qui tumbe soubz quelque mesure, & jugement de l'Oreille (dit Ciceron) en Latin s'appelle *Numerus,* en Grec ῥυθμὸς, non point seulement au Vers, mais à l'Oraison. Parquoy improprement notz Anciens [151] ont astrainct le nom du Genre soubz l'Espece appellant Rythme cete consonance de syllabes à la fin des vers, qui se devroit plus tost nommer ὁμοιοτέλευτον, c'est à dire finissant de mesmes, l'une des Especes du Rythme[2]. Ainsi, les Vers encores qu'ilz ne finissent point en un mesme son, generalement se peuvent apeller Rythme: d'autant que la signification de ce mot ῥυθμὸς est fort ample, & emporte beaucoup d'autres termes comme κανὼν, μέτρον, μέλος, εὔφωνον, ἀκολουθία, τάξις, σύγκρισις Reigle, Mesure, Melodieuse consonance de voix, consequution, ordre, & comparaison. Or quand à l'Antiquité de ces Vers, que [152] nous appellons rymez, & que les autres vulgaires ont empruntez de nous, si on adjoute foy à Jan le Maire de Belges diligent rechercheur de l'Antiquité[3], Bardus V. roy des Gaules en feut inventeur: & introduysit une secte de Poëtes nommez Bardes, les quelz chantoint melodieusement leurs rymes avecques instrumentz, louant les uns, & blamant les autres, & etoint (comme temoingne [153] Dyodore Sicilien en son VI. Livre) de si grand'estime entre les Gaullois, que si deux Armées ennemies etoint prestes à combattre, & les ditz Poëtes se missent entre deux, la Bataille cessoit, & moderoit chacun son Ire. Je pourroy' alleguer assez d'autres Antiquitez, dont notre Langue aujourd'huy est ennoblie, & qui montrent les Histoires n'estre faulses, qui ont dit les Gaulles anciennement avoir eté florissantes non seulement en Armes, mais en toutes sortes de sciences, & bonnes Lettres. Mais cela requiert bien un œuvre entier: & ne seroit apres tant d'excellentes Plumes, qui en ont ecrit mesmes de notre Tens, que retixtre (comme on dit) la Toile de Penelope[1]. Seulement j'ay bien voulu, & [154] ne me semble mal à propos, montrer l'Antiquité de deux choses fort vulgaires en notre Langue, & non moins anciennes entre les Grecz. L'une est cete inversion de Lettres en un propre Nom, qui porte quelque Devise convenable à la personne: comme en FRANCOYS DE VALOYS, De facon suys royal. HENRY DE VALOYS, Roy es de nul hay[2]. L'autre est en un Epigramme, ou quelque autre œuvre Poëtique une certaine election des Lettres capitales disposées en sorte, qu'elles portent ou le nom [155] de l'Autheur, ou quelque Sentence. Quand à l'inversion de Lettres, que les Grecz appellent ἀναγραμματισμὸς, l'interprete de Lycophron dit en sa vie. En[3] ce tens la florissoit Lycophron, non tant pour la Poësie, que pour ce, qu'il faisoit des Anagrammatismes. Exemple du nom du Roy Ptolomée Πτολεμαῖος, ἀπὸ μέλιτος, c'est à dire Emmiellé ou de Miel. De la Royne Arsinoë, qui feut femme dudit Ptolomée 'Αρσινόη, Ἥρας ἴον, c'est à dire, la Violette de Juno. Artemidore, aussi le Stoïque a laissé en son livre des Songes un chapitre de l'Anagrammatisme, ou il montre, que par l'inversion des Lettres on peut exposer les Songes[4]. Quand à la disposition des Lettres Capitales, Eusebe au livre de la preparation [156] Evangelique dit, que la[5] Sybille Erythrée avoit prophetizé de IESVCHRIST: preposant à chacun de ses Vers certaines Lettres, qui declaroint le dernier Advenement de Christ. Les dites Lettres portoint ces motz. IESVS. CHRISTVS. SERVATOR. CRVX. Les Vers feurent translatez par S. Augustin (& c'est ce, qu'on nomme [157] les XV Signes du Jugement) les quelz se chantent encor' en quelques Lieux. Les Grecz appellent cete preposition de Lettres, au commencement des vers, ἀκροστιχίς. Ciceron en parle au livre de Divination: voulant prouver par cete curieuse diligence, que les vers des Sybilles, etoint faictz par Artifice, & non par inspiration divine[1]. Cete mesme Antiquité se peut voir en tous les Argumens de Plaute, dont chacun en ses Lettres capitales, porte le Nom de la Comedie.

[158]

Observation de quelques manieres de parler, Francoyses.

Chap. IX.

J'ay declaré en peu de Paroles ce, qui n'avoit encor' eté (que je saiche) touché de notz Rhetoriqueurs Francoys. Quand aux couppes feminines, Apostrophes, Accens, l'é masculin, & l'e feminin, & autres telles choses vulgaires, notre Poëte les apprendra de ceux, qui en ont ecrit[2]. Quand aux Especes de vers, [159] qu'ilz veulent limiter, elles sont aussi diverses, que la fantasie des Hommes, & que la mesme Nature. Quand aux vertuz, & vices du Poëme si diligemment traités par les Anciens comme Aristote, Horace, & apres eux Hieronyme Vide[3]. Quand aux figures des sentences, & des motz, & toutes les autres parties de l'Eloquution, les Lieux de commiseration, de Joye, de Tristesse, d'Ire, d'Admiration, & toutes autres commotions de l'Ame, je n'en parle point apres si grand nombre d'excellens Phylosophes, & Orateurs, qui en ont traicté, que je veux avoir eté bien leuz, & releuz[1] de nostre Poëte, premier [160] qu'il entreprenne quelque hault, & excellent ouvraige. Et tout ainsi qu'entre les Aucteurs Latins, les meilleurs sont estimez ceux, qui de plus pres ont immité les Grecz, je veux aussi que tu t'eforces de rendre au plus pres du naturel, que tu pouras la Phrase, & maniere de parler Latine, en tant que la proprieté de l'une, & l'autre Langue le voudra permettre. Autant te dy je de la Greque, dont les facons de parler sont fort approchantes de notre vulgaire[2], ce que mesmes on peut congnoitre par les Articles, incongneuz de la Langue Latine. Uses donques hardiment de l'Infinitif pour le nom, comme l'Aller, le Chanter, le Vivre, le Mourir. De l'Adjectif substantivé, comme le liquide des Eaux, le vuide de l'Air, le fraiz des Umbres, l'epes des Forestz, l'enroué des Cimballes[3], pourveu que telle maniere de parler adjoute quelque grace, & vehemence, & non pas le Chault du Feu, le froid de la Glace, le dur du Fer, & leurs semblables. Des Verbes, & Participes, qui de leur nature n'ont point d'infinitifz apres eux, avecques des infinitifz, [161] comme tremblant de mourir, & volant d'y aller, pour craignant de mourir, & se hatant d'y aller. Des Noms pour les Adverbes, comme ilz combattent obstinez, pour obstinéement, il vole leger, pour legerement[4], & mil' autres manieres de parler, que tu pouras mieux observer par frequente, & curieuse Lecture, que je ne te les scauroy' dire. Entre autres choses, je t'averty' user souvent de la figure ANTONOMASIE aussi frequente aux Anciens Poëtes, comme peu usitée, voire incongnue des Francoys. La grace d'elle est quand on designe le Nom de quelque chose par ce, qui luy est propre, comme le Pere foudroyant, pour Jupiter: le Dieu deux fois né, pour

Bacchus, la vierge Chasseresse[1], pour Dyane. Cete figure a beaucoup d'autres especes, que tu trouverras chés [162] les Rhetoriciens, & a fort bonne grace principalement aux descriptions, comme Depuis ceux, qui voyent premiers rougir l'Aurore, jusques la, ou Thetis recoit en ses undes le filz d'Hyperion pour Depuis l'Orient jusques à l'Occident. Tu en as assez d'autres exemples és Grecz, & Latins, mesmes en ces divines experiences[2] de Virgile, comme du fleuve Glacé, des douze Signes du Zodiaque, d'Iris, des XII Labeurs d'Hercule, & autres. Quand aux Epithetes[3], qui sont en notz Poëtes Francoys la plus grand' part ou froids, ou ocieux, ou mal à propos, je veux, que tu en uses de sorte, que sans eux ce, que tu diras seroit beaucoup moindre, comme la flamme devorante, les Souciz mordans[4], la gehinnante sollicitude, & regarde bien qu'ilz soint convenables non seulement à leurs substantifz, mais aussi à ce, que tu [163] decriras, afin que tu ne dies l'Eau' undoyante, quand tu la veux decrire impetueuse[5]: ou la flamme ardente, quand tu la veux montrer languissante. Tu as Horace entre les Latins fort heureux en cecy, comme en toutes choses. Garde toy aussi de tumber en un vice commun, mesmes aux plus excellens de nostre Langue, c'est l'omission des Articles[6]. Tu as exemple de ce vice en infiniz endroictz de ces petites Poësies Francoyses. J'ay quasi oublié un autre default bien usité, & de tres mauvaise grace. C'est quand en la Quadrature des Vers Heroïques la sentence est trop abruptement coupée, [164] comme: Si non que tu en montres un plus seur[7]. Voyla ce, que je te vouloy' dire brevement de ce, que tu doibz observer tant au Vers, comme à certaines manieres de parler peu, ou point encor' usitées des Francoys. Il y en a, qui fort supersticieusement entremeslent les vers Masculins avecques les Feminins, comme on peut voir aux Psalmes traduictz par Marot. Ce, qu'il a observé (comme je croy') afin que plus facilement on les peust [165] chanter, sans varier la Musique, pour la diversité des meseures, qui se trouverroint à la fin des Vers[1]. Je treuve cete diligence fort bonne, pourveu que tu n'en faces point de religion, jusques à contreindre ta diction, pour observer telles choses. Regarde principalement, qu'en ton Vers n'y ait rien dur, hyulque[2], ou redundant. [166] Que les Periodes soint bien joinctz, numereux, bien remplissans l'Oreille: & telz, qu'ilz n'excedent point ce terme, & but, que naturellement nous sentons soit en lisant, ou ecoutant.

De bien prononcer les Vers.

Chap. X.

Ce lieu ne me semble mal à propos, dire un mot [167] de la pronunciation que les Grecz appellent ὑπόκρισις[3]. Afin que s'il t'avient de reciter quelquesfois tes Vers, tu les pronunces d'un son distinct, non confuz: viril, non effeminé: avecques une voix accommodée à toutes les Affections, que tu voudras exprimer en tes vers[4]. Et certes comme icelle pronunciation, & Geste approprié à la matiere que lon traite, voyre par le jugement de Demosthene, est le principal de l'Orateur, aussi n'est-ce peu de chose, que de pronuncer ses Vers de bonne grace. Veu que la Poësie (comme dit Ciceron[5]) a eté inventée par observation de Prudence, & mesure des Oreilles: dont le jugement est tressuperbe[6], comme de [168] celles, qui repudient toutes choses apres, & rudes, non seulement en composition, & structure de Motz, mais aussi en Modulation de voix. Nous lisons cete grace de pronuncer avoir eté fort excellente en Virgile: & telle, qu'un Poëte de son Tens disoit, que les vers de luy, par luy pronuncez, etoint sonoreux, et graves: par autres flacques, & effeminez[1].

De quelques observations oultre l'Artifice avecques une Invective contre les mauvais Poëtes Francoys.

Chap. XI.

Je ne demeureray longuement en ce, que s'ensuit, pource que nostre Poëte tel, que je le veux, le poura [169] assez entendre par son bon jugement, sans aucunes Traditions de reigles. Du tens donques, & du Lieu qu'il fault elire pour la cogitation, je ne luy en bailleray autres preceptes, que ceux, que son plaisir, & sa disposition luy ordonneront. Les[2] uns ayment les fresches umbres des Forestz, les clers Ruisselez doucement murmurans parmy les Prez ornez, & tapissez de verdure. Les autres se delectent du secret des Chambres, & doctes Etudes. Il fault s'accommoder à la saison, & au lieu. Bien te veux-je avertir de chercher la solitude, & le Silence amy des Muses, qui aussi (affin que ne laisses passer cete fureur divine, qui quelquesfois agite, & [170] echaufe les Espris Poëtiques, & sans la quele ne fault point que nul espere faire chose, qui dure) n'ouvrent jamais la porte de leur sacré Cabinet si non à ceux, qui hurtent[3] rudement. Je ne veux oublier l'Emendation[4], partie certes la plus utile de notz Etudes. L'office d'elle est ajouter, oter, ou muer à loysir ce, que cete premiere impetuosité, & ardeur d'ecrire n'avoit permis de faire. Pourtant est il necessaire, afin, que noz Ecriz comme Enfans nouveaux nez ne nous flattent, les remettre à part, les revoir souvent, & en la maniere [171] des Ours à force de lecher leur donner forme, & facon de Membres[1], non immitant ces importuns versificateurs, nommez des Grecz μουσοπάταγοι[2] qui rompent à toutes heures les Oreilles des miserables Auditeurs par leurs nouveaux Poëmes. Il ne fault pourtant y estre trop supersticieux, ou (comme les Elephans leurs petiz) estre X. Ans à enfanter ses Vers[3]. Sur tout nous convient avoir quelque scavant, & fidele Compaignon, ou un Amy bien familier, voire trois, ou quatre, [172] qui veillent, & puissent congnoitre noz fautes, & ne craignent point blesser nostre papier avecques les ungles[4]. Encores te veux-je advertir, de hanter quelquesfois non seulement les Scavans, mais aussi toutes sortes d'Ouvriers, & gens Mecaniques, comme Mariniers, Fondeurs, Peintres, Engraveurs, & autres, scavoir leurs inventions, les noms des matieres, des outilz, & les termes usitez en leurs Ars, & Metiers, pour tyrer de la ces belles comparaisons, & vives descriptions de toutes choses[5]. Vous semble point Messieurs, qui etes si ennemis de vostre Langue, que nostre Poëte ainsi armé puisse sortir à la campaigne, & se montrer sur les rancz, avecques les braves Scadrons Grecz, [173] & Romains? Et vous autres si mal equipez, dont l'ignorance a donné le ridicule nom de Rymeurs à nostre Langue (comme les Latins appellent leurs mauvais Poëtes Versificateurs[6]) oserez vous bien endurer le Soleil, la poudre, & le dangereux Labeur de ce Combat? Je suis d'opinion, que vous retiriés au Bagaige avecques les Paiges, & Laquais, ou bien (car j'ay pitié de vous) soubz les fraiz umbraiges, aux sumptueux Palaiz des grands Seigneurs, & Cours magnifiques des Princes entre les Dames, & Damoizelles, ou votz beaux, & mignons Ecriz, non de plus longue durée, que vostre vie, seront receuz, admirés, & adorés: non point aux [174] doctes Etudes, & riches Byblyotheques des Scavans. Que pleust aux

Muses, pour le bien, que je veux à nostre Langue, que votz ineptes œuvres feussent bannys, non seulement de la (comme ilz sont) mais de toute la France. Je voudroys bien qu'à l'exemple de ce grand Monarque, qui defendit, que nul n'entreprist de le tirer en Tableau, si non Apelle, ou en statue, si non Lysippe[1], tous Roys, & Princes amateurs de leur Langue deffendissent, par edict expres à leurs subjectz de non mettre en lumiere œuvre aucun, & aux Imprimeurs de non l'imprimer, si premierement il n'avoit enduré la Lyme de quelque scavant Homme aussi peu adulateur, qu'etoit ce Quintilie[2], dont parle Horace en son art Poëtique, ou, & en infiniz autres endroictz dudict [175] Horace, on peut voir les vices des Poëtes modernes exprimés si au vif, qu'il semble avoir ecrit non du tens d'Auguste, mais de Francoys, & de Henry. Les Medicins (dict il[3]) promettent ce, qui appartient aux Medicins, les Feuvres traictent ce, qui appartient aux Feuvres: mais nous ecrivons ordinairement des Poëmes autant les Indoctes, comme les Doctes. Voyla pourquoy ne se fault emerveiller, si beaucoup de scavans ne daignent au jourd'huy ecrire en nostre Langue, & si les etrangers ne la prisent comme nous faisons les leur, d'autant qu'ilz voyent en icelle tant de nouveaux Aucteurs ignorans, ce, qui leur fait penser, qu'elle n'est capable de plus grand ornement, & erudition. O combien je [176] desire voir secher ces Printems, chatier ces Petites jeunesses, rabbattre ces Coups d'essay, tarir ces Fontaines[4], bref, abolir tous ces beaux tiltres assez suffisans pour degouter tout Lecteur scavant d'en lire d'avantaige! Je ne souhaite moins, que ces Depourveuz, [177] ces humbles Esperans, ces Banniz de lyesse, ces Esclaves, ces Traverseurs[5] soient renvoyés à la Table ronde: & ces belles petites devises aux Gentilzhommes, [178] & Damoyzelles, d'ou on les a empruntées. Que diray plus? Je supplie à Phebus

Apollon, que la France apres avoir eté si longuement sterile, grosse de luy enfante bien tost un Poëte, dont le Luc bien resonnant face taire ces enrouées Cornemuses, non autrement, que les Grenoilles, quand on jete une pierre en leur Maraiz. Et si non obstant cela, cete fiévre chaude d'ecrire les tormentoit encores, je leur conseilleroy' ou d'aller prendre Medicine en Antycire: ou pour [179] le mieux se remettre à l'Etude: & sans honte, à l'exemple de Caton, qui en sa vieillesse apprist les Lettres Greques[1]. Je pense bien, qu'en parlant ainsi de notz Rymeurs, je sembleray à beaucoup trop mordant, & Satyrique, mais veritable à ceux, qui ont Scavoir, & Jugement: & qui desirent la Santé de nostre Langue: ou cet ulcere, & Chair corrumpue de mauvaises Poësies est si inveterée, qu'elle ne se peut oter qu'avecques le Fer, & le Cautere. Pour conclure ce propos, saiches Lecteur, que celuy sera veritablement le Poëte, que je cherche en nostre Langue, qui me fera indigner, apayser, ejouyr, douloir, aymer, hayr, admirer, etonner, bref, qui tiendra la bride de mes Affections, me tournant ça, & la à son plaisir[2]. Voyla la vraye pierre de [180] Touche, ou il fault que tu epreuves tous Poëmes, & en toutes Langues. Je m'attens bien, qu'il s'en trouverra beaucoup de ceux, qui ne treuvent rien bon, si non, ce qu'ilz entendent, & pensent pouvoir immiter: aux quelz nostre Poëte ne sera pas agreable: qui diront qu'il n'i a aucun plaisir, & moins de profit à lire telz ecriz, que ce ne sont que fictions Poëtiques, que Marot n'a Point ainsi ecrit. A telz pour ce, qu'ilz n'entendent la Poësie, que de Nom, je ne suis deliberé de repondre, produysant pour deffence tant d'excellens ouvraiges Poëtiques Grecz, Latins, & Italiens aussi alienes de ce genre d'ecrire, qu'ilz approuvent tant, comme ilz sont eux mesmes eloingnez de toute bonne Erudition. Seulement veux-je admonnester celuy, qui aspire à une gloyre non vulgaire, s'eloingner de ces ineptes Admirateurs, [181] fuyr ce peuple ignorant, peuple ennemy de tout rare, & antique scavoir[1]: se contenter de peu de Lecteurs à l'exemple de celuy, qui pour tous Auditeurs ne demandoit que Platon[2]: & d'Horace[3], qui veult ses œuvres estre leuz de trois, ou quatre seulement, entre les quelz est Auguste. Tu as Lecteur, mon Jugement de nostre Poëte francois[4], le quel tu suyvras si tu le treuves bon, ou te tiendras au tien, si tu en as quelque autre. Car je n'ignore point combien les jugementz des Hommes sont divers, comme en toutes choses, principalement [182] en la Poësie, la quelle est comme une Peinture[5], & non moins qu'elle, subjecte à l'opinion du vulgaire. Le principal But, ou je vise c'est la deffence de notre Langue, l'ornement, & amplification d'icelle, en quoy si je n'ay grandement soulaigé l'industrie, & labeur de ceux, qui aspirent à cete gloire, ou si du tout je ne leur ay point aydé, pour le moins je penseray avoir beaucoup fait, si je leur ay donné bonne volunté[6].

Exhortation aux Francoys d'ecrire en leur Langue: avecques les Louanges de la France.

Chap. XII.

Donques s'il est ainsi, que de nostre tens les Astres, comme d'un accord, ont par une heureuse influence conspiré en l'honneur, & accroissement de notre Langue, qui sera celuy des scavans, qui n'y voudra mettre la Main, y rependant de tous cotez les fleurs, & fruictz de ces riches Cornes d'abundance[7] Greque, & Latine? ou à tout le moins qui ne louëra, & approuvera [183] l'industrie des autres? mais qui sera celuy, qui la vouldra blâmer? Nul, s'il n'est vrayment ennemy du Nom francoys. Ce prudent, & vertueux Themistocle Athenien montra bien, que la mesme Loy naturelle, qui commande à chacun defendre le lieu de sa Naissance, nous oblige aussi de garder la dignité de notre Langue, quand il[1] condamna à Mort un Herault du Roy de Perse, seulement pour avoir employé la Langue Attique, aux Commendemens du Barbare. La gloire du peuple Romain n'est moindre (comme a dit quelqu'un[2]) en l'amplification de son Langaige, que de ses limites. Car la plus haulte excellence de leur republique, voire du tens d'Auguste, n'etoit assez forte, pour se deffendre contre l'injure du tens par le moyen de [184] son Capitole, de ses Thermes, & magnifique Palaiz, sans le benefice de leur Langue, pour la quele seulement nous les louons, nous les admirons, nous les adorons. Sommes nous donques moindres, que les Grecz, ou Romains, qui faisons si peu de cas de la nostre? Je n'ay entrepris de faire comparaison de nous à ceulx la, pour ne faire tort à la vertu Francoyse, la conferant à la vanité Gregeoyse: & moins à ceux cy pour la trop ennuyeuse longueur, que ce seroit de repeter l'Origine des deux Nations, leurs faictz, leurs Loix, meurs, & manieres de vivre: les Consulz, Dictateurs, & Empereurs de l'une: les Roys, Ducz, & Princes de l'autre. Je confesse, que la fortune leur ait quelquesfoys eté plus favorable, qu'à nous: mais aussi diray je bien (sans renouveler les vieilles playes de Romme, & de quele excellence en quel meprix de tout le Monde, par ses forces mesmes elle a eté precipitée[3]) que la France soit en Repos, ou en Guerre, est de long intervale à preferer à l'Italie, serve maintenant, & mercenaire de ceux, aux quelz elle [185] souloit commander. Je ne parleray icy[1] de la temperie de l'Air, fertilité de la Terre, abundance de tous genres de Fruictz necessaires pour l'ayse, & entretien de la vie Humaine, & autres innumerables Commoditez, que le Ciel plus prodigalement, que liberalement a elargy à la France. Je ne conteray tant de grosses Rivieres, tant de belles Forestz, tant de Villes, non moins opulentes, que fortes, & pourveuës de toutes Munitions de Guerre. Finablement je ne parleray de tant de Metiers, Arz, & Sciences, qui florissent entre nous, comme la Musique, Peinture, Statuaire, Architecture, & autres non gueres [186] moins, que jadis entre les Grecz, & Romains. Et si pour trouver l'Or, & l'Argent, le Fer n'y viole point les sacrées Entrailles de nostre antique mere: si les Gemmes, les Odeurs, & autres corruptions de la premiere generosité des hommes n'y sont point cherchées du Marchant avare: aussi le Tigre enraigé, la cruelle semence des Lyons, les Herbes empoisonneresses, & tant d'autres Pestes de la vie humaine, en sont bien eloignées. Je suis content, que ces felicitez nous soient communes avecques autres Nations, principalement l'Italie: mais quand à la pieté, religion, integrité de meurs, magnanimité de couraiges, & toutes ces vertuz rares, & antiques (qui est la vraye, & solide louange[2]) la France a tousjours obtenu sans controverse le premier lieu. Pourquoy donques sommes nous si grands admirateurs d'autruy? Pourquoy sommes nous tant iniques à nous mesmes? Pourquoy mandions nous les Langues etrangeres, comme si nous avions honte d'user de la nostre? Caton l'Aisné (je dy celuy Caton, dont la [187] grave sentence a eté tant de foys approuvée du Senat, & peuple Romain) dist à Posthumie[3] Albin s'excusant de ce que luy, homme Romain avoit ecrit une hystoire en Grec: Il est vray qu'il t'eust faillu pardonner, si par le Decret des Amphyctioniens tu eusses eté contraint d'ecrire en Grec. Se moquant de l'ambicieuse curiosité de celuy, qui aymoit mieulx ecrire en une Langue etrangere, qu'en la sienne. Horace dit, que Romule en songe l'amonnesta, lors qu'il faisoit des vers [188] Grecz, de ne porter du boys en la forest[1]. Ce, que font ordinairement ceux, qui ecrivent en Grec, & en Latin. Et quand la gloire seule, non l'amour de la Vertu, nous devroit induire aux Actes vertueux, si ne voy-je pour tant qu'elle soit moindre à celuy, qui est excellent en son vulgaire, qu'à celuy, qui n'écrit qu'en Grec, ou en Latin. Vray est, que le Nom de cetuy cy (pour autant que ces deux Langues sont plus fameuses) s'etent en plus de Lieux: mais bien souvent comme la fumée, qui sort grosse au commencement, peu à peu s'evanouist parmy le grand espace de l'Air, il se perd, ou pour estre opprimé de l'infinie multitude des autres plus renommez, il demeure quasi en silence, & obscurité. Mais la gloire de cetuy la, d'autant qu'elle se contient en ses limites, & n'est divisée en tant de lieux que l'autre, est de plus longue durée, comme ayant son siege, & demeure certaine. Quand Ciceron, & Virgile se misrent à ecrire en Latin, l'Eloquence, et la Poësie etoint encor' en enfance entre les Romains, & au plus haut de leur excellence entre les Grecz. Si donques ceux, que j'ay nommez, dedaignans leur Langue, eussent ecrit en Grec, est-il [189] croyable, qu'ilz eussent egalé Homere, & Demosthene? Pour le moins n'eussent ilz eté entre les Grecz ce, qu'ilz sont entre les Latins. Petrarque semblablement, & Boccace combien qu'ilz aient beaucoup ecrit en Latin, si est-ce, que cela n'eust eté suffisant pour leur donner ce grand honneur, qu'ilz ont acquis, s'ilz n'eussent ecrit en leur Langue. Ce, que bien congnoissans maintz bons Espris de notre Tens, combien qu'ilz eussent ja acquis un bruyt non vulgaire entre les Latins, se sont neantmoins convertiz à leur Langue maternelle, mesmes Italiens, qui ont beaucoup plus grande raison d'adorer la Langue Latine, que nous n'avons. Je me contenteray de nommer ce Docte Cardinal Pierre Bembe, [190] duquel je doute, si onques Homme immita plus curieusement Ciceron, si ce n'est paraventure un Christofle Longueil[1]. Toutesfois par ce, qu'il a ecrit en Italien, tant en Vers comme en prose, il a illustré & sa Langue & son Nom trop plus[2] qu'ilz n'estoint au paravant. Quelqu'un (peut estre) deja persuadé par les Raisons, que j'ay alleguées, se convertiroit voluntiers à son Vulgaire, s'il avoit quelques exemples domestiques[3]. Et je dy, que d'autant s'y doit-il plus tost mettre pour occuper le premier ce, à quoy les autres ont failly. Les larges Campaignes Greques, & Latines sont déja si pleines, que bien peu reste d'espace vide. Ja beaucoup d'une Course legere, ont attaint le But tant desiré. Long temps y a, que le Prix est gaigné. Mais ô bon Dieu, combien de Mer nous reste encores, avant que soyons parvenuz au Port! combien le Terme de nostre Course [191] est encores loing! Toutesfoys je te veux bien avertir, que tous les scavans hommes de France[4] n'ont point meprisé leur vulgaire. Celuy, qui fait renaitre Aristophane[5], & faint si bien le Nez de Lucian, en porte bon temoignage. A ma volunté, que beaucoup en divers Genres d'ecrire volussent faire le semblable: non point s'amuser à derober l'Ecorce de celuy, dont je parle, pour en couvrir le Boys tout vermoulu, de je ne scay queles Lourderies si mal plaisantes, qu'il ne faudroit autre Recepte pour faire passer l'envie de ryre à Democrite. Je ne craindray point d'aleguer encores pour tous les autres ces deux Lumieres Francoyses [192] Guillaume Budé, & Lazare de Bayf. Dont le premier a ecrit non moins amplement, que doctement l'Institution du Prince, Oeuvre certes assez recommandé par le seul

Nom de l'Ouvrier. L'autre n'a pas seulement traduict l'Electre de Sophocle quasi Vers pour Vers[1], [193] chose laborieuse comme entendent ceux, qui ont essayé le semblable: mais dauantaige a donné à nostre Langue le Nom d'Epigrammes, & d'Elegies, avecques ce beau mot composé Aigredoulx: afin qu'on n'attribue l'honneur de ces choses à quelque autre[2]. Et de ce, que je dy, m'a asseuré un Gentilhomme mien Amy, Homme certes non moins digne de foy, que de singuliere Erudition, & Jugement non vulgaire. Il me semble (Lecteur Amy des Muses Francoyses) qu'apres ceux, que j'ay nommez, tu ne doys avoir honte d'ecrire en ta Langue: mais encores doibs-tu, si tu es Amy de la France, voyre de toymesmes, t'y donner du tout: avecques ceste genereuse [194] Opinion, qu'il vault mieux estre un Achille entre les siens, qu'un Diomede, voyre bien souvent un Thersite entre les autres[3].

[195] *Conclusion de tout l'Oeuvre.*

Or sommes nous la grace à Dieu, par beaucoup de perilz, & de flotz etrangers, renduz au Port, à seureté[1]. Nous avons echappé du millieu des Grecz, & par les Scadrons Romains penetré jusques au Seing de la tant desirée France. La donq' Francoys, marchez couraigeusement [196] vers cete superbe Cité Romaine: & des serves Depouilles d'elle (comme vous avez fait plus d'une fois) ornez voz Temples, & Autelz. Ne craignez plus ces Oyes cryardes, ce fier Manlie, & ce traitre Camile, qui soubz umbre de bonne foy vous surprenne tous nudz contans la rançon du Capitole[2]. Donnez en cete Grece Menteresse[3], & y semez encor un coup la fameuse Nation des Gallogrecz. Pillez moy [197] sans conscience les sacrez Thesors de ce Temple Delphique, ainsi que vous avez fait autrefoys: & ne craignez plus ce muet Apollon, ses faulx Oracles, ny ses fleches rebouchées. Vous souvienne de votre ancienne Marseille, secondes Athenes: & de votre Hercule Gallique, tirant les Peuples apres luy par leurs Oreilles avecques une Chesne attachée à sa Langue[4].

Fin de la Deffense, & Illustration

de la Langue Francoyse.

[199]

A l'Ambicieux,

ET AVARE ENNEMY
DES BONNES LETTRES

Sonnet[1].

Serf de Faveur, Esclave d'Avarice,
Tu n'heus jamais sur toymesmes pouvoir,
Et je me veux d'un tel Maitre pourvoir,
Que l'Esprit libre en plaisir se nourisse.

L'Air, la Fortune, & l'humaine Police
Ont en leurs Mains ton malheureux Avoir.
Le Juge avare icy n'a rien à voir,
Ny les troys Seurs, ny du Tens la malice.

Regarde donc qui est plus souhaitable
L'ayse, ou l'ennuy, le certain, ou l'instable.
Quand à l'honneur, j'espere estre immortel:

[200] *Car un cler Nom soubz Mort jamais ne tumbe.*
Le tien obscur ne te promet rien tel.
Ainsi, tous deux serez soubz mesme Tumbe.

CAELO MVSA BEAT[2].

[201] AU LECTEUR

Amy Lecteur, tu trouverras etrange (peut estre) de ce, que j'ay si brevement traité un si fertil, & copieux Argument, comme est l'Illustration de nostre Poësie Francoyse: capable certes de plus grand ornement, que beaucoup n'estiment. Toutesfois tu doibz penser, que les Arz, & Sciences n'ont receu leur perfection tout à un coup, & d'une mesme Main[1]: aincoys par succession de longues Années, chacun y conferant quelque portion de son Industrie, sont parvenues au point de leur excellence. Recoy donques ce petit Ouvraige, comme un Desseing, & Protraict de quelque grand & laborieux Edifice, que j'entreprendray (possible) de conduyre, croissant mon Loysir, & mon Scavoir: & si je congnoy' que la Nation Francoyse ait agreable ce mien bon vouloir (vouloir dy-je) qui aux plus grandes choses a tousjours merité quelque louange[2]. Quant à l'Orthographe, j'ay plus suyvy le commun, & antiq' usaige, que la Raison: d'autant que cete nouvelle (mais legitime à mon jugement) facon d'ecrire est si mal receue en [202] beaucoup de lieux, que la nouveauté d'icelle eust peu rendre l'Oeuvre non gueres de soy recommendable, mal plaisant, voyre contemptible aux Lecteurs[3]. Quand aux fautes qui se pouroint trouver en l'Impression, comme de lettres transposées, omises, ou superflues, la premiere Edition les excusera, & la Discretion du Lecteur Scavant, qui ne s'arrestera à si petites choses[4].

A Dieu, Amy Lecteur.

COMMENTAIRES INTRODUCTIFS, VARIANTES ET NOTES SUR LES ŒUVRES DE JOACHIM DU BELLAY

NOTES SUR
«A LA VILLE DU MANS»

Cette première pièce imprimée de l'auteur a paru à la fin des des *Œuvres Poëtiques* de Jacques Peletier du Mans, Paris, Michel de Vascosan, 1547 (privilège du 1er septembre 1547), f° 103 v°. Peletier avait été secrétaire (1540-1543) de René du Bellay, évêque du Mans, qui le protégeait. La rencontre de Joachim avec Peletier date de 1546 (Chamard, *Histoire de La Pléiade*, t. 1er, p. 94). Peletier avait publié sa traduction de l'*Art poétique* d'Horace, et les *Œuvres* de Peletier que Du Bellay salue ici contiennent (outre la première ode de Ronsard !) pour moitié des traductions de l'antique et de l'italien, et des «vers lyriques de l'invention de l'auteur». Sur ce recueil, voir Chamard, *op. cit.*, p. 152-159.

La pièce figure dans l'édition Chamard, vol. V, p. 235-236.

V. 2. Arnoul (mort en 1473 au Mans) et Simon Gréban, frères et co-auteurs du *Mystère des Actes des Apôtres*. Voir sur eux la notice «Arnoul Gréban» du *Dictionnaire des lettres françaises, Le Moyen Age*, de R. Bossuat *et alii*, éd. revue par G. Hasenohr et M. Zink, Paris, Fayard, 1992. Clément Marot, dans une épigramme parue dans les oeuvres de Hugues Salel (Paris, Roffet, 1540), les évoquait parmi les poètes français illustres, depuis Jean de Meung:

> Les deux Grebans ont le Mans honoré
> (Marot, *Oeuvres poétiques*, t. II, éd. G. Defaux, Paris, Garnier, 1993, p.361).

Par cette allusion, Du Bellay rend ainsi indirectement hommage à Marot aussi, en même temps qu'il salue une nouvelle génération qui prend le relais, celle de Peletier (né en 1517) et la sienne.

«LA DEFFENCE ET ILLUSTRATION DE LA LANGUE FRANÇOISE»

COMMENTAIRE

« Il faut laisser maisons et vergers et jardins... »:
in memoriam Jacques Goyet, mon frère balzacien (1948-1999)

La *Deffence et Illustration* est à la fois très polémique et très technique. De ces deux aspects la mémoire collective a surtout retenu le premier, et à juste titre. C'est en effet le plus frappant. En fait de manifeste littéraire, romantisme et surréalisme feront à peine mieux. Le style « A bas les autres et vive moi » atteint ici une rare violence dans le cinglant. A bas mes prédécesseurs immédiats, aux oubliettes leurs fameuses « episseries », et vive nous, moi Du Bellay et mes amis la future Pléiade. Mais pour nourrir pareil ton polémique, il faut des munitions, des arguments. C'est l'autre aspect de la *Deffence*. Elle s'appuie sur une technicité non moins rare, et pour ainsi dire non moins cinglante.

Le travail critique commencé au début du XXe siècle a permis d'éclairer ces deux aspects. Ils correspondent en gros à deux directions de recherche. Les uns ont exploré la dimension polémique, les autres, la technique. Ces deux tendances ont en général correspondu à des partis pris de lecture opposés, les pro et les anti-*Deffence*. Les premiers sont sensibles au souffle polémique ou simplement patriotique. Les seconds, parce qu'ils décryptent les sources et le sens précis de nombreux passages, sont amenés à mettre un sérieux bémol à l'enthousiasme des premiers. Les pro-*Deffence*, ce sont les lecteurs du XIXe siècle à partir de Sainte-Beuve, et ceux qui aiment les manifestes bien enlevés: c'est au fond la lignée des poètes, dont le flambeau a été rallumé avec éclat par Michel Deguy. Les anti-*Deffence*, ce sont les professeurs, à commencer par Henri Chamard et Pierre Villey. Apparemment, on ne peut se plonger dans la machinerie technique sans en revenir un peu déçu. La déception prend certes toutes les nuances, de Pierre Villey qui décrète l'absence totale d'originalité à François Cornilliat qui dénonce l'imposture théorique, mais pour s'en délecter. Au-delà des nuances, le fait fondamental est pourtant le même: l'impossibilité de conjuguer lecture enchantée et lecture technique. La *Deffence*, on en est revenu. Et comme ce sont aujourd'hui les professeurs qui règnent sur la littérature du seizième siècle, l'ambiance générale est au désenchantement, ou à sa forme polie, la méfiance et les pincettes. Le souffle d'un Deguy a été comme sécularisé. Les critiques ont désormais bien trop peur de passer pour des illuminés: des allumés de « l'illustration ».

Le propos de ce commentaire sera de relever le défi. Il faut absolument conjuguer polémique et technique, réconcilier les poètes et les professeurs. En d'autres termes, et pour citer le nom le plus marquant sur la *Deffence*, il faut dépasser les réserves de Kees Meerhoff. Son livre capital reconduit sur le fond l'attitude de Villey, même si c'est avec bien plus d'intelligence et de force de conviction. Meerhoff n'est pas en quête de sources de façon bornée, il a découvert, lui, des concepts. Il démontre ainsi à quel point les enjeux sont tout autres. Et pourtant le point d'arrivée est le même. Son livre reste animé d'un sourd mépris. Du Bellay n'aurait pas la tête assez conceptuelle pour être à la hauteur des enjeux, il ne ferait donc que les désigner du doigt. La violence du ton polémique ne serait en définitive qu'une façon de masquer les incohérences techniques. Ce serait de la poudre aux yeux, un écran de fumée, du fumeux à la place du précis. Que les naïfs et les gogos s'y laissent prendre, sans doute. Mais la saine logique des concepts donnerait raison aux professeurs, et au premier d'entre eux, le *praeceptor Germaniae*, Melanchthon. Or Melanchthon est lui-même le maître de Barthélemy Aneau, dès lors loué comme le plus pertinent des critiques de la *Deffence*, celui qu'il faut avoir lu pour se débarrasser une fois pour toutes du funeste enchantement, du mythe de l'Illustration.

Pour ma part, je suis assurément mal placé pour trouver à redire à Aneau. Non content de l'éditer, j'ai même jadis plaidé sa cause, dans les pas de Meerhoff. Il fallait bien alors situer l'entreprise de Du Bellay, faire entendre contre ses attaques la voix de la défense, montrer la cohérence de la pensée adverse. De là pourtant à mettre Aneau au-dessus de Du Bellay, non. Je plaiderai ici le *pro* après avoir plaidé le *contra*. Car l'urgence aujourd'hui est de montrer la cohérence de la pensée de Du Bellay lui-même. L'illustration qu'il vise n'a rien de fumeux. Le problème est plutôt que, depuis un siècle, on n'a toujours pas réussi à préciser ce que désignait au juste ce terme-étendard. Si on a bien vu qu'il portait tout le poids de la polémique, on a oublié d'expliquer son sens technique, suite à la répartition du travail entre poètes et professeurs. On s'est ainsi condamné à l'impasse, en se rendant incapable de montrer l'unité profonde de la démarche de Du Bellay, lequel ne sépare pas vision technicienne et ton suprêmement hautain.

Pour en sortir, il faut rétablir l'unité d'ensemble. Du Bellay a tout à fait les moyens de sa polémique. C'est ce qui est le plus technique qui est le plus intéressant; c'est ce que vous ne trouvez pas drôle qui est le plus passionnant, le plus chargé de dynamite. Je proposerai une sorte de *thriller* conceptuel. Il y a eu des meurtres en série, dont plusieurs quasiment parfaits. Le problème pour le détective est dès lors de déterminer quel est le scénario fondamental, celui qui a guidé l'assassin. Ces meurtres à leur tour sont dits avoir été commis pour un noble idéal, celui de l'illustration. A meurtres parfaits justification incompréhensible: nous irons d'inconnue en inconnue. En termes non métaphoriques, et pour résumer mon mouvement d'ensemble, le plus important dans la *Deffence*, ce n'est pas la démolition de Marot. Cela, ce n'est que le meurtre le plus connu, qu'on a interprété un peu vite comme le meurtre du père. Le vrai père, tu autant que tué, c'est Maurice Scève. Mais l'enterrement sans phrases de la *Délie* n'est lui-même qu'un préalable. Tout ce travail du négatif est là pour dégager du positif, c'est-à-dire pour faire comprendre ce que nous ne comprenons plus, le concept d'illustration de la langue française.

En racontant cette sombre et lumineuse histoire – sombre parce que *deffence*, lumineuse parce qu'*illustration* -, je ne pourrai faire autrement que de renouer avec le geste meurtrier. La reconstitution du crime menace d'être sanglante pour mes prédécesseurs immédiats, mes propres pères sur ce sujet. *Pace* Chamard, Villey, Cornilliat et Meerhoff, je tâcherai de ne pas être gratuitement polémique. Il ne s'agit pas de détruire les prédécesseurs, mais de les dépasser en les intégrant. Cet argument, je le crains, risque lui-même de n'être pas bien compris, alors qu'il est emprunté à la *Deffence*. Pour dire les choses autrement, là où Du Bellay souligne à plaisir ce en quoi il se distingue, je voudrais au contraire insister sur l'ampleur de mes dettes. Lui et moi sommes des nains sur des épaules de géants. Le nain Du Bellay est un poète, il a donc bien le droit de proclamer à quel point il voit loin: car il est véritablement prophète de la grandeur de la littérature française. Pour ma part, je ne suis qu'un professeur, et qui par fonction ne fait que regarder en arrière, au demeurant sans nostalgie. Il m'est ainsi plus facile de remercier les géants grâce à qui je vois, et de payer mes dettes en faisant voir à mon tour.

En termes techniques, trois critiques ont véritablement marqué les études sur la *Deffence et Illustration de la Langue Françoyse*. Henri Chamard a fourni dès 1904 une édition très solide, avec en particulier l'indispensable relevé des sources latines et humanistes. Pierre Villey a publié en 1908 sa propre découverte, la présence massive dans la *Deffence* d'un dialogue italien de Sperone Speroni. Enfin, en 1986, Kees Meerhoff a fait une autre découverte aux conséquences théoriques non moindres. C'est l'identification « du bon rhetoricien maistre Jacques Loys » dont parle le *Quintil Horatian* de

Barthélemy Aneau: les « nombres » du chapitre I-3 renvoient aux analyses de Jacques-Louis d'Estrebay sur les *numeri* latins (I-3, l. 49)[1].

Après tous ces apports fondamentaux, la tâche qui attend un nouvel éditeur de la *Deffence* est en soi assez simple. On ne peut guère que récapituler le travail déjà accompli. Une telle synthèse ne sera pas tout à fait inutile. Elle renvoie surtout, dans son principe même, à l'un des problèmes cruciaux que pose la *Deffence*. C'est celui de *l'imitatio* ou innutrition, de la capacité qu'a Du Bellay à faire siens des morceaux pris à droite et à gauche, préalable nécessaire à « l'illustration ». Le travail critique conduit en effet à une situation presque gênante. Plus on découvre de nouvelles sources, plus on est envahi par le sentiment du patchwork. L'analyse risque de l'emporter sur la synthèse, la multiplicité sur la cohérence.

De ce point de vue, la force de l'édition Chamard est aussi ce qui fait sa faiblesse. Cela se voit jusque dans sa présentation typographique. A la mode des éditions savantes du XVIIIe siècle, deux lignes de texte surnagent parfois, vaillamment, en haut d'une page de note. Les remarques du *Quintil Horatian* sont elles-mêmes morcelées, renvoyées chacune à leur lieu, tout comme le dialogue de Speroni est découpé en tranches. Le lecteur a alors du mal à ressaisir l'unité de mouvement de l'ensemble, ne serait-ce que d'un seul chapitre. Quand on sort de l'édition Chamard, la disposition matérielle plus ramassée de l'originale paraît presque, par contraste, aider la compréhension: ainsi de ces chapitres de la première partie calibrés pour tenir sur une page recto-verso (chap. 4, 6, 7, 8).

La richesse du travail de Meerhoff produit un résultat assez proche, même s'il ne peut être décrit en termes de simple éparpillement. L'analyse y est passionnante, qui montre comment le nombre oratoire de la prose latine s'applique et ne s'applique pas à la poésie de langue française. Mais plus on s'enfonce avec Meerhoff dans l'analyse, extrêmement fouillée et technique, et plus on perd de vue le fil conducteur de Du Bellay. La raison en est précisément l'impossible adéquation entre *numerus* latin et poésie française. L'instabilité qui en résulte est plus une oscillation qu'une dialectique: Du Bellay irait d'un pôle à l'autre sans parvenir à les concilier. Son utilisation des dialogues de Speroni, longuement analysés par Meerhoff, procure le même sentiment d'instabilité. Justement parce qu'il s'agit de dialogues, les formules n'ont de sens que par rapport aux positions de chacun des personnages qui les expriment. De ces voix distinctes la *Deffence* retient ce qui l'intéresse, avec pour résultat des discordances difficiles à éviter.

L'impression qui domine alors le lecteur est que Du Bellay a tressé plusieurs fils, selon une architecture et un dessein très savant: trop savant

---

1 Une référence sous cette forme renverra à la seule *Deffence*.

pour être reconstitué par les incultes que nous sommes. En d'autres termes, les découvertes de Villey et de Meerhoff nous font miroiter des cohérences plutôt qu'une cohérence unique. On tient ou croit tenir un fil, puis un autre, et encore un autre: Speroni, Cicéron *via* d'Estrebay, Peletier du Mans, etc. Que ces fils entrecroisés fassent un tout reste problématique. Le travail critique a finalement reconstitué un objet « maniériste », un tapis chatoyant où se juxtaposent sans se fondre des dominantes, lesquelles sont pour ainsi dire des sous-cohérences. Cela n'ôte d'ailleurs rien au charme de la lecture. Lire le commentaire de Meerhoff sur le commentaire de l'*Orator* par d'Estrebay, c'est retrouver, de l'intérieur, la façon sinueuse dont le XVIe siècle pratiquait lui-même la lecture critique, allant son chemin dans l'empilement des strates et des sources. Entre *scire* et *sapere*, le très savant est un mode d'accès au très savoureux.

L'esthétique maniériste de l'intertextualité ne permet pas, par hypothèse, de parvenir à une vision d'ensemble de la *Deffence*. Comme l'a fortement souligné Michel Deguy, en poète autant qu'en critique, la saveur de la *Deffence* est probablement dans son instabilité fondamentale: « comme elles (les littératures gréco-latines)! Pas comme elles! Ne les imite pas, pour être comme elles; imite-les pour parvenir à la différence de l'égalité ». Si la *Deffence* est moderne, si elle nous parle tant, c'est que « l'imitation est devenue problématique, devenue la question même, et arrive à l'expression de sa nature contradictoire »[1]. La contradiction étant au cœur même de l'entreprise, elle suffit à justifier ses incohérences. Du Bellay, précisément, ne parviendrait pas lui-même à fondre ses sources multiples en un tout stable. Dès lors, il n'y aurait pas lieu de chercher à être plus unificateur que lui. On pourra reconstituer des pans de cohérence, des sous-ensembles, mais pas un ensemble de ces ensembles.

Cette situation générale ne facilite pas la tâche de l'éditeur du texte, dont l'éthos ne peut être que celui de la synthèse, voire de la simplification. Il n'y a pas lieu de tirer Du Bellay de ses contradictions. Mais on peut imaginer une unité qui ne soit pas stabilité: une unité dans le mouvement, qui reconstitue au moins la dynamique générale en repérant comment les forces à l'œuvre font une œuvre. Pour reprendre une image que suggère Du Bellay lui-même, il s'agit de lire la *Deffence* comme une coulée. Oui, il a « mot à mot traduit des aultres », comme le lui reprochera Sébillet (à propos d'ailleurs des sonnets de l'*Olive*). Mais c'est bien là inventer, du moins quand le résultat n'est pas un patchwork, un centon de citations, un manteau d'Arlequin fait de « pieces rapportées »[2]:

---

1 *Tombeau de Du Bellay*, p. 108; cité et remarquablement développé par Thomas Greene, *The Light in Troy...*, p. 192.

2 Préface de la seconde édition de l'*Olive*, 1550; je souligne.

> Si, par la lecture des bons livres, je me suis imprimé quelques traictz en la fantaisie, qui apres, venant à exposer mes petites conceptions selon les occasions qui m'en sont données, me *coulent* beaucoup plus facilement en la plume qu'ilz ne me reviennent en la memoire, doibt on pour ceste raison les appeller pieces rapportées?

On lui parle sources, il répond fleuve. La conception est l'Un qui commande au Multiple des traductions mot à mot. Le terme de « sources » pour désigner les emprunts est ainsi un terme trompeur. Il suppose origine et propriété, et renvoie à une ontologie du stable. L'*imitatio* créatrice est au contraire dans une perspective dynamique où les emprunts sont réappropriation. C'est la coulée de l'œuvre en train de se faire qui les fait venir sous la plume. Les sources ne coulent pas de source dans un paysage immuable, là où tout le monde les attend. Elles coulent où il y a coulée, coulée qui modifie le paysage et les pentes selon lesquelles se répartissent les eaux. C'est du reste ce qui explique les découvertes sur la *Deffence*. Chamard arpente en propriétaire un paysage sans surprise, il se contente de relire Cicéron, Horace ou Quintilien parce qu'il sait bien qu'en remontant vers ces sommets on retrouve les sources. Pour imaginer l'inattendu, Speroni et d'Estrebay, il lui aurait fallu concevoir des forces assez puissantes pour déplacer des pans de montagnes, coulées impures de pierre et de boue, assurément pétries de contradictions, mais riches aussi de toutes les eaux nouvelles qu'elles convoquent.

En termes moins imagés, pour dégager l'unité dynamique de la *Deffence* il faut se placer du côté de la conception, du dessein. Et ce dessein qui pousse l'œuvre en avant, il faut tâcher de l'exposer lui-même d'un bloc, d'une coulée: dans le mouvement. Ce choix amène, d'un point de vue matériel, à réduire au maximum les notes, au profit d'une présentation continue qui les intègre. L'autre conséquence est de privilégier des textes-matrices. Le tout premier est le très court avis « Au lecteur » qui précède l'*Olive* de 1549. Le deuxième, un peu plus long, a la brièveté d'un canevas: c'est la *Manière de bien traduire* de Dolet. Le troisième est l'*Orateur* de Cicéron, qui donne à Du Bellay son scénario fondamental, et qui sera donc étudié bien plus longuement. On pourra alors situer l'apport de Speroni, c'est-à-dire revoir fortement à la baisse l'importance de la découverte de Villey. Si en effet le problème est celui de l'unité de la *Deffence*, Speroni est moins utile que l'*Orator* pour comprendre la dynamique même de la réflexion, pour entrer dans le dessein de Du Bellay.

I. L'AVIS « AU LECTEUR » DE L'*OLIVE* DE 1549

La question de la date même de la *Deffence* n'est pas résolue. Si Chamard tient pour 1549, Yves Giraud propose, avec beaucoup de vraisemblances, 1550. Quoi qu'il en soit pour l'instant, on peut retenir en première approximation le fait essentiel que la *Deffence* est comme le pendant théorique de l'*Olive* qui, elle, est sans conteste de 1549. L'*Olive* est la première œuvre poétique du jeune Du Bellay. C'est aussi le premier recueil de sonnets de la littérature française – même si Vasquin Philieul a publié l'année précédente, en 1548, la traduction en français d'une bonne part des sonnets du *Canzoniere* de Pétrarque. L'effet inaugural est frappant. L'ensemble *Deffence* et *Olive* sont affichés clairement comme les deux versants de la même entreprise, où la théorie est à peu près aussi longue que la pratique. Ainsi Du Bellay précède-t-il Ronsard lui-même dans la carrière, puisque les *Odes*, tout aussi fracassantes, ne sont publiées que quelques mois plus tard, en 1550.

'En fait de préface, l'avis au lecteur de l'*Olive* est déjà très instructif. Il contient *in nuce* l'essentiel. Lisons-le en faisant l'hypothèse commode que ce « prologue » aux sonnets a été écrit avant le long texte théorique qu'est la *Deffence*, dont il serait une sorte de premier jet[1].

L'*Olive* y est décrit comme un « petit essai », un avant-goût de ce que pourront faire « tant de bons esprits dont la France est aujourd'huy ennoblie ». Essai: mise en pratique de la théorie de « l'illustration », et aussi annonce de ceux qui sont derrière Du Bellay et vont poursuivre dans cette voie. Les bons esprits, c'est d'abord nous, le noyau de la future Pléiade, Ronsard et Baïf, ce petit groupe soudé et chauffé au collège de Coqueret par leur maître Dorat. Comme l'a noté Gilbert Gadoffre, ce petit groupe de jeunes inconnus se range pour lors derrière celui qui a le nom le plus prestigieux. Joachim est en effet un lointain neveu des quatre frères Du Bellay, cousins germains de son père. De cette fratrie, les plus marquants sont l'aîné et le second: l'aîné Guillaume, seigneur de Langey, mort en 1543, a gouverné Turin et l'Italie française comme vice-roi; le puîné Jean, ambassadeur de François Ier, finira cardinal et doyen du Sacré-Collège, autrement dit second personnage de l'Eglise. Si la *Deffence* est publiée de façon « anonyme », signée des seules lettres I. D. B. A., cet anonymat est aussitôt levé de façon éclatante par la dédicace au cardinal Jean Du Bellay,

---

1 Avis au lecteur, je souligne: « Si je ne craignois que le *prologue* fust plus long que la farce, je respondroy' volontiers à ceulx, qui congnoissans Petrarque de nom seulement, diront incontinent que je l'ay desrobé... »

qui suit immédiatement[1]. Le « petit essai » poétique ne pratique guère la modestie. C'est un coup d'éclat qui se donne tous les moyens de l'ambition, y compris mondaine. A illustrer la langue, on s'illustre d'abord soi-même. Comme le relève un autre critique, il y a là du Parisien. Installé parmi l'élite au pouvoir, ou rêvant de l'être, il commence par barrer fermement les prétentions des élites provinciales, poésie des Jeux Floraux de Toulouse et du Puy de Rouen (II-4, l. 4-5), poésie latine aussi, à Toulouse toujours. Ce n'est pas un hasard si c'est un Lyonnais, Aneau, qui le rembarre le plus vertement[2].

Ce scénario d'ensemble est bien connu. C'est lui qui est resté dans toutes les mémoires: un recueil de cinquante sonnets et d'autres œuvres poétiques, accompagné d'un manifeste théorique, le tout *ad majorem gloriam* – pour la plus grande gloire de la littérature française, et de son auteur, lui-même porte-drapeau d'une sorte de jeune école en train de se constituer. Or que dit précisément cet avis au lecteur de l'*Olive* ?

Au point de départ étaient les vers, avec pour emblème de leur nouveauté la forme du sonnet. Pétrarque « a ecript des sonnetz & moy aussi ». Du Bellay aussitôt « confesse avoir imité Petrarque, & non luy seulement, mais aussi l'Arioste & d'autres modernes Italiens ». Voilà le point à justifier: il y a eu *imitatio.* Celle-ci pourrait être décriée comme vol, voire traduction mot à mot. L'exemple qui justifie est alors celui des Romains de l'Antiquité, qui ont de même imité les auteurs grecs, « pour l'enrichissement de leur langue ». Ceux qui ne comprennent pas une telle démarche sont réputés être des esprits non nobles. La nouveauté du sonnet « excede leur jugement ». Le partage est alors simple: d'un côté le vulgaire ignorant et « les applaudissements populaires », de l'autre une élite de huit poètes, dont Scève et Ronsard, Saint-Gelais et Heroët. Ces quelques formules de 1549 donnent en concentré, on le voit, tout le nœud problématique de la *Deffence*: imiter pour enrichir; imiter les étrangers pour enrichir la littérature nationale; et comprenne qui pourra. Pour soutenir que l'*imitatio* des étrangers n'est pas vol, il faut en effet la radicaliser, l'ériger en mystère incompréhensible, avec d'un côté la masse des profanes et de l'autre les initiés.

L'incompréhension des profanes est alors soulignée d'une comparaison, qui est sans le dire une phrase reprise de l'*Orator* de Cicéron. Laissons les profanes « avecq' ceulx qui, apres l'invention du bléd, vouloient encores

1 Et confirmé ensuite par les vers grecs liminaires où Dorat dit explicitement Bellay (v. 5), et de nouveau en latin, dans les vers liminaires de l'*Olive* (v. 6).

2 François Paré, « Du Bellay et l'institution littéraire au XVIe siècle». Du Bellay ne cite pas l'école lyonnaise, c'est-à-dire les poètes après Scève; mais son sentiment négatif sur eux ne fait guère de doute: il récuse, parmi les « chansons vulgaires », le poème « Amour avecques Psyches », qui est de Pernette Du Guillet (II-4, l. 34).

vivre de glan». *Orator*, § 31: «*Quae est autem in hominibus tanta peruersitas, ut inuentis frugibus glande uescantur?* Quelle extravagance chez ces gens, qu'après la découverte du blé ils veuillent se nourrir de glands! » Les Thucydidiens que combat Cicéron croient être attiques en imitant ce que Thucydide a de mauvais. Le moins que l'on puisse dire est que cette problématique reste ici très implicite. Si on laisse de côté la référence à l'*Orator*, on a plutôt l'impression de voir en condensé un thème repris de Speroni: celui d'un progrès continu, sur le modèle canonique de l'agriculture. Imiter les étrangers pour enrichir la littérature nationale, ce motif cicéronien du latin se nourrissant du grec s'articule avec le motif speronien d'un développement cumulatif de la civilisation dû au travail des meilleurs ouvriers, des inventeurs. Les deux motifs sont réunis d'abord par une sorte d'intuition synthétique et fulgurante, sous le coup de l'ardeur polémique. Du blé aux glands: ceux qui ne comprennent pas ce qu'a de nouveau ma poésie sont des ignares qui ne savent pas ce qu'est le vrai progrès, et veulent retourner en arrière.

Voilà en somme tout ce que dit l'avis au lecteur de l'*Olive* de 1549. On voit que c'est peu. L'analyse interne semble donc confirmer l'hypothèse que la *Deffence* est postérieure à l'*Olive*. Le sec avis au lecteur ressemble moins à un résumé de ce qui a déjà été dit ailleurs plus longuement qu'à une esquisse sommaire, à un premier jet intuitif. Par rapport à tout le parti que la *Deffence* tirera de la polémique de l'*Orator* contre les Thucydidiens et le faux atticisme, à tout ce qu'elle dira aussi des Romains imitateurs des Grecs, les formules sur le blé et les glands ou sur l'enrichissement de la langue paraissent sans grande résonance ni substance. Elles ne sont que potentiellement grosses de développement, et, en l'état, maigrelettes.

Ce qui est maigrelet aussi, à ce stade, ce sont les prétentions du jeune poète inconnu, la «hardiesse» qu'il revendique, sa façon de claironner d'emblée que sa forme de poésie est «encore (...) peu usité(e) entre les Francois»[1]. Ce n'est pas un rappel codé à l'*Orator* qui suffira à désamorcer les critiques. Identifier le renouveau de la poésie française à des sonnets copiés de l'italien, s'identifier soi-même au sonnet, c'est en tant que telle une position un peu mince, facilement attaquable. L'attaque sera faite, explicitement, par le *Quintil Horatian* publié peut-être dès 1550, et certainement en 1551. Le *Quintil* voit bien où le bât blesse. Il ne se gênera pas pour dénier toute nouveauté au sonnet, «antiquaille» sans intérêt, et pour dénigrer la haute idée que le jeune poète a de lui-même et de sa forme poétique. Quoi qu'il prétende, tout cela « n'excede pas le jugement» de ceux qui se connaissent en poésie, personne ne trouve cela « obscur », comme l'a

1 Tout début de l'avis au lecteur de l'*Olive*, en 1549.

écrit Du Bellay, « (s)i ce n'est toy mesme, qui te le fais à croire, par trop grande admiration de toy mesme & de ton genre esleu d'escrire »[1].

Si l'avis au lecteur de l'*Olive* de 1549 précède la *Deffence*, il devient plus facile de suivre le cheminement: *Olive* en 1549, puis la *Deffence*, et encore après deuxième édition de l'*Olive*, en 1550[2].

Dans cette chronologie, la *Deffence* est une entreprise de justification, plus longuement pensée et argumentée. Comme le dit ingénument le titre du chapitre qui conclut son premier livre, elle est dans son projet initial une « Deffence de l'Aucteur ». Nul en effet n'a attaqué la langue française, qu'il n'y a donc pas besoin de défendre. Mais on pourrait bien attaquer les faiblesses du poète de l'*Olive*. La *Deffence* les compense alors par un long discours, d'autant plus long que la position est difficile à défendre. La meilleure défense, c'est l'attaque. Comme entreprise justificative, la *Deffence* a une stratégie à la fois simple et efficace, qui dérive de celle de l'avis au lecteur de 1549. Il suffit d'enfermer les critiques dans la position « populaire », non noble, des profanes qui n'y comprennent rien, qui n'ont jamais reçu l'illumination, l'initiation au mystère de l'*imitatio*. Aux lecteurs insensibles à la nouveauté radicale des sonnets de l'*Olive*, on redit qu'ils montrent ainsi les limites de leur jugement critique, qu'ils ne font pas partie de l'élite mais de la masse. S'ils parlent de vol, on répond conquête. S'ils parlent de traduction mot à mot, on répond primat de la conception.

Encore après, en 1550, l'avis au lecteur de la deuxième édition de l'*Olive* confirme pleinement que la *Deffence* est une entreprise de justification. Du Bellay y affirme en effet l'avoir publiée pour « *prevenir* » l'opinion de ceux qui trouveraient « fort etrange & rude » la nouveauté des sonnets. Une fois paru le recueil de 1549, il a « experimenté ce qu'au paravant [il avait] assez *preveu* », à savoir le mauvais jugement que feraient de lui « noz rethoriqueurs françoys ». Tout était donc prévu. Les critiques tels le *Quintil* ou Sébillet ont cru attaquer: ils n'ont fait que jouer le rôle qui leur était d'emblée assigné par la stratégie mise en place. Le mauvais rôle des grincheux ignares donne à voir d'avance toute critique comme repliée sur un combat d'arrière-garde. La *Deffence* veut pousser ses attaquants à la

1 Note du *Quintil Horatian* à la fin de l'avis Au lecteur de 1549.

2 Voir la chronologie que propose Yves Giraud au terme d'une argumentation serrée. On aboutit alors à une chronologie intellectuelle. « Si la *Deffence* a paru en 1550, Du Bellay et ses amis ont eu dix-neuf mois environ » pour développer leurs arguments (p. 19). « Sébillet, dans son *Art poetique*, n'attaquait personne et par conséquent, son livre, normalement, ne devait pas soulever de polémique immédiate. En revanche, [la *Deffence*] s'en prenait aux Marotiques et à Sébillet lui-même: il était donc à prévoir que les répliques ne se feraient pas attendre. D'abord très brèves (Sébillet [dans l'*Iphigène*]), puis plus pointilleuses (Aneau [avec le *Quintil*]), enfin plus pondérées et réfléchies (Des Autels [avec la *Réplique*]), ce qui, somme toute, respecte un ordre logique. » (Giraud, p. 20).

défensive. La boucle est ainsi bouclée qui va de la justification de soi à la démolition d'autrui. Nul n'aura de l'esprit, hors nous et nos amis.

Ce passage de l'avis au lecteur de 1550 apporte pour finir deux autres informations ou confirmations intéressantes. La première est que Du Bellay ne pensait pas au début faire avec la *Deffence* « plus grand œuvre qu'une epistre & petit advertissement au lecteur ». La seconde est qu'il y a avancé des « raisons assez nouvelles & paradoxes », lesquelles ont suscité les critiques des Sébillet et autres, autant que d'avoir parlé un peu trop durement de « noz ineptes rimasseurs ». La longueur due au paradoxe: c'est là désigner le problème dans lequel se débat effectivement la *Deffence*. Le poète défend sa nouveauté en attaquant une *doxa* constituée de façon *ad hoc*. Dès lors il se bat avec des paradoxes insolubles, qu'il a lui-même suscités. Et voilà pourquoi la préface est finalement si longue, en empilant Speroni sur Cicéron comme Pélion sur Ossa. Autrement dit, la longueur de la *Deffence* et ses embarras théoriques sont le prix à payer pour le mépris des critiques. En enfermant par avance tout adversaire dans le rôle de l'ignorant « endoxal », Du Bellay s'enferme lui-même. A tout le moins, il ne se simplifie pas la tâche. Il ne la simplifie pas non plus à ses lecteurs modernes, soucieux de reconstituer la cohérence de sa pensée, au-delà des facilités de la polémique.

II. *LA MANIERE DE BIEN TRADUIRE* DE DOLET

Une fois enfermé ou enferré sur cette position difficile à défendre, Du Bellay se voit obligé de chercher non seulement des garants prestigieux mais aussi des modèles théoriques où se fournir en munitions – en arguments. Le plus évident me paraît être le texte assez court de Dolet, *La maniere de bien traduire d'une langue en aultre*, parue en 1540. L'intérêt pour nous de commencer par là est que ce texte est comme un concentré de tous les clichés alors en cours sur la question de la langue. Du Bellay professe le plus grand respect pour Dolet, mort en 1546, et écrase de son mépris Sébillet, bien vivant lui. Mais une simple lecture suivie de *La maniere*... oblige à réviser ce partage si simple. Le modèle prestigieux a des positions singulièrement proches de celles du rival honni. Modèle, mais modèle à dépasser.

Commençons par la lecture suivie, avant de voir comment Du Bellay critique Dolet, et par là-même tous les clichés de la décennie 1540.

A. - *La maniere*... commence par une épître dédiée à « Monseigneur de Langei », c'est-à-dire à Guillaume Du Bellay. Notons d'abord l'effet d'écho avec l'épître qui ouvre la *Deffence*: en 1540 dédicace à Guillaume l'aîné (il meurt en 1543), en 1549 dédicace à Jean Du Bellay son second. Joachim ne se contente pas de s'inscrire dans son clan, tout se passe comme si il reprenait le flambeau de Dolet.

Que dit cette épître?

> Je n'ignore pas (Seigneur par gloire immortel) que plusieurs ne s'esbaissent grandement de veoir sortir de moy ce présent Oeuvre: attendu que par le passé j'ay faict, & fais encores maintenant profession totalle de la langue Latine. Mais à cecy je donne deux raisons. L'une, que mon affection est telle envers l'honneur de mon pais, que je veulx trouver tout moyen de l'illustrer. Et ne le puis myeulx faire, que de celebrer sa langue, comme ont faict Grecs, & Rommains la leur.

Premier point: tel Bembo en Italie le grand Dolet lui-même, cicéronien convaincu, s'est converti à la langue vernaculaire, en commençant certes par traduire du Cicéron en français (les Epîtres *ad familiares*). Deuxième point: il l'a fait pour « illustrer » la langue de son pays. Le verbe au titre de la *Deffence* n'a rien d'original, pas plus chez Dolet que chez Du Bellay. « Illustrer » est depuis longtemps lié à l'honneur national, depuis au moins le titre de Jean Lemaire, *Les Illustrations de Gaule et Singularitez de Troie* (1511-1513).

Poursuivons:

> L'aultre raison est, que non sans exemple de plusieurs je m'adonne à ceste exercitation. Quant aux Antiques tant Grecs, que Latins, ils n'ont prins aultre instrument de leur eloquence, que la langue maternelle. De la Grece seront pour tesmoings Demosthene, Aristote, Platon, Isocrate, Thucydide, Herodote, Homere. Et des Latins je produis Ciceron, Cesar, Salluste, Virgille, Ovide. Lesquelz n'ont delaissé leur langue, pour estre renommés en une aultre. Et ont mesprisé toute aultre: sinon qu'aulcuns des Latins ont apprins la Grecque, affin de scavoir les arts, et disciplines traictées par les Autheurs d'ycelle.

Ne se consacrer qu'à sa langue maternelle, c'est imiter les Grecs et les Romains, qui n'ont jamais rien fait d'autre – à cela près que les Romains ont appris le grec pour acquérir la philosophie et les savoirs techniques (les « arts et disciplines »). C'est le mouvement du chapitre I-10 de la *Deffence*, chapitre qui emprunte massivement à Speroni. Nous perdons les vingt ou trente premières années de notre vie à apprendre latin et grec, au lieu de nous consacrer à la langue maternelle. Mais, et sans contradiction, les derniers passages de ce même chapitre soulignent que le français peut acquérir « toutes les Disciplines » qui se trouvent dans les livres grecs et latins, à condition de les traduire d'abord. La philosophie et en général l'encyclopédie n'ont pas destin lié avec l'apprentissage du grec, et les Français peuvent faire comme les Latins, traduire pour transférer, pour acclimater.

Donc éloge des « Autheurs antiques illustrateurs de leur langue », comme le dit la manchette à la marge de droite dans l'édition de Dolet. Celui-ci en vient ensuite à l'éloge des modernes, eux aussi « illustrateurs »:

> Quant aux modernes, semblable chose que moy a faict Leonard Aretin, Sannazare, Petrarque, Bembe [= Bembo] (ceux la Italiens) & en France Budé, Fabri, Bouille [= Bovelles], & maistre Jacques Sylvius [en manchette: « Aulcuns Autheurs modernes illustrateurs de leur langue, tant en Italien, qu'en Francoys. »].

Pierre Fabri ou Jacques Dubois (Sylvius) ne sont certes pas cités par Du Bellay. Mais le mouvement général est clair. A une liste d'illustrateurs antiques répond une liste d'illustrateurs modernes. La *Deffence* retient plutôt l'analogie entre Antiquité et Italie moderne. Il manque au français des Démosthène et des Virgile, des Pétrarque et des Arétin.

Pour y parvenir il faut, dit Dolet, un « labeur » – thème essentiel de son *De imitatione ciceroniana* de 1535, en réponse au *Ciceronianus* d'Erasme:

> Doncques non sans l'exemple de plusieurs excellents personnages j'entreprends ce Labeur. Lequel (Seigneur plein de bon jugement) tu recepvras non comme parfaict en la demonstration de nostre langue, mais seulement comme un commencement d'ycelle. Car je say, que quand on voulut reduire la langue Grecque, et Latine en art, cela ne fut absolu par ung homme, mais par plusieurs. Ce qui se faira pareillement en la langue francoyse: & peu à peu par le moyen, & travail des gens doctes elle pourra estre reduicte en telle perfection, que les langues dessusdictes.

Le labeur de Dolet et le travail des doctes mèneront le français à la perfection. Nous retrouvons le thème « speronien » et d'abord cicéronien du progrès incessant de la civilisation, qui est cumulatif et en appelle donc à une pléiade de bons esprits. Des glands au blé, le développement est dû au travail individuel des meilleurs, l'agriculture étant elle-même le paradigme canonique de toute culture. Ainsi résumé par Dolet, ce thème est lié avec force à celui de la « réduction en art », formule et idée que reprendra la *Deffence*[1]. Réduire une langue sous forme d'art, c'est en première approximation la sortir de l'état de nature pour l'amener à l'état de culture. Dolet précise un peu plus loin, à propos de la quatrième règle de la *Maniere de bien traduire*, qu'il considère comme « langues non reduictes en art » le français, l'italien, l'espagnol, l'allemand, l'anglais « & aultres vulgaires ». Cela ne signifie pas à ses yeux qu'elles en soient incapables. C'est du moins

---

1 I-9, l.33-36: «Et qui gardera notz successeurs d'observer telles choses [pieds et nombres du latin], si quelques scavans & non moins ingenieux de cest aage entreprennent de les *reduyre en art*? »

ce que laisse entendre la table des matières de son *Orateur français*, qui comportera des traités de grammaire, orthographe, accents, ponctuation, prononciation. Les langues vulgaires peuvent devenir réglées, à force d'art: de technique. L' «artifice» est valorisé, tout comme les règles[1]. Il en va de même dans la *Deffence*. Aidé par Speroni, Du Bellay décrit les anciens Romains, en I-3, comme de bons agriculteurs de leur langue, qui savent transplanter et tailler. Grecs et Romains «sont plus diligents à la culture de leurs Langues que nous à celle de la nostre». C'est pour cela que le français n'a pas encore atteint la perfection du grec et du latin. Mais ce constat négatif montre aussi la voie pour atteindre la «perfection», maître mot dans la *Deffence* comme chez Dolet – parce que maître mot surtout, d'abord, de l'*Orator*.

La suite de l'épître de Dolet indique alors, comme au passage, un thème que Du Bellay traitera d'emblée, celui des Barbares:

> A ceste cause (Seigneur tout humain) je te requiers de prendre ce mien labeur en gré, & s'il ne reforme totallement nostre langue, pour le moyns pense, que c'est commencement, qui pourra parvenir à fin telle, que les estrangiers ne nous appelleront plus Barbares.

Le chapitre I-3 de la *Deffence* sur les Romains bons agriculteurs est de même précédé d'un chapitre véhément, «Que la Langue Francoyse ne doit estre nommée barbare». Le lien entre les deux idées est bien indiqué par la brève argumentation de Dolet. Le français est à présent une langue de barbare: il en reste à l'état de nature, une nature non «réduite en art», sans règles grammaticales ni beautés d'éloquence. Mais commencer à introduire des règles, à travailler, c'est se placer d'emblée dans un horizon de perfection. Le présent de barbarie est nié par mon petit «labeur», petit certes mais qui parle d'un futur de civilisation. C'est bien le mouvement de modestie que nous avons vu dans l'Avis au lecteur de l'*Olive*: «ce mien petit essay donnera occasion (...) à tant de bons esprits». C'est bien aussi ce futur récurrent de la *Deffence* qui irrite si fort le *Quintil*. Comme au passage, on trouve dans ce raccourci de Dolet une sorte d'origine à la confusion logique de I-2. Quand le français sera sorti de l'état de nature, c'est nous, Français, qui ne seront plus nommés des barbares. La *Deffence* en déduit qu'il faut montrer que les Français ne sont en rien des barbares, dès à présent, à preuve

---

1 On peut donc faire remonter à Dolet le plaidoyer de la *Deffence* pour les langues «curieusement reiglées» (I-1, l.21) et plus encore l'affirmation que «nostre Langue n'est tant irreguliere qu'on voudroit bien dire» même si elle n'est pas «si curieusement reiglée» (I-9, l. 21): le français a en fait des règles, au moins de conjugaison, et a même moins «d'heteroclites & anomaux» que le grec et le latin (l. 23). C'est précisément juste après ces considérations grammaticales que surgit la formule de la «réduction en art» (l. 36).

la « civilité de meurs, equité de loix, magnanimité de couraiges »: ce qui en soi, comme le souligne ironiquement le *Quintil*, n'a rien à voir avec la question de la langue elle-même.

La fin de l'épître de Dolet insiste sur l'idée de perfection. Pour lui qui songeait à écrire un *Orateur français*, cette idée ne peut que renvoyer à l'*Orator* de Cicéron, en quête de l'*orator perfectus*:

> Te soubvienne aussi en cest endroict, qu'il est bien difficille, qu'une chose soit inventée, & parfaicte tout à ung coup. Parquoy tu te doibs contenter de mon invention, & en attendre ou par moy ou par aultres la parfection avec le temps. Joinct aussi, qu'en choses grandes, & difficilles le vouloir doibt estre asses. [Suit l'éloge de Guillaume Du Bellay.]

A cette dernière formule fait écho la chute du chapitre II-11 de la *Deffence*: « je penseray avoir beaucoup fait, si je leur ay donné *bonne volunté* ». Dolet ou Du Bellay, dans les deux cas, montrer la perfection, la donner à désirer, c'est bien le propos même de l'*Orator*. Cicéron y décrit non pas ce qu'est l'éloquence parfaite, mais ce qu'elle devrait être. A la perfection on ne saurait atteindre d'un coup. Mais un grand pas est fait quand on veut l'atteindre. Car aussitôt l'état présent est vu comme une situation imparfaite, en manque d'achèvement: « Nous ne touchons pas le but, mais nous voyons ce qu'il convient de viser » (*Or.* 104). Démosthène peut et moi Cicéron je veux, ce qui est déjà un résultat: « *illum posse, nos uelle* » (*Or.* 105).

Le tout début de l'*Orator* lie donc de même perfection et vouloir, sur un ton que reprend Dolet le cicéronien, et plus encore la *Deffence.* Si je dessine les traits de l'orateur idéal, je crains, dit Cicéron,

> de ralentir l'ardeur, le zèle, *studia*, de bien des gens, qui paralysés par le découragement, *desperatione*, ne voudront pas tenter ce qu'ils n'ont pas confiance de pouvoir atteindre. Mais à tous ceux qui ambitionnent des choses grandes et hautement désirables, *qui res magnas et magno opere expetendas concupierunt*, il convient de tout essayer. (...) C'est pourquoi il n'y a pas de raison que l'espoir de ceux qui se sont adonnés à l'étude de l'éloquence soit brisé ou que baisse leur niveau d'activité, *aut languescat industria*: car au meilleur même il ne faut pas désespérer d'atteindre, et dans les choses excellentes grandes sont celles qui se rapprochent le plus des meilleures. (*Orator*, § 3-4 et 6)

« En choses grandes et difficiles le vouloir doit être assez »: la maxime sur laquelle conclut Dolet résume le mouvement de l'*Orator*. Cela résume aussi celui de la *Deffence*, qui paraphrase directement ce passage de Cicéron (à II-5, l. 53). Dans l'avis au lecteur qui termine la *Deffence*, lorsque Du Bellay veut s'excuser de sa brièveté sur un sujet aussi considérable, il le fait encore en invoquant son « bon vouloir »: « (vouloir dy-je) qui aux plus grandes choses a tousjours merité quelque louange ». C'est comme un ultime écho de la problématique sommaire qu'a dressée Dolet. Enrichir le français est une noble entreprise: à cœurs qui veulent rien d'impossible – à cœurs vaillants et surtout travaillant. Même s'ils ne parviennent pas à la perfection, il faut les louer de vouloir y parvenir.

En lisant ainsi Dolet avec un œil sur la *Deffence*, on a le sentiment que Du Bellay se sent justifié dans sa démarche. L'épître liminaire de *La maniere de bien traduire* lui donne une sorte de scénario de base, un canevas. Que ce canevas soit lui-même justifié par une référence latente à l'*Orator* est un atout supplémentaire. Dolet comme modèle renvoie à un modèle encore plus prestigieux, Cicéron. En relisant son aîné Du Bellay retrouve de l'intérieur l'inspiration qui anime l'entreprise de Dolet. Car celui-ci annonçait précisément qu'il allait publier un *Orateur français*. Le livre que ce titre annonçait n'a jamais vu le jour – Dolet meurt sur le bûcher en 1546. La *Deffence*, qui cite ce titre à la toute fin de son premier livre, sera pour la seule poésie l'équivalent de cet *Orator* en français et pour la prose française que Dolet avait promis. Du Bellay est le poète qui va donner, à défaut, un Art poétique, lui-même tout pétri de références à l'*Orator* cicéronien. Il n'est donc pas pour surprendre que la *Deffence* reprenne l'essentiel des arguments de *La maniere de bien traduire*.

Mais le modèle prestigieux est aussi critiqué, au nom précisément de l'*Orator*. Le « père » Dolet est dépassé par celui qui se présente comme son fils spirituel. La critique reste implicite, parce que Du Bellay a besoin du grand nom de Dolet pour justifier sa propre entreprise. Elle ne fait pourtant guère de doute. Sur le fond, le combat de Dolet est plutôt celui de Sébillet. L'héritier légitime de *La maniere*... de 1540, c'est l'*Art poétique françois* de 1548, lequel se réfère tout autant que Du Bellay à Horace et à Cicéron – au *De Oratore*, il est vrai, plus qu'à l'*Orator*.

B. - Le problème qui se pose en effet à Du Bellay est que les propos de Dolet sont de véritables clichés de ces années 1540. Il suffit pour s'en convaincre de feuilleter le recueil de textes très utile qu'a donné Claude Longeon, *Premiers combats pour la langue française*. De « l'illustration » au refus de voir le français qualifié de « barbare », à peu près tous les thèmes qu'enchaîne Dolet sont présents chez un peu tout le monde, avant même la *Deffence*. Dire que Du Bellay reprend à Dolet reviendrait donc à dire que la *Deffence* n'a rien de très original. L'*Art poétique françois* de Sébillet reprend lui aussi à ce fonds commun. Lui aussi a lu Dolet. Essayons de situer où est la différence d'accent.

Claude Longeon cite un poème anonyme qui circulait dans les milieux parisiens vers 1542[1]. On croirait lire en vers cinq des six arguments de Dolet, et donc ceux de la *Deffence*:

> (i) Il faut «user de mots français» puisque nous sommes en France (v. 16-17) et ainsi «illustr(er) la langue maternelle» (v. 73): c'est le premier argument de Dolet, quitter le latin pour illustrer la France.
> (ii) On doit donc «les arts en beau français donner, [et ainsi] la France endoctriner» (v. 29-30), avec l'exemple de Cicéron qui a lui-même traduit en latin la philosophie grecque: deuxième argument, sur les arts et disciplines, avec le même corollaire que chez Du Bellay ou Speroni, le gain de temps (v. 100-130).
> (iii) Mais du reste une entreprise collective de traduction du latin et du grec a déjà commencé: «tous bons esprits» se sont mis à traduire, voilà déjà «le commencement» (v. 62 et v. 57). C'est l'équivalent du troisième argument de Dolet, mon petit «labeur» est le prodrome d'un travail collectif qui se met peu à peu en place. L'anonyme de 1542 ajoute, en jouant sur le verbe «labourer» (v. 160), que nous «serons désormais diligents/A cultiver, comme les autres gens,/Notre langage» (v. 175-177), tout comme la *Deffence* fait honte aux Français des Grecs et Romains «plus diligens à la culture de leurs langues que nous à celle de la nostre» (I-3, l. 52).
> (iv) De ce labeur ou labour sortira à terme la perfection, le français «sera plus parfait,/Plus abondant, fertile et copieux/Que ce latin ou ce grec odieux» (v. 162-164): c'est le quatrième argument de Dolet.
> (v) Il ne manque même pas l'appel au vouloir, quoique moins nettement cicéronien (v. 67-68): «Nobles esprits, qui vous faites valoir,/Dieu vous maintienne en votre bon vouloir!».

Au total, l'anonyme ignore seulement la thématique du français langue barbare, laquelle se retrouve aisément dans d'autres textes de l'époque.

La série d'arguments que Du Bellay reprend à Dolet est donc reproductible: prévisible et sans surprise. Cela tient évidemment au fait que l'anonyme comme Dolet défendent une même cause, celle de la traduction du grec et du latin. Traduire se dit en termes de conquête, de reconquête. C'est le thème de la *translatio imperii* par la *translatio studiorum*. François Ier sera le nouvel empereur romain, «des humains le monarque» (v. 188), grâce au noble labeur de tous ses traducteurs. Tout ce que la France compte de bons esprits doit donc se mettre au travail. « Illustrer », rendre le français plein de « lustre », ce verbe est le drapeau commun derrière lequel se rallier. Autrement dit, la noble entreprise tient de la planification étatique. C'est la raison profonde qui explique et légitime la répétition à l'identique de tous ces arguments pendant la décennie 1540. Le roi lui-même a commandité un vaste plan de traductions tous azimuts.

---

[1] A ses pages 108-116: il est resté manuscrit jusqu'en 1965 (Longeon modernise la graphie).

Dans ce contexte d'ardeur nationale, le lien qui va de Dolet à Sébillet est tout à fait logique. Lorsque l'*Art poétique françois* évoque en 1548 la traduction, le mot *illustration* lui vient naturellement sous la plume. Avec le mot c'est toute l'idée du labeur collectif, qui petit à petit verra grandir la gloire du français:

> Les versions pareillement des bons et anciens auteurs, faites par Macaut et Jan Martin, et autres telz gentilz espris, qui s'éveillent d'heure à autre en l'illustration et augmentation de notre langue françoise, peuvent beaucoup faire a la copie du futur Pöéte: et a l'usage des mots, qui pour leur novation sembleroient autrement rudes[1].

La traduction servira la « copie », c'est-à-dire la *copia*. Ce dernier mot signe l'ambition tout aussi cicéronienne que celle de Dolet ou de Du Bellay. La *copia* désigne ce moment glorieux où le français aura atteint la dignité du latin. Pour une entreprise aussi haute il faut un haut vouloir, et Sébillet s'adresse comme l'*Orator* à ceux qui sont pleins de zèle ou *studium*, « aux jeunes *studieus*, & encor peu avancéz en la Poésie Françoise » (page de titre de l'*Art poétique françois*).

Par rapport à Sébillet, Du Bellay ne récuse pas la traduction des livres techniques, des « arts et disciplines ». Cette traduction-là consiste à transférer en France l'encyclopédie philosophique et scientifique, et ainsi à s'enrichir du fabuleux butin que représentent les technologies des Anciens. D'autre part, il vise lui aussi la *copia*, ce «copieux» que le français n'atteint pas encore. Mais en même temps il défait le lien entre traduction et enrichissement. La traduction n'est recommandée par la *Deffence* comme « utile & necessaire » que pour ces « autres parties de Literature » qui relèvent de l'encyclopédie (début de I-10). Elle n'est pas recommandée pour les poètes et orateurs qui font « profession de bien dire », qui écrivent ce que nous identifions aujourd'hui comme de la littérature. Le «poète futur » de la *Deffence* (début de II-4) fait écho au «futur Pöéte» de Sébillet. Mais la reprise ne sert qu'à marquer la différence. L'orateur ou le poète qui veut enrichir le français ne doit pas traduire l'Antiquité ou les Italiens, mais les imiter.

Cette position revient à mettre un bémol au bel unanimisme qui, de Dolet à Sébillet, soutient la noble entreprise de traduction, planifiée par François Ier. Le chapitre I-10 dit oui aux traductions scientifiques, en reprenant sans cesse les formulations de Speroni: oui, on peut voir renaître « de nostre tens des Platons & des Aristotes», parce que philosophie et science tiennent aux « choses » ou *res*, leurs mots d'origine peuvent et

1 I, 4, éd. Gaiffe, p. 31-32 (en Livre de Poche, p. 61).

doivent être traduits. Mais le chapitre suivant, I-11, dit non aux traductions littéraires, en s'appuyant encore sur Speroni, et aussi sur la préface en prose de Peletier à sa traduction de l'*Ars poetica* d'Horace. On ne verra pas de notre temps des Virgile et des Cicéron en se contentant de les « transcrire », de décalquer leurs hémistiches ou leurs phrases (I-11, l. 27). Transcrire n'est pas imiter, en littérature les mots sont tout. Au contraire des sciences, ici les mots d'origine ne peuvent et ne doivent pas être traduits. Du Bellay ne nie pas la noble entreprise nationale de traduction, il souligne ses limites pour la réorienter. Français, encore un effort si vous voulez être vraiment à la hauteur des Anciens – ou des Italiens.

J'ai supposé que Du Bellay raisonnait sur *La maniere de bien traduire* de Dolet. Au fond, la question à laquelle tente de répondre la *Deffence* sort de ce titre. Qu'est-ce que « bien » traduire? Bien traduire les savants et les philosophes, c'est transcrire leurs mots pour accéder de façon aisée aux « choses », aux *res*, savoir et idées: le temps libéré permettra de commencer là où ils se sont arrêtés, au lieu de passer sa vie à retrouver leurs résultats. Bien traduire les orateurs et les poètes ne peut se décrire de la même façon, leurs œuvres ne sont pas des points de départ mais un aboutissement indépassable. Bien les traduire ne saurait être les transcrire, mais les « imiter »: reconquérir de l'intérieur le processus par lequel ils ont produit leurs œuvres, donc ne pas s'appuyer sur leurs propres mots. Une telle reconquête est si précieuse que, en retour, elle définit de façon restrictive le programme des auteurs à imiter. Si le but est de voir renaître des Virgile et des Cicéron français, le moyen d'y parvenir est décrit de façon doublement négative: ne pas transcrire mot à mot les auteurs latins; ne pas imiter les poètes français, parce qu'ils ne sont pas des Virgile. Quoi que laissent entendre ses admirateurs, dont Sébillet, Marot n'est pas Virgile, il l'a dit lui-même: « Marot je suis, et Maro ne suis pas ». Du Bellay exclut les Français de son programme de travail dans le même mouvement par lequel il en vient à exclure la traduction des étrangers. En d'autres termes, c'est en réfléchissant sur Dolet et la traduction que Du Bellay a aperçu ce qu'il entendait, lui, par la manière de « bien » imiter.

L'admiration pour Dolet n'empêche pas ainsi un droit d'inventaire critique. L'héritier fidèle, c'est Sébillet. Mais on ne peut plus continuer comme cela, et il est désormais légitime d'être infidèle à Dolet, pour être plus fidèle que lui à Cicéron. La *Deffence* se présente comme une réorientation du programme de travail proposé à tout le pays. Cela rend compte à la fois de sa facilité à récupérer le credo précédent et de la façon polémique qu'elle a d'y apporter sa marque distinctive. Cela rend compte aussi de l'énergie qu'elle y met, de sa position de supériorité, de son ton tranchant. Pour réorienter tout un programme de travail et de recherches, pour signifier que la décennie 1540 a fait fausse route, il faut entrer dans un rôle de grand patron, dans un vêtement à la taille du grand Dolet. Même et surtout quand il s'agit d'aller plus loin que lui; de prendre à rebrousse-poil toute l'opinion des lettrés; de heurter de front tout ce à quoi tendaient leurs efforts. Le ton décidé de la *Deffence* est à proportion de la consistance même du projet précédent, qui était jusqu'à Sébillet inclus l'avant-garde. Vouloir être à la hauteur des Anciens, c'était bien. Il serait temps de pouvoir. Et la solution passe, encore et toujours, par l'*Orator*, que Dolet en fin de compte a mal lu, tout comme Bembo avant lui.

En lisant Dolet, nous avons nous-mêmes progressé dans la compréhension du nœud problématique de la *Deffence*. La lecture du seul avis « Au lecteur » de l'*Olive* pourrait aisément faire sourire. Du Bellay y ressemble un peu trop à l'image caricaturale du blanc-bec, image que le *Quintil* est trop heureux de lui renvoyer. Le poète y déploie une stratégie d'adolescent: se poser en s'opposant, revendiquer comme force ce qui est sa faiblesse (l'identification au seul sonnet copié de Pétrarque), enfermer ses aînés dans le rôle d'une arrière-garde, grincheuse parce que dépassée. Ce tableau simple et efficace peut paraître satisfaisant, pour peu qu'on le mâtine de psychanalyse[1]. Mais même ainsi, il présente un inconvénient majeur, celui de sous-estimer l'adversaire. Il suffit en effet de modifier un point pour changer toute la perspective. J'avais conclu que Du Bellay attaque une *doxa* constituée de façon *ad hoc*, pour mieux faire briller sa nouveauté comme « paradoxe ». Au point où nous sommes parvenus, ce terme de *doxa* serait maintenant trompeur, si nous entendons par là la masse indistincte des opinions courantes, le consensus dominant mais mou. Les adversaires qu'affronte Du Bellay ont effectivement de la consistance, ils représentent une masse puisque c'est à peu près tout le monde, les doctes soudés derrière le roi. Mais loin d'être amorphes, ils ont une pensée parfaitement articulée, fondées sur des conceptions raisonnées et raisonnables, sur un argumentaire serré propre à convaincre les décideurs et autres bailleurs de crédits de recherche. Ils sont une avant-garde militante, pas une masse moutonnière paresseusement entichée de Marot. Autrement dit, c'est Du Bellay qui fait comme si ils étaient une *doxa*, l' « Ignorance » personnifiée, alors que ce sont des doctes, des savants intelligents. Il fait comme si ils étaient des Anciens dépassés, tandis que lui et les siens représenteraient les Modernes et l'avenir. En réalité, l'affrontement entre Sébillet et Du Bellay est un affrontement

1 De ce point de vue-là, on lira avec profit Margaret W. Ferguson, « The Exile's Defense of this Native Language », p. 18-53 de son *Trials of Desire*..., qui fait brillamment le lien entre le terme de « deffence » et le concept psychanalytique de défense.

entre Modernes. C'est une avant-garde contre une autre: pensée contre pensée.

L'intérêt de la lecture de l'*Orator* n'est donc pas seulement de comprendre ce que Du Bellay a compris de Cicéron. Il s'agit aussi, au-delà, de reconstituer ce qui reste peut-être pour nous le plus incompréhensible: la cohérence de la pensée de ces autres Modernes dont il cherche à se distinguer. A terme, nous verrons que cette pensée s'appuie sur le même concept que Du Bellay, celui de jugement ou *iudicium*. Le problème est qu'elle ne l'envisage pas de la même manière. Cette proximité oblige évidemment Du Bellay à creuser sa différence, à aller jusqu'au bout de son raisonnement, à se découvrir à force d'attaquer et de se défendre. Le rival trop proche et trop fort pousse à la surenchère: non pas stratégie naïve d'adolescent, mais consistance de la concurrence.

III. L'*ORATOR* DE CICÉRON

Face à tout ce que pense la décennie 1540, la marge de manœuvre de Du Bellay est étroite. Sa position se résume à un seul point. La création d'une grande littérature nationale passera par l'imitation des seuls auteurs étrangers. Cet énoncé positif est redit négativement par la règle d'un *ni... ni...:* ni traduction des étrangers, ni imitation des nationaux. Si l'on veut un Virgile français, il ne faut ni traduire l'*Enéide* en décasyllabes, ni prendre ses modèles chez Marot.

Tranchée et tranchante, cette position est limpide. Le problème est de parvenir à l'ériger en absolu, de maintenir qu'elle est *la* ligne de partage, que hors de là point de salut. Si Du Bellay ne l'avait pas ainsi radicalisée, ce serait une proposition parmi d'autres dans le débat de son temps sur les meilleurs moyens d'enrichir le français – une suggestion, pas une réorientation brutale. Tout le problème de Du Bellay se réduit donc à ceci, et c'est également limpide: il lui faut prouver que sa solution est exclusive de toute autre. Etre Virgile, ou rien. Les moyens de cette preuve, il les trouve dans l'*Orator*.

Si le problème est clair, la pensée de Cicéron, elle, est singulièrement complexe. Ici l'ouvrage auquel se réfère Du Bellay ne lui donne pas un canevas schématique, mais un scénario complet, riche d'indications et d'implications. Autant donc j'ai pu être rapide sur *La maniere de bien traduire*, autant il nous faut nous étendre sur tout ce que la *Deffence* doit à l'*Orator*. La tâche est compliquée par le fait que l'*Orator* est apparemment une « marqueterie » de pièces et de morceaux, tout comme la *Deffence*. L'œuvre de Cicéron ne donne pas au lecteur moderne « l'impression d'un tout organisé et logiquement construit »[1]. Mais il faut savoir dépasser ce genre d'impression. Pour être complexe, la pensée de Cicéron est parfaitement ferme. Elle l'est dès lors qu'on accepte de se plonger dedans, qu'on en perçoit les enjeux polémiques, bref qu'on la lit en se l'appropriant. Par là-même nous remettrons nous aussi nos pas dans ceux de Du Bellay, et en général dans ceux d'un lecteur ruminant à la mode du XVIe siècle. Car en écrivant la *Deffence*, Du Bellay pratique déjà le type d'imitation qu'il recommande pour la poésie. Il « imite » l'*Orator* en ce sens qu'il nous en donne sa lecture longuement méditée: puissante, personnelle, repensée de l'intérieur.

Comme introduction à l'*Orator*, nous pouvons nous servir de la seule phrase vue jusqu'ici, celle qui attaque les néo-Thucydidiens, reprise dans l'avis au lecteur de l'*Olive* de 1549. Elle vaut programme et plan de bataille. Après les glands, le blé: après eux, nous. Après Thucydide grand mais imparfait, la perfection de Démosthène, et de nous, Cicéron. Après Ennius et les anciens poètes latins, Virgile qui les accomplit. L'idée de perfection va de pair avec celle d'un progrès continu. Elle a logiquement pour visée ultime la perfection suprême, l'idéal du poète ou de l'orateur *perfectissimus*. Dans pareil contexte, louer les prédécesseurs d'avoir déjà été grands rejaillit sur nous leurs successeurs. Si Thucydide, si Ennius étaient déjà très avancés dans la voie de la perfection, Cicéron et Virgile sont au plus près du perfectissime. Eux c'était bien, nous c'est mieux, et même le *nec plus ultra.* Et ce qui fait passer au summum absolu, ce sont les fameux « nombres » ou *numeri* dont Meerhoff a souligné l'importance cruciale. Fameux et, pour nous, mystérieux. Pour comprendre l'enjeu qu'ils représentent, pour voir qu'ils sont le critère de différenciation entre le presque parfait et le perfectissime, il nous faut en effet admettre que Thucydide est une perfection moindre. Thucydide, ce serait le stade des glands: voilà qui est pour nous un peu dur... à avaler, et ce d'autant plus que nous n'avons pas désormais d'admiration éperdue pour Cicéron ou Virgile, qui sont les héros de Du Bellay.

Cette réserve n'empêche pas de deviner d'emblée tout le profit polémique que la *Deffence* peut tirer d'un tel schéma progressiste. Il lui suffit de remplacer les noms d'auteurs anciens par ceux d'auteurs de son temps. On pourra alors apparaître soi-même comme le *nec plus ultra*, comme la clé de voûte qui donne sens à tous les efforts précédents, qui les accomplit en les intégrant. Lemaire, Scève et Marot, et même Saint-Gelais, étaient déjà très grands. Moi et mes amis, ce sera mieux, parce que nous savons, nous, ce que

1 Albert Yon dans son édition de l'*Orator* en « Budé », p. XV et XVII. De façon générale, je reprends sa traduction, modifiée parfois ponctuellement en tant que de besoin; assez souvent, j'emprunte aussi à la première traduction française de l'*Orator*, celle de l'abbé Colin en 1737 (dont Albert Yon souligne d'ailleurs l'intérêt, à sa p. CCII).

sont les « nombres ». Notre poésie est et sera nouvelle parce qu'elle est et sera « nombreuse ».

En première approximation, l'*Orator* permet ainsi à Du Bellay de se situer par rapport à Marot. Or le cas Marot peut être référé à deux des auteurs que nomme Cicéron. Le dispositif de l'*Orator* est foncièrement bipartite, et s'intéresse presque uniquement à la prose. Ennius, à lui tout seul, vaut emblème du passé que les poètes doivent dépasser. Du côté de la prose, Cicéron dédouble pour ainsi dire Ennius en deux auteurs, Lysias et Thucydide. Il en résulte que le Marot de la *Deffence* est à la fois l'Ennius et le Lysias de l'*Orator*. Reste à identifier l'équivalent français du Thucydide que Cicéron à la fois loue et démolit. Cette énigme sera levée chemin faisant. Il suffit ici d'avoir souligné en commençant que Marot n'est que l'une des cibles de la *Deffence*, la mieux repérée par la critique moderne.

Le cas Marot suffit aussi à décrire à grands traits la lecture que fait Du Bellay de l'*Orator*. Celle-ci s'organise autour de trois concepts. On peut les décliner dans l'ordre *h, i, j. H* comme hiérarchie; *i* comme imitation; *j* comme jugement. Marot est grand, mais pas le premier; il n'est pas imitable; donc tous ceux qui pensent en l'imitant arriver au sommet montrent par là-même leur manque de jugement. De ces trois concepts, ce sera évidemment l'imitation qui nous retiendra le plus longuement. C'est là que nous pourrons traiter des mystérieux « nombres », et proposer du coup une identification pour le Thucydide français. A la fin, nous retrouverons le problème encore plus fondamental du jugement. Du Bellay ne pense pas ce concept comme les Modernes que sont Sébillet et, surtout, Melanchthon. C'est donc le jugement ou *iudicium* qui est la véritable ligne de partage, de fracture, entre deux visions, Modernes contre Modernes. Du Bellay pense triompher parce qu'il est armé des nombres, parce qu'il a « vu » grâce à eux ce que ses adversaires n'arrivent pas à voir. Il a lui des oreilles pour « entendre » une poésie nombreuse qui n'existe pas encore.

Ses adversaires ne voyant et n'entendant rien le prennent pour un dangereux illuminé, et le plus souvent la critique moderne, tout aussi sourde, abonde dans ce sens. Même Meerhoff considère que l'idéal de nombres en français est fumeux. Il n'en est rien. Du Bellay a véritablement été prophète: illumination de la langue française. Nous ne nous en rendons pas compte parce qu'il s'exprime en apparence avec le style amphigourique des prophètes. Mais cette apparence n'est qu'un effet de la lecture de l'*Orator* par Du Bellay, lequel vaticine en latin sur des problématiques qui ne sont plus les nôtres. Pour lever l'apparence de phébus, il suffit donc d'interpréter en français ce qu'a dit cette étrange Pythie. On reconquerra ainsi l'admiration perdue pour les héros des nombres que sont Cicéron et Virgile. Pareille admiration n'est autre que celle pour le français classique, qui n'existait pas encore, et qui n'existe plus.

A. Hiérarchie

Jean Lecointe a fortement montré l'importance que revêtent les palmarès littéraires, de l'Antiquité au XVIe siècle. Donner la palme, établir une hiérarchie, c'est constituer en système complet ses jugements de valeur. Une hiérarchie permet de mettre ou remettre chacun à sa place, à ce que l'on considère comme sa juste place. Examinons dans l'ordre la hiérarchie que proposent Sébillet, l'*Orator* et enfin Du Bellay.

1. - Pour l'*Art poétique françois* de 1548, un premier sommet de l'échelle est Marot. Sébillet déclare que Marot et Saint-Gelais sont non des rimeurs ignorants mais de « divins pöétes »[1]. Parmi les « Pöétes françois », le novice en poésie lira donc et « suivr(a) pas a pas comme l'enfant la nourrice » « Marot, Saingelais, Salel, Heroet, Scéve »[2]. Ces cinq poètes français ne sont pas eux-mêmes donnés comme des sommets absolus, puisqu'ils imitent souvent un auteur latin de l'Antiquité lui-même imitateur d'un Grec. Pour l'ode par exemple, au lieu d'en donner les règles, Sébillet renvoie aux « patron(s) » que sont Pindare et Horace. Pour le français il renvoie à Saint-Gelais, « qui en est Autheur tant dous que divin », avec pour exemple une ode amoureuse[3]. Même mouvement pour la bucolique ou églogue. Théocrite est le « patron » des *Bucoliques* de Virgile; celui-ci est le « moule » d'où « Marot et les autres Pöétes François ont pris la forme dés siennes: et tous lés trois sont l'exemplaire que tu y dois suivre »[4]. Pindare-Horace-Saint-Gelais pour l'ode, Théocrite-Virgile-Marot pour la bucolique: Sébillet préconise une imitation pour ainsi dire multiple, démultipliée. L'échelle est un *gradus ad Parnassum*, une façon graduelle de monter aux sommets poétiques, en s'appuyant sur chacun des échelons, degrés ou « grades », *gradus*.

En termes de hiérarchie, c'est une sorte de déclinaison, de *continuum*. Le sommet de l'échelle est aussi le premier dans le temps. A un Grec succède un Latin auquel succède à son tour un Français. L'avantage de ce système est de ménager par avance une place, sa juste place, au poète débutant. Il entrera dans la carrière quand ses aînés n'y seront plus, et il y trouvera « la trace de leurs vertus ». Il pourra ainsi mettre ses pas dans les leurs. Sa place est certes

---

1 Fin de I-2; Gaiffe, p. 20; Livre de Poche, p. 56.

2 I-3, pp. 26-27 ou p. 59.

3 II-6, p. 148 ou p. 125.

4 II-8, p. 159 ou p. 131.

la dernière, mais cela n'a rien d'infamant. Car il s'agit d'une échelle non de valeur mais de temps. L'angoisse de surpasser ses aînés n'existe pas avec le système de Sébillet. Chaque génération a la possibilité toute naturelle de faire partie des meilleurs, de devenir, dès Saint-Gelais, « divin », et ce sans attendre d'être au niveau de Moïse, « premier divin Pöéte »[1]. Il ne saurait donc y avoir de conflit de générations. La juste place de successeur permet de ne pas avoir à mépriser les prédécesseurs immédiats. En fait de palmarès, il y aura des palmes pour tout le monde. C'est une hiérarchie dédramatisée parce que bien ordonnée. Elle est consensuelle, elle permet de distribuer des compliments à chacun. Pour reprendre le sous-titre de Lecointe, chacun peut donc y exprimer une forme de personnalité, à condition évidemment d'être conscient de ses limites: de sa place.

2. *Le système hiérarchique de l'*Orator

Son point commun avec Sébillet est l'accent mis immédiatement sur la perfection. Sébillet pose d'emblée que perfection vaut divinité, dans tout son premier chapitre. Sa première ligne parle de « divine perfection »: les poètes sont « enfans dés dieuz »[2]. Pour Cicéron de même, la question est de savoir quel est le genre d'éloquence le plus parfait, quel est le « summum » perfectissime: « *quod eloquentiae genus* (...) *summum et perfectissimum* » (§ 3). L'un et l'autre recherche l'excellence. Ce mot typiquement hiérarchique est au titre du premier chapitre de Sébillet, et il est récurrent dans tout l'*Orator* – comme, à son imitation, dans la *Deffence*.

Mais ces éléments communs ne font que souligner la différence du reste. Cicéron continue en semblant chanter le même air consensuel que Sébillet. Il y aura de la place pour tout le monde, selon la formule « chacun dans son genre »: parmi les poètes, « pas seulement pour Homère, Archiloque, Sophocle ou Pindare, mais pour ceux qui viennent en second ou même en troisième, *uel secundi uel etiam infra secundos* » (§ 4)[3]. « Notre admiration pour les plus grandes œuvres ne nous empêche pas de goûter néanmoins celles de second ordre, *inferiora* » (§ 5). On le voit, le vocabulaire du classement apparaît déjà avec insistance. Les seconds sont des inférieurs, et les troisièmes ne sont nommés que par la périphrase « ceux qui sont après les seconds ». Ce qui compte clairement, c'est la première place, la place de « prince », le « principat » – mots formés sur *primus*. Il faut être celui qui

1 I-1, p. 11 ou p. 52.

2 I-1, p. 7 ou 51; p. 9 ou 52.

3 *Cf.* la traduction-glose de l'abbé Colin. Homère, ... Pindare « occupent chacun dans leur genre le premier rang » (pour: *non Homero soli locus est*; *locus* = place chacun dans son genre); « toutefois on peut avec honneur, remplir après eux le second & même le troisiéme ».

aspire au premier rang de l'éloquence, « *qui eloquentiae principatum petet* » (§ 56)[1]. Ne pas y arriver n'est certes pas un déshonneur: « quand on vise au premier rang il est honorable de se placer au second ou au troisième » (§ 4). Mais enfin les médailles d'argent ou de bronze sont des prix de consolation, par défaut. Quand on est un champion, on ne vise que l'or. Avoir de la personnalité, ce n'est pas ici reconnaître ses limites et rester à sa place, c'est aspirer, comme tous les autres, à être le premier.

Après le ton consensuel et les domaines où il y a de la place pour tous, poésie, philosophie, peinture, Cicéron souligne alors très vite sa différence radicale. En matière d'éloquence, « chez les orateurs, du moins chez les Grecs, il y en a un qui excelle entre tous »: c'est Démosthène (§ 6). La formule « chacun en son genre » n'a plus cours ici, pour la bonne raison que l'éloquence est un genre à elle toute seule. Le bref *Du meilleur genre d'orateurs* enfonce le clou. Si la poésie est multiple, l'éloquence est une. A partir du moment où on cherche l'orateur parfait, « ceux qui s'en éloignent n'en diffèrent pas en genre, ils ne sont pas au même niveau, *non sunt pares* ». C'est une différence en termes de degré, « *gradus* ». En un mot comme en cent, « personne n'est orateur, qui refuse de ressembler à Démosthène »[2]. Démosthène lui-même n'est médaille d'or que parce qu'il a visé au plus haut, au-delà de tout modèle humain. Il a eu les yeux sur une certaine « Idée » platonicienne de la perfection (*Or.*, § 9-10). La perfection absolue n'est pas de ce monde, ce qui permet de critiquer les défauts de Démosthène lui-même, au nom précisément de cet absolu inaccessible et invisible.

On pourrait penser qu'en fait de hiérarchie, ce système est une machine à produire des exclus et des aigris. Ce serait là le point de vue actuel, c'est-à-dire démocratique. Nous sommes devenus sensibles au fait que compétition rime avec sélection, et non avec noble émulation. La beauté de la chose était pourtant dans son autre façon d'inclure, par la tension et le désir. Il y a différence de classement, mais unité d'aspiration. C'est le thème du *studium*, « étude » c'est-à-dire ardeur au travail. « Nous sommes tous par la gloire enflammez » (*Deffence*, II-5, l. 69). Tous n'ont d'yeux que pour le sommet visible de la hiérarchie, ici Démosthène. Et comme Démosthène n'a en fait d'yeux que pour un idéal invisible, tous en le regardant regardent l'idéal. Ils ne le voient pas face à face, mais par réfraction, de façon médiate: le type humain est l'image visible de l'archétype divin, invisible[3]. A cette unité par la base répond une unité par le sommet. Le sommet humain de la hiérarchie

---

1 Et « celui que nous plaçons au premier rang, *quem principem ponimus* », ce sera l'orateur du style haut (§ 99).

2 *De optimo genere oratorum*, § 3, 4 et 6.

3 Pour un développement de ce point, je me permets de renvoyer à mon article « De la rhétorique à la création... ».

est lui aussi unifiant en ce qu'il est « récapitulatif », selon le terme de Lecointe. Le prince, sommet de la pyramide sociale, récapitule, inclut tous les éléments qui lui sont inférieurs. Il en va de même pour le prince de l'éloquence. Démosthène possède au plus haut degré chacun des trois styles, le haut, le moyen, le simple (§ 23).

Si la hiérarchie par tension et désir est donc bien un système d'inclusion, l'olympisme moderne peut affirmer sans rire que l'important y est moins de gagner que de participer. Non pas faire de la figuration mais communier dans un même idéal. On ne devient médaille d'or qu'en regardant tous vers le sommet, au-delà même de la performance humaine du champion en titre. La perfection est un horizon qui recule indéfiniment. Le ton général est alors à l'exaltation passionnée. Vu depuis la base, aucun champion en puissance ne doute « qu'il ne soit possible de se faire le plus grand » et qu'» il est plus aisé d'être supérieur, que d'être égal »[1]. Vu d'en haut, depuis le sommet qu'est la médaille d'or, le champion se reconnaît au fait qu'il a toutes les qualités des uns et des autres, par exemple la tête de la médaille d'argent et les jambes de la médaille de bronze[2].

Avec cette vision de la hiérarchie intégrante, où l'essentiel est la place de premier, Cicéron n'a que faire des considérations graduelles et consensuelles. Pour parvenir au sommet, il ne sert à rien de gravir les barreaux intermédiaires de l'échelle. On ne fera pas partie des meilleurs en imitant les seconds ou les troisièmes. La logique de la valeur ne connaît ni succession temporelle ni préférence pour les auteurs nationaux. Elle a la rudesse d'un sélectionneur sportif de haut niveau. L'intégration par le haut se double nécessairement d'une élimination par le bas. En élisant Démosthène, l'*Orator* en vient ainsi à éliminer prédécesseurs et compatriotes.

Les prédécesseurs latins, ce sont deux générations: les « pères » Crassus et Antoine; les aînés et contemporains, Cotta, Sulpicius et Hortensius. Crassus et Antoine sont ces grands orateurs qui sont les protagonistes respectés du *De Oratore*. L'*Orator* s'emploie à montrer leurs limites. *Or.* 19: Antoine ne s'estime pas éloquent, pas plus que Crassus, « parce qu'il avait dans l'esprit un certain modèle [idéal] d'éloquence, *forma eloquentiae*, auquel aucune qualité ne manquait »: c'est la reprise du thème principal de l'ouvrage, qui est de définir ce qui fait l'orateur parfait, même si celui-ci est un modèle inaccessible. Avec les orateurs contemporains de Cicéron, on est

1 Jacques Peletier, *Art poétique*, I, 5, p. 256 (paraphrase de Quintilien, 10.2.10).

2 Il serait facile de relever la logique « récapitulative » de la perfection dans les commentaires sportifs modernes. Quant à mon rapprochement entre la « couronne » dont parle Du Bellay et la médaille d'or, il est justifié par le fait que Coubertin aussi songeait aux Jeux d'Olympie. L'olympisme moderne permet ici de rappeler le langage de l'émulation, quand l'usage tend désormais à assimiler, de façon abusive, « démocratie » et absence de sélection.

encore un degré en-dessous, dans l'échelle hiérarchique: ils sont eux-mêmes inférieurs à Antoine. Cotta, Sulpicius, Hortensius, n'auraient jamais paru éloquents à Antoine, précisément parce qu'il leur manque à tous l'une ou l'autre des qualités dont la réunion fait l'orateur parfait (*Or.* 106). On voit l'échelle. Les contemporains sont *de facto* inférieurs à Crassus et Antoine, et ce dernier ne se trouve pas lui-même éloquent, par rapport au grand modèle qu'il a en tête.

Cicéron n'a donc pas la chance historique de Démosthène (*Or.* 105): il n'a pas eu de modèles sur place. Démosthène

> est grand parce qu'il a succédé à de grands orateurs et qu'il en a eu de très grands pour contemporains : nous [= moi, Cicéron], nous aurions fait quelque chose de grand, si nous avions pu parvenir où nous nous efforçons d'atteindre, dans une ville [= Rome] où, comme dit Antoine, on n'avait entendu personne d'éloquent.

Le refus d'imiter les auteurs nationaux n'est donc pas un refus de principe. C'est, bien pis, la constatation qu'ils n'ont pas la dignité de modèles:

> Puissions-nous trouver chez les Latins une telle figure d'orateur! Il serait splendide de ne pas chercher nos exemples au dehors et d'avoir assez de ceux de chez nous, *Esset egregium non quaerere externa,* domesticis *esse contentos.* (*Or.* 22)

Phrase que reprendra textuellement la *Deffence*:

> Je voudroy' bien que nostre langue feust si riche d'exemples *domestiques*, que n'eussions besoing d'avoir recours aux etrangers. Si Virgile & Ciceron se feussent contentez d'immiter ceux de leur langue, qu'auront les Latins outre Ennie ou Lucrece, outre Crasse ou Antoyne? (fin de I-8)[1]

Dans cette situation de pénurie « domestique », la suite immédiate du paragraphe 105 va heureusement compléter le tableau, à la fois historique et hiérarchique.

Cicéron en effet s'y introduit lui-même:

> [Pour ce qui est du style récapitulatif auquel rien ne manque, celui de Démosthène] ce sont donc des oreilles à jeun (...) que nous avons trouvées chez nos concitoyens, et c'est nous qui pour la première fois, *nos primi,* quelle que fût d'ailleurs notre personne et si peu que valût ce que nous disions, qui les avons convertis à une passion incroyable pour écouter ce genre d'éloquence. 107. Quelles acclamations quand dans notre prime jeunesse nous avons dit, sur le supplice des parricides, [le célèbre passage du

1 Cicéron ne nomme d'ailleurs pas Lucrèce, mais plutôt Pacuvius ou Accius.

> *Pro Roscio Amerino*]. (…) Tout ceci fut loué, comme venant d'un jeune homme, non pas tant pour sa valeur réelle et sa maturité que par l'espérance et l'attente qu'il suscitait, *spe et exspectatione*.

«*Nos primi*»: moi le premier j'ai introduit un genre d'éloquence sans commune mesure avec celle de mes contemporains ou de mes prédécesseurs. L'affirmation est à la fois très audacieuse et comme en retrait. Ce qui permet cette double posture, c'est précisément que l'on se place dans un système de valeur. La valeur n'attend pas le nombre des années, même si avec le temps tout cela s'améliorera – on est antipodes du graduel et du respect pour les aînés. Ce que l'on peut susciter, sans attendre la pleine maturité, c'est l'attente, l'*exspectatio*. L'important est l'effet d'horizon. Il faut dresser une perspective que couronne l'or des champions. Et pour l'atteindre, il faut même regarder au-delà du champion, de l'excellence déjà atteinte: au-delà de Démosthène lui-même.

La hiérarchie que met en place l'*Orator* est au total la suivante:

l'orateur idéal, *orator perfectus* (*forma*, *Idea*: le modèle inaccessible)

---

un orateur réel qui a excellé dans tous les genres: Démosthène

un exemple imparfait mais latin de tous les genres: nous, Cicéron
les bons orateurs: Antoine, Crassus ; les bons poètes: Ennius, Pacuvius
les successeurs des orateurs: Cotta, Sulpicius, Hortensius

Cicéron confirme la hiérarchie au moment précis où il associe, pour la troisième et dernière fois, Antoine et Crassus (*Or.*, 132). En usant de la plus grande éloquence, du pathétique, nous, Cicéron, « tout médiocre que nous sommes » (§ 129), nous avons rendu muet Hortensius. Nous avons aussi usé de la pitié, et de toutes les autres passions (§ 131 = *Deffence*, II-11, l.110). Bref, il n'y a rien que « je » n'ai essayé, *a me non tentatus*, pour « exciter ou apaiser » un auditoire, selon le couple canonique *indignatio-miseratio*. A défaut d'être la perfection, cela donne au moins des exemples, « *exempla domestica* ».

La reprise de l'adjectif *domesticus* est concluante. En rapprochant *Or.* 22 et ici *Or.* 132, on passe du problème à sa solution. Cicéron commence son ouvrage en regrettant l'absence d' « exemples domestiques », latins, pour la figure de l'orateur idéal. Car des exemples de ce genre d'éloquence qu'il cherche à définir, « il y en a fort peu de Crassus, et point devant les tribunaux, rien d'Antoine, rien de Cotta, rien de Sulpicius; Hortensius parlait mieux qu'il n'a écrit » (*Or.* 132). Enfin Cicéron vint: il donne alors ses propres discours comme « exemples domestiques » de ce qu'il faut imiter, même si ce n'est pas, évidemment, la perfection. Du Bellay termine de même la *Deffence* en proposant « quelques exemples domestiques » pour convaincre les derniers récalcitrants: non pas lui, mais Rabelais, Budé et Lazare de Baïf (II-12, l. 121).

3. - Après Cicéron, il est temps en effet d'en venir à Du Bellay. Tout ce mouvement de choix et de rejets nous amène à la hiérarchie qui structure la *Deffence*. Le plus simple est de décalquer le tableau de Cicéron:

le poète idéal (modèle inaccessible)

---

un poète qui a excellé dans tous les genres : Virgile

un exemple imparfait mais français: moi, Du Bellay
les bons poètes: Marot, Héroët, Scève, Saint-Gelais
leurs successeurs: les marotiques, l'école lyonnaise, etc.

Comme chez Cicéron, les bons poètes sont des prédécesseurs, plus ou moins immédiats, tandis que leurs successeurs sont les contemporains de Du Bellay.

La hiérarchie est solidement mise en place au début du livre II, qui traite uniquement de la poésie.

Le chapitre II-1 en est l'introduction ou exorde. En tant que tel, il reprend l'exorde même de l'*Orator*, de façon très affichée. Le mot de « perfection » (l. 7) et la formule « feindre certaine figure de poëte » suffiraient à l'annoncer en substance[1], eux-mêmes suivis du décalque presque mot à mot d'*Or.* 8 à 10 (l. 10-14). La suite immédiate reprend encore Cicéron. « Mettons donques pour le commencement ce que nous avons (...) assez prouvé au I. livre» me paraît un écho du début du § 14, « *Positum sit igitur in primis, quod post magis intellegetur*, Posons donc en premier lieu, ce que l'on comprendra mieux après ». L'écho suivant, encore plus net, est capital pour établir la correspondance terme à terme des deux tableaux hiérarchiques. « Je scay que beaucoup me reprendront, qui ay osé le premier des Francoys introduyre quasi comme une nouvelle poësie » (l. 24-27): c'est évidemment la transposition du *nos primi* de Cicéron[2]. Enfin Du Bellay vint, et le premier en France... – le vers célèbre de Boileau sur Malherbe est lui-même un écho de l'*Orator.* Sans oublier l'affirmation de Ronsard au début

---

1 *Or.* 7: *in summo oratore fingendo*; à *Or.* 2, *figura dicendi*, à *Or.* 9, *in formis et figuris*.

2 Avec sans doute contamination du «*Nos ausi reserare*» d'Ennius (*reserare*, ouvrir, dévoiler) cité plus loin, à *Or.* 171: c'est moi Ennius qui ai osé introduire l'hexamètre dactylique des Grecs dans la poésie latine.

des *Odes* de 1550: moi qui « osay le premier des nostres, enrichir ma langue de ce nom [et de la chose] Ode ».

La correspondance entre les deux hiérarchies se confirme quelques lignes plus loin:

> Marot me plaist (dit quelqu'un) pour ce, qu'il est facile, & ne s'eloingne point de la commune maniere de parler: Heroët (dit quelque autre) pour ce, que tous ses vers sont doctes, graves, & elabourez (l. 30-33)
> *Or.* 36: J'aime Ennius, dit l'un, parce qu'il ne s'écarte pas de l'usage commun des mots. – Moi, Pacuvius, dit un autre; tous les vers sont chez lui ornés et travaillés, tandis qu'il y a chez l'autre beaucoup de négligences.

En terminant ainsi, le chapitre II-1 met en place les premiers éléments du tableau. Marot-Ennius, Héroët-Pacuvius sont les bons poètes qui tiennent lieu des bons orateurs Antoine et Crassus. Face à ces bons poètes et au-dessus d'eux il y a « moi qui le premier »: Du Bellay et sa nouvelle poésie, comme Cicéron et sa nouvelle éloquence. Le rapprochement conduit à souligner que, face aux poètes précédents, ce jeune auteur suscite espoir et *exspectatio*: l'attente de « quelque plus hault & meilleur style que celuy dont nous sommes si longuement contentez », formule qui clôt ce chapitre et enterre Marot. On conçoit l'exaspération du *Quintil*: « Ou est ceste nouvelle poësie de toy premier des François? ». Le « premier » des poètes français, leur « prince » ou *primus inter pares*, c'était jusqu'ici Marot.

Marot/Du Bellay, comme Antoine/Cicéron: une fois posée cette opposition fondamentale et frontale, il ne reste plus qu'à nommer le reste. Le sommet de la hiérarchie a été nommé dès le livre I de la *Deffence*, nous l'avons vu. Le poète excellent aux yeux de Du Bellay, c'est Virgile, équivalent de Démosthène aux yeux de Cicéron. Voilà au moins qui ne vexera personne. En revanche, nommer le bas de la hiérarchie est plus délicat. C'est ce moment cruel où l'on désigne les éliminés. Du Bellay y procède en trois temps.

Le premier temps est le chapitre suivant, II-2, « Des poëtes francoys ». Du Bellay y dit ce qu'il pense des poètes « modernes », en général (l. 24). Les « meilleurs » (l. 74) ou « les principaux » (l. 54) sont Marot, Héroët, Saint-Gelais et Scève, liste identique à celle de Sébillet – lequel nommait en plus Hugues Salel. Ils sont critiqués chacun de façon circonstanciée, avec tout le respect qui est dû à leur rang (l. 28-48). Les autres sont désignés indistinctement par le mot de « tourbe » ou troupe. Eux se contentent de suivre les principaux, comme les soldats suivent les « port'enseignes » (l. 53 et 54). De cette troupe, seuls sont sauvés « cinq ou six » (l. 53), qui ne sont pas nommés.

Le deuxième temps est le tout début du chapitre II-4. Il faut exclure, sinon les poètes, en tout cas les poèmes que sont «rondeaux, ballades, vyrelaiz, chantz royaulx, chansons» (l. 5). Le chapitre continue sur ce ton. L'épigramme, c'est bien, mais pas celles d' «au jourd'huy» (l. 10). L'ode à l'antique, oui, mais pas les chansons comme la moderne «Laissez la verde couleur» (l. 33). L'épître à la Marot, non, sauf si elle imite l'élégie d'Ovide (l. 40). Les satires, oui, mais pas les coqs à l'âne (l. 43). A droite les genres élus, à gauche les réprouvés: le mouvement d'exclusion est bien lancé.

Le dernier temps de l'opération est le plus douloureux. Il est donc reculé autant que possible, presque à la fin de la *Deffence*. La troupe indistincte est détaillée en effet au chapitre II-11, l'avant-dernier. Du Bellay semble là compter huit poètes. Il les désigne par leurs seuls noms de plumes, de François Habert à Jean Bouchet en passant par Jean Le Blond, Sagon, Fontaine et Michel d'Amboise (l. 83-90). Si cette liste n'est pas sans poser quelques problèmes[1], le titre de ce chapitre II-11 est, lui, sans détour. Il s'agit bien d'une « invective contre les mauvais poëtes francoys ».

En termes hiérarchiques, le résultat est clair. Mes prédécesseurs, Marot et autres, ne sont plus les premiers, sinon exactement les derniers. Ils sont encore classés parmi les bons. Leurs successeurs mes contemporains, eux, sont franchement dits mauvais, et par là exclus du classement.

Pour Marot et autres, Du Bellay conclut son chapitre II-2 en soulignant qu'il ne «prise» pas, ne donne pas le premier prix à « ceux qui tiennent le premier lieu en nostre vulgaire » (l. 107). Il peut donc les louer tout en les remettant à leur place – leur juste place à ses yeux. De Marot à Scève, ils ont « eté grands & venerables» (l. 77), « ilz ont bien ecrit», ils ont même « illustré notre Langue» (l. 79). Mais enfin, ils ne sont «notz meilleurs poëtes Francoys » (l. 74) que comme Antoine et Crassus étaient les meilleurs orateurs latins avant Cicéron. Ce n'est pas le sommet de l'échelle. On peut faire mieux, « on pouroit trouver en notre langue (...) une forme de poësie beaucoup plus exquise », c'est-à-dire bien plus travaillée, recherchée. C'est au nom de cette *forma* ou modèle idéal que Marot est remis à sa juste place[2]. Il est compté parmi les « mediocres», c'est-à-dire qu'il est au milieu de l'échelle – la poésie ne supportant pas pareille médiocrité (l. 94). Sa célèbre églogue sur la naissance du fils de Monseigneur le Dauphin, presque son

[1] En donnant les titres d'ouvrages et les pseudonymes, Du Bellay cite deux fois Le Blond et Habert: pour mieux donner l'impression d'une troupe nombreuse? D'autre part et surtout, identifier le *Dépourvu* à Marot bouleverserait toute la hiérarchie de la *Deffence*. Aux yeux de Du Bellay, Marot ne saurait faire partie de l'un des mauvais poètes.

[2] «Forme de poésie», comme dans II-2 «figure de poète», résume en substance le mouvement de l'*Orator*, en reprenant la formule de la *forma eloquentiae* que visait Antoine, c'est-à-dire le modèle idéal qui sert d'horizon (*Or.* 19).

chant du cygne, est ainsi louée comme l'un de ses « meilleurs petiz ouvraignes » (II-4, l. 68). On savourera la proximité des deux adjectifs, tous deux hiérarchisants. Ne pouvant ou ne voulant écrire une épopée ou « grand œuvre », Marot a su être un bon poète en son genre, qui est le petit.

Pour les poètes contemporains, en revanche, Du Bellay n'a pas de mots assez durs. Le registre en soi véhément de l'invective frôle explicitement le « satyrique » (II-11, l. 104). Ces mauvais poètes sont des « enrouées cornemuses », des « grenouilles » croassantes (l. 95-97). Ils produisent de « mauvaises poësies » (l. 106), ulcères qu'on ne peut « oter qu'avec le fer & le cautere » (l. 107). L'image de la troupe indistincte du chapitre II-2 est ainsi précisée dans le sens de l'exclusion. On aurait pu penser que la troupe est nécessaire: piétaille, mais utile. En fait, ces mauvais soldats sont exclus du champ de bataille, au motif qu'ils ne sont pas capables d'endurer les fatigues de la guerre (II-11, l. 50). C'est toujours la logique de la valeur. Etre mauvais c'est ne pas être. Pour eux, il n'y a tout simplement pas de place dans la hiérarchie. Ils ne sont pas concernés par la noble émulation de l'honneur qui « nourist les arts » (II-5, l. 68). Officiers contre troupe, nobles contre vulgaire ignorant, élite contre masse, poètes contre versificateurs; bref, « doctes » contre « indoctes » (II-11, l. 77).

En somme, parmi les contemporains, il y a nous, et les autres: nous qui brûlons du désir de perfection, et les autres qui n'ont pas la moindre notion de l'idéal que nous, nous entrevoyons. Le nous ainsi construit par intégration et exclusion permet à Du Bellay de faire sien le thème de Dolet: le labeur des bons esprits. Mais l'appel à l'enthousiasme national derrière le roi est ici plus restrictif: indoctes et non nobles s'abstenir. La réaction du *Quintil* souligne à quel point la conception précédente, de Dolet à Sébillet, était plus ouverte:

> Voila bien defendre & illustrer la langue françoise, ne y recevoir que cinq ou six bons poetes [contemporains, ceux que Du Bellay a sauvés parmi la « tourbe » indistincte], si cinq douzaines d'autres ne s'y opposoient, à tresbon droit, & pour le moins la grande douzaine[1].

Cinq ou six contre cinq douzaines: à l'olympisme élitiste de l'un s'oppose l'olympisme plus « démocratique » de l'autre. L'un ne s'intéresse qu'à la compétition entre champions; l'autre la voit comme la pointe la plus visible d'une pyramide dont la base est beaucoup plus large. L'enjeu est de savoir comment le roi envisage son rôle. Ou bien il est le *primus inter pares*, le prince de sa noblesse, tous unis dans l'exaltation mais à l'exclusion de la piétaille qui ne comprend rien à leurs idéaux – et le club des meilleurs peut toujours être réduit. Ou bien le roi imagine que l'exaltation va gagner jusqu'à

[1] Commentaire à II-2, l. 53: en Livre de Poche, p. 207.

la base de la pyramide, et à ce moment-là c'est le registre du sport moderne – quand l'entraîneur qui a vaincu en Coupe du Monde loue le travail « formidable » des petits clubs. Club fermé contre club ouvert, voilà les deux logiques qui différencient Du Bellay et Sébillet.

Concluons ce point sur la hiérarchie en soulignant trois différences entre Cicéron et Du Bellay.

La première est tout simplement l'âge de celui qui dit « moi le premier ». Cicéron a soixante ans, Du Bellay, autour de vingt-cinq. L'un est en fin de carrière; les contemporains qu'il évoque sont déjà du passé; il défend son œuvre contre une génération montante qui lui oppose l'atticisme et Thucydide. L'autre n'a encore rien publié; ses contemporains sont d'âge mûr, de Sébillet à Fontaine; la jeune génération à venir, c'est lui et ses amis. D'un côté le vieux lion, de l'autre un jeune Rodrigue. Voir un blanc-bec endosser le rôle, la *persona* d'un auteur confirmé a de quoi irriter les adversaires de Du Bellay: cela va directement contre toute leur vision d'un apprentissage graduel.

La deuxième différence est que le rapprochement de Marot avec Ennius revient à écraser la distance temporelle. Marot est un prédécesseur immédiat, il meurt en 1544, soit cinq ou six ans avant la *Deffence*. Ennius, lui, meurt en 169, soit près d'un siècle avant les débuts de Cicéron (le *Pro Roscio Amerino* est de 81). De leur côté, Antoine et Crassus sont de la génération du père de Cicéron, puisqu'ils meurent en 87 et 91. Le rapprochement suggéré par l'*Orator* entre Ennius et Antoine permet à Du Bellay une espèce de court-circuit entre un ancêtre et un père. Cet écrasement temporel est en un sens sans importance, puisque, nous l'avons vu, la logique à l'œuvre n'est pas une logique de continuité. Mais il faut le garder présent à l'esprit. Ennius va en effet servir de nouveau à Du Bellay, et de façon plus massive, cette fois comme équivalent des poètes des XIIIe-XVe siècles, de Guillaume de Lorris à Jean Lemaire. En comparaison, le décalque de II-1 du passage de l'*Orator* sur Ennius et Pacuvius n'est qu'une allusion fugitive. En fait, Marot est surtout assimilé à l'Antoine de l'*Orator*.

Cette assimilation conduit à la dernière différence, plus lourde de contradictions. Du Bellay applique à la poésie ce que Cicéron dit de l'éloquence. Il se précipite ainsi dans une impasse théorique, en oubliant justement la distinction que Cicéron avait posée d'emblée. La poésie, comme la philosophie ou la peinture, connaît plusieurs genres: l'épopée, le lyrique, le théâtre, etc. Chaque genre a sa propre hiérarchie, avec son premier, ses second et troisième. L'éloquence, elle, est un genre à elle toute seule, la tripartition des styles n'étant qu'une façon de désigner diverses qualités du même genre – qualités toutes nécessaires pour gagner, c'est-à-dire pour convaincre l'auditoire. Chez les orateurs, il ne saurait donc y avoir de coexistence pacifique entre plusieurs premiers, comme c'est le cas pour les poètes, chacun en son genre. Démosthène « récapitule » tous les autres orateurs, comme Homère tous les auteurs d'épopée, ou Sophocle tous les auteurs de théâtre. Sébillet reste conforme à cette théorie, nous l'avons vu. Ses listes Pindare-Horace-Saint-Gelais, pour l'ode, Théocrite-Virgile-Marot pour l'églogue, sont des classements par genre.

Du Bellay passe une limite quand, à suivre l'*Orator*, il égale la poésie à l'éloquence: Marot à Antoine, Virgile à Démosthène. Que Cicéron soit dit lui-même un sommet récapitulatif, avec « la copie de Platon, la vehemence de Demosthene & la joyeuse douceur d'Isocrate », cela reste dans le droit fil de l'*Orator*. La limite est franchie quand Du Bellay continue en affirmant que, de même, Virgile surmonte Théocrite, égale Hésiode, approche Homère de près[1]. Il voudrait donc que Virgile à lui tout seul récapitule tous les genres de poésie. En cela il n'a asurément rien d'un isolé. D'une part, la fameuse « roue de Virgile » assimile chacun de ces trois genres à l'un des styles: le haut pour l'épopée, le moyen pour le didactique, le bas pour l'églogue. D'autre part, le haut y est, à lui tout seul, l'englobant ultime. L'épopée inclut tout, de même que, pour l'orateur, le grand style de la *copia* inclut les autres: c'est le credo de Peletier ou de Scaliger, avec Virgile comme sommet absolu[2]. Mais enfin, tout le problème est qu'on est ainsi en quête d'une sorte de champion toutes catégories, de champion des champions. Cela revient à écraser la spécificité de chaque genre de poésie, chacun ayant ses finalités propres. On juge sur le même podium des champions qui ne pratiquent pas les mêmes sports. Comparer Sophocle à Eschyle a un sens, même si l'idée de placer l'un « avant » l'autre ne nous évoque plus rien: c'est l'exercice classique de la *synkrisis*, examen de leurs mérites réciproques. Mais comparer Eschyle à Homère, décider que la tragédie est une partie de l'épopée, voilà qui est autrement problématique.

C'est pourtant bien dans cette voie que s'engage Du Bellay. Cicéron selon Quintilien surpasse Démosthène lui-même; Virgile aux yeux de Scaliger l'emporte sur Homère. Le mouvement n'a plus de raison de s'arrêter, et nous Du Bellay ou Ronsard pouvons continuer le mouvement, les dépasser eux-mêmes. Le successeur peut faire encore mieux, englober ses prédécesseurs. Aux antipodes des podiums paisibles de Sébillet, Du Bellay est tendu vers une compétition radicale: cette variante de l'*imitatio* qu'est l'*aemulatio*. Il pousse à son terme l'idée de prix d'excellence qu'il trouve dans l'*Orator*.

---

1 *Deffence*, I-7, l. 19-25 (les formules sur Cicéron viennent de Quintilien).

2 Voir tout le chapitre II, 8 de l'*Art poétique* de Peletier.

Ce passage à la limite explique la façon dont il articule le chapitre II-4 au chapitre II-5, c'est-à-dire les divers « genres de poëmes » au « long poëme » ou épopée. Le début de II-5 décrit en fait le poète récapitulatif. Une longue phrase accumule toutes ses qualités, selon ici le principe exact de la *recapitulatio*, mot de latin tardif qui traduit l'*anakephalaiôsis* (Quintilien, 6.1.1): première partie de la péroraison, la récapitulation reprend toutes les têtes de chapitre vues jusque là, têtes ou « chefs » (gr. *kephalaia* ou lat. *capita*). « Orné de tant de graces & perfections », ce sera donc lui, le poète épique, et lui seul, qui, « veritablement », pourra égaler le français au grec et au latin (l. 11-14), c'est-à-dire se hisser à la hauteur de « Homere & Virgile » (l. 18). Plus loin dans le chapitre, Du Bellay reconnaît que cela est peut-être un peu trop demander. Etre Virgile, ou rien: à force de tendre ainsi la corde de l'exaltation, elle risque de casser. C'est alors, et alors seulement, qu'il se rappelle les propos liminaires de l'*Orator* sur les poètes premiers « chacun en son genre » (l. 46-65 = *Or.* 3-5). Sous la plume de Cicéron, cela revenait à distinguer les domaines: la poésie n'est pas comme l'éloquence, elle a divers genres. Sous la plume de Du Bellay, ce sont désormais des formules de concession: être premier dans un genre de poème est mieux que rien, par rapport à l'idéal du poète récapitulatif qu'est le poète épique. Mais personne ne sera poète, qui refuse de ressembler à Virgile. Comme le dit Peletier, au terme de la même gradation, l'épopée est celle « qui donne le prix, et le vrai titre de poète »[1].

Le tableau des divers genres de poèmes que Du Bellay dresse dans son chapitre II-4 est alors un véritable programme de travail pour la nouvelle poésie. Une pléiade de poètes, cinq ou six, pourra y trouver un rang honorable, mais ils seront tous soudés par l'attente exaltée de celui qui accumulera toutes leurs qualités[2]. A l'enthousiasme national d'un olympisme ouvert succède le club fermé d'une brigade de choc. Le futur prince des poètes sera l'altier *primus inter pares* d'une Table Ronde, pas l'espèce de grand frère souriant que fut Marot[3].

---

1 *Art poétique*, première ligne du chapitre II, 8, p. 305 du Livre de Poche. Le prix: le premier prix, le prix d'excellence.

2 C'est la logique du chapitre X, 1 de Quintilien: « il faut commencer par Jupiter, c'est-à-dire par Homère », prince des poètes en général (10.1.46); Du Bellay à II-4 reprend à Quintilien la liste des seconds rôles ou « especes de poesie », de l'élégie à la comédie et tragédie (§ 93-100, voir p. 55, n. 4).

3 Voir là-dessus François Cornilliat, « La Complaincte de Guillaume Preudhomme... ».

B. Imitation

L'invective finale de la *Deffence* désigne ainsi exactement qui est visé. Ce n'est pas Marot le prédécesseur, mort cinq ou six ans avant, en 1544. La cible sont ceux qui l'imitent, les contemporains français de Du Bellay. Or cela correspond tout à fait à la cible polémique de l'*Orator* lui-même, qui se bat contre la jeune école des atticistes – jeunes et moins jeunes: Brutus le dédicataire de l'*Orator*, Caton le jeune, et César lui-même. L'*Orator* aide donc Du Bellay à préciser le trait. Toute la discussion va être articulée autour de deux figures emblématiques, Lysias et Thucydide. Lysias est le vrai style simple, le sel attique opposé au faux simple que pratiquent les néo-attiques. Thucydide est le vrai grand style, à ceci près qu'il est encore abrupt: les mêmes néo-attiques le caricaturent avec leurs phrases heurtées mais sans grandeur. Et du côté de Thucydide, Cicéron range aussi Caton l'Ancien, ou encore Ennius. Dans tous les cas, ce qui manque à Lysias comme à Thucydide, ce sont les « nombres » ou *numeri*. C'est ce manque qui les empêche d'atteindre au summum perfectissime d'un Démosthène.

Ce système d'ensemble nous dicte le plan d'une étude de l'imitation. Je la développerai en deux fois trois points, plus un joker.

Le premier groupe de trois se définit par l'absence de nombres. (1) Il faut d'abord situer l'enjeu très général que représentent ces fameux nombres: en avoir ou pas, telle est la question. Cela permettra déjà d'expliquer en quoi l'art l'emporte sur la nature. On pourra ensuite entrer dans le détail des concepts. (2) Du côté de Lysias, soit d'*elegantia* à *inculte*, ils caractérisent le style simple et sont aussi les plus... simples, parce que fondés sur l'opposition bien connue avec le grand style. Ce qui rend aussi les choses simples est que l'équivalent français de Lysias va de soi: ce ne peut être que Marot. (4) Du côté de Thucydide, les concepts vont de *mutila* à *hiantia*. Ils sont à la fois moins habituels et plus décisifs. Ce sont eux qui nous feront entrer véritablement dans le cœur de la conception cicéronienne des nombres. On pourra ainsi comprendre le poids qu'a dans la *Deffence* un terme bizarre, celui de « hyulque », qui reprend l'idée de hiatus exprimée par *hiantia*. On pourra aussi proposer une identification pour le Thucydide français – Ennius quant à lui renvoyant assez facilement aux anciens poètes, de Guillaume de Lorris à Jean Lemaire.

Le second groupe de trois décrit ce que peut être une poésie avec et non plus sans nombres. Pour déduire du positif de la présentation précédente, il suffit en effet d'inverser les concepts. (5) La poésie « nombreuse » pratique le contraire du mutilé abrupt à la Thucydide, c'est-à-dire l'harmonie, la construction heureuse de la période. (6) Elle pratique aussi le contraire du « hiatus », l'absence de rencontre de voyelles ou de consonnes, c'est-à-dire l'euphonie. (7) Au total, on comprend que l'*elocutio* puisse être la clé de voûte de tout le système, le *nec plus ultra* indépassable et de l'*Orator* et de la *Deffence*.

Harmonie et euphonie, en grec, ou en latin *numerus* et *sonus*: par rapport à l'*Orator* le grand absent dans la *Deffence* est le concept de symétrie ou *concinnitas*: les figures inventées par le rhéteur Gorgias. C'est là le joker, c'est-à-dire ce fou des nombres qu'est Jacques-Louis d'Estrebay, à qui Du Bellay doit sûrement beaucoup. Chez d'Estrebay l'absence très remarquable de la symétrie est déjà en germe. L'ordre de ma présentation m'amènera à le traiter en troisième, entre Lysias et Thucydide.

1. Avec ou sans les « nombres »: le primat de l'artifice

On se contentera ici pour commencer d'une présentation très générale du problème des nombres. La pensée de l'*Orator* peut être résumée ainsi. Les nombres, c'est le progrès, quoi qu'en pense la jeune école qui m'attaque. Et ce progrès est en tant que tel le fruit d'un travail, d'une technicité ou *ars*. D'où une présentation en deux temps: les nombres comme critère décisif; la supériorité de « l'art » sur la « nature ».

a. - Cicéron doit donc justifier son style face à la nouvelle école, qui préfère la *breuitas* à l'abondance de la *copia*. Or l'emblème du style cicéronien, c'est la période, la longue phrase bien construite. Et l'emblème de cet emblème, ce sont les « nombres ». La période est « nombreuse », elle obéit comme la poésie à un rythme ou cadence quand son harmonie d'ensemble donne l'impression de combiner des sortes de pieds, à l'instar du vers latin ou grec – le pied étant lui-même la combinaison de syllabes brèves et longues (dactyle = longue-brève-brève; anapeste = brève-brève-longue; etc.). L'important ici est de donner l'impression: la ressemblance avec la poésie n'est pas l'identité. La prose nombreuse n'est pas la poésie: non seulement elle s'interdit les vers blancs mais même elle ne fait que « donner l'impression » d'user de nombres: *numerosa est similis numerorum* (*Or.* 220). Mais enfin elle est autrement plus travaillée que la prose commune. Sa signature ultime, la plus visible aussi, est la clausule, cette formule rythmique qui « clôt » ou *claudet*, qui boucle la période et parachève sa plénitude. Comme le plus visible est souvent le plus facile à caricaturer, les adversaires de Cicéron n'ont pas dû avoir beaucoup de mal à monter en épingle de véritables tics, telle la célèbre clausule *esse uideatur*[1]. L'*Orator* s'achève alors, et se

1 Citée comme « trop fréquente » par Quintilien, 9.4.73, mais belle dans la mesure où elle est la première partie d'un vers (un octonaire).

parachève lui-même, quand il est parvenu à traiter des clausules à fond et de front, contre tous ses détracteurs.

Pour ou contre les nombres, voilà donc à quoi peut se réduire le débat entre *copia* ou *breuitas* – les nombres, c'est-à-dire ici de façon très générale l'arrangement des mots et des syllabes dans la période. Sous la contrainte de la polémique, Cicéron va alors développer comme jamais des explications sur la prose nombreuse, qui occupent toute la fin de l'*Orator* (§ 140 à 228). Il retourne l'argument contre ses adversaires, et fait des nombres le critère décisif pour évaluer la qualité d'un orateur. Présence des nombres: elle caractérise l'éloquence à son sommet «récapitulatif», Démosthène et moi Cicéron, qui le premier l'ai introduit en latin, tout comme Ennius le premier y avait introduit l'hexamètre dactylique des Grecs[1]. Absence des nombres: elle caractérise ou le style simple ou les auteurs anciens, ou Lysias ou Thucydide. Cette dernière bipartition va être fondamentale, parce qu'elle sert à enfermer les adversaires dans un dilemme.

Le style simple est *numeribus solutus*, formule qui évoque le *legibus solutus*. Un orateur comme Lysias est affranchi de la contrainte des nombres (§ 77), comme le prince d'Ancien Régime n'est pas tenu par les lois. Le style simple de l'orateur ressemble ainsi à... de la prose, c'est-à-dire à cette prose commune que le latin appelle *oratio soluta*. Ou inversement la prose nombreuse du grand style est parente de la poésie, avec ses propres lois de rythme. Le cas des auteurs anciens est sensiblement différent. Thucydide ou Caton ne relèvent pas du style simple, mais du grand style. C'est donc parce que leur temps ne connaissait pas les nombres que leur prose n'a pas atteint le degré de perfection actuel. Ainsi de Caton l'Ancien. «*Adde numeros*», ajoutez des nombres à sa prose encore archaïque et mal dégrossie, « et alors vous ne mettrez personne au-dessus de Caton », il sera digne du rang de premier (*Brutus*, 68). Ou encore, lorsque Hérodote ou Thucydide ont parfois des nombres, c'est sans le savoir, ce qui signifie qu'ils sont encore loin de la perfection, avec ce que cela implique de claire conscience de ses moyens (*Or.* 219).

Lysias d'un côté, Thucydide ou Caton de l'autre: ces orateurs dépourvus de nombres ne sont pas pour autant critiqués par Cicéron, mais situés à leur juste place. L'absence de nombres est dans le premier cas due à un choix volontaire de registre, à une préférence pour le style simple – préférence d'ailleurs commandée par le genre de procès que Lysias avait à plaider. Dans le second, l'absence de nombres est involontaire, elle est due au *state of the art*, à l'état d'avancement de la rhétorique. Le style simple est sans nombres

---

[1] *Or.* 234: de Démosthène «les traits foudroyants fraperoient moins, s'ils n'étoient lancés avec toute la force & l'impétuosité du nombre, *nisi numeris contorta*» (trad. Colin).

par essence, les auteurs anciens le sont par accident. En parlant de l'*antiquitas*, Cicéron se place dans une histoire linéaire, celle d'un progrès continu vers la perfection actuelle et à venir: après les glands, le blé (§ 31).

Dans les deux cas, c'est toujours la logique du récapitulatif. D'une part, le style simple a certes sa légitimité face au grand style, mais « la *copia* englobe son contraire », elle « inclut le couple *copia-breuitas* »[1]. L'orateur complet tel Démosthène excelle *aussi* dans le style simple. Le plus peut le moins, et non l'inverse. D'autre part, la perfection à laquelle mène le processus historique est elle aussi récapitulative. Aujourd'hui vaut plus qu'hier, et moins que demain. Les nombres, c'est le progrès, et le progrès technique est en tant que tel intégrant. Une technique donnée à un moment donné est, au moins quand elle est « de pointe », la pointe d'une pyramide. Elle intègre tout ce dont elle hérite, les acquis comme les erreurs passées.

L'idée de progrès est aujourd'hui suspecte, et l'histoire de la littérature ne se vit plus comme une suite d'améliorations. Aussi faut-il préciser un peu. La présentation avec laquelle nous nous sentons désormais des affinités, c'est celle de Sébillet. Ce que j'ai nommé ses podiums paisibles ne connaissent que la succession temporelle, pas la progression. Horace pour l'ode n'est pas un progrès par rapport à Pindare, et Saint-Gelais n'est pas une régression. Chacun est « divin », il a sa dignité propre. Et de même pour nous, Malherbe n'est pas « mieux » que Ronsard, ou l'inverse. Mais en ce qui concerne l'*Orator*, il faut rappeler que Cicéron raisonne en termes de technique. Ce point de vue le justifie entièrement de parler de progrès. Une technique a son histoire propre, par rapport à laquelle il n'est pas faux de parler de retours en arrière ou de périodes de stagnation[2]. La seule façon de critiquer Cicéron là-dessus serait donc de soulever la question préalable, qui est de savoir si la rhétorique est bien une technique – vieux débat récurrent, *an rhetorice ars sit* (traité par Quintilien, 2. 17). La question préalable se pose avec encore plus d'acuité pour la poésie, c'est-à-dire pour la *Deffence*. Du Bellay a raison de faire des nombres un critère décisif si, et seulement si, la poésie est une technique, avec ce que cela implique d'idée de progrès

Pour bien montrer que la rhétorique est une technique ou *ars*, l'*Orator* va donc raconter ou plutôt récapituler son histoire propre. Il y a eu d'abord les figures de style ou tropes (métaphore, etc.) et les figures de mots et de pensée ou schèmes (antithèse, apostrophe, etc.). Ensuite les figures de symétrie inventées par Gorgias: homéotéleutes et isocola, c'est-à-dire la

---

1 Lecointe, p. 145.

2 Voir les analyses toujours pertinentes de Leroi-Gourhan, et plus récemment celles de G. Simondon, B. Gille et B. Stiegler. Dès le silex, les objets techniques ont une histoire, ils mènent une espèce de vie propre, avec leurs processus évolutifs et cumulatifs. Ils sont une mémoire à eux tout seuls.

symétrie ou *concinnitas*. Enfin les nombres vinrent, inventés par Isocrate (§ 40, *primus instituit*), lequel a de plus, précisément, donné aussi les règles d'un juste emploi des figures gorgianiques (§ 176). La preuve que l'on va vers la perfection, et que celle-ci intègre tout, c'est que chaque stade produit déjà des nombres, de soi-même mais comme à son insu. L'arrangement des mots pour une antithèse rend la prose nombreuse, de même que les effets de symétrie chers à Gorgias. Ces premiers essais de nombres apparaissent comme des balbutiements, parce que l'on se place dans une histoire orientée. Au bout du compte en effet, le progrès est un *gradus ad perfectionem*, où chaque barreau de l'échelle ou *grade* nous rapproche du sommet en intégrant ce qui a précédé[1].

C'est cette logique récapitulative solidement mise en place qui permet à Cicéron de contrer toutes les prétentions de ses adversaires. Eux en effet ne sont pas dans une logique intégrante mais d'exclusives, non pas récapitulative mais antinomique. Ou bien..., ou bien...: à leurs yeux la *breuitas* s'oppose radicalement à la *copia*, tout comme eux-mêmes s'opposent à Cicéron. Si donc ils prisent Lysias et Thucydide, c'est sur de tout autres bases. Ils leur trouvent à tous deux un charme commun, qui est justement l'absence de nombres. Cette absence est aussi le critère décisif, mais cette fois positif, pour élever des Lysias ou des Thucydide à la première place. A travers ces auteurs de prédilection, les adversaires de Cicéron cherchent surtout à définir un style nouveau, qu'ils découvrent où ils le peuvent, sans souci ni de classification hiérarchique ni de progression historique. Ils se baptisent donc « atticistes » en référence à Lysias, et « thucydidiens » en hommage à Thucydide (*Or.* 30), équivalent de Caton qu'ils admirent aussi (*Brut.* 68). Ces héros qui servent d'étendard ne jouent évidemment pas le rôle qu'ils ont dans le système cicéronien, précisément parce que le but est de mettre à bas ce système.

Lysias et Thucydide: aux yeux de Cicéron ces deux noms signent donc deux erreurs de la nouvelle école. La première est que, s'il est juste de nommer Lysias attique, il est faux de dire qu'il est le seul à l'être. « *Errant, quod solum* » (*Or.* 28). Le grand style de Démosthène est attique, et de façon autrement plus éminente. C'est le premier point: les nombres sont attiques. La seconde erreur est de croire imiter Thucydide quand on recopie de lui ce

[1] On comprend que le XIXe siècle, qui a redécouvert la *Deffence*, ait pu être sensible à son romantisme du progrès. C'est cela qui fait vibrer Chamard, par exemple dans sa note 4 à I-9, l. 39, *sub fine*: «l'auteur de la *Deffence* a déjà soupçonné ce que valent, appliqué aux questions littéraires, ces deux principes célèbres, la permanence des forces de la nature et le progrès des sciences humaines». Mais le même romantisme lui fait dénigrer les artifices, tels l'anagramme et l'acrostiche à II-8. Or ce qu'il faut comprendre est précisément le lien entre progrès et artifices.

qu'il a en fait de plus archaïque, le style coupé avec ses périodes bancales et sans euphonie (§ 32). C'est le second point: l'absence de nombres n'est pas ce qui est louable chez les anciens orateurs.

Tel est donc le dispositif, le double ressort avec lequel Cicéron tend son piège à jeunes loups. On devine déjà tout le parti que Du Bellay peut en tirer. Lysias, c'est Marot. Thucydide ou Caton, ou encore Ennius, bref l'*antiquitas* en général, ce sont à première vue « les anciens poëtes francoys ». La langue du *Roman de la rose* est « venerable pour son antiquité » (début de II-2); Jean Lemaire, pourtant le maître de la prose nombreuse au tournant des XVe et XVIe siècles, est mis sur le même pied que Thucydide. Lemaire n'est loué que pour avoir donné « beaucoup de motz & manieres de parler poëtiques » (II-2, l. 21), tout comme Thucydide n'a de bon que sa « *uerborum et sententiarum grauitatem* », c'est-à-dire ces ornements que sont « l'énergie de ses expressions et la force de ses pensées »[1].

Comme dans la polémique de l'*Orator*, ces noms de poètes français jetés dans le débat sont des héros pour les deux parties. C'est la perspective mise en place qui change leur sens, et qu'il faut donc reconstituer. Marot et les anciens poètes français sont pour les adversaires des modèles à imiter. Voilà le point, la ligne de partage. Pour Du Bellay, l'imitation n'est légitime que quand elle est imitation d'une technicité, d'une *ars*. « Imiter à pied levé », selon la formule de Sébillet, c'est montrer qu'on ne fait pas partie des « scavans » (I-8, 26-31). Traduire « à pied levé », de même[2]. Marot et les anciens poètes sont certes grands et vénérables, mais impossibles à imiter. L'*Orator* fournit à Du Bellay le critère qui lui manquait: la présence ou l'absence de nombres. Tous ces poètes sont sans nombres ou plus généralement sans « art », sans « artifice ». Marot est sans art par choix volontaire du style bas, qui est chez lui dicté par toute une philosophie, et non comme chez Lysias par le genre de procès à plaider. D'autre part, en imitant Marot les poètes actuels ressemblent aux anciens poètes français: non pas superficiellement mais en profondeur, par absence d'art. On peut en effet dire d'eux, les modernes, ce que « disoit Ciceron des anciens aucteurs romains »: « bon esprit, mais bien peu d'artifice » (II-3, l. 21). La formule résume, en

1 *Or.* 32, traduction de l'abbé Colin. L'explication détaillée sera donnée plus loin, à propos de Thucydide.

2 Sébillet, *Art poétique françois*, II, 6, Gaiffe p. 148 (en Livre de Poche, p. 125): sur l'ode, « n'en atten de moy aucune régle autre, fors que choisisses le patron des Odes en Pindarus Pöéte Grec, et en Horace Latin, et que tu imites a pied levé Saingelais és Françoises, qui en est Autheur tant dous que divin ». Gaiffe renvoie très justement à ce passage de la préface de l'*Iphigene*, traduction par Sébillet de l'*Iphigénie* d'Euripide: « et au demourant l'ay suivy quasi a pié levé en la forme des vers ».

substance, toute la pensée de l'*Orator* sur les anciens, sur l'*antiquitas* des Caton et Thucydide [1].

b. - » Bien peu d'artifice »: les nombres comme critère décisif ont donc pour corollaire immédiat la valorisation de la technique ou *ars*. Notre présentation très générale des nombres nous permet ainsi de régler ici le débat bien embrouillé sur les rapports de l'art et de la nature – embrouillé par tout ce que la critique moderne traîne de présupposés romantiques, contre tout artifice. La position de Du Bellay est aussi claire que celle de Cicéron. Du Bellay prise les nombres parce que comme Cicéron il prise « l'art et la doctrine », *ars et doctrina*. L'opposition capitale de la *Deffence* (et de Quintilien) entre les doctes et les indoctes vient de là. Elle sous-tend les considérations sur la fureur et sur l'imitation. Il y a fureur et fureur, imitation et imitation: une fureur indocte et une fureur docte, et derechef une imitation indocte et une imitation docte. Les *docti*, ce sont les gens du métier, artistes et artisans passés maîtres en leur art; les *indocti*, ce sont les profanes ou les apprentis.

Citons pour commencer cette simple phrase de l'*Orator*, à propos d'une euphonie conquise par l'usage de tous:

> *Quod si indocta consuetudo tam est artifex suauitatis, quid ab ipsa tandem arte et doctrina postulari putamus?* Mais si l'usage dépourvû du sçavoir a trouvé le secret de mettre tant de douceur dans la prononciation, que ne devons-nous point attendre de l'art même[,] soutenu par la science? (§ 161, trad. Colin)

Consuetudo contre *ars*: l'usage ou coutume est un instinct, une façon passive de trouver des secrets de l'art. La technique ou *ars* est au contraire une pratique active, un *habitus* conscient de ses moyens. L'usage est donc par nature « indocte », tout comme la technique est par nature « docte ». Il arrive certes, comme ici, que l'usage soit artiste, *artifex*, qu'il recoure à l'» artifice », mais cela ne remet pas en cause la supériorité de l'art sur la nature. Quand on est docte, on ne peut donc que vouloir pousser à leur terme les perfectionnements, le dernier cri de sa technique. Le malheur est qu'écrivent de la poésie « autant les indoctes que les doctes », alors que par exemple seuls les médecins se mêlent de médecine (II-11, l. 76, repris d'Horace).

---

1 Ce pourrait être par exemple une condensation du balancement du § 169, «*Plus est enim in uerbis et in sententiis* boni, *quibus illi excellunt, quam in conclusione sententiarum, quam non habent*, le choix des pensées & des paroles, en quoi les Anciens excelloient est, à mon sens, mille fois plus estimable, que l'art de terminer heureusement les périodes, qu'ils ignoroient» (trad. Colin). Ils ont les mots et les pensées: «bon esprit»; mais pas les nombres: pas assez d'» artifice ».

Du Bellay fait donc sienne la défense traditionnelle de la technicité rhétorique, par Cicéron ou Quintilien. C'est le mouvement de son chapitre II-3, là encore explicitement contre Sébillet. Celui-ci avait posé la distinction entre poète et orateur. *Poeta nascitur, orator fit.* Le poète naît, par nature, talent inné; l'orateur se fait, par art, technique. Sébillet considère que ce proverbe prouve que « l'art de pöésie » « se parfai(t) plus de nature que d'art »[1]. De son point de vue, il n'a pas tort. Car Sébillet appelle ici « nature » le talent suprême, qui est celui de concevoir le poème. Sa formule le rapproche donc de la position qui sera celle de Ronsard. Pour reprendre les termes de ce dernier, la poésie devient parfaite par sa capacité démiurgique à « invent(er) choses belles et grandes ». Du Bellay ignore ou veut ignorer ce problème – sur lequel je reviendrai à propos de Speroni. Pour lui, il est impossible d'atteindre la perfection plus par la nature que par l'art. A ses yeux c'est là ne rien comprendre à l'idée centrale de perfection, et est de plus contradictoire avec l'idée même d'art. Un art sans art, une technique sans technique, voilà l'idée qu'il lui faut repousser avec force.

La réfutation de Du Bellay commence par reprendre la formule de Quintilien (2.19.2), qui la reprend lui-même de Cicéron: « c'est chose accordée entre les plus scavans, le naturel faire plus sans la doctrine que la doctrine sans le naturel » (II-3, l. 5-7). La *doctrina* l'emporte sur la *natura*. Pour expliquer cette formule, il faut rappeler le sens exact des termes que ce chapitre II-3 met en jeu. La question est de savoir comment articuler « art » et « doctrine ». *Ars* et *doctrina* sont et ne sont pas des synonymes.

De façon très générale, l'art est en effet l'englobant. Le terme inclut trois éléments tous nécessaires: *ars = natura + doctrina + usus*; ou en grec *technè = phusis + epistèmè + meletè*. La *natura*, ce sont les dons innés, le talent, qu'on a en naissant, ou qu'on n'a pas. La *doctrina*, c'est l'enseignement théorique des règles et des secrets de fabrication (*praecepta, regulae*); une fois que le disciple a acquis cet enseignement grâce à des leçons (par *disciplina*), il parvient à la *scientia* – c'est le « scavoir » qui manque à Marot[2]. Enfin, l'*usus* est la pratique, les exercices, mais informés par le savoir technique, par la *doctrina*. Cette tripartition résume l'idée de tout art depuis Aristote. Un art ou technique est une *hexis* dans l'ordre du *poiein*, *hexis* qui est *meta logou* – c'est-à-dire en latin, un *habitus* du *faber*, de celui qui fait des œuvres, habitus accompagné des règles justes[3]. La théorie de l'habitus chez Aristote implique que tout est nécessaire. On n'est pas musicien sans dons innés ou prédisposition: sans *natura*. Il faut en plus une

---

1 *Art poétique françois*, II-3, Gaiffe p. 25 (en Livre de Poche, p. 58).

2 II-2, l. 28 – plutôt que d'y voir comme Chamard la traduction du *sapere* d'Horace (ce qui évite de taxer Du Bellay d'incompréhension): voir la note.

3 *Ethique à Nicomaque*, chapitre VI, 4, début de 1140a.

claire conscience des règles de son art: la *doctrina*, la *scientia*, c'est-à-dire en grec le *logos*. Il faut enfin une pratique constante, qui permette et de comprendre la portée exacte des règles, et que cela devienne une seconde nature ou habitus: c'est en parlant qu'on apprend une langue, c'est en jouant qu'on devient de plus en plus musicien. Apprendre une langue sur le tas, sans en apprendre les règles, est comme jouer d'un instrument à l'oreille: arrive vite un moment où l'on ne progresse plus – tout comme à l'inverse le seul enseignement théorique trouve vite ses limites. Au total, l'adage *fit fabricando faber* ne s'adresse pas aux seuls forgerons mais à tout *homo faber*, à tout technicien ou artiste qui *facit* ou *poiei*: à tout « poète » au sens originel du mot. C'est en forgeant qu'on devient forgeron: c'est en produisant des œuvres qu'on devient ouvrier, fabricant[1].

Par rapport à Du Bellay, notons deux éléments intéressants. Le premier est la périphrase par laquelle Quintilien rend le grec *hexis*. C'est une «*firma facilitas*» (10.1.1), une aisance conquise, qu'on ne peut plus déstabiliser. *Facilité* est un jeu étymologique sur *facultas*, qui est l'un des termes par lequel Quintilien ou Cicéron rendent l'idée d'habitus, de cette capacité résultant tout à la fois du savoir théorique et d'un entraînement sans relâche[2]. La facilité est le summum de la faculté, du *facere*. Le second élément intéressant à noter est la quantité de travail que suppose une telle aisance. Il faut du travail à tous les niveaux, théorique et pratique, *doctrina* et *usus*. Il faut donc « suer & trembler maintesfois » (II-3, l. 34). Le poète futur doit être laborieux, industrieux, studieux, diligent. *Studium, industria, diligentia*, tous ces termes sont valorisés par Du Bellay autant que par Cicéron[3]. Il est clair que tout cela heurte de front un certain romantisme, sur lequel nous vivons encore, nous les indoctes. Le génie à venir sera laborieux, artificiel, ou il ne sera pas[4].

A proprement parler, le terme d'*ars* ne s'identifie donc pas à celui de *doctrina*. Mais on voit bien comment les termes de « docte » ou de

---

1 Rappelons, car elle est éclairante, la parodie du *Poeta nascitur, orator fit* en «On devient cuisinier, mais on naît rôtisseur». Comme la traduction de *faber* par forgeron, la parodie souligne la continuité ancienne entre toutes les techniques, des plus triviales aux plus nobles. Voir aussi «fabrique» à I-11, l. 65.

2 *Habitus* est une traduction littérale du grec *hexis*, et en tant que telle moins élégante que *facultas*. Habitus ou hexis sont formés sur avoir, *habere* ou *echein*. Voir la définition philosophique de l'*habitus* que donne Cicéron dans le *De inuentione*, I. 36, «perfection constante et définitive (...) non pas donnée par la nature mais obtenue grâce à l'application et au travail, *non natura datam, sed studio et industria partam*».

3 Voir les occurrences de *diligence* et *diligemment* dans la note à *diligence & culture*, I-3, l. 20.

4 *Laborieux* est un adjectif constamment positif dans la *Deffence*. Voir les occurrences du terme dans la note à *labeur*, I-3, l. 55.

« scavant » peuvent suffire à résumer à eux tout seuls l'ensemble de la théorie. Sans logos, sans préceptes explicites, on ne pourra ni mettre en valeur ses dons innés ni être intelligemment un praticien. Sans *doctrina*, la *natura* et l'*usus* sont condamnés à un empirisme brouillon: l'expérience sans le savoir ne mène à rien[1]. Les « indoctes » ont une facilité qui n'est pas ferme, ils ne sont pas dignes du nom d'artistes ou de techniciens. On peut dès lors douter qu'ils aient une vraie *natura* d'artiste, qu'ils soient vraiment doués pour tel ou tel art: le dégoût pour les préceptes n'est pas bon signe. Autrement dit, le distinguo entre doctes et indoctes va de pair, chez Du Bellay, avec une scission dans l'idée même de nature. L'opposition n'est pas entre d'un côté la nature (les indoctes) et de l'autre l'art c'est-à-dire la doctrine (les doctes). On a au contraire deux ensembles distincts. Du côté des indoctes, c'est un simple duo: nature plus expérience, mais tous deux brouillons, empiriques, sans doctrine ou art. Du côté des doctes, c'est un autre ensemble, qui est cette fois un trio: nature, expérience, mais perfectionnés par la doctrine. Avoir ou ne pas avoir de *doctrina*, avoir ou ne pas avoir de nombres, c'est le seul et même critère décisif.

Ce distinguo entre doctes et indoctes a deux conséquences, pour la fureur et pour l'imitation.

Premièrement, le distinguo permet de réserver la fureur aux seuls doctes, aux seuls artistes dignes de ce nom. François Cornilliat l'a fort bien senti et exprimé:

> [«L'ardeur & allegresse d'esprit», ou fureur poétique, «qui naturellement excite les poëtes» (II-3, l. 24)] n'a rien à voir avec l'hypothétique et scandaleuse « felicité de nature donnée mesmes aux plus indoctes » qui suffirait « pour faire chose digne de l'immortalité ». Au total, on ne peut pas alléguer que les poètes naissent, car il s'agit dans leur cas de fureur, et la fureur n'est pas une « felicité de nature» qui cherche à rester « pure »: c'est au contraire une nature très consciencieuse, qui accepte la dure loi du travail. On ne peut imaginer un « furieux » indocte, non parce que la fureur donne la science, comme le prétend le Solitaire [de Pontus de Tyard dans *Solitaire premier*], mais parce qu'elle *demande* la science et précipite les inspirés dans le labeur infini de l'imitation. La fureur ouvre un manque, un gouffre qu'il faudra remplir. Elle est désir pur, *studium* au sens premier, et c'est pourquoi il est abusif de la traiter comme un don suffisant. Ce qui est donné au poète, c'est de désirer ce qui ne lui est pas donné[2].

1 D'où des tripartitions où le terme d'*ars* remplace celui de *doctrina*: «*natura, arte, exercitatione* » (Quintilien, 3.5.1). Dans le *De oratore*, Crassus traite de la *natura*, puis de la *doctrina*, enfin de l'*exercitatio* (I, § 145-147); son interlocuteur lui répond que ce qui l'intéresse est seulement la pratique ou *exercitatio*, pas la partie théorique ou *ars* (§ 148). Crassus lui-même a parlé de « *istorum artificum doctrina* », l'enseignement de ces « artifices ».

2 « "Qu'on ne m'allegue point... », p. 683-684. A la p. 681, Cornilliat identifie, à tort, la *doctrina* avec l'*exercitatio*, et «la théorie, le corpus des règles » avec l' *ars*: la confusion provient

Pour le redire plus platement, n'a pas de don ou *natura* pour la musique qui n'aime pas le solfège et les gammes: qui n'aime pas la *doctrina* et l'*usus*. N'a pas non plus de don pour la poésie qui ne désire pas les nombres et les artifices de l'art. Félicité de nature sonne ici comme un faux-semblant de son paronyme la facilité: *facilitas* et *facultas* valent mieux que *felicitas*. Inversement, la fureur n'est la nature que des seuls vrais poètes, des poètes « doctes ». Pour que les Muses leur ouvrent leurs portes, il leur faut « heurt(er) rudement » (II-11, l. 17)[1]. Autrement dit encore, de ce que la fureur est nécessaire mais non suffisante, il ne faudrait pas déduire que la fureur est l'alpha et l'oméga de la poésie. Elle n'en est que l'alpha. L'oméga, c'est la technique qui permet de tirer parti de cette puissante nature. Autrement dit, l'oméga c'est l' « artifice » ou la doctrine. Les marotiques et autres sont « sans doctrine » (II-3, l. 15), *ergo* ils ne sont pas de vrais poètes[2].

Deuxièmement, le même distinguo entre doctes et indoctes permet aussi de réserver l'imitation aux seuls doctes, aux seuls vrais artistes. Dans les traités de rhétorique, cela se voit à la manière dont Quintilien intègre l'*imitatio* dans la *doctrina*. Il le dit une première fois sans développer. L'imitation fait partie de l'art, c'est-à-dire de la doctrine:

> *Facultas orandi consummatur natura, arte, exercitatione, cui partem quartam adiciunt quidam imitationis, quam nos arti subicimus*, l'habitus de l'éloquence atteint sa perfection grâce à la nature, à la doctrine/art, à l'exercice; certains ajoutent un quatrième élément, l'imitation, que personnellement je fais entrer dans la doctrine/art. (3.5.1)

---

assurément du glissement du terme d'*ars*, tantôt englobant, tantôt spécialisé au sens de *doctrina*. Pour une mise au point à la fois brève et riche de références, voir le tout début de Heinrich Lausberg, § 1-8, définition de l'*ars*.

[1] C'est le passage où apparaît pour la seule et unique fois le terme de «fureur» dans la *Deffence*: comme l'a noté Cornilliat, la présentation est conforme à celle de II-3 sur la supériorité de l'art. Voir la façon dont, dans *De l'art de la tragédie* (1572), Jean de la Taille critique les tragédies et comédies «sans art ny science, que font un tas d'ignorants». Ceux-ci ont la «sotte opinion de penser qu'on naisse, et qu'on devienne naturellement excellent en cest art, avec une fureur divine sans suer, sans feuilleter, sans choisir l'invention», bref, «il y a beaucoup de rymeurs, et peu de poëtes» (pp. 10-11).

[2] L'affirmation de Cornilliat selon laquelle la félicité de nature renvoie aux seuls mauvais poètes ou indoctes est à nuancer. La formule en effet revient plusieurs fois dans la *Deffence*. Il est clair qu'elle désigne l'heureuse *natura*, des vrais poètes comme des mauvais. La dernière occurrence est la plus frappante: le grand poète «récapitulatif» capable d'écrire une épopée sera d'abord «doué d'une excellente felicité de nature» (II-5, l. 1). Pareille félicité est la première des «graces» qui l'ornent (l. 11): la bonne *natura* est, presque au sens théologique de l'expression, une grâce naturelle, un don de Dieu qu'il reste à faire fructifier par le travail.

Du Bellay place toujours la nature en retrait par rapport à «l'artifice». C'est cela qui l'amène à faire le tri parmi les cinq parties de la rhétorique: voir la note sur «la felicité de sa nature» à I-5, l. 15.

Le but de cette remarque taxinomique va maintenant de soi. Peu importe au fond que l'on considère que l'imitation est plutôt *usus* ou plutôt *doctrina*, plutôt du côté de la pratique ou plutôt du côté des règles et du *logos*. L'essentiel est de ne pas laisser croire qu'il puisse y avoir une imitation sans doctrine, une imitation « indocte ».

C'est cela qui informe le chapitre X, 2 de Quintilien sur l'imitation, auquel Du Bellay emprunte massivement au début de I-8. Il y a imitation et imitation. L'imitation superficielle, extérieure, reproduit les seuls mots des autres, elle est *imitatio in uerbis*. L'imitation profonde, intérieure, retrouve la *uera uis*, la force réelle du modèle imité, sa dynamique interne, la puissance qui lui permet de s'actualiser en œuvre (lat. *uis* = gr. *dunamis*, Quintilien 2.15.3). Quintilien reprend justement à l'*Orator* ses exemples d'imitation superficielle. Ceux qui sont sans *sententiae* se prennent pour de nouveaux Lysias; ceux qui font des périodes tronquées, pour de nouveaux Thucydide (8.2.17). Cette opposition entre le superficiel et le profond est celle-là même que pose Sébillet entre «la nue escorce de Pöésie» et «sa naturéle séve»[1]. On peut aisément la remplacer par celle entre l'imitation des indoctes et l'imitation des doctes.

De même en effet qu'il y a une nature pour les indoctes et une pour les doctes – la fureur -, de même il y a une imitation à faux et une imitation vraie, pour les vrais artistes ou poètes. Le chapitre X, 2 de Quintilien pourrait d'ailleurs se lire moins comme une antinomie violente à la manière de Du Bellay que comme une éducation[2]. Si les indoctes sont les apprentis, il leur faut bien commencer par l'imitation extérieure, passage obligé pour aller vers l'imitation profonde. Leur apprentissage reproduit alors l'histoire même de l'humanité. Tout a commencé et commencera par l'imitation des apparences: l'enfant, l'apprenti sont d'abord des singes, et singer leur est nécessaire. Mais arrive un stade où il faut en sortir, quitter l'empirisme et l'instinct. L'imitation profonde est le même saut qualitatif que l'hominisation. Ce saut qui sort de l'instinct peut alors être indéfiniment recommencé. Là où l'instinct est répétitif, là où nos ancêtres faisaient le même silex pendant

---

1 *Art poétique françois*, I, 1, Gaiffe p. 10 (et p. 20); en Livre de Poche, p. 52 et 56. Voir Quintilien, 8.2.15: ne pas reproduire l'apparence des qualités, «qui n'en est, pour ainsi dire, que la peau, *cutem*». Voir aussi, à II-12, l. 135, après l'éloge de Rabelais, imitateur véritable d'Aristophane et de Lucien, le blâme de ceux qui «s'amuse(nt) à derober l'ecorce» de Rabelais, avec pour résultat des plaisanteries terriblement lourdes.

2 Voir le débat entre Politien et Paolo Cortesi, évoqué à la fin du *Ciceronianus* d'Erasme (voir p. 53, n. 6): à Politien qui dresse l'antinomie entre vraie imitation et «singes de Cicéron», Cortesi répond en termes de continuité, être par rapport à Cicéron non comme le singe par rapport à l'homme, mais comme le fils par rapport au père.

cinquante mille ans, le progrès est continûment discontinu, cumulatif: de saut en saut, toujours plus haut.

Du Bellay reprend cette anthropologie. Il valorise l'invention des premiers hommes dignes de ce nom mais dévalorise, lui, « celle du singe » (II-3, dernière ligne). Le livre I de la *Deffence* a le même exemple et surtout le même point de vue que le chapitre X, 2 de Quintilien. « L'architecture, l'art du navigaige » sont des « inventions », à mi-chemin dans une histoire continue du progrès (I-9, l. 42-47). Sans progrès, « on naviguerait encore sur des radeaux », et « nous n'aurions rien en poésie au-dessus de Livius Andronicus » (10.2.7). De même donc que le XVIe siècle a inventé imprimerie et artillerie, de même il pourra inventer une poésie au-dessus de l'*antiquitas*, un Virgile moderne au-dessus d'un Lemaire. La raison philosophique de fond est la même:

> par le long cours des siecles les espris des hommes ne sont point si abatardiz qu'on voudroit bien dire (I-9, l. 52-53)
> aucun art ou technique n'est resté dans l'état où il a été inventé et ne s'est arrêté dans les limites où il était à son début, à moins que nous ne condamnions particulièrement notre époque à une telle stérilité, qu'aujourd'hui seulement rien ne se perfectionne... (10.2.8)

Or, ajoute aussitôt Quintilien, « rien ne se perfectionne par la seule imitation ». C'est-à-dire: par l'imitation extérieure, *in uerbis*. Cela n'est pas contradictoire avec l'éloge de « la longue & diligente immitation », l'imitation en profondeur des premiers hommes, des premiers progrès, des premières inventions. Pour aller plus loin que « ceux qui ont occupé les premiers ce que nature n'ha pourtant denié aux autres », pour leur « succeder », il faut imiter le geste fondamental de l'hominisation (I-9, l. 82-84). D'où l'apparent paradoxe: nous pouvons faire mieux que nos prédécesseurs à condition de faire comme eux (sur le fond), et de ne pas faire comme eux (sur la forme). Succéder n'est pas suivre. Quand on suit quelqu'un, on est derrière lui, « *necesse est enim semper sit posterior, qui sequitur* ». Succéder c'est dépasser, « il est plus aisé d'être supérieur, que d'être égal », traduction par Peletier de la formule « *plerumque facilius est plus facere quam idem* » (10.2.10)[1].

Sur ces bases, la fin du chapitre II-3 de Du Bellay ne saurait donc être un retour à une sorte de pure nature. « Cognoitre ses forces » (l. 46 = Quintilien, 10.2.19), et avant d'imiter sonder « diligemment son naturel », pareille recommandation s'adresse évidemment aux seuls vrais artistes, à ceux qui savent ce que *diligentia* veut dire. Contrairement ici à ce que

1 *Art poétique*, I, 5, « De l'imitation », p. 256.

suppose Cornilliat, cela ne redouble en rien l'énigme que poseraient ce qu'il appelle les noces de la nature et de l'art[1]. Ces noces sont sans énigme. L'art tout entier, ou l'artifice, peut être subsumé par le terme de *doctrina*, qui est la partie éminente de la trilogie *natura*, *doctrina*, *usus*, celle qui lui donne sa cohésion. Et de même, préciser comme le fait Quintilien que l'imitation est moins une éventuelle quatrième partie qu'un élément de la *doctrina*, c'est souligner à quelles conditions elle est imitation véritable. Il faut qu'elle soit *meta logou*, qu'elle soit accompagnée activement de logos ou *ratio*[2]. L'imitation sans doctrine n'est pas digne du nom d'imitation.

Les quidams qui font de l'imitation une quatrième partie de l'art montrent donc surtout à quel point ils n'y ont rien compris. Aux profanes, l'imitation peut en effet sembler être un supplément de l'*usus*, puisqu'elle est de toute façon faite de mots, *in uerbis*. C'est au départ une sorte d'exercice pour apprentis, pour écoliers. Les parents d'élèves se moqueront donc de pareilles singeries, quand ils n'en demanderont pas la suppression. Mais le but profond de cet exercice est de comprendre l'esprit au-delà de la lettre, d'apercevoir de l'intérieur défauts et qualités du modèle. Du singe à l'homme, de l'apprenti au maître. Si l'exercice qui singe est d'abord fait sous la direction d'un maître, c'est bien qu'il relève de la *doctrina*. *Disciplina, doctrina, scientia* sont comme les trois âges de la vie d'un artiste ou d'un artisan. *Disciplina*: l'apprenti est le disciple qui apprend sous un maître. *Doctrina*: il passe maître à son tour, et même docteur (maîtrise, doctorat). *Scientia*: laissé à lui-même, il se perfectionne sans cesse, accroît sa doctrine initiale, il a de plus en plus la science de son art. L'*imitatio* est aux deux bouts de ce progrès personnel. Elle est à un bout celle de l'apprenti qui singe. Elle est à l'autre bout celle du maître accompli, qui pénètre par cet exercice les grandes qualités et les petits défauts des grands maîtres qui l'ont précédé, et retrouve ainsi de l'intérieur leur *uera uis* ou *dunamis*, la puissance dont leurs œuvres sont la réalisation, l'actualisation. Si l'imitation indocte relève de l'*usus*, l'imitation docte relève de la *doctrina*. La série complète est en somme *imitatio indocta, disciplina, doctrina, scientia, imitatio docta.*

Dès lors, Du Bellay est fondé à subsumer lui-même la *doctrina* par le terme d'imitation, et à reprendre mot à mot la formule du tout début du chapitre X-2 de Quintilien:

---

1 Article cité, p. 684.

2 Voir la définition de l'imitation par la *Rhétorique à Hérennius*: «*Imitatio est qua inpellimur cum diligenti ratione ut aliquorum similes in dicendo ualeamus esse*, l'imitation nous pousse activement et méthodiquement à parvenir à égaler des modèles d'éloquence» (I, 3). Le *cum ratione* rappelle directement la formulation aristotélicienne du *meta logou*. Ce n'est pas rationalisme, mais recherche par l'artiste des règles de son art: on pourrait en dire autant de la « raison » ou du « bon sens » dont parle Boileau au chant I de son Art poétique.

> la plus grand' part de l'artifice (est) contenue en l'immitation » (I-8, l. 5-6). *Neque enim dubitari potest quin artis pars magna contineatur imitatione*, il n'est pas douteux que la doctrine/art ne consiste en grande partie dans l'imitation.

Hors contexte, on pourrait croire que ce rapport d'inclusion signifie que l'imitation est l'englobant ultime. En ce cas, la doctrine serait inféodée à l'imitation, et la théorie (*doctrina*) se dissoudrait dans une pratique (*imitatio*) elle-même mal définie. De proche en proche le résultat obligé d'une telle lecture rapide est que toute la théorie de la *Deffence* serait fumeuse. Il n'en est rien. « Etre contenu dans l'imitation » signifie que (i) l'art peut être subsumé par le terme de *doctrina* et que (ii) la *doctrina* à son tour peut être subsumée par l'imitation. L'imitation docte est le comble de l'art, elle est ce sommet qui couronne la *scientia* laquelle couronne la *doctrina* laquelle à son tour couronne l'*ars*. Il faut être un maître accompli pour pratiquer une telle imitation.

C'est ainsi qu'un Rabelais a pu imiter Aristophane et Lucien (II-12, l. 132). Ses romans ne sont pas des exercices d'apprenti, des décalques qui s'en tiennent à « l'écorce » (l. 135). Ce sont des réalisations à part entière, des œuvres: une puissance qui est passée à l'acte. Rabelais a compris de l'intérieur la puissance, la sève à l'origine des œuvres de ses prédécesseurs. Rabelais a donc imité un processus d'ensemble. Il a médité la *uis comica* d'Aristophane et de Lucien, leur puissance ou *uera uis*, pour créer lui-même des œuvres comiques, qui ont leur propre *uis comica*, imitable à son tour. En cela, aux yeux du moins de Du Bellay, ce successeur n'a pas fait pareil: il a fait mieux. Il a fait bien plus en tout cas que les traduire. Rabelais a imité Lucien au sens où l'art imite la nature. On sait que cette dernière formule ne signifiait pas recopier les apparences extérieures, la nature naturée, selon un réalisme photographique et pour ainsi dire *in uerbis*. La nature crée elle-même des œuvres, elle est productrice de produits finis, elle est nature naturante. L'art humain imite la nature quand il reprend le processus par lequel elle crée – ce processus étant selon Aristote le passage de la puissance à l'acte, de la semence à l'épanouissement. Rabelais n'a pas imité Lucien créé, mais Lucien créant: non pas ses œuvres, mais sa façon de créer, son *modus operandi*. Loin d'empêcher l'imitation superficielle, indocte, cela lui donne son véritable horizon[1].

---

[1] Le problème du réalisme dans les arts plastiques est ainsi un faux problème, constamment dénoncé par les artistes, même ceux du XIXe siècle. Voir Gauguin en 1888: « ne copiez pas trop d'après nature. L'Art est une abstraction: tirez-la de la nature en rêvant devant et pensez plus à la création qu'au résultat, c'est le seul moyen de monter vers Dieu en faisant

Autrement dit, pour le propos de Du Bellay, tout peut donc se résumer à ce point crucial, la bonne imitation, l'imitation docte. Imiter les auteurs français, c'est ne pas comprendre ce qu'imitation veut dire. Et de proche en proche, ne pas comprendre ce qu'est la doctrine « autre que mediocre » (II-3, l. 16), ne pas comprendre enfin ce qu'est l'art. Bref, avoir tout faux de A à Z, de l'alpha à l'oméga. L'imitation est moins un englobant ultime, ce qui serait problématique, qu'une pierre de touche pour distinguer le bon poète du mauvais.

Ces remarques n'épuisent assurément pas ce que l'on peut dire de la théorie de l'imitation dans la *Deffence*. Il y aurait même un risque à en rester là. Nous serions alors obligés de souscrire à la formule de Cornilliat: « c'est le travail qui devient mythique », dans le même mouvement où la fureur a été démythifiée[1]. Un tel résultat serait une contradiction criante. Dire en effet que la *doctrina* est inassignable, fumeuse, c'est dire que le logos est indicible, que la *ratio* est irrationnelle: que tout le processus actif d'imitation/recréation est désigné du doigt, mais non expliqué. Cornilliat considère visiblement qu'il y a là une opération malhonnête. L'honnêteté serait du côté de Sébillet. Lui au moins annonce d'emblée la couleur. La « sève » c'est ce que vise l'imitation des doctes. La « nue écorce », ces apparences auxquelles en restent les indoctes, c'est tout ce que peut décrire un traité, « et que nous traitons comme art en cest opuscule »[2]. Du côté de la sève, de la *uera uis*, Du Bellay s'en tiendrait donc à « des termes du genre "innutrition" ». Du côté de l'écorce, là où Sébillet détaille des techniques, comme les rimes croisés ou embrassées, Du Bellay serait muet. Le résultat paradoxal est que celui qui vante le plus le travail ne dit pas à quoi ressemble la réalité du travail. L'innutrition que vante la *Deffence* c'est très beau, mais en pratique peu utile. Comme dit le *Quintil*, c'est là promettre beaucoup, et tenir peu.

La critique est forte, en ceci entre autres qu'elle sape l'enthousiasme pour la seule innutrition qui soulève les plus belles pages de la critique sur la *Deffence*. Il n'est pas sûr pourtant qu'elle soit valide. Au lieu de parler de mythe, il suffit de parler de mystère, c'est-à-dire aussi bien, selon l'étymologie même, de métier. Le grand partage entre les indoctes et les doctes est, nous l'avons déjà vu, celui entre les profanes et les initiés. Dès lors, opposer la technique à l'innutrition ne tient pas plus que d'opposer la nature à l'art. Il faut opposer deux ensembles, deux processus complets. La *doctrina*, ce n'est pas la théorie dans l'absolu, dans l'abstrait, que l'on

comme notre divin maître: créer» (cité par J.-C. Lebensztejn; je remercie ma collègue Dominique Massonnaud pour cette référence).

1 Article cité, p. 688, n. 36.

2 Gaiffe, p. 10 (en Livre de Poche, p. 52).

pourrait expliquer même à ceux qui ne sont pas du métier. La *doctrina*, les règles d'un art, c'est la culture propre à une technique donnée, qui fait sens pour ceux-là seuls qui pratiquent cette technique, et qui seule permet une imitation intelligente, informée. Autrement dit, « doctes » et « savants » dans la *Deffence* sont typiquement de faux amis: cela ne désigne pas comme pour nous les théoriciens, les critiques. Il n'y donc rien d'ironique, comme le dit Cornilliat, à prendre sur la *natura* l'avis des doctes. On ne demande pas leur avis à des gens extérieurs, c'est une discussion entre seuls gens du métier, en l'occurrence prosateurs et poètes[1]. Il faut se rappeler que l'enseignement même de la rhétorique s'approchait plus de nos conservatoires de musique que des cours actuels de littérature. De façon très générale, la vision aristotélicienne de tout art ou technique ne coupe pas la théorie de la pratique, et empêche l'autonomisation de l'une ou de l'autre. Dans ces conditions, aux profanes tout est écorce, aux initiés tout est sève, y compris le moindre détail technique – qui sera lettre close pour les autres: jargon, subtilité vaine.

En somme, la seule façon de sauver les beautés de l'innutrition est d'y inclure les subtilités techniques, et non les exclure à la manière du romantisme. Or l'emblème de ces subtilités, ce sont les nombres, cet artifice ultime. La critique de Cornilliat met la barre très haut. Sous peine d'être fumeux à notre tour, il nous faudra dire en quoi anagrammes et acrostiches sont pour Du Bellay des nombres, et par excellence, puisque ce sont les deux premiers exemples français qu'il donne du vrai rythme. Des nombres, pas des niaiseries: une perfection suprême, pas des jeux de lettrés. Pour parvenir à ce résultat difficile, il nous faut prendre la mesure des concepts que l'*Orator* déploie quand il traite des nombres. Pour pouvoir sauter haut, il nous faut reculer loin en arrière. Autrement dit, après avoir traité ici des nombres de façon très générale, il est temps d'entrer un peu plus dans le sujet. La voie de cette longue exploration passe d'abord par ceux qui ignorent les nombres, Lysias puis Thucydide.

2. Sans les nombres (1): Lysias

« Marot me plaist (…) pour ce qu'il est facile, & ne s'eloingne point de la commune maniere de parler » (II-1, l. 30-32), « *Ennio delector* (…), *quod non discedit a communi more uerborum* » (*Or.* 36). Cette traduction mot à mot semble à première vue prouver que Du Bellay assimile Marot à Ennius. Mais cela pose problème. L'Ennius de l'*Orator* est en effet le grand style à

[1] Quand Baudelaire qualifie une courtisane de « si docte aux voluptés », il rappelle encore ce sens du mot *docte*: s'il y a peut-être de sots métiers, il n'en est pas d'indocte (« Les métamorphoses du vampire », v. 11: « Je suis, mon cher savant, si docte aux voluptés,/Lorsque j'étouffe un homme en mes bras redoutés… », *Les Epaves*, VII, en Pléiade, 1961, p. 143).

l'ancienne mode, comme Thucydide, alors que « la commune maniere de parler » identifie le Marot de la *Deffence* avec le style simple. Et le style simple, dans l'*Orator*, c'est Lysias, pas Ennius.

Pour résoudre ce problème, il va falloir reprendre le contexte des deux citations. Le fait fondamental est que l'*Orator* dédouble d'emblée chacun des deux styles. Le grand style est dédoublé en faisant intervenir les nombres. Le grand style avec les nombres, ce sont Démosthène et Cicéron; le grand style sans les nombres, Thucydide et Ennius. Le style simple, lui, est dédoublé autrement, en faisant jouer un autre critère, plus difficile à manier, celui des ornements. Le style simple avec quelques ornements, c'est Lysias; sans, les néo-attiques. Sur ces bases, quand Cicéron en vient à décrire tout au long le style simple, ce n'est pas pour se lancer, à soixante ans, dans des explications pour débutants. Le but de sa description est de démolir la vision que les néo-attiques ont de Lysias. A leurs yeux, Lysias est d'abord *horride* et *inculte*, même s'il est aussi *elegans* (§ 28). *Horride*, voilà le mot horrible, ce dont il faut sauver Lysias, pour mieux condamner la jeune école. *Horride* ou *inculte* désignant l'absence d'ornements, il faut montrer que le style simple bien entendu n'est pas tout à fait dénué d'ornements.

La machine polémique peut donc elle-même être décrite en deux temps: d'abord Ennius et le dédoublement des deux styles, puis Lysias et l'analyse du style simple par l'*Orator*. On pourra alors voir tout le profit que Du Bellay tire de ces analyses, et soutenir qu'il identifie décidément Marot à Lysias, non à Ennius.

a. - Le double distinguo est posé au début de l'*Orator* (§ 20). Le premier distinguo est celui, tout à fait classique, entre style élevé et style simple. Le style élevé y est nommé, d'un mot créé par Cicéron, le grandiloquent. Il se caractérise par « une profonde gravité de pensée et majesté d'expression », la véhémence, la variété, l'abondance, la gravité: *sententiarum grauitas, uerborum maiestas, uehementia, uarietas, copia, grauitas.* Le tout permet d'émouvoir ou *mouere*, c'est-à-dire de retourner les cœurs, de s'en rendre maîtres[1]. A cela s'oppose le style simple. Les orateurs qui le représentent ont écrit

> d'une maniére serrée, fine, délicate, limée; contens d'instruire, & de mettre dans un beau jour les matiéres qu'ils traitoient, ils ont évité tout ce qui a l'air d'amplification (trad. Colin).

---

[1] Notons au passage le mot de majesté dans la *Deffence*, II-6, l. 78: la reprise modérée de mots anciens donnera «grande majesté tant au vers comme à la prose», les tirera vers le grand style d'un Virgile.

Soit la série du *docere*, qui se refuse par définition à amplifier: *tenuitas, acute, dilucide, subtilitas* – ce dernier mot désignant littéralement un tissu fin et serré.

Le grand style comme le simple sont aussitôt divisés eux-mêmes en deux.

Le critère pour le grand style nous est connu: c'est la présence ou l'absence des nombres. Cicéron n'emploie pas ici le terme englobant de *numeri*, mais les deux espèces qui les définissent, euphonie et période. Avec les nombres, le grand style a une *oratio leuis, structa, terminata.* Il a des phrases lisses: c'est l'euphonie; construites et achevées: c'est la période. C'est la perfection que représentent Démosthène et Cicéron. Sans les nombres, le même grand style est une *oratio aspera, tristi, horrida, neque perfecta neque conclusa.* Il a des phrases âpres, sévères, grossières: sans euphonie; imparfaite et inachevée: sans périodes. C'est la perfection moindre de Thucydide et de Caton, ou encore d'Ennius.

Le critère pour le style simple ne saurait être la présence ou l'absence de nombres, puisque ce style est par hypothèse sans nombres. Le critère auquel recourt Cicéron n'a pas encore été évoqué ici: c'est la présence ou l'absence d'ornements. Le terme désigne l'ensemble des procédés qui enrichissent le discours, des tropes aux nombres en passant par les schèmes et les procédés de Gorgias. Comme il y a des ornements dans le grand style autant et plus que dans le style simple, le critère cette fois est moins simple à manier que celui des nombres. Ce n'est pas en effet affaire d'absence ou de présence, mais de plus ou de moins. Quoi qu'il en soit, on assiste au même dédoublement. Le style simple sans art est « sans poli et se donnant à dessein l'air d'être sans science ni métier », *impolitus, rudis, imperitus*. C'est Lysias selon les néo-attiques. Avec art, il a la même sécheresse mais avec plus de *concinnitas*. C'est Lysias selon Cicéron. Il est alors *facetus, florens etiam et leuiter ornati*: en verve, avec même des fleurs et de petits ornements.

Aspera du côté du grand style, *rudis* du côté du style simple: « apres et rudes » chez Du Bellay désigne ainsi, quoi qu'il arrive, l'absence d'art, voire de nombres. Le grand style « âpre » ou le style simple « rude » sont, chacun à leur manière, « *horridus* », sans ornements. Mais il faut évidemment différencier. Dans le cas du grand style, l'absence d'ornements est toute relative. Et de même à l'inverse, dans le cas du style simple, la présence d'ornements est toute relative. L'adjectif *horridus* employé pour l'un ou pour l'autre ne désigne pas la même réalité, le même manque d'ornements.

Pour nous en tenir au grand style *horridus*, sans ornements, il faut comprendre: sans les derniers ornements que sont les nombres, euphonie et période. Les phrases de Thucydide sont *hiantia* et *mutila* (§ 32), sans euphonie et sans construction en périodes. A cela près, elles ont les ornements, très grands, que représente la *grauitas* des mots et des «pensées» ou *sententiae*. Cicéron souligne à quel point ces ornements-là sont autrement plus substantiels que les nombres[1]. Autrement dit, nous retrouvons la progression historique, la découverte progressive de plusieurs types d'ornements. Thucydide les a tous, sauf les nombres qu'a découverts Isocrate. C'est ce dernier manque, en un sens mineur, qui fait nommer *horridus* ce type de grand style.

Le thème du progrès historique permet bien de rendre compte du synonyme d'*horride* qu'est *inculte*, l'absence de culture – métaphore à laquelle Du Bellay accorde, *via* Speroni, tant d'importance. Thucydide est « inculte » en ce sens très limité où il ne connaît pas le dernier raffinement de la culture, de la civilisation. Parce qu'il date par rapport au dernier cri du progrès, il en est au stade des glands, les nombres étant le stade du blé (§ 31). Mais, on le voit, tout cela est très relatif. Les glands en question sont déjà un haut degré de culture, de *diligentia* et d'*industria*. Cicéron les appelle grossiers, *horridi*, parce qu'il les regarde de haut, du haut du blé. C'est du haut de sa pyramide récapitulative qu'il contemple plusieurs siècles de rhétorique.

Cela compris, nous pouvons maintenant rendre compte de la formule de l'*Orator* sur Ennius et sa « commune manière de parler ». Ennius n'est pas le style simple, mais le grand style à l'état encore grossier, sans les derniers ornements, bref, *horridus*. Il faut citer le passage en entier (§ 36):

> *Ennio delector, ait quispiam, quod non discedit a communi more uerborum. Pacuuio, inquit alius; omnes apud hunc ornati elaboratique sunt uersus, multa apud alterum neglegentius* (*Or.* 36)
> J'aime Ennius, dit l'un, car il ne s'éloigne point du langage ordinaire; & moi, dit un autre, je préfere Pacuvius, tous ses vers sont beaux & bien travaillés: au lieu qu'il y a beaucoup de négligence dans Ennius. (trad. Colin)

Ainsi lu hors contexte, ce passage semble reconduire l'opposition entre le style bas et le style élevé. D'un côté, langage commun et négligence. De l'autre, ornement et travail. En effet, en système d'opposition, l'ornement est toujours du côté du grand style. Et du reste, lorsque Du Bellay applique ce

[1] Au § 169: «j'accorde plus de valeur à l'expression et aux idées, en quoi excellent les anciens, qu'à l'art de clore la phrase, qu'ils n'ont point» (c'est la phrase que Du Bellay a peut-être synthétisée en «bon esprit, mais bien peu d'artifice»). Voir § 39, où Thucydide est loué pour avoir «oser s'exprimer avec plus de richesse et d'ornements, *ornatius*» que ses devanciers, et 234: il a les ornements, *ornamenta*, «je regrette seulement qu'il n'ait pas l'arrondi de la phrase, *orbis orationis*», c'est-à-dire qu'il n'ait pas la construction en périodes.

passage à Marot, il en retravaille les termes précisément pour dégager l'opposition entre style bas et élevé:

> Marot me plaist (...) pour ce qu'il est facile, & ne s'eloingne point de la commune maniere de parler: Heroët (...) pour ce que tous ses vers sont doctes, graves & elabourez. (II-1, l. 30-33)

D'un côté langage commun et « facilité », équivalent exact de la *neglegentia*: c'est le contraire de la *diligentia*. De l'autre, non seulement travail mais *doctrina* et *grauitas*: la doctrine renvoie à la diligence, la gravité est l'un des termes canoniques pour désigner le seul style élevé.

Le retravail de la citation par Du Bellay contourne donc le fait que le poète Ennius ne relève pas, lui, du style simple. Poète épique précurseur de Virgile, le premier à introduire l'hexamètre dactylique d'Homère en latin, il appartient entièrement au style élevé. S'il est *horridus*, sans ornements, ce ne pourra donc être que comme Thucydide, de façon très relative, et assurément pas au sens où le style simple peut être dit lui aussi sans ornements. Pour un poète épique, il ne s'éloigne pas – *pas assez* – de la commune manière de parler: ceux qui l'en louent ne savent pas apprécier les choses à leur juste mesure.

Cette lecture d'Ennius est confirmée par la comparaison qui suit immédiatement, entre deux sortes de peinture. Certains aiment celle qui est *horrida, inculta et opaca*, les autres celle qui est *nitida, laeta, conlustrata*. D'un côté le manque de travail, de fini, de lumière; de l'autre le brillant, le gai, le lumineux (§ 36). Une autre occurrence de cette comparaison confirme que la peinture « avec peu de couleurs » est la vieille, l'*antiquissima*, face à la nouvelle qui est parfaite, *perfecta* (§168-169). On se rappelle que, de même, les anciens ou *antiqui* tel Thucydide avaient les couleurs des ornements mais pas la perfection des nombres. A *horridus* s'oppose ainsi un terme qui touche de près la *Deffence*, celui d'illustration, de *conlustratus*. Illustrer la langue française, ce n'est pas seulement l'enrichir de vocables, comme le voulait le programme national de traductions, à la Dolet. En lisant l'*Orator* Du Bellay retravaille ce terme qui servait déjà avant lui d'étendard. Illustrer la langue, c'est désormais lui donner la dernière touche de lumière et d'ornements, un brillant que seuls peuvent donner les nombres, euphonie et période. C'est par rapport à ce nouveau programme que tout ce qui précède est renvoyé aux glands et à la grossièreté de l'*horride*, de façon certes relative mais décisive.

Le moins parfait doit céder la place au perfectissime. Ainsi, lorsque le grand style de Caton se permet des hiatus, il est *horridulus*, « un petit peu » sans ornement – c'est-à-dire sans l'une des composantes de la perfection, l'euphonie. La *Deffence* rend cet *horridus* par les adjectifs « apres & rudes », ce qui reprend nous l'avons vu les termes d'*Or.* 20. Dans un passage tout inspiré de l'*Orator*, à la fin de II-10, l'oreille récuse « toutes choses apres & rudes » « en composition & structure de motz » (l. 14-15). Cela veut dire: l'oreille récuse hiatus et cacophonie, *uoces hiulcas aut asperas* (*Or.* 150), dans l'arrangement des mots entre eux, arrangement euphonique dit en général *compositio* (§ 164 sq) ou ici *structura* (§ 149). Mais encore une fois, comme chez Caton, cette rudesse est toute relative. C'est la dernière rudesse à ôter dans une langue pour le reste déjà largement, et littéralement, é-rudite, pleine d' « érudition ». Notre langue est riche, mais « non encor' assez riche » (II-6, l. 32). Français encore un effort si nous voulons porter la dernière perfection à notre langue, si nous voulons donner euphonie et « douceur aux [choses] apres & rudes » (II-6, l. 45)[1].

b. - Nous pouvons maintenant en venir à l'analyse du style simple, au Lysias de l'*Orator*. Le mauvais style simple est *horridus*, sans aucun ornement: c'est celui dont se vantent les néo-attiques. Le bon style simple n'est pas *horridus*, il ne manque pas d'art, à défaut d'avoir des nombres. Cicéron organise là aussi sa description en suivant ce que j'ai appelé la pyramide récapitulative et historique des ornements, avec, au sommet, le dernier stade du raffinement:

nombres (Isocrate)
concinnitas = les procédés de Gorgias
schèmes = les figures de mots et de pensée
tropes = la métaphore, connue même des paysans (§ 81)

Le style simple peut être décrit en remontant la pyramide. Il recourt beaucoup aux tropes, peu aux schèmes, presque pas à la *concinnitas*, pas du tout aux nombres. Par là-même, nous ferons un premier tour de ce que représente, *a contrario*, le grand style.

Beaucoup aux tropes: le seul ornement où le style simple sera « peut-être plus abondant » sera la métaphore. Encore faut-il se tenir à des métaphores qui ne soient pas tirées de trop loin, l'audace et le visible ne convenant pas à ce style. « De cet ornement le style simple se servira un peu plus librement, mais avec moins de licence » que le style élevé (§ 82), lequel a des métaphores à la fois très fréquentes et très brillantes (§ 134).

Peu aux schèmes: le style simple « s'en servira sans doute, mais avec un peu plus de réserve » (§ 83). Il pourra se servir des figures de pensée « dont l'éclat ne sera pas violent », mais pas de celles qui relèvent uniquement du

---

[1] La troisième occurrence d' «âpres et rudes» est celle-ci: aux yeux d'Eschine, même Démosthène a des mots «apres & rudes» (II-2, l. 99 = *Or.* 26, *dura*), qui sont des monstres plutôt que des mots. Entre deux Attiques comme eux, ce genre d'injures est on ne peut plus relatif. Pour «erudition», voir p. 54, n. 4.

grand style. Le style simple n'usera pas par exemple de la prosopopée, il ne fera ni parler la République ni remonter les morts des enfers. Même chose pour les figures de mots. Le style simple pourra se servir de toutes, « pourvu qu'il se serve des mots les plus usuels » (§ 85), mais pas de la *conduplicatio* qui relève du pathos, du *mouere*[1]. Au total, la plupart des figures de mots et de pensée « conviendront aussi à ce style simple: il se servira des mêmes ornements, mais avec plus de grossièreté, *horridius* » (§ 86). Nous pouvons maintenant savourer ce comparatif. Dire de ce style qu'il est plus *horridus*, c'est dire en fait qu'il ne l'est pas. Du moins pas autant que se l'imaginent les néo-attiques. Là encore, tout est relatif. On part cette fois du bas de la pyramide, de la base brute dont rêve la jeune école. Par rapport à ce moins absolu, le petit peu d'ornements que s'autorise le style d'un Lysias est un plus.

Presque pas à la *concinnitas*: celle-ci est définie par les quatre figures attribuées à Gorgias. L'*Orator* les rappelle aux § 38, 65 et surtout 164-167: isocolon, homéotéleute, homéoptote, antithèse. La base en est la prise de conscience du *kôlon*, long membre d'une période, ou encore du *komma*, membre court – ces mots grecs étranges en français le sont moins en anglais, où *colon* désigne les deux points, *semi-colon* le point-virgule et *comma* la virgule: autant de marqueurs des parties d'une période. Avec la notion de membres on peut travailler leur arrangement, de manière que l'un réponde à l'autre, et qu'ils aient parfois les mêmes chutes. On peut donc définir l'isocolon, *paria paribus relata*, c'est-à-dire la juxtaposition de membres à peu près égaux qui se répondent – ce n'est d'ailleurs pas une égalité stricte du nombre des syllabes, mais plutôt la symétrie dans le nombre des mots et dans les groupements syntaxiques. L'homéotéleute, lui, *similiter desinentia*, est une sorte de rime: terminaisons semblables à la fin de deux membres successifs (ou plus). L'homéoptote, *similiter cadentia*, est alors une sorte de rime « facile », due à l'emploi de la même flexion: par exemple en français, plusieurs verbes tous au futur et à la même personne. A ces trois figures s'ajoute classiquement l'antithèse, ici considérée du seul point de vue de la symétrie: *contrarium* ou *aduersa contrariis relata*. Exemple forgé par Cicéron: *quod scis nihil prodest, quod nescis multum obest*, où se répondent savoir et ne pas savoir, être utile et être nuisible, rien et beaucoup (*Or.* 166, « ce que tu sais ne t'est utile en rien, ce que tu ignores t'est nuisible en tout »).

Tous ces effets de symétrie « sont à fuir » par le style simple (§ 84), tout comme « les jeux qu'on recherche par le changement d'une lettre » ou

---

[1] « Ah, Corydon, Corydon » dans l'exemple de Quintilien (9.3.28), « Ce sont des guerres, des guerres civiles que tu prépares, Gracchus » dans celui de la *Rhétorique à Hérennius* (IV, 38).

paronomase. C'est toujours le même souci: tout cela serait trop voyant, pièges un peu simplets d'oiseleur (ou de sophiste) qui vise à plaire, à captiver, bref délices ingénieuses et au fond ineptes[1]. Ce qui est en fait refusé, c'est l'*elaborata concinnitas*, la symétrie recherchée, travaillée. Car le travail ou « labeur » n'est pas la marque du style simple, qui doit paraître négligé – même si c'est une négligence très travaillée, une *neglegentia diligens* (§ 78). La symétrie « laborieuse », elle, est le privilège du grand style, dans la mesure où les effets de Gorgias sont une des façons de prendre conscience des beautés de la période, et même historiquement la première approche du style périodique. Mais on voit aussi comment Cicéron peut en venir à caractériser « son » Lysias par le comparatif *concinnior* (§ 20), qui répond au comparatif *horridius*. Si Lysias selon Cicéron n'est pas *horridus*, c'est qu'il a une certaine *concinnitas*, c'est-à-dire celle, très limitée, que lui autorise le registre du style simple. Etre « plus » symétrique c'est là aussi l'être plus et moins. Plus que se l'imaginent les néo-attiques, moins que ce que peut se permettre le grand style.

Enfin, pas du tout: le style simple ne connaît pas les nombres, sous leur double espèce de la période et de l'euphonie (§ 77-78). Pas de période, d'arrangement des membres: le style simple « ne cherche point à joindre artistement les mots pour former une construction périodique ». Sa prose est *soluta* comme la prose commune, mais liberté ne signifie pas licence, ce n'est pas du laisser-aller. Pas d'euphonie, de liaison harmonieuse des mots: le style simple « ne craint point la rencontre & le choc des voyelles » qui est « une espece d'*hiatus*, *tamquam hiatus concursu uocalium* ». Cela a « je ne sçai quoi de gracieux, en ce qu'ils nous montrent un homme plus occupé des choses que des paroles » (trad. Colin). Ce duo de critères négatifs nous est maintenant bien connu, parce qu'il rappelle ce qu'aiment les mauvais imitateurs de Thucydide. Le style simple lui aussi a des phrases *mutila*, c'est-à-dire des périodes mal construites, bancales; et *hiantia*, avec entre les mots le choc cacophonique des voyelles ou des consonnes, selon le sens le plus général d'hiatus dans les traités.

En termes de pyramide, le style simple est au total un monument de petite taille, en hauteur mais aussi et surtout à sa base.

Il l'est d'abord en hauteur. Puisque les nombres sont absents du style simple, son sommet est nécessairement moins haut: sa pyramide s'arrête aux effets de Gorgias. Dès lors on peut supposer que la description du paragraphe 20 fait de la *concinnitas* le terme englobant du style simple, le récapitulatif

---

1 Sur les sophistes qui visent le *delectare*, à apaiser les passions plutôt que les bouleverser, voir § 65. Sur Hérodote et Thucydide loués pour avoir évité les *deliciae* ou plutôt *ineptiae* de Gorgias, voir § 39 (inepties quand elles ne sont pas reprises dans la *copia* du grand style: ce point sera développé à propos de Thucydide).

auquel il peut prétendre. Les mauvais orateurs du style simple sont «mal polis», *impoliti*. Les bons ont « plus de *concinnitas* c'est-à-dire le sel attique, avec même des fleurs et de petits ornements, *concinniores* id est *faceti, florentes etiam et leuiter ornati* » (§ 20). Le *id est* pose bien un signe d'égalité, une équation où la *concinnitas* est définie comme ce qui inclut tout ce qui est sous elle, selon le principe « récapitulatif » de la pyramide, où le terme supérieur englobe les termes inférieurs. La *concinnitas* ou arrangement de membres, ce sont les nombres du style simple, par delà (et incluant) tropes et schèmes. La pyramide se réduit alors à ceci:

concinnitas = les figures de symétrie
schèmes = figures de mots et de pensée, *ornatus*
tropes = la métaphore, connue même des paysans (§ 81)

Mais la pyramide n'est pas seulement moins haute, elle a surtout une base plus étroite. A tous ses étages elle est donc frappée par la restriction, la *ieiunitas* ou sécheresse. Si elle a des fleurs, c'est avec réserve; si elle est ornée, ce n'est que légèrement, *leuiter*; si elle a des effets de symétrie, c'est comme sans y penser. Un mot important dit cette restriction générale. C'est celui que les néo-attiques opposent, nous l'avons vu, au grossier ou *horride*: l'*elegantia*. Les néo-attiques récusent «l'élégance», Cicéron la loue.

Il ne s'agit pas d'élégance au seul sens actuel. Le terme est parfaitement défini dans la *Rhétorique à Hérennius* (4. 17). Formé sur *eligere*, « choisir », il désigne un double choix ou *electio*: d'une part la correction grammaticale, de l'autre l'usage de termes qui ne sont pas obscurs (mots usuels, mots propres). La finalité est le *docere*, puisqu'il s'agit de ne pas entraver la compréhension. Traduire immédiatement par élégance au sens moderne entretiendrait donc une certaine confusion, même si des réussites comme Lysias permettent de rendre sensible aux beautés du mot bien choisi. Le point essentiel est que l'*elegantia* s'oppose directement à la *copia*. Une comparaison qu'emploie l'*Orator* éclaire bien cette opposition fondamentale (§ 83-84). C'est celle du banquet. L'hôte du grand style aime la magnificence, *magnificentia*, celui du style simple la parcimonie, *parsimonia*. L'orateur simple se servira donc lui aussi des ornements qui donnent de l'éclat (*inluminat*) et relèvent en tant que tels de la *copia*. Mais il s'en servira avec réserve. Il veut montrer qu'il est non seulement économe mais aussi raffiné: *non solum parcum sed etiam elegantem*. Trop peu de plats sur la table, ce serait le défaut d'*exilitas*, de maigreur – cela même que recherchent exprès, selon Cicéron, les néo-attiques[1]. Le banquet simple mais bon, ce sont des mets et des mots choisis: Lysias selon Cicéron. *Eligere*, *electio*, l'élégance est choix économe des moyens, sa beauté est celle du choix judicieux, non de la richesse. Ma pyramide est petite, mais elle est bien faite. Le banquet « élégant », c'est le rat des champs face au rat des villes, Horace plutôt que Virgile.

Le triomphe de l'*elegantia* ainsi conçue, c'est le *facetus*, la verve facétieuse et la raillerie fine, ce sel attique qui manque totalement aux néo-attiques (§ 87-90). Ont du sel Lysias aux yeux de Cicéron, Marot pour Du Bellay, ou encore La Fontaine et Madame de Sévigné pour l'abbé Colin. Le sel, simple par excellence, est ce qui donne du goût à des plats eux-mêmes bien choisis. Trop ou trop peu de plats, trop ou trop peu de sel, et le charme de l'élégance s'évanouit. On conçoit dès lors que le terme d'*elegantia* suffise à être définitoire, tout comme le grand style est défini par les seuls mots de *copia* ou de *grauis*[2]. De façon très générale, c'est en tout cas cette opposition entre élégance et gravité que retient l'*Orator*. Au § 125, aucun mot qui ne soit *aut graue aut elegans*; au § 134, *aut elegans aut graue*. La traduction de Colin souligne bien l'opposition exclusive que marque le *aut... aut...*: « ou élégant ou énergique », l'énergie relevant de la véhémence, donc de la *copia*.

c. - Concluons cette description du style simple par l'*Orator* en en repérant les traces dans la *Deffence*.

Du Bellay reprend tout d'abord à Cicéron l'opposition fondamentale entre élégance et *copia*, c'est-à-dire entre styles simple et élevé. La meilleure preuve en est sans doute un passage où il traduit directement le *De Finibus*[3]. L'« ornement (...) d'orayson copieuse ou elegante » traduit « *orationis uel copiosae uel elegantis ornatus* » Ce binôme est pour Cicéron un moyen commode et synthétique de rappeler les deux styles fondamentaux, le simple et l'élevé, en restant au plus grand niveau de généralité. Une autre phrase de Du Bellay pourrait paraître plus problématique. « L'office donques de l'orateur est de chacune chose proposée elegamment & copieusement parler » (I-5, l. 23-25). Chamard renvoie à juste titre, pour le moule général, à une phrase équivalente du *De oratore* (I, 21). Mais Du Bellay en modifie le

---

[1] Ainsi dans le *Brutus* (§ 284), «Calvus voulait être qualifié d'Attique: de là cette maigreur, *exilitas*, qu'il recherchait à dessein, par *industria* ». Un défaut travaillé avec « industrie », voilà bien le comble de la provocation.

[2] Un autre mot définit le style simple, celui d'*enucleatus*, à *Or*. 28 comme au § 91. Non pas « éplucher ses mots » (!) comme le traduit Albert Yon, mais: clarifier au maximum, parler net, faire toute la lumière (*cf. Br*. 35, 115; *De Or*. III, 32), bref, une des qualités éminentes du style simple, du *docere*, l'autre qualité éminente étant « l'élégance ».

[3] I-12, l. 10 = *De Fin*. I, 10.

couple *ornate* et *copiose* en *eleganter* et *copiose*. De là à en déduire qu'il identifie élégance et ornement, il y a un pas impossible à franchir. Sa modification a plutôt pour effet de coller à son propre contexte, bien plus général. D'un côté l'élégance du style simple, de l'autre la « copie » du grand style: l'orateur vraiment complet doit posséder les deux registres[1].

Le mot d'élégance a ainsi un sens bien défini sous la plume de Du Bellay. Il nous permet de retrouver dans la *Deffence* la même progression historique que dans l'*Orator*. François Ier est loué pour avoir le premier restitué les « ars & sciences ». Avant lui, le français était « scabreux & mal poly ». Le roi l'a « rendu elegant, & si non tant copieux qu'il poura bien estre, pour le moins fidele interprete de tous les autres » (I-4, l. 18-22). A partir du moment où l'on admet qu'*élégant* renvoie au seul style simple, la périodisation va de soi. On peut dégager trois époques: avant le règne de François Ier, pendant, après – et après, c'est pour Du Bellay aujourd'hui, le règne d'Henri II. Première époque, avant François Ier. Le français était « mal poli »: le terme rend directement le latin *impolitus* qui désigne les mauvais orateurs simples, et en général l'absence de tout travail, lime ou polissage[2]. Le français était également « scabreux », c'est-à-dire rude, raboteux: l'adjectif est un quasi-synonyme de « mal poli ». On peut penser qu'il sonne comme un équivalent assez exact de l'*horridus* qu'emploie l'*Orator*. Le couple « scabreux et mal poli » rappelle en tout cas ces couples d'adjectifs qu'affectionne Cicéron, *horridus et incultus*, *impolitus et rudis*, etc[3].

---

1 Il en va de même dans le passage contre ceux qui estiment le français une langue « barbare & irreguliere » au motif qu'elle est « incapable de cete elegance & copie, qui est en la Greque & Romaine » (I-9, l. 5). – Dans le *De Oratore*, la formule binaire *ornate copioseque* est un couple de proches parents à l'intérieur d'un même genre, le style élevé; dans le *De Finibus*, la formule binaire *uel copia uel elegantia* est un couple de genres distincts: tout dépend du niveau de généralité où l'on se place (selon sa place dans la pyramide des genres, *copia* est l'égal ou l'englobant d'*ornatus*).

2 Voir *Or.* 20. Dans *Brutus*, 294, Titus décrit l'éloquence de Caton l'Ancien comme *impolita* et *rudis*. Dans le *De Or.*, II, 133, *impolitus* s'oppose à *eruditus*.

3 Littré (à Scabreux, 2°) cite un passage de Diderot qui oppose encore Quintilien « éloquent » à « Sénèque laconique et scabreux ». Du Bellay a eu peut-être du mal à créer directement un adjectif français * *horride*, à cause de la proximité avec *horrible*, ce qui aurait rendu le nouveau mot incompréhensible – l'anglais, lui, a concurremment *horrible* et *horrid*. Inversement, l'adjectif latin *scaber* n'est pas employé, sauf erreur, dans les traités de rhétorique, hormis un emploi intéressant mais tardif de Macrobe (à propos des poètes du temps d'Ennius qu'il vient de citer): « *Nemo ex hoc uiles putet ueteres poetas, quod uersus eorum* scabri *nobis uidentur; ille enim stilus Enniani saeculi auribus solus placebat; et diu laborauit aetas secuta, ut magnis huic molliori filo acquiesceretur*, Que personne ne croie devoir dédaigner les anciens poètes, parce que leurs vers aujourd'hui nous paraissent durs. Leur style était celui qui plaisait aux hommes du siècle d'Ennius; et il fallut de longs travaux dans l'âge qui suivit, pour lui donner des formes plus polies. » (*Sat.* VI, 3, *sub fine*). Voir à II-4, l. 16, le « style coulant & non scabreux » des élégies d'Ovide, de Tibulle et de Properce.

Deuxième époque, le règne de François Ier. Il y a eu progrès, on est passé à l'élégance, si brillamment incarnée par Marot, le poète par excellence du style simple. L'élégance a brillé aussi dans les traductions commandées par le roi, qui ont le même registre que le style simple, à savoir le *docere*, puisque les traductions sont là pour instruire des « arts et sciences ». Troisième époque, après la mort du roi François et de son poète Marot. Enfin Du Bellay vint, l'avenir c'est et ce sera la *copia* du « copieux », ce grand style auquel ne pouvait prétendre le français « élégant » de l'époque François Ier. Pour passer d'hier à demain, de Marot à Du Bellay, du style simple au style élevé, de l'*elegantia* à la *copia*, il n'y a pas trente-six possibilités: une seule solution, la révolution des nombres.

Plus qu'à Ennius, cette progression historique renvoie Marot à Lysias, et sans conteste. Cela permet aussi de critiquer définitivement les indoctes. Tel Lysias, Marot n'est pas seulement en effet un premier progrès à dépasser. Il est de plus, en tant que style simple, impossible à imiter. C'est le premier point que souligne l'*Orator* au moment de commencer son analyse du style simple, et c'est le dernier sur lequel nous pouvons la conclure:

> [L'orateur du style simple] n'élève pas le ton et se tient au ras du sol, se modelant sur l'usage, *consuetudinem imitans*, plus différent dans la réalité de l'absence d'éloquence, *ab indisertis*, qu'il n'en donne l'impression. C'est pourquoi ceux qui l'entendent, si incapables qu'ils soient eux-mêmes de parler, se figurent néanmoins qu'ils peuvent le faire de cette façon-là. Car la précision de ce style, *subtilitas*, paraît imitable, au moins à première vue, mais rien n'est moins vrai quand on s'y essaye. Quoiqu'il n'ait pas, en effet, beaucoup de sang, il faut cependant qu'il ait quelque sève, pour que, même s'il manque de la grande puissance [=l'éloquence à son sommet, le grand style], il soit, pour ainsi dire, d'une santé parfaite. (§ 76; voir p. 48, n. 3 la paraphrase de ce passage par Des Autels, appliquée à Marot)

Ce paragraphe suffirait presque à combler les attentes de Du Bellay. Cicéron lui permet de critiquer non Marot mais les marotiques « indoctes ». Marot comme Lysias est proprement impossible à imiter, justement parce que sa place, respectable mais petite, est le plus bas des styles. Vouloir qu'on l'imite « à pied levé », c'est ne pas comprendre ce qu'est l'imitation. L'*Orator* fournit à Du Bellay un ton suprêmement ironique: le facile est, d'emblée, difficile. Aux indoctes tout est difficile, même et justement ce qui leur paraît simple. C'est un nouvel effet de la logique du récapitulatif. Pour comprendre la vraie essence du simple et du bas, il faut *aussi* avoir compris la vraie essence du grand et de l'élevé.

Terminons en montrant par deux exemples à quel point les catégories du style simple se prêtent à une utilisation polémique, comme dans la *Deffence*. Le premier exemple est proche de Du Bellay, le second, de nous.

L'exemple contemporain de Du Bellay est le dizain liminaire des *Propos rustiques* de Noël du Fail, qui datent de 1547 (réédition en 1549). Les *Propos* décrivent la vie paysanne: y voir du documentaire serait confondre style simple et « vérité ». Le dizain s'empresse de le souligner. Même et peut-être surtout pour réussir à imiter le style des paysans « au vray », il faut un art très sûr de soi. C'est tout l'art de la naïveté. La naïveté réussie est une fausse naïveté. Elle est un effet de l'art, du « feindre », *fingere* ou *poiein*:

> Oeuvre (ma foy) où n'est facile atteindre,
> Pour tant qu'il faut [= parce qu'il faut] parfaitement sage estre
> Pour le vray fol bien naïvement feindre.

L'absence de travail n'est donc qu'apparente. C'est le thème classique, et cicéronien: celui de la *neglegentia diligens*. Autrement dit, à bien lire l'*Orator*, même Marot est « diligent ». Certes il lui a manqué le « scavoir », la *scientia* qui accomplit la *doctrina*, qui fait le poète accompli. De là à en faire un indocte complet, non.

L'exemple proche de nous est celui-ci. Un éditeur vient de vanter l'absence de rhétorique qui caractérise selon lui une jeune génération d'auteurs. Il peut dès lors attaquer les « néo-conservateurs grincheux » amateurs de « fleurs de rhétorique ». Un romancier lui répond ainsi[1]:

> Ecrire simple, comme le meilleur Hemingway, celui de *Paris est une fête*, par exemple, ça n'est pas – loin de là – «*sous-écrire*», comme [l'éditeur] le dit, mais tout simplement utiliser une rhétorique de la simplicité, faite d'un vocabulaire volontairement pauvre, de répétitions et autres pseudo-maladresses subtilement élaborées. Il y a autant de rhétorique dans *Le Vieil Homme et la mer* que dans la baroquissime *Lolita* du flamboyant Nabokov. (...) Voudrait-on nous faire croire que [Nabokov] est «réactionnaire» et [Hemingway] «progressiste»?

Si cette synthèse preste sur le style simple est convaincante, c'est qu'elle est, on le voit, parfaitement informée. Lysias-Marot ou Lysias-Hemingway: cela légitime en somme mon hypothèse générale, celle d'un Du Bellay remplaçant les auteurs que cite l'*Orator* par des noms plus évocateurs pour lui. La pratique n'est ni isolée ni incongrue. Elle est une manière très économique d'augmenter le nombre de ses concepts.

---

1 L'éditeur est Olivier Cohen, le romancier Morgan Sportès, dont la réponse s'intitule «Ecrivain contre éditeur!» (*Le Monde*, 25 mars 1999, p. 18).

3. D'Estrebay et le refus de la symétrie ou *concinnitas*

Lysias, c'est donc le beau style bas, sans nombres par définition. Thucydide, c'est le grand style à l'ancienne, sans nombres par accident historique. Ce balancement fondamental donne aussi son balancement à la *Deffence*: entre attaque et, proprement, défense. L'offensive passe par le rapprochement entre Marot de Lysias. Cela permet de critiquer les poètes français d'aujourd'hui, « indoctes » parce qu'ils n'ont pas compris que la simplicité de leur Marot est en fait inimitable. Avec Thucydide, Du Bellay est cette fois sur la défensive. Il suffit d'identifier Thucydide à Lemaire. Ce dernier n'était pas un indocte, il n'était pas non plus comme Marot l'incarnation du style simple. Plus encore, parmi les contemporains, à côté des mauvais poètes français, il y a *déjà* une pléiade de bons poètes qui sont des doctes. Du Bellay ne peut donc s'empêcher de les admirer et en même temps il ne les mentionne jamais. Ce sont les poètes néo-latins. Vis-à-vis des indoctes poètes français, la *Deffence* est bien une « offense et dénigration », selon la savoureuse formule du *Quintil*. Mais vis-à-vis des doctes elle est aussi, plus sourdement, une défense et justification – que les doctes soient les poètes néo-latins ou, plus généralement, les théoriciens qui soutiennent leur entreprise. Parmi ces derniers, le plus éminent est, comme de juste, l'auteur en 1536 d'un commentaire de l'*Orator*: c'est Jacques-Louis d'Estrebay (1481-vers 1550), que Meerhoff a littéralement « inventé » comme on invente un trésor.

D'Estrebay, Du Bellay: nous allons voir maintenant comment le second se situe et se justifie par rapport à la forte théorie du premier. Cicéron, nous l'avons vu, n'explique pas le style simple à des débutants, mais il le présente à sa manière, de façon polémique, pour sauver « son » Lysias des mains des néo-attiques. De la même façon, Du Bellay ne perd pas son temps à expliquer le grand style et les nombres à des indoctes comme nous. Il les présente de façon biaisée, pour gagner à sa cause les doctes en général, et les néo-latins en particulier. Sa démarche a une face cachée, la défense, et une face solaire, l'illustration. Elle passe d'un côté par un meurtre et de l'autre par un idéal – un meurtre au nom d'un idéal, d'une « certaine idée » du français. Il faut bien que quelque chose meure si l'on veut créer du nouveau, une nouvelle poésie.

Le meurtre, c'est celui de la *concinnitas*. Sans Meerhoff, ce meurtre aurait été parfait, il serait passé inaperçu. Du Bellay propose aux doctes néo-latins une alliance secrète, leur complicité dans une sombre manœuvre. Comme les néo-latins, comme d'ailleurs le *Quintil* lui-même, la *Deffence* identifie les effets de Gorgias, rimes et symétrie, à la poésie française des indoctes. La *concinnitas* est tout ce à quoi se résume leur art. En se l'interdisant, Du Bellay échappe ou veut échapper à l'accusation d'être lui-même un indocte. Comme la *concinnitas* ou symétrie fait partie chez Cicéron d'un trio de concepts, euphonie, symétrie, harmonie, la manœuvre consiste à réduire ce trio à un duo, les seules euphonie et harmonie. On peut raconter cela en deux épisodes: un premier avec d'Estrebay, un second avec Du Bellay. On passe de la tentative d'assassinat à l'assassinat pur et simple.

a. - Tout d'abord, ce sont les théoriciens du néo-latin qui ont fait des nombres un enjeu, sous le règne même de François Ier. Leur diagnostic paraît sans appel, et il est justement fondé sur l'*Orator*. L'absence de nombres condamne *ad vitam aeternam* les langues vulgaires à un statut inférieur. Seuls le grec et le latin ont des nombres, donc seuls ils sont et seront de grandes langues. Et voilà pourquoi ces « savants » pensent « que nostre vulgaire (est) incapable de toutes bonnes lettres et érudition » (I-1, l. 34-36). La conséquence est implacable. Il faut écrire en latin, même et peut-être surtout de la poésie.

C'est là l'horizon du premier livre de la *Deffence*, qui ferraille contre les doctes mais en ayant le même horizon qu'eux, celui de la perfection ultime à atteindre. Les nombres sont le *nec plus ultra*, le dernier cri, la « derniere main » ou encore l' « érudition »[1]. La critique en a retenu que le sujet de ce premier livre était la défense du français, en général. Et de relever avec étonnement voire agacement que les Français n'avaient tout de même pas attendu le règne d'Henri II pour écrire... en français. Mais là n'est pas la question. Le sujet caché du premier livre, c'est la défense de la poésie en français, d'une poésie française qui soit au niveau alors vraiment éclatant de la poésie néo-latine contemporaine, et européenne. Les *Basia* du hollandais Jean Second (1511-1536), voilà un modèle, admiré de Charles Quint lui-même, pillé par la Pléiade, encore célébré par Goethe[2]. Et la barbarie que réfute le chapitre I-2, ce pourrait être par exemple celle qu'attaque Jean Salmon Macrin (1490-1557), l'Horace français, un protégé justement du cardinal Du Bellay et un ami de Joachim. Pour Macrin, la « barbarie », c'est ce latin corrompu, rempli de gallicismes, qu'il voit enfin racheté par les

---

1 Pour les occurrences d' « erudition », voir p. 54, n. 4. « Derniere main » est à I-5, l. 75 et dans l'avis au lecteur final (p. 201, l. 7), ainsi que dans celui de l'*Olive* de 1549; Du Bellay l'a sans doute repris à Erasme (voir p. 28, n. 4). *Cf.* le *Brutus*, 126: Caius Gracchus est mort trop tôt pour Rome et pour les lettres latines. « Pour l'éloquence du moins, il n'eût pas eu, je crois, son pareil. Il est sublime dans l'expression, profond dans les pensées, constamment grave. La dernière main n'a pas été mise à ses ouvrages, *manus extrema*; chez lui beaucoup d'ébauches, qui n'ont pas été poussées à la perfection, *perfecta*. Il est à lire, cet orateur, oui, Brutus, il est à lire, plus que tout autre, par les jeunes gens. » Aneau relève « donner la derniere main » comme un latinisme sous la plume de Du Bellay, à la fin de sa liste de latinismes à I-6; selon lui il faudrait dire « mettre fin & parachever ».

2 Second est vanté comme modèle à II-4, l. 72, avec cet autre grand néo-latin qu'est Pontano. Côté italien, il faudrait encore citer Marulle.

poètes néo-latins de sa génération. Pour lui, les poètes français de son temps, les *poetae Gallici*, ce sont ceux qui écrivent de la poésie latine: Brice, Dampierre, Bourbon, Visagier, et le grand Dolet lui-même[1]. De façon générale, l'accusation de « barbarie » à laquelle répond I-2 vient du Lazzaro Bonamico de Speroni – Bonamico est le défenseur du latin et du grec contre Bembo champion du vernaculaire. Les néo-latins français font donc bloc avec leurs homologues italiens, aux yeux desquels sont «barbares» tous les peuples venus du Nord, Français autant qu'Allemands. Du Bellay est lui-même de leur côté, pour l'essentiel. Attaquer les ennemis lui est plus facile que de se défendre contre ses amis.

Les doctes qui écrivent en latin s'expriment peu, et pour cause, sur la poésie française. Mais leur sentiment ne fait guère de doute. La *concinnitas* est à bannir. Cicéron, lui, ne saurait l'exclure, puisqu'il raisonne en termes d'inclusion «récapitulative» de tous les progrès passés. Au contraire, aux yeux des doctes, les procédés chers à Gorgias deviennent insupportables, en ce qu'ils sont comme le verrou qui empêche le glorieux avènement des nombres. Il suffit pour s'en convaincre de parcourir le commentaire de l'*Orator* par d'Estrebay. Ses remarques sur les paragraphes 163-168 sont très éclairantes[2].

Cicéron y pose d'abord fortement que deux choses charment l'oreille, le son et le nombre, *sonus et numerus*. Ce duo reprend le duo fondamental que nous avons vu constamment, celui de l'euphonie et de l'harmonie, dont l'ensemble constitue les « nombres ». La seule note apparemment curieuse est qu'ici *numerus* en vient à désigner la partie après avoir désigné le tout. On a une équation *numeri* = *sonus* + *numerus*, tout comme nous avons vu *copia* = *ornatus* + *copia*; ou encore *ars* = *natura* + *ars* (pour *doctrina*) + *usus*. Ces équations en apparence inexactes obéissent à la logique du récapitulatif – j'y reviendrai plus loin.

---

1 Dans son poème de 1537 *Ad poetas Gallicos*. Sur l'importance de Macrin pour la *Deffence*, voir la conclusion générale. Notons ici les remarques de G. Soubeille dans son édition des œuvres de Macrin, en particulier sa page 28 sur le «complexe du Barbare», ou le sentiment d'infériorité des néo-latins face aux poètes de l'Antiquité (cité par Perrine Galand-Hallyn, *Le «génie» latin*...). Voir aussi Geneviève Demerson sur la vitalité de la poésie néo-latine, en province et à l'époque de la *Deffence*, dans *Dorat et son temps*, Clermont-Ferrand, Adosa, p. 16: « le latin apparaît bien comme la meilleure solution culturelle pour les minorités qui ne parlent pas la langue de l'administration centrale et ne sont pas en mesure d'imposer à cette dernière leur dialecte et leur patois » (cité par François Paré, article cité, p. 472, qui conclut: «Dorat lui-même n'a-t-il pas écrit toute son œuvre en latin? En ce sens, ne paraît-il pas être l'objet implicite du manifeste de du Bellay?»).

2 Le commentaire de d'Estrebay est publié à Paris, chez Michel Vascosan, en 1536 et 1540. Il est réimprimé, ailleurs, en 1541, 1543, 1545. Pour d'autres théoriciens du même avis que lui sur *concinnitas* et détestation des poètes modernes, voir la longue note de Meerhoff à sa p. 151 (en particulier Jovita Rapicio, *De numero oratorio*, 1554).

A partir de là, on peut considérer que Cicéron subdivise de nouveau le son en deux, l'euphonie et la symétrie, ou en latin la *compositio* et la *concinnitas*. D'un côté l'absence d'hiatus au sens le plus général, de l'autre les figures de Gorgias. Pour ces dernières, Cicéron prêche d'exemple en citant le célèbre passage de son *Pour Milon* sur la loi naturelle de la légitime défense. C'est une cascade d'homéoptotes:

> *Est enim, iudices, haec non scripta, sed nata lex, quam non didicimus, accepimus, legimus, uerum ex natura ipsa arripuimus, hausimus, expressimus, ad quam non docti, sed facti, non instituti, sed imbuti sumus...*
>
> Car il y loi, ô juges, non par homme ordonnée mais en nous ennée [innée], laquelle ne nous est montrée, enseignée, récitée, mais de nature même empoignée, tirée, sucée, à laquelle ne sommes endoctrinés, mais dès notre enfance nés, non institués mais abreuvés...[1]

Les nombres, eux, ne sont pas sudbivisés. Voici la première chose qu'en dit alors Cicéron (§ 168):

> Ceux qui ne les sentent pas, je ne sais quelles oreilles ils ont ou ce qu'il y a en eux qui ressemble à un homme. Les miennes du moins sont charmées par des périodes achevées et complètes, elles sentent ce qui est tronqué et n'aiment pas ce qui déborde, *redundantia*. [Ou, dans la traduction Colin: « mon oreille aime un discours plein & nombreux, elle veut des phrases bien cadencées & parfaitement arrondies ».]

Comme définition des nombres, ce n'est pas très précis. Comme ressource pour l'invective, ce serait parfait. Mais justement, Cicéron ne l'exploite pas. La division entre son et nombre double sa progression historique qui va de Gorgias à Isocrate. Le son, euphonie et symétrie, *compositio* et *concinnitas*, tout le monde l'entend. Les nombres ou harmonie, aussi – du moins pour Cicéron, qui plaide *pro domo*, pour ses chères clausules. Aucun élitisme ici. Ce ne sont pas seulement ses oreilles à lui qui entendent les nombres, mais celles d'une assemblée tout entière. « Combien de fois a-t-on vu les assemblées du peuple ravies en admiration » par des clausules, par « la chute des périodes harmonieuses »: *Contiones saepe exclamare uidi, cum apte uerba cecidissent.*

L'invective, on la trouve en revanche dans le commentaire de d'Estrebay. Celui-ci reformule Cicéron en le tirant du côté de l'élitisme. Lui sait quelles oreilles ont ceux qui n'entendent pas les nombres. Ce sont des oreilles d'âne, aussi grandement ouvertes que fermement bouchées:

---

1 *Pro Milone*, § 10; trad. Ramus, dans la *Dialectique* de 1555, pp. 61-62 (éd. Dassonville, p. 96; je modernise la graphie). Pour une analyse technique de cette phrase, voir Quintilien, 9.3.83: *scripta/nata* est une antithèse, etc.

> *Quem qui non sentiunt, asini sunt ad lyram. Patulas habent aures, nec audiunt harmoniam, ac dulcem modulandi suauitatem*[1].
>
> Ceux qui ne sentent pas les nombres sont des ânes en poésie. Ils ont les oreilles ouvertes mais ils n'entendent pas l'harmonie, les doux accords qui modulent la période.

Asini ad lyram, des ânes pour la lyre, pour le poème lyrique – alors même que l'*Orator* ici ne mentionne pas la poésie. L'énervement de d'Estrebay vient des mauvais poètes de son temps: tous les poètes, et particulièrement les néo-latins plongés dans la « barbarie » que lui aussi veut chasser des écoles[2]. S'il faut être sourd pour ne pas entendre le son des homéoptotes, il faut être âne pour ne pas être sensible à la douce harmonie des nombres. Autrement dit, là où Cicéron raisonne en progression continue, de l'euphonie à l'harmonie en passant par la symétrie, d'Estrebay raisonne en exclusion. L'harmonie n'est pas donnée à tout le monde. D'autant que, par hypothèse, les néo-latins n'ont pas comme Cicéron l'expérience d'assemblées où le grand public s'exclamerait d'admiration quand saisi par une belle période.

Le poids de la polémique fait donc que la *concinnitas* n'a plus le même statut que dans l'*Orator*. Elle est sur la pente de l'exclusion. Commentant *Or.* 167, d'Estrebay note que l'époque d'avant Isocrate ne connaissait que les figures de Gorgias, et s'en délectait, tout comme font aujourd'hui les langues vulgaires, et en général les indoctes, les rustiques: « *quod etiam rustici faciunt* »[3]. Les *rustici* se contentent d'homéotéleutes et homéoptotes bien audibles, de chutes semblables, bref, de tout ce qu'ils appellent *rhythmum*. Le mot qu'emploie ici d'Estrebay ressemble singulièrement à la rime des langues vulgaires, que Du Bellay écrit rythme. La chose y ressemble plus encore, puisqu'un groupe de vers est comme un ensemble de membres d'une période, membres ponctués par des terminaisons semblables. Comme le dit *Orator* 222, « une période complète se compose généralement de quatre parties faisant chacune l'équivalent d'un hexamètre ». En d'autres termes, un membre, en grec *kôlon*, a à peu près de la longueur d'un décasyllabe ou d'un alexandrin; un quatrain de ces vers longs fait une période. L'enjeu n'est pas tant la longueur que l'articulation, l'arrangement harmonieux, lié de l'ensemble. Sans lien, la période se décompose en membres courts, entassés plutôt qu'organisés. Or, ces membres courts que les Gorgias et autres ne savent pas relier entre eux, l'*Orator* les nomme précisément des « petits vers », *uersiculi* (§ 39 et 230). Application remarquable pour la *Deffence*, les piètres poètes que sont les poètes comiques écrivent des *uersiculi* – à part

---

1 Ed. Vascosan de 1536, p. 167. *Asinus ad lyram*: adage I, I, 35 d'Erasme.

2 La barbarie ou barbarisme, ce sont pour lui, par excellence, les gallicismes: Meerhoff, p. 58 et 60.

3 Ed. Vascosan de 1536, p. 164, cité par Meerhoff, p. 57.

cela ils emploient exactement le langage de tous les jours (§ 67). La rime des langues vulgaires aux yeux des doctes néo-latins, c'est ce piètre petit rythme: des bouts, des fragments de phrase ponctués par des terminaisons semblables.

Tout cela est à la vraie période ce qu'un pantin désarticulé est à la statuaire classique: une parodie pénible. Car c'est bien là ce qui est intolérable pour un d'Estrebay. Tous les procédés de la *concinnitas* ont l'air d'être des nombres mais n'en sont pas. Ce sont des faux semblants à usage des *rustici* ou des *asini ad lyram*. Plus ces gens-là sont sensibles à ces fausses beautés et moins ils seront capables de goûter les vraies, celles des nombres. S'ouvrir les oreilles à la *concinnitas*, c'est pour lui se les boucher à la période.

Deux ans plus tard, il enfoncera le clou dans son *De electione*, œuvre plus personnelle:

> Ne disons pas que ces figures de Gorgias sont des nombres, mais qu'elles s'en rapprochent, *sed esse numerosas*, puisqu'elles produisent d'elles-mêmes un rythme ou *numerus*. Pour donner un exemple plus compréhensible parce que plus proche de nous, c'est le cas de ceux qui écrivent des vers français, *rhythmi gallici*, et qui les font presque tous d'homéoptotes ou d'homéotéleutes. A moi cela me paraît sec et lamentable, *ieiunum, & miserum*, que de recourir toujours à la même figure. Et pourtant, de telles symétries ou *concinnitates* suffisent à les faire nommer et orateurs et poètes par la voix publique. Or, s'ils imitent les poètes, c'est de l'extérieur, en se contentant de compter les syllabes; et pour ce qui est des orateurs, eux ne recourent qu'à une sorte de rythme, *quasi rythmus*, que le vulgaire confond avec le vrai rythme[1].

Il est frappant pour nous de voir le mot de *concinnitas* associé à celui de *ieiunitas*, cette sécheresse caractéristique du style simple. Nous retrouvons les deux pyramides évoquées plus haut, la grande du grand style et la petite du petit. Ce n'est pas tant la symétrie qui est critiquée que son emploi monotone. Le sommet de l'art pour ces pauvres poètes, c'est le sommet d'une petite

---

1 *De electione et oratoria collocatione uerborum*, Paris, Michel Vascosan, 1538, f° 86 recto, cité (plus longuement) par Meerhoff, p. 63. Voici le texte latin, que je traduis assez librement: «*Nec dicimus has figuras esse numeros, sed esse numerosas, quoniam illas sponte numerus consequitur. Id notius erit exemplo familiari. Videmus eos qui rhythmos gallicos sriptitant, ferè totos esse in similiter cadentibus vel desinentibus (quod mihi ieiunum, & miserum est, in eadem semper versari figura) assequi tamen concinnitatum beneficio, ut & oratores & poëtae à plerisque dicantur. Poëtas imitantur certo quodam syllabarum numero. Oratores aliquo quasi rhythmo, ex quo* rhuthmizein [en caractères grecs] *creduntur à vulgo.*» Meerhoff (p. 57) considère que ce n'est pas Cicéron qui a fourni à d'Estrebay le mot de *rhythmus*, et que celui-ci «veut dire, sans aucun doute possible, *rime, rithme* ». C'est inexact. *Orator* 67, d'ailleurs cité tel quel au début de II-8, dit que «»nombre», en grec *ruthmos.*» D'où ici ma traduction de *numerus* par rythme.

pyramide, ni bien haute ni bien large. Ils prennent pour des nombres ce qui n'en est que la préhistoire.

Cela ne signifie pas que d'Estrebay exclue radicalement la *concinnitas*. En cicéronien conséquent, il l'inclut, mais à sa juste place, dans la grande pyramide du grand style. Quand elles sont portées par le plus grand *mouere*, les figures de Gorgias sont non seulement licites mais sublimes. Ainsi de la loi de la légitime défense selon le *Pour Milon*, «laquelle ne nous est montrée, enseignée, récitée», etc. Ainsi encore, pour donner un exemple plus compréhensible parce que plus proche de nous, ces homéoptotes très semblables de De Gaulle: «Paris outragé, Paris brisé, Paris martyrisé: mais Paris libéré! »[1]. S'il nous faut un effort d'imagination pour Cicéron, il suffit en revanche d'écouter l'enregistrement pour entendre les acclamations de l'immense foule à la chute sur *libéré*. Grands effets, grand public, grande émotion. Les effets spéciaux de Gorgias ne sont pas ici des effets spécieux, des inepties de sophiste pour amuser les badauds. Même si techniquement grands effets et inepties sont identiques, leur valeur d'emploi change tout. Ils ne sont pas dans le même registre, dans la même pyramide ou style.

L'*ineptum* des inepties désigne l'effet déplacé, qui n'est pas adapté: *in-aptum*. Inversement, l'*aptum*, un des mots-clé de l'*Orator*, c'est ce qui est adapté: ce qui n'est pas déplacé. Recourir à une *concinnitas* recherchée est catastrophique si et seulement si elle est déplacée, c'est-à-dire si le verbal des *uerba* perd le sens de la situation d'ensemble, du contexte, de ce référent que le latin nomme *res*. Alors, et alors seulement, cela ressemble à un tour d'oiseleur, à un piège simplet pour oiseaux et autres badauds à pigeonner. En revanche, dans le grand style qui occupe la fin de l'*Orator*, la même *concinnitas* n'est pas interdite. Dans un cas Papageno, dans l'autre de Gaulle. Dans le premier cas, les effets spéciaux sont spécieux, trop visibles, ils sont dits par Cicéron «puérils» ou «ineptes». Dans le second cas, la même *concinnitas* peut produire le plus grand sublime, la plus grande émotion du *mouere*. Mais même là il y a une limite à ne pas dépasser: les *deliciae* (§ 39) ou *festiuitates* (§ 176) que Gorgias emploie dans le grand style manque de la dignité alors requise.

Notons comme au passage ce que cette discussion implique pour le mot même d'ornement, toujours valorisé par Du Bellay. Pour nous désormais, le mot a un sens vaguement péjoratif, comme en général la rhétorique. L'*ornatus* nous paraît « ornemental » c'est-à-dire gratuit, superflu, de l'ordre du décoratif. C'est que nous le mettons implicitement dans le registre des inepties, du déplacé. Mais en latin, *ornare* signifie d'abord équiper. *Ornare*

1 Discours depuis le balcon de l'Hôtel de Ville de Paris, 25 août 1944; on tirait encore sur les toits.

un navire, ce n'est pas le décorer mais l'armer, le fournir de tout ce qu'il faut pour qu'il soit en état de marche, armes et gréement[1]. L'ornement non gratuit n'est pas de l'ordre de l'ornemental. C'est une pièce de l'équipement nécessaire pour que marche la grande machine du grand style, machine de guerre, force de frappe. Essayons ce vocabulaire pour analyser les homéoptotes de De Gaulle. Ils ne sont pas une figure de style, mais l'outil même de l'émotion. Plus exactement ils sont l'un des outils nécessaires, du côté du verbal, des *uerba*. Les autres outils sont du côté des *res*, de la situation. On ne saurait dissocier les deux, et feindre de croire que *libéré* ait suffi par son poids propre à déclencher l'émotion. De Gaulle synthétise en trois mots quatre ans d'occupation, pour mieux mettre en relief l'heureuse conclusion. Du côté des *res*, chaque mot pèse son poids de *grauitas* traumatisante, d'outrages en martyres. Du côté des *uerba*, chaque fin de mot permet de lier: de relier une masse éparpillée de traumatismes grands et petits, et de les inscrire, pour les surmonter, dans le grand texte d'une histoire commune. La chute sur *libéré* est ainsi la vraie fin d'une période: aux deux sens du terme, stylistique et historique. Tel Cicéron, ou tel le poète que Du Bellay appelle de ses vœux, de Gaulle a su « indigner, apayser, ejouyr, douloir », bref, bouleverser ou *mouere* (II-11, l. 110).

Le mot de *ieiunitas* qu'emploie d'Estrebay signale donc deux styles légitimes, et un qui ne l'est pas. La sécheresse est légitime quand elle est celle du beau style bas. C'est alors la *ieiunitas* couplée avec l'*elegantia*, avec l'économie discrète des ornements (ou plutôt équipements). A côté de cette petite mais belle pyramide, on a la grande pyramide du grand style, ornements et magnificence à tous les étages, moins banquet de gala qu'armée en ordre de marche avec tout son fourniment. D'un côté la restriction, de l'autre la profusion. Le sommet de la pyramide est pour la petite la *concinnitas* et pour la grande les nombres. Le problème que posent alors les poètes modernes est simple. Ils ne connaissent que la *concinnitas* mais prétendent bâtir une grande pyramide. Sur ces bases, ils n'iront pas haut. Ils sont en tout cas totalement en porte-à-faux par rapport à la théorie cicéronienne. Leur grand style est limité parce qu'il recourt toujours au même type de figures, loin de cette *uarietas* qui signe le grand poète ou orateur. Et inversement, parce qu'ils ne connaissent pas leurs limites ils ne peuvent même pas écrire tout ce à quoi ils pourraient prétendre, un beau style bas comme Lysias ou Marot. La *vox populi* qui les acclame comme grands auteurs montre par là à quel point tous ces gens n'y connaissent rien, ânes qu'ils sont en poésie.

---

1 Même chose en grec, avec les mots *kataskeuè* et *kataskeuazein*.

b. - A partir de cette brève analyse de d'Estrebay, nous pouvons maintenant dégager ce que Du Bellay pouvait en tirer, du côté de l'attaque et surtout de la défense.

Quant à l'attaque, le rejet des poètes français peut se préciser en rejet de leurs pauvres effets, qui sont ceux de la *concinnitas*. Il faut laisser aux Jeux Floraux de Toulouse et au Puy de Rouen les fameuses « episseries » que sont « rondeaux, ballades, vyrelaiz, chants royaulx » (II-4, l. 5-6). Certes, ces quatre genres datent déjà beaucoup, bien avant la *Deffence*, et Sébillet les traite en somme pour mémoire, comme des réussites exemplaires mais à dépasser en les adaptant. Aux yeux de Du Bellay, ce qui les condamne est leur *concinnitas*, c'est-à-dire leur goût pour les rimes multiples, ce goût étant lui-même le symptôme qu'ils ignorent ce qu'est une vraie période, laquelle ils confondent avec l'entassement de « petits vers » ou *uersiculi*. Il suffit évidemment de songer à Jean Lemaire pour voir ce qu'ont d'injuste de tels soupçons. Mais il est certain que, dès lors qu'en effet une rime s'étend sur plus de deux vers, AAA et pas seulement AA, l'esthétique est celle de la répétition, avec le danger de l'entassement pour l'entassement, et non de l'articulation en période. C'est bien l'esthétique des Grands Rhétoriqueurs. Les rimes multiples appellent nécessairement les homéoptotes ou rimes plus tard rejetées comme faciles, de même que par exemple les longues listes de substantifs abstraits. A l'intérieur de cette esthétique ou pour mieux dire de ce monde, ce n'est pas fatalité subie ni pur « ornemental » décoratif mais effet délibéré, profitable et délectable.

Pour Du Bellay comme pour d'Estrebay, ces effets de répétition sont désormais à exclure si l'on veut parvenir à la perfection des nombres, de la période digne de ce nom. La réaction du *Quintil* justifie la pertinence de cette stratégie. Il est clair que Du Bellay a mis le doigt là où cela fait mal. Aneau réagit en effet vivement au passage où la *Deffence* vante «ces nombres & cete lyaison si artificielle » du latin et du grec (I-3, l. 49). Le *Quintil* répond par la bibliographie sur la question. Il cite d'abord le «bon Rhetoricien maistre Jaques Loys », c'est-à-dire d'Estrebay. Il ajoute ensuite qu'Erasme et Melanchthon ont bien démontré que le latin du XVIe siècle n'observe plus les nombres, qui ne sont donc «ny entenduz ny congneuz». En revanche, le français les observe déjà, quoi que dise Du Bellay. Et de citer l'*Orator* et sa progression qui va de Gorgias à Isocrate – car Aneau sait bien que la *Deffence* s'appuie sur l'*Orator*. Si Aneau a raison, c'est le mouvement même de la *Deffence* qui porte à faux.

Mais du point de vue de Du Bellay, Aneau a tort, il ne fait même que donner raison à Du Bellay. A quoi en effet le *Quintil* identifie-t-il les nombres cicéroniens? Apparemment à la seule *concinnitas*:

> Car ceulx nombres que Ciceron en l'Orateur parfaict leur attribue, qui sont Pair contre pair, semblables fins, contraires, & quarreures, Que sont ce autres choses sinon les nombres, rymes, cadences unisonnantes, rencontres & croysures de nos vers François? avec les lyaisons des couppes, & des syllabes quatre à quatre, six à six, & au contraire? Comme les exemples mesmes, qu'il en amaine & les escriptz de Isocrat en peuvent tesmoigner. Mais tu sembles celuy qui cerche son asne & est monté dessus. Et en faisant semblant de illustrer la langue Françoise, tu l'obscurciz...[1]

L'âne, cette fois, ce serait Du Bellay, qui cherche les nombres en français, alors qu'ils existent déjà. Mais à âne, âne et demi. Comme l'a montré Meerhoff, Aneau révèle ici clairement qu'il identifie les nombres de l'*Orator* avec la *concinnitas*, avec les quatre figures de Gorgias. Son «Pair contre pair», c'est l'isocolon, *paria paribus relata*, ou juxtaposition de membres à peu près égaux qui se répondent. Les «semblables fins» évoquent l'homéotéleute, *similiter desinentia*, ou encore l'homéoptote, *similiter cadentia*. Les «contraires», enfin, c'est le *contrarium* ou *aduersa contrariis relata*. Si le sens exact des «carrures» pose problème[2], ce qui est incontestable est le fait qu'Aneau a une autre vision de l'*Orator*. A l'inconnu il préfère le connu. A la prose et poésie vraiment nombreuses dont Du Bellay a la vision, Aneau préfère les rythmes des *rustici* ou des indoctes.

Comme pour mieux dénier tout droit à cette vision futuriste, il s'appuie sur la bibliographie. Son maître Melanchthon a posé, après Erasme, que les néo-latins ont eux aussi les oreilles bouchées, qu'ils n'entendent pas les pieds métriques, les nombres du latin classique:

> *stultum est nunc de numeris praecipere, cum sonus linguae latinae hoc tempore non sit nativus*, il est idiot de donner pour l'époque actuelle des

---

1 Selon la graphie de l'éd. de la BM de Troyes, 1551, que cite Meerhoff, p. 144 (voir son analyse d'Aneau p. 155).

2 Meerhoff propose de considérer ensemble «semblables fins» et «quarreures»: si les semblables fins désignent les *similiter cadentia*, alors les carrures désigneront les *similiter desinentia*, et inversement. L'hypothèse ne le satisfait d'ailleurs pas, mais suffit en tout cas à récuser l'identification par Chamard entre ces carrures et les coupes de vers (nommées, elles, «quadratures»). En relisant l'*Orator*, on pourrait du reste sauver ici Aneau en considérant plutôt qu'il décalque le *quadrare* par lequel Cicéron désigne le fait de «carrer», de cadrer la période par les nombres: *Or*. 197, 208, 233. Ainsi, au § 208: «aucun orateur qui ne carre presque toutes ses phrases et les ramène au nombre, *quin redigeret omnes fere in quadrum numerumque sententias*». En ce cas, les «semblables fins» désignent en bloc homéotéleutes et homéoptotes, et les «quarreures» les *numeri* proprement dits - carrures qui seraient alors le genre dont les quadratures sont l'espèce, les coupes étant l'un des moyens de «carrer» le vers. Cette autre hypothèse ne modifie guère le sentiment d'ensemble. Même si les «carrures» sont l'équivalent des *numeri*, Aneau les met dans le même sac que les effets de la *concinnitas*, les nombres n'ont pas de statut premier. Les exemples de poésie française analysés par Aneau et repris par Meerhoff (p. 156) montrent bien le point essentiel: Aneau s'en tient en pratique à la *concinnitas*.

> préceptes sur les nombres, puisque, < le latin n'étant pas notre langue maternelle,> nous ne sommes plus sensibles de façon naturelle à ses effets de sonorité[1].

Comment donc Du Bellay pourrait-il entendre ce que personne d'autre n'entend? Le débat est bien celui des oreilles, ouvertes ou fermées. Comme l'indique Meerhoff, Aneau renie d'Estrebay au nom d'Erasme et de Melanchthon. Les uns entendent, les autres n'entendent pas. Pour Melanchthon et Aneau, on n'entend que ce qui est natif, *natiuus*, à la fois naturel et maternel, la langue de naissance. D'Estrebay et Du Bellay, eux, ont des voix. Ils entendent les sons d'une autre langue, morte qui plus est. Ils vantent l'arrachement au natif, ils rêvent d'une langue artificielle et pour ainsi dire paternelle, une langue conquise. Et c'est parce qu'ils entendent ou croient entendre cette autre langue que blessent leurs oreilles ces accords de la *concinnitas* qui ravissent leurs adversaires.

Pour Du Bellay, la mort de la *concinnitas* est ainsi dans la droite ligne de son attaque contre les mauvais poètes français, contre tous les indoctes. Mais elle est aussi une manœuvre de défense, cette fois pour se protéger des doctes, alliés autrement plus dangereux que les ennemis officiels. Car les remarques de D'Estrebay font peser une menace considérable sur l'entreprise de la *Deffence*. Meerhoff a pris un plaisir cruel à souligner l'impasse théorique dans laquelle Du Bellay semble se précipiter tête baissée. L'impasse provient de la différence entre *numeri* et *numerosus*. Aux yeux des néo-latins, les poètes des langues modernes ne pourront jamais qu'imiter les *numeri*, les nombres au sens strict de pieds métriques, dactyles ou spondées. Leur poésie ne sera jamais que *numerosa*. Ce sera un ersatz: elle aura l'air d'avoir des nombres, mais n'en aura pas. La raison est évidente. Le français n'a pas de syllabes longues et brèves, et ses voyelles ouvertes ou fermées ne sont guère que des approximations (l'ouverture n'est pas la quantité du vers latin). Le fait fondamental est que la distinction entre quasi-longues et quasi-brèves ne fait pas système en français, n'y est pas pertinente: elle n'est pas « discrète » au sens linguistique du terme. Elle ne l'est qu'à la marge, on peut s'interdire par exemple de rimer le manifestement bref contre le manifestement long (= fin de II-7). La conséquence en est que toutes les tentatives récurrentes pour écrire en français des vers mesurés à l'antique sont vouées à l'échec. Dès lors, la *Deffence* promettrait l'impossible, ou se

[1] *Elementa rhetorices*, 1531, in Corpus Reformatorum, XIII, col. 500. La formule d'Aneau, «en faisant semblant de illustrer la langue Françoise, tu l'obscurciz», est un décalque de celle de Melanchthon un peu plus haut dans le même passage, où est dénoncé après Erasme le cicéronianisme outré de ceux qui refusent de se servir de néologismes chrétiens et donc manquent du sens de l'*aptum*: «*Id non est illustrare res difficiles dicendo, sed obscurare atque corrumpere*» (*ibid.*, col. 497; tout cela cité par Meerhoff, p. 150).

nourrirait d'illusions. Illusions certes créatrices, mais illusions tout de même. D'Estrebay avait tout prévu, et le *Quintil* aurait vu juste[1].

L'objection est forte, et ressemble en somme à celle de François Cornilliat, sur le peu d'honnêteté de la *Deffence* par rapport à Sébillet. Il nous faudra démontrer que l'objection ne tient pas. Posons pour l'instant que l'horizon n'est pas fumeux. Du Bellay a en tête un objet bien précis, identifiable. Même si cette identification ne va pas de soi, c'est encore la lecture de l'*Orator* qui va nous permettre de la dégager. Il ne s'agit absolument pas de vers mesurés, ni en général de rendre le vers français similaire au vers antique[2]. Il s'agit de continuer l'opération engagée par Cicéron lui-même. Car la prose latine qu'il se vante d'avoir inventée est elle aussi *numerosa*, « nombreuse ». Elle aussi ressemble aux nombres *stricto sensu*, ceux de la poésie latine. A ce compte, elle aussi serait donc un ersatz. Pour sortir de cette logique méprisante, il faut raisonner autrement, en termes de re-création. Les effets de la prose cicéronienne ne décalquent pas à l'identique ceux de la poésie, ils lui sont analogues, ce qui est tout différent. Ils sont le résultat d'un travail propre sur un autre matériau. La logique n'est pas celle de l'ersatz servile mais celle du « labeur », de la « diligence » – celle en somme de la greffe. A partir de cette prose cicéronienne, Du Bellay veut à son tour inventer, créer ou re-créer une poésie française « nombreuse », et une prose nombreuse, dans le même mouvement. Non pas avec des nombres *stricto sensu* comme la poésie latine. Non pas non plus avec les nombres *lato sensu* qui soutiennent la cadence de la période cicéronienne. Les nombres à créer seront l'analogie d'une analogie[3]. Il y faut un travail d'élaboration approprié, sur un matériau qui a lui-même ses propres caractéristiques. Non pas latiniser en français, comme le reprochera le *Quintil*, mais, pour ainsi dire, franciser le français. Le but est de le faire accéder à sa propre perfection, grâce à l'émotion qui s'empare de Du Bellay et de ses amis quand ils lisent Cicéron ou Virgile. Eux ont des oreilles pour entendre le latin, et c'est ce qu'ils entendent qu'ils voudraient retrouver en français.

---

1 Sur la question des vers mesurés, et en particulier sur la tentative de Baïf (dans les années 1570), voir l'article d'Yves Charles Morin. Il démontre de façon très convaincante que, au moins chez Baïf, la métrique graphique cache une véritable métrique phonique, accentuelle et quantitative. Il s'agit bien de syllabes longues ou brèves, en quantité, et non de voyelles ouvertes ou fermées.

2 Meerhoff, p. 124: «Dans quelle mesure le vers français est-il identique, ou du moins similaire au vers ancien?» Mais là n'est pas la question, qui est de savoir comment rendre le vers français similaire, d'abord, à la *prose* latine: à Cicéron.

3 Alors que Sébillet ne connaît, lui, que l'analogie tout court - sans le passage par le latin, par la réflexion de l'*Orator*.

A partir du moment où la visée est ainsi le grand style et la période latine, la *Deffence* peut simplifier la présentation de D'Estrebay. Celui-ci ne polémiquait qu'en passant, mais il n'allait pas jusqu'à exclure la symétrie de son propos. Du Bellay, lui, l'« oublie » purement et simplement. C'est et ce n'est pas très cicéronien. On passe d'un trio de concepts à un duo.

Ce n'est pas très cicéronien dans la mesure où Cicéron, nous l'avons assez vu, construit une tripartition qui est aussi une progression historique. D'abord l'euphonie ou *compositio*; puis les effets de symétrie ou *concinnitas*; enfin l'harmonie ou nombres au sens strict, les *numeri* c'est-à-dire les pieds métriques. Cette tripartition est reprise scrupuleusement par d'Estrebay et donc par l'exposé de Meerhoof, avec une série de variantes pour chaque concept. La tripartition est aussi détaillée, et pour cause, par l'éditeur français de l'*Orator*. Le résultat est assez complexe, par la force des choses, même si ce n'est pas insurmontable. A lire seulement le paragraphe 149 de l'*Orator*, qui annonce le plan de l'exposé final, la disposition des mots dans la phrase, dite ici *collocatio*, comprend ou bien l'euphonie, ou bien la symétrie, ou bien l'harmonie: *aut* la *compositio*, *aut* la *concinnitas*, *aut* les nombres, la phrase *numerosa*, la prose avec des sortes de pieds[1]. Les trois *aut* semblent indiquer fortement trois catégories étanches.

Mais la bipartition à laquelle se tient Du Bellay est tout aussi cicéronienne, et même plus conforme au mouvement binaire de l'*Orator*. Nous l'avons vu plus haut, à propos des paragraphes 163-168 commentés par d'Estrebay. « Il y a deux choses qui charment l'oreille, le son et le nombre, *sonus et numerus* » (§ 163). Deux choses, pas trois. La symétrie ou *concinnitas* est dans ce passage incluse très nettement dans le son. Il semble bien que la tripartition soit moins trois catégories à égalité, que deux grandes catégories, son et nombre, avec peut-être deux sous-catégories pour le son, à savoir l'euphonie et la symétrie, *compositio* et *concinnitas*. Comme le dit Albert Yon à ce sujet: « En réalité, la division tripartite de l'*Orator* est arbitraire »[2]. Le *De Oratore* (3. 171) ne connaît que le couple euphonie et harmonie, qu'il désigne par les termes *compositio* et *numerus*, balancement homologue à celui de l'*Orator* entre *sonus* et *numerus*. « Entre les deux, la *concinnitas*, qui tient à la fois de l'un et de l'autre, sert seulement de transition et d'introduction » pour passer du *sonus* au *numerus*. Dès lors, en supprimant la symétrie détestée, Du Bellay ne déséquilibre pas la présentation d'ensemble de l'*Orator*.

---

1 Pour simplifier moi-même, je m'en tiens au mot de *compositio*, alors qu'ici à *Or.* 149 Cicéron parle de *cohaerentia*: «ou que la cohérence soit la plus étroite possible entre les fins et les commencements de mots et que le son soit le plus harmonieux possible».

2 A la note 1 de sa p. CXIII.

Ce point a une grande importance et doit être un peu développé. Cicéron préfère les duos de concepts parce que cela correspond à une démarche à la fois philosophique et mnémotechnique. J'ai signalé plus haut, en passant, ces équations curieuses où un même terme se retrouve de chaque côté. Nous l'avons vu plusieurs fois, et le reverrons: *numeri* = *sonus* + *numerus*; *copia* = *ornatus* + *copia*. Si le terme à gauche de l'équation peut être ainsi l'englobant de lui-même, si la partie vaut pour le tout, c'est que la partie est l'élément le plus caractéristique. La partie résume le tout de façon éminente et peut donc le subsumer. Autrement dit, la logique à l'œuvre est celle du récapitulatif. Le mieux est alors de présenter les équations sous forme de pyramides:

```
          numerus                          copia
          /     \                         /     \
     sonus     numerus             elegantia    copia
               /     \                          /     \
   (oratio) apta   et numerosa             ornatus    copia
```

Au sommet, le genre; à la base, les espèces. La pyramide montre aussitôt que Cicéron raisonne selon le principe de la division platonicienne. C'est cela qui explique sa préférence pour les bipartitions, les dichotomies. Cela rend compte aussi de la puissance mnémotechnique et pédagogique du procédé. Il suffit en effet, pour ainsi dire, de monter ou de descendre l'ascenseur. Un même mot n'a pas la même portée selon le niveau de généralité où l'on se place, donc selon le moment où on en est dans une discussion, plus ou moins fouillée. L'avantage est que le même mot donne son unité d'ensemble à la pyramide. L'inconvénient, pour le lecteur, est qu'il faut suivre le mouvement, ne pas se tromper d'étage. On comprend que cela puisse donner le tournis, et que Quintilien ou d'Estrebay s'en tiennent autant que possible à des termes univoques.

Ainsi pour les *numeri*. Le terme désigne de façon très générale tout ce qui rend une prose « nombreuse », donc tout à la fois euphonie et harmonie, et aussi la symétrie ou *concinnitas*. C'est ainsi que j'ai utilisé le terme jusqu'ici, et que nous l'avons vu à propos de Caton dans le *Brutus* (§ 68). Ajoutez les nombres à sa prose rugueuse, « *adde numeros* », et vous aurez du Cicéron. Mais le passage du *Brutus* est si général qu'on ne peut déterminer ce que les nombres désignent spécifiquement, comme manque, dans la prose de Caton. Il faut attendre *Orator* 152 pour voir qu'il lui est reproché la cacophonie, l'absence de bon *sonus*. En revanche, ici à *Or*. 163, *numerus* désigne la seule harmonie, la construction de la période, parce qu'il est couplé avec *sonus*. Cinq paragraphes plus loin, à *Or*. 168, parce que l'*oratio apta et numerosa* introduit un nouveau couple de termes, *numerosus* est encore distingué de l'*aptum* proprement dit. Nous sommes cette fois au plus bas de la dichotomie. Les nombres désignent alors, de façon très spécifique, les clausules et en général les formules quasi-métriques, par opposition avec le bon agencement interne des divers mots et membres dans la période, que désigne en ce cas l'*aptum*. (Le même raisonnement vaut en effet pour le mot *aptum*, extrêmement polysémique selon le niveau de généralité où l'on se place, ou encore pour les mots *compositio* ou *structura*.)[1]

Cette discussion méthodologique touche directement notre propos. Si le duo de concepts est l'habitude, l'introduction de la *concinnitas* entre le « son » et le « nombre » est comme l'introduction d'un corps étranger. Albert Yon va jusqu'à considérer que Cicéron ne savait pas trop quoi en penser avant l'*Orator*, et qu'il a bouché les trous de sa documentation chemin faisant[2]. Sans aller aussi loin, il suffit de poser que le corps étranger est nécessaire aux besoins polémiques du moment. La *concinnitas* est introduite parce qu'elle est comme le chaînon manquant. Les effets symétriques de Gorgias ont ceci de bien qu'ils servent à prouver qu'il y a une progression historique, que l'on va peu à peu vers ce progrès ultime que représentent les clausules cicéroniennes attaquées par les néo-attiques. Or, le souci polémique de Du Bellay est différent. Pour lui, le chaînon manquant est surtout un faux-semblant. Les effets symétriques ont dès lors ceci de mal qu'ils sont un ersatz de la vraie prose nombreuse. La *concinnitas* est en somme comme le verre à

1 *Aptum* = gr. *prepon*. Or le *prepon* est de façon très générale «le fait d'arranger harmonieusement des parties dans un tout », comme le dit Lausberg citant Platon, *Gorgias*, 503e. D'où au minimum ses deux espèces: l'*aptum* externe, adaptation de ce que l'on dit à la situation générale; l'*aptum* interne, adaptation des mots entre eux.

Tout cela ne simplifie pas la tâche des traducteurs. Comment rendre par exemple *numeri* au début du § 168? «Considérons donc ces nombres comme connus, *numeri*, et expliquons ce qu'est le troisième genre, celui du style nombreux et lié, *genus illud tertium* (...), *numerosae et aptae orationis* ». Les *numeri* considérés ici comme connus sont ce dont on vient de parler, euphonie et symétrie, soit *compositio* et *concinnitas*. Et en effet, si *numeri* = *sonus* (= *compositio* + *concinnitas*) + *numerus*, il est légitime d'appeler *compositio* et *concinnitas* des *numeri*. Légitime, mais pas limpide. On conçoit que l'abbé Colin esquive le problème. Il traduit: «Il s'agit maintenant d'expliquer le troisième point [,] qui regarde l'arrangement des mots, et de faire connoître en quoi consiste le nombre oratoire [= l'*oratio apta et numerosa*, ainsi identifiée au seul *numerus* de l'opposition *sonus et numerus*].» Appeler cela une traduction infidèle serait d'une rare myopie.

2 Mais non. Dès le *De Inventione*, la doctrine de Cicéron est fixée - ayant étudié à Athènes, il y a tout de même quelque chance pour que sa documentation sur Gorgias soit d'emblée complète... Voir *De Inv*., I, 25, sur la *concinnitudo* associée déjà avec la *festiuitas*, tout comme dans *Or*. 176: dans l'exorde, il faut de la *grauitas* et « très peu de brillant, d'esprit et de style balancé, *splendor et festiuitas et concinnitudo*, car cela fait naître le soupçon que le discours a été préparé et travaillé avec art [avec une «diligence artificieuse», *artificiosa diligentia*] ». Sous cette forme ramassée, c'est bien l'opposition Papageno/de Gaulle, qui resurgira dans l'*Orator*.

moitié plein ou à moitié vide, tout dépend de quel point de vue on l'envisage. Du point de vue de la *Deffence*, il est vital de la supprimer, de l' « oublier » dans la présentation d'ensemble.

Une fois posés les enjeux de la bipartition, on peut la repérer à l'œuvre dans trois passages de la *Deffence*.

Signalons d'abord celui de I-9. Le balancement entre *numerus* et *sonus* y est très net, « Quant à..., Quant à... »: « Quand aux piedz & aux nombres (...). Quand au son, & je ne scay quelle naturelle douceur... » (l. 24 et 56)[1]. Ce qui est ici moins net, ce sont les développements que Du Bellay consacre alors au son, et sur lesquels je reviendrai en son lieu et place. En dépit de leur complexité, il reste que ce chapitre ne dit pas un mot des effets de symétrie à la Gorgias. Entre le *sonus* et le *numerus*, il n'a pas de place pour la *concinnitas*.

Le deuxième passage intéressant est à I-3, l. 47-50:

> De la sont nées en la Langue Latine ces fleurs, & ces fruictz colorez de cete grande eloquence, avecques ces nombres, & cete lyaison si artificielle.

Pour déterminer ce que signifie ici « lyaison », il faut une décision sur le niveau de généralité. Le « & » pose ou bien une équivalence, ou bien une distinction. Dans le premier cas, « lyaison » est le synonyme de « nombres »: il est comme lui l'englobant suprême, le genre, c'est un terme générique. Dans le second cas, c'est un terme spécifique, « lyaison » est une espèce, il désigne alors le *sonus* par opposition au *numerus*. Dans le premier cas, le & est un signe d'égalité, un *uel* latin: les nombres, c'est-à-dire la liaison. Dans le second cas, le & permet de coupler deux termes, de même rang comme espèces et en tant que telles distinctes – au même niveau et différentes. Tout cela peut se résumer ainsi:

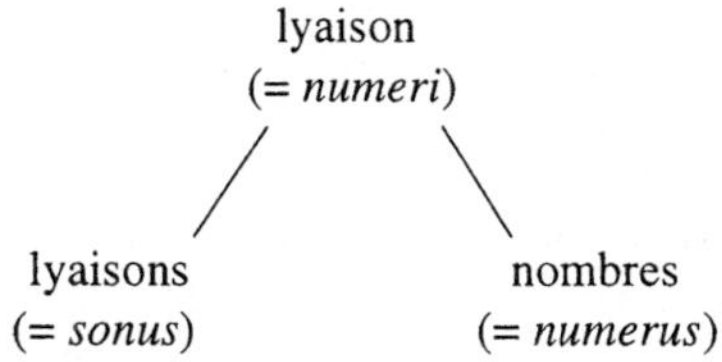

Ce schéma a l'intérêt de montrer la complexité mais aussi l'unité d'ensemble du phénomène. L'essentiel est que tout soit « lié » et en somme *aptum*.

1 D'un simple point de vue formel, ce type de balancement se retrouve à II-8, sur l'anagramme et l'acrostiche: « Quand à l'inversion de lettres... Quand à la disposition des lettres capitales » (l. 46 et 58).

On peut supposer assez raisonnablement que Du Bellay penche ici pour la première solution, et qu'il voit dans « lyaison » un autre mot pour désigner l'ensemble du phénomène des nombres. Il le placerait donc au sommet de la pyramide. C'est en tout cas ce que la note de Chamard laisse entendre. « Lyaison » traduit ici le latin *coniunctio* ou encore le grec *sunthesis*, ce que Chamard rend par « liaison des mots et des idées », dont l'arrangement d'ensemble des mots. *Coniunctio* peut en effet être un synonyme de *compositio* ou encore *collocatio*, eux-mêmes équivalent du grec « synthèse » et donc du français « liaison ». Voilà pour l'interprétation littérale. Au-delà, l'essentiel est peut-être de voir que tous ces termes sont pour ainsi dire baladeurs. Ils peuvent monter ou descendre à volonté la pyramide, et donc avoir selon les contextes d'emploi un sens générique ou spécifique, voir spécialissime. Selon leurs définitions habituelles, la *collocatio* est par exemple du côté du genre, et la *compositio* ou *coniunctio* du côté de l'espèce – elles désignent le *sonus*. Cela n'empêche nullement que ce soient des synonymes à tous les niveaux, plus ou moins interchangeables. Lorsque Quintilien intitule « *De compositione* » son chapitre IX, 4, il désigne par là l'ensemble du phénomène, puisque *compositio* inclut alors *ordo, iunctura* (la *compositio* des sonorités) et *numeri*. En ce sens très général comme à tous ses sens spécialisés, *compositio* est l'équivalent de *sunthesis* – on dit d'ailleurs « décomposer » pour traduire le grec « analyser ». Décomposer, c'est défaire la composition, l'unité synthétique.

Ce flottement ou plutôt cet ascenseur permet de rendre compte de la lecture par Aneau de ce passage précis de la *Deffence*. Lui penche pour la seconde solution, il tire le « lyaison » de Du Bellay du côté du *sonus*. Il lit donc le « & » comme un couplage entre *numerus & sonus*. Cette lecture a l'avantage d'être conforme au sens habituel de *coniunctio*, par exemple dans les *Partitiones oratoriae* (§ 21). Celle-ci « conjoint » en évitant l'hiatus: « *coniunctione, quae neque asperos habeat concursus, neque disiunctos atque hiantis* ». Et de même, *Or.* 150: « il n'y a personne de si paysan qu'il se refuse à lier les voyelles, *quin uocalis nolit coniungere* » et ainsi éviter « l'hyulque ». De même encore, d'Estrebay réserve *iunctura* pour désigner le *sonus*[1]. Il en résulte chez Aneau une série de répartitions assez nettes. Sa métaphore du jardinier met sans conteste du côté du *numerus* « le nombre des plantes » et « l'ordre quincuncial des arbres », cette disposition en quinconce vantée par Quintilien (8.3.8-11): ce sont les effets de structure d'ensemble de la période, harmonie ou *numerus*. Il faut donc en déduire qu'Aneau met du côté du *sonus* « la lyaison des entes, & treilles »: travail plus minutieux de

1 *Iungere uerba* (à *Or.* 68, 154, 159, 186) renvoie à ce cas plus spécifique de *sonus*, euphonie et absence de hiatus, que sont les mots composés, par crase: *sis* pour *si uis*, ou par composition étymologique, *in-doctus*.

greffe, au niveau de l'arrangement interne des plantes-mots. Pour le dire sans métaphore, les répartitions conceptuelles d'Aneau sont les suivantes:

nombres	&	lyaison
ornement	&	sonorité
adrécer, ordonner	&	conjoindre

Le « & » répartit pour ainsi dire deux colonnes. Celle de gauche renvoie au *numerus*, celle de droite au *sonus.* « Adresser, ordonner »: c'est à peu près le *redigere in quadrum* de l'*Orator* (208, 233), qui a pour but explicite de remettre de l'ordre ou *ordo* dans les mots de la phrase – les agencer les uns par rapport aux autres, en « quinconce » dira Quintilien, ici les remettre au « carré » ou *quadrum*, ou encore les remettre droit (*adresser* < lat. *dirigere, directus*)[1]. « Conjoindre »: le verbe renvoie clairement à un des nombreux substantifs pour dire le *sonus*, *coniunctio* chez Cicéron et *iunctura* chez d'Estrebay c'est-à-dire chez Quintilien (9.4.32-44). En conséquence, lorsque Aneau parle des « lyaisons des couppes, & des syllabes quatre à quatre, six à six », il renvoie à un effet plus proche du *sonus* que du *numerus*: agencement minutieux des mots à l'intérieur des hémistiches, et des hémistiches entre eux. Le *numerus*, c'est l'agencement plus large des vers entre eux, pour former des ensembles où les vers se répondent « en quinconce », en rimes croisées ou embrassées, ABAB ou ABBA[2].

L'intérêt de cette double lecture possible du même passage est de nous rappeler l'unité du phénomène capital que représente la « lyaison ». Le français grammatical a conservé la polysémie du terme. Faire la « liaison » désigne le *sonus*, l'absence d'hiatus vocalique, Allon-z-enfants, qu'un sang-k-impur. Du côté du *numerus*, on a les mots dits « de liaison », qui permettent de mettre du liant dans l'arrangement des groupes de mots, ou d'une phrase à une autre[3]. La polysémie pointe vers un terme englobant unique, mais ne le

1 Or *dirigere* a souvent pour équivalent son quasi-anagramme *redigere*.

2 La distinction *sonus* et *numerus* peut se superposer dans l'esprit d'Aneau avec celle entre petits et grands groupes de mots. L'essentiel est la différence qu'il pose entre deux niveaux d'analyse, le micro (l'hémistiche) et le macro (les groupes de vers). Voir l'analyse de tout ce passage dans Meerhoff, pp. 144-145, lequel retient la même identification entre « conjoindre », « lyaison » et *iunctura*. Comme le montre Meerhoff, Aneau introduit un troisième terme, l'ordre ou *ordo*, essentiellement parce qu'il songe au chapitre IX, 4 de Quintilien, qui ajoute l'*ordo* au couple *sonus* et *numerus*.

3 Parmi ces mots de liaison, il y a ce que le français grammatical nomme, précisément, des « conjonctions », de coordination ou de subordination. Le sens spécialisé habituel de ce dernier mot le place donc du côté du *numerus*, alors qu'en latin le sens spécialisé habituel de *coniunctio* est du côté du *sonus*. En combinant les deux sens, on obtient la même polysémie, qui renvoie à la même unité, la *coniunctio* comme phénomène d'ensemble.

donne pas directement. Du Bellay, lui, souligne que le tout des nombres, *numerus et sonus*, répond à un phénomène d'ensemble. Faire la liaison entre finale et initiale ou mettre des mots de liaison, c'est tout un: ce sont deux modalités spécifiques, c'est pratiquer *la* liaison, la synthèse ou composition d'ensemble, le style lié, l'*oratio apta*. Là où Aneau emploie un pluriel, les liaisons, Du Bellay recourt à un singulier, la liaison. Comme toujours, le pluriel donne les apparitions concrètes d'un concept abstrait. *Les* liaisons sont la menue monnaie, les espèces sonnantes et visibles de *la* liaison, de cet esprit invisible qui anime toute l'*oratio apta*, du plus macroscopique au plus microscopique, du plus haut au plus bas de la pyramide.

Enfin, le passage le plus intéressant est la fin du chapitre II-9. Du Bellay vient d'énumérer tout ce par quoi le français peut ou pourrait compenser l'absence de nombres *stricto sensu*. Cela va de l'anagramme à l'alternance des rimes masculines et féminines, donc de II-8 à II-9.

Chemin faisant, il s'est débarrassé par deux fois de la *concinnitas*. La première fois, il moque la rime de miséricordieusement avec mélodieusement, laquelle évoque de façon typique le monde des Rhétoriqueurs (II-7, l. 14). La seconde fois, il identifie la rime ou plutôt « rythme » française à l'homéotéleute. Ce dernier terme est enfin cité, tout de même – en caractères grecs (II-8, l. 7). Mais c'est pour noter aussitôt une erreur fondamentale: confusion entre le genre, le rythme, et une de ses espèces, la consonance en fin de vers. Le mot grec rythme étant l'équivalent du latin nombre, et donc tout aussi englobant, il n'est pas en soi choquant de voir la partie ou espèce porter le nom du tout. Rythme = euphonie plus harmonie, laquelle inclut la consonance finale ou rythme; soit *sonus* + *numerus* (où *numerus* = *oratio apta et numerosa*, arrangement des vers entre eux + clausules). La rime est à juste titre l'emblème du vers, tout comme la clausule est l'emblème de la période nombreuse. L'erreur de Sébillet est donc de parler de la partie, mais en oubliant le tout: plus exactement, de confondre l'espèce avec le genre. Encore un qui n'a pas compris la logique du récapitulatif. Certes, comme le dirait l'*Orator*, les effets de symétrie comme l'homéotéleute produisent du rythme, des *numeri*. Mais c'est sans le savoir. De là à prendre l'espèce pour le genre, la partie pour le tout, non.

Dans ce contexte on comprend mieux la façon dont Du Bellay traite, à la fin de II-9, de la découverte alors nouvelle de l'alternance des masculines et féminines. Elle est nommée comme productrice de nombres. C'est bien en effet une invention, et toute récente, comme celle dont Cicéron se vante pour les nombres en général et les clausules en particulier. Mais le malheur pour Du Bellay est que cette invention n'est pas sienne. Elle apparaît, dit-il, dans les *Psaumes* de Marot, et aussi, ce qu'il ne dit pas, dans les épîtres contemporaines de Jean Bouchet, ce « Traverseur » qu'il moque à II-11, l. 89.

L'alternance est donc prise avec des pincettes. Du Bellay dit craindre que cet artifice, en tant que tel louable, ne dégénère en contrainte « superstitieuse », tout comme les minuties sur les rimes[1]. En d'autres termes, l'alternance est à la limite entre les nombres et la *concinnitas*, entre le louable et le blâmable.

Concluons en analysant la phrase par laquelle Du Bellay conclut lui-même tous ses développements sur la manière de compenser en français l'absence de nombres à la latine (II-9, l. 90-94):

> Regarde principalement, qu'en ton Vers n'y ait rien dur, hyulque, ou redundant. Que les Periodes soint bien joinctz, numereux, bien remplissans l'Oreille: & telz, qu'ilz n'excedent point ce terme, & but, que naturellement nous sentons soit en lisant, ou ecoutant.

Le balancement entre « bien joinctz » et « numereux » est le balancement essentiel entre « lyaisons » et « nombres », entre *sonus* et *numerus*.

Les périodes « numereux » où rien ne soit « redundant », c'est le second terme de la bipartition. Remplir l'oreille – et l'esprit -, *implere aures* (*Or.* 221), c'est en effet le propre de la période[2]. Les mots par lesquels Cicéron traduit ce mot grec disent tous l'achèvement, la complétion où il ne reste plus rien à désirer: *circuitus, circumscriptio, comprehensio, continuatio, ambitus, conclusio*. Quand le « circuit » de la période est achevé, sa boucle est bouclée. Rajouter des mots ou *redundare* serait un défaut; ne pas en avoir mis assez, aussi – *Or.* 178: le trop choque plus que le trop peu. Autrement dit, en parlant de redondance, Du Bellay désigne le même défaut que celui que Cicéron reproche à Thucydide. Ce dernier pratique le trop peu, les « phrases estropiées » ou *mutila* (*Or.* 32, trad. Colin)[3].

Pour le premier terme, le *sonus*, on a ici ce pur décalque de l'*Orator* qu'est « hyulque », *hiulcus*, c'est-à-dire le fait de *hiare*, de béer, de faire hiatus – en ce sens très général d'être cacophonique, heurt de voyelles ou de consonnes. Le mot est au § 150, pour désigner l'absence de heurt entre deux mots[4]. Le hiulque ou hiatus est le mal joint, le contraire donc du « bien

---

1 Voir la reprise du terme « supersticieusement »: II-7, l. 41 (interdiction des rimes *fontaines/Athènes*) et II-9, l. 82 (sur l'alternance masculine-féminine).

2 Voir aussi le § 104: même Démosthène ne remplit pas mes oreilles, tant elles sont exigeantes et désirent l'immense et l'infini.

3 *Mutila* sonne comme une transposition du *muouros* de la *Rhétorique* d'Aristote (III, 9, 1409b16: « il faut que les membres et les périodes ne soient ni tronqués, *muourous*, ni trop longs »; trad. Trébizonde: « *aut manci sint, aut longi* »).

4 Pour ce hyulque, Chamard note bien qu'il s'agit d'un latinisme, en tant que tel condamné par Aneau. Mais il le renvoie seulement au *De Oratore* (III, 171). Or ce passage ne fait que résumer la problématique du *sonus et numerus*, laquelle n'est pas le souci essentiel du

joinct ». C'est l'autre défaut reproché à Thucydide, le *hiantia*, ou, dans la traduction Colin, les phrases « sans liaison » – liaison au sens spécifique du terme, celui qu'emploie Aneau. Le mot *joinct* de Du Bellay renvoie ici clairement au sens spécifique habituel qu'ont *iunctura* ou *coniunctio*. En somme, parce que Du Bellay a soigneusement écarté de son propos les homéotéleutes et en général la *concinnitas*, il ne lui reste plus que la bipartition fondamentale. Du côté du son, le *dur* et l'*hyulque*; du côté des nombres ou de la période, le *redundant*. Et derechef, du côté du son le *bien joinct*; du côté des nombres, le *numereux*[1].

En concluant ainsi ses développements sur les nombres en français, Du Bellay répond à l'accusation d'Erasme ou de Melanchthon. Il y a naturel et naturel. Certes, plus personne aujourd'hui n'est sensible de façon native aux pieds métriques du latin et du grec. Mais ce à quoi les modernes peuvent être encore sensibles « naturellement », même les indoctes, c'est à la complétion de la période[2]. Autant donc toute tentative de vers mesurés à l'antique est vouée à l'échec, autant reste possible cela, qui n'est pas le moins important: reconstituer des phrases ou plutôt des périodes à l'antique, dont la fin ou chute nous comblera. Le centre de gravité se déplace. La clausule ou chute ne doit pas plus cacher la période que l'arbre ne doit cacher la forêt. La clausule et ses combinaisons métriques ne sont pas l'essentiel. L'essentiel, c'est ce que « clôt » la clausule, c'est-à-dire la *conclusio*, l'ensemble du développement. Pour le dire dans les termes français du même débat, Du Bellay raisonne sur les nombres en se situant d'emblée au niveau de la strophe, ce mot grec qui en 1550 va revivre avec les *Odes* de Ronsard. La

---

De Oratore. Comme c'est l'*Orator* qui traite la question à fond, c'est évidemment au *hiulcus* d'*Or*. 150 que songe Du Bellay.

1 Du Bellay fait *période* masculin, comme Dolet (cité par Meerhoff, p. 74, n. 20): le genre du mot n'est pas encore fixé. On se rappelle en tout cas que *période* est masculin, à partir du XVIIe siècle, au sens de faîte, de «plus haut point où une chose, une personne puisse arriver »: un rhumatisme, dit Sévigné, « a son commencement, son augmentation, son période et sa fin (cité par Littré à Période, 6°).

Pour le moule de la phrase de Du Bellay, rapprocher de Quintilien, 9.4.116: «Le meilleur juge [de l'arrangement des mots en période] est l'oreille, *aures, quae plena sentiunt*, qui sent la plénitude < de la période > et regrette qu'elle soit incomplète, qui est heurtée par les rugosités et caressée par ce qui est lisse [= le *sonus*], qui est bouleversée par les développements emportés, applaudit la chute sur les clausules, et en revanche décèle ce qui boite, déteste redondances et excès, *redundantia et nimia* [= le *numerus*] ». (Je modifie la traduction Cousin. «*Contortis excitantur*»: les *contorta* sont les passages du *mouere*, *Or*. 66; «*stabilia probant*»: la clausule en dochmiaque, ou celle en spondée et crétique, est dite *stabilis* par Quintilien un peu plus haut dans son développement du chapitre IX, 4, au § 97.)

2 Quintilien ajoute ainsi, juste après la phrase citée note précédente: « Voilà pourquoi les doctes comprennent la technique de l'arrangement des mots en période, et même les indoctes en éprouvent du plaisir » (9.4.116).

rime ne doit pas cacher le rythme, la partie est moins importante que le tout, que l'ensemble ordonné des vers. Si le quatrain de vers est l'équivalent de la période standard, l'organisation du quatrain est plus importante que la qualité de ses rimes. Et de quatrain en quatrain, c'est le sonnet tout entier qui est une période, ou une période de périodes. C'est parce que le sonnet est une strophe à lui tout seul – une grande période – que sa chute frappe tant. Ce n'est pas la chute qui fait le sonnet, mais l'inverse.

Dans ce débat sur le naturel, Melanchthon peut avancer comme argument *Or.* 173. Les pieds métriques étaient naturels aux Latins, pas à nous, c'est donc une nature au passé, qu'on ne pourra jamais reconstituer:

> Dans un vers des théâtres entiers s'exclament s'il est trop long ou trop court d'une syllabe. Ce n'est pas que la foule connaisse les pieds, ait aucune notion des nombres (…): mais l'appréciation de toutes les longues et brèves dans les sons (…), c'est la *nature* elle-même qui l'a mise dans nos oreilles, *ipsa natura in auribus nostris.*

Le point de vue de Du Bellay, lui, peut s'appuyer sur les § 177-178. Puisque les anciens avaient souvent, mais par hasard, des nombres et des chutes, et que cela produisait de l'effet sur le public, ils auraient dû en prendre conscience et au moins « s'imiter eux-mêmes » – cette étonnante formule signifiant comprendre la loi derrière leurs procédés:

> L'oreille en effet, ou l'esprit renseigné par l'oreille, renferme en lui une certaine mesure *naturelle* de tous les sons, *naturalem mensionem.* 178. C'est pourquoi il juge de ce qui est trop long et de ce qui est trop bref et attend toujours quelque chose d'achevé et de mesuré; il sent que certaines phrases sont mutilées et comme tronquées, et elles le choquent comme si on lui refusait son dû; que d'autres sont trop prolongées et comme s'étalant d'une manière démesurée, ce que l'oreille réprouve encore davantage: car dans la plupart des cas, mais surtout en cette matière, le trop choque plus fortement que le trop peu. Ainsi donc que la poétique et le vers ont été inventés grâce à la délimitation fournie par l'oreille et l'observation des gens de métier, de même en prose on a remarqué, beaucoup plus tard sans doute, mais selon la même indication de la *nature*, qu'obéissent à des lois fixes les suites de mots et la façon d'en marquer les limites, *sed eadem natura admonente, esse quosdam certos cursus conclusionesque uerborum.*

Puisque les anciens poètes français n'ont pas su s'imiter eux-mêmes, la solution pour recréer des nombres en français est, très logiquement, de ne pas les imiter. Cicéron a créé des nombres dans la prose latine en faisant le détour par Démosthène. Du Bellay et ses amis créeront des nombres dans la poésie française en faisant le détour par la prose des discours de Cicéron, autant et peut-être plus que par la poésie de Virgile. Mais quoi qu'en pensent Melanchthon et ses séides Aneau ou Sébillet, ces nombres nouveaux seront sensibles « naturellement » aux oreilles françaises des indoctes – alors même qu'ils seront créés à force de travail et d'artifice, par des gens du métier. C'est dans la *Deffence* toute la problématique de la « greffe », et en général de l'agriculture. On peut inventer une nature, en déracinant et transplantant le *numerus* ou quinconce des arbres-vers, en entant et greffant le *sonus* ou liaison des branches-mots.

Entre *sonus* et *numerus*, mort donc à la *concinnitas*, cette jungle et cette mauvaise greffe, tous ces procédés dont sont gourmands Gorgias et les poètes français du premier XVIe siècle: mort à la *concinnitas*, pour que revive la période. Voilà l'idéal qui justifie l'opération, et rapproche Du Bellay de doctes comme d'Estrebay. Cette hypothèse de lecture va maintenant nous permettre de mieux comprendre ce qui est reproché à Thucydide par l'*Orator*, et quel est aux yeux de la *Deffence* le Thucydide français.

4. Sans les nombres (2): Thucydide

L'historien grec connaît déjà les ressources de la période, mais reste à mi-chemin de tout ce qu'on peut en tirer. Lui est un docte, en tant que tel louable. Il est du métier, ses périodes sont travaillées, mais elles ne sont pas « naturelles »: elles ne peuvent pas être comprises et encore plus admirées de tous, indoctes comme doctes, peuple comme gens du métier. Sur ces bases, il est facile de proposer une identification, ce qui sera mon premier point. Le deuxième est que l'identification a surtout pour intérêt de nous montrer ce qu'est une période française aux yeux de Du Bellay. Dire en effet que Thucydide a des périodes estropiées, c'est dire aussi qu'il a, lui, des périodes. De cela on ne saurait trop le louer. Enfin, le troisième point rappellera le lien nécessaire entre la période et le grand style: unité rythmique, unité de mouvement, la période est l'outil même du *mouere*.

a. - Pour l'identification, j'avais proposé, presque chemin faisant, de reconnaître comme Thucydide français Jean Lemaire. Mais une telle assimilation trouve vite ses limites. Lemaire est un maître incomparable de la douceur et du fluide, on ne peut plus « naturels ». Il suffit de songer à sa fameuse *Epître de l'Amant vert* et à tout ce qu'a en somme de marotique ce badinage mi-plaisant mi-sérieux où dialoguent perroquet et princesse. L'absence de naturel, et donc l'obscurité, c'est bien plutôt, évidemment, l'apanage de Maurice Scève dans *Délie*.

Rappelons le passage essentiel de l'*Orator* sur Thucydide:

> *Huius tamen nemo neque uerborum neque sententiarum grauitatem imitatur, sed cum mutila quaedam et hiantia locuti sunt, quae uel sine magistro facere potuerunt, germanos se putant esse Thucydidas.* Aucuns de

> nos prétendus attiques n'imitent ni l'énergie de ses expressions, ni la force de ses pensées; mais lorsqu'ils ont rempli leurs discours de phrases estropiées & sans liaison (en quoi on n'a besoin ni de préceptes, ni de maîtres) ils se croient de vrais Thucydides. (§ 32, trad. Colin)

Si le début évoque Lemaire, la fin rappelle Scève.

Dans la *Deffence*, parmi les « anciens » poètes français, Lemaire n'est loué que pour avoir donné « beaucoup de motz & manieres de parler poëtiques » (II-2, l. 21). De même dans l'*Orator*, Thucydide relève comme Ennius ou Caton de l'*antiquitas*, et en tant que tel il n'a de bon que sa « *uerborum et sententiarum grauitatem* ». Pour admettre le rapprochement, il faut comprendre ceci. A ce niveau de généralité, la formule désigne l'ensemble du verbal, elle définit donc l'*elocutio*. Un cran plus bas, le sens spécialisé de *sententiae* montre bien que ce sont des réussites verbales. Les sentences sont *des* pensées, comme traduit le XVIIe siècle, non de *la* pensée, du « fond »[1]. Le chapitre VIII, 5, de Quintilien le montre bien, en rapprochant la *sententia* de la *gnômè* grecque. Tel le vers-maxime de Corneille, la « sentence » est un énoncé plein de sens *et* bien frappé. Autrement dit, il ne faut pas superposer le couple *uerborum et sententiarum (grauitas)* à celui de *uerborum et rerum (copia)*. Ce n'est pas ici l'équation *uerba* + *sententiae* = *uerba* + *res*. C'est de nouveau une pyramide, qui étage genre et espèces:

res *uerba*

/ \

sententiae *uerba*

Les *res*, ce sont les idées ou les référents, les « choses » c'est-à-dire le fond, ce qui est exprimé. Opposé à *res*, *uerba* est un terme générique, qui désigne à lui tout seul l'ensemble du verbal, de la « forme », de ce qui exprime: Quintilien, 3.5.1. Mais opposé à *sententiae*, *uerba* se spécialise et désigne seulement les mots. L'opposition se retrouve plusieurs fois dans l'*Orator*: les *uerba* sont les mots isolés, pris en eux-mêmes, les *sententiae* sont les groupements de mots. L'ensemble *uerba* + *sententiae* est homologue à l'ensemble *uerba singula* + *uerba coniuncta* dont la somme est l'*elocutio*: Quintilien 8.1.1. Lemaire a apporté des *uerba* ou mots poétiques: des mots isolés, du lexique; ainsi que des *sententiae* ou manières de parler poétiques: des expressions, des tournures de phrases, c'est-à-dire tropes ou figures – dont les « sentences » ou maximes.

---

1 Donc la traduction d'Albert Yon est dans l'erreur: « la force du vocabulaire et de la pensée ».

Scève quant à lui a sans doute enrichi lui aussi l'*elocutio* du français; plus précisément, il abonde en vers-maximes pleins de gravité à l'antique, de *grauitas*. Pour ce qui nous intéresse, il illustre surtout le balancement entre *mutila* et *hiantia*. Nous venons de voir que c'est exactement celui entre *numerus* et *sonus*. *Mutila*, ce sont les périodes tronquées, qui sont trop courtes. C'est le défaut inverse du « redundant », des phrases trop longues. Trop peu ou trop, la période ne remplit ni l'oreille ni l'esprit. *Hiantia*, c'est le défaut de hiatus ou « hyulque », la cacophonie. Bref, Thucydide ne connaît ni l'euphonie ni l'harmonie, tout en ayant déjà une notion de la période[1].

Mutila et *hiantia*, trop court et trop heurté, ces deux traits de Thucydide rendent compte de façon conceptuelle de sa caractéristique la plus célèbre, son obscurité:

> Ses harangues elles-mêmes présentent tant de phrases obscures et enveloppées, *obscurae abditaeque sententiae*, que c'est à peine si on les comprend (*Or*. 30)

Le mot d'*abdita* permet de rapprocher ce passage d'un autre qui ne se trouve que six paragraphes plus loin. C'est le parallèle que nous avons vu entre Ennius et Pacuvius (§ 36), ou plus exactement entre peinture ancienne et peinture moderne. L'ancienne était *horrida, inculta, abdita et opaca*; la nouvelle est *nitida, laeta, conlustrata*. L'illustration de la langue, la mise en pleine lumière, c'est, grâce aux nombres, Cicéron ou Isocrate. Thucydide est décidément un ancien. Comme en général l'*antiquitas*, il est louable pour sa gravité de mots et de pensées, mais blâmable pour ne pas avoir ce raffinement qu'est la prose nombreuse. Chez lui ni euphonie, beau *sonus*, ni harmonie, beau *numerus*. Il est donc *horridus*, grossier, tout comme Caton ou Ennius, c'est-à-dire, je le rappelle, de façon très relative. Et cette grossièreté se signale par son obscurité. A force de charger d'ombre son propos, de le cacher mystérieusement, Thucydide devient *abditus*[2].

Or, du point de vue de l'obscurité, le Thucydide français, c'est moins Lemaire que Scève:

---

1 Voir l'avis au lecteur d'Antoine Alaigre ou Allègre cité p. 67, n. 2, s'excusant de « periode mal sonnant, ou troncqué » (traduction de Guevara, publiée chez Dolet, justement, en 1542).

2 Albert Yon approuve la lecture de l'érudit Madvig et met donc entre crochets le *abdita* de la série *horrida, inculta, abdita et opaca*; au motif, je suppose, qu'on a un parallèle asymétrique, quatre adjectifs contre trois, et que *abdita* semble un synonyme d'*opaca*. Mais Du Bellay est d'avant la suppression proposée, et peut donc faire le rapprochement entre le passage sur l'obscurité de Thucydide et celui sur la peinture ancienne.

> Quelque autre, voulant trop s'eloingner du vulgaire, est tumbé en obscurité aussi difficile à eclersir en ses Ecriz aux plus Scavans, comme aux plus Ignares. (II-2, l. 46-48)

Rappelons le contexte d'ensemble. Ce chapitre II-2 critique de façon très curieuse les grands poètes que sont Marot et Scève, ainsi que Héroët et Saint-Gelais. Du Bellay feint de rapporter les critiques courantes contre eux, pour les en disculper. Le *Quintil* trouve la manœuvre singulièrement hypocrite, et il a raison de dire que le critique, c'est lui Du Bellay. Mais Aneau ne voit pas que cette attitude complexe tient à la logique du palmarès. Les prédécesseurs sont au milieu de l'échelle, à mi-chemin sur le podium. Ils sont à la fois grands et petits, louables et blâmables. Grands par rapport aux contemporains immédiats, qui ignorent qu'il y a une échelle. Petits par rapport au but à atteindre, à la médaille d'or que représentent les nombres.

Si donc Scève est blâmé pour son obscurité, quant au reste, ce ne sont qu'éloges. Mais les éloges sont implicites. Le rapprochement avec le Thucydide de l'*Orator* permet de les reconstituer. Scève a ceci de bien qu'il sait ce qu'est la période – et qu'il ne pratique pas la *concinnitas*, les effets de Rhétoriqueurs, pas plus que le Thucydide de l'*Orator* (j'y reviendrai ci-après). Scève n'a pas ce que le vulgaire prise, et a ce que le vulgaire n'imagine même pas. Pour jouer sur le rapprochement Thucydide-Caton, Scève est une sorte de Caton qui fait tout pour « s'eloingner du vulgaire ». Du Bellay ne peut pas ne pas avoir d'admiration pour cette attitude d'ensemble, parce que c'est là pousser à son terme la logique des doctes. La grandeur de Scève est indéniable. Souligner son obscurité n'est donc pas le coup de pied de l'âne, mais la reconnaissance entre lions.

Il est d'ailleurs remarquable que la liste du chapitre II-2 s'ouvre par Marot et se ferme par Scève. Au premier manque le « scavoir », c'est-à-dire la *scientia* qui fait la vraie *doctrina*, l'artiste vraiment docte ou « scavant ». Le second regorge de doctrine mais il manque de naturel. D'un côté Marot-Lysias, de l'autre Scève-Thucydide. Nous retrouvons le balancement fondamental de l'*Orator*[1]. Autrement dit, l'attaque contre le poète lyonnais est tout aussi importante pour la *Deffence* que celle contre Marot, qui a obnubilé les critiques. Elle l'est même plus, si Thucydide est plus près de la

---

[1] Comme l'a retrouvé Des Autels dans sa *Replique*...: recourant explicitement à l'*Orator* pour faire l'éloge du beau style bas, il continue aussitôt sur l'éloge de Scève, représentant pour lui du beau grand style (textes cités p. 48, n. 3 et p. 50, n. 2). Lemaire est nommé ensuite par Des Autels, comme un candidat possible au grand style, mais non louable: « car en Jean le Maire quel bon cerveau recevra en prose, ces prolixes descriptions poëtiques [que Des Autels vient de louer chez Scève, i.e en poésie]? Mais j'espere que cest heureux siecle y pourvoira, & nous fera naistre comme des Poëtes, des Historiens, des Orateurs, & des Philosophes.» (*Replique*..., p. 73: Lemaire est donc là aussi un passé à dépasser, un Thucydide).

perfection du grand style que Lysias. Les défauts de Scève sont plus à méditer que ceux de Marot, parce qu'ils vont avec des qualités plus grandes.

b. - Une fois posée comme hypothèse l'identification de Thucydide avec Scève, il reste à en tirer parti pour la compréhension de l'idéal que vise la *Deffence*. Il s'agit de comprendre les éloges, ou les bons points, que Du Bellay décerne à son prédécesseur. En quoi ses glands de 1544 annoncent le blé de 1549-1550, en quoi *Délie* prélude à l'*Olive* et aux *Odes*.

L'idée même de distribuer des bons ou des mauvais points à un poète comme Scève paraîtra *a priori* étrange, et même franchement scandaleuse. Notre esthétique partage désormais le point de vue de Quintilien. Scève n'est pas plus que Thucydide sans nombres, sans rythme. Ce n'est pas un *minus habens*, il a des nombres à lui:

> Tout en convenant que l'art de l'arrangement, du moins de l'arrangement parfait, est à peu près le dernier que les orateurs aient connu, je pense que les écrivains anciens, eux aussi, s'en sont préoccupés proportionnellement aux progrès qu'ils avaient faits. Et Cicéron, malgré toute son autorité, ne me persuadera pas que Lysias, Hérodote, Thucydide n'y ont pas appliqué leur énergie, *studium*. 17. Peut-être ont-ils suivi un autre système que Démosthène et Platon, qui d'ailleurs ont été, eux aussi, différents entre eux[1].

Mais ici c'est le point de vue de Cicéron qu'il nous faut comprendre, parce que c'est celui de Du Bellay. Comprendre avant de juger – avant de condamner éventuellement ceux qui condamnent Scève.

Cicéron en tient pour un style où tout est lié, *aptus*. Son analyse, toujours la même, peut se représenter avec divers synonymes:

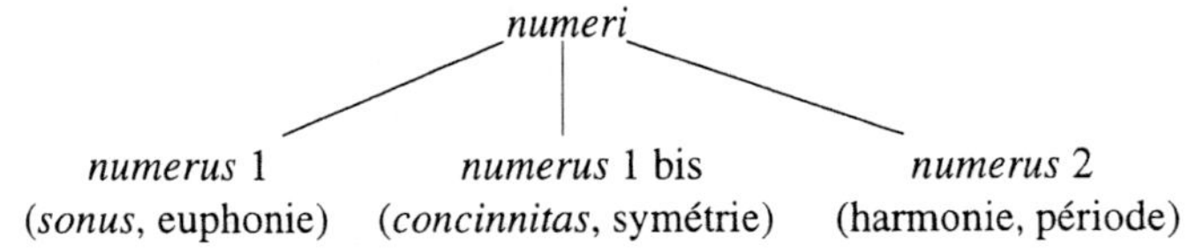

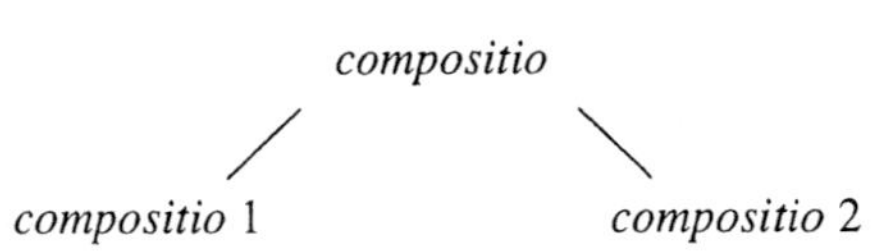

[1] 9, 4, 16-17. Ce chapitre IX, 4 de Quintilien traite de la *compositio*, au sens le plus général du mot, c'est-à-dire des *numeri*: il lui sera donc fait ici de fréquentes références.

structure

/ \

structure 1 *structure* 2

(« structure des motz », II-10, l. 15)

gr. *synthèse*

/ \

synthèse 1 *synthèse* 2

(gr. *euphonia*, et aussi *harmonia*)[1]

Dans tous les cas, un même mot finit par désigner le genre et toutes ses espèces. Cela a le mérite de souligner l'unité du phénomène. L'idéal tout entier est dominé par l'idée de liaison, ou d'arrangement entre les mots. Cette liaison est dite soit *compositio*, soit encore *collocatio*, *coniunctio*, ou d'un mot peut-être plus parlant, *structura*. Le verbe *struere* d'où vient construire et structure signifie au sens propre le fait d'entasser couche sur couche: dresser un bûcher en empilant des rondins, élever un mur en assemblant des briques, rangée par rangée. De *compositio* à *structura*, il s'agit de proche en proche de construire, de structurer un tout: de « composer » au sens où l'on parle encore de compositeur de musique. Au niveau microscopique, c'est l'arrangement des finales et initiales de mots – tout ce travail minutieux dont se moquent les adversaires de Cicéron en parlant de « mosaïque » (*Or*. 149). On ajuste les phonèmes comme les pièces d'un puzzle ou comme les petits morceaux de verre de la mosaïque. Le défaut serait l'hiatus, le manque d'ajustement criant, par rencontre de voyelles ou de consonnes. Au niveau macroscopique, c'est l'arrangement des mots dans la phrase, où ce qui compte est le dessin d'ensemble, la structure. La clausule est la clé de voûte de cette construction, ce qui à la fois fait tenir l'ensemble et montre que tout tend vers la complétion – aussi *conclusio* désigne-t-il indifféremment la période ou sa clausule. Le défaut ici serait l'incomplétude ou au contraire le trop-plein. D'un mot qui revient souvent dans l'*Orator* et donc dans la *Deffence*, ce qui est valorisé est « l'arrondi » de la voûte, de la période « ronde ». Le cercle est en effet l'image même de la stabilité qui ne manque plus de rien, où tout se tient. D'où trois des mots pour dire la période: pour le cercle, le *circuitus*;

---

1 « Sunthesis » est le terme qu'emploient Démétrius et Denys d'Halicarnasse (respectivement, *Du style* et le *Peri syntheseôs onomatôn*). Ces deux auteurs grecs pratiquent le même type d'analyse que Cicéron, en *sonus* et *numerus*. Ils emploient de façon concurrente *euphonia* et *harmonia* pour le *numerus* 1 (*harmonia* est sur *harmozein*, arranger: encore un terme utilisable à tous les niveaux). Ma répartition habituelle, euphonie pour le *numerus* 1 et harmonie pour le *numerus* 2, reprend les traductions françaises classiques, de Gibert ou de Colin.

pour la voûte la *conclusio* ou encore la *continuatio*, qui fait tout tenir ensemble.

L'absence générale de lié, à tous les niveaux, est qualifiée par le couple « âpre et rude» que nous avons vu. Or Scève annonce d'emblée sa couleur. Le huitain liminaire de *Délie* parle de «si durs Epigrammes». La dureté désigne tout ce que récusent les tenants du style lié, l'absence de *numerus* 1 et de *numerus* 2.

Au niveau microscopique, Scève use de l'hiatus, même s'il y recourt bien moins que Thucydide[1]. Comme toujours chez eux, ces effets sont pleinement conscients, recherchés, ce ne sont pas des négligences, encore moins des fautes. L'hiatus ici ne relève donc pas de l'analyse du style simple et de sa *neglegentia diligens*:

> Ie vy aux raiz des yeulx de ma Deesse
> Vne clarté esblouissamment plaine (*Délie*, dizain 105)

Aujourd'hui, cela ne nous paraît pas autrement choquant. En fait d'euphonie, ou de cacophonie, nous sommes désormais sensibles aux chocs de phonèmes un peu partout, ailleurs dans le vers. Ce qui nous paraît plus intéressant, ce sont des phénomènes comme cette attaque en [k] couplée avec les monosyllabes: « Comme corps mort vagant en haulte Mer », qui débute si brutalement le dizain 164, son et sens mêlés. *Corps mort*: du reste, et de façon classique, « l'abondance des monosyllabes » était à éviter, « pour estre rudes et mal plaisans à ouyr »[2]. Ce qu'il faut comprendre pourtant, c'est à quel point l'analyse en termes de *sonus* (de *numerus* 1) était préoccupée essentiellement par la rencontre phonétique entre mots. Analysant le tout début de Thucydide, Denys est choqué d'emblée par le *s* + *x* dans *Athènaios xunegrapse* et par le *i* + *a* dans *kai Athènaiôn*. De même, Quintilien réprouve le groupe *s* + *x*, et encore plus *s* + *s* dans *ars studiorum*. De même encore, Ronsard trouve que « telles concurrences de voyelles font les vers merveilleusement rudes en nostre langue », exemple *Vostre beauté a envoyé amour*. L'interdit de l'hiatus est l'interdit du vers « hyulque » pour Du Bellay, « entr'ouvert [et] beant » pour Ronsard[3]. Au lieu donc de prendre cet interdit pour une crispation incompréhensible, de moquer par exemple « qu'un sang-k-impur », nous ferions mieux de lire en marquant toutes les liaisons. Ce

---

1 Denys compte près de trente hiatus de voyelles sur les douze périodes qui vont de I, 1, 1 à I, 2, 2: *La composition stylistique*, VI, 22, 44.

2 Ronsard, *Abrégé de l'art poétique*, en Pléiade, t. II, p. 1183 (p. 479 du Livre de Poche). Ronsard s'inspire de Quintilien, 9.4.42; son *rudes* renvoie évidemment au couple «âpres et rudes».

3 *Id.*, p. 1182 (p. 478).

serait le sûr moyen de retrouver de l'intérieur le sens du liant, du lié. Y compris la liaison à la césure, plus faible certes que celle à l'intérieur des hémistiches, mais ô combien nécessaire à la perception du vers comme un tout: « Nostre mal ne vaut pa_s_ _un_ seul de ses regards », « Que toujours quelque ven_t_ _e_mpêche de calmer »[1].

Au niveau macroscopique, il suffirait d'appliquer à Scève l'analyse détaillée de Thucydide par Denys d'Halicarnasse. La dureté passe par « la dissymétrie dans les membres de période, l'inégalité dans les périodes, l'inattendu dans les figures, le dédain pour les enchaînements obligés ». La dissymétrie, c'est l'absence d'isocolon, de membres à peu près égaux et qui se répondent. L'inégalité ou « anomalie, *anômalia* », c'est celle du chemin inégal et raboteux, qui n'est pas nivelé ou *homalos*: période « sans dessin clair, sans lignes nettes, et qui n'obéit pas parfaitement aux lois de la symétrie », ce que signale mais pas nécessairement l'absence de clausules[2]. L'inattendu dans les figures est l'abus des figures de style « qui sortent de l'ordinaire et prennent des allures de solécisme »[3] ou encore le choix délibéré d'un « vocabulaire figuré, rare, suranné, étranger, au lieu du vocabulaire courant, habituel à son époque »[4]. Enfin, l'absence d'enchaînement s'appelle, de façon très générale, l'anacoluthe: la liaison se dit en grec l'*akolouthia*, littéralement « la suite de serviteurs » ou acolythes[5]. Les mots de liaison, voilà bien un des points sur lesquels Scève constamment fourvoie son lecteur. De fausses symétries en relatifs de liaison inassignables, la *Délie* est un labyrinthe pour critiques. Dès que le lecteur réfléchit un peu, dès qu'il croit tenir un enchaînement logique ou grammatical, l'enchaînement se brise, se perd, devient ambigu, et plus on essaie de le préciser, plus il échappe. *Délie* est de ce point de vue comme un château ensorcelé. C'est, au sens propre, un enchantement.

---

1 Respectivement: Ronsard, *Sonnets pour Hélène*, «Il ne faut s'ébahir, disaient ces bons vieillards... », v. 4; Malherbe, «N'espérons plus mon âme, aux promesses du monde», v. 3. Ce dernier exemple montre bien l'hiatus véritablement impossible que ferait «vent empêche» lu [vã ã]. Voir le début de Frédéric Deloffre, *Le Vers français*, Paris, Sedes: il n'y a pas d'exception à la règle, toutes les liaisons se font à l'intérieur du vers, même après ponctuation forte.

2 Je cite (en le mettant au négatif) ce que dit Denys d'Isocrate à VI, 23.22. Je ne crois donc pas qu'il faille comprendre comme ici G. Aujac et M. Lebel, «l'inégalité *entre* les périodes». Comparer avec les formulations très semblables de VI , 23.22, où la même idée est rendue par «*tôn periodôn ho kuklos* ». C'est «l'arrondi des périodes », l'équivalent de cet «*orbis orationis*» dont Cicéron déplore l'absence chez Thucydide, justement (*Or.* 234).

3 Denys, *Thucydide*, VII, 24, 7.

4 *Id.*, *ibid.*, VII, 24, 1.

5 *La composition stylistique*, VI, 22, 45: tout le contraire du style lié d'Isocrate qui a les faveurs de Denys, et dont les concepts sont détaillés ensuite (23, 1-9).

La « dureté » générale de *Délie* est indéniable, et il n'y a pas lieu ici de la détailler[1]. La question est celle de son rapport avec le concept de période. Ce qui frappe en effet est que la dureté des dizains va de pair avec leur solidité de diamant. En fait de voûte et d'unité d'ensemble, on peut difficilement faire plus structuré, plus synthétique: plus périodique. Scève est un bâtisseur de voûtes, où tout « cadre », selon l'un des termes de l'*Orator*, « *redigere in quadrum* ». Même le lecteur indocte ne peut y rester insensible, quitte à rendre compte de cet effet en termes quasi-mystiques: non pas des « nombres » mais des chiffres, carrés proprement magiques – le dizain de dix vers de dix syllabes – ou encore numérologie d'ensemble. Avec leur rythme de colonnade, les « si durs Epigrammes » forment une « si haulte architecture ». La dureté y est comme une condition de la hauteur. Architecture, la période scévienne est, pour ainsi dire, une archistructure: un comble de structuration, de nombres à tous les sens du terme.

Ce summum ne peut pas ne pas impressionner Du Bellay. Scève est un modèle presque absolu. C'est un peu le Bach que décrit Boulez: un maître de la *uariatio*. *Délie* est un répertoire magistral de formes possibles, de périodes-voûtes. Les variations formelles s'engendrent comme d'elles-mêmes, causant une sorte d'ivresse tout à la fois sensuelle et intellectuelle, qui est l'ivresse du rythme à l'état pur. L'effet que produit pareil rythme n'est pas de faire claquer des doigts pour accompagner le mouvement, comme fait une foule qui scande un slogan[2]. Architecture, le rythme est construit et il construit. Selon le mot que l'*Orator* va répétant, c'est la *uoluptas* qui s'empare du public, indoctes comme doctes: volupté de la plénitude. La voûte de la période élève l'âme, laquelle est tout entière corps et esprit. Sébillet est fondé à dire, en 1548, que le dizain est « l'épigramme aujourd'huy estimé premier, et de plus grande perfection », avec ce nombre de dix, « plein et consommé », avec aussi sa rime riche, ainsi appelée pour « son abondance et plenitude »[3].

Scève met donc la barre très haut. Faire aussi bien sera difficile; faire mieux, presque impossible. C'est encore l'*Orator* qui offre à Du Bellay la voie d'une solution. Ce qui manque à Scève, plus sans doute qu'à Bach, c'est le naturel, mesurable aux applaudissements du grand public: cathédrale pour

---

1 Pour une analyse des difficultés que suscite le style de Scève, voir les *Dix études*..., en particulier l'article d'André Tournon. Voir aussi l'analyse comparée par Deloffre entre un dizain de Marot et un de Scève, reprise par Lecointe à la fin de sa dense « Problématique de la période oratoire » (*L'Idéal*..., p. 605-618).

2 Quintilien, 9.4.55 = Aristote, *Rhétorique*, III, 8, 1408b24: « Lorsque l'huissier proclame la formule consacrée, "Qui l'affranchi veut-il comme patron?", les gamins se hâtent de répondre, "Clé-on! Clé-on!" ».

3 Respectivement II, 1, p. 110 (p. 105 du Livre de Poche) et I, 7, p. 63 (ou p. 78). Ce sont les deux passages où Sébillet cite des dizains de la *Délie*.

happy few. Il faut donc inventer une forme aussi voûte que les durs dizains, mais qui procure la volupté à tous. Pour cela, il faut mettre du liant dans *Délie*. Du lié, pas du délayé. Le pari est d'ôter à la forme du dizain sa dureté sans lui ôter sa solidité de période, et par conséquent sans rabaisser sa hauteur poétique.

La solution, c'est d'abord la forme du sonnet. Le sonnet nouveau et à venir, celui de l'*Olive*, ce n'est pas cette espèce de salade à géométrie variable que décrit Sébillet, un dizain allongé bon pour le seul italien: un dizain *longo*. Le sonnet à inventer n'aura pas une « structure (...) un peu facheuse »[1], mais plutôt une grande et belle structure: une vraie *structura* d'ensemble. Autrement dit, le sonnet est l'homologue du dizain scévien, et même son accomplissement. On peut dire pour le souligner ou bien que le sonnet est un dizain développé, ou inversement que le dizain est un sonnet en concentré. Dans les deux cas, le passage de dix à quatorze ne sert pas à donner une marge de manœuvre aux poètes indoctes. Cela fait changer d'esthétique. On passe du dur au lié, de la période thucydidienne à la cicéronienne – c'est-à-dire, pour Du Bellay, du détestable au louable. Le dizain déconcentré est un dizain délabyrinthé, qui respire à plein. Et après l'*Olive*, les *Odes* de Ronsard introduiront encore une autre forme avec les mêmes ambitions: celle de la strophe. De dix à vingt vers (mais des vers plus courts), la strophe représente à peu près le même nombre de mots qu'un dizain ou qu'un sonnet. Le point essentiel est qu'elle forme un bloc, une période. Dizain, sonnet et strophe sont trois unités d'ensemble, trois manières de tirer les bénéfices du style périodique.

Concluons ce point en soulignant à quel point l'enjeu pour Du Bellay est de dépasser Scève par le haut. La critique de son obscurité n'appelle pas, platement, au retour à plus de naturel. Certes, l'opposition entre Marot et Scève est celle entre d'un côté la manière commune de parler et de l'autre une manière artiste, artificielle. Scève pourrait dire, plus encore que le Ronsard des *Odes* de 1550, qu'il a « style à part, sens à part, œuvre à part ». Mais la critique de Scève ne tourne pas à l'éloge de Marot, pas plus que dans l'*Orator* celle de Thucydide ne tourne à l'avantage de Lysias. Il ne s'agit pas pour Du Bellay d'être moins artificiel que Scève, mais bien de l'être plus. Pour ajouter à son grand style heurté le naturel du style lié, il faut un surcroît d'art, d'artifice. Il faut *addere numeros*, lui ajouter des nombres, du rythme, pas lui en enlever. Alors véritablement on sera plus grand artiste que lui: on le dépassera en accomplissant ses virtualités. Scève a un grand style, mais qui n'est pas encore le vrai grand style, la perfection absolue.

---

1 Sébillet, II, 2, p. 116 (ou p. 108).

Autrement dit, le balancement de la *Deffence* entre Marot et Scève est celui entre langue maternelle et langue « paternelle », élaborée de toutes pièces. Contre les indoctes et les marotiques, le livre II montre comment on peut compenser dans la poésie française l'absence des nombres latins. Contre les doctes, poètes néo-latins ou Scève, le livre I pose qu'il faut aussi s'exprimer de façon naturelle, avec sa langue native. L'articulation de l'ensemble permet de sortir de ces deux impasses symétriques. L'orateur parfait qui est l'idéal de Cicéron aura et un grand style comme Thucydide et un style naturel comme Lysias. Le poète à venir de la *Deffence* « récapitulera » et la langue à part de Scève et la suprême facilité de Marot. La langue française enfin illustrée sera capable de susciter la *uoluptas* de tous, indoctes comme doctes. Elle sera à la fois langue paternelle *et* maternelle. Il n'y a pas lieu d'opposer l'*ars* à la *natura*.

C. - Ce prodige récapitulatif revient à réaffirmer fortement le lien de la période avec le vrai grand style. Car l'importance que la Pléiade va accorder au naturel et au grand public n'est pas démagogie racoleuse, désir de gloire un peu facile. Cette attitude sort du concept même du *mouere*. Un orateur qui ne bouleverse pas le grand public n'est pas vraiment un grand orateur. Que la transposition à la poésie fasse problème, c'est certain: on peut imaginer qu'un grand poète ne bouleverse pas grand monde. Mais puisque Du Bellay fait la transposition, il nous faut bien poursuivre dans cette logique.

Or, dès que l'on s'installe à l'intérieur du *mouere*, le concept même de période ne se confond pas avec la phrase grammaticale, invention d'ailleurs postérieure au XVIe siècle. Unité métrique, unité dans le mouvement, la période est l'outil même du *mouere*, de la plus grande émotion. Se mouvoir et s'émouvoir, c'est tout un. La phrase grammaticale se définit par la complétude du sens. La période, elle, se définit par la complétude du sens et de l'émotion. Si l'un de ses noms est *comprehensio*, ce mot ne signifie pas seulement compréhension intellectuelle, mais saisie par toute l'âme, corps autant qu'esprit. En arrivant à la fin, le public saisit et plus encore il est saisi. La « compréhension », le fait de tout tenir ensemble provoque donc la *uoluptas*, elle aussi totale. Un passage sans doute très important de Speroni étage du reste les trois sortes de *uoluptas* possibles. Le latiniste Lazzaro considère que le plaisir relève de l'esprit seul; le courtisan laisse entendre que le plaisir est d'abord du corps, et que, lui, il vibre plus à la lecture de l'italien de Boccace que du latin de Cicéron. Bembo conclut par une synthèse récapitulative: plaisir du corps *et* plaisir de l'esprit viendront de la lecture d'écrivains modernes aussi grands que Virgile ou Cicéron en leur langue. Cette dernière position est celle de Du Bellay[1].

En raisonnant sur Scève, nous pouvons déjà apercevoir comment Du Bellay transpose la problématique du *numerus* à celle de la rime ou plutôt « rythme » française, c'est-à-dire comment il se démarque de Sébillet. Celui-ci n'aurait pas la vision de l'ensemble mais du détail. Or les détails sans le tout, cela, pour ainsi dire, ne rime à rien. Les questions techniques de rimes et de nombre de syllabes par vers ne mènent nulle part, si on n'a pas d'abord une vision du grand style et de la période. Inversement, si on a cette vision, on peut presque faire l'impasse sur de tels détails. Cela ressort très clairement du schéma déjà donné:

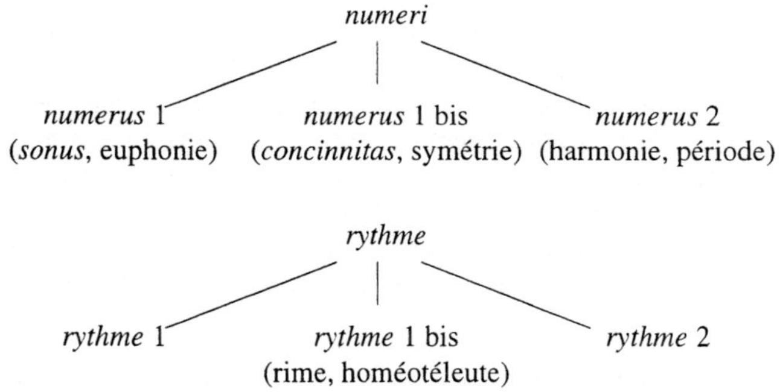

En faisant l'économie du faux-semblant qu'est le 1 bis, *concinnitas* ou rimes, on concentre son attention sur l'essentiel, le « vrai » rythme, euphonie et plus encore, par excellence, harmonie, arrangement des groupes de mots en période. Scève peut nous aider à nous concentrer nous-mêmes. De façon négative: les rimes chez lui ne sont pas l'essentiel. De façon positive: l'essentiel, c'est la période, la structure d'ensemble.

Tout d'abord, on peut parier qu'aux yeux de Du Bellay Scève ne pratique pas la *concinnitas*, les effets de Gorgias, c'est-à-dire ceux des Grands Rhétoriqueurs. L'affirmation pourra paraître surprenante. Elle correspond pourtant aux conclusions de la critique. Saulnier dans son *Maurice Scève* a cherché à sauver le poète de l'accusation d'être un Rhétoriqueur, à une époque où l'esthétique d'un Molinet paraissait jeux puérils, *festiuitates* de Papageno. Forcé par exemple de signaler les rimes équivoques de la *Délie*, Saulnier s'empresse de dire qu'elles sont au total peu nombreuses. Ses décomptes ont été repris ensuite: ils étaient largement sous-

[1] A la p. 594-595 de l'éd. Pozzi: emprunts n° 2 et 3 à Speroni; voir la note à I-5, l. 57.

estimés. Mais le résultat paradoxal est que, plus Scève pratique la rime équivoque, plus cela marginalise le procédé. Cela revient à justifier Saulnier: l'essentiel ne se joue pas là[1].

La confirmation de cette lecture se trouve dans l'*Orator*. Aux yeux de Cicéron (*Or.* 39), Thucydide ne pratique pas non plus la *concinnitas*, alors même que l'historien aurait suivi les leçons de Gorgias à Athènes. Là aussi l'affirmation est surprenante. Un critique attentif comme Denys d'Halicarnasse voit bien que Thucydide a, et « en quantité non négligeable », « ces figures voyantes que sont les parisoses [= isocolon, égalité des membres de période], les paronomases, les antithèses, qui ont fait les délices de Gorgias »[2]. Mais l'aveuglement de Cicéron là-dessus tient à son point de vue général. Ce qu'il voit chez Thucydide, ce sont les prodromes du vrai rythme périodique, comme le montre son analyse d'une phrase, sinon de l'historien grec, du moins de son équivalent latin Crassus. De nouveau, l'essentiel ne se joue pas là. Les figures voyantes n'attirent l'œil que des myopes – ce que ne sont d'ailleurs ni Saulnier ni Denys, admirateurs très conscients du grand style, celui de Thucydide-Scève comme celui d'Isocrate-Cicéron[3].

Donc, pas de *concinnitas* ou de Grands Rhétoriqueurs. Cette absence est compensée, et largement, par la présence du *numerus* 2, du vrai rythme. Par rapport au problème qui nous occupe, celui du passage du dizain au sonnet, la question est ici celle de la longueur idéale que doit avoir la période.

---

1 Je me permets de renvoyer à mon article, «L'héritage des Grands Rhétoriqueurs dans *Délie*», dans les *Dix études...*, pp.11-38. La même thèse, en plus développée, se trouve désormais dans le travail stimulant de V. D. Le Flanchec, *Le nombre dans* Délie.

2 *Thucydide*, VII, 24, 9, éd. et trad. Germaine Aujac, in *Opuscules rhétoriques*, t. IV, Paris, les Belles-Lettres (C.U.F.), 1991.

3 La phrase de Crassus est à *Or.* 219. Il est clair qu'elle ne comporte pas d'effets chers à Gorgias, quoi que dise Albert Yon *contra*: «"*Nam ubi libido dominatur, innocentiae leue praesidium est*, où l'arbitraire règne, n'avoir rien fait de mal est une faible protection". Ici l'ordre des mots, *ordo uerborum*, donne le rythme d'ensemble apparemment sans aucune *industria* de la part de l'orateur. C'est pourquoi si nous remarquons quelque sorte de rythme dans Hérodote, dans Thucydide et dans leurs contemporains, il en faut rapporter la cause, non à la recherche expresse du rythme qu'ils ne connaissaient pas, mais à la justesse de l'arrangement fortuit, *uerborum collocatio*. 220. Mais il y a des figures de style dans lesquelles la symétrie, *concinnitas*, est telle que le rythme s'ensuit nécessairement: le *par pari*, les contraires, les *similiter cadentia*.» On est ici dans un cas particulier de *sonus*. L'euphonie est produite par l'*ordo uerborum* ou encore *uerborum collocatio*. Cicéron songe sans doute à cette *iunctura* spéciale qui est celle de l'*ordo uerborum* par lequel Quintilien commence son chapitre (9, 4, 23-32: terminer la phrase par le verbe, etc.). Comme le reconnaît Albert Yon, « c'est la manière dont les mots se répondent dans les deux propositions opposées qui fait le rythme: effet emprunté de l'antithèse et voisin de la *concinnitas*, mais dont [Cicéron] entend ici le séparer » (p. CXLI, note 2).

Nous avons vu que la vraie grande période a selon l'*Orator* quatre membres, soit en gros quatre hexamètres. C'est un objet familier, puisque cela correspond à notre quatrain de décasyllabes puis d'alexandrins – même si on peut aisément supposer qu'un hexamètre soit rendu par deux vers français[1]. Les analyses de Démétrius ou de Denys d'Halicarnasse vont dans le même sens. A partir de cette unité, on a deux sous-unités. La plus grande est le *kôlon* ou en latin le « membre », qui correspond à peu près à un vers. La plus petite est le *komma* ou en latin « l'incise », mot qui signifie au propre « découpage » et qui désigne deux, voire trois mots, quelquefois plus.

Le point à retenir est que, dans tout ceci, on ne raisonne pas en termes de découpage grammatical, la période étant une unité métrique. Pour reprendre les formules d'Albert Yon[2], « le caractère grammatical de la période avait échappé aux anciens », qui n'ont pas notre concept de phrase. Il en résulte qu'on ne peut pas dire que le membre « existe d'abord par lui-même et pour lui-même sous la forme d'une proposition simple ou de son équivalent » – et l'incise existe encore moins par elle-même, puisqu'elle ne correspond même pas une proposition grammaticale. On ne peut dire non plus que la période est un composé de membres. Il faut dire les choses à l'inverse, comme y invite la métaphore du « membre », *membrum.* Le tout précède. L'ensemble autonome, c'est la période. Le membre n'a pas plus d'autonomie « que la main ou le pied dans le corps ». C'est donc seulement à l'analyse qu'on peut considérer des parties détachées de la période, les isoler en supprimant leurs liens de subordination ou, plus rarement, de coordination. Dans la réalité, il n'y a que de la synthèse, de la *compositio.* Le mot même de « subordonnée » dit bien la dépendance de la partie par rapport au tout, à l'*ordo.* Ce qui est premier est le système: la voûte, pas les pierres ou groupes de pierres qui la composent; et encore moins la clé de voûte ou clausule qui fait tenir l'ensemble.

Par rapport aux souvenirs que nous avons aujourd'hui du style périodique, cette description est doublement surprenante: quant au mode d'analyse et quant à l'objet même que désigne le mot période.

Quant à l'analyse, nous attendrions plutôt les termes de protase et d'apodose: la première partie, souvent comme une lente montée, et la seconde, souvent comme une brusque conclusion. Ces termes proviennent en fait d'Hermogène, dont la rhétorique trouve lentement droit de cité au XVIe siècle, et auquel Du Bellay n'accorde sûrement pas grande impor-

---

1 *Cf.* Amyot, *Projet d'éloquence royale pour Henri III*, « les clauses [= phrases] entières ne doivent point estre plus longues que quatre vers alexandrins » (chap. XII, p. 87; cité par Olivier Millet, p. 5, n. 11 de « Entre grammaire et rhétorique… »).

2 A ses pages CLIX-CLX.

tance, à supposer qu'il le connaisse[1]. Par rapport à notre problème, ils ne changent d'ailleurs rien à la description. En effet, le couple protase et apodose souligne lui aussi l'unité de l'ensemble, et en fait de longueur Hermogène envisage tout comme Cicéron des périodes à peu près longues comme quatre vers.

Quant à l'objet même, l'idée d'une période équivalant à un quatrain semble contredire directement l'hypothèse que je proposais plus haut: celle d'un dizain représentant à lui tout seul une période. De façon habituelle, le dizain est, plus exactement, la somme de trois, voire de quatre périodes standard. La chose est encore plus nette pour le sonnet. Chaque quatrain y est une période, et les tercets une ou deux. La fin de chaque quatrain est une clausule très marquée, très « stable » pour reprendre le terme de Quintilien – la clausule ne se limitant pas à la seule rime. Enfin, l'identité si fréquente entre quatrain et phrase grammaticale va dans ce sens. Il y aurait donc déjà grand profit à analyser les quatrains en recourant aux modes d'analyse si précis de l'*Orator* et de Denys d'Halicarnasse, ou encore à celles de Démétrius telles qu'appliquées à la poésie italienne par Francesco Panigarola, à la fin du XVIe siècle[2].

Ce n'est pas à dire que mon hypothèse était fausse. Cela signifie plutôt qu'il nous manque ici un outil qui corresponde pleinement à l'intuition. Un outil qui permette de passer de quatre à dix vers, c'est-à-dire de la période habituelle à la grande période des discours de Cicéron, ou de Bossuet. Le problème est en effet de rendre compte des dizains de Scève en une seule phrase, qui sont si fréquents – un pour dix, 51 sur 449. Ici l'*Orator* ne peut plus nous être directement utile. La raison en est que son but est seulement de justifier l'emploi de la période. Son objet s'arrête là, et aller plus loin serait être hors sujet. La période est son point d'aboutissement, alors que nous cherchons à aller au-delà. Nous cherchons en effet une unité supérieure, quelque chose comme une période de périodes. Ou pour parler de façon plus simple, un développement plus ample, avec par exemple sa longue montée et sa brusque descente. Du reste, le mot « développement » ne serait pas une mauvaise traduction de période. Il désigne en tout cas autant *la* que *le*

1 On dispose enfin d'une traduction française complète d'Hermogène, *L'art rhétorique*, par Michel Patillon, aux éditions l'Age d'homme, 1997. Sa vraie diffusion européenne se fait à partir des années 1570, même s'il est déjà intégré dans les *Rhetoricorum libri V* de George de Trébizonde vers 1433 et que la première édition de ses œuvres soit chez Alde à Venise en 1508 (voir l'introduction de Patillon, p. 10).

2 *Il Predicatore, overo Demetrio Falereo dell'elocutione*, Venise, 1609 (né en 1548, Panigarola meurt en 1590); une traduction française est en cours sous l'égide de l'équipe Rhétorique et Ancien Régime à Grenoble.

période. Le période est en effet le plus haut degré auquel parvient tout ce qui a commencement et fin: le maximum du développement, l'acmè, le faîte[1].

Pour trouver cette unité supérieure, il suffit de poursuivre le raisonnement cicéronien sur le style lié. Le lié en effet est un phénomène un, du plus microscopique au plus macroscopique. Si donc une période est une certaine façon d'arranger des groupes de mots entre eux, dans la limite de quatre vers, pour en faire un tout structuré, une période de périodes sera une certaine façon d'arranger des groupes de quatrains, pour en faire là encore un tout structuré. A la clausule qui termine la période-quatrain correspondra une clausule de clausules. Quand il y a effet de chute, la chute du dizain, ou du sonnet, ou de la période de Bossuet, est pour ainsi dire une super-chute. Elle est nécessairement plus frappante que celle du quatrain, elle tire sa force de clore un développement plus long. La *uoluptas* est plus grande, parce que la *comprehensio* est plus vaste. Nous sommes plus saisis, parce que nous saisissons plus. En termes de construction, de structure, la période de périodes que nous cherchons à décrire est bien cette archistructure dont j'ai parlé. Elle se trouve un degré plus haut, elle englobe ce qui englobe.

Le principe de la pyramide conceptuelle permet là encore de visualiser cela très simplement:

structure, *compositio*
(arrangement de groupes de périodes)

\ structure
(arrangement d'ensemble de la période)

\ structure
(arrangement de groupes de mots, *numerus* 2)

La *structura* n'a pas de raison de s'arrêter vers le haut. La période de périodes est elle-même intégrable dans un développement encore plus long, lequel à son tour est intégrable dans l'une des parties du discours complet. Le discours lié est au bout du compte un tout structuré, une architecture de cathédrale: une synthèse de synthèses, un système de sous-systèmes.

Le niveau le plus haut, proprement architectonique, est celui où on arrange entre elles les diverses parties, de l'exorde à la péroraison. De ce discours complet, l'équivalent poétique le plus net est l'ode ronsardienne. A la différence du sonnet, la strophe est d'abord incluse dans un groupe encore

---

1 Jean-Jacques Rousseau peut ainsi écrire « Ce période de développement des facultés humaines », c'est-à-dire: les facultés ont atteint leur maximum possible (cité par Littré à Période, 6°).

plus grand, avec son répondant l'antistrophe et sa conclusion l'épode. Ce premier groupement ou développement est une période de niveau 3: une période de périodes de périodes. Les groupements suivants sont des périodes de niveau 4. Puisque l'ode peut avoir de deux à vingt-quatre groupes strophe, antistrophe, épode, elle a l'espace suffisant pour développer des parties analogues à celles d'un discours, de l'exorde à la péroraison. Le tout de l'ode, lui, sera un groupement de niveau 5. Cette structuration d'ensemble est aussi présente, mais en moins net, dans les recueils de sonnets, et particulièrement ceux de Ronsard. Au total, l'ode est le plein accomplissement de l'idée de période, ce que marque l'écho sonore et étymologique entre les deux termes.

Ce qui est bien décrit par les traités, c'est le niveau 4, c'est-à-dire la *dispositio* d'ensemble du discours[1]. Bien plus bas, la période comme unité est elle aussi décrite avec un grand luxe de détails. Mais l'arrangement de périodes en un tout qui fait bloc, voilà une description qui reste à inventer. A défaut, il suffit de lire *Délie* pour voir comment on peut dériver des préceptes appropriés à partir de ceux que l'*Orator* donne pour la seule période-quatrain. Nous approchons en tout cas d'une réponse à la question de la longueur. A partir du moment où on a sous les yeux une unité plus grande, la période standard peut elle-même apparaître comme l'élément d'un tout qui la dépasse et la précède. Les dizains en une phrase ne sont pas des exceptions, mais plutôt l'emblème des autres, le point de vue et la hauteur exacts d'où les considérer dans leur juste perspective[2].

L'invention de préceptes appropriés est d'autant plus facile que la période de périodes a à voir avec le *mouere*. Le but du grand poète à venir est, comme celui du grand orateur, d' « indigner, apayser, ejouyr, douloir », etc. (II-11, l. 110), bref de susciter les grandes émotions du *mouere*, à commencer par la plus canonique et la plus représentative, l'*indignatio*. Or, de façon là aussi canonique, les grands moments du pathos ou *mouere* sont le moment où affluent les périodes les plus longues. Cicéron le dit très nettement dans l'*Orator*. Le domaine par excellence de la grande période, c'est la péroraison, et, à l'intérieur du discours, tout ce qui y ressemble: et de nommer en passant quelques passages célèbres de ses *Verrines* (*Or.* 210-211). Mais Cicéron ne détaille guère. Reprenant les mêmes exemples,

---

1 Sur l'importance de la *dispositio* pour la lecture des recueils de dizains ou d'odes, de Scève à Ronsard, voir les travaux fondateurs de Doranne Fenoaltea; et aussi François Rouget, *L'apothéose d'Orphée...*

2 Voir les études remarquables d'André Gendre. La « construction du poème en une seule phrase (...) a séduit, entre 1550 et 1560, plusieurs poètes de la cour d'Henri II »: plus d'une fois sur dix dans l'*Olive* ou les *Amours* de 1552-53; de cette «construction de nature assez oratoire (...) Ronsard tire des effets de puissance, Du Bellay un jeu subtil d'échos lancinants et assourdis. Puis cette construction perd de son attrait» (p. 240 de «L'ancien et le nouveau...»).

Quintilien, comme d'habitude, développe posément les remarques synthétiques de son grand homme.

Quintilien distingue trois situations. Quand il faut se montrer vif, violent, qu'il faut presser l'adversaire de questions, on emploiera plutôt des membres et des incises, bref des *numeri* « âpres, *asperi* » (9.4.126). Dans les narrations, les périodes seront plus relâchées, moins strictement liées, parce qu'il s'agit alors de *docere* (§ 127). Enfin, dans les péroraisons, dans les lieux communs, dans toute sorte d'amplifications, y compris par exemple dans les exordes des causes importantes, bref, partout où il faut susciter le *mouere*, indignation ou pitié, partout il faudra de longues périodes, un genre de construction plus ample, « *amplius compositionis genus* ». C'est celui-là qui suscitera la *uoluptas* du juge et des auditeurs (§ 128-129). Alors la période est *fusa* ou encore *fluens*, tous adjectifs de la *copia*[1]. L'exception donnée à propos des narrations confirme la règle. Dans les passages où il ne s'agit pas d'informer mais d' « orner », la période est *lenis et fluens*, lisse (c'est le *numerus* 1, le *sonus*) et fleuve (c'est le *numerus* 2).

L'exemple d'orné dans la narration est alors très clair. Quintilien cite après Cicéron le récit du rapt de Proserpine dans les *Verrines*. Là Cicéron a même une période de huit lignes[2]. Plus généralement, les trois paragraphes sur Proserpine forment un long développement d'un bloc, qui articule solidement les périodes entre elles. Cette longueur n'est pas une décoration gratuite, un ex-cursus pour distraire les juges, elle tend vers une fin ou clausule, comme tout le reste. Situé au cœur même de la Sicile, le rapt de Proserpine a donné lieu au culte lui aussi central des Siciliens, pour sa mère Cérès déesse des moissons. Or le retour à la narration expliquera que Verrès n'a pas craint de piller les temples de la déesse: second rapt, celui des statues. Nous avons déjà vu ce que signifie « orner ». L'ornement est un équipement. Orner, c'est ici équiper, préparer l'émotion des juges. L'apparente digression touristique, sur la ville d'Enna au cœur de la Sicile, a une conclusion ou *conclusio* de type période: une chute frappante, un épilogue, une épode. La digression prépare l'indignation. Arrivés au récit du rapt des statues, les juges « saisissent », ils sont saisis par la *uoluptas*. C'est un tout qui fait bloc. Le propréteur qui a la charge de la collectivité s'est chargé de détruire ce qui la fait être comme collectivité. Même si l'indignation que cela suscite n'est pas la plus haute dont sont capables les *Verrines* – ce n'est tout de même ni la

---

1 Le passage de Quintilien est ainsi rendu par Amyot, *Projet d'éloquence royale*, chap. XII, p. 88: «Il y a plus de montre et de parade dans les clauses longues [= les périodes, *clausa*, *cf. clausule*] qui vont tout d'une tire jusqu'à la fin, et sont plus numéreuses et plaisantes à l'oreille; aussi s'en sert-on plus en l'exorde et en la péroraison».

2 *Verrines*, IV, 106-108.

mort injuste de Siciliens, ni, au sommet, la mise en croix d'un citoyen romain -, on a déjà là un grand développement, en tant que tel très efficace[1].

Cette description de l'ornement reprend celle que j'ai donnée des homéoptotes de De Gaulle, qui produisent le même effet de poids émotif sur la chute ou clausule « Paris libéré ». Lier et émouvoir, c'est tout un. Sans doute, comme chez Scève, plus durs seront les dizains, plus dure sera la chute. Mais cette dureté-là ne signifie pas que Scève ne lie pas en un tout, ne structure pas un bloc, en l'occurrence marmoréen et mallarméen – *Calme bloc ici-bas*... Que Du Bellay en tout cas s'intéresse à cette structuration d'ensemble, cela se voit à propos d'un autre affect, plus simple parce que dans le style simple. C'est le rire, cet anti-pathos. La *Deffence* critique les faiseurs d'épigrammes

> qui en un dizain sont contens n'avoir rien dict qui vaille aux IX. premiers vers, pourveu qu'au dixiesme il y ait le petit mot pour rire, mais à l'immitation de Martial... (II-4, l. 11-14)

Martial, lui, sait comment remonter le ressort du rire – Martial, et Marot aussi bien, qui l'a beaucoup imité. Pour que le dernier vers déclenche la bombe, il faut la préparer tout au long des neuf premiers, continuellement, dans une *continuatio* ou période. La *uoluptas* propre au rire n'est évidemment pas celle de l'indignation, c'est même une arme pour la dégonfler comme une baudruche. A cette différence près, rire et indignation sont produits de même, par un long développement bien mené à son terme: par une période de périodes. Le bon mot final n'est pas seulement drôle en soi, et « Paris libéré » ne pèse pas seulement par référence à l'idée de Libération[2]. Ils suscitent un affect parce qu'ils concluent ce qui précède. Telle la tour ou le clocher dans un groupe de bâtiments, ils tirent à leur terme toutes les lignes de force. Mais ils ne créent pas les lignes. Si le groupe n'a pas de cohésion, on ne la créera pas en ajoutant une clausule, *in extremis*. Et du reste, il est assez naïf et vulgaire – indocte – de croire qu'il faut absolument une clausule marquante, une chute sur une formule-choc. *Le* période de *la* période, son acmè, son plus

---

1 Autrement dit, je sais maintenant en quoi je me suis trompé dans mon analyse de Melanchthon, qui dit que Cicéron « *non tam probat quam ornat* » à propos d'un « équipement » du même ordre, l'éloge de la loi naturelle au début du *Pour Milon* (*Le sublime du « lieu commun »*, c'est: progrès en rhétorique assez lents).

2 Voir Racine citant Denys d'Halicarnasse dans une lettre à Boileau de 1693 (en Pléiade, II, p. 542-543): « la beauté du style consiste principalement dans l'arrangement des mots » et non dans la noblesse intrinsèque des mots (= *La composition stylistique*, VI, 3, 7-12). D'où « l'extrême impertinence de M. Perrault, qui avance que le tour des paroles ne fait rien pour l'éloquence, et qu'on ne doit regarder qu'au sens ». La position du Moderne Perrault est déjà celle du courtisan chez Speroni, qui croit que si Boccace l'émeut, c'est dû à « *la natura delle cose descritte* » (éd. M. Pozzi, p. 594: emprunt n° 2 à Speroni; voir note à II-11, l. 113).

haut point de développement, ce n'est pas toujours et partout la fin, le mot même de chute disant plutôt la redescente, tout comme « cadence » formé sur *cadere* dit la décadence[1].

En somme, la période de périodes est pour ainsi dire une période-fleuve, que nous pouvons maintenant opposer à la période-quatrain. L'unité, c'est le fleuve: un grand tout, un développement ample. C'est à la longue période que se réfèrent, me semble-t-il, les dizains ou sonnets en une phrase. Nous sommes dans une logique où le plus grand est le plus long, et où le plus long est le plus parfait, le plus représentatif, ce qui emblématise et récapitule tout. Puisque le grand moment du *mouere* est aussi le moment de la surabondance, du summum de forces, la période qui représente le mieux ce que doit être une période quelconque, c'est donc la période la plus longue. L'image du fleuve, si classiquement cicéronienne, est le summum de l'idée de lié, de synthèse dynamique, d'unité puissante et mobile. Du plus petit au plus grand, tout y est arrangement fluide, *fluens*. Cela ne signifie pas harmonie douceâtre, mais force sans rupture, flux et afflux de forces.

Non pas, dirait encore Cicéron, de la graisse mais du sang et des nerfs. Non pas style efféminé mais musclé, avec des muscles d'athlète. Certes, le douceâtre, le trop suave menace. Le dur peut aussi avoir pour opposé le mou. Car le mou résume les défauts possibles du style lié. Le fleuve perd de sa force de deux façons. Soit en coulant sans cesse ni fin: le *fusus* louable devient l'*effusus* blâmable, les effusions. Soit en sortant de son lit: digressions, divagations[2]. Cicéron reproche ainsi à Isocrate ou Platon non pas l'absence de fleuve, mais l'absence de force. Ils leur manquent l'atmosphère virile du combat. Protégés qu'ils sont du tribunal ou du forum, leur fleuve d'éloquence risque d'être une *copia* sans nerfs, molle. Du Bellay perçoit le même risque pour son héros Virgile. Ses vers paraissent efféminés quand ils sont lus... par un autre que Virgile en personne. Il est donc urgent de prononcer les vers « d'un son distinct, non confuz: viril, non effeminé ». Alors ils exprimeront, précisément, du pathos: des « affections », c'est-à-dire les *affectus* du *mouere* (II-10, l. 4-6 et 17-20).

---

1 Voir Quintilien dans son chapitre sur les *sententiae*, « traits » ou « pensées », maximes ou formules-choc (8.5.13-14): « on veut aujourd'hui que tout passage, toute pensée qui termine une période frappe l'oreille. 14. On juge honteux et presque scandaleux de reprendre haleine sans avoir provoqué des acclamations. De là ces petits traits, insignifiants et de mauvais goût et cherchés en dehors du sujet. En effet, il ne peut y avoir assez de traits heureux pour fournir autant de chutes nécessaires à chaque période, *clausulae*. » Voir aussi, *mutatis mutandis*, Florence Goyet, *La nouvelle*, Paris, Puf, 1993: il serait indocte de croire que toute nouvelle doit avoir une chute, la structure très forte due aux moyens de la brièveté peut très souvent s'en passer.

2 Pour *effusus*, voir Quintilien, 10, 3, 17: la « silve », c'est l'effusion, jeter sur le papier tout ce qui vous vient à l'esprit. Pour le défaut de *uagare* ou encore *errare*: *Or.* 77.

Mais le risque du douceâtre ne ruine pas la logique d'ensemble où plus, c'est mieux. Nous pouvons alors conclure ce point sur le passage du dizain au sonnet, du style dur au style lié, de *Délie* à l'*Olive*. Passer de dix à quatorze vers, c'est un saut qualitatif. Alors les développements peuvent s'épanouir pleinement. Alors on libère le fleuve de l'éloquence poétique, on le porte à un maximum de dynamisme, puissance et profondeur. En déconcentrant ce sonnet concentré qu'est le dizain, on en décuple les forces, bien loin de les disperser.

L'effet le plus visible est de supprimer tous les traits signalés par Denys d'Halicarnasse. Le sonnet nouveau stabilise les symétries, grâce à ses quatrains; il préfère les développements linéaires aux tortueux; il recourt aux figures de style attendues; il rajoute tous les mots de liaison. L'ensemble est plus « naturel », il est comme régularisé. Plus linéaire, le fleuve ne bute plus sur des obstacles à tout moment, ni contourné ni tortillé. Il peut alors s'exprimer pleinement. Car la régularité ne signifie pas ici monotonie ou contrainte mais plein épanouissement, expression heureuse d'une règle interne. La *copia* n'est pas dans un monde où la contrainte serait créatrice, elle est dans un monde de la plénitude. Ce ne sont pas les digues qui créent le fleuve. C'est le fleuve qui crée le paysage, royalement, et surtout le fleuve en crue auquel songe toujours Cicéron. Unité dynamique, puissance souveraine d'un courant, le fleuve se meut et émeut dans le même mouvement. Rien ne peut lui résister, ce qui est le critère habituel du grand *mouere*, du grand orateur. Le bonheur, la *uoluptas* qu'il suscite est alors, si l'on veut, naturelle, mais tout aussi bien extraordinaire. Naturel et pourtant grandiose, le fleuve de l'éloquence comble les attentes du public et même du grand public. Cela n'a rien à voir avec le prendre par surprise. La chute d'un développement long et lié n'est pas un trait, oracle, flèche du Parthe ou météorite, chue d'un désastre obscur. Elle est ce qui comble, ce qui met notre bonheur à son comble.

Une telle description, ce n'est pas Scève, assurément, aussi grand soit-il, et même si ce Thucydide cache souvent un Cicéron: un artiste de la *structura* d'ensemble. La vraie puissance du fleuve ou encore du souffle, c'est pour Du Bellay le Ronsard des *Odes* de 1550, fleuve qui tout à la fois crée et détruit[1]. Pour nous, ce sont des Hugo et des Claudel. Eux aiment les grandes odes et le grand public, et savent que « c'est ce qui est le plus long qui est le plus intéressant » (tout début du *Soulier de satin*). Ils ont le sens des longs développements pleinement épanouis. Ils goûtent et nous font goûter les grandes émotions, jusqu'aux plus mélodramatiques. Autrement dit, ils se souviennent et nous font souvenir des vraies beautés du style lié, de l'*oratio apta*. Si le choix était entre le dur et le mou académique, les faux beaux jours

1 Sur le sonnet de Du Bellay en tête des *Odes* de 1550, voir la conclusion générale.

de tous les faux beaux styles, il faudrait évidemment s'en tenir au seul dur: Scève, ou Thucydide, ou encore Mallarmé. Mais à côté d'un Thucydide il y a Démosthène et même Pindare, ce fleuve d'éloquence aux dires de Quintilien. A côté d'un Tacite, il y a Cicéron et Virgile. A côté d'un Scève, Du Bellay et Ronsard. A côté enfin d'un Mallarmé, Chateaubriand ou Hugo. Etre Virgile, ou rien: cet idéal n'est pas plus condamnable que le cri du jeune Hugo, « être Chateaubriand, ou rien ».

Cela permet de situer les préventions par lesquelles j'ai commencé. Il faut mesurer ce que signifie la condamnation *a priori* de ceux qui condamnent Scève, à commencer par Du Bellay.

En examinant les « défauts » du style thucydidien selon l'*Orator*, nous avons redécouvert une évidence, la proximité profonde entre Scève et Mallarmé. Ce n'est pas tout à fait un hasard si la relecture du premier est contemporaine de l'intérêt pour le second. Ces deux poètes de l'obscur sont comme deux bornes extrêmes. L'un ouvre et l'autre ferme une seule et même époque, celle du style lié, emblématisé par Malherbe. Scève est enterré par la Pléiade, et Mallarmé enterre Hugo. Cette histoire à elle seule suffirait à ôter de sa pertinence au thème cicéronien du progrès, et il ne s'agit évidemment pas ici de prétendre que la Pléiade est « mieux » que Scève, ou à l'inverse que Mallarmé est « mieux » que Hugo. Il s'agit plutôt de prendre la mesure des dégâts que cause désormais le goût violent, exclusif, pour l'esthétique mallarméenne et tout ce qui en dérive, l'oraculaire et le fragmenté. Le style dur n'est que la moitié de notre cerveau poétique. Autrement dit, nous perdons beaucoup à ne plus aimer Malherbe: nous perdons Hugo. Notre récapitulatif à nous, les deux moitiés de notre cerveau, ce sont Malherbe *et* Mallarmé.

La *Deffence* est dans une situation curieuse. Du Bellay a vraiment été prophète, il a eu la vision de trois siècles de littérature française à venir. Scève les glands, et après lui l'*Olive* et les blés, ces dons de la civilisation. Mais les blés sont coupés. Comme nous sommes, nous, d'après cette époque, nous savons en fait très bien quel objet désignent les nombres si mystérieux qui sont l'idéal de Du Bellay. Nous le savons, mais pas au point de les reconnaître dans la *Deffence*. La perfection du lié, c'est Malherbe, « symétrique et carré de mélodie », qui a jeté « dans de longues extases » plus d'un poète, de La Fontaine à Francis Ponge[1]. Structure très forte de la période-strophe, netteté logique et « naturelle » des enchaînements alliée à une grandeur toute romaine: Malherbe est le parangon de la *structura*, des

---

[1] Je reprends les termes de Baudelaire, *Curiosités esthétiques*, «L'Œuvre et la vie de Delacroix», IV, cité par Jacques Morel dans le remarquable chapitre «Malherbe» de son *La Renaissance III, 1570-1624*, pp. 199-227.

effets que l'on peut tirer du seul arrangement des mots. Aveuglés par la fascination-détestation pour le classicisme, nous nous sommes persuadés que le style lié commence pour la poésie avec Malherbe et pour la prose avec son émule Guez de Balzac. Ce qui est avant Malherbe bénéficie alors d'un préjugé vaguement favorable, sur fond de *doxa* pro-Mallarmé.

Mais il faut remonter plus haut, quitte à rendre Du Bellay définitivement intolérable pour notre *doxa*. Il faut remplacer le « Enfin Malherbe vint » par un « Enfin Du Bellay vint », tous deux calqués sur l'*Orator*. C'est de la *Deffence* qu'il faut dire ce que l'abbé Colin dit de Malherbe et de Guez de Balzac:

> Malherbe est le premier qui a introduit les Nombres dans notre Poësie, ou qui en a perfectionné l'art.
>
> *Enfin* [Du Bellay] *vint, & le premier en France*
> *Fit sentir dans les Vers une juste cadence,*
> *D'un mot mis en sa place enseigna le pouvoir,*
> *Et réduisit la Muse aux Régles du devoir.*
>
> Nous avons la même obligation à [Guez de] Balzac pour la prose. Avant lui on ne connaissoit point la juste mesure des périodes. Le stile des Ecrivains précedens n'offroit rien à l'oreille qui fût capable de lui donner une entiére satisfaction; leurs phrases avoient des nombres trop courts, ou trop longs [= *mutila, redundantia*], trop lents ou trop rapides. Balzac remedia à cette composition, dure, vague & discordante. Il prescrivit des bornes à la période: il lui donna un tour plein & nombreux. Tout le monde fut alors enchanté [= la *uoluptas* des doctes et des indoctes] par l'harmonie de ce nouveau stile[1].

C'est bien parce que cet enchantement est devenu détestable que personne ne voit la priorité de Du Bellay par rapport à Malherbe.

La raison en est que la Pléiade a subi une double mésaventure. La première est d'avoir elle-même été enterrée par Malherbe et la suite, au nom justement du progrès permanent, de la perfection ultime à atteindre. Les blés d'un jour sont les glands du lendemain. Par une sorte de justice immanente, la machine de l'*Orator* s'est retournée contre ceux qui l'ont remise en route. Dans ce que Colin ajoute aussitôt contre Guez de Balzac, on pourrait lire ce que Du Bellay pensait déjà de Scève:

---

1 Préface de sa traduction de l'*Orator*, p. 105-106. Retraduite en français classique, voilà ce que donne la phrase qui termine II-9, sous la plume de l'abbé d'Olivet (*Prosodie françoise*) que cite l'abbé Colin (à sa p. 336): « une phrase bien cadencée [= qui a des nombres en général, des *numeri*] est un tissu de syllabes bien choisies & mises dans un tel ordre, qu'il n'en résulte rien de dur, rien de lâche [= pas de *hiantia*], rien de trop long, rien de trop court [= pas de *mutila*], rien de pesant, ni rien de sautillant ».

> Mais sa gloire ne fut pas de longue durée. On démêla ce qu'il y avoit de beau, de gracieux & de magnifique dans son discours, d'avec ce qu'il y avoit de défectueux: on lui rendit justice sur la perfection qu'il avoit communiquée à notre langue: on adopta l'heureuse structure de ses périodes. Mais on condamna l'enflure & l'affectation qui ternissoient la beauté de ses écrits...

Au nom du progrès du style lié, on est toujours le Scève des suivants... La seconde mésaventure est la redécouverte de la Pléiade par les romantiques, contre le classicisme abhorré. Tout ce qui était avant Malherbe redevenait louable. Le résultat inverse est qu'on n'y a pas regardé de trop près, et qu'aux yeux d'un Sainte-Beuve Du Bellay est vaguement confondu avec le si sympathique Moyen Age. Dans les deux cas, le résultat est le même. Du Bellay est une sorte de Scève, comme lui détestable ou louable, selon les saisons.

Ce qui rend toujours possible le rapprochement Scève-Du Bellay, c'est que la différence entre Thucydide et Isocrate-Cicéron est, nous l'avons vu, toute relative. C'est celle entre le dernier cri et ce qui le précède immédiatement, entre l'ultime et le pénultième. Mais en tirant Du Bellay du côté des « glands », on ne le lit pas selon ses propres critères. On réduit alors à presque rien l'abîme qu'il cherche au contraire à creuser radicalement avec son rival le plus proche. La frontière entre dizain scévien et sonnet nouveau est à la fois mince et décisive, c'est un va-tout sur lequel se joue toute l'entreprise. Si donc on veut tirer Du Bellay du côté du blé, il faut le montrer moins comme un continuateur de Scève que comme un précurseur de Malherbe. Ce Malherbe est paradoxal, puisque le prophète du grand style naturel s'exprime, à nos yeux à nous, de façon passablement amphigourique. Le paradoxe se dissoudra si, pour visualiser l'idéal dont l'un a la vision prophétique, nous songeons à la poésie de l'autre. Cela nous est désormais plus facile, précisément parce que l'époque du style lié est derrière nous. Tout cela est de l'histoire ancienne. L'exégèse du prophète peut se faire à tête reposée, à partir du moment où les doctes n'ont plus tout à fait la foi – ni dans le style lié, ni même, au fond, dans le style dur des mallarméens.

5. Avec les nombres (1): II-8 et II-9 ou la symétrie

Nous touchons enfin au but. Lysias-Marot, Thucydide-Scève, ce n'étaient que des prolégomènes, une façon de définir les nombres par la négative, en montrant ce à quoi ressemblent des styles qui en sont dépourvus, le charmant style simple de l'un, le grand style sévère de l'autre. Il est temps d'en venir à une définition positive, de dire ce que sont ces fameux nombres dont la *Deffence* fait le dernier cri de la prose et de la poésie, la « derniere main », la perfection ultime: bref, l'*illustration*. La question est d'autant plus importante que, de fait, ses espoirs n'ont pas été déçus. Les fruits ont passé la promesse des fleurs, le français a connu ces Cicéron et ces Virgile que Du Bellay appelait de ses vœux, dans le même temps que la France détenait une forme ou une autre de «monarchie universelle». Les prophéties, loin d'être fumeuses, se sont toutes accomplies.

Les oreilles françaises ne peuvent donc entendre les pieds métriques du latin ou du grec, mais elles pourront tout à fait être sensibles à la beauté de périodes dûment développées, plénitudes voluptueuses. Voilà le cadre général, l'horizon qui donne sens aux remarques techniques de Du Bellay. Ce cadre représente la solution au problème que posait le tout début du dialogue de Speroni, entre les trois sortes de *uoluptas* possibles: ni plaisir de l'esprit seul (le latiniste Lazzaro); ni plaisir du corps seul (le courtisan, qui vibre plus à la lecture de l'italien de Boccace que du latin de Cicéron); mais plaisir du corps *et* plaisir de l'esprit par des Cicéron et des Virgile en italien, ou en français (Bembo)[1]. Là où Bembo imagine une possibilité, Du Bellay entrevoit les moyens d'y parvenir, qui sont les nombres. A un prophète vague succède un prophète précis, qui entre dans des détails techniques.

Apparemment très décousus, ceux-ci occupent pour l'essentiel les chapitres II-6 à II-9. Si on oublie le cadre, ces précisions pourraient tomber sous le coup de deux critiques, toutes deux à l'avantage de Sébillet. D'une part, elles sont très loin d'être exhaustives. Le catalogue de procédés que donne la *Deffence* est frustrant, si on y cherche un répertoire à appliquer tel quel à la poésie de la Pléiade. D'autre part, les précisions techniques ressemblent singulièrement à ces minuties sur les rimes et la versification dont Du Bellay se débarrasse d'un revers de main. Monsieur se lance dans un catalogue de subtilités, incomplet qui plus est, après avoir méprisé toutes les «petites choses» des versificateurs (II-7, l. 41). Monsieur se moque donc doublement du monde.

La réponse préliminaire à ces deux critiques passe par le rappel du cadre. Ce qui justifie l'absence d'exhaustivité est l'unité du phénomène d'ensemble. Une fois qu'on a compris que l'horizon, c'est la période et le style lié, il n'est pas indispensable de s'étendre. Le principe même de la pyramide récapitulative joue de nouveau. Pour décrire l'ensemble, il suffit de signaler certaines de ses applications les plus emblématiques, les plus représentatives. La pointe de la pyramide vaudra pour le tout, comme celle de l'iceberg proverbial. A bon entendeur, salut. Aux doctes il suffit de recommander la «frequente & curieuse lecture» pour compléter leur information (II-9, l. 43). Avec les autres, même un catalogue complet ne permettrait pas de leur faire saisir l'unité du phénomène d'ensemble. Car ce

1 Voir plus haut p. 188, et la note à I-5, l. 57.

que les indoctes ne peuvent pas comprendre, c'est l'esprit qui anime la pyramide, de haut en bas: celui de la période liée, de la « lyaison », de la « structure » à tous les étages. Des indoctes ou profanes on peut donc dire ce que dit Quintilien, au moment où il parle lui de la métaphore: « *non pueris praecipimus, ut accepto genere species intellegere non possint*, ce n'est pas à des enfants que je donne des préceptes, à des gens qui, le genre une fois connu, sont incapables d'en déduire les espèces » (8.6.13).

La présence de minuties se justifie tout aussi aisément. Elles sont louables ou blâmables, selon qu'elles portent sur les « vrais » nombres ou sur leur faux-semblant la *concinnitas*, les effets de Gorgias. Du début du chapitre II-8, il ressort qu'il est vain de dépenser tant d'attention sur les rimes comme fins de vers. Les rimes ne sont guère que des homéotéleutes terminant des membres de période. Au chapitre II-8 et II-9, il est urgent au contraire de porter la plus grande attention aux effets qui contribuent véritablement à la construction de la période, période-quatrain ou période-strophe. On parvient ainsi au même résultat que pour l'absence d'exhaustivité. Dis-moi quels objets retiennent ton attention, et je te dirai dans quel esprit tu œuvres, quel est l'horizon qui donne sens à ta démarche. En se focalisant sur les rimes, les indoctes montrent à quel point ils ne soupçonnent pas les vraies beautés de la période. L'arbre leur cache la forêt, cette forêt que quelques arbres bien choisis suffiront à évoquer aux vrais artistes, aux doctes.

Pour nous focaliser nous-mêmes sur les vrais nombres, la voie est toute tracée. Il nous suffit de porter l'attention sur ce que j'ai appelé le *numerus* 1 et le *numerus* 2, ou encore sur le *sonus* et le *numerus*, ou encore sur l'euphonie et l'harmonie. D'un côté le « son », de l'autre les « piedz & nombres » (I-9, l. 56 et 24). Cette dichotomie sera d'ailleurs à réinterpréter de façon un peu plus large. Du Bellay reprend en effet la division fondamentale de l'*elocutio*: d'un côté les mots en eux-mêmes, de l'autre leur arrangement. Comme le plus représentatif est l'arrangement des mots, je vais commencer par là: par ce *numerus* 2 que la *Deffence* appelle « piedz & nombres », par opposition aux mots isolés ou *sonus*, que je traiterai ultérieurement. L'ordre général de ma présentation sera donc régressif. Ici je traiterai des chapitres II-8 et II-9, les nombres; puis du chapitre II-7, les pieds et la métrique; enfin du chapitre II-6, les mots.

L'arrangement des mots est donc traité dans trois chapitres consécutifs, de II-7 à II-9. Ils remplissent ponctuellement le programme annoncé au livre I de la *Deffence* (l. 24-26): « Quand aux piedz & aux nombres, je diray au second livre en quoy nous les recompensons », en quoi donc le français compense ceux du latin. Pieds *et* nombres. Cette sous-dichotomie est pour Du Bellay une façon de se débrouiller de la *concinnitas* si compromettante. Le chapitre II-7 ne pose pas de problème. Traitant du vers français, il montre comment compenser l'absence de la quantité du vers latin ou grec: l'absence de pieds à proprement parler, dactyles ou spondées. Mais de quoi traitent les chapitres II-8 et II-9? Officiellement, des nombres par opposition aux pieds, à la métrique, c'est-à-dire de ce non-métrique qui permet de construire une période, période-quatrain ou période-strophe. Voilà qui est pour l'instant bien mystérieux. Ce ne le serait pas si Du Bellay pouvait reprendre sans gêne la tripartition des *numeri* par Cicéron: le *sonus*, la *concinnitas*, le *numerus*, ou en grec l'euphonie, la symétrie, l'harmonie. En ce cas, le *numerus* ou harmonie s'identifie aux pieds métriques ou quasi-métriques de la grande prose que traite pour finir l'*Orator*: les « piedz ». Les « nombres » du couple « piedz & nombres » ne peuvent donc renvoyer qu'à la symétrie. Ce sont toutes les figures, tous les effets d'arrangement des mots qui produisent d'eux-mêmes du *numerus*, du quasi-métrique. Autrement dit encore, ce sont des effets de *concinnitas*, laquelle est tout à fait légitime dans le grand style aux yeux de Cicéron, nous l'avons vu.

Du Bellay étant sous contrôle et sous contrainte de doctes comme D'Estrebay, il étage l'encombrant trio de concepts en deux dichotomies:

ces nombres
& cete lyaison

son, *sonus* (mots isolés) | arrangement en période (mots isolés)

nombres | piedz
oratio apta | *et numerosa*

On voit aussitôt l'obligation de résultat qui en découle pour Du Bellay. Les « nombres » opposés aux « piedz » relèvent, quoi qu'il en ait, de la symétrie. Il va donc devoir montrer en quoi ils ne ressemblent pas aux effets de Gorgias ou des Rhétoriqueurs. La solution sera à peu près la suivante: le phénomène d'ensemble est bien la symétrie, mais elle n'est pas conçue dans le même esprit. Ce à quoi songe Du Bellay, ce sont de « vraies », de grandes symétries. Certes, anagramme et acrostiche sont donnés, à I-8, comme les premiers emblèmes de la poésie nombreuse à venir. Mais attention, cela n'a rien à voir avec la poétique des Rhétoriqueurs, qu'on la déteste avec Chamard ou qu'on l'approuve avec Zumthor.

L'enjeu étant de taille, je prendrai le temps cette fois d'une lecture linéaire. Deux chapitres de la *Deffence*, deux points: d'abord II-8, puis II-9.

a. - Dans le chapitre II-8, Du Bellay va son chemin de façon tout à fait logique, quoi qu'on ait pu dire. Il commence par poser le cadre, puis il en vient aux applications.

Le cadre est posé en paraphrasant d'emblée le paragraphe 67 de l'*Orator*: équivalence du latin *numerus* et du grec *rhuthmos*. Donc appeler *rythme* la rime, la consonance en fin de vers, c'est prendre la partie pour le tout, ou plus exactement l'une des espèces pour le genre. Sébillet a posé le rapprochement entre rythme et rime: il a tort, la rime est un homéotéleute, qui signifie au propre « fin semblable ». Le mot de rythme (de nombre) est le mot générique pour toutes sortes de vers, même quand ils ne se terminent pas par des homéotéleutes. Car « la signification de ce mot *rhuthmos* est fort ample, & emporte beaucoup d'autres termes ». Autrement dit, le mot de rythme, comme celui de *numeri*, est le sommet absolu d'une pyramide, l'englobant des englobants.

Ces termes englobants, ce sont

kanôn = reigle, *metron* = mesure, *melos euphônon* = melodieuse consonance de voix, *akolouthia* = consequution, *taxis* = ordre, *sugkrisis* = comparaison.

Dans cette kyrielle, deux concepts nous sont déjà familiers, *euphônon* et *akolouthia*. *Euphônon* rappelle l'euphonie dans son sens spécialisé, c'est-à-dire le *sonus*, mot qu'évoque ici « consonance ». Le terme grec désigne lui aussi l'absence de rencontre cacophonique entre finale et initiale de mots. Vu le niveau très général de cette liste, un sens plus générique n'est pas à exclure. On peut raisonnablement supposer que « consonance » renvoie ici à toute espèce d'effet de *sonus* (fr. « voix » et lat. *uox*: « son »). D'autre part, *akolouthia* est « l'acoluthe », le contraire de tout effet d'anacoluthe. La nécessité de ces « acolythes » a été soulignée par Denys d'Halicarnasse. Ces serviteurs et petites mains que sont les mots de liaison permettent d'introduire, de servir les mots chargés de sens, comme des seigneurs. Les serviteurs forment la suite des maîtres, suite ou « consécution ». Euphonie et acoluthe renvoient donc clairement, l'une au *sonus*, l'autre au *numerus*. D'un côté les mots ou voix, de l'autre leur arrangement.

L'idée que Du Bellay recourt ici à un dictionnaire pour écraser Sébillet de son mépris n'est pas fausse. Ce serait pourtant une explication un peu courte. Oui, la liste vient d'un dictionnaire, le *Lexique* d'Hésychios. Mais le but n'est pas d'étaler sa culture. Le but est de montrer la supériorité générique du mot rythme, sa qualité d'englobant: cela même que Sébillet n'a pas compris. De plus, même Kees Meerhoff n'a pas vu que la liste telle que la donne Du Bellay ne vient pas directement d'Hésychios, mais... du commentaire de D'Estrebay sur ce passage précis de l'*Orator*. Certes, cela prouve que Du Bellay a lu ce commentaire – on s'en doutait. Cela prouve surtout qu'il l'a fait sien, qu'il a raisonné dessus. Du Bellay n'a plus alors qu'à franciser la traduction latine que donne d'Estrebay pour chacun des concepts grecs:

> *Numerus a Graecis dicit* rhuthmos, *quod est* taxis, emmelos akolouthon, harmonias, melos euphônon. *Ordo consonans, ad harmoniae consecutionem suauis & arguta modulatio. Hesychius* rhuthmos, kanôn, metron, melos euphônon, akolouthia, taxis, sugkrisis. *Rythmus, regula, mensura, modulus in uoce concors, consecutio, ordo, comparatio*[1].

La démonstration ne fait pas de doute: Hésychios est uniquement en grec, et sa liste a aussi *tropos* (juste après *kanôn*), mot que n'ont ni d'Estrebay ni Du Bellay. Il s'en déduit que les termes latins francisés ont l'*imprimatur* d'un rhéteur comme d'Estrebay, ce n'est pas fantaisie personnelle. Nous pouvons donc nous appuyer dessus pour raisonner à notre tour.

Cela va nous permettre d'éviter l'écueil sur lequel a buté un critique aussi averti que Meerhoff. Analysant ce chapitre II-8 qu'il trouve « déroutant », celui-ci considère en effet que Du Bellay sort son dictionnaire pour faire bonne figure, pour « étayer son raisonnement aussi spécieux que flottant »:

> Et de citer toute une série de « synonymes» grecs, tirés en bloc de l'article *rhuthmos* du *Lexique* d'Hésychios, et dont le dernier (« comparaison») n'entretient même plus de rapport métaphorique avec les faits sous discussion[2].

Il faut croire que Meerhoff, dont le héros est Ramus, est ici emporté par sa passion anti-Du Bellay, d'ailleurs très courtoise. Il ne lui eût pas été difficile en effet de se rappeler ce que signifiait *comparatio* dans la rhétorique latine. Cet oubli tient à l'horizon qu'il a fixé à la *Deffence*, celui d'égaler en français la métrique même des Anciens, la quantité et les pieds de leurs vers. Et pourtant: loin de n'avoir aucun rapport avec le rythme, la « comparaison » en est un des exemples frappants. C'est même, en un sens, la pierre d'angle de tout l'édifice.

Tout d'abord, le sens moderne de comparaison est ici un faux ami, un de plus. Il n'est que très marginalement attesté. Dans toute l'*Institution oratoire* de Quintilien, il n'apparaît qu'une seule fois, sur les douze occurrences de

---

1 Les termes grecs sont en caractères grecs chez d'Estrebay, avec par erreur *akalouthon* dans la première liste.

2 Meerhoff, *op. cit.*, p. 129.

comparatio et *comparatiuus* que relève l'index de l'édition des Belles-Lettres. De façon massive et générique, *comparatio* désigne le parallèle: le fait de rapprocher X et Y pour développer leurs ressemblances et différences, pour souligner la supériorité de l'un sur l'autre. Comme le dit le terme grec *sugkrisis*, il s'agit d'exercer son jugement, de juger l'un par rapport à l'autre – *sun-krisis*, jugement couplé, « avec, *sun* ». Le résultat n'est pas une petite formule en passant, une figure de style, mais un développement complet, long. La *comparatio* fait ainsi partie des exercices préalables donnés en classe de rhétorique (Quintilien, 2.4.21): elle a la longueur d'un « devoir » scolaire. Un exemple de sujet de devoir avec ses développements possibles serait celui-ci, repris de Cicéron. L'orateur compare

> Catilina et Gracchus, < c'est-à-dire > la constitution de l'Etat et l'univers, un léger ébranlement au massacre et aux incendies et à la dévastation, un simple citoyen à des consuls. Si l'on veut développer ces thèmes un à un, ils comportent une ample matière à traiter. (8.4.14; voir tout 8.4.9-14)

Du Bellay lui-même en donne un bon exemple quand il développe le parallèle entre la France et l'Italie, au détriment de cette dernière, et ce après avoir renoncé à « faire comparaison » de la France avec la Grèce ou la Rome antique (II-12, l. 26-65).

On comprend alors mieux le sens spécialisé le plus habituel de *sugkrisis*. Le mot grec désigne un exercice classique de critique littéraire, qui est le parallèle entre deux auteurs ou deux œuvres pour mieux les différencier. Le *Traité du Sublime* de Longin en compte par exemple un bon nombre: parallèle-différence entre l'*Iliade* et l'*Odyssée*, entre Platon et Lysias, entre Démosthène et Cicéron (à XII, 4). L'*Orator* les multiplie lui aussi: Lysias face aux néo-attiques, Ennius-Marot face à Pacuvius-Héroët, etc. Plus longuement encore, une paire comme Démosthène et Cicéron est au principe des *Vies parallèles*. Plutarque dit lui-même que chaque parallèle entre deux vies, grecque et romaine, est une *sugkrisis*.

Par rapport à ce sens fondamental, la comparaison au sens moderne se dit classiquement, y compris au XVIe siècle, similitude: le *simile* anglais rend encore aujourd'hui le latin *similitudo*, qui rendait à son tour le grec *eikôn*, « icône », image. Quintilien reprend à Aristote l'exemple célébrissime d'Achille « comme un lion » opposé à Achille « est un lion ». Les répartitions conceptuelles sont, chez Aristote, *eikôn* et *metaphora*, et chez Quintilien *similitudo* et *tralatio* (ou *metaphora*). Quand donc Quintilien en vient alors à utiliser le substantif *comparatio*, c'est à des fins d'explication, pour faire comprendre ce qui se passe dans une similitude et, par contre-coup, dans une métaphore (8.6.9). *Comparatio* sous sa plume n'est guère qu'un déverbal du verbe *comparare* qu'il a d'abord utilisé. L'idée de contre-coup signale d'ailleurs que traiter la *similitudo* de *comparatio* permet de nouveau d'établir une… *comparatio*, un parallèle explicatif entre similitude et métaphore. La similitude, c'est *comme* un parallèle-différence, objet bien connu des lecteurs de Quintilien:

> *In totum autem metaphora breuior et similitudo, eoque distat quod illa comparatur rei quam uolumus exprimere, haec pro ipsa re dicitur.* 9. *Comparatio est cum dico fecisse quid hominem « ut leonem», tralatio cum dico de homine « leo est ».*
>
> Au total, la métaphore est une similitude abrégée; et elle en diffère en ce que l'une établit un parallèle avec ce que l'on veut exprimer, l'autre est dite au lieu de la chose elle-même. 9. < Au fond >, quand je dis qu'un homme a agi « comme un lion», c'est un parallèle, quand je dis « il est un lion », c'est une métaphore.

Verbe et substantif sont là pour faire comprendre un point essentiel. Ce n'est pas la présence ou l'absence du mot « comme ». Le point est qu'un parallèle entre Achille et un lion développerait amplement tout ce qui appartient au héros *et* tout ce qui appartient à l'animal, pour les discriminer par un parallèle-différence. Ce processus très intellectuel serait donc l'inverse de la métaphore. La similitude maintient la distance entre Achille et le lion, alors que la métaphore fusionne ces deux pôles extrêmes dans une intuition fulgurante et électrique. La longueur dans un cas et la brièveté dans l'autre ne font que signaler à quel point diffèrent ces deux processus mentaux. Au total, la présence du *comme* qui a tant hypnotisé la critique est la pointe brillante de l'iceberg. Elle emblématise l'essentiel, puisque le *comme* empêche en effet l'assimilation complète. Mais si on en fait le critère absolu pour distinguer similitude et métaphore, on raisonne à faux, on prend la partie (minuscule) pour le tout (massif).

Laissons donc de côté la comparaison au sens moderne[1]. Dans la « comparaison » au sens de parallèle-différence, c'est le principe du parallèle qui a un rapport direct avec l'idée de rythme. L'esprit général est de placer en regard deux blocs, qui dès lors se répondent – sans jamais se confondre. En termes musicaux, c'est le contrepoint. Le mot grec de *sugkrisis* est ainsi attesté, chez les Septante, au sens très spécialisé de « concert musical »[2]. Ce

---

1 D'ailleurs présente deux fois dans la *Deffense*: I-5, l. 44, «methaphores, alegories, comparaisons, similitudes, energies»; II-11, l. 41, «belles comparaisons & vives descriptions».

2 *Ecclésiastique* (*Sirach*), 32 (35).5, d'ailleurs dans un contexte d'harmonie au sens très général, le président du banquet étant prié de ne pas «détoner» en sermonnant à contre-temps ceux qui veulent festoyer. «Un sceau d'escarboucle sur un bijou, tel est un concert musical, *sugkrisis*, au cours d'un banquet», voilà ce que doit être le président. La Vulgate traduit: «*et conparatio musicorum in convivio vini*».

n'est sans doute pas à un sens aussi précis que songe le lexique d'Hésychios, mais cela suffit à indiquer les potentialités du terme. Un passage de Quintilien les indique aussi. Il traite d'un effet de répétition, dans son chapitre sur les figures de mots. La répétition est ici celle des premiers mots des membres de période, « toi » et « lui », dans un parallèle célèbre entre toi le juriste et lui le chef de guerre – célèbre, parce que contre toute attente Cicéron y donne l'avantage à ce dernier:

> Vous veillez tous deux la nuit: toi, pour répondre à ceux qui te consultent; lui pour arriver à temps avec son armée au point fixé. Toi, c'est le chant du coq qui te réveille, lui, le son des trompettes; toi, tu arranges ton plaidoyer, lui, il range son armée; vous défendez toi, tes clients, lui, des villes et des camps[1].

Quintilien cite ce passage et commente:

> dans (ces) contrepoints ou pour mieux dire parallèles, *in contrapositis uel comparatiuis*, la répétition alternée des premiers mots des membres qui se répondent est souvent une figure, *solet respondere primorum uerborum alterna repetitio*. (9.3.32)

L'avantage pour nous de ce mot de *contrapositum* est qu'il nous évoque de près, on le sent, le mot italien de *contrappunto*, « contrepoint ».

Contraposition: ce mot latin est celui par lequel, dans ce même chapitre IX, 3, Quintilien rend le grec *antitheton*, pour dire de façon très spécifique la figure de mots appelée antithèse. Dans tous ces mots, les préfixes *anti-* ou *contra-* portent largement le sens. Nous sommes de nouveau devant cette extrême ductilité conceptuelle, qui n'est pas du flou. Le mot grec d'antithèse est un terme qui peut désigner toute espèce de phénomène de mise en parallèle. C'est le fait, littéralement, de poser l'un en face de l'autre, *-positum* traduisant *-thèse* (et *contra-*, *anti-*). Dans ce sens très général, « l'antithèse » est un cas particulier de la « parathèse ». Quand on place en regard deux blocs, ils se répondent soit en étant semblables, symétriques: parallélisme, parathèse, *adposita*; soit en étant dissemblables, opposés: antithèse, contraste, *contraposita*[2]. Du reste, *anti* ne signifie pas nécessairement le contraire exact: l'île d'Anticythère est, tout simplement, celle qui fait face à Cythère. X et Y se regardent, en chiens de faïence ou non. On pourrait en dire

---

1 *Pro Murena*, 22. C'est un bon exemple de longueur possible: le parallèle s'étend sur dix paragraphes, § 19 à 28 (p. 41 à 47 en « Budé »), et il est redoublé par un autre qui lui sert de conclusion, le parallèle entre l'orateur et le juriste, l'orateur étant tout aussi supérieur au juriste que l'est le chef de guerre (§ 29-30).

2 *Adposita* est dans Quintilien à 5.10.86: « *Adposita uel comparatiua* ».

autant du préfixe *para. Anti* et *para*, un des mots de l'entrée *sugkrisis* d'Hésychios combine même les deux préfixes. C'est... l'antiparathèse, mot qu'emploie par exemple Denys d'Halicarnasse pour désigner, tout simplement, un parallèle-différence, bref un contraste[1].

A partir de là, il n'est pas utile de poursuivre l'explication des autres mots de la liste d'Hésychios, *kanôn*, *metron* et *taxis*. Qu'un rythme ne puisse être déréglé, se passer de règle ou « canon », c'est l'évidence, comme est évidente la nécessité du « mètre » ou mesure – il suffit de songer à l'emploi musical de ces termes, quand le métronome bat la mesure. La *taxis* ou ordre, enfin, nous est bien connue par la *suntaxis* qui a donné syntaxe: arrangement des groupes de mots. Le préfixe *sun* dit là encore qu'il s'agit de ranger ensemble, par exemple de disposer les rangs d'une armée avant la bataille, selon l'un des sens du mot grec « syntaxe ». Au-delà donc de ces évidences, terminons ces considérations sur la liste en dégageant un objet poétique intéressant.

Placer en regard deux blocs, qui dès lors se répondent: cet effet de symétrie contrastée évoque aussitôt une caractéristique emblématique du sonnet par rapport au dizain. Ce sont les deux quatrains initiaux. Non seulement chaque quatrain est symétrique en lui-même, AB puis BA, mais encore et surtout les deux quatrains se répondent. La reprise des rimes ne serait rien en soi. Le fait essentiel est qu'elle soit accompagnée d'un schéma général où tout tend à la symétrie, au miroir: à la *comparatio*. Toutes les variations de la symétrie sont alors possibles, que le poète la tire du côté de la ressemblance ou de la différence, de l'*adpositum* ou du *contrapositum*. Thèse et antithèse, Cythère et Anticythère, chanter sa partie et sa contre-partie. Après le sonnet de l'*Olive*, ce sont les *Odes* de Ronsard qui élargissent, là encore, le procédé. L'imitation du modèle pindarique permet de faire se répondre deux blocs et pas seulement deux périodes-quatrains: strophe et antistrophe. La poétique grecque en faisait précisément un rythme. L'antistrophe répondait à la strophe par le même schéma métrique, le chœur chantant la strophe en dansant dans un sens, et l'antistrophe en revenant vers l'autre. Dans l'ode ronsardienne, si le schéma des rimes est bien le même entre strophe et antistrophe, les rimes elles-mêmes ne sont *pas* semblables, à la différence des quatrains de sonnet. Cela souligne le fait essentiel. La symétrie ne tient pas, au grand jamais, à la répétition des rimes, mais à la

---

1 *La composition stylistique*, VI, 18, 24, à propos d'une comparaison entre Hégésias et Homère, comme le mauvais opposé à l'excellent. Polybe, lui, utilise *ekparathesis* dans le même sens. Ailleurs, Quintilien dit qu'il traduit par *comparatio* le grec *antistasis*: c'est bien dire que l'essentiel est le préfixe (7.4.12). L'entrée d'Hésychios pour *sugkrisis* donne: « *mixis. genesis. homoiôsis. antiparathesis* ».

volonté de symétrie: au fait pur du contrepoint, de poser deux blocs l'un à côté de l'autre[1].

De la *comparatio* aux quatrains du sonnet, voilà donc une première application de la liste de concepts grecs et latins. Du Bellay, lui, en cite deux autres, l'anagramme et l'acrostiche.

Survolons d'abord le long développement intermédiaire, sur les bardes gaulois. Ces poètes se mettaient entre deux armées prêtes à combattre, et leurs rythmes empêchaient la bataille. Il n'y a là rien de folklorique. L'évocation permet de souligner à quel point le rythme bien compris suscite la *uoluptas* de tous, un *mouere* supérieur: à quel point, étant de salut public, il est le grand style par excellence. Le rappel que je viens de faire sur l'antistrophe va dans le même sens. Les chœurs de la tragédie grecque accompagnent la montée vers le tragique, avec leurs rythmes au sens propre chorégraphiés. Les nombres rythment la vie même de la collectivité. De la musique de Bach jadis dans les temples au tam-tam africain encore aujourd'hui, tous ces chants et danses sont une force supérieure, un *mouere* auquel nul ne peut se soustraire. Le rythme, comme la musique, adoucit les mœurs, modère à « chacun son ire » (l. 28): meut et émeut tout à la fois.

Du Bellay aimerait bien développer ce thème, anthropologique plus encore que nationaliste. On le comprend. Ce serait du Vico, une histoire de l'humanité comme progrès du *mouere*, une *Science nouvelle*[2]. Mais assurément « cela requiert bien un œuvre entier », et de plus ne serait pas si nouveau: ce serait redire que ce que « tant d'excellentes plumes » ont déjà écrit. Du Bellay termine alors son chapitre II-8 en se contentant de deux exemples, à la fois antiques et « vulgaires », en français comme en grec. Ces deux exemples dits en somme naturels sont aussi un comble d'art, ils sont extrêmement artificiels, ce qui est ici, on s'en souvient, un éloge. Ce sont l'anagramme et l'acrostiche. Leur place dans un tel chapitre dit à quel point ces deux seuls exemples ne peuvent qu'être extrêmement emblématiques. Ils méritent donc une attention particulière. Ce ne sont pas des puérilités, comme le jugeait Chamard. Ce ne sont pas même, selon l'air du temps actuel que résume Meerhoff, l'éloge un peu vague de la « puissance du signe ». Du Bellay vise deux phénomènes bien plus précis.

---

1 A ce propos, on aimerait savoir de quand date l'usage d'appeler *strophe* chaque quatrain et tercet du sonnet. Comparé au dizain de Scève ou à la strophe de l'ode ronsardienne, il est clair que seul le sonnet tout entier mérite le nom de strophe. Mais inversement, si l'usage n'a pas tort, cela est dû au phénomène de symétrie décrit ici.

2 Voir en guise d'introduction à Giambattista Vico, Alain Pons, « Rhétorique et invention chez Vico ». Vico caractérise le *mouere* ou sublime par trois traits: il doit « s'adresser à l'entendement du peuple, l'ébranler à l'excès, mais aussi lui enseigner à agir de façon conforme à la vertu, *virtuosamente* » (*Scienza nuova*, § 376, cité par Baldine Saint-Girons dans le même recueil d'articles, p. 114).

Anagramme et acrostiche: l'important, c'est d'abord, évidemment, le *et*. Il nous signale aussitôt le couple habituel pour détailler les nombres en général, *sonus et numerus*. La formule même qui souligne leur balancement a déjà été vue. « Quand à l'inversion de lettres... » (l. 46), « Quand à la disposition des lettres capitales... » (l. 58), ce couple reprend à l'identique celui de I-9, « Quand au son... » après « Quand aux pieds & aux nombres... » (l. 56 et 24). L'anagramme est donc un micro-phénomène, à première vue du côté du *sonus*, et l'acrostiche un macro-phénomène, du côté du *numerus*. Du Bellay nous convie nous-mêmes à une *comparatio* entre ces deux figures, à un parallèle-différence. Dans un cas, arrangement de lettres; dans l'autre, arrangement de mots ou plutôt de vers. Dans un cas, figure limitée, de même étendue qu'une antithèse au sens moderne; de l'autre, système qui s'étend sur toute une strophe. Voilà pour les différences. La ressemblance est que tous deux sont, précisément, des façons de créer un répondant, donc un rythme. L'anagramme est un contrepoint de lettres et même, diront les rieurs, un contrepied, une contrepèterie[1]. L'acrostiche est une construction, une *structura* d'ensemble, où l'horizontal des vers a pour répondant le vertical d'une formule cachée qui en donne la clé.

Deux exemples, et puis c'est tout. Si c'était un catalogue, ce serait pour le moins incomplet. Quand on songe à ce que sera la pratique ultérieure de la Pléiade, et d'abord de Du Bellay, ne nommer que ces deux figures paraît une réduction farfelue. La Pléiade pratiquera en fait assez peu l'anagramme, et fort peu l'acrostiche. Inversement, elle pratiquera d'autres curiosités, passées ici sous silence: les vers rapportés, par exemple. On pourrait donc imaginer que la *Deffence* a ici proposé un programme qui n'a pas été tenu. Mais ce serait là, encore une fois, raisonner hors du cadre, de l'esprit même qui donne sens à ces figures. En n'en nommant que deux, Du Bellay ne réduit pas, il « récapitule ». Les deux figures sont chacune à comprendre comme une sorte de genre, d'où le lecteur diligent déduira les espèces. Les vers rapportés, pour s'en tenir à eux, sont une des nombreuses espèces du genre qu'est l'acrostiche. Ils mettent tous les mots d'un sonnet ou d'une strophe en « rapport », en répondant, en correspondance. Ils forment comme des colonnes verticales:

Quercy,	la Cour,	le Piedmont,	l'Univers,
Me fit,	me tint,	m'enterra,	me cogneut...[2]

[1] Rabelais qualifie d' « antistrophe » son *folle à la messe/molle à la fesse*; sur la contrepèterie et l'idée de contre-partie qu'elle suppose, voir Tabourot, *Les Bigarrures*, I, 9.

[2] Epitaphe de Marot par Jodelle, telle que citée par Tabourot.

Les seules *Bigarrures* de Tabourot donnent de nombreux effets du même genre, qui structurent des ensembles. L'englobant ultime, le *genus*, c'est toujours la mise en parallèle ou *comparatio*.

Pour emblématiser ce genre d'effets, pourquoi avoir choisi précisément l'acrostiche? Cette figure a un avantage polémique évident, celui de contrer les prétentions de la *concinnitas* honnie. Aux homéotéleutes ou fins de vers, l'acrostiche oppose très efficacement les débuts de vers. Cela permet d'indiquer que la symétrie des sophistes est un faux-semblant de symétrie. Un des mots qui désignent les vers rapportés l'indiquerait aussi: celui de *correlatiui*. Car les figures de Gorgias s'appellent aussi des *relata*, elles aussi établissent un rapport, elles aussi mettent en relation des mots dans la phrase. Le «pair contre pair» d'Aneau, c'est l'isocolon, *paria paribus relata*, juxtaposition de membres à peu près égaux qui se répondent. Les «contraires», ce sont les *aduersa contrariis relata*. Ces effets-là sont de dangereux ersatz de la vraie belle symétrie, de la «comparaison» bien entendue[1].

L'acrostiche permet donc lui-même un parallèle-différence, implicite cette fois, avec les effets dans le style des homéotéleutes. Ressemblance *et* différence. La ressemblance est que les figures de Gorgias procèdent elles aussi par rapprochement, par mise en «relation» ou *relata*, par «antithèse» au sens le plus général: apposition ou contraposition. Mais la différence est capitale, décisive. Ces figures ne portent que sur des membres de période – sur des vers -, non sur des périodes complètes, périodes-quatrains et *a fortiori* périodes-strophes. Elles empêchent par conséquent d'accéder aux vrais rythmes ou nombres. Dans ce contexte à la d'Estrebay, leur opposer l'acrostiche est fort bien vu. Non seulement l'acrostiche, lui, ne peut pas s'arrêter à mi-chemin de la période, mais encore il emblématise l'initiale des vers. Cela ruine les prétentions des fins de vers ou rimes à représenter tout le rythme. A bon entendeur, salut: les doctes sauront comparer, distinguer l'original de l'ersatz.

Avec ce mode de raisonnement, on voit apparaître derrière l'acrostiche un genre de figures que la Pléiade a bien plus pratiqué encore que les vers rapportés et autres des *Bigarrures*. C'est le genre de la répétition à l'initiale. On a vu plus haut, sur l'exemple du *Pour Muréna*, comment une répétition pouvait structurer et donner «mélodie» à tout un balancement. «Toi» le juriste et «lui» le chef de guerre, cela scande chacun des membres de la période-quatrain comme une sorte de ponctuation. On dirait la ponctuation à l'espagnole, où les deux-points ouvriraient aussi bien qu'ils fermeraient

---

1 On pourrait aussi rapprocher la formule *singula singulis* qui désigne les vers rapportés de celle de *paria paribus*.

chaque membre. De ce genre est, de façon elle-même emblématique, la figure de l'anaphore. La répétition à l'initiale est étendue longuement, elle court sur tout un quatrain et souvent même sur tout un sonnet ou strophe. Pareille répétition n'est donc pas à ranger du côté de la *concinnitas* abhorrée mais bien du côté du vrai *numerus*, des effets de structure d'ensemble.

Concluons notre lecture du chapitre II-8 en soulignant à quel point l'acrostiche annonce le goût très fort de la Pléiade pour les symétries, les vraies, les grandes symétries: pour toutes les formes de correspondance ou de répétitions capables de structurer une période. Car la sy-métrie, c'est le mètre: *sun* et *metron*, mètre et anti-mètre, «mesure» pour mesure, ou plutôt mesure et contre-mesure. Le danger serait d'en rester au pied métrique, au mètre au sens étroit de vers. Il faut élargir, toujours plus grand. A la période-quatrain mais aussi à cette période de périodes que forment les deux quatrains du sonnet; mais encore à cette grande période de périodes qu'est le sonnet tout entier; et ainsi de suite, en commençant par le «rapport» ou contraposition que forme le couple strophe et antistrophe. En d'autres termes, ce que nous retrouvons en terminant le chapitre II-8, ce sont les deux premiers des quatre éléments du style lié selon Denys d'Halicarnasse: «la symétrie entre les membres de période» et plus encore la symétrie de la période elle-même, ce cercle, cycle ou circuit, *kuklos* ou *circuitus*, qui montre «un dessin clair, de belles lignes nettes, une obéissance parfaite aux lois de l'équilibre, aux symétries ou *summetriai*»[1]. Pour rendre compte des figures qu'aimera la Pléiade, il suffit de comprendre que l'arrangement des mots, c'est d'abord, pour elle, la symétrie. Le goût pour les grandes symétries est le goût classique par excellence, là où leur refus est le goût d'un Thucydide ou d'un Scève. Les grandes symétries ne sont pas celles, bornées, que se sont imposées la *concinnitas* et Gorgias, mais bien celles de la période-fleuve, la plus pleinement satisfaisante, la plus voluptueuse: mouvante et émouvante tout à la fois.

b. - Après ce sommet récapitulatif, le chapitre II-9 a le même enjeu: ne pas enfermer les «nombres» dans la prison de la *concinnitas*, des effets de Gorgias ou des Rhétoriqueurs. Puisque les figures de style produisent d'elles-mêmes de la prose nombreuse, *dixit* l'*Orator*, Du Bellay va les regarder de plus près. Son chapitre suit le même ordre d'ensemble. Il commence par délimiter le cadre général, puis il donne un certain nombre d'applications. Le

---

1 *La composition stylistique*, VI, 23.22. «Dessin clair» traduit *periphanes*, «belles lignes nettes», *eugrammon*, et le reste «*tetamieumenon akrôs taîs summetriais*». Denys fait ici l'éloge d'Isocrate, après avoir blâmé Thucydide. Ces deux noms illustrent deux tendances, que résume et «récapitule» Démosthène, qui a les beautés de Thucydide sans ses aspérités, ainsi que les beautés d'Isocrate sans ses facilités (que sont les effets de Gorgias, les figures de VI, 23.23).

cadre est indiqué de nouveau par un mot grec, la « phrase » ou *phrasis*, terme qui est alors associé à l'expression plus française *manière de parler*. On passe ensuite du singulier au pluriel. De la manière on passe aux manières: les applications seront ces « quelques manieres de parler francoyses » qu'annonce le titre même du chapitre. Au total, le chapitre II-9 va ainsi récapituler l'ensemble des figures de style, en commençant par un effet ignoré du latin et propre au grec ou au français – effet qui est un des éléments du style lié tel que décrit par Denys.

Pour commencer par le cadre, *phrase* n'a pas ici son sens moderne, ce n'est pas un autre mot pour dire la période[1]. C'est le terme grec que le latin traduit par *elocutio*, comme le dit Quintilien au tout début de ses livres VIII et IX qui portent là-dessus (à 8.1.1). Le mot actuel d'élocution est ici impossible. Il s'agit en effet de l'ensemble du verbal, des effets stylistiques: choix des mots et figures de style au sens le plus large. C'est la troisième partie de tout traité de rhétorique. L'*inuentio* a « inventé » les idées ou *res*; la *dispositio* a décidé comment les organiser. Après ce travail sur le fond, l'*elocutio* est un travail sur la forme même. Après le fond, la forme; après la matière, la manière. Il ne suffit pas de bien concevoir et bien organiser, il faut encore trouver les mots pour le dire, « inventer » des mots et non plus des idées, des *uerba* et non plus des *res*. Il faudra enfin « inventer » des gestes et un ton de voix, être acteur pour prononcer son texte. Voilà tout le chemin qui va de l'*inuentio* à l'*actio* en passant par l'*elocutio*.

Ne traduisons donc pas *elocutio* par style, mot qui nous a déjà beaucoup servi. L'*elocutio* n'est pas, en soi, le travail pour avoir un certain style, haut ou bas, abrupt ou lié. C'est, de façon très générale, le travail pour s'exprimer dans une belle langue, en l'occurrence la langue française. « Manière de parler » est une première traduction possible, celle du XVIe siècle, ce mot de *manière* n'étant pas pour une fois un décalque du latin mais de l'italien: c'est toute la problématique de la *maniera*. Une retraduction moderne pourrait être « expression »[2]. *Les* manières de parler, au pluriel, ce sont bien en effet ce qu'on appelle aujourd'hui des « expressions ». L'avantage de cette retraduction est entre autres de souligner le lien avec le sens moderne d'*élocution*. Celle-ci est le même travail, mais d'expression orale: une

---

1 *Phrase* prend son sens moderne au XVIIIe siècle: voir Emmanuel Bury, « Style et période », et l'ouvrage très documenté de Jean-Pierre Seguin, *L'invention de la phrase au* XVIIIe *siècle* (livre qui explicitement « (s')épargne de remonter jusqu'à Quintilien », p. 51, et ignore donc ce que savaient les d'Olivet et autres, ce qui complique sa présentation). Sauf erreur, et conformément à sa problématique de grammairien, Seguin ne cite pas l'apparition du mot *phrasé* également au XVIIIe siècle: ce terme de théorie musicale dit bien le souffle derrière la *phrasis* ou *elocutio*.

2 Equivalent que donnent de nombreux auteurs du XVIIe siècle cités par Seguin (p. 39-58, « les dominantes lexicographiques avant 1700 »).

« manière de parler », mais de parler à haute voix, dont traite la *Deffence* à II-10. L'élocution au sens moderne est donc un sens spécialisé à l'intérieur d'un phénomène d'ensemble, l'expression, l'expressivité, la manière par opposition à la matière, à la conception.

Du Bellay, on s'en souvient, a déjà parlé de l'*elocutio* ou expression. Au début de I-5, il a écarté de son propos trois des cinq parties de la rhétorique: disposition, mémoire, prononciation c'est-à-dire *actio*. Il ne retient qu'invention et expression. De nouveau, il écarte l'invention, ou plutôt renvoie pour cela aux traducteurs du latin et du grec. Reste la seule *elocutio*,

> partie certes la plus difficile (...) par la quelle Principalement un Orateur est jugé plus excellent, & un Genre de dire meilleur, que l'autre: comme celle, dont est apellée la mesme Eloquence (I-5, l. 36-42, repris d'*Or.* 61).

L'*elocutio* est donc, là encore, la partie la plus représentative de toute la rhétorique, celle qui lui donne son plus beau nom. Du verbe *loquor*, « parler », viennent à la fois éloquence et « eloquution ». Sommet le plus visible de la pyramide, la forme verbale ou expression est aussi ce sur quoi l'on juge de la réussite de l'ensemble. Cela, ce ne sont pas les traducteurs qui pourront nous l'apprendre. Puisqu'on ne les lit pas pour leurs expressions, ils ne peuvent nous enseigner l'éloquence.

Ainsi mis en appétit sur cette partie si difficile et si importante, le lecteur de la *Deffence* est en droit d'attendre quelques détails. Or, le début du chapitre II-9 recommence l'opération. Il écarte d'un revers de main toute espèce de développements techniques. Avec l'anagramme et l'acrostiche récapitulatifs, Du Bellay a désigné « en peu de paroles » un objet que les traités français n'avaient jamais touché, la construction de la période par grandes symétries. Après cela, on déblaye: voyez la bibliographie, les petits auteurs comme les grands. « Quand aux couppes feminines » et à tout le bataclan nécessaire pour versifier, voir Sébillet. « Quand aux especes de vers », quoi qu'ait dit celui-là, vous ferez bien ce que vous voudrez, il n'y a pas de limite. Pour les qualités et défauts du poème en général, voir cette fois Aristote, Horace et un moderne, Vida. Même jeu pour les expressions, figures de pensées et de mots « et toutes les autres parties de l'eloquution », ainsi que pour les « lieux de commiseration, de joye, de tristesse, d'ire, d'admiration, & toutes autres commotions de l'ame ». Du Bellay ne vous en dira rien, lisez plutôt, et relisez, les « excellens phylosophes & orateurs qui en ont traicté ».

Rien sur l'*elocutio*, rien sur le *mouere*. Cela paraît en soi doublement étonnant, puisque ce sont les deux points que Du Bellay avait lui-même posés comme les plus importants: l'expression et l'émotion. La réponse est la même que pour II-8. Le chapitre II-9 décrit effectivement des expressions ou « manières de parler », et par là-même des émotions. Mais le très court descriptif donnera les genres d'où il faudra dériver les espèces. Ou pour le dire autrement, Du Bellay ne va donner que le dernier cri. Ce qu'il écarte au début de ce chapitre est l'état habituel, déjà proche de la perfection. C'est aussi ce que tout le monde sait déjà, ou savait. Tout cela est supposé acquis. La *Deffence* va bien traiter de la *phrasis* ou *elocutio*, mais ce sera un traité pointu, très spécifique, un traité qui ne s'occupe que de la pointe ultime. Si l'expression est la pointe de la pyramide rhétorique, les indications stylistiques de II-9 ne donneront que la pointe de la pointe. Et ces mêmes indications vaudront aussi pour le plus grand *mouere*, pour cette « derniere main » des commotions et autres affects que doit susciter le grand poète. Quand il aura compris l'esprit du résumé, le poète à venir pourra le compléter en recourant à la lecture fréquente: lecture cette fois non des poèmes mais des traités techniques. Il complètera ainsi sa *scientia* en matière d'*elocutio*, il deviendra de plus en plus *doctus*, docte et savant en son art.

Le dernier cri consiste donc à « rendre, au plus pres du naturel que tu pouras, la phrase & maniere de parler latine ». Toute la formule est à méditer, puisqu'elle pose le cadre général.

D'une part, on notera le balancement entre le naturel et le latin. Le latin, c'est ce que j'ai appelé la langue paternelle, celle qui est valorisée comme « artificielle », comme capable de donner au français l'art ou technique qui lui manque si cruellement. En revanche, le naturel, c'est la langue maternelle. L'artifice ne doit pas faire oublier la nature, pas plus que l'inverse. Donner aux expressions latines un « rendu » français, leur donner autant que possible l'air du pays, ce n'est ni traduire mot à mot ni latiniser en français. C'est franciser le français, le faire advenir à ce dont il est seulement en puissance. C'est au sens propre une culture: les expressions latines prendront racine dans le suc maternel, les expressions françaises prendront vigueur grâce au soc paternel. Marot la mère, Scève le père, Du Bellay le fils qui les accomplit. Il n'en allait pas autrement pour anagramme et acrostiche, à la fois maternels parce que « fort vulgaires en notre Langue » et paternels parce que « ancien(s) entre les Grecz » (II-8, l. 38-39). Il en va de même dans ce chapitre pour les articles. Ils sont à la fois maternels car « incongneuz de la langue latine » et paternels car grecs: la langue grecque ayant des « facons de parler (...) fort approchantes de notre vulgaire » – ce qui justifie aussi de préférer *phrasis* à *elocutio*, mot grec plutôt que latin.

L'autre point à méditer est le « & » de « la phrase & maniere de parler latine ». La question nous est maintenant familière. Comment faut-il interpréter ce *et*? On serait tenté à première vue par un signe d'égalité, une synonymie. En ce cas, « manière de parler » serait la façon de rendre en français un terme grec alors non acclimaté. En fait, il n'en est rien. « Manière de parler » désigne seulement l'une des deux espèces de la *phrasis*. Mais comme c'est aussi son espèce la plus représentative, cela explique le sentiment d'avoir affaire à des synonymes. La chose n'a d'ailleurs rien de si extraordinaire. Il en va en tout cas de même en français avec le mot *expression*. Dans leur sens usuel de groupes de mots, les expressions, au pluriel, sont l'espèce la plus caractéristique du phénomène qu'est l'expression, au singulier, que ce soit d'ailleurs l'expression écrite ou orale, par mots ou par gestes, par *elocutio* ou par *actio*.

L'expression au sens de *phrasis* ou *elocutio* a en effet deux parties classiques. Quintilien les rappelle d'emblée. L'analyse de la forme verbale peut se faire en regardant ou bien les mots pris isolément ou bien les mots groupés, « *aut singulis aut coniunctis* » (8.1.1). La distinction est à l'œuvre dans la liste qu'a donnée Du Bellay à I-5: du côté des *uerba singula* on a les « motz propres, usitez, & non aliénes du commun usaige de parler »; du côté des *coniuncta* on a les « methaphores, alegories, comparaisons, similitudes, energies, & tant d'autres figures & ornemens » (l. 42-46). Avec ce terme de *coniuncta* nous retrouvons l'idée de *coniunctio*. Les groupements de mots, c'est le phénomène du lié, du conjoint, ici à son niveau de généralité le plus grand. Les mots isolés, eux, sont hors liaison, pris en eux-mêmes. D'un côté le lexique, de l'autre la syntaxe. Cette opposition principielle est plus haut placée que celle entre le *sonus* et le *numerus*. Il suffit pour le faire voir de raccorder l'un à l'autre deux des schémas déjà vus:

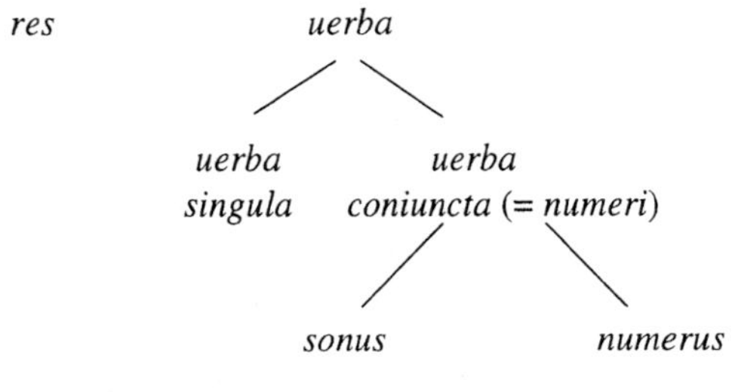

C'est du reste ce schéma d'ensemble qui nous conduira à nuancer fortement la seule opposition entre *sonus* et *numerus*. Le couple emblématique qui clôt II-8 est encore plus nettement l'opposition entre mots isolés (anagramme) et mots groupés (acrostiche). Quoi qu'il en soit à ce stade de l'analyse, puisque Du Bellay a traité les mots isolés ou « vocables » à II-6, il s'en déduit qu'à II-9 il traite les mots en groupe, conjoints.

La « maniere de parler » ne peut donc pas ici désigner les mots pris isolément, mais les groupes de mots. Non pas le lexique, mais la syntaxe –

une syntaxe rhétorique, cela s'entend: figures de style et autres effets[1]. Ce distinguo n'empêche pas le fait essentiel: l'arrangement des mots entre eux est l'élément le plus caractéristique de l'*elocutio* ou *phrasis*. La preuve en est le sens actuel du mot *phrase* en français, qui désigne l'arrangement des mots en un tout structuré et complet. La phrase au sens moderne est le lieu où se déploie la *phrasis*, où se manifeste au mieux le phénomène de l'expression, de l'*elocutio*. La phrase au sens moderne est donc l'équivalent de ce que Du Bellay appelle la période, et que son époque appelait soit *sentence* soit *clause* – sentence pour l'unité de sens, clause pour l'unité rythmique. Tout cela revient au même point. La période/phrase donne l'unité de lieu, elle est ce à partir de quoi penser, tenir la totalité de ce que doit être une *phrasis*/expression réussie. Il en résulte que le faux ami est aussi un bon guide. Au fond, pour se hisser à la hauteur des littératures anciennes, le français doit d'abord se couler dans le moule de la phrase latine: la phrase-période l'amènera à retrouver la *phrasis-elocutio* du latin – et aussi celle du grec. Les expressions concrètes permettront de réinventer de l'intérieur l'expression même des langues anciennes, leur expressivité[2].

La fin de la... phrase qui pose le cadre termine en revenant sur la question du naturel et de l'artificiel. L'imitation du moule latin sera limitée par « la proprieté de l'une & l'autre langue ». La remarque est intéressante. Ce principe est en effet énoncé d'habitude à propos de l'autre partie de l'*elocutio*, le choix des mots isolés. Le lexique ne doit comporter que des mots dits propres, à l'exclusion des hellénismes pour le latin, ou des latinismes (et autres anglicismes) pour le français. C'est du reste ce qu'a rappelé Du Bellay à II-6, à propos des mots isolés. La remarque y est donc à sa place traditionnelle: « se garde bien nostre poëte d'user de noms propres latins ou grecz » (l. 46). Ici, cela revient à souligner qu'il y a une « propriété » plus importante, et d'autant plus que la syntaxe compte plus que le lexique.

---

1 Voir la définition du mot figure par Jacques de La Taille, lequel cite souvent la *Deffence* (comme son frère Jean): «La figure est prise pour une nouvelle maniere de parler» (*La Maniere...*, p. 70). Voir aussi Ronsard, préface posthume de la *Franciade*, en Pléiade I, p. 1174: notre langue n'est pas encore assez enrichie «de mots & de diverses manieres de parler». *Cf.* surtout deux autres emplois de «manière de parler» dans la *Deffence*, *la* manière et *les* manières. Marot «ne s'eloingne point de la commune maniere de parler» (II-1, l. 31), traduction de «*a communi more uerborum*» (*Or.* 36). A ce niveau de généralité, *manière de parler* est ici l'équivalent exact de *phrasis*, Marot s'exprime avec un lexique et des figures proches de l'usage commun. Inversement, Lemaire a donné au français «beaucoup de motz & manieres de parler poëtiques» (II-2, l. 21). En ce cas, comme ici à II-9, *manières de parler* désignent les seuls groupements de mots, parce que la formule oppose mots et manières – d'où le pluriel.

2 Que *phrase* finisse ainsi par désigner la partie concrète après avoir désigné le tout abstrait n'est pas pour surprendre. Le mot latin *oratio* comporte la même «ambiguïté» parce qu'il renvoie à la même unité d'ensemble du phénomène. Il suffit de voir l'hésitation constante des traducteurs modernes, rendant *oratio* tantôt par *discours* et tantôt par *phrase*.

La phrase-période qu'il reste à créer en français ne sera pas un décalque latinisant. Elle aura son propre « phrasé », tout comme le latin et le grec ont le leur: sa propre façon de ponctuer et d'articuler, sa propre respiration. Ainsi et ainsi seulement les emprunts au latin ne seront-ils pas artificiels au sens moderne, mais pleinement naturels: une nature comme toujours reconquise grâce à l'art.

Une fois analysée la formule qui cadre ce chapitre II-9, nous pouvons en venir aux applications. Elles se réduisent essentiellement à deux: l'usage des articles et le couple antonomase et épithètes.

Commencer par les articles est de nouveau très bien vu. Il faut donc rendre la *phrasis* du latin au plus près, imiter ses phrases et son phrasé. Or, précisément, le latin n'a pas d'articles. Cela permet un joli effet de miroir, d'image inversée. Le latin a des nombres que nous n'avons pas; nous avons des articles qu'il n'a pas. Ceci compensera cela. Les articles vont montrer toutes les ressources autochthones du français, pour créer véritablement des nombres siens, pour créer de toutes pièces une phrase-période propre au génie de notre langue. Le fait que le grec a, lui, des articles, permet de continuer l'argument. Le latin a jadis imité le grec, sans lui reprendre ces mots-là, et pour cause: nous pouvons donc imiter le latin en lui ajoutant ce qu'il avait en somme ôté du grec. Ici, par hypothèse, l'*Orator* et les traités latins ne seront d'aucun secours à Du Bellay. Il va lui falloir faire preuve d'inventivité. Du coup, c'est un des passages techniques les plus développés de la *Deffence*. Le passage par le grec ne sert pas seulement à légitimer: il sert aussi à donner des idées.

Infinitif et adjectif seront substantivés, comme en grec. Les exemples donnés ont d'abord ceci de remarquable qu'ils contribuent tous à donner des éléments de période française, et plus précisément des morceaux de vers. « Le liquide des eaux » ou « l'enroué des cimballes » (l. 31) font six syllabes, ils parfont un hémistiche en le remplissant[1]. « Le fraiz des umbres » est encore plus intéressant, puisqu'il évoque un autre passage de la *Deffence* même, un peu plus loin. Du Bellay y parle de la méditation de son sujet par le poète, en reprenant et modifiant le chapitre X, 3 de Quintilien:

> [Pour méditer leur sujet] Les uns ayment les fresches umbres des Forestz, les clers Ruisselez doucement murmurans parmy les Prez ornez, & tapissez de verdure. Les autres se delectent du secret des Chambres, & doctes Etudes. (II-11, l. 7-10)

[1] Même si, en fait, la seconde expression vient d'un octosyllabe, de Du Bellay lui-même: « Ou que l'enroué des cymbales ».

> *Quare siluarum amoenitas et praeterlabentia flumina et inspirantes ramis arborum aurae uolucrumque cantus, et ipsa late circumspiciendi libertas ad se trahunt... (...). Ideoque lucubrantes silentium noctis et clausum cubiculum et lumen unum uelut tectos maxime teneat.* (Quintilien, 10.3.24-25)

Certes, Du Bellay ne reprend pas à l'identique son propre exemple d'adjectif substantivé. « Les fraîches ombres des forêts », ce n'est pas « le frais des ombres ». Cela sonne plutôt comme une contraction des deux exemples consécutifs de II-9, « le frais des ombres, l'épais des forêts ». Mais la substantivation arrive un peu après, avec « le secret des chambres ». Elle rend « la chambre fermée » de Quintilien, comme par contamination avec son « *silentium noctis* ». La chambre close devient le clos de la chambre, tout comme la nuit silencieuse est dite silence de la nuit. L'aménité des forêts devient pour sa part l'amène des forêts, ou plutôt cette aménité particulière qu'est leur fraîcheur. Les « fraîches ombres » à leur tour s'inspirent, c'est le cas de le dire, des « *inspirantes ramis arborum aurae* », ces brises qui soulèvent la ramure des arbres. Enfin, les *flumina* deviennent « les clairs ruisselets doucement murmurant », où le groupe adverbe et participe de six syllabes est comme un rappel de Scève[1]. Au total, Du Bellay amplifie le *locus amoenus* de Quintilien à la façon de Jean Lemaire, en reprenant à tous deux leur phrase et leur phrasé, leur *phrasis*, leurs « mots et manières de parler poétiques ». Les effets de *concinnitas* à la Gorgias ou à la Lemaire ne manquent pas – l'homéotéleute « doucement murmurans », l'homéoptote « ornez & tapissez » –, mais ils sont intégrés dans un ensemble qui les dépasse. Du Bellay amplifie les deux mots *praeterlabentia flumina* et abrège sur la ramure et les oiseaux. Le résultat est un même équilibre d'ensemble, avec clausule identique, dans un cas sur « et le chant des oiseaux », dans l'autre sur « & tapissez de verdure »[2].

Ces exemples et ce rapprochement permettent de situer l'enjeu. Il s'agit bien de reconstituer la période, la phrase et le phrasé latin – celui de Quintilien en l'occurrence. La période française transpose la latine, elle aussi se gonfle progressivement, avec la même belle ampleur sur la fin. Si donc la transposition de la période est l'objectif à atteindre, les articles ont une importance capitale. Ce sont eux qui permettent de ne pas traduire en style de version, ce sont eux qui donnent la souplesse nécessaire à la « liaison » de l'ensemble. Un substantif abstrait comme « l'aménité des forêts » serait lourd

---

1 Par exemple « Ces deux Soleilz nuisamment penetrantz » (*Délie*, dizain 269): Scève place très souvent un adverbe comme premier mot du second hémistiche.

2 Chez Malherbe, comme le souligne Jacques Morel, le *et* introduit souvent une clausule de strophe, « Et les fruicts passeront les promesses des fleurs ».

en français, et inversement serait faible un adjectif concret comme celui de « la chambre fermée »[1]. Assurément, permuter ainsi abstrait et concret, ce n'est pas traduire. Ce que rendent toutes ces permutations, c'est l'air de la phrase d'origine, l'air plus encore que la chanson. Une traduction moderne de Quintilien nous dira le sens de ses mots, la « sentence ». Du Bellay, lui, rend aussi l'émotion, il la restitue. L'émotion passe par l'expression: par le rythme, par la « clause » et la clausule.

Sentence et *clause*: Du Bellay a donc des oreilles pour entendre l'union du sens et du rythme dans une belle cadence. Il sait être sensible à la beauté de cette phrase, pourtant sortie d'un simple traité théorique. Et il songe aux moyens de faire entendre une cadence du même genre en français, dans une prose quasiment poétique, où réunir sens et rythme pour une *uoluptas* complète. Au fond, si nous ne comprenons pas la *Deffence*, c'est que nous n'avons plus d'oreilles pour la phrase latine. Qui aujourd'hui, à part Perrine Galand-Hallyn, lit Quintilien comme un très grand prosateur, aussi prenant qu'un Lemaire voire un Bossuet? A défaut d'oreilles, ce seul exemple nous permet au moins, *a fortiori*, d'imaginer l'état de transes que devait susciter la lecture de Cicéron et plus encore de Virgile. Si Du Bellay vibre à ce point à lire la prose d'un simple traité, on peut croire Ronsard sur parole quand il dit qu'à la lecture de descriptions de l'*Enéide* « tu n'auras cheveu en teste qui ne se dresse d'admiration »[2].

En somme, on peut dire que les articles méritent pleinement le terme d'acolythes dont se sert Denys d'Halicarnasse. Petits mots, grands effets. Les acolythes sont au sens propre les serviteurs de la suite d'un prince. Ils permettent d'éviter le défaut d'anacoluthe. Au sens concret, l'*akolouthia* désigne la suite d'un prince, ou le train qui suit une armée. La suite fait que le seigneur, ses comtes et ses marquis sont introduits comme il se doit. Les petits mots, eux, introduisent les mots principaux, ils servent à les mettre en valeur, à les présenter à leur juste place. Mettre l'adjectif devant ou derrière le substantif, c'est comme une question de préséance. Aussi le soin pour les enchaînements obligés est-il pour Denys le complément nécessaire du goût pour les petites et grandes symétries. L'absence d'anacoluthe va de pair avec l'absence d'anomalie. Le *homalos*, c'est le régulier, le nivelé. Ce n'est pas le nivellement démocratique où chacun est de droit l'égal de son voisin. Ce n'est pas non plus la rivalité entre grands, cette égalité contentieuse. Dire que la période est ou une suite princière ou le déploiement d'une armée, c'est dire que l'ordre règne: ordre, mesure, rythme et volupté du bon agencement entre

---

1 Sensible au problème, Jean Cousin traduit par « la chambre *bien* fermée ». Mais cela n'est guère qu'un palliatif.

2 Début de la préface posthume de la *Franciade*, en Pléiade, I, p. 1162.

les dignitaires comme entre les mots. La période est une cérémonie d'apparat ou une armée en marche, avec tout ce que cela implique d'expressivité et d'émotivité, d'*elocutio* et de *mouere*.

Denys a ici une métaphore très éclairante. A l'intérieur des membres d'une période, il ne faut pas donner à quelques mots une place démesurée, « *hedra plateia* ». Ce serait une faute majeure en termes de protocole ou mieux de décorum: ce *decor* qui règle bienséances et préséances, toutes questions de sièges. La *hedra*, c'est en effet le siège d'honneur, le trône, et on sait l'enjeu que représentait d'être debout ou assis, et assis ou non comme parèdre du prince. Inversement, chaque période, elle, doit se tenir « comme sur un piédestal, *hôsper ek perioptou* »[1]. Autrement dit, chaque mot ou personne à sa juste place est à la fois visible et fondu dans l'ensemble. S'il s'efface, s'il ne prétend pas à un siège indû, s'il n'attire pas l'attention sur lui en particulier, c'est au profit de l'ensemble, de l'unité du tout. C'est le tout qui occupe le trône, qui est mis bien en évidence. La période est sur le « périopte », elle est visible de tous comme sur un panoptique. Aucun de ses mots n'est le roi. Le roi, ou la reine, c'est elle: elle seule garantit la paix de chacun en empêchant les rivalités. On est dans une organisation, sociale ou littéraire, qui prise la bonne entente entre le tout et les parties. Non pas le fascisme mais la royauté, c'est-à-dire la hiérarchie « récapitulative ». Cette analyse rend compte du peu de goût de la Pléiade pour les rejets trop forts, ce que Ronsard appellera *enjamber*. Comme métaphore, *enjamber*, c'est marcher sur les plates-bandes d'autrui, défaire l'harmonie sociale ou poétique, détruire l'effet de strophe. Le sonnet seul sur sa page compte plus que tel ou tel des mots qui le composent. Le roi, sonnet ou strophe de l'ode, c'est le tout[2].

La conclusion de Du Bellay sur les articles n'est plus pour nous surprendre. Le poète à venir pourra déduire « mil' autres manieres de parler » grâce à la « frequente & curieuse lecture ». De nouveau, les articles et autres permutations à la mode du grec n'étaient donc que l'exemple emblématique, le genre d'où le poète docte tirera les espèces. La formule immédiatement

---

1 *La composition stylistique*, respectivement VI, 23.1 et 7.

2 Voir Cotgrave à Enjamber: «Enjamber sur les marches d'autruy. *To usurpe, intrude upon, or meddle with, another mans right*». Ronsard est, sauf erreur, le premier à employer le verbe *enjamber*. Son emploi dans la préface posthume de la *Franciade* montre clairement qu'il désigne par là le seul rejet (en Pléiade, I, p. 1169): «J'ay esté d'opinion en ma jeunesse, que les vers qui enjambent l'un sur l'autre, n'estoient pas bons en nostre Poesie: toutefois j'ay cognu depuis le contraire par la lecture des bons Autheurs Grecs & Romains, comme *Lavinia venit/Littora*» (Virgile, *Enéide*, I, 2-3, je chante le héros «venu au Lavinien/littoral; longtemps celui-là sur les terres jeté rejeté sur le flot», trad. P. Klossowski).

suivante est non moins admirable de désinvolture: « Entre autres choses… »[1]. Entre autres, il faudrait recourir à la figure de l'antonomase, ainsi qu'aux « epithetes ». Et puis baste. Antonomase et épithètes tiendront lieu du catalogue attendu de figures de style. Là encore, il faut croire que ces deux catégories sont *a priori* particulièrement représentatives[2].

La réflexion de Du Bellay s'appuie cette fois sur Quintilien, et en particulier sur son chapitre VIII, 6. En effet, chez le rhéteur latin, les deux catégories n'en font qu'une. Traitant des tropes, le chapitre VIII, 6 lie deux fois antonomase et épithètes: d'abord aux paragraphes 29-30, puis aux 40-43.

La raison technique en est simple. Un poète remplacera le nom propre par une épithète équivalente. Au lieu de dire Achille, Homère dira le « Péléide », le fils de Pélée – c'est le premier vers de l'*Iliade*. Au lieu de nommer Jupiter, Virgile rappellera ses caractéristiques principales, *praecipua*: « le père des dieux et le roi des hommes »[3]. Du Bellay reprend le seul second type, désigner « quelque chose par ce qui luy est propre », traduction du *praecipua* de Quintilien: « *le pere foudroyant*, pour *Jupiter* » ou « *la vierge chasseresse*, pour *Dyane* » – on note, de nouveau, les six syllabes. Mais Du Bellay ajoute aussi le troisième type cité par Quintilien. Au lieu de dire Enée, l'Enée qui abandonne Didon, Virgile remplace d'abord le nom propre par l'adjectif *impius*. Mais plus largement, il décrit les faits qui signent le personnage, « *ex factis quibus persona signatur* ». On est de plus en plus loin de la simple épithète. L'antonomase s'étend alors à toute la description des armes « qu'il laissa suspendues dans la chambre à coucher,/l'infidèle, *thalamo quae fixa reliquit/impius* »[4]. Exemple de Du Bellay: l'Occident est remplacé par « la ou Thetis recoit en ses undes le filz d'Hyperion ». Voilà qui « a fort bonne grace principalement aux descriptions ». La description, c'est en effet, de façon classique, une définition étendue. Jupiter est père des dieux par définition, comme Enée est *pius* (ou *impius*) quasiment par définition: antonomase brève, qui s'attache à l'essence, à l'essentiel. L'antonomase longue déploie la définition en description, elle amplifie à partir de ce que fait le personnage, à partir des accidents et non de l'essence.

---

1 A la ligne 44. Ce n'est pas une formule au hasard: elle a déjà été employée à II-6, l.46, pratiquement à la même place dans le chapitre et surtout avec la même valeur de transition vers des considérations plus détaillées.

2 Le confirme la reprise au tout début du *De copia* d'Erasme d'une série d'exemples virgiliens: Du Bellay y voit des antonomases alors que pour Erasme ce sont des modèles d'amplifications copieuses, en général (voir p. 68, n. 2). Le résultat est au fond le même.

3 8.6.29 citant *Enéide*, I, 65.

4 *Enéide*, IV, 495-496. Jean Cousin considère avec l'érudit Christ qu'il faut supprimer ce troisième type, Quintilien n'en ayant annoncé que deux. Il se peut: mais Du Bellay ne le savait pas.

Donc l'épithète a partie liée avec l'antonomase. La première occurrence dans le chapitre de Quintilien les traite toutes deux dans l'ordre de Du Bellay, d'abord l'antonomase puis les épithètes. La seconde occurrence renverse cet ordre, en traitant longuement des épithètes, puis brièvement de l'antonomase. Du Bellay reprend aux paragraphes 29-30 considérations théoriques et exemples sur l'antonomase, et il reprend aux paragraphes 40-43 les développements sur les épithètes. Mais on ne peut comprendre ce qu'il en tire qu'en raisonnant d'abord sur la philosophie générale du chapitre de Quintilien.

C'est elle en effet qui explique la place suréminente que Du Bellay accorde à l'antonomase-épithète. Cette « figure », comme il dit, ou pour mieux dire ce trope, occupe chez Quintilien la première place de toute une série:

> 40. Tous les autres tropes dont je vais parler désormais sont employés non pour informer, mais pour orner et amplifier la phrase, l'*oratio*. Ce qui orne en effet, c'est l'*epitheton*, justement traduit en latin par *adpositum*, et que certains rendent par *sequens*. *Cetera iam non significandi gratia, sed ad ornandam augendam orationem adsumuntur. Ornat enim* epitheton [en caractères grecs], *quod recte dicimus adpositum, a nonnullis sequens dicitur.*

Ce genre de formules est chez Quintilien l'annonce de son petit *b*. Le début de son chapitre sur les tropes posait la problématique d'où découle son plan. Laissant de côté les discussions sans fin sur le sens exact de trope, Quintilien remarque surtout que « certains s'emploient pour informer, d'autres pour orner, *quosdam gratia significationis, quosdam decoris adsumi* ». Certes,

> presque tous ceux que l'on emploie pour informer servent aussi à orner, mais la réciproque n'est pas vraie. Je terminerai donc mon chapitre par les tropes qui servent uniquement à orner. (8.6.1-3)

Le couple *significatio* et *ornatus* va organiser toute la présentation. La *significatio*, c'est l'usage purement utilitaire du trope, sa valeur informative. Mettre un mot à la place d'un autre permet de boucher les trous du dictionnaire. Ainsi de la métaphore, premier des tropes de ce genre: c'est l'absence de mot propre qui fait dire que les moissons ont « soif » (8.6.6). L'*ornatus* en revanche est l'usage qu'on dira en première analyse esthétique. La formule sur « le père des dieux et des hommes » n'est pas due au fait que le mot Jupiter n'est pas disponible. L'idée qu'il n'y a pas de réciproque se comprend alors fort bien. La métaphore utilitaire peut avoir aussi un certain charme esthétique, et Virgile lui-même a dit « *Sat prata biberunt*, les prés ont assez bu ». Inversement, le charme du « père des dieux » n'a aucune utilité, il ne s'analysera pas en termes d'information.

Cette distinction est très claire, au moins en théorie. La distinction recouvre deux autres grands distinguos. Quintilien n'en nomme qu'un, celui entre prose et poésie. A l'orateur le trope utilitaire, au poète le trope esthétique. Mais le détail même de son chapitre montre qu'une autre distinction est à l'œuvre, à laquelle Du Bellay ne peut pas ne pas être sensible. C'est celle entre le style bas et le style haut, ou encore entre le *docere* et le *mouere.* Les moissons qui ont soif, c'est l'exemple même de l'*Orator* pour les métaphores qu'emploie le style bas (§ 81). La métaphore est par excellence le type d'ornement auquel ce style puisse recourir de façon un peu abondante, vu sa restriction ou *elegantia* générale. A l'inverse, nous l'avons vu, l'idée d'*ornatus* finit par caractériser à elle toute seule le grand style de la *copia.* Ayant l'*Orator* en tête, Du Bellay ne peut donc pas en rester à la répartition entre prose et poésie qu'avance le chapitre de Quintilien. La *Deffence* met sur le même pied poésie et prose haute. Unies par le sens de la *copia,* elles ont toutes deux le goût de l'*ornatus.* On revient alors au problème du faux ami qu'est devenu en français « ornement ». L'orné n'est esthétique qu'en première analyse: « *decor, species* », décorum, beauté, selon les termes de Quintilien dans son introduction (8.6.2-3). Au-delà, l'orné renvoie surtout à l'idée d'équipement: parade de l'apparat, poésie ou épidictique, Virgile ou Isocrate; mais aussi bien armement de l'armée, de cette machine de guerre qu'est la grande prose cicéronienne.

Le mot d'épithète ne se confond donc pas avec celui d'adjectif. Le latin *adpositum* que propose Quintilien pour le mot grec ne se confond pas avec *adiectiuus*, bien attesté. De même, Du Bellay ne fait pas d'*épithète* un synonyme d'*adjectif,* qu'il a employé quelques lignes plus haut. « Ce qui orne, c'est l'épithète ». Ainsi placé au tout début d'une section sur l'ornement, la formule a un grand niveau de généralité. Est désigné par là un phénomène d'ensemble qui n'est pas l'adjectivation, même si la première de ses formes s'appuie sur des adjectifs épithètes. *Adpositum*, apposition: avec ce mot nous avons vu plus haut le phénomène de l'antithèse au sens le plus large, la *comparatio* ou parallèle-différence créatrice de grandes symétries, illustrée par l'acrostiche. Après donc l'antithèse à II-8, Du Bellay traite à II-9 d'une autre sorte d'*adpositum*, l'épithèse. C'est on ne peut plus logique. Le phénomène d'ensemble est la *-thèse*, le fait de poser les choses les unes à côté des autres, c'est-à-dire la synthèse ou « composition » productrice de nombres. Pareille synthèse comporte deux parties, l'antithèse et l'épithèse. Deux parties, deux chapitres, tous deux traitant des *numeri*, des nombres par opposition au son ou *sonus*.

Epi- désigne ce que l'on ajoute, ce que l'on met *sur*. L'ornement est ce qui se surajoute. En tant que tel il fournit donc de la *copia uerborum*[1]. Quantitativement et qualitativement: l'abondance verbale n'est que le signe extérieur de la puissance du verbe. Cette ampleur tant recommandable est pratiquée à l'évidence par trois des quatre tropes « ornementaux » que décrit la seconde section du chapitre de Quintilien. Ce sont allégorie, périphrase, hyperbole. L'allégorie tout d'abord, longuement expliquée (8.6.44-59), désigne la métaphore filée. C'est une suite de métaphores, suite qui est donc elle aussi une « séquence, *sequens* » (comme l'épithète au paragraphe 40), et qui est appelée ici *continuatio* – l'un des mots pour dire la période. Le fil de la métaphore filée construit automatiquement une amplification copieuse, exemples d'Horace et de Cicéron à l'appui. Deuxièmement, la périphrase est, comme le mot même l'indique, une façon de dire en beaucoup de mots ce que l'on pourrait dire brièvement: qualité, et non défaut (§ 59-61)[2]. Enfin, l'hyperbole va sans doute au-delà du vrai, tout en conservant comme l'hyperbate le sens de la bienséance, du *decor* (§ 68-76). Mais le point est que ses deux aspects opposés sont l'amplification et son contraire, l'atténuation, *augendi atque minuendi*. Au total, ces trois tropes ont donc le même effet quantitatif et qualitatif que l'antonomase telle que décrite par Du Bellay. Epi-, péri- ou hyper-, à chaque fois un noyau informatif est amplement développé, on lui ajoute ou plutôt surajoute de l'émotion. Ces phénomènes d'épithèse n'apportent sans doute rien en termes d'information, ils sont inutiles comme *docere*. Mais ils sont indispensables comme *mouere*.

Les exemples apportés par Du Bellay suffisent alors à discriminer l'épithèse de l'antithèse. Le plus long exemple de toute la *Deffence* mérite réflexion:

> Depuis ceux, qui voyent premiers rougir l'Aurore, jusques la, ou Thetis recoit en ses undes le filz d'Hyperion.

On a ici, sinon une période en bonne et due forme, du moins comme le long membre qui pourrait commencer ou conclure une très longue période, laquelle ne manquerait pas de souffle. Nous cherchions l'équivalent en français de la prose nombreuse du latin: le voici. L'exemple confirme si besoin était que la prose nombreuse passe par la période, la grande, la vraie, celle du grand style – face au style bas et à la période platement informative

---

1 Voir, dans le *Traité du Sublime* de Longin, le lien très fort qu'entretiennent avec l'idée de *copia* et d'ornement tous les mots commençant par *epi-* (j'ai développé ce point à la p. 178 de mon édition de Longin au Livre de Poche, 1995).

2 Aneau considère que les exemples d'antonomase de Du Bellay sont en fait des périphrases: c'est au moins souligner leur commune appartenance au même chapitre de Quintilien.

que lancerait le simple «*Depuis l'Orient jusques à l'Occident*». Pour l'analyser, nous avons maintenant les deux instruments que sont antithèse et épithèse. L'antithèse est ici l'opposition entre le levant et le couchant. Ce balancement symétrique crée la structure d'ensemble, il est architectonique, avec d'ailleurs une symétrie savamment asymétrique (entre ceux qui voient et la déesse qui reçoit, on change de point de vue). L'épithèse, elle, permet de travailler chacun des éléments de la structure, qu'elle outille et équipe en *mouere*. L'antithèse construit, l'épithèse meuble. Structure puissante et parties bien développées, le tout combiné crée un effet très fort de plénitude et par là de volupté: complétion et émotion.

Si Du Bellay ne signale pas ici l'antithèse, c'est qu'il en a parlé à II-8. Ce dont il traite dans II-9, c'est de l'outillage, des parties. En termes de poésie française, à II-8 il a considéré les grandes symétries architectoniques, l'arrangement par « antithèse » des périodes-quatrains ou des membres-vers. Ici à II-9, il considère l'arrangement des parties de membres, ou hémistiches. « Le fils d'Hypérion » – six syllabes, car diérèse -, c'est une première amplification ou antonomase, brève, pour dire le soleil. Groupée avec Thetis et ses ondes, cela fait une antonomase longue, une description. Elle est l'équivalent d'un membre-vers, ce « vers » en prose ayant trois et non deux parties, 1. jusque là où Thétis, 2. reçoit en ses ondes, 3. le fils d'Hypérion. Quand on la groupe encore avec la description de l'Orient, on obtient l'équivalent de deux membres-vers. L'exemple le plus long de la *Deffence* est ainsi à la fois une antonomase développée et l'analogue en prose de la moitié d'un quatrain de sonnet, la moitié donc d'une période de longueur standard. Il est d'ailleurs frappant de voir que Du Bellay donne un exemple en prose, alors que son livre II est en principe sur la seule poésie. Cette prose poétique s'explique par le fait de raisonner sur Quintilien. Si en effet l'antonomase est nommée en premier par Du Bellay, c'est qu'elle est selon Quintilien «très commune chez les poètes» et beaucoup moins chez les prosateurs ou plutôt orateurs, même si Cicéron en a usé (8.6.29-30). L'antonomase peut donc servir de l'exemple même du trope poétique, ou plus exactement du trope « ornemental » du *mouere*. Son nom même est définitoire du trope, puisqu'il veut dire prendre un mot ou *onoma* pour un autre. L'antonomase est un genre d'où le poète averti pourra dériver des espèces.

« Quand aux epithetes », Du Bellay repense alors ce qu'en dit Quintilien à ses paragraphes 40-42. A l'opposition entre poète et orateur, Du Bellay préfère celle entre mauvais et bon poète. Quintilien donne pleine licence aux poètes de pratiquer l'épithète de nature, dans la mesure où elle «convient, *conuenire*»: ainsi de «dents blanches» et « vins liquides ». En revanche, la même chose chez l'orateur est une redondance, *redundat*, sauf si, sans l'adjectif, l'expression a moins de force, par exemple «ô monstrueuse passion! ». Enfin, ce qui « orne » vraiment, *exornatur*, ce sont les épithètes tirées de métaphores, tels « une cupidité effrénée, des sous-sols insensés ». Les exemples de Du Bellay sont du même ordre. Mais cette fois, ce sont les mauvais poètes, nos Français, qui usent d'épithètes de nature. Eux s'en voient dénier le droit. Ainsi de « l'eau undoyante » ou de « la flamme ardente »: elles sont « mal à propos », elles ne sont pas « convenables, non seulement à leurs substantifz, mais aussi à ce que tu decriras ». Ne pas *conuenire* c'est le manque impardonnable de *decor*. Ces mots redondants ne surajoutent rien au décorum de l'ensemble. Inversement, les bonnes épithètes citées sont, pour les premières, tirées de métaphores: « la flamme devorante » (six syllabes), « les souciz mordans », « la gehinnante sollicitude ». Les autres, « eau impetueuse » et « flamme languissante », sont tirées d'autres effets, d'autres tropes, tout comme, selon Quintilien, « honteuse pauvreté » et « triste vieillesse », qui sont de Virgile. Il est inutile de détailler puisque la métaphore n'est elle-même que le premier des tropes, le genre d'où déduire d'autres espèces. L'essentiel est d'avoir compris que le but général est d'orner, non d'informer: de *mouere*.

« Entre autres choses » le poète à venir usera donc de l'antonomase et des épithètes. Ces deux catégories qui n'en font qu'une lui serviront de genre d'où tirer les autres tropes du *mouere*, et aussi, si l'on comprend bien, le reste de Quintilien sur l'*elocutio*, figures de pensée et figures de mots. Du Bellay a réduit drastiquement l'immense catalogue des traités, en intervenant pour ainsi dire en piqué sur les livres VIII et IX de Quintilien. Il a repéré ce qui est à ses yeux l'articulation névralgique, c'est-à-dire la ligne de partage des eaux entre effets du *docere* et effets du *mouere*. Fidèle à sa stratégie, il creuse la différence, il en fait un abîme. Il tombe en piqué, et il bombarde. Le reste ne le concerne pas, ce sera le travail de l'infanterie. Au lecteur de compléter pour les « methaphores, alegories, comparaisons, similitudes, energies, & tant d'autres figures & ornemens » (I-5, l. 44-46). On remarquera du reste que les figures ici nommées appartiennent au chapitre VIII, 6, même si l'énergie ou hypotypose, ainsi que la similitude, sont traitées déjà à VIII, 3, cette fois comme ornements de plein droit[1].

En fait de catalogue, mon propre lecteur attentif aura remarqué que je n'ai cité que trois des quatre tropes qui suivent les épithètes dans VIII, 6: allégorie, périphrase, hyperbole. Je n'ai pas nommé l'hyperbate, parce qu'elle ne relève pas d'une analyse en termes d'amplification. On pourrait donc en déduire ou que mon raisonnement d'ensemble est erroné, ou que Du Bellay arrange les choses à sa convenance. Dans tous les cas, le fait est que les

[1] 8.6.4-13 pour métaphore, comparaison et similitude (9-13 peut se comprendre comme des formes d'hypotypose); 8.6.44-59 pour l'allégorie; mais aussi 8.3.61-82 pour *enargeia* et *similitudo*.

épithètes n'incluent qu'en partie les tropes suivants. Cela ne contredit pourtant pas la logique d'ensemble. Les épithètes sont certes un «genre» assez élastique. Mais il va de soi que dans tout ceci Du Bellay vise une manière de genres, *lato sensu*, parce qu'il cherche à récapituler vite fait, à faire exploser les grandes lignes de force. Cela dit, on peut montrer qu'il n'a pas pour autant perdu de vue le trope manquant. Il a fort bien lu le chapitre de Quintilien. L'hyperbate est en effet définie par ce dernier comme une transposition des mots, ou *uerbi transgressio* (8.6.62-68). La transposition est « souvent exigée par la logique interne de la construction de la phrase, pour que tout y soit à sa juste place, *frequenter ratio compositionis et decor poscit* » (§ 62). De cela Du Bellay a en fait traité, au tout début de II-9, en parlant de la souplesse permise par les articles. C'est chez Quintilien qu'il a sans doute trouvé la raison d'en traiter en premier: «*Nec aliud potest sermonem facere numerosum quam oportuna ordinis permutatio*, il n'y a rien de mieux, pour rendre la prose nombreuse, que de telles permutations» (§ 64). Or Du Bellay chercher à créer en français une phrase nombreuse: *ergo* il invente toute une série d'hyperbates. C'est cela l'urgence. L'antonomase-épithète suivra, et derrière elle tous les tropes et figures.

Pour confirmer l'importance de l'épithèse, on me permettra un apparent ex-cursus sur la préface posthume de la *Franciade*, qui a un emploi très semblable du mot *épithète*. Ronsard dit avoir « bâti » son épopée comme « un magnifique Palais». Ce palais une fois bâti sera richement pourvu d'ornements, dont j'abrège la *copia* très instructive, ornements qui sont dits autant d'épithètes:

> ils [l']enrichissent, dorent & embellissent par le dehors de marbre, Jaspe & Porphire (...) & par dedans de Tableaux, tapisseries eslevees & bossees d'or & d'argent, & le dedans des tabelaux cizelez (...). Apres ils adjoustent vergers & jardins, compartimens & larges allees (...). [Donc ne pas] passer soubs silence l'histoire ny la fable appartenant à la matiere, & la nature, force, & proprietez des arbres, fleurs, plantes & racines, principalement si elles sont anoblies de quelques vertus non vulgaires, & si elles servent à la medecine, aux incantations & magies, & en dire un mot en passant par quelque Epithete, ou pour le moins par un demi-vers. (Pléiade de 1993, I, p. 1168)

« Pour le moins » un hémistiche: nous attendrions « pour le *plus* ». Le mot d'*épithète* ne peut donc désigner le seul adjectif épithète, lequel remplirait avec peine un demi-vers. Ronsard est dans la même problématique de l'épithèse. Une fois bâti le palais, il faut le meubler d'ornements. L'antithèse donne la structure, l'épithèse, les embellissements. De même que Du Bellay privilégie l'antonomase, Ronsard met en avant un autre trope de VIII, 6, les

« Phrases & periphrases » (p. 1161) et autres « circonlocutions » (p. 1162)[1]. Sur le fond, c'est le même intérêt pour les « descriptions », et du même Virgile. Celui-ci « ne dit point simplement & en paroles nues, Il estoit jour, il estoit nuict: mais par belles circonlocutions, *Postera Phoebea lustrabat* (...) *pictaeque volucres* » (*Enéide*, IV, v. 6-7 et 522-525). Descriptions de deux vers ou de quatre donnent le module habituel de l'épithète bien entendu, à l'intérieur de l'épopée.

Les remarques de Ronsard permettent ainsi de préciser ce que sont aux yeux de Du Bellay tous ces exemples de six syllabes, quelquefois cinq, quelquefois sept. Pour suivre la métaphore de l'architecture, le « demi-vers » est le plus petit module, ce qui détermine les proportions de tout le reste. Comme le dit Ronsard, cette fois à la fin de l'avertissement au lecteur des *Odes* de 1550, des formules comme « le miel de mes vers, les ailes de mes vers [six syllabes], l'arc de ma muse, mes vers sucrés, un trait ailé, empaner la memoire [six syllabes], l'honneur alteré des cieus », tout cela, ce sont des « atomes »[2]. Ces atomes sont insécables, il n'y a donc pas lieu de découper plus. Un groupe de mots de la taille d'un hémistiche est le plus petit composant de la période. L'épithète épique se développera plus largement, sur un vers et plutôt deux ou quatre, et plus encore. C'est la preuve si besoin était que dans tout ceci on ne parle pas du vers mais de la période. On ne rendra pas la « phrase » latine en français sans s'installer dans le long, dans une longueur qui déborde d'emblée les limites syllabiques du vers. De ce point de vue, le module n'est pas la syllabe ni même le mot isolé. Le module est le groupe de mots. Cela est logique, puisque le chapitre II-9 s'occupe des mots groupés ou *uerba coniuncta*.

Autant donc le rejet est récusé en 1550, autant l'enjambement au sens moderne est possible. Le rejet détruit la période en isolant un mot; l'enjambement la construit en effaçant les bornes du vers[3]. Et lorsque, au soir de sa vie, Ronsard autorise hiatus et rejet qu'il s'interdisait dans sa jeunesse, ce n'est pas qu'il renie ces deux fondements du *numerus* et du *sonus*[4]. C'est que l'œuvre enfin écrite a elle-même débordé le sonnet. Dans les

---

1 « Periphrases » est de nouveau à la p. 1171.

2 Dans l'édition P. Laumonier des *Œuvres complètes*, I, p. 55, l. 124-126.

3 Voir Frédéric Deloffre, *Le Vers français*, p. 120. Analysant « la série d'enjambements » de la fameuse épigramme de Marot sur Semblançay, il note: « On dirait que Marot étend son vers de 10 à 12 ou 14 syllabes pour le rendre capable de rivaliser avec la phrase d'un moraliste ou d'un prédicateur », bref, avec la période d'un Bossuet.

4 « J'ay esté d'opinion en ma jeunesse, que les vers qui enjambent l'un sur l'autre, n'estoient pas bons en nostre Poesie (...). J'avois aussi pensé, que les mots finissans par voyeles & diphtongues, & rencontrans apres un autre vocable commençant par une voyele ou diphthongue, rendoit le vers rude: j'ay appris d'Homere & de Virgile, que cela n'estoit point mal-seant, comme, *sub Ilio alto. Ionio in magno* » (p. 1169).

« Epigrammes, Sonnets, Satyres, Elegies, & autres tels menus fatras » que loue la *Deffence* à II-4, « l'artifice ne se peut estendre », n'est pas capable de longs développements, de vraie *copia*. « La perfection de telles compositions » est donc limitée (p. 1172). En revanche, l'épopée est une *compositio* d'une tout autre envergure, où « le dernier acte de l'ouvrage se cole, se lie & s'enchesne si bien & si à propos l'un dedans l'autre, que la fin se rapporte dextrement & artificiellement au premier poinct de l'argument » (p. 1165). Le sonnet, période de périodes mais strophe unique, a été dépassé par l'ode et son enchaînement strophe, antistrophe, épode. L'ode à son tour, forme de jeunesse, est dépassée en longueur et donc en beauté par le discours ronsardien et en général l'épopée, comble du style lié où tout « se lie », comble de *compositio* ou *sunthesis*. Dans pareil fleuve d'éloquence et d'émotion, hiatus et rejet ne représentent plus un enjeu. En 1550, quand il fallait reconstruire l'idée de période nombreuse en commençant par le sonnet, c'étaient des critères décisifs des bons *sonus* et *numerus*: non au « hyulque » de l'hiatus, non au manque de complétion, au *mutilus* qu'implique le rejet. En 1585, la période étant désormais une conquête incontestée, hiatus et rejet redeviennent « bienséants », ils peuvent avoir leur place dans le décorum d'ensemble, surtout celui, grandiose, de l'épopée.

D'un point de vue conceptuel, il n'y a donc pas de différence entre la *Deffence* et la préface posthume. Toutes deux ont la même visée. On pourrait la résumer en lisant de façon autoréférentielle le fameux sonnet de Malherbe sur Fontainebleau, lecture autorisée par la comparaison de l'épopée à un palais. « Beaux et grands bâtiments d'éternelle structure »: *structura* ou *compositio*, c'est l'antithèse architectonique. « Superbes de matière, et d'ouvrages divers »: la matière, ce sont les mots isolés; les ouvrages sont les ornements ou épithètes, l'épithèse[1]. Ajoutez comme chez Ronsard et vergers et jardins, fleurs et allées, bois, fontaines, canaux, et le palais de la période sera complet. Que Malherbe récuse rejet mais aussi enjambement est certes une différence par rapport à la Pléiade et surtout par rapport à Desportes. Mais cela ne touche pas à l'essentiel, qui est un même sens de la période comme englobant du vers.

---

[1] La variante « Superbe de matière » est peut-être plus intéressante: c'est la structure qu'on orne, pas les bâtiments (qui sont le résultat d'ensemble). On remarquera aussi qu'il s'agit du seul sonnet en une phrase de Malherbe. Enfin, si la lecture autoréférentielle est possible, c'est que ce sonnet donne une épure de toute idée de construction. – Pour une autre image du palais, voir les fortes remarques de Jean Serroy à propos du *Bourgeois gentilhomme* joué à Chambord, « sobriété des façades et prolixité des ornementations » (p. 9-22). La comédie-ballet a pour structure la comédie et pour « ornements », dit Molière lui-même, musique et danse qui font le ballet; Lully au contraire conçoit comme première la musique et comme ornement le texte, réduit au rang de livret.

Les épithètes épuisent ainsi ce que Du Bellay avait à dire sur les nombres par lesquels compenser en français l'absence des *numeri* du latin. La suite et fin du chapitre II-9 est une série de conclusions emboîtées. Leur fermeté est à la mesure de la logique du raisonnement d'ensemble.

Les deux phrases finales du chapitre, que nous avons déjà vues, concluent la totalité du raisonnement qui va de II-6 à II-9: « rien dur, hyulque ou redundant » pour le *sonus* et plus largement les mots isolés; des périodes « bien joinctz, numereux, bien remplissans l'oreille » pour le *numerus* et l'arrangement des mots. Il faut donc chercher plus haut la conclusion proprement dite du chapitre II-9. Les considérations sur l'antonomase-épithètes se terminent de façon très nette à la ligne 78: « Voyla ce que je te vouloy' dire brevement [sur] certaines manieres de parler ». La reprise des mots du titre met un point final. On peut en déduire que servent de conclusion à ce chapitre les remarques rapides sur deux défauts à éviter. Du Bellay redit d'abord par la négative son premier point, l'importance des articles: honte à ceux qui les omettent. Le défaut suivant concerne donc son second point, sur l'épithèse. Il ne faut pas que «la sentence [soit] trop abruptement couppée » à la césure du décasyllabe. L'exemple est le dernier vers du sonnet que Sébillet avait placé en tête de son *Art poëtique*: « Si non que tu/en montres un plus sûr». Or, cela redit en fait l'importance des hémistiches. Comme dirait Ronsard, un hémistiche doit avoir « un sens parfait». La période doit être pleine au niveau même des « épithètes », des parties de ses membres, ces parties que remplissent idéalement tous les exemples donnés dans le chapitre II-9. Si orner, c'est parfaire, si amplifier, c'est remplir, remplir l'oreille et l'esprit, alors la faute de Sébillet est impardonnable. Pour parler comme Jean Mazaleyrat, Du Bellay pose ainsi que doivent aller de pair groupe grammatical et groupe métrique, ou, dans les termes du XVIe siècle, *sentence* et *clause*.

Cette logique de la période à parfaire est si forte que Du Bellay ne relève même pas que le vers de Sébillet comporte de plus un hiatus: « Si non que t<u>u</u> <u>en</u> montres un plus sûr ». Broutille si l'on veut, puisque ce genre d'hiatus grammatical était une licence autorisée. Mais l'oubli revient pour nous à confirmer que ce chapitre II-9 ne porte pas, dans l'esprit de Du Bellay, sur le *sonus* et le « hyulque » mais sur le *numerus*. Le vers de Sébillet est insupportable du point de vue de sa construction d'ensemble. Un vers ainsi raboteux donnera de l'inégalité, de l'anomalie, à la période tout entière dont il est un membre. Pareil échec ponctuel redit, encore et toujours, qu'il n'y a pas de détails indifférents, et accessoirement que Sébillet n'a rien compris à l'idée de *structura*, de *compositio*. Et il se mêle de faire des sonnets! Si l'on veut que la période-quatrain soit *apta*, liée, sans heurts abrupts, il faut la travailler à tous ses niveaux. Or le point de départ du travail, c'est la vision d'ensemble de ce que doit être une belle période. On n'y arrivera pas par des consignes déconnectées de cette vision. Le bon Dieu du style lié n'est pas dans les détails, même s'il est aussi là. Il est dans les détails parce qu'il est, d'abord, partout ailleurs. Au commencement doit être la période. La présence de l'hiatus dans le vers cité n'est en somme qu'une confirmation de cette théologie poétique. A partir du moment où on défait le rythme que donne l'homologie entre groupe grammatical et groupe métrique, l'hiatus fleurit comme une mauvaise herbe. A mauvais *numerus* mauvais *sonus*[1].

Voilà donc ce que Du Bellay voulait dire brièvement sur « certaines manieres de parler ». La reprise du titre indique que son chapitre est fini. Fini? non point. Avant les deux phrases finales de II-9, conclusion d'ensemble sur le style lié ou nombres, Du Bellay intercale un addendum sur l'alternance alors nouvelle des rimes masculines et féminines. Cela permet de désigner du doigt le problème si chatouilleux de la *concinnitas*, de la symétrie, entre effets de Gorgias et « vraies » grandes symétries qui bâtissent des périodes-palais.

Ces quelques lignes sur l'alternance soulignent d'abord, je l'ai déjà noté, un rapport ambigu avec Marot. Le poète sans *scientia* a donc su, à la fin de sa vie, inventer pour ses *Psaumes* une « diligence » en soi louable. L'alternance est bien une question de nombres, de « mesures », et qui plus est purement françaises. Du Bellay feint de ne pas trop savoir quoi en penser. Elle échappe à ses instruments d'analyse. Comme « antithèse », l'alternance structure l'ensemble d'une strophe, elle n'insiste pas moins que l'acrostiche sur la dimension verticale, architectonique. Mais l'alternance peut être aussi ramenée à un simple effet d' « épithèse », un ornement qui ne concerne que quelques vers, quatre ou six au maximum. Enfin et surtout, elle peut être réduite à une variation de plus sur les homéotéleutes indésirables. Du Bellay se méfie d'une ultime résurgence des fantasmes des Rhétoriqueurs, puisqu'inventée par Jean Bouchet plus encore que par Marot. L'alternance, ce serait aussi bien que l'acrostiche, si ce n'était pas à la fin des vers.

---

1 La même remarque peut être faite pour Ronsard. Son abrégé traite de l'hiatus à l'hémistiche sous la rubrique «De l'*h*», et du vers abruptement coupé bien plus loin, à la fin de la rubrique «Des vers communs». L'exemple qu'il forge alors comporte lui aussi un hiatus, lui aussi non relevé comme tel: «Sur toute chose je te veux advertir (...) que les quatre premieres syllabes du vers commun ou les six premieres des Alexandrins soyent façonnez d'un sens, aucunement parfait, sans l'emprunter du mot suyvant. Exemple du sens parfait: *Jeune beauté maistresse de ma vie*. Exemple du vers qui a le sens imparfait: *L'homme qui a esté desur la mer.*» (*qui a/été*: en Pléiade, II, p. 1185; en Livre de Poche, p. 482). – Du point de vue de Ronsard, on pourrait relever encore un autre défaut dans le vers de Sébillet: la surabondance des monosyllabes. Mais le résultat serait le même: ce dernier vers de sonnet est décidément une bien piètre fin.

L'alternance est ainsi un rival à la fois raté et dangereux. Elle nous permet de conclure sur le problème de la symétrie. L'*Orator* n'exclut pas la symétrie ou *concinnitas* à l'intérieur du grand style, elle est même l'une des trois espèces des *numeri*, à côté de l'euphonie ou absence d'hiatus, et de l'harmonie ou présence de pieds métriques dans la prose. Cicéron ajoute que toutes les figures d'*elocutio*, à commencer par l'antithèse, produisent d'elles-mêmes des nombres dans la prose, du *numerosus*, c'est-à-dire une sorte de rythme métrique qui ressemble à celui de la poésie. Mais son propos n'est pas de développer ce point: son propos est de justifier la présence de pieds métriques dans la grande prose de l'orateur, et particulièrement dans les clausules. Aussi l'*Orator* ne sert-il pas ici à la *Deffence*, pour une raison tout à la fois théorique et pratique. D'un point de vue pratique, Du Bellay va se fournir chez Quintilien sinon chez Denys d'Halicarnasse. Du point de vue théorique, non seulement il exècre la *concinnitas* mais surtout il reconnaît l'impossibilité de reproduire en français les pieds métriques du latin, qu'ils soient en vers ou en prose. Quand il annonce «les piedz & nombres» du français, les nombres dont il parle sont donc forcément ceux dont l'*Orator* ne parle pas. Ce qu'il désigne par nombres, ce sont les effets « nombreux » que produisent dans la période les figures d'*elocutio*, qu'elles soient architectoniques ou ornementales, antithèse ou épithèse. Autrement dit, et qu'il ne dit pas, ce qu'il désigne par nombres, ce sont, par force, des effets de symétrie: une *concinnitas*, mais sortie des bornes étroites du vers et de l'homéo-. Les vraies, les grandes symétries seront une *concinnitas* rénovée, sans myopie, où ce qui compte est d'abord une claire conscience de la *copia* et de la période. L'acrostiche n'est pas pratiqué dans le même esprit que les Rhétoriqueurs, pas plus que les homéotéleutes, comme nous l'a montré la phrase sur «les fraîches ombres des forêts ». Il ne s'agit pas de s'interdire les ornements, et de construire des palais vides. L'enjeu est que les ornements ne se prennent pas pour le tout, que la construction ou *structura* ne repose pas sur eux. Ce serait bâtir sur du vent, confondre le décorum avec le décoratif.

Cela compris, nous pouvons maintenant revenir en arrière, sur le chapitre II-7, c'est-à-dire sur la question des rimes et en général du vers français. Après les « nombres », les « piedz ».

6. Avec les nombres (2): II-7 ou l'harmonie

La brièveté de ce chapitre est paradoxale, comme on l'a noté depuis longtemps. Le livre II de la *Deffence* a annoncé qu'il va traiter uniquement de la poésie française, et maintenant il expédie la question du vers et de la rime en cinquante lignes, qui de plus n'apportent apparemment rien de neuf.

Résumons en effet le chapitre en prenant le point de vue d'un spécialiste d'histoire de la versification française. Ce sera vite fait. Le spécialiste tirera peu d'informations neuves, et pour cause: elles proviennent presque toutes de Sébillet. Du Bellay veut une rime « riche », c'est-à-dire de « deux » syllabes, étant entendu que le *e* muet compte pour une: richesse bien pauvre, de façon toute classique. Il récuse les rimes équivoques: il y a au moins vingt ans qu'elles sont passées de mode. Il refuse aussi la rime du simple avec son composé, type *baisser* et *abaisser*: Molinet la refusait déjà. L'autorisation donnée aux composés qui « changent ou augmentent » la signification des simples est elle aussi formulée par Molinet. Des Rhétoriqueurs à la Pléiade, c'est la même théorie, et la même pratique désinvolte: Du Bellay ne se gêne pas pour rimer *renouvelle* et *nouvelle*, et on serait bien en peine de dire en quoi le composé y « change ou augmente » le simple[1]. Enfin, Du Bellay est d'accord avec Sébillet pour tenter des vers sans rime, ainsi que pour autoriser la rime *maître* et *prêtre*; avec cette fois Jean Bouchet, il est d'accord pour interdire la rime *maître* et *mettre*. Et puis c'est tout.

Une telle brièveté vaut message: on ne va pas perdre du temps comme Sébillet à des minuties inutiles, pour pouvoir mieux s'étendre sur celles qui sont vraiment importantes. Si l'important n'est pas le vers mais la période, il est urgent de passer rapidement sur la versification. Mais enfin tout cela nous frustre. On aimerait bien que pour une fois Du Bellay oublie un peu sa polémique et nous donne ce que nous n'avons toujours pas, une versification propre à la Pléiade. De ses quelques banalités, tout ce que l'on peut apparemment extraire est une information de phonétique historique, qui ne fait du reste que confirmer deux faits bien connus: la disparition progressive au XVIe siècle de la différence entre *aî* et *ê* et inversement le maintien d'une différence entre le *aî* « long » de *maître* et le *e* « bref » de *mettre*. Ce n'est pas avec cela que nous allons pouvoir répondre à une question autrement plus palpitante: quel était le sentiment du vers français que partageaient Du Bellay et Ronsard, comment entendaient-ils sa mélodie, bref, qu'est-ce qui les faisait vibrer.

Pour construire la réponse à pareille question, au moins savons-nous maintenant où chercher, et selon quelle méthode. Du Bellay ne donne pas ici un traité de versification, mais sa philosophie du vers. Il faut décrypter celle-ci en ayant un œil attentif sur ses ressources habituelles, Cicéron et Quintilien. La métrique du vers français sera en effet déduite de la métrique de la grande prose latine. Nous ne quittons pas les nombres. Nous en arrivons au contraire au sens le plus spécialisé du mot *numeri* ou de son équivalent grec l'harmonie: le pied métrique. Nous en arrivons même à ce qui emblématise voire caricature la prose cicéronienne, ses fameuses clausules.

---

1 Dans le sonnet de Du Bellay qui ouvre les *Odes* de 1550, cité dans la conclusion générale p. 364 (et p. 248).

Le raisonnement de Du Bellay sur la rime en fin de vers dérive en effet de celui de Cicéron sur la clausule en fin de période. Si Du Bellay peut aller vite, c'est qu'il s'appuie sur les traités latins. A nous qui ne les connaissons pas, il faut au contraire prendre le temps de lire toute la fin de l'*Orator* (204-238), et particulièrement ses paragraphes 212-220 sur spondées et autres dactyles. A cela on ajoutera le chapitre IX, 4 de Quintilien sur la *compositio*, dont la troisième et dernière section détaille le même sujet, avec l'avantage d'intégrer les critiques faites à Cicéron (§ 45-146).

L'exposé de Du Bellay suit le même ordre que ceux de II-8 et II-9. Il pose d'abord le cadre et passe ensuite aux applications. Le cadre se conclut par une formule qui vaut définition, à la ligne 19. La rime sera telle « que le vers tumbant en icelle ne contentera moins l'oreille, qu'une bien armonieuse musique tumbante en un bon & parfait accord ». Les applications sont les rimes équivoques, les vers sans rime, et deux minuties: oui à *maître* et *prêtre*, non à *maître* et *mettre*. Ce balancement général est affiché par le titre: « De la rythme & des vers sans rythme », ce qui souligne aussi d'emblée que, parmi les applications, la question des vers sans rime aura une importance particulière. Ici, je ne suivrai pas de façon linéaire l'ordre du chapitre. Plus exactement, j'introduirai dans sa bipartition entre théorie et pratique un développement sur un point qui ne retient pas Du Bellay, le vers comme arrangement de syllabes. Je regarderai donc la question de la rime puis celle des vers sans rime, mais en intercalant une réflexion, nécessaire pour nous modernes, sur le syllabisme, c'est-à-dire sur la scansion du vers classique.

Au fond, il s'agit de rendre compte des deux jeux de mots par lesquels commence le chapitre de Du Bellay, sur rythme et sur nombre. Le premier est visuel. Là où Sébillet écrivait rime *ryme*, Du Bellay l'écrit presque constamment avec la graphie *rythme*, dès le titre, tout en maintenant l'article féminin: *la* rythme. Le second jeu de mots est moins voyant. A défaut d'avoir des « piedz » métriques comme les Grecs et les Latins, « nous avons un certain nombre de syllabes en chacun genre de poëme ». Ce *nombre* est nettement un clin d'œil, comme l'a relevé Meerhoff: l'absence de pied métrique ou *numerus* est compensée en poésie française par le nombre des syllabes. Cela remplit donc le programme annoncé à I-9, la compensation des nombres latins. Mais cela ne paraît pas très sérieux à Meerhoff, d'autant plus que, dans les vers non rimés, il faut « compenser » l'absence de la rime par des vers « bien charnuz & nerveuz » (l. 34). De compensation en compensation, il est vrai qu'on s'y perd. Le fil d'Ariane pour sortir de ce labyrinthe, c'est, ici encore, la période. Du Bellay donne moins une philosophie du vers comme arrangement de syllabes qu'une réflexion sur la rime et le vers comme éléments de la période, la seule unité rythmique intéressante à ses yeux.

a. - En termes de période, la fin du vers est l'équivalent d'une clausule. On se rappelle l'homologie entre période et quatrain, et donc entre vers et membre de période. Il s'en déduit *a priori* que l'on peut avoir des rimes-clausules plus ou moins marquantes, selon qu'elles concluent une période entière ou un membre de période, voire cet élément plus petit qu'est l'incise. Les rimes ont ainsi exactement la valeur des homéotéleutes dans la prose d'un Isocrate, elles « ornent » la structure d'ensemble. Toute la question est alors de ne pas abuser de pareil ornement, de savoir « reigler sa rythme » (l. 26), ou sinon on retombera dans la *concinnitas* honnie. Or, si la rime est une clausule, pour comprendre ses règles et ses abus, il nous faut exposer ce qu'est une clausule, et découvrir ainsi ce que cache la critique de la rime *misericordieusement* et *melodieusement*.

La clausule grecque ou latine est donc une sorte de pied métrique en prose. Avec II-8 et II-9, nous avons vu les groupes de mots, les *uerba coniuncta*. Avec II-7, il s'agit toujours de groupements, mais cette fois de syllabes. Dans la poésie de l'Antiquité, le pied métrique est en effet un groupe de syllabes: trois maximum selon Quintilien (9.4.79-80), jusqu'à cinq pour Cicéron (*Or.* 218). Pour les groupes de mots à l'intérieur de la période, j'ai parlé de module, le plus petit module étant un groupe de mots de la taille d'un hémistiche. Or, dans la poésie des Anciens, le terme même de *pied* renvoie elle aussi à l'idée de mesure minimale, le pied désignant de façon très générale une unité de mesure, entre pouce (un douzième de pied) et brasse (cinq pieds). Le pied métrique est donc le plus petit module du vers, un groupe de deux ou trois syllabes, voire quatre ou cinq.

Le vers grec ou latin est alors une combinaison de pareils pieds. Un point important à retenir pour la discussion qui va suivre est que les pieds ne correspondent pas, en général, à des mots. Ils en débordent pour ainsi dire les frontières. Par exemple, le vers « *Maecenas, atavis edite regibus* » se découpe ou scande en *Maece* (spondée), *nas ata* (dactyle), *vis* (césure), etc. De même, pour un auteur de vers mesurés à l'antique comme Jacques de La Taille, « Charle(s) en France fera » se scande en « *Charl'en* (spondée) *France fe* (dactile) *ra* (cesure) »[1].

Si le vers ancien est une combinaison de pieds, la phrase de prose, ou plutôt de grande prose, l'est également: elle combine de bout en bout de quasi

[1] L'exemple latin de vers choriambe ou asclépiade est donné par le *Gradus ad Parnassum* de F. Noël, p. xij; l'asclépiade fabriqué par La Taille (p. 68 de *La maniere*...) est « Charles en France fera naistre le siecle d'or », où, comme dans le vers latin, seul le dernier pied a pour frontières celles des mots: Charle en. France fe. ra/naître le. siècle d'or, soit spondée, dactyle, césure, dactyle, dactyle. Mais même à la fin, son dactyle n'est pas homologue au groupe grammatical: ce n'est pas la scansion à la moderne 1/5, naî/tre le siècle d'or.

pieds. Quintilien donne pour exemple le tout début du *Pour Cluentius* de Cicéron:

> *Animaduerti, iudices, omnem accusatoris orationem in duas diuisam esse partis,*
> J'ai remarqué, juges, que le discours de l'accusateur a été dans son ensemble divisé en deux parties.

Comme toute phrase de grande prose latine, celle-ci « forme un tout pour le sens et pour le souffle», *sensus* et *spiritus* ou encore sentence et clause (9.4.68). En effet, les spécialistes ou rythmiciens, *rythmici*, considèrent ici que forment des « quasi pieds métriques, *quasi numeri*» « les deux premiers mots, puis les trois suivants, et encore les deux et les trois suivants », soit: 1. *Animaduerti, iudices*, 2. *omnem accusatoris orationem*, 3. *in duas*, 4. *diuisam esse partis*. Le « quasi » tient, entre autres, au fait que ces pieds de la prose aient apparemment pour frontières celles du mot, à la différence de la poésie. Mais quoi qu'il en soit, pour le profane, l'impression de pieds métriques n'est pourtant sensible qu'à deux places marquées, le début et surtout la fin. *Animaduerti iudices* est ainsi pour Quintilien un début remarquable, parce que c'est la formule rythmique d'une fin de vers latin (§ 74). Inversement, une fin de période est remarquable quand elle reprend le rythme d'une première partie de vers (§ 72).

C'est de la fin que traite surtout Cicéron dans l'*Orator*. Il rappelle une expérience personnelle, semblable à la clameur de la foule sur le « Mais Paris libéré! » de De Gaulle. La période d'un tribun de la plèbe s'acheva sur un dichorée, soit un pied de quatre syllabes couvrant tout le mot *comprobauit*, longue-brève et de nouveau longue-brève: « *Patris dictum sapiens temeritas filii comprobauit!* »[1]. « Sur ce dichorée une telle clameur s'éleva dans l'assemblée du peuple que ce fut merveille » (*Or.* 214). On se pince pour y croire, comme on se pincerait si on nous disait que la clausule gaullienne a été efficace parce que de six syllabes. Et pourtant c'est bien de cela qu'il s'agit. La clausule couronne un ensemble extrêmement pathétique. Dans un cas la Libération tout juste achevée, dans l'autre l'appel du tribun à son père et au sacré de la République[2]. Dans tous les cas la couronne ne remplace pas

---

1 Pour ne pas alourdir inutilement la typographie, la voyelle soulignée sera longue, celle qui ne l'est pas sera brève.

2 Voici la période telle que rapportée par Cicéron (je mets des points d'exclamation là où il la découpe): «O Marcus Drusus! car ici j'invoque mon père! [= deux incises de deux pieds chacune.] Tu disais, toi, que la République est sacrée! [= deux membres de période, chacun de trois pieds] et que si elle est profanée, par les uns ou les autres, nous sommes responsables collectivement!! (*persolutas*) Eh bien, ces fortes paroles du père, le fils a eu la sagesse, la folie plutôt, de les approuver pleinement!!! (*comprobauit*)» (les deux mots de la fin sont tous deux des dichorées, rendus ici par des adverbes). Il s'agit du tribun de la plèbe Caius Carbo (dans les

le roi. Mais elle est nécessaire pour lui donner sa complétude, pour faire briller aux yeux de tous son ampleur et son émotion: sa majesté[1]. La clausule-couronne fait ici vibrer le *mouere* le plus extrême, celui de l'amour sacré de la patrie, ou de Paris. La question des clausules n'est donc pas la seule affaire de spécialistes pointilleux, mais de très grands orateurs, ou, pour Du Bellay, de très grands poètes. Pour pasticher l'inusable formule de Napoléon, qui s'y connaît en clausules vibrantes, la métrique est une affaire trop sérieuse pour être laissée aux seuls métriciens.

Laissons pourtant aux seuls latinistes le détail exotique des divers pieds des Anciens. Il suffit ici de voir ce que Du Bellay a pu en conserver. La question fondamentale est rappelée par la rime de *misericordieusement* avec *melodieusement*, que Du Bellay reprend sans le dire à son ami Jacques Peletier[2]. Cette rime condense en effet la critique essentielle que Quintilien fait aux clausules de Cicéron. Ce dernier pratique et théorise l'utilisation de grands plurisyllabes, ce que Quintilien se refuse d'admettre, malgré toute l'admiration qu'il voue à son grand homme.

Quintilien, donc, considère qu'un pied ne dépasse pas trois syllabes, là où Cicéron va jusqu'à quatre ou cinq. Au-delà de trois, ce n'est pas pour Quintilien un pied à proprement parler, mais une suite métrique de la prose: non pas un *pes* mais un *numerus*, ou plus exactement un *quasi numerus* (9.4.80 = *Or.* 218). Ce quasi *numerus* qui fait une clausule est, aux yeux du moins de Quintilien, un pied et un peu plus, le plus souvent deux pieds: par exemple, cinq syllabes découpées en des groupes trois plus deux. Or, ce qui importe de beaucoup, « *multum referre* », c'est de savoir si dans cette suite métrique ou clausule,

> les deux pieds sont compris dans un seul mot ou si chacun est détaché. Ainsi, la clausule *criminis causa* fait une chute forte, *archipiratae* une chute faible, et la chute est plus faible encore, si le premier pied est un tribraque [= trois brèves], comme dans *facilitates*, *temeritates*. 98. C'est que dans l'intervalle métrique même des mots, il y a un certain temps de latence, *tempus latens*... (9.4.97-98)

---

années 90-80), fils de Marcus Drusus Carbo, lui-même tribun de la plèbe, dont les paroles citées ici résument la violente opposition à son collègue Caius Gracchus en 122: voir *Brutus*, 221 et 109. A ne pas confondre avec le Caius Carbo collègue, lui, de Tiberius Gracchus: ce Caius Carbo est le père de Marcus Drusus Carbo et donc le grand-père du Caius Carbo dont parle Cicéron.

1 L'identification de la rime à une couronne sort des termes de rime « couronnée » ou « empériére »: Sébillet (II, 15) parle bien de « triple couronne » pour l'empérière (Gaiffe, p. 200, en Livre de Poche p. 152), d'où il se déduit que la rime simple est une couronne elle-même simple, royale, tout simplement.

2 Lequel ne manquera pas de protester et de se justifier dans son propre art poétique II, 1, « De la rime poétique », en Livre de Poche, p. 288.

Ce temps si décisif est caché, *latens*: s'il ne compte pas officiellement, il a beaucoup d'importance. En termes de solfège, si longues et brèves sont des noires et des croches, le temps caché est une sorte de soupir, une ponctuation rythmique qu'on n'aurait pas le droit de noter sur la partition. Je le marquerai désormais par un gros point, gros parce qu'il est important, laid parce qu'il est illégal.

Quintilien considère ici toute une série de clausules cicéroniennes. *Criminis*• *causa* est bon, comme « Mais Paris• libéré », parce qu'il y a un temps caché entre les deux pieds, qui sont aussi les deux mots: *criminis* est un crétique (longue, brève, longue), *causa* est un spondée (deux longues). Le temps caché permet l'impression de vers, ou pour mieux dire le souffle, le *spiritus*. On sent bien par exemple que de Gaulle détruirait son effet en prononçant d'une traite *maiparilibéré*. L'intervalle après *ris* donne au contraire toute sa force à *libéré* et à cette invraisemblable grosse voix gaullienne. Alors, de fait, *libéré* a libéré véritablement toutes les émotions. Inversement, si *archipiratae* est la même formule rythmique que *criminis causa*, crétique plus spondée, il n'est pourtant pas meilleur que *maiparilibéré* ou que *melodieusement*. Quintilien l'a déjà dit à ses paragraphes 63-66. Les clausules *archipiratae* et *balneatori* de Cicéron ne sont pas bonnes, pas plus que le *Tyndaridarum* d'Horace, ou que les quatre syllabes *Apennino* (Ovide), *armamentis* (Ovide), *Orione* (Virgile)[1].

L'importance de ce refus tient à une raison théorique tout à fait décisive. Le long plurisyllabe est un mot unique, et le mot unique supprime l'idée même d'arrangement des mots, de *compositio*. Aux yeux de Quintilien, Cicéron scie la branche sur laquelle il est assis. Autoriser des « pieds » de plus de trois syllabes nuit à la cause qu'il défend, et qui est celle du style lié. Car l'arrangement des mots ressemble, dit Quintilien, à « une sorte d'assemblage de courroies ou de nerfs, qui tendent les phrases, *sententiae*, et les lancent avec force » (§9). Dans cette balistique toute romaine de machines de guerre, le temps sur le *ris* de *Paris* est la courroie de la catapulte qui projette au plus loin *libéré*. Supprimez la courroie et vous aurez un projectile sans projection: le mot *libéré* à lui tout seul servira autant que la pierre sans la fronde ou le boulet sans le canon. C'est ce résultat catastrophique que produiraient les trop longs plurisyllabes.

A partir du moment où il n'y a que deux sortes de styles, le lié et le non-lié, le corollaire théorique est implacable. Si ces monstres de longueur nous font sortir du style lié, ils nous font forcément revenir au style non-lié. Dans les termes de Du Bellay, la rime de Peletier est donc une régression, un retour

---

[1] Le mot *archipirata* vient des Verrines: collusion du propréteur Verrès avec le chef des pirates. Ce mot exotique renvoie à la monstruosité de la situation.

à Scève. Après le blé, les glands: au secours, les Rhétoriqueurs reviennent. Du Bellay est si obsédé de progrès, de «derniere main», que le moindre retour en arrière lui paraît un retour à la préhistoire, aux glands et aux silex que sont les rimes «equivoques».

Ce raisonnement permet de préciser ce qu'il désigne au juste par ce dernier mot. De façon évidente, les six syllabes de *melodi-eusement* correspondent chez lui aux clausules latines de quatre syllabes en un seul mot. L'extraordinaire *misericordi-eusement*, qui occupe tout un octosyllabe, est l'équivalent de ces monstres de longueur que sont *archipiratae* ou *Tyndaridarum*. Or ce sont bien ces monstres que Du Bellay appelle des «equivoques». Le terme arrive juste après la définition du vers à la ligne 21. Après le cadre général, c'est la première des applications, par conséquent la plus emblématique: «Ces equivoques donq' & ces simples rymez avecques leurs composez, comme un *baisser* & *abaisser* (...) me soint chassez bien loing» (l. 22-25). Vu le «ces» et le «donc», vu aussi que *baisser* et *abaisser* reprennent le type *imminent* et *eminent* (l. 13), il faut conclure que les équivoques désignent ici uniquement ce qu'il vient de nommer, les monstres plurisyllabiques de Peletier. Autrement dit, et pour contredire directement tout ce que j'ai moi-même pu écrire autrefois, il ne s'agit pas ici des rimes équivoques des Rhétoriqueurs, au sens strict. Il s'agit de leur souvenir. Du Bellay ne revient pas sur leur déshérence, consommée depuis longtemps; il n'a pas un mot pour les effets que cite encore Sébillet, *rimailleurs* et *rime ailleurs*. Il ne s'occupe pas d'un passé lointain, mais d'un ami proche, pour le corriger, fraternellement. Peletier est sur la voie de la perfection, lui le grand frère qui a guidé le jeune Ronsard vers l'ode. Au grand frère il est urgent d'apprendre le dernier cri, «la derniere main». (Le grand frère, on s'en doute, n'a pas apprécié.)

Les mots trop longs tuent la fin de vers, l'harmonie. Ils tuent plus généralement l'idée même de structure d'ensemble, de *compositio*. Le mot unique, c'est comme le parti unique: cela ne laisse pas respirer l'arrangement des syllabes ou des mots. Le *melodieusement* détruit la mélodie, tout autant que les rejets. Dans les deux cas, c'est donner une place démesurée, une «*hedra plateia*» à l'un des mots de la période. La rime-couronne se prend pour le roi, tout comme le mot en rejet trop violent. C'est monstrueux au sens où les grands du royaume sont monstrueux sous la plume de Malherbe: leur orgueil ne connaît point de loi, ils sortent de leur juste place. Pour le dire sans métaphore, nous retrouvons ainsi ce que je posais au début. Selon la formule de Benoît de Cornulier, la rime «n'est pas une marque de fin de vers», elle n'est pas définitoire. En revanche, et justement parce qu'elle est l'équivalent d'une clausule, elle marque la fin d'un membre de période ou d'une incise. La rime relève donc de l'arrangement des mots, pas de l'arrangement des syllabes que je vais décrire dans le point suivant. Elle assure le lien entre plusieurs membres de période. Du début à la fin de la strophe, on va de petites à de grandes clausules. Le poids de la rime est proportionnel à sa place dans la strophe. Comme dans la période latine, il est donc prévisible que la dernière ait un poids particulier, et doive être particulièrement soignée. C'est une question de décorum.

Au fond, et pour conclure ce point, appeler équivoques ces rimes faites de mots trop longs, inclure de plus dans ce genre l'espèce que sont les rimes du simple et du composé, ce n'est pas une mauvaise façon de résumer ce qu'il reste des Rhétoriqueurs dans la conscience de la décennie 1540. Au-delà de Peletier, c'est Scève qui est encore visé[1]. Celui-ci a, par excellence, un goût pour les substantifs à la manière des Rhétoriqueurs, tout autant que pour les rimes de composés. Non seulement « Saone monter/tresui-olentement », mais aussi des séries comme « grand' satisfacti-on, leur operati-on, ta decorati-on »; et les innombrables rimes du type « passe, trépasse, compasse » ou encore, de façon presque autoréférentielle, « composée, reposa, posée, composa »[2]. Tout comme les petites symétries à la Gorgias détruisent l'idée même de symétrie, les rimes des simples avec leurs «composez» détruisent l'idée même de *compositio*. Peletier avec ses rimes est en retard, il date de Scève, il ne connaît pas encore ce que sont les nombres, les vrais. Du reste, le grand frère ne semble pas avoir vu l'allusion, ni que c'était en somme un éloge que lui faisait Du Bellay: celui d'être, comme Cicéron aux yeux de Quintilien, sur la voie de la perfection.

b. - Après les fins de vers, nous pouvons regarder le vers lui-même comme suite de syllabes. Du Bellay a fort peu à en dire: ce n'est pas cela qui l'intéresse. Mais comme les rythmiciens modernes nous ont focalisés dessus, il n'est pas inutile de développer un peu. On pourrait poser que le syllabisme est à sa manière une forme de *continuatio*, et dire que le vers est une période de syllabes, non de mots. J'en tirerai quelques hypothèses sur la scansion du vers classique, lesquelles à leur tour prépareront mon troisième et dernier point, sur les vers sans rime.

Reprenons II-7 à son début. La rime ou plutôt la rythme est

> ce, qu'est la quantité aux Grecz, & Latins. Et bien que nous n'ayons cet usaige de Piez comme eux, si est ce, que nous avons un certain nombre de Syllabes en chacun Genre de Poëme, par les quelles comme par Chesnons le

---

1 Et son théoricien Sébillet, qui autorise expressément la rime du «simple contre le composé» (I-7, Gaiffe p. 70-71, en Livre de Poche, p. 83). Du Bellay condense nettement le chapitre I, 7 de Sébillet, «De la Ryme, et ses differences et divers usages», puisque celui-ci traite en premier lieu, justement, la rime équivoque, et en dernier le simple avec le composé.

2 Respectivement: *Délie*, 17; 4; 178; *composée* est dans l'épitaphe de Pernette du Guillet.

> vers Francois lié, & enchainé est contraint de se rendre en cete etroite prison de Rythme...

La rime à elle toute seule serait donc en français l'équivalent de la « quantité » d'un mot dans la métrique ancienne, qui est le temps que l'on demeure à en prononcer les syllabes, indépendamment de la valeur intrinsèque des syllabes (de leur « qualité »). Dans la métrique ancienne, syllabes longue et brève s'opposent comme en musique noire et croche – cela n'interdit pas les accents, *forte* ou appoggiatures, mais c'est hors système. Si la rime vaut quantité, il semble s'en déduire que le reste du vers français n'a pas même d'équivalent pour la quantité. Tout ce que nous avons, c'est « un certain nombre de syllabes »[1]. On retombe ainsi sur une pure question comptable: compter 4/6 ou 6/6 n'empêche pas d'accentuer de façon plus fine, mais ce n'est pas prévu par le système. De ce point de vue comptable ou quantitatif, la rime est une prison à laquelle le vers est, de proche en proche, enchaîné. Qu'est-ce à dire? Le raisonnement par la période peut nous le faire entrevoir.

Dans la période latine, la clausule est pratiquement le seul moment où le profane entend deux pieds métriques, l'autre moment étant, de façon un peu moins marquée, l'initiale de la période. Entre début et fin, seuls les rythmiciens entendent quelque chose. Mais cette absence de visibilité des pieds métriques à l'intérieur ne signifie pas qu'il n'y en ait pas, pour les experts ou doctes. Transposons au vers français. La rime est le seul moment où on ait un phénomène marqué qui évoque à tout le monde le pied métrique, avec de façon un peu moins nette l'initiale: l'anaphore chère à la Pléiade mais aussi ces effets de débuts de vers que sont chez Sébillet ou même Scève les « rimes » annexée, fratrisée et enchaînée, ou encore le célébrissime « Rome..., Rome..., Rome enfin que je hais » dans l'*Horace* de Corneille, qui scande plus que la rime[2]. Entre début et fin du vers, ce serait l'inconnu, une sorte de *no man's land*, une terre qui ne connaît pas les pieds (métriques). Seuls les métriciens et les poètes doctes sont capables de scander partout, de s'y aventurer en tout cas.

Parler ici du syllabisme, c'est donc rester prudemment au bord du problème. Dans tous les cas, vers français ou période latine, la scansion de l'intérieur des terres est une extrapolation ou approximation à partir du vers des Anciens, de celui qui seul connaît la quantité de bout en bout. *Stricto*

---

1 Voir II-4, l. 72-73 (et p. 56, n. 3): on peut adopter en poésie française l'hendécasyllabe antique « si non en quantité, pour le moins en nombre de syllabes ».

2 Et qui est du reste une rime tout à la fois annexée et fratrisée: reprise de la syllabe-mot du vers d'Horace par Camille, « Ce que doit ta naissance aux intérêts de *Rome./Rome*, l'unique objet de mon ressentiment! ».

sensu, la période latine et le vers français ne peuvent être vraiment scandés par des pieds métriques ou *numeri* qu'à la fin, et parfois au début – et encore, ce ne sont que de quasi *numeri*. *Lato sensu*, à l'intérieur, on a simplement, quelque chose *comme* la quantité: du *numerosus* et pas du *numerus*. Le nombre des syllabes est du quantifiable, pas de la quantité. Il n'y aurait donc pas plus de vers mesurés en français du XVIe siècle qu'il n'y a de période mesurée dans la prose latine. Seul rythme marqué, la rime fait «tenir» rythmiquement l'ensemble du vers, tout comme la clausule fait «tenir» l'ensemble de la période. Nous retrouvons l'image de la clé qui fait tenir la voûte. Pour reprendre l'autre image, celle que propose ici Du Bellay, la rime est la prison, les murs auxquels on peut accrocher la chaîne des syllabes. Si la chaîne n'est pas accrochée à quelque chose, elle se nie comme chaîne. Sans rime, le vers n'aura même pas l'air, aux yeux des indoctes, d'avoir du rythme, d'avoir quelque chose comme la quantité des Anciens, de même que sans clausule, la période n'aura pas l'air d'avoir un rythme.

On peut alors proposer une première hypothèse pour rendre compte du jeu de mots qui fait écrire « la rythme » pour la rime. La rime est au vers ce que la clausule est à la période: ce qui verrouille l'effet qu'il y a un rythme. On a l'impression que ce jeu de mots renvoie à l'analogie période et vers que je posais plus haut, où le vers comme unité rythmique serait une période de syllabes. *Le* rythme, c'est le quasi-métrique de la période latine, du style lié. *La* rythme, ce serait la quasi-quantité du vers français, prosodie enchaînée. L'apparent doublon «lié & enchainé» n'est en tout cas pas une synonymie, mais un étagement entre genre et espèce. *Lié* est le genre, *enchainé* est l'espèce: l'enchaînement est, au niveau de l'arrangement des syllabes, ce qu'est la liaison au niveau plus général, et plus important, de l'arrangement des mots. Le vers français, ce sont des syllabes en un certain ordre assemblées, pour décalquer la définition de la peinture par Maurice Denis. Cet assemblage lui donne son rythme, ou plutôt sa rythme. En comprenant ainsi le jeu de mots, on comprend alors qu'ensuite Du Bellay puisse revenir à la graphie «rymer» (l. 13, 22, 27, etc.). La «ryme» du simple contre le composé n'est pas du tout la «rythme» qui ordonne l'arrangement des syllabes[1]. La rime relève de l'arrangement des mots, la rythme, de celui des syllabes, du vers en tant qu'enchaînement de phonèmes.

Quoi qu'il en soit de cette hypothèse, la phrase de Du Bellay donne les deux traits qui définissent le vers français classique. Le premier est, tout bêtement, le nombre de syllabes, ou plutôt le « certain nombre »: un nombre déterminé, *certus*. Le second trait ne s'applique qu'aux vers à césure fixe, le

[1] Les dernières éditions de la *Deffence* remplacent de façon intéressante *rythme* par *ryme*, mais à partir seulement du «default de la rythme», l. 35: ce qui confirmerait ma lecture du jeu de mots.

décasyllabe et l'alexandrin, 4/6 et 6/6. Ce qui est alors définitoire est l'absence du *e* dit muet à la fin du premier hémistiche, sauf bien sûr s'il est élidé, c'est-à-dire sauf si le second hémistiche commence par une voyelle. Cette règle a été transmise au Français Clément Marot par le Bourguignon Jean Lemaire, car ce sont les Rhétoriqueurs bourguignons qui, en poètes doctes, ont pratiqué plus encore que théorisé l'ensemble des règles sur la césure[1]. Que ces deux traits suffisent à définir le grand vers classique, nous le savons d'ailleurs intuitivement, du simple fait que nous ne retenions souvent qu'un seul vers, «La fille de Minos et de Pasiphaé», «Le vi-olon frémit comme un cœur qu'on afflige». Nous serions bien en peine de dire avec quoi rime *Pasiphaé* ou *afflige*. L'absence de rime n'ôte pourtant rien à notre certitude que ce sont là des vers, et même de très beaux vers.

Du syllabisme à la césure: la phrase par laquelle Du Bellay définit le vers ne s'arrête pas en effet à l'image de la prison, à la chaîne fixe qu'est le nombre de syllabes. La définition est complétée par le second trait, « la couppe feminine, facheux & rude gëolier, & incongnu des autres vulgaires ». Ici, Du Bellay a lu les considérations très développées de Sébillet sur la coupe féminine (I, 6), auquel il emprunte le mot de « facheux » et la rêverie sur le féminin[2]. Mais Sébillet n'a pas compris l'enjeu. La femme dont il parle est lunatique et fragile, l'élision imposée à la coupe est pour lui un nouveau cas d' « éclipse » (p. 47/70). La femme dont parle Du Bellay est tout autre. Cette belle geôlière est une Dame du Moyen Age qui retient les chevaliers « prisons », prisonniers: non pas fragile mais forte, non pas lunatique mais incarnation même de la règle. Loin de couper le vers, la coupe garantit son unité, et pour ainsi dire le civilise. Ce ne sont pas les poètes qui « gardent » cette règle, comme le dit Sébillet: c'est la règle qui les garde. La coupe féminine est la Notre-Dame de la Garde du grand vers français, du vers en tant qu'arrangement de syllabes.

Rappelons le détail de la règle. On sait que le *e* au XVIe siècle n'est muet qu'au sens où il est atone. Il compte bel et bien pour une syllabe, pas seulement en vers mais aussi dans la prononciation courante, comme l'attestent encore aujourd'hui les accents méridionaux, *peuchèr-eu* et autres

1 Comme l'a démontré, relevés exhaustifs à l'appui, Claude Thiry dans un article fondamental, «Rhétoriqueurs de Bourgogne...». Les poètes français se permettent toutes sortes de facilités à la césure, là où par exemple l'usage de Molinet est «assez exigeant et paraît suivre, dans la pratique, des règles assez précises, même si celles-ci ne sont formulées nulle part»: il cherche à éviter la coupe épique, et restreint la coupe lyrique, toujours «rejetant les solutions métriquement les plus faciles» (p. 111).

2 Sébillet, I, 6, p. 48-55 de Gaiffe, 71-74 en Livre de Poche: «ce facheux *e* fémenin» (p. 55/74), la coupe féminine «gardée inviolablement par tous les bons Pöétes de ce temps», avec le mot *composition* comme dernier de ces considérations. Voir aussi le début du chapitre sur le *e*, «aussi fascheus a gouverner qu'une femme» (p. 42/67).

Paniss-eu. On prononçait *blond-eu* comme dans la chanson « Auprès de ma blond-e », et *patri-eu* comme dans la Marseillaise: « Amour sacré de la patri-e ». Quand les rimes sont féminines, Sébillet dit sans rire que le décasyllabe a onze syllabes, et l'alexandrin treize: syllabe qui ne compte pas, en surnombre, mais présente et qu'on fait sonner. C'est ce surnombre qui est interdit à la césure. Ce que le jeune Marot a appris de Lemaire, c'est de corriger « O Melibe-e/mon bon amy parfaict » en « O Melibee,/Amy chier, et parfaict ». Commentant cette correction, Etienne Pasquier à la fin du siècle forgera de même comme vers faux « Si mon âme jalous-e/vers tous les vents se tourne »[1]. Cet interdit de la coupe épique, repris par Malherbe, vient compléter ceux de la coupe lyrique et de la coupe enjambante: « La plaisancE/du cœur qui s'émerveille » (Froissart: coupe lyrique); « Que la victoi/re venait avec moi » (E. Deschamps: coupe enjambante)[2]. Ces détails ne sont pas des bagatelles. Jean-Pierre Bobillot l'a noté avec pertinence: « les phénomènes affectant la césure » sont « la clé de voûte du système, comme l'aura vite observé Rimbaud (pour s'y attaquer) »[3]. Rimbaud, dès 1871, écrit un alexandrin à coupe lyrique, « Forêts, soleils, rivEs/, savanes! Il s'aidait... », tout comme Mallarmé en 1897: « Nubiles plis l'astrE/mûri des lendemains »[4]. C'est l'acte de décès du vers classique, encore tenu par Hugo, d'une main de géant. Rimbaud et Mallarmé défont ce que Lemaire et Du Bellay avaient construit.

La coupe féminine est donc le vrai gardien du rythme ou plutôt de la rythme, là où la rime n'est que le mur de la prison. Le mur est plus matériel, le gardien est plus vivant, et d'autant plus que c'est une gardienne. La rime, c'est la lettre du vers français: la rime, c'est-à-dire ici le décompte mécanique des syllabes qui s'y raccroche. La coupe en est l'esprit, l'âme. *Anima* plus encore qu'*animus*, c'est elle qui fait vraiment chanter les phonèmes du vers. Dès lors, nous comprenons mieux le refus de « Sinon que tu/en montres un plus sûr », par Sébillet justement[5]. Cet enjambement d'un hémistiche sur un autre est tout aussi destructeur, il ne défait pas moins la structure du vers. C'est bien dire que ce qui se passe à la césure est définitoire. Parmi les deux

---

1 Dans les *Recherches de la France*, VII, 8; Marot, La Première Eglogue..., v. 9: tous deux cités par Gérard Defaux dans son édition de Marot, I, p. 412-413.

2 Cité par Fr. Deloffre, *Le Vers français*, p. 38.

3 « Histoires de césure... », p.161, note 9.

4 Respectivement *Les Poètes de sept ans* et *Tombeau de Verlaine*, cités par Bobillot p. 158. J'approuve entièrement l'idée que le « trimètre romantique » est une reconstruction moderne, un mythe pur et simple.

5 Injustice, tout de même, de Du Bellay, ou malin plaisir de souligner les contradictions de Sébillet, lequel rétablit fort justement le vers faux donné à Marot « Merciéz ce/notable roy Francois » en « Remerciéz/ce noble roy Francois » (p. 51/p. 161, n. 74).

traits nécessaires à la définition, c'est même la césure le critère le plus important, c'est elle qui donne son supplément d'âme au seul décompte des syllabes. La royauté du vers ne tient pas à la rime, simple couronne, ni à sa richesse numérique et mécanique. Elle tient à l'onction que lui donne la césure. Seule la coupe féminine sacre le vers français – le vers en lui-même, comme arrangement ou *continuatio* de syllabes.

Une définition aussi nette appelle une contre-épreuve, au-delà des intuitions et des images. Si la coupe féminine définit le vers, il faut montrer que son absence définit la prose, la grande prose française classique, bien entendu. Nous n'avons pas à chercher bien loin, puisque le plus long exemple de la *Deffence*, déjà analysé, est de la prose. Tentons de le scander en membres de période à la manière de Cicéron ou Quintilien. Nous serons aussitôt sensibles à l'absence d'élision du *e* devant consonne, absence qu'on peut assimiler à des coupes lyriques:

1. *Depuis ceux qui voyEnt* 2. *premiers* 3. *rougir l'AurorE,*
1. *jusques la ou Thetis* 2. *recoit en ses undEs* 3. *le filz• d'Hyperi-on.*
Soit, en syllabes, deux périodes de trois membres, ou deux membres de période: 6/2/5 et 6/5/5 (en considérant *premiers* comme une « incise » de deux syllabes)[1].

Ainsi scandé, c'est du Chateaubriand: une grande prose, quasi-métrique, c'est-à-dire ici qui peut se scander *presque* comme le vers français, à la seule différence de la coupe féminine et du nombre indéterminé de syllabes. Rapprochons pour mémoire de ces vers de Du Bellay (voir p. 364):

Comme un torrent,/qui s'enfle & renouvell-e
Par le degout/des hauts sommés chenus,
Froissant & ponts,/et rivaiges connus
Se fait (hautain)/une tra•ce nouvell-e:

Le parallèle-différence entre l'exemple de prose et celui de poésie est à méditer. Il est riche en effet de toutes sortes d'implications, et permet de proposer des hypothèses sur la scansion du vers classique.

En termes de scansion, la question fondamentale est celle de savoir si on a le droit de subdiviser plus avant le groupe métrique que représente

[1] « 6 »: puisqu'il n'y a pas de nombre fixe de syllabes en prose, il n'y a pas non plus de surnombre. L'hypothèse d'une incise sur *premiers* est une simple intuition. Comparer avec la fameuse phrase de Montaigne, « Vénus n'est pas si belle toute nue, et vive, et haletante, comme elle est icy chez Virgile » (*Essais*, III, 5, p. 849 des Puf). Sans faire résonner le *e* muet, c'est de la prose banale. Avec le *e*, on a une incise sur *toute nue*: Vénus n'est pas si bellE, 7; toute nuE, 4; et vive, et haletantE, 7.

l'hémistiche, qui est le seul groupe sûr. Mon gros point signale grossièrement le problème. Le temps caché qu'il marque est *latens*, et cette latence n'est pas officielle. *Criminis causa* scandé en deux pieds nous semble en effet un objet autorisé parce que familier: quelque chose comme notre façon toute moderne de subdiviser un hémistiche selon ses groupes grammaticaux. Si on a *criminis.causa*, crétique puis spondée, on peut bien avoir *une trace.nouvelle*, 3.3. Le XXe siècle a généralisé. Nos rythmiciens considèrent qu'il faut subdiviser ainsi du début à la fin: 4/2.4 pour « Comme un torrent... », etc. Rien n'est moins sûr. Rappelons seulement la mésaventure arrivée à ce Hollandais féru de vers mesurés, Huyghens. Il propose à Corneille de scander par exemple « Et je sens/refroidir/ce bouillant/mouvement », soit quatre anapestes, ce qui nous paraît conforme à notre impression de modernes, mais aussi « Un a/mi dé/lo yal/peut tra/hir ton/dessein », soit un trimètre iambique pur, six pieds brève + longue, qui nous paraît farfelu et est pourtant conforme au « dactyle » *France fe*. Or c'est le tout qui paraît farfelu à Corneille, docte parmi les doctes. Corneille fait répondre à ce fâcheux, par un intermédiaire, qu'en français « il ne faut considérer que le nombre des syllabes, la rime et quelques autres agréments, mais qu'il ne saurait y être question de la cadence des pieds »[1].

Ce n'est pas à dire que la scansion moderne ait tort. Elle a systématisé l'idée de temps caché, ce secret de l'art. On a même pu en calculer la durée, enregistrements à l'appui. Le temps caché est, dans les termes du vers français, une coupe ou césure moins marquée que la césure officielle. L'équilibre général est inversement proportionnel à celui des liaisons. La liaison entre hémistiches est plus faible que celle entre mots à l'intérieur d'un hémistiche – étant entendu que toutes les liaisons se font, style lié oblige, et indépendamment de la présence ou non de ponctuation grammaticale, « forte » ou pas (on ne parle pas ici de grammaire mais de rythme). A l'inverse, le temps caché qui sépare *une trace* de *nouvelle* est bien moins marqué que celui de la césure entre *hautain* et *une* – où on lie, mais faiblement, à cause de la force de la césure: *hautain(n)une*. La difficulté du temps caché est même que, à proprement parler, il n'a pas à être marqué. C'est de la contrebande, un secret dévoilé par ce mouchard qu'est l'enregistrement en centièmes de seconde.

Mais enfin, la scansion moderne fausse singulièrement les perspectives. Voyez les exemples de traités de métrique modernes. Il est bien rare qu'on nous cite plus de deux vers. Leur exemple privilégié, « scientifique », c'est le vers isolé, le monostiche. De là vient l'habitude moderne de subdiviser les hémistiches. « C'est Vénus à sa proie tout entière attachée » nous paraît à

[1] Cité et discuté longuement par Lote, IV, 5, p. 195-203.

l'évidence non pas un 6/6 mais un 3.3/3.3, comme pour Huyghens. Le corollaire, ce sont des discussions byzantines pour savoir comment scander, c'est-à-dire subdiviser, « et de Pasiphaé » dans « La fille de Minos/et de Pasiphaé ». L'hémistiche racinien paraît, bien à tort, aussi monstrueux que le *melodieusement* de Peletier: « et• de Pasiphaé », « et de• Pasiphaé », « et de Pa•siphaé »? Le corollaire de ce corollaire, c'est la façon dont, pour rendre compte de la dimension poétique des vers, les étudiants ne savent plus guère qu'empiler des phonèmes. Le vers de *Phèdre* ne serait que des *a* et des *i*, en un beau désordre assemblés. Cette description phonétique est à la fois parfaitement juste et terriblement bornée: juste, car elle parle à son niveau de la *modulatio* dont je traiterai dans mon troisième point; bornée, car elle isole le vers. Notons ici, simplement, que Du Bellay n'a rien à dire sur les voyelles ouvertes ou fermées, ni sur les consonnes sourdes ou sonores, cet ordinaire des traités de métrique moderne.

Au fond, nous vivons aujourd'hui sur l'héritage des phonéticiens du début du XXe siècle, menés par Maurice Grammont et son phonogramme. Nous nous sommes donc persuadés que le vers est une musique, tandis que la seule phrase porterait le sens, la « sentence ». Nous avons oublié qu'existait une autre unité rythmique que le vers, la période, non moins musicale, non moins « clause ». Ce faisant, nous avons défait l'union du son et du sens, là où Cicéron et Quintilien ne cessent de répéter que le plaisir de l'oreille est plaisir sensuel et intellectuel. Quand je dis « nous », je ne désigne du reste que les théoriciens et une certaine pratique scolaire. De l'opéra au cinéma, les arts vivants et émouvants des XIXe et XXe siècles pratiquent, eux, la *copia* – sans même parler de Hugo ou de la poésie hors alexandrins. Ils n'ignorent donc rien de l'union des sens et du sens, du rythme et de la grammaire, parce qu'ils ont pour but une forme ou une autre de vrai *mouere* et de grand public. Les artistes modernes ont fort bien su retrouver, de l'intérieur, les moyens cicéroniens de nous procurer, à nous le public, la *uoluptas*. Même Mallarmé rêve de Wagner[1]. Nous comme public et nous comme théoriciens coupés de toute pratique, ou de tout public réel: voilà la vraie impasse, voilà pourquoi nous ne comprenons plus, comme Du Bellay, les enjeux formidables de la théorie cicéronienne.

Pour retrouver la volupté, il est indispensable de reprendre de la hauteur de vue. La période n'est pas que le sens: elle est « sentence » et « clause », sens et rythme. Elle a son phrasé, tout comme le vers. Autrement dit, il n'y a pas de répartition des tâches, avec la musique pour le seul vers et le sens pour la seule période. Il y a deux unités rythmiques, deux rythmes: le rythme

---

1 Voir Mary Lewis Shaw, *Performance*...: l'horizon du Livre à venir, c'est bien une représentation-culte, sur le modèle de Bayreuth, culte moderne qui joindrait lui aussi « naturel » et « artifice », volupté du grand public et exigences de l'artiste.

produit par l'arrangement des mots, la rythme produit par celui des syllabes. Le vers est la confluence de ces deux rythmes, ni plus ni moins que la grande prose à la Chateaubriand – la seule différence étant le nombre fixe de syllabes et la coupe féminine. Autrement dit, le vers est double: unité comme assemblage de syllabes, partie comme assemblage de mots. Pour le scander, il faut donc croiser deux modes d'analyse, par le rythme et par la rythme.

Enfonçons le clou. En tant que tel le vers est un monde à lui tout seul. Mais ce petit monde fait aussi partie d'un plus grand. Au microcosme du vers répond le macrocosme de la période, qui l'englobe. Chacun a certes son phrasé, sens et son, chacun a sa complétude, sa structure interne ou *compositio*. Il ne s'en déduit pas pour autant qu'on puisse isoler le vers. On ne peut le scander en oubliant ce qui l'entoure, le monde immédiat de la période, et au-delà le monde plus vaste de la période de périodes, et au-delà encore l'œuvre tout entière où tout cela s'inscrit, et qui est l'englobant des englobants, l'arrangement des arrangements, le seul digne au fond du nom de « composition », qui donne son et sens au moindre micro-arrangement, au moindre des composants. En comparaison, le vers des phonéticiens est fermé sur lui-même, et cet autisme admirable surgit au moment précis où le vers classique a disparu corps et biens, où il n'en reste plus que la lettre.

On ne peut donc pas scander le vers si on oublie que ce microcosme fait lui-même partie du macrocosme. Scander doit tenir compte des deux niveaux d'analyse, l'arrangement des syllabes et l'arrangement des mots. De ces deux niveaux, le plus évident et le plus important est celui des mots, pas des syllabes. Si les exemples de clausules latines donnés plus haut semblent justifier à première vue la façon moderne de subdiviser les hémistiches, cette subdivision n'est en fait sensible (aux indoctes) que parce que nous sommes, et dans les deux cas, à la fin d'une période. Pasiphaé est la fin d'une petite période de trois vers, par laquelle Hippolyte répond à Théramène:

> Hippolyte – Cet heureux temps n'est plus. Tout a changé de face,
> Depuis que sur ces bords les dieux ont envoyé
> La fil•le de Minos•• et de Pasiphaé.
> Théramène – J'entends…
>
> (*Phèdre*, I, 1, v. 34-36)

Les autres hémistiches de la période n'ont pas à être subdivisés, du moins avec autant de force et de netteté. Subdiviser plus avant, s'aventurer à l'intérieur des terres et des vers, c'est prendre de gros risques. La seule scansion garantie, c'est 6/6.

L'atome insécable, le module de la période, c'est le groupe de mots, et donc pour le vers l'hémistiche. Il faut de fortes raisons pour couper l'insécable, pour parvenir à l'équivalent des pieds métriques: à des temps

« cachés », latents. Cela n'est vraiment probable qu'à la fin d'une période, ou à son début, en tout cas à des places marquées. La place la plus nette est la fin de la période. Mais il y a aussi les fins de membres de période, et les fins d'incise: *a priori* toutes les fins de vers. En effet, et en gros, si la période latine est l'équivalent de quatre hexamètres dactyliques, le membre est lui l'équivalent d'un seul hexamètre, latin toujours. Resterait à savoir si un Du Bellay considère qu'un décasyllabe est l'homologue ou l'inférieur d'un hexamètre, lequel fait au minimum treize syllabes et au maximum dix-sept. Il me semble que la comparaison de ses deux exemples, poésie et prose, suggère que le quatrain de décasyllabes tend facilement chez lui à deux grands hexamètres, tout comme les deux membres de sa période en prose – pour le quatrain, deux fois vingt syllabes, pour la période citée, quatorze puis seize. Quoi qu'il en soit, la rime relève du rythme et non de la rythme. En terminant le vers elle termine un membre de période, ou cette partie plus petite qu'est l'incise. Elle assure le lien entre les membres. Elle est le lien du rythme, du discours: elle sort le vers de son splendide isolement.

Tout dépend donc de la place dans la période. « Le filz• d'Hyperi-on » termine un tout, il est donc plus marqué que « rougir l'Aurore », à supposer même qu'il faille subdiviser ce dernier groupe. De même, le dernier vers du quatrain a des subdivisions plus marquées que les précédents, « Se fait (hautain)/une trace nouvelle ». Les parenthèses sont la marque alors courante de l'incise rythmique; le *-ce* de *trace* est la courroie qui projette et fait résonner le mot *nouvelle*, à tel point que ne gêne pas ici Du Bellay le « défaut » que serait la rime avec son composé *renouvelle*... Subdiviser alors 2.2/3.3 a un certain sens, et même, selon les habitudes de l'époque, on peut considérer que *hautain* donne l'impression du spondée, avec ce que cela pèse de *grauitas*. Mais si *hautain* pèse à ce point, c'est par position. Non pas position au sens de la métrique latine ou grecque, allongement de la quantité dû à la place du mot dans le vers. Mais position par rapport à la période: poids sur ce mot qui conclut la petite strophe. *Hautain* et la suite font clausule pour le sens et arrêt pour le son. Le torrent en crue du premier vers n'est pas la grenouille qui veut se faire aussi grosse que le bœuf. Le torrent s'enfle sans se travailler. Par affluents qu'il reçoit puis ravages qu'il commet, il devient de proche en proche la force tranquille et étale d'un fleuve, royalement. C'est l'image même de la *copia*, royale et terrifiante, prince nouveau qui conquiert son royaume: hautaine comme le haut style dont rêve Du Bellay.

Avec une analyse de ce genre, les deux vers qui précèdent celui sur Pasiphaé sont au fond le style bas de la prose, et pour cause, puisque c'est une narration, donc du *docere*. Cette sorte de prose amène lentement mais sûrement la chute, non moins lourde de menace et de majesté. Le vers célèbre annonce la couleur de ce que sera *Phèdre*: clausule, il est aussi début. Il est exactement une épithète, et même une antonomase au sens de Du Bellay, ou une circonlocution au sens de Ronsard. Il y a des cas où il faut nommer Phèdre, Phèdre, et d'autres comme celui-ci, où il faut l'appeler la fille de Minos. Ajout, ornement, mais ornement nécessaire: l'épithèse donne le cadre mythologique dans lequel s'inscrit la narration tragique, et Minos amplifie les « dieux » du vers précédent.

On pourrait alors multiplier les exemples. Frédéric Deloffre, je l'ai signalé, sent que la fameuse épigramme de Marot sur Samblançay est en fait une période très oratoire, de moraliste ou de prédicateur (« Lors que Maillart Juge d'Enfer menoit... »). Lui au moins la cite en entier, en remarquant que ses vers de dix syllabes s'étirent par enjambement jusqu'à des vers de douze ou de quatorze. En poursuivant cette intuition, il est facile de voir que les huit vers de cette épigramme font une grande période de deux petites, séparées et unies par un point d'interrogation en milieu de vers. On a donc deux clausules. La petite tombe sur *maintien* au vers 4:

> A vostre advis,/lequel des deux tenoit
> Meilleur• maintien?/Pour le vous faire entendre...

Soit 4/6, suivi de 2.2/6: on a comme un décasyllabe amplifié à quatorze (4 + 6 + 2.2), amplification qui va de pair avec l'émotion, le *mouere*. La seconde clausule est le dernier vers en entier:

> Que l'on cuydoit/(pour vray) qu'il menast pendre
> A Montfaucon/le Lieutenant• Maillart.

Soit 4/6, suivi de 4/4.2: de même, se crée une sorte d'hexamètre de seize syllabes, à partir de *pour vray*, amplification et émotion plus grandes (6 + 4 + 4.2). *Meilleur maintien* est comme une pré-clausule, qui annonce la dernière. *Meilleur* annonce *Maillart* et *maintien*, *Lieutenant*. Celui qui est mené se tient mieux que celui qui le mène, et en se tenant le tient. Le « petit mot » de la fin est ainsi préparé de longue main, pour faire rire mais aussi pour susciter le scandale de l'*indignatio*. L'enjeu, là encore, est la majesté, la gravité, dans un jeu de « semblances » où, comme l'a si bien montré François Rigolot, c'est Samblançay qui gagne. Nous pouvons donc scander « comme » des pieds métriques, des quasi *numeri*: des pieds cachés, latents, nullement officiels – nullement des vers mesurés à la latine. *Meilleur maintien* fait quasiment deux spondées, et le dernier vers où abondent les « longues » peut se découper 4/4.2. Les autres vers qu'on a ici sont de la prose, de ce style bas qui caractérise Marot – une prose négligente et en fait très travaillée. Les subdiviser par trop, c'est détruire le rythme, la période, en n'ayant d'yeux que pour la rythme. Bref, on ne touche pas aux hémistiches, atomes insécables, sauf exception motivée.

Terminons ces essais de scansion comparée en raisonnant pour une fois à partir du vers et non à partir de la période. On sait que le vers classique était prononcé de façon pour ainsi dire « circonflexe », avec une montée vers la césure et une descente vers la rime. Le vers de *Cinna* en est presque une illustration: « Et monté sur le faîte, il aspire à descendre ». La chute sur la rime est une cadence, au sens propre: *cadere*, la voix tombe[1]. Il s'en déduit pour la période que la chute a peu de chances d'être le point culminant, le faîte, le période. Son acmè se trouvera plutôt vers le milieu, là où la période s'enfle et se gonfle – quelque part *entre* la protase et l'apodose, termes bien insuffisants pour ce type d'analyse. Le quatrain sur le torrent devient certes étale au dernier vers, majestueusement, dans le lit qu'il a lui-même créé. Mais l'acmè de son trop-plein est au troisième vers, quand à force de fonte des neiges sa crue brise ponts et rives. De même, le huitain sur Samblançay trouve son période et son plein développement aux vers 5-6, quand, à la satisfaction générale, le désordre du monde est remis à l'endroit:

> Maillart sembloit/homme, qui mort va prendre,
> Et Samblançay/fut si ferme vieillart…

Ce phénomène général ne fait d'ailleurs que confirmer la scansion sans découpage des hémistiches. Le fort du développement ne doit pas être coupé en petits morceaux, devenir ces petits vers ou *uersiculi* que récuse trois fois l'*Orator*[2]. Découper, c'est délier: défaire le style lié. C'est donc détruire la *copia*, cette ampleur si nécessaire à l'émotion, *copia* qui déborde de tous côtés le décasyllabe ou l'alexandrin. Si l'on découpe la phrase sur Thétis et Hypérion en plus petits modules que 6 ou 5, ce n'est plus du Chateaubriand. Il n'y a pas de raison de faire autrement pour le vers classique.

Au bout du compte, la clausule de la strophe ou de la période n'est qu'une redescente. Elle couronne, sans elle notre *uoluptas* serait moins complète: il lui faut donc être à la hauteur du tout, ne pas décevoir, couronner

---

1 Sur le *punctus elevatus* et le *punctus depressus* (césure puis rime), voir les schémas de Deloffre dans le *Vers français*, p. 34-35.

2 *Or.* 39: les effets de Gorgias sont ingénieux, mais n'ont pas la vraie *copia*, ils restent des fragments, *minuta et uersiculorum similia*. *Or.* 67: les poètes comiques écrivent des *uersiculi*, certes, mais cela n'empêche pas que pour le reste c'est le langage de tous les jours, à la différence de Platon ou Démosthène, bien plus poétiques car «copieux», alors même qu'ils écrivent en prose. *Or.* 230: ne pas imiter le défaut d'Hégésias, qui consiste à «briser et subdiviser les nombres, *concidere*», parce que «cela fait tomber dans un genre bas, *abiectum*, et qui ressemble à de petits vers, *uersiculi*» – l'abject est comme *humilis*, humble, le contraire du grand, du majestueux.

l'attente. Mais terminer en beauté un développement n'est pas le moment où il est le plus développé, le plus ample, le plus profondément émouvant. Paris libéré, Samblançay réhabilité, la chute est le moment le plus visible, celui où se libèrent les émotions lentement accumulées, où elles s'extériorisent en applaudissements. La fin n'est pas le moment qui crée les émotions.

De cette acmè vers le milieu on pourrait là encore donner maints exemples, à commencer par les rimes de Peletier, qui lient au milieu d'un quatrain la miséricorde de la dame et la mélodie que chanterait alors l'amant. Non pas monstres, mais pleine voix de l'euphorie:

> Si vous traittiez ma loyauté
> Misericordieusement,
> Alors melodieusement
> Je chanteroy' vostre beauté.

Mais puisque j'ai nommé Grammont, je finirai ce point sur la scansion en citant un de ses adversaires, trouvé au hasard de recherches bibliographiques. Plaidant pour l'union du son et du sens, Henri Jacoubet cite Bossuet:

> Quand le temps a été venu que la puissance romaine devait tomber, et que ce grand empire, qui s'était vainement promis l'éternité, devait subir la destinée de tous les autres, Rome, devenue la proie des Barbares, a conservé par la religion son ancienne majesté.

Et de commenter:

> Il faudrait peut-être ici inventer encore un autre nom pour l'accent d'intelligence [= pour le sens], qui est aussi – pour la phrase – un accent d'architecture, Rome. Tour puissante élevée comme par assises au centre des temps, bastion du spiritualisme dressé à jamais sur les écroulements des empires de la terre, demandant l'apogée de l'éclat sonore auquel fait contrepoids à la fin le seul mot possible pour qu'il n'y ait pas déception et chute: majesté, mot indigène, qui semble attaché à la nature même de la reine éternelle des nations.

L'analyse est la même que la mienne. *Rom-e*, au centre de la période, en est bien le période, avec son *e* devant consonne « allongeant » le *o*. Ainsi montée sur le faîte, elle ne peut que descendre, que tomber, et se rattraper, sur *majesté*. La guerre contre Grammont peut paraître dérisoire: Jacoubet publie ceci en... 1942, en clôture et clausule d'un numéro des *Annales de l'Université de Grenoble* qui s'ouvre sur l'allocution prononcée par le recteur « lors de la visite de M. le Maréchal Pétain à l'Université »[1]. Ce n'est pas

---

[1] Henri Jacoubet, fin de son compte-rendu de *Cadences, poèmes rythmés*, in *Annales...*, p. 304 (je souligne).

précisément une époque où la monarchie universelle imaginée par Du Bellay est à l'avantage de la France, et les « Barbares », cette fois, ne sont pas les Français. J'ignore si Jacoubet fut plutôt pétainiste ou plutôt résistant. Peu importe ici. Il suffit de voir la continuité à la fois étonnante et logique avec les intérêts de la *Deffence*: comment, du style lié au goût impérial, la grandeur de la France s'est rêvée en grandeur de Rome, de civilisation. A l'évidence, la phrase latine de Bossuet retrouve, dans des circonstances dramatiques, toute sa charge d'émotion, cette charge qui devra attendre la voix de De Gaulle pour se libérer.

C. - Appuyés sur ces essais de scansion, nous pouvons en venir maintenant à la question des vers sans rime. Du Bellay les appelle aussi « vers libres » (l. 28): c'est la deuxième des applications, la première étant les rimes équivoques, qui incluent celles du simple au composé. Les vers libres sont comme un cas d'école qui permet de pousser le raisonnement. Le nombre fixe de syllabes et la coupe féminine sont le b.a. ba pour les débutants et les indoctes, qui sont sensibles aux fins de vers, voire aux débuts. Les vrais doctes, eux, sentent comme quasi rythmée la totalité de la période latine, et donc des vers français. Oublions en effet le vers en tant qu'unité rythmique pour nous intéresser aux vers, au pluriel, c'est-à-dire à cette unité rythmique plus grande qu'est la période. Autrement dit, oublions le distinguo proposé sous forme de jeu de mots entre *la* rythme et *le* rythme. Certes, ce jeu de mots qui ouvre le chapitre de Du Bellay lui permet de traiter rapidement du vers en lui-même, de sa définition: la rythme-rime tient le vers comme le mur tient la chaîne de la prison ou comme la clé tient les pierres de la voûte. Mais la fin du chapitre déplace le problème, et souligne à quel point le vers isolé intéresse aussi peu Du Bellay que nous le surévaluons. Alors la rime ne relève plus de la rythme mais du rythme: non pas des groupement de syllabes mais des groupements de mots, non pas du vers isolé mais des ensembles de vers – de la période. Alors, dit la fin du chapitre, « rymer » n'est pas « rythmer » (l. 27 et 49).

Dès qu'on se place dans le cadre de la période, on retrouve l'embarrassante *concinnitas*, les effets de symétrie à la Gorgias. Et en effet, si les rimes sont aux vers ce que la clausule et les homéotéleutes sont à la période, ce qui menace est la possibilité que les poètes indoctes voient dans les rimes un faux-semblant du rythme. L'abondance d'homéotéleutes à la fin de membres égaux étant la caractéristique majeure des effets à la Gorgias, parler de vers sans rime permet là encore de repousser le spectre de la *concinnitas* honnie. Du Bellay ne récuse pas l'emploi des rimes, comme suffirait à le rappeler toute sa poésie française. Mais il lui faut montrer à quelles conditions l'emploi des rimes est légitime.

Sa légitimité, nous savons où il va la chercher: dans l'*Orator*. Cicéron lui permet de circonscrire le péril Gorgias. Le rhéteur grec le premier a inventé « les membres de période égaux qui se succèdent et les terminaisons semblables » ou homéotéleutes. Mais il en a usé et abusé, sans *temperantia*. Isocrate a sur lui l'avantage non de l'invention mais de la régulation: *moderatio* (*Or.* 175-176). L'enjeu de l'*Orator* est donc la règle, qu'on l'appelle *modus*, *moderatio* ou *modulatio*. De même, l'enjeu du chapitre de Du Bellay est de « reigler sa rythme ». Peletier recourt aux rimes équivoques comme Gorgias recourait aux homéotéleutes, de façon déréglée, il en use et en abuse. A ce compte, «il vaudroit beaucoup mieux ne rymer point, mais faire des vers libres» (l. 28-29). Du Bellay ne condamne pas l'usage des rimes, mais leur abus: leur usage intempérant, déréglé. Ce point est confirmé au début de son chapitre suivant. La liste d'Hésychios y redit à quel point le mot et l'idée de règle vont de pair avec le mot et l'idée de rythme. Le premier mot pour traduire *rhuthmos* est en effet *kanôn* en grec, *regula* dans le latin de D'Estrebay, *reigle* sous la plume de Du Bellay. De régler à rythmer, de *modus* à *modulatio*, voilà les mots dont il faut mesurer la portée en un premier temps, pour pouvoir ensuite situer la question des vers sans rime.

La théorie de la « modulation » est assez simple. Elle s'organise autour de l'opposition entre enchaîné et déchaîné, entre prison et liberté. La grande prose latine a des sortes de «pieds » comme le vers, mais en même temps elle est libre, elle n'a pas de fers aux pieds. Le grand vers français aura la même sorte de liberté. Il faut donc préciser de quelle liberté il s'agit.

Le mot d'enchaîné traduit le latin *uincula*, ou le verbe *uincire*, « enchaîner, mettre les fers». Traitant des pieds métriques à utiliser dans la prose qu'il a en vue, Cicéron décrit celle-ci comme un entre-deux (*Or.* 195). Elle ne relève ni de la poésie ni de la prose commune. Elle ne doit être « ni avec du nombre, comme la poésie, ni sans le nombre, comme le langage de tous les jours ». La poésie est trop *uincta*, enchaînée: si pieds il y a, ils sont entravés. La prose commune, elle, est trop *soluta*, relâchée, sa liberté est l'errance du chevalier avant la dame. Imiter la poésie serait faire sentir l'art, donner à voir la technique, l'*industria*; cela ne plaît pas. Imiter la prose commune serait trivial, *uulgare*; cela est choquant. Le *De oratore* disait de même que cette prose mi-prose mi-poésie

> est plus libre [que la poésie], *liberior*, et, comme son nom l'indique, sans entraves, *soluta*; mais tout de même pas au point de se disperser ou d'aller au hasard [comme la prose commune], *fugire aut errare*[1].

---

1 III, 184. Je modifie la traduction des Belles-Lettres, en particulier pour *fugiat aut erret*. *Fugire*, c'est par exemple l'eau d'un ruisseau qui disparaît dans l'herbe («*riuus fugiens per gramina*», Virgile, *Géorgiques*, IV, 19): le contraire de la période qui ne se disperse pas, qui tire

L'opposition classique est *uincta-soluta*, liée-déliée, enchaînée-déchaînée. La prose nombreuse est entre les deux, comme le redira encore Quintilien: « bien qu'elle soit *uincta*, il faut qu'elle ait l'air d'être *soluta* » (9.4.77). Bien qu'elle ait des sortes de pieds métriques, il ne faut pas que cela se voit[1].

Avec pareille description, on pourrait penser que la prose nombreuse est la chauve-souris proverbiale. Je suis prose, puisque je marche; je suis poésie, voyez mes ailes – ou, en l'occurrence, mes pieds. Ce mélange ne serait pas très enthousiasmant, et à l'évidence ce n'est pas de cela qu'il s'agit. La prose de Démosthène ou de Cicéron est certes un ersatz des seuls vrais nombres, ceux de la poésie ancienne, mais cet ersatz est égal voire supérieur à l'original.

La démonstration passe par l'idée que sa liberté est la vraie liberté, et non la licence du n'importe quoi. La prose nombreuse est libre en ce sens que, « exempte de chaînes, *sine uinculis*, elle doit se donner ses lois elle-même, *moderari* ». *Moderari*: elle doit se donner à elle-même son *modus* ou règle, d'où sortira sa *modulatio*. Cicéron raisonne à partir du modèle de l'éthique, celle des Anciens, évidemment. L'homme vraiment libre est maître de lui sinon de l'univers, de façon presque impériale. De même, la prose vraiment libre est la prose qui se donne ses lois, son *modus*, sa règle, règle qui seule lui donne la force de caractère. Cette problématique impose de corriger mon terme d'ersatz. Si la prose nombreuse est un analogue de la poésie, elle ne lui est pas pour autant inférieure. Ce n'est pas une copie ratée de l'original préférable. Tout au contraire, la poésie est aux yeux de Cicéron plus facile parce qu'elle a des règles imposées de l'extérieur. Trouver sa propre règle, de l'intérieur, voilà la vraie difficulté. Ce qui distingue l'éthique de la morale prescriptive permet aussi de distinguer la prose nombreuse de la poésie facile, commune, celle par exemple des poètes comiques (*Or.* 67). La prose nombreuse ne fait que se rapprocher des nombres de la poésie, « *ad numeros proxime accedit* » (*Or.* 198). Or, Cicéron ajoute aussitôt que cette approximation a pour résultat

sa force de sa construction, de sa *conclusio*. Le *fusus* louable de la période n'est pas le *fugiens*. Voir le couple analogue *claudicare et fluctuare* dans *Or.* 198: claudiquer, c'est l'incomplétude (le contraire du *clausus*, de la *conclusio*); fluctuer, c'est ne pas savoir où aller. Claudiquer, fuir: manque de complétion. Errer, fluctuer: manque de direction. Les deux réunis font le manque de forces, de *copia*.

[1] Voir en 1588 la traduction par Blaise de Vigenère du *Psaultier de David torné en prose mesurée, ou vers libres*, Paris, A. L'Angelier: « Il m'a semblé deuoir tenir un moyen chemin entredeux; non du tout destitué de mesures, cadences & nombres, ny du tout astreinct aussi aux loix & reigles estroictes de la Poësie ». L'idée d'une prose poétique sort directement d'une réflexion sur Cicéron.

> qu'il n'en est même que plus difficile de faire de la prose que des vers, parce qu'en vers il y a une loi fixe et définie, *certa et definita lex*, qu'il est nécessaire de suivre; mais il n'y a rien de prescrit pour la prose, à part le fait qu'elle ne doit pas être sans règle.

Ici encore, « sans règle » traduit sans *modus*: «*nisi ut ne immoderata*». La grande prose ne doit pas être du Gorgias mais de l'Isocrate, tout comme la grande poésie française à venir. Avoir inventé les homéotéleutes à la fin de membres de période égaux, avoir pratiqué les rimes à la fin de vers de même longueur, c'est bien. Mais les pratiquer selon une règle, c'est mieux. Après les glands, le blé.

L'ensemble de ces passages cicéroniens permet de mesurer la portée de la définition du vers par laquelle Du Bellay commence son chapitre. La ressemblance dans le vocabulaire ne fait que souligner la différence radicale des enjeux. La « prison de rythme » rappelle les *uincula numerorum*, ces fers des nombres dont le style simple doit s'affranchir (*Or.* 77). Dans le « certain nombre de syllabes », *certain* décalque le mot si important de *certus*. Le vers français est ainsi défini par ses deux contraintes que sont syllabisme fixe et coupe féminine. Celles-ci gardent le poète, sont sa Notre-Dame de la Garde. Sous influence de Paul Valéry, nous nous figurons aisément que de telles contraintes sont une difficulté, qui favoriseraient la création. Ce piètre point de vue est balayé par l'*Orator*. Les contraintes sont une facilité, puisque le premier venu sait ce qu'il a à faire. Il n'est pas difficile d'être prisonnier. Ce qui est difficile, c'est d'être libre: non pas de suivre une règle imposée de l'extérieur, mais s'inventer ses propres règles ou lois. Cette difficile liberté n'est pas au niveau des « chesnons » du vers mais des *uincula* de la période. La proximité entre les deux termes dévoile leur différence de registre. Compter le nombre des syllabes est à la portée des débutants, c'est un savoir pour indoctes. Grouper les mots pour en faire des « nombres » est une tout autre affaire, c'est le savoir des poètes doctes. A ces derniers, la définition du vers n'a rien à apprendre. Elle est un ersatz de la règle supérieure qu'ils cherchent.

A partir de là, nous pouvons maintenant situer la question des vers sans rime. C'est un rêve de doctes, un artifice ultime. Je citerai d'abord d'Estrebay, si représentatif des doctes néo-latins, avant d'en venir aux deux poètes que cite Du Bellay, Pétrarque et Alamanni.

D'Estrebay décrit le nombre oratoire en insistant par trois fois sur l'absence de *certus*, de formule fixe. Le nombre de la prose n'est pas un « certain nombre », au contraire de la poésie il n'obéit à aucune règle claire et déterminée, *certa*:

> Dans le nombre oratoire, il n'y a ni durées déterminées, ni ordres déterminés, ni fins < de membres > déterminées: c'est l'oreille qui mesure, qui règle la façon dont longues et brèves alternent du début jusqu'à la fin, *Oratorio numero, neque certa, neque certi ordines, neque certi fines, sed ad aurium mensuram, longis & breuibus ad finem usque decurrit.* (Commentaire aux § 66-68 de l'*Orator*)

Cette indétermination générale est aussitôt exemplifiée par une phrase d'un discours de Cicéron, à la toute fin de ce modèle d'éloquence qu'est le *Pour Ligarius*:

> Le nombre est harmonieux et agréable à entendre dans cette phrase de Cicéron, « O César, la Fortune ne vous pouvoit rien donner de plus grand que le pouvoir de sauver les hommes, ny la Nature rien de meilleur que la volonté d'accomplir un si glorieux dessein »[1]. Pour donner à cette phrase sa modulation, Cicéron n'a pas compté un certain nombre de pieds, il n'en a pas mesuré de façon précise les durées respectives, il ne les a pas arrangés selon un ordre prédéterminé, il ne leur a pas fixé un point-limite à ne dépasser en aucun cas. Alors qu'a-t-il donc fait? il a réglé, *temperare*, l'alternance des longues et des brèves pour que rien n'aille ni trop lentement, ni trop vite, que rien ne soit trop rude ou trop cahotant à force d'inégalités; et loin de terminer sa phrase trop tôt, il l'a arrêté au point exact qu'auraient décidé des oreilles assez entraînées pour être bons juges[2].

De *mensura* à *temperare*, de mesurer à régler, c'est le chemin qui va d'une règle extérieure à une règle intérieure, de la prison à la liberté. C'est là une sorte de prosodie négative, comme on parle de théologie négative. Le but à atteindre est la période parfaite telle que définie dans l'*Orator* et exemplifiée à la toute fin d'un discours aussi réussi que le *Pour Ligarius.* Mais les moyens pour y parvenir sont indicibles. On ne peut que les désigner par soustraction de la poésie latine. La prose nombreuse, à l'instar de la poésie,

---

1 *Pro Ligario*, 38 (= dernier paragraphe). Traduction des *Huit oraisons de Ciceron*, 1639 (discours traduits par Patru, Perrot d'Ablancourt, etc.). Dans l'édition des Belles-Lettres, Marcel Lob traduit par: «Ce qu'il y a de plus grand dans ton destin c'est de pouvoir sauver d'innombrables vies, ce qu'il y a de meilleur dans ta nature c'est de le vouloir». Quintilien cite cette phrase comme exemple de *sententia* ou «trait» (8.5.7). La Harpe commente ainsi cette phrase: «C'est renfermer en deux lignes, avec autant de noblesse que de précision, le résultat le plus riche, le plus moral de la puissance et de la bonté» – puissance égale bonté, on va de Cicéron à Hugo... (*in* l'éd. Paris, Panckoucke, 1831, *ad loc.*).

2 «*Suauis & iucundus est numerus in hac Ciceroniana sententia, Nihil habes Caesar, nec fortuna tua maius, quam ut possis, nec natura melius, quam ut velis seruare quam plurimos. Hanc quum Cicero modularetur, neque numerabat pedes, neque certa spatia metiebatur, neque pedes ordine praefinito collocabat, neque metam constituebat, quam praetergredi religiosum esset. Quid igitur? longas & breues temperauit, ne quid aut tardius, aut celerius, aut asperius, aut inaequalitate salebrosum foret: nec ante cursum terminauit, quam subsistendum aures exercitatae iudicassent.* »

pourrait s'analyser de trois façons: la durée des syllabes, l'ordre des pieds, les fins ou clausules[1]. Le conditionnel est de rigueur, puisque, à chaque stade de l'analyse, il n'y a rien de déterminé, de *certus*. La prose nombreuse est libre en tout, ce qui ne veut pas dire qu'elle soit plus facile, tout au contraire. Comme le dit à peu près l'*Orator* (§ 183), s'il est facile de sentir qu'une prose a du nombre, du rythme, il est difficile de dire pourquoi. La perfection de la période cicéronienne est ainsi pour d'Estrebay une sorte de dieu, de mystère. On peut dire ce qu'elle n'est pas, on peut dire qu'elle est, mais on ne peut pas révéler aux profanes comment elle se fait.

Nous pouvons maintenant regarder ce que Du Bellay dit de Pétrarque et d'Alamanni. Autoriser le poète à « faire des vers libres» (l. 28) n'est pas le libérer de toute contrainte, lui permettre la licence et le n'importe quoi. L'adjectif *libre* a un poids très important, ne serait-ce que parce qu'il est absent des propos similaires de Sébillet. L'adjectif permet de tracer où est la ligne de démarcation entre Du Bellay et son prédécesseur.

Au début de son dernier chapitre, Sébillet cite Pétrarque à propos des vers sans rime, qu'il nomme seulement « non ryméz» ou « sans ryme ». Comme Pétrarque est le poète qu'imite l'*Olive*, cela ne peut pas ne pas retenir l'attention de Du Bellay. Sébillet donne donc en exemple Bonaventure des Périers et surtout les sextines de Pétrarque. Hormis celles-ci, il trouve les vers sans rime « autant froys, comme un corps sans sang et sans ame ». Enfin, dans ses brèves remarques, il emploie deux fois le mot de modulation: la répétition de vers dans les sizains des sextines « donnent modulation téle, qu'elle peut aiséement supplir la ryme defaillante au sizain ». Là-dessus, Du Bellay est d'accord avec Sébillet. Un Petrarque peut en effet « compenser le default », l'absence « de la rythme » par des vers « bien charnuz & nerveux » (l. 34-35). Ces adjectifs ne s'appliquent pas à des mots, mais bien à des vers: ils renvoient dans le vocabulaire de Cicéron ou de Quintilien à la période et au discours réussi, qui a du sang et des nerfs, des muscles ou en général de la force, de la *copia*. Il s'en déduit donc, *a contrario*, que les vers rimés n'ont pas besoin d'être charnus et nerveux, ou d'avoir du sang. Comme le dit Sébillet, en français, c'est la rime qui soutient «la modulation et musique» du vers, tout comme, en grec et en latin, c'est la quantité ou « observation de

---

[1] D'Estrebay s'appuie sur Quintilien, 9.4.49-50 («les mètres ont des clausules déterminées, *certae clausulae* »). Respectivement dans l'*Orator*: pour la durée ou *spatium*, § 193 ou 217 («le trochée – trois brèves – a la même durée que le chorée – longue, brève», ces deux pieds sont égaux «par la durée mais pas par le nombre de syllabes»); pour l'ordre des pieds ou *ordo pedum*, 188 et 227, «c'est l'ordre des pieds qui fait que ce que nous prononçons ait l'air d'être de la prose ou de la poésie»); pour la clausule, fin de période ou fin de membre de période, c'est *finis* ou *finire*, aux § 164 (fin de membres par homéotéleutes), 187 ou 224 (fin de période par dichorée et fin de membres précédents par spondées).

syllabes longues et bréves ». Autrement dit encore, la présence de rimes évite d'avoir à « compenser » ou à « supplir ». L'absence de rimes impose donc un travail supplémentaire, pour suppléer. Ce surcroît de travail ou « plus grand' industrie » (l. 32) est louable, puisque l'*industria* renvoie au thème de la diligence ou du labeur. Chez Du Bellay, c'est affaire de doctes, telle la « docte » *Agriculture* de Luigi Alamanni (l. 30).

Là où Du Bellay se sépare, je crois, de Sébillet, c'est que celui-ci donne les moyens pour parvenir à la modulation. Il ose expliquer les secrets de Pétrarque. Dans ses sizains sans rime, « les derniers mos de chaque vers répétéz proportionnéement au long des sizains donnent modulation tèle, qu'elle peut aiséement supplir la ryme defaillante au sizain ». Il y aurait donc la possibilité de profaner le mystère, d'expliquer la modulation aux indoctes en la renvoyant à du déterminé, du *certus*. Dès lors les vers sans rime pourraient se faire « aisément ». Tout cela est insupportable. La *Deffence* réplique en renvoyant aux peintres et statuaires, avec reprise du même terme de proportion. Il n'appartient qu'aux meilleurs de « faire beaux & bien proportionnez les corps qui sont nuds ». La proportion du nu, c'est comme le *modus* et en général la règle intérieure, là où les vêtements sont la règle extérieure. Il faut être un sculpteur comme Polyclète pour discerner la règle ou *kanôn*, les proportions « canoniques » du corps humain. Pour saisir la justesse des proportions, sculpture ou poésie, il faut avoir le jugement d'un grand artiste. Dire donc que les vers sans rime sont libres, c'est dire qu'ils ne sont pas à la portée du premier apprenti venu, qu'ils sont même le comble de l'art. Sébillet « révélant » les secrets de Pétrarque révèle surtout qu'il est un indocte, là où un d'Estrebay décrivant une phrase de Cicéron se perd dans une contemplation mystique.

La suite du chapitre de Sébillet tombe sous le coup de la même critique. De la rime dite « concatenée » à la rime « enchainée », Sébillet indique de nouveau des façons de donner modulation aux vers, en les groupant par leur fin et leur début. Mais c'est de nouveau expliciter, révéler des secrets de l'art. Les termes de concaténée ou d'enchaînée renvoient bien à des effets de *uincula* au niveau de la période, et ces « rimes » n'en sont guère, elles sont bien des formes de rythme, *du* rythme. Ce qui est critiquable en revanche est de transformer ces *uincula* en *uincula certa*, de déterminer ce qui est par nature indéterminé. Les *uincula numerorum* ne peuvent pas être traités comme les « chesnons » du vers. A la prison du décompte des syllabes répond la liberté supérieure de l'arrangement des mots, au dicible répond l'indicible. Celui qui profane montre ainsi qu'il est un profane: qu'il n'y a rien compris. Si Du Bellay est d'accord avec Sébillet pour considérer que les rimes soutiennent la modulation et musique du vers français, il ne le trouve pas assez respectueux du mystère du *modus* qui seul fonde les beautés de la *modulatio*. Or, les enchaînements et concaténations de mots, c'est le mystère même de la *compositio* ou *structura* ou *collocatio*. Sébillet termine son traité là-dessus, mais de façon désinvolte et passéiste, « quasi hors de propos », alors que ce devrait être là le propos essentiel d'un traité.

Il ne s'en déduit pas que Du Bellay prône sans réserve les vers libres. Nous arrivons au dernier moment de cette analyse. Comble de l'art ou plutôt de l'*industria*, les vers libres ne sont pas le sommet absolu. Ils ne sont que le comble de l'artifice. Pour parvenir au sommet des sommets, il leur manque le naturel. Or nous avons assez vu que le summum est l'addition des deux: du naturel qui soit aussi artificiel, contre les marotiques, ou de l'artificiel qui soit aussi naturel, contre les doctes néo-latins. Le summum, ce sera ici des vers aussi réglés que les vers sans rime, et aussi naturels que les vers avec rimes.

Car le naturel du vers français est bien du côté de la rime. Si la rime évite le charnu et le nerveux, il s'en déduit qu'elle permet au français de rester, conformément à sa nature, sans chair et sans nerfs. Ces deux défauts sont ici des qualités. Qu'on pense seulement aux considérations de I-9 sur la « naturelle douceur » du français. Notre langue par exemple ne vomit pas ses paroles de l'estomac, avec force consonnes, comme les ivrognes c'est-à-dire comme les Allemands (I-9, l. 57-75). La rime rend donc justice à la nature de notre langue, à son génie propre. Bien réglés, les homéotéleutes en fin de membres de période réussissent ce miracle, qui est de donner force et *copia*, chair et nerfs à une langue qui en est naturellement dépourvue, et sans pour autant la forcer. Autochthone, la rime est du côté de la langue maternelle: du côté de la douceur. Les vers sans rime, eux, sont du côté du paternel, de l'ajout, de la règle: du côté de la force pure. Ce n'est donc pas un hasard si Du Bellay remplace le nom de Bonaventure des Périers par celui de Luigi Alamanni. Les deux poètes dignes à ses yeux de pratiquer les vers sans rime écrivent en italien, pas en français. C'est laisser entendre que de tels vers sont, en français, une utopie. On notera du reste le conditionnel récurrent, « il vaudroit beaucoup mieux », « aussi faudroit-il bien » (l. 27 et 33). Pétrarque a fort bien fait, mais il a fait pour lui et pour sa langue.

En retrouvant cette problématique du maternel et du paternel, nous pouvons rendre compte des paires d'adjectifs qui caractérisent la rime (l. 17-18). Elle sera donc « propre, non aliene: naturelle, non adoptive ». Le couple *proprius* et *alienus* rappelle tout le débat sur la *proprietas* du vocabulaire face aux emprunts, aux mots étrangers, *aliena*. La seule possibilité est la greffe réussie: du paternel sur du maternel. Les métaphores très classiques en sont la blessure pour faire fructifier le suc, ou le soc du mâle dans le sillon de la mère-terre[1]. Pareille greffe ou saillie renvoie alors aux deux premières oppositions, « voluntaire, non forcée: receüe, non appellée ». La *proprietas* naturelle n'exclut pas la fécondation. Ce qui est exclu, c'est le viol, le primat du paternel sur le maternel. Ce qui est désiré, c'est leur coopération pour une œuvre qui tienne de l'un et de l'autre. Les quatre paires d'adjectifs ne renvoient ni à un naturalisme ni à un volontarisme, ni à la seule nature relâchée ni au seul art tendu: ni à Marot ni à Scève. Le comble de l'art, à commencer par l'art de l'agriculture, c'est de savoir tirer parti de l'existant, ce qui ne signifie pas plus le laisser végéter à force de maternage que le détruire à force de technique – à force de forcé.

Le titre même d'Alamanni renvoie à cette problématique. Son *Agriculture* est « non moins docte que plaisante » (l. 30): non moins artifice que nature, ou à l'inverse non moins volupté pour le public et les indoctes que technique aux yeux des doctes. L'éloge appuyé de l'Italien réfugié à la cour de François Ier est un portrait de la perfection de l'art, qui réside dans l'alliance du naturel et de la technique, de la terre et du travail. La formule était déjà donnée, à l'identique, pour le sonnet, « non moins docte que plaisante invention italienne » (II-4, l. 52). Le sonnet unit la *doctrina* et la *uoluptas*, l'art et la nature, les savants et les amoureux – amoureux du vers, amoureux tout court. Or, le sonnet n'est pas libre mais « a certains vers reiglez & limitez », là où l'ode représente à ce niveau l'équivalent des vers libres, puisqu'elle « peut courir par toutes manieres de vers librement » (l. 55-56). Si en 1550 le sonnet s'identifie à Du Bellay et l'ode à Ronsard, cela reviendrait à une forme subtile de critique. Les vers libres ou l'ode sont un summum laissés à d'autres.

On comprend en tout cas que Du Bellay ait fort peu pratiqué les vers sans rime, même rebaptisés vers libres: un seul sonnet, comme, chez Ronsard, une seule ode. Cette pratique très limitée est sans doute conforme aux visées théoriques. Si on regarde le sonnet en vers libres à la fin de l'*Olive*, on voit en tout cas qu'il se situe explicitement par rapport aux doctes. Il est une tentation, isolée, de s'isoler avec eux. « Arriere, arriere, ô mechant Populaire!/(...) *Doctes* espris, favorisez les vers/Que veult chanter l'humble prestre des Muses ». Ce rêve inspiré d'Horace, c'est bien celui d'un retour à Scève. Le peuple est insupportable parce qu'il profane, *Odi profanum volgus*... Il s'agit autant de la tourbe des mauvais poètes que du grand public, aussi ignorants les uns que les autres: « peuple ignorant, peuple ennemy de tout rare & antique scavoir » (II-11, l. 128-129). A ce compte, mieux vaut

---

1 *Cf.* le début de la « Conclusion » de la *Deffence*: « Nous avons (...) par les scadrons romains penetré jusques au seing de la tant desirée France » (l. 3). Sur le concept de *proprietas* et de « naïveté » de la langue, voir Lecointe, *L'Idéal*..., p. 528-548 – lequel ne connaît d'ailleurs pas l'idée de fécondation.

n'avoir que « trois ou quatre » lecteurs (l. 132). Mieux vaut courir par l'air « d'une aele inusitée », avec des vers décidément libres, « delivres et legers ». C'est moins le rêve d'échapper à la contrainte que d'échapper au maternel, au naturel.

Le peuple ou le naturel pèsent comme la terre et le terrestre auxquels s'arracher. Le moment scévien est le rêve ronsardien d'une langue et d'un style « à part», avec ce que cela implique de dangers d'isolement, et au fond de moindre perfection. Celui qui n'a de goût que pour le grand style n'atteint pas le vrai grand, et sera moqué comme un fou. Cette formule de l'*Orator* (§ 99) serait une bonne façon de critiquer la *terribilità* du premier Ronsard, son goût exclusif de grandeur, auquel Du Bellay oppose le goût pour le tempéré: pour le réglé. Autrement dit, ce moment scévien n'est pas le tout de la *Deffence*. Au rêve de l'inusité répond le respect de l'usage, le sens aigu d'une récapitulation qui doit inclure le peuple. La liberté ici serait celle de la colombe de Kant, qui ignore que l'air la porte. Un tel vol serait une illusion de liberté. Je ne crois pas que ce soit le propos de fond de la *Deffence*. Parlant des rimes, il faut certes montrer aux doctes esprits qu'on est soi-même un docte, en critiquant sans relâche les marotiques et leur théoricien Sébillet. L'ancrage dans l'*Orator* interdit pourtant d'isoler ce moment. Le peuple insupportable n'est pas moins indispensable. Il est haï comme lecteur et rêvé comme public. Ni Marot ni Scève, cela veut dire aussi bien et Marot et Scève: et la douceur naturelle du premier, et la saveur artificielle du second.

Au total, règle et nature ne s'opposent pas. La règle intérieure d'un poète docte comme Pétrarque ne nie pas le naturel, mais l'accomplit. L'éthique des Anciens sait dire que la règle intérieure est aussi une aisance supérieure. C'est une seconde nature, une nature parachevée, littéralement par-faite. Cette perfection est toujours dans la logique récapitulative, non par exclusion mais par inclusion. Pour ce qui nous concerne ici, la « modulation » n'est donc pas un phénomène limité aux seuls vers sans rime, loin s'en faut. Elle est à chercher partout. A condition d'être bien réglés, selon une règle indicible, les vers avec rimes sont tout aussi libres que les vers sans rime, ils ont aussi et peut-être même plus qu'eux cette liberté et cette aisance supérieures qui caractérisent la phrase de Cicéron admirée par d'Estrebay. De même, bien réglé, le sonnet avec schéma fixe n'est pas moins libre que l'ode sans schéma préétabli. La règle extérieure n'empêche pas le poète de trouver une règle intérieure, la seule qui donnera modulation à l'ensemble, qui différenciera le bon sonnet du mauvais.

Comme le résume Bède le Vénérable dans son *De arte metrica* souvent réimprimé au XVIe siècle, si le vers ou mètre est une règle accompagnée de modulation, *ratio cum modulatione*, le rythme, lui, est à l'inverse une modulation sans règle explicite, sans *ratio* ou *logos*: *modulatio sine ratione*[1]. Loin de désigner un irrationalisme, la formule renvoie à un rationalisme supérieur. Le grand artiste a ses règles propres, des secrets de fabrication connus de lui seul et, quand ils sont dicibles, de quelques disciples.

L'idée de règle indicible permet ainsi de situer la possibilité d'une scansion fine, qui autoriserait à tout rythmer. Rythmer: régler, donner forme à tout, de l'intérieur. En première analyse, j'ai souligné que la seule chose de sûre était la scansion par « pieds » des seules fins de période ou de membres de période, et que la scansion de l'intérieur des vers était, comme l'exploration de l'intérieur des terres, pour le moins aventureuse. Cette image par trop coloniale doit maintenant être remplacée par celle des mystères antiques. Aventuriers, mais de l'arche perdue. L'exploration est au péril d'être profanation. La scansion fine de l'intérieur n'est accessible qu'aux initiés que sont les doctes – c'est-à-dire, encore une fois, les poètes doctes, experts en leur art pour le pratiquer intensément. Il y a donc bien une scansion de l'intérieur, et partout du rythme: pas seulement aux lisières, débuts et fins. Mais il est tout aussi logique qu'elle soit mystérieuse, puisque ce rythme est fondé en dernière analyse sur la liberté d'allure toute personnelle du grand poète. Le rythme continu est le secret des plus grands, la modulation de leurs vers est la respiration même de tout leur être comme artiste supérieurement réglé. Tâcher d'en rendre compte par les moyens de la critique n'est pas interdit, mais ne pourra en rester qu'à des approches, à distance respectueuse du saint des saints.

A partir de là, on peut revenir sur deux points: les vers mesurés à l'antique et la musique des phonèmes. Dans les deux cas, ce qui manque est le sens du mystère.

Les vers mesurés sont évoqués *in extremis* à la fin de II-7. Du Bellay a traité de superstition l'interdit de rimes comme *maître* et *prêtre*, ou *fontaines* et *Athènes*. Le motif est clairement celui du naturel du français. La pseudo-différence tient au fait que l'orthographe a été « depravée » (l. 36-45). L'art des praticiens a donc détruit la nature, mais un grammairien vraiment docte comme Louis Mégret suffit pour réparer ce genre de dépravation (« doctement », l. 47). Un peu d'art éloigne de la nature, beaucoup y ramène. C'est alors que Du Bellay pour finir déconseille de rimer « les motz manifestement longs avecques les brefs aussi manifestement brefz », comme *maître* et *mettre*, ou encore *bât* et *bat*. Cette idée de longues et de brèves pourrait ramener la possibilité de vers mesurés à l'antique.

---

1 Cité par Meerhoff, p. 104 (tout le chapitre que Meerhoff consacre ici au chapitre I, 2 de Sébillet discute le concept de *modulatio*).

Or Du Bellay a commencé son chapitre en excluant que le français ait la quantité et « cet usaige de piez » comme les Grecs et les Latins (l. 2-4). Tout dans son raisonnement exclut de fait les vers mesurés. Le point essentiel est de nouveau la problématique de l'alliance du paternel et du maternel, de l'art et de la nature. Dire que le français n'a que quelques longues et brèves manifestes, c'est dire que de façon générale il n'en a pas. Cela ne fait pas système. On ne peut donc fonder aucun art sur cette absence de nature, aucune alliance réussie. Du Bellay a parlé des vers sans rime au conditionnel, en les exemplifiant sur une langue étrangère, l'italien de Pétrarque. Il ne parle même pas des vers mesurés. Les vers sans rime, comme cas d'école, lui servent à dégager le côté docte du vers français. Les vers mesurés, eux, sont tout simplement en dehors de cette problématique. Et de fait, les tentatives qui fleuriront dans la décennie 1570 relèvent d'autre chose: d'un conventionnalisme. Pour recréer les vers mesurés en français, il faut que poète et public se mettent d'accord, par convention, sur la longueur ou la brièveté des syllabes. Cela a sa beauté, dans un temps de troubles extrêmes, quand la toile de fond est le *mouere* ravageur des guerres de religion. Il ne s'agit plus pour un technicien averti de soulever d'enthousiasme et de volupté un peuple d'indoctes, tel Corneille avec le *Cid*. Il s'agit de souder ou ressouder de petits cercles, une élite. Non pas secrets de l'art pour admiration naïve et native, mais protocole de lecture pour doctes entre eux. Les applaudissements et le *mouere* ne sont pas au programme.

Le conventionnalisme exclut à la fois l'idée de secret et celle de plaisir, parce qu'il exclut l'articulation entre ésotérique et exotérique. Il n'y a plus de mystère. Recréer des vers latins ou grecs au XVIe siècle, ce serait comme, au XXe, recréer des alexandrins classiques. Dans les deux cas, les doctes se souviennent, ils entendent, eux, ce que le peuple n'entend plus. Mais parce que l'état naturel de la langue ne correspond plus au vers à recréer, il leur faudrait prendre une série de décisions toujours instables. Au XVIe, aller au-delà du manifestement long et bref; au XXe, décider quels *e* muets on élide et quels on conserve, ou encore quelles diérèses on fait et quelles on ne fait pas. Chaque poème devra donc être accompagné de son mode d'emploi, de la convention qui seule peut régler son usage, avec force indications typographiques. A l'évidence, ce n'est pas cela que vise Du Bellay, parce que ce n'est pas le chemin pour qu'advienne un Virgile en français du XVIe siècle, ou un Corneille en français du XXe: des poètes qui nous fassent vibrer et même pleurer.

Une fois écartée la question des vers mesurés, il reste, plus importante, celle de la musique des phonèmes. J'ai commencé par moquer l'obsession très moderne de la chasse aux *a* et aux *i* dans le vers français, réflexe à la fois parfaitement juste et parfaitement borné. Il faut maintenant relier cette modulation-là à la modulation au sens de règle ou de forme qui fait tenir de l'intérieur l'assemblage des vers, la période. Ce n'est pas un problème de taille, de dimension. La musique des phonèmes à l'intérieur du vers isolé est bien une modulation, de plein droit, comme la musique des mots à l'intérieur de la période, des groupements de vers. Le problème est ailleurs, dans le *certus* ou plutôt dans « l'incertitude », l'absence de *certus*, de loi fixe et déterminée de l'extérieur. Chaque unité rythmique, vers ou période, est passible de la même analyse, c'est-à-dire, dans le cas de la musique ou modulation, de la même absence d'analyse. Au niveau de la période, d'Estrebay explique pourquoi il est impossible de rendre compte de la modulation d'une phrase de Cicéron. Au niveau du vers, Bède le Vénérable explique de même que le rythme, parce qu'il est arrangement modulé des mots, n'obéit pas à une loi métrique, mais au jugement de l'oreille[1]. Dans les deux cas, il n'y a donc rien de déterminé, on ne peut pas rendre raison d'une musique qui est *modulatio sine ratione*. C'est ce qui est le plus important qui est le plus indicible.

La chasse aux *a* et aux *i* me paraît être la fusion mal digérée de deux héritages, d'un côté les doctes de l'âge classique et de l'autre le scientisme des phonéticiens en général et de Maurice Grammont en particulier. Les XVIIe et XVIIIe siècles ont effectivement tenté de creuser le mystère des phonèmes. Eux connaissaient la lettre et surtout l'esprit de règles explicites comme l'interdiction de l'hiatus. Ils ont voulu aller toujours plus loin. Là où les indoctes ne sentent vraiment comme rythmés que les fins et débuts de période, les doctes sentent le rythme qui anime l'entre-deux. Et derechef, de la modulation de toute la période on peut vouloir passer à celle du vers. Au bout de la démarche on trouve logiquement une enquête sur les phonèmes, et on n'a pas attendu les phonéticiens pour repérer du sourd et du sonore, de l'ouvert et du fermé. Le charme de pareille enquête est de se sentir au cœur du mystère, entre initiés, dans le saint des saints. Les mêmes questions perdent singulièrement de leur charme quand soulevées par des indoctes qui ne savent même pas lire un vers classique en faisant toutes les liaisons. Le raffinement extrême des uns devient la myopie non moins extrême des autres. Pour reprendre l'image de l'*Orator*, si la micro-modulation du vers est, tout comme l'hiatus, une question d'assemblage ou *compositio*, on est cette fois au niveau de l'assemblage minutieux des morceaux d'une mosaïque. Les indoctes se fixent sur les morceaux sans voir le dessin d'ensemble. Ils commencent et souvent s'arrêtent là où les doctes terminaient.

---

[1] Dans le texte tel que cité par Meerhoff: le *rhythmus* est défini comme «*verborum modulata compositio, non metrica ratione, sed numero syllabarum ad iudicium aurium examinata, ut sunt carmina vulgarium poetarum*».

L'héritage des doctes est en fait perverti par un autre, le scientisme et l'analytique cartésienne. En matière d'unité rythmique, vers ou période, on ne commence pas, comme dans le *Discours de la méthode*, par les plus petits éléments décomposés. Cela n'est méthodique qu'en apparence. Ici, la synthèse ou *compositio* précède. Ce qui compte, c'est d'abord le tout. Pour créer et ensuite retrouver le rythme,

> ce ne sont pas tant les pieds qu'il faut considérer, mais la période entière; de même, lorsqu'on fait des vers, on envisage tout le mouvement rythmique du vers, et non pas les six ou cinq parties qui le composent. (Quintilien, 9.4.115)

Le vers lui-même étant pris dans l'unité rythmique qu'est la période, en commençant « scientifiquement » par les phonèmes, on n'est pas près d'approcher du dessin d'ensemble du rythme, de sa modulation mystérieuse. Tout au plus pourra-t-on apercevoir des effets qui relèvent de *la* rythme, de l'arrangement des syllabes: de micro-mystères. Isoler les phonèmes, c'est à peu près aussi utile que d'isoler des fa ou des sol dans une mesure, et encore plus dans une partition. Pour faire de l'analyse musicale, il faudrait tout de même avoir quelques notions de composition.

De plus, dans tout ceci, l'idée même de musique n'est qu'une analogie, désormais trompeuse. La « bien armonieuse musique » (l. 20), cela ne renvoyait pas nécessairement à la possibilité d'accompagner les vers à la lyre, ou de les mettre en musique, même si la Pléiade a pratiqué les deux. Expression même des Muses, la musique était le genre dont la musique au sens moderne est l'une des espèces, au même titre que la poésie ou la danse. A chaque Muse sa « musique », son rythme: aussi bien pour la géométrie et l'astronomie que pour l'histoire et la tragédie. Dès lors, par opposition à la musique au sens moderne, la spécificité de la poésie est que la volupté des oreilles qu'elle procure est aussi volupté de l'esprit. On ne peut faire l'économie du fait que les mots ont un sens pour parler du rythme. La rime, dit Sébillet reprenant Cicéron ou Quintilien, porte « par l'organe de l'ouye délectation à l'esprit »[1]. Corps et esprit, c'est l'âme tout entière qui est

[1] I, 2, d. Gaiffe, p. 19; en Livre de Poche, p. 56. Voir *Or.* 9 et 177. Saint-John Perse, à partir du sens moderne de musique, parvient à des résultats semblables, c'est-à-dire en récusant toute confusion entre musique et poésie: « Je n'aurai, certes, jamais idée de dénier au poème un mystérieux «concours» musical (...): l'inconsciente utilisation du timbre verbal, et la distribution même ou «composition» de toute une masse aussitôt qu'elle vit. Mais je n'admettrai jamais que le poème puisse un instant échapper à sa loi propre: qui est le thème «intelligible». (...) Cette confusion [entre musical et verbal], qui était bonne pour une génération à demi musicienne, a trop souvent avachi notre langue dans le goût de l'à-peu-près. Au fond, il faut n'aimer pas assez la musique, le pouvoir prodigieux d'un tel art, pour ne pas comprendre ce qu'il a d'irréductible et d'inasservissable. (...) Rimbaud, dont vous me parlez, est précisément le plus amusical, sinon

touchée. S'en tenir aux phonèmes comme aujourd'hui, c'est en général en tenir pour le seul corps. C'est là qu'est contestable le primat moderne du vers isolé. Le corps a aujourd'hui des prestiges que l'esprit n'a plus. De l'opposition entre le vers et la phrase nous déduisons celle entre le rythme et le sens. Le rythme à son tour est assimilé avec le seul corps. On obtient ainsi deux séries parallèles et exclusives. D'un côté, vers isolé = rythme = corps. De l'autre, phrase = sens = esprit. En ce cas, la modulation ou musique ne peut être que du premier côté, tout comme la passion et en général l'émotion. Là où est l'esprit, là semble n'être que la froide rationalité. Un siècle de psychanalyse nous a convaincus que seul le corps était le lieu de tous les mystères.

Ce tissu cohérent se démaille dès que l'on remplace la phrase grammaticale par la période, unité tout aussi rythmique que le vers, chacun dans son ordre – la rythme des groupes de syllabes, le rythme des groupes de mots. La période n'est pas moins que le vers un rythme, l'union du corps et de l'esprit, union qu'on peut ici appeler l'âme – *animare*, ce qui anime et soulève l'ensemble. Dans cet autre système, la musique ou modulation est à tous les niveaux, elle n'est pas l'apanage du seul vers isolé. De cette musique le grec nous fournit le nom. C'est l'harmonie, c'est-à-dire un pur effet d'arrangement ou *compositio*. *Harmozein*, c'est assembler. Le rythme harmonieux est mise en mouvement tout à la fois du corps et de l'esprit. Dans la poésie ou la grande prose, il meut et émeut l'âme: le rythme est l'organe du *mouere*, de cette émotion qui est motion, *motus*[1]. Le primat du vers isolé va en somme de pair avec l'ignorance de la période, c'est-à-dire avec l'ignorance de ce que recouvre le *mouere* et la *copia* qui font vibrer Du Bellay.

---

antimusical, de nos vrais poètes. J'en connais peu d'aussi précis. Il y a, dans la divine maigreur de sa langue cursive, tout le sens insonore et fulgurant de l'abstrait.» (Lettre de jeunesse à Jacques Rivière, 8 juillet 1910, en Pléiade, p. 675). *Divine maigreur*, c'est le français sans chair et sans nerfs qu'entrevoit Du Bellay. A ses yeux il faut les rimes pour réussir «la distribution même ou «composition» de toute une masse». Les rimes structurent, aident la *compositio* ou *structura* de la période de vers. Elles donnent chair et nerfs à ce qui n'en a pas de nature, à condition évidemment d'être bien réglées, travaillées avec *industria*.

[1] Pour être à la hauteur des considérations de Meschonnic sur le rythme, il faudrait développer les distinguos de Quintilien entre rythme du slogan, du mètre et enfin de la grande prose. Dans le slogan, les mots ne font rien au rythme, qui ne tient que par le *corporis motus* et le claquement des doigts (9.4.50 et 55) – on ne peut scander «On a – ga-gné!» que si on l'a entendu en foule. A l'autre extrême, les vers donnent le sentiment du rythme même sans être prononcés, tout comme le musicien «répétant» sans jouer, en se contentant de lire et relire sa partition. (Meschonnic a réinventé de l'intérieur le *mouere* sans avoir apparemment repéré qu'il avait déjà été théorisé, et de façon tout aussi puissante que chez lui.)

7. Avec les nombres (3): II-6 ou l'euphonie

Par rapport au chapitre complexe sur la versification, II-6 ne paraît pas d'abord poser beaucoup de problèmes. On peut le résumer en quelques lignes. Il traite de la création de néologismes en français. Des considérations théoriques concluent que pareille création relève à la fois de l'art et de la nature: le poète doit créer des mots en tenant compte des propriétés du français. Les exemples donnés ensuite se limitent à deux espèces, francisation des noms propres tirés du grec et du latin, emploi d'archaïsmes pris aux poètes du Moyen Age. Au total, le but est d' « enrichir (l)a langue » (l. 30).

Cela ne semble familier que sous influence des travaux de Chamard, qui ont amplement documenté la façon dont la Pléiade a en effet augmenté le vocabulaire du français. L'enrichissement du lexique serait en définitive la traduction la plus simple du concept d'illustration, traduction elle-même gagée sur plus d'un passage de la *Deffence* qui identifie les deux. Mais un brin de bon sens suffit à détruire ces arguments. Le lexique du premier XVIe siècle est plutôt trop riche que pas assez. Il n'y a nul besoin d'en rajouter, de même qu'il n'y avait pas besoin de la *Deffence* pour écrire en français plutôt qu'en latin... Comme le dit Aneau, à propos de la fin de II-2 sur « le moyen (d')enrichir & illustrer » notre langue, « bien peult estre que quelque peu de mots qui nous defaillent » pourront être tirés du grec et du latin: « mais cela est peu de chose pour en faire si grand cas ». Tout en se plaçant dans la même perspective que Chamard, Aneau a au moins l'avantage d'en signaler les limites. L'idée d'augmenter le lexique satisfait une vision naïvement positiviste. Il suffirait de statistiques, de compter les mots créés ou recréés par la Pléiade. Ce qui est présupposé est que l'œuvre peut se réduire au vocabulaire. Pour le dire avec la fameuse distinction de Benveniste, on surévalue la langue par rapport au discours. A Henri Chamard répondra alors Henri Meschonnic. Ce n'est pas la langue qui fait les œuvres, ce sont les œuvres qui font la langue. Du reste, il suffirait de retraduire en *Défense et illustration de la littérature française* pour souligner ce qu'un tel propos a d'évident.

En termes cicéroniens, l'enrichissement auquel songe Du Bellay a partie liée avec les nombres. Il n'est pas absolu mais relatif. Le but n'est pas d'en rajouter, mais d'apporter seulement « la derniere main », le dernier cri, le petit plus qui change tout. Du point de vue des nombres, le terme qui doit nous alerter est celui de « *composer* (...) quelques motz francoys » (l. 5). Chamard considère, à l'intuition, que sont « à peu près synonymes » les trois mots qui ouvrent le chapitre, « inventer, adopter & composer », alors même qu'il reconnaît avec honnêteté ne pas comprendre le sens du mot *composer*. Or, nous avons assez vu l'importance de l'idée de *compositio*. Elle définit pour l'*Orator* le style lié que Du Bellay appelle de ses vœux. Les nombres n'ont de sens que dans une œuvre « composée » de part en part, dans sa macro-structure comme dans ses micro-arrangements. Composer des mots ne peut avoir un sens que dans ce contexte, même si ce sens n'est pas facile à déterminer. Cette enquête va nous permettre de préciser aussi l'esprit du chapitre II-6, loin, très loin d'une vision positiviste et au plus près de celle d'un Meschonnic.

L'enquête procèdera en trois points. Tout d'abord, il convient de bien poser le problème par rapport au contexte de II-6: sa place dans la *Deffence* et sa place dans l'*Orator*. Un deuxième point lira le chapitre, qu'organise la tripartition – et non la synonymie – *inventer*, *adopter* puis *composer*: où inventer est un rêve de poète docte, et composer, sa réalité. Le troisième point traitera de ce qui fait véritablement problème dans la *Deffence*, à savoir les autres occurrences du mot et de l'idée de composition des mots: tout le début du chapitre I-9 et le « mot composé » de Baïf « aigredoulx », à II-12 – sans oublier « composition & structure de motz » à II-10, qui sera évoqué dans la conclusion. *Aigredoux* mérite d'autant plus l'attention que les créations de ce type seront aussi emblématiques de la Pléiade, caricaturales même, que les clausules le sont de Cicéron. Dans tout ceci en effet, le véritable enjeu de la néologie est le primat de l'*ars* ou artifice: au poète futur de faire la langue, non à elle de le faire.

a. - Le chapitre II-6 est encadré fermement par la réflexion de Du Bellay. Ce qui précède, c'est la description des divers genres poétiques, dont le point culminant est l'épopée. Ce qui suit, ce sont les nombres traités par l'*Orator*, ou plus exactement une partie d'entre eux.

Le lien entre épopée et enrichissement du lexique est à la fois évident et fondamental. Chamard s'empresse de gommer l'évidence pour ne pas en tirer les déductions qui s'impose. Il considère en effet que la formule « celuy qui entreprendra un grand œuvre » (l. 4) ne renvoie « pas seulement (a)u futur auteur d'épopée, mais bien (à) tout poète qui voudra se rendre immortel par quelque ouvrage de valeur ». Ce n'est pas entièrement faux, puisque, dans la logique récapitulative, l'épopée emblématise pour Du Bellay, par excellence, tout ouvrage qui aurait des nombres, de la valeur: Virgile comme modèle de tout. Mais enfin, le refus d'identifier « grand œuvre » et épopée est pour le moins désinvolte. Le chapitre II-5 est le sommet d'une gradation. A II-4, on a passé en revue tous les genres qui sont un ou plusieurs crans en dessous, de l'épigramme à la tragédie en passant par l'épigramme, le sonnet, l'ode, etc. II-5 prend alors son souffle pour traiter à part du « long poëme », au titre même. Le contenu du chapitre ne fait aucun doute. « Celuy qui voudra faire un long poëme » (II-5, l. 42), c'est bien le poète épique, qui créera en français l'équivalent d'une *Iliade* ou d'une *Enéide*. Le « celuy qui entreprendra un grand œuvre » de II-6 est la reprise assez claire de cette formule, d'autant que « grand œuvre » est aussitôt remplacé par « long poëme » (II-6, l. 4 et 11).

La conséquence est imparable. Il faut certes « innover quelques termes » mais «en un long poëme principalement» (l. 39). L'enrichissement du lexique n'est abordé qu'en fonction de l'épopée, qui est l'œuvre de référence, principale, princière: « principalement » renvoie à la logique du récapitulatif. Ce n'est pas parce que le français est dans l'absolu « non encor'assez riche » qu'il faut l'enrichir de « vocables non vulgaires » (l. 31). L'innovation est relative, elle a partie liée avec un genre. Si le but est de créer ce que notre littérature n'a pas encore, une épopée, le Virgile français à venir a d'abord le droit de créer des mots en fonction de ce but, et uniquement de ce but. Puisqu'on se place dans le registre épique, grand par excellence, il va donc de soi que les mots à créer ne seront pas « vulgaires », à tous les sens du terme. Ce n'est pas le peuple ou *vulgus* qui écrit l'épopée, mais le poète récapitulatif à venir, cette espèce de surhomme décrit longuement au début de II-5 et déclaré presque introuvable à la fin du même chapitre.

Inventer des mots: il faut mesurer ce que pèse la formule mise au titre de II-6. Comme le dit Cicéron dans les *Tusculanes*, l'*inuentio* est une « force qui scrute les choses cachées», force que possédaient « celui qui, le premier, a imposé des noms à toutes les choses », celui qui a « rassemblé les hommes dispersés et les a appelés à vivre en société », celui enfin qui a « noté le cours des planètes, leurs dépassements, leurs arrêts ». En bref, l'invention est « quelque chose de tel que même dans un dieu on ne peut rien concevoir de plus grand »[1]. Le poète épique à venir de Du Bellay sera sinon un dieu du moins une sorte d'Adam nommant le monde et par là le recréant. Tel Moïse ou Solon il sera une figure du nomothète originel, un donneur de lois, un créateur de peuple: un père fondateur. Il sera *inuentor* et par là prince, *princeps* – au sens encore où l'*inuentor* d'une loi était son *princeps*, celui qui a pris l'initiative de la proposer, son auteur, son responsable. Le prince propose, et le peuple dispose: autre façon de résumer la répartition des rôles entre doctes et indoctes, entre le poète savant et ses lecteurs, unis par la célébration d'un mystère commun.

Le lien ainsi posé avec l'épopée a une traduction pratique très claire. Les « vieux romans » nommés en fin de II-6 (l. 71) font eux aussi le lien avec le chapitre précédent et « ces beaux vieulx romans » (II-5, l. 21). Pour faire « renaitre au monde » une *Iliade* ou une *Enéide*, il faut choisir un roman de chevalerie d'autrefois «comme un Lancelot, un Tristan, ou autres» (II-5, l. 22-23). De même, pour le lexique, il « faudroit voir tous ces vieux romans & poëtes Françoys» et leur reprendre «un ajourner pour faire jour (...),

---

[1] *Tusculanes*, I, 61-64.

anuyter pour faire nuyt», etc. (II-6, l. 71-74). L'archaïsme n'a de sens que par rapport à l'épique, comme vient de le préciser II-6: Virgile lui-même ayant usé des formes anciennes, *olli* pour *illi*, etc. Le rapprochement avec II-5 permet d'aller plus loin.

Comme «en passant» (II-5, l. 24), Du Bellay part dans une apparente digression sur les romans de chevalerie contemporains, à la mode des *Amadis de Gaule* et autres, digression que Chamard répute «sans rapport avec le sujet» de l'épopée (II-5, l. 24-39). Du Bellay vient de faire l'éloge de l'Arioste écrivant un *Roland* et critique aussitôt ses imitateurs français. Eux «ne s'employent qu'à orner & amplifier notz romans». Leurs livres sont «certainement en beau & fluide langaige, mais beaucoup plus propre à bien entretenir damoizelles qu'à doctement ecrire». Au total, ils ont donc bien une «grande eloquence», mais mal employée. Il est curieux que ce passage n'ait pas plus retenu l'attention de la critique. Nous retrouvons les termes du débat entre doctes et indoctes, entre savants et public. Mais pour une fois le débat s'est déplacé. Ces imitateurs ne sont pas tout à fait indoctes. La preuve en est qu'ils ornent et amplifient, qu'ils écrivent une langue belle et fluide, toutes qualités de la *copia*, du grand style. Plus encore: ils ont apparemment appliqué, sans le connaître, le précepte que Du Bellay vient d'énoncer, celui de choisir comme sujet un roman de chevalerie, sinon exactement ceux de la Table Ronde.

La digression n'en est donc pas une. Il s'agit de corriger une mauvaise interprétation du précepte. Choisir un de ces beaux vieux romans, cela signifie finalement «recuillir ces fragmentz de vieilles chroniques francoyses, & comme a fait Tite Live des annales (...) en batir le cors entier d'une belle histoire», avec «belles concions & harangues» tirées des «vieilles chroniques françoises», à la façon du même Tite-Live, ou, un cran en-dessous, Thucydide et Salluste[1]. Voilà assurément un roman de chevalerie que ne liront pas les dames de la bonne société et en général les courtisans honnis. Le roman qu'imagine Du Bellay n'est pas un récit historique mais la description très précise de l'épopée à venir: non pas style bas du *docere* mais grand style du *mouere*. Il nous renseigne sur la façon d'imiter. De fait, une épopée comme l'*Enéide* compte, tout comme l'histoire, un très grand nombre de discours, qui permettent à chaque parti de faire entendre sa voix dans une polyphonie grandiose[2]. Nous retrouvons la problématique de la nature et de l'art, du maternel et du paternel: de la matière et de la forme. L'épopée à venir aura pour sujet ou «histoire» une matière entièrement française, la matière de Bretagne, *Lancelot* ou *Tristan*, dont l'histoire sera bâtie avec cet

---

1 Tite-Live et Thucydide, c'est pour l'histoire le couple Cicéron et Antoine pour l'éloquence, ou Virgile et Ennius pour la poésie.

2 Pour la présence de discours dans l'histoire, et que celle-ci relève du *docere*: *Or.* 66.

autre matériau français que sont les chroniques du royaume. Mais la forme lui sera donnée par l'imitation des épopées antiques: autant la matière est mère, *materia* sur *mater*, autant la forme ou semence vient du père. Il faudra père et mère pour faire « renaître » une épopée digne de l'antique. Le sujet ou « histoire » est une chose, la façon de la « bâtir », une autre. Bâtir, ou encore composer.

Ce contexte suffirait à situer l'emploi de mots « non vulgaires », et en particulier d'archaïsmes. De tels mots choisissent leur public, déterminent le registre d'écriture. Il n'est pas dit qu'il faille en déduire l'usage d'archaïsmes dans n'importe quel genre. Dans le chapitre II-4 qui énumère les genres poétiques à choisir, celui de l'ode doit être « eloingné du vulgaire » (l. 29), alors que juste après l'épître n'est pas un genre « qui puisse grandement enrichir nostre vulgaire » (l. 37). L'ode est clairement du côté du grand style, l'épître, du style bas, du côté des « choses familieres & domestiques ». Les archaïsmes dans le grand style n'ont pas la même valeur que dans le style bas. Les exemples qu'en donne le chapitre II-6 relèvent donc du grand style, le seul qui puisse « enrichir », et encore, « grandement ». Richesse, grandeur, absence de vulgaire: Du Bellay est fort loin de parler du français en général. Il ne parle même pas de ces romans modernes qui pratiquent déjà la grande éloquence. Il décrit ce qui fera passer ces derniers de la galanterie à l'épique. Le petit plus qui change tout, nous le savons, ce sont les nombres. Le rapprochement avec II-5 et l'épopée nous permet en somme d'affirmer que les archaïsmes de II-6 sont eux aussi des nombres, sans même avoir à ouvrir l'*Orator*.

Si maintenant on l'ouvre, on peut situer II-6 par rapport aux chapitres qui le suivent. En fait de nombres, la partie de l'*Orator* que nous n'avons pas encore vue est le *sonus*, traité aux paragraphes 149-164. Cette partie est dite encore *compositio* par Cicéron – dans un sens spécialisé de ce terme. Or, pour l'instant, tout ce que nous savons du *sonus* est qu'il se définit par l'absence de hiatus ou de « hyulque »: le bien joint, l'absence de cacophonie entre les mots. Nous allons voir que Cicéron y assimile, précisément, la création de vocables. (*Le* hiatus = choc de voyelles *ou* de consonnes.)

Résumons tout d'abord ce qui suit II-6. Les chapitres II-8 et II-9 traitent des nombres, c'est-à-dire de ceux dont est capable le français, par effets de construction de la période. Architecture des grands blocs et ornements des figures, « antithèse » et « épithèse », le tout relève en fait de la symétrie. Ce sont des effets dignes de Gorgias, mais transfigurés et en somme régularisés. Le chapitre II-7 traite des pieds métriques dans le vers, ou plutôt de leur absence. Si le vers français n'a pas de pieds à l'ancienne, il reste qu'on peut le doter d'un rythme continu, d'une liberté supérieure qui en fera l'égal de la grande prose oratoire des Anciens. Comme leur prose était en fait tout aussi difficile que leur poésie, voire plus, le français ne perd pas au change. L'absence de pieds est au fond heureuse, en ce qu'elle oblige à se hisser au plus haut. Au total, ces trois chapitres semblent ainsi épuiser le programme de compensation des «piedz et nombres» annoncé à I-9 (l. 24): nombres pour II-8 et II-9, pieds pour II-7.

Dans l'*Orator*, le troisième et dernier point à traiter est le *sonus* ou « son », qui fait lui aussi partie des nombres. Mais le *sonus* est aussi l'autre terme de l'alternative fondamentale de Cicéron, *sonus et numerus* (*Or.* 163). Rappelons une fois de plus le schéma général. Les *numeri* comme genre recouvrent deux ou trois espèces, *sonus* + (*concinnitas*) + *numerus*. Si la tripartition est réduite à deux termes, le *numerus* désigne alors les deux termes à droite de *sonus* dans l'équation: à la fois *concinnitas* et *numerus*, effets de symétrie et pieds métriques, lesquels sont les *numeri* au sens le plus spécialisé. Et c'est en jouant sur le passage du trio au duo que Du Bellay pousse la *concinnitas* vers la sortie théorique, tout en la ramenant discrètement par la fenêtre.

La logique très forte des chapitres de Du Bellay amène donc à penser que le *sonus* de l'*Orator* est traité par la *Deffence* au chapitre II-6, même si le mot de *son* n'y apparaît pas. Les deux ouvrages commencent par là leur exposé d'ensemble sur les nombres. Les chapitres II-7 à II-9 traitent du groupement des mots ou, dans le vers, du groupement des syllabes: ce sont les *uerba coniuncta*, seconde partie de l'expression, *phrasis* ou *elocutio*. Le chapitre II-6, lui, traite des mots isolés, non groupés: les *uerba singula*, première partie de la même *elocutio*. Il s'agit toujours de *compositio*. La composition des mots que nous avons vue jusqu'ici, c'est leur arrangement, leur groupement avec d'autres dans la période. La composition des mots que nous allons voir maintenant, c'est d'abord, chez Cicéron, le hiatus ou plutôt son absence, c'est-à-dire ce travail de mosaïste qui évite les heurts esthétiques entre petits morceaux contigus. Mais l'absence de heurt n'est elle-même que le premier des points que traite Cicéron à propos du *sonus*. S'y ajoute la qualité esthétique de chaque morceau, qui a aussi son importance. La cacophonie ne menace pas seulement entre les morceaux ou mots: il faut aussi que chaque mot sonne bien, qu'ils soient tous individuellement «*bene sonantia*» (*Or.* 163). L'euphonie sera le résultat de ce double travail, sur les contiguïtés et sur le matériau phonétique de chaque mot.

Cette bipartition n'épuise d'ailleurs pas tout ce que Cicéron a à en dire. En voici par commodité la liste complète:

Or. 149, introduction.
Or. 150-153, absence de hiatus = II-9, l. 91, «rien dur, hyulque/bien joinctz».

Or. 153-154, contraction des mots en les fusionnant, *Ala* pour *Axilla*, *sis* pour *si uis*.
Or. 155-157, oui aux archaïsmes = II-6, l. 66-82.
Or. 158-159, mots composés, *uerba iuncta*: *aufer* meilleur que *abfer*, *iniquum* meilleur que *inaequum*; le *in* de *indoctus* est une brève, celui de *insanus* est une longue = I-9, l. 28-32, «composition des motz» et « allonger » ou « accoursir » une syllabe.
Or. 160, autrefois pas de *h* aspirée, aujourd'hui si, Ennius préfèrait *Burrus* à *Pyrrhus*.
Or. 161, autrefois les poètes supprimaient le *s* de *omnibus* et écrivaient *omnibu' princeps*; ont aujourd'hui rétabli le *s* les poètes nouveaux, *poetae noui*.
Or. 162, première conclusion.
Or. 163-164, seconde conclusion, sur le refus des noms propres grecs = II-6, l. 46-64.

Cette liste peut elle-même être réduite à quatre points: l'absence de hiatus (150-153 et 161); les archaïsmes (155-157); les mots composés au sens moderne (158-159); les noms propres purement latins (160 et 163-164). Chez Quintilien, auquel Du Bellay emprunte aussi, les mêmes sujets sont plus dispersés. L'absence de hiatus, que Quintilien appelle *iunctura*, est à 9.4.32-41. Les archaïsmes sont à 8.3.24-37. Les mots composés, qu'il appelle lui *uerba composita*, à 1.5.65-72. Les noms propres purement latins, à 1.5.60-64. Le chapitre I, 5 de Quintilien est du reste important pour notre propos. Il traite en effet de la *uocalitas* ou en grec *euphônia* (1.5.4): « entre deux mots de même sens et d'égale valeur, donner la préférence à celui qui sonne le mieux ».

La réunion de tous ces phénomènes dans quelques paragraphes de l'*Orator* présente pour Du Bellay un avantage certain. Mieux que Quintilien, Cicéron dégage l'esprit général. La problématique d'ensemble est celle de l'art et de la nature, du paternel et du maternel. En l'occurrence, c'est la tension entre d'une part les choix personnels d'un auteur aussi docte que Cicéron et d'autre part la réalité de l'usage des mots par tout le monde. D'un côté le jugement ou *iudicium* d'un «scavant homme» (II-6, l. 29), de qui a *scientia* (*Or.* 160). De l'autre l'usage et la coutume, *usus*, *consuetudo*. Cicéron a ici pour cible les grammairiens analogistes de son temps, qui prétendent réformer l'usage selon une règle extérieure. Ces rationalistes veulent refaire les mots en fonction de ce qui leur paraît rationalité, *ratio*. Ainsi faudrait-il supprimer le génitif archaïque *deum* dans *prodeum* et dire *deorum* (§ 155), seul conforme à la série régulière des génitifs – conformité qui est donc l'analogie (ce mot même ne se trouve d'ailleurs pas dans l'*Orator*). Or les anciens poètes, *l'antiquitas*, connaissaient fort bien les génitifs actuels. C'est la coutume qui a autorisé la licence ou *licentia* qu'est l'emploi de génitifs peu réguliers. Le même Ennius qui a écrit *meum factum* au lieu de *meorum factorum* a dit à l'inverse *liberum* au lieu de *liberorum*. Dans le premier cas, il va contre les analogistes; dans le second, il est de leur côté contre l'usage contemporain de Cicéron, qui préfère *liberum*. Exemples et contre-exemples ont le même but. La règle grammaticale selon les analogistes est de l'ordre du *certus*, du fixe et déterminé. C'est une prison où il n'y a qu'à obéir. Comme toute technique aux procédures explicites, cela ne laisse aucun choix au technicien chargé de l'appliquer. Le *certus* supprime le *iudicium*: la règle extérieure est indépendante de tout choix personnel, lequel serait nécessairement une faute grave.

La problématique dans laquelle s'installe Cicéron est au contraire celle de la liberté supérieure, qui est elle-même une rationalité supérieure. Le choix personnel n'est pas celui du premier venu, de la base: le jugement valable est celui de qui est passé maître dans sa technique ou art. Cela ne signifie pas pour autant mépris de la base. Au maître répond la multitude, ou plutôt le peuple. Lui aussi a un jugement, mais qui est collectif. L'usage ou coutume est la somme des jugements de tous. Le peuple juge bien, le maître aussi. Ils ont tous bonne oreille. A partir de là, tous les cas de figure sont possibles. C'est le jugement du peuple latin qui lui fait refuser l'hiatus: « il n'y a personne de si paysan, *rusticus*, qu'il se refuse à lier les voyelles » (§ 150). C'est le jugement d'un Cicéron mûri qui l'a fait revenir sur sa prononciation *triumpos* ou *Cartaginem*, sans le *h* aspiré. Jeune, il savait de science sûre que les anciens prononçaient ainsi. Mais « sur le tard, les reproches de mes oreilles (me firent) abandonner mon souci de correction: j'ai concédé au peuple le droit de fixer l'usage, et j'ai gardé ma science pour moi »: il a prononcé comme tout le monde *triumphos* et *Carthaginem* (§ 160). Un peu de *scientia* éloigne du peuple, beaucoup y ramène. Quelles que soient les variations, peuple et maître sont alliés. Leur ennemi commun est l'analogiste, ce faux savant. C'est exactement la problématique des *Femmes savantes*. Comme l'a montré brillamment Marc Fumaroli, au parti tyrannique des grammairiennes répond l'alliance entre le maître de maison et sa servante, que les fausses savantes veulent chasser pour cause de solécismes. La problématique de fond est royale. Roi et peuple s'entendent comme père et mère de la patrie: art et nature contre rationalisme plaqué de l'extérieur. Le prince charmant du conte ne s'y trompe pas. Le vrai trésor est d'épouser la bergère si polie dont tous les mots sont perles et diamants.

Nous retrouvons ainsi la problématique de la liberté, la vraie, la grande liberté du poète vraiment grand: « vouloir oster la *liberté* à un scavant homme, qui voudra enrichir sa langue, d'usurper quelquefois des vocables non vulgaires... » (II-6, l. 29-31). Nous pouvons alors entreprendre de lire le chapitre II-6.

b. - Le chapitre est structuré comme les autres: d'abord des considérations théoriques, puis deux applications, sur les noms propres et sur les archaïsmes[1]. Ces deux derniers points ne posent pas de problème particulier, puisqu'ils reprennent l'*Orator*. La difficulté ici est de situer la partie théorique, sur l'invention ou création de mots. Ce thème est absent des considérations sur le *sonus*; Du Bellay le reprend au *De Finibus* du même Cicéron. On pourrait en déduire que c'est là un raccord pour le coup mal joint. Il n'en est évidemment rien.

Commençons donc par le plus facile, à savoir la fin. L'impératif de franciser les noms propres grecs et latins décalque *Or.* 163:

> Nous devons choisir de préférence des mots qui sonnent bien, non pourtant très soignés pour leur son, comme font les poètes, mais pris du commun, *de medio*.
>
> *Qua pontus Helles, supera Tmolum ac Tauricos*
>
> est un vers illuminé par des noms de lieux splendides, *splendidis* (...). 164. Alors servons-nous du bon vocabulaire de chez nous de préférence à l'éclat des mots grecs, *splendore*...

A ce passage on peut ajouter la façon dont Ennius latinisait Pyrrhus en Burrus et Phryges en Bruges (§ 160). On peut aussi regarder les considérations de Quintilien sur les mots étrangers en latin (1.5.55-64). Se fixant aussitôt sur les emprunts au grec, Quintilien donne pour exemple de latinisation les seuls noms propres, dont Ulysse et Achille que cite Du Bellay (l. 56; 1.5.63). Quintilien regarde comment décliner en latin les noms propres du grec; il regarde aussi les terminaisons du nominatif, par exemple maintien de *Telamo* ou *Plato*, qui se trouve chez Cicéron, « parce que (les anciens) ne trouvaient pas de mot latin qui se terminât par *-on* ». Ne pas écrire Telamon ou Platon, c'est refuser dans sa langue un corps étranger.

Du Bellay de même refuse l'éclat des mots grecs ou latins pour préférer « l'usaige de (s)on vulgaire ». Il faut « accommode(r) » les noms propres à l'usage commun, et non l'inverse – alors même qu'on pourrait attendre que Du Bellay préfère lire en poète le passage de Cicéron: tirer la langue

---

[1] La ligne de partage se fait vers le milieu, et très exactement avec une formule qui se retrouvera à II-9, et que nous avons donc déjà vue: «Entre autres choses»: II-6, l. 46; II-9, l. 44. Effet de cette solide bipartition, dans l'originale la formule est exactement en haut de la troisième page de II-9, sur les quatre elles aussi exactes qu'occupe le chapitre. Le titre souligne que la formule n'est pas une négligence, puisqu'il annonce une bipartition entre d'abord «inventer des motz» puis «quelques autres choses».

commune vers la *splendor* de vers ronflant de noms propres. L'accommodation passe par les finales françaises, dire Thésée et non Theseus, Cicéron et non Cicero[1]. Mais sur la façon de procéder il n'y a pas de « certaine reigle » (l. 63), de *certus*. L'accommodation est une liberté, il faut donc en user avec discernement. Le poète à qui Du Bellay dit « Tu » doit « user en cela de jugement & discretion ». « Parquoy je renvoye tout au jugement de ton oreille »: c'est le leitmotiv de l'*Orator* à propos du *sonus*.

« Quand au reste » (l. 64), « use de motz purement francoys »[2]. La formule est savoureuse, une fois que la problématique est celle de l'*Orator*. Cette pureté française est un juste milieu très aristotélicien entre deux excès, le « trop commun » et le « trop inusité ». L'idée de juste milieu renvoie de nouveau au choix, au jugement ou *iudicium* du maître qui seul peut déterminer ce qui évite l'excès. Le refus du trop inusité renvoie au refus de se couper de l'usage. Mais cela ne signifie pas pour autant s'y plier de façon inconditionnelle. Nous pouvons donc aussitôt corriger sur les noms propres et leur splendeur. Les franciser quand ils sont grecs ou latins, c'est plaider pour l'usage. Les employer dans ses vers, c'est tirer l'usage vers le haut, voire lui faire violence. Le vers ronflera de beautés à la fois étrangères et faites françaises. Le « purement français » est à entendre de façon royale. La pureté n'est pas l'accord donné sans conditions à tout ce qui existe. Elle est pureté à créer par le poète lui-même à venir. Le juste milieu ici est comme l'entre-deux que représente en général la grande prose nombreuse chez Cicéron: ni tout à fait la langue ordinaire, ni tout à fait la langue extraordinaire qu'est la poésie. L'entre-deux ou milieu n'est pas médiocrité mais excellence superlative, récapitulative. Ce serait un art naturel, ou une langue maternelle devenue artiste.

Suivent les archaïsmes ou exactement « motz antiques » (l. 68). Le poète à venir pourra les enchâsser dans son épopée, comme Virgile « qui a usé de ce mot *olli* pour *illi* » (l. 69). Dans l'*Orator*, l'*antiquitas* a les faveurs de Cicéron, contre ces modernes insupportables que sont les grammairiens analogistes. De façon plus générale, nous avons vu que l'*antiquitas* désigne constamment pour lui Ennius et les vieux poètes latins: qui ont pour équivalents dans la *Deffence* les poètes du Moyen Age. Cette antiquité-là est le fonds autochthone, latin pour l'un, français pour l'autre. Elle est clairement du côté de l'usage, de la langue maternelle, contre l'art décidément artificiel. Faire briller de loin en loin un archaïsme est ressourcer la langue en puisant dans son fonds inépuisable, par un retour à la mère-matière.

---

1 Aneau ici doit songer au passage de Quintilien sur Telamo et Plato: « Pourquoy escris tu donq Pytho, Erato? (...) tu eusses bien peu dire Python, Eraton, comme Platon, Ciceron, Junon. »

2 La formule «Quand à... » introduit clairement une deuxième considération, nous l'avons vu plusieurs fois.

La citation de Virgile vient de Quintilien (8.3.24). Elle confirme l'attribution au poète épique d'un jugement superlativement supérieur:

> les mots propres tirent leur dignité de leur ancienneté, *dignitatem dat antiquitas*. Ils rendent en effet le style et plus noble et plus admirable parce que le premier venu n'en aurait point usé, et Virgile, dont le goût est si pénétrant, *acerrimum iudicium*, a fait de cet ornement un usage vraiment unique. 25. Des mots comme *olli* et *quianam* [etc., sans *aulaï*]... Mais il faut en user avec mesure, *utendum modo*, et ne pas aller les chercher dans les ténèbres les plus reculées.
> II-6, l. 76-78: Ne doute point que le moderé usaige de telz vocables ne donne grande majesté tant au Vers, comme à la Prose.

La problématique est la même que chez Cicéron, d'une liberté supérieure avec jugement supérieur. Virgile n'est pas un poète quelconque mais le poète par excellence. Lui seul peut donc savoir quand il faut employer l'archaïsme, et quand il ne le faut pas. Dans des mains inexpertes, indoctes, un tel conseil serait une catastrophe, et l'archaïsme deviendrait défaut à éviter, non ornement extrême.

Nous n'aurions donc pas besoin de Quintilien pour comprendre maintenant ce que désigne *modéré* dans «le moderé usaige» que conseille Du Bellay. Le *modus* n'est pas la modestie, la modération tiède. C'est l'excellence de qui peut se donner à lui-même sa règle. Du Bellay ne peut donner de «certaine reigle»: au grand poète à venir de la trouver pour lui-même. Il ne sera grand, du reste, que s'il la trouve. Si les mots d'ancien français ont disparu «par notre negligence», ce n'est pas là considération banale sur l'entropie de la langue, sur l'usure due à l'usage. Par notre négligence à nous poètes: à l'inverse, c'est par notre diligence que nous créerons une langue majestueuse, elle ne se fera pas toute seule. Règle et labeur iront de pair chez celui qui refera en français une « laborieuse *Eneide* » (II-5, l. 24). La modération est du côté de la création, de l'art. Ce n'est pas retenue pudique, rappel au maternel, mais un effet de la violence du prince. Le fleuve puissant de l'épopée charrie des archaïsmes, pépites, pierres précieuses, comme il faut et là où il faut: royalement. Union de l'art et de la nature, du roi et du peuple, du poète épique et de l'usage ancien. A elles seules, les pépites d'or ne font pas la richesse du fleuve, et à son tour le fleuve qui les fait briller ne les crée pas à proprement parler. Il faut de tout pour faire une épopée: la pépite et le fleuve, la matière et la forme.

Des noms propres à franciser aux archaïsmes à enchâsser, nous sommes maintenant en mesure de proposer une identification pour la série qui ouvre le chapitre: «inventer, adopter & composer» (l. 5). Adopter, c'est greffer, s'approprier le corps étranger: donner une terminaison française à des mots latins ou grecs, les « accommode(r) » (l. 52) et non « appliqu(er) » du velours vert sur du velours rouge, greffe impossible (l. 48)[1]. Il est tentant à partir de là de comprendre par *composer* la fin du chapitre. Ce n'est pas tout à fait l'emploi des archaïsmes, puisque eux-mêmes servent de faire-valoir à l'usage de mots « purement francois ». Composer, ce n'est pas créer de toutes pièces mais trouver le juste milieu entre le trop ordinaire et le trop extraordinaire, le trop usité et le trop inusité: mettre de la forme dans la matière de la langue pour qu'elle sonne bien. Pour une telle création il faut en effet un jugement supérieur. En donnant ce sens au *composer* de Du Bellay, on résume l'esprit des paragraphes de Cicéron sur le *sonus* ou *compositio*. On renvoie surtout au phénomène général de toute *compositio* ou synthèse dans l'*Orator*, d'un travail sur et à partir de l'existant. Le style lié lie ce que la langue à l'état brut donne délié.

Si adopter et composer désignent les deux applications pratiques du chapitre, inventer renvoie à sa première partie, théorique[2]. La structure habituelle que nous avons vue dans les chapitres suivants se charge ici d'un sens particulier. Inventer des mots reste dans la théorie pure, inapplicable. C'est l'horizon qui donne sens aux applications. Mais cet horizon est inaccessible, sous peine de se couper radicalement de l'usage. La violence du prince se ferait tyrannie.

On sait qu'inventer n'a pas alors le sens actuel de création *ex nihilo*, essentiellement pour des raisons métaphysiques et théologiques. L'inventeur des choses est, nous l'avons vu grâce aux *Tusculanes*, plutôt le nomothète que le dieu. S'il est au plus près du divin, le nomothète en est aussi séparé par un abîme. Le père fondateur ne crée donc pas à proprement parler. Seul un dieu peut créer à partir de rien. L'homme est quant à lui face à du déjà créé: inventer au propre ne peut donc signifier pour lui que trouver, dégager un donné qui le précède. Mais c'est là un point de vue absolu. Nous sommes ici dans le relatif. Par rapport à l'adoption-francisation ou à la composition de mots ni trop ni trop peu usités, l'invention de mots est au plus près de l'idée moderne de création *ex nihilo*. L'adjectif « nouveau » revient sans cesse. Il s'agit bien, *De Finibus* à l'appui, d'user de « motz nouveaux » (l. 13), d'imposer « nouveaux motz » « aux nouvelles choses » (l. 18), de désigner « beaucoup de choses non encor' traitées en nostre langue » (l. 22). Bref, inventer, c'est bien « innover » (l. 29 et 39). A la création *ex nihilo* des choses

1 *Adoptare* est employé par métaphore chez Martial au sens de « greffer »: on rejoint évidemment la problématique du livre I de la *Deffence*, quand branches et rameaux « n'apparoissent plus adoptifz, mais naturelz » (I-3, l. 46).

2 Si le lien entre adoption et invention va de soi, il est de plus autorisé pour Du Bellay par le *De Oratore*, III, 153-154: où Cicéron passe des mots archaïques (§ 153) aux mots inventés (§ 154).

répond l'invention *ex nihilo* des mots pour les dire. D'un côté le dieu créateur, de l'autre Adam qui nomme la création.

Si la néologie n'est pas le geste du dieu, si elle est humaine, elle garde pourtant quelque chose de surhumain. Adam avant Virgile: créer des mots n'est assurément pas à la portée du premier venu. C'est le privilège du nomothète, du père fondateur. Nous retrouvons donc la problématique de la règle et du jugement, mais poussée à son maximum d'intensité. Seuls le « scavant homme », ou les « doctes », ont « la liberté », la liberté supérieure de créer « des vocables non vulgaires » (l. 29 et 36). Le poète épique aura la même liberté. C'est celle de Pétrarque pratiquant les vers libres: indoctes s'abstenir. Une telle liberté suppose là encore de façon intrinsèque *modus*, mesure, modération qui signe la maîtrise suprême. Le poète épique créera des mots, mais « avecques modestie toutesfois » (l. 40). Le sens moderne du terme nous égarerait. Cela veut dire: avec règle, règle intérieure, évidemment. Ce n'est pas une soudaine réserve de bon ton. Le poète épique que Du Bellay appelle de ses vœux ne sera pas précisément un modeste... Une preuve supplémentaire en est d'ailleurs qu'est aussitôt spécifié son public. « Ne te soucie qui le treuve bon ou mauvais »: tout ce qui compte est le jugement de la « posterité », le jugement des contemporains compte pour néant (l. 41; « posterité » déjà à la chute de II-5, l. 104).

On peut faire la même lecture du « quelques » qui revient sans cesse. Le titre du chapitre parle d'inventer « des » mots. Dès les premières lignes, il ne s'agit plus que d'inventer « quelques » mots (l. 6). Puisque Horace dit qu'Homère dort « quelquesfois » (l. 12), on peut bien user de « quelques » mots nouveaux (l. 13). Le savant homme a la liberté d'utiliser « quelquefois » de vocables non vulgaires (l. 31). La conclusion enfonce ce clou: « Ne crains donques, poëte futur, d'innover *quelques* termes, en un long poëme principalement... » (l. 38). Ce *quelque* quatre fois répété pourrait être interprété comme une restriction: une timidité, à rapprocher de la « crainte » soulignée deux fois (l. 5 et 38). Il faut plutôt le renvoyer à l'usage du jugement. Nous ne sommes plus à ce moment originel et adamique où les premiers hommes peuvent tout nommer. Créer des mots nouveaux à foison serait folie d'un détraqué, absence de jugement. Le grand homme actuel est là aussi sous contrainte, mais il garde une marge de manœuvre. Il peut encore jouer les pères fondateurs. La marge de manœuvre n'est pas marginalité mais refondation. Quand Cicéron crée des mots latins à l'imitation du grec, ce n'est pas par la bande, du bout des lèvres, modestement au sens moderne, avec contenue et restriction. Tout au contraire, il « se vante » de l'avoir fait (l. 7). Cicéron au début du chapitre, Virgile à la fin enchâssant « quelques » archaïsmes (l. 68): ce sont deux pères fondateurs, pour la prose et pour la poésie. Non pas folie mais *prudentia*: car les qualités du poète épique culminent sur la « prudence & saige gouvernement » (II-5, l. 10). Le *quelque* est le signe même que le poète est « prudent », et pas seulement au sens moderne[1]. *Prudens*, il a une excellence de prince, digne des Moïse et des Solon, digne donc de toutes les figures de nomothète.

Dans ce contexte décidément royal, nous pouvons alors mesurer ce que signifie l'évocation des « ouvriers » et autres « gens mecaniques » (l. 23). Chamard rapproche du passage de II-11 sur les « mariniers, fondeurs, peintres, engraveurs, & autres » (II-11, l. 38). C'est une erreur. Elle est due au présupposé positiviste sur l'enrichissement de la langue par simple accroissement du lexique. Les deux chapitres ne parlent pas de la même chose. A II-11, il s'agit bien en effet d'augmenter son vocabulaire en fréquentant « non seulement les scavans, mais aussi toutes sortes d'ouvriers & gens mecaniques ». Des arts et métiers le poète apprendra quantité de termes utiles « pour tyrer de la ces belles comparaisons & vives descriptions de toutes choses ». Ce conseil s'ajoute à un certain nombre d'autres comme le choix du lieu où méditer son sujet, ou encore le choix d'amis qui vous corrigent avant publication. Tous ces conseils sont, dit le titre de II-11, « oultre l'artifice »: en dehors de l'art, de la technique. Ce sont des extras. A II-6, nous sommes à l'intérieur de l'art. Il ne s'agit pas d'emprunter des termes aux ouvriers. Il s'agit d'imiter leur façon de créer des mots[2].

L'exemple des arts et métiers intervient en effet dans une réflexion philosophique sur l'idée d'art ou technique, réflexion appuyée sur le *De Finibus*. Là où il faut « principalement » créer des néologismes, c'est dans les arts « dont l'usaige n'est point encores commun & vulgaire » (l. 19). Et en effet, l'art ou technique humaine est ce par où l'homme ressemble le plus à un dieu créateur. Il crée puis nomme, à la fois Dieu et Adam. A artefacts nouveaux il lui faut donc imposer des noms nouveaux. Cela peut « arriver souvent à nostre poëte ». Créant une épopée, il lui faut aussi créer un vocabulaire épique. Il lui faut « emprunter »: « emprunter beaucoup de choses non encor' traitées en nostre langue ». Mais ces emprunts ne sont pris à personne d'autre qu'à lui. Il va faire comme les artisans. Eux ne pourraient en effet « conserver leurs metiers s'ilz n'usoint de motz à eux usitez & à nous incongneuz ». L'art ou technique progresse sans cesse, par définition. Par

---

1 *Cf.* Ronsard (*Abbregé*, en Pléiade, II, p. 1177, ou p. 470): «Tu ne dois rejetter les motz de nos vieux Romans, ains les choisiras avecques meure et *prudente* election».

2 Le chapitre correspondant de Peletier, «Des mots, et de l'élection et innovation d'iceux», est plus conforme, lui, à ce qu'attend Chamard: non seulement latinismes et archaïsmes, mais aussi mots composés, dialectaux (*Art poétique*, I, 8). Même chose au début de l'*Abbregé* de Ronsard: non seulement noms propres francisés et archaïsmes, mais aussi mots des métiers et des dialectes (en Pléiade, II, p. 1177-78; en Livre de Poche, p. 470-72). La *Deffence*, elle, n'a rien à dire sur les dialectes.

définition aussi, on ne peut pas le maintenir, le conserver à l'identique. Pour le conserver comme art il faut inventer sans cesse. La vie des mots est liée à la vie des techniques. Il faut des mots nouveaux pour désigner des inventions nouvelles: des artefacts inédits, mais aussi les procédures inédites qui ont permis de les créer. Enfin, le contre-exemple est celui de l'art juridique. Que les « procureurs & avocatz » n'innovent aucun mot nouveau dans leur art, le droit, sans doute, d'autant qu'ils sont les gardiens des règles extérieures, des lois. Mais cette exception n'infirme pas la règle. Elle est que chaque art ou technique, chaque profession a ses « termes propres ».

La propriété des termes est ici comme une propriété intellectuelle, une marque déposée. Elle est elle-même création. Le poète épique doit imiter le *modus operandi* des arts en général: arts libéraux, arts mécaniques. Cette imitation doit là encore être bien comprise. Emprunter leurs termes aux ouvriers relèverait ici de l'*imitatio in uerbis*. Il s'agit d'emprunter leur *uera uis*, la dynamique, la puissance par laquelle ils ont créé à la fois leurs artefacts et les mots dont ils avaient besoin pour les faire. Le raisonnement est *a fortiori*. Si en sont capables même les plus bas des arts que sont les arts mécaniques, il va de soi que le poète épique doit procéder de même. Chaque art a ses doctes et ses savants: ses artisans devenus experts à force et de pratique et de réflexion sur la pratique[1]. Le poète épique étant par excellence docte et savant, il a en matière de création de vocabulaire une liberté supérieure à celle de tous les autres artisans ou artistes. Il n'empruntera donc qu'à lui, c'est-à-dire qu'à son art. C'est la figure suprême du prince, du père fondateur, ou encore du créateur. Le poète épique est de façon emblématique le démiurge, au plus haut, tel un peintre comme Apelle ou un sculpteur comme Phidias. Le conservatisme n'est pas de mise. Maintenir n'est pas faire du sur-place mais progresser sans cesse. Il n'y a donc pas lieu de se laisser impressionner par le conservatisme des juristes. Dans une sorte de contre-épreuve de ce contre-exemple, le poète épique pourra même faire sien *ajourner* qu'ils ont fait leur (l. 73), tout simplement parce que la langue des juristes est un état figé de la langue. L'ancien français n'est pas leur bien propre, l'épopée peut s'en approprier l'*antiquitas*.

Dans le chapitre II-11, les emprunts de termes aux arts et métiers relèvent de l'ornement, de l' « épithèse », comparaisons (similitudes) et autres descriptions vives. Dans le chapitre II-6, les arts et métiers sont convoqués par rapport à la conception même du processus d'ensemble, c'est-à-dire

---

[1] Voir à la l. 23 «sciences liberales » là où on attendrait «arts libéraux»: la *scientia* est le summum de la *doctrina* dans un art donné. – On notera que l'angoisse devant l'invasion des anglicismes en français est, d'abord, la reconnaissance d'une supériorité technique. Les Etats-Unis dominent par leur inventivité technologique, non langagière: à nouveaux produits, nouveaux mots, qu'il devient aussitôt impossible de changer.

précisément à l'*inuentio* entendue dans un sens large. Dans tous les cas, l'enrichissement de la langue dépend de l'art, du poète. A II-11, c'est lui qui va chercher ces termes techniques, et qui « tyr(e) » de là les ornements dont son œuvre a besoin. A II-6, c'est encore lui qui commande, ou plutôt son œuvre: c'est elle qui impose la création de mots nouveaux. Qu'ils soient empruntés à d'autres ou nouveaux, tous les mots de l'épopée dérivent de l'art, de l'œuvre à créer. Ce n'est donc pas la langue qui fait l'œuvre, mais l'inverse, comme Meschonnic va répétant. Toi, figure royale du poète démiurge, c'est toi qui as « pitié de ton pauvre langaige », c'est toi qui « daignes l'enrichir de tes thesors » (II-5, l. 12). Du Bellay dit bien que le poète enrichit la langue de *ses* trésors: ses trésors à *lui*, pas à elle. Qu'il puise aussi dans le fonds inépuisable de la langue, sans doute. Mais même en ce cas, qui sort de la néologie, les mots qu'il y puise deviennent d'abord siens.

Au bout de l'analyse, on voit comment l'invention est première par rapport à l'adoption-francisation ou à la composition de mots « purement » français. L'adoption et la composition sont elles-mêmes des formes d'invention, de réappropriation. Mais ce sont des formes moins pures, et en somme moins tyranniques. Elles affichent moins la couleur du démiurge, du père fondateur. Si Du Bellay met en vedette dans ce chapitre l'invention, c'est que le second livre de la *Deffence* se place du point de vue des doctes, contre les indoctes que sont les marotiques. « L'immitation » des Grecs et des Latins ne sera pas copie servile, mais invention libre, d'une liberté réglée de l'intérieur, et accessible aux seuls grands poètes. Eux imitent les Anciens ou les ouvriers comme l'art imite la nature: ils reproduisent le *modus operandi*, ils imitent la nature naturante, la création et non les créatures. Mais en même temps, Du Bellay se méfie du docte laissé à lui-même. Nous l'avons vu à propos de Pétrarque et des vers libres. Cette liberté démiurgique est toujours au péril de se couper de la nature, du public des indoctes. Il en va de même ici. Inventer des mots nouveaux, ce serait bien. En adopter, reprendre des archaïsmes avec discernement, c'est mieux. A la théorie proclamée répond la pratique plus prudente: plus *prudens*.

J'ai projeté derrière l'opposition entre vers libres et vers rimés celle entre l'ode de Ronsard et le sonnet de Du Bellay, avec l'avantage donné au dernier. On peut de nouveau y rapporter l'opposition entre néologie et accommodements. L'ode ne se contente pas en effet de « courir par toutes manieres de vers librement », elle peut même « en inventer à plaisir » (II-4, l. 56). Ce bon plaisir du prince-poète est la grandeur terrifiante de Ronsard, qui ne « se vante » pas moins que Cicéron de ses nouveautés importées du grec, strophes et antistrophes. Il n'est pas dit que ce fleuve ravageur soit le *nec plus ultra* aux yeux de Du Bellay. Le style « à part » de Ronsard ramène à

Scève[1]. Le mot de *composer* rappellerait ainsi, discrètement, que l'essentiel dans tout l'*Orator* est la *compositio*, ce style lié qui est un juste milieu entre le trop ordinaire et le trop extraordinaire, au niveau du mot comme de la grande prose, ni trop commune ni trop poétique. Or le juste milieu n'est pas la médiocrité mais la perfection. Comme le dit Aristote dans l'*Ethique à Nicomaque*, il n'est *mesotès* ou *mediocritas* que d'un point de vue externe, par rapport à ses deux excès. En lui-même, le juste milieu est *akrotès* ou *superioritas*: un sommet, une excellence superlative. Pour parvenir « à quelque hault point d'excellence & gloire non vulgaire» (II-5, l. 54), il n'est pas dit qu'il faille oublier le vulgaire. Du Bellay tempère Ronsard, comme Isocrate a tempéré Gorgias et Démosthène, Thucydide. Cette tempérance ou modération n'est pas à interpréter comme un retrait, mais comme un orgueil suprême.

L'orgueil renvoie à l'union de l'art et de la nature. Le signe en sera que le docte est applaudi par les indoctes. Ronsard, lui, vit cela comme une contrainte:

> Mais aujourd'huy pource que nostre France n'obeist qu'à un seul Roy, sommes *contraints* si nous voulons parvenir à quelque honneur, parler son langage courtizan: autrement nostre labeur tant docte qu'il soit, seroit estimé peu de chose, ou (peut etre) totallement mesprisé. (*Abbregé*, en Pléiade II, p. 1178, en Livre de Poche p. 472; je souligne)

On sent bien qu'il parle de sa propre expérience. Ronsard vient de louer longuement l'emprunt de mots dialectaux. Il retrouve alors la problématique royale, mais de mauvais gré; problématique que la *Deffence* accepte de part en part, au point de ne pas dire un mot des dialectes. L'alliance d'un roi et d'un peuple est bien ce qui permet l'alliance de l'art et de la nature, des doctes et des indoctes communiant dans les mêmes mystères. Plusieurs rois et une langue plurielle, ce serait beau comme la Grèce antique, une situation d'où naquit effectivement l'*Iliade*, entre dorien et ionique. Les choses étant ce qu'elles sont, ce n'est plus qu'un rêve de doctes entre eux.

c. - Dans tout ceci nous sommes apparemment très loin de l'idée de mots composés au sens moderne de l'expression, qui se trouve déjà sous la plume de Quintilien, *uerba composita* – là où Cicéron dit *uerba iuncta*, mots «joints». Le passage du néologisme au mot composé est du reste habituel, comme l'atteste le résumé succinct que donne le *De Oratore*: «les mots

---

[1] Voir p. 61, n. 1: Sébillet critique le public d'avoir critiqué dans la *Délie* «la rudesse de beaucoup de mos nouveaus»; et p. 50, n. 2: Des Autels, juste après la *Deffence*, identifie encore Scève avec la «magnificence de mots innovez & translatez». Le bon plaisir royal de l'innovation, c'est d'abord Scève.

nouveaux sont ceux que crée et fabrique l'orateur lui-même, ou bien qui sont formés par la réunion de plusieurs mots» (III, 154). Mais chez Du Bellay, l'idée et l'expression de mots composés est à chercher ailleurs. Elle est au début du chapitre I-9, le seul qui parle aussi du « son ». Elle est enfin à la toute fin de la *Deffence*, à II-12, avec pour exemple *aigredoux*.

Le passage de I-9 est difficile, mais nous avons maintenant de quoi l'interpréter. J'ai dit bien plus haut que ce chapitre reprenait l'opposition de l'*Orator* entre *sonus* et *numerus*. « Quand aux piedz & aux nombres » d'une part, « Quand au son » d'autre part (l. 24 et 56). Mais sur le fond cela n'est pas homologue. Dans l'*Orator*, la formule *sonus et numerus* désigne l'ensemble du phénomène des *numeri*. Dans la *Deffence*, le son est glosé par « & je ne scay quelle naturelle douceur (...) qui est en leurs langues ». Cette douceur est alors décrite en termes en effet naturalistes et nationalistes. Par exemple, les ivrognes ou Allemands vomissent leur paroles de « l'estommac », plus proche de la gorge ou pharynx, en grec *stomachos*. Suivent gorge, palais, lèvres, la langue française seule n'étant pas « mal sonnante ». Si cette formule rappelle le *bene sonantia* d'*Or.* 163, on voit aussi que le propos est différent. Qui dit douceur naturelle dit que cela ne relève pas de l'art, d'un travail sur la langue, travail qui est la visée des considérations cicéroniennes sur le *sonus*. Inversement, et qui vaut confirmation, c'est à propos des « piedz et nombres » que Du Bellay parle de les compenser en français, compensation qui sera expliquée « au second livre ». Le *sonus* que traite l'*Orator* est celui qui est traité à II-6, premier des quatre chapitres du livre II où sont développés les équivalents français des nombres, au sens le plus englobant du terme. En somme, le « son » de I-9 n'est pas homologue aux mots bien composés de II-6.

La place est donc libre, à I-9, pour traiter des mots composés sous la rubriques pieds et nombres. Les nombres en général, et « la composition (des) motz » en particulier, tout cela ne se fait pas « par la nature » des langues, mais par un travail (I-9, l. 28). Ici la citation quasiment explicite de Quintilien permet de donner sans hésiter le sens exact du mot composition. Du Bellay paraphrase 1.5.70 – Quintilien se répète d'ailleurs lui-même, et le terme de « felicité » vient, lui, de 1.5.32[1]. La composition des mots, ce sont bien ici les mots composés au sens moderne, traités par Quintilien aux paragraphes 68-70 de ce chapitre I, 5. Là-dessus les Grecs sont plus heureux que nous, Latins ou Français: ils peuvent se permettre des composés qui sont autant de bonheurs d'expression. Le terme de *felicitas* dit à la fois l'art et la nature, l'alliance sans heurts du créé et de l'usuel. Sur ce, Du Bellay passe apparemment à un

[1] 1.5.32, à propos des iotacismes et autres labdacismes, c'est-à-dire des questions de phonation: «les Grecs, mieux favorisés que nous pour créer des mots, *feliciores fingendis nominibus Graeci* ».

tout autre problème. Nos ancêtres auraient pu « varier toutes les parties declinables, allonger une syllabe ou accoursir l'autre, & en faire des piedz ou des mains ». Et si eux ne l'ont pu faire, nos successeurs le feront peut-être, ou du moins « quelques scavans & non moins ingenieux de cest aage »: ce serait entreprendre de « reduyre en art » les déclinaisons et les syllabes du français.

Chamard voit là la preuve que l'idée de vers mesurés à l'antique hantait déjà les humanistes. C'est encore une erreur. Avant même de comprendre de quoi il retourne, on voit que la problématique est toujours la même. Dolet voulait réduire en art la grammaire française: la régulariser. Allonger ou accourcir les syllabes sera donc un travail, une correction de la nature du français, pour son bien évidemment. L'exemple suivant renvoie ce travail à Cicéron. La réduction en art du droit civil est au XVIe siècle un enjeu paradigmatique. Le corpus des lois et jurisprudences était éparpillé, et le désir est général de le mettre en ordre, de classer ou « digérer » enfin le *Digeste*. On pourrait donc faire de même pour la langue, la mettre en ordre: la *composer*. Cela n'a rien à voir avec les vers mesurés.

Le contexte l'interdit: le premier livre de la *Deffence* ne parle pas de la poésie, que l'on sache, mais de l'ensemble poésie et prose. Si Chamard était conséquent avec son hypothèse, il lui faudrait donc dire que l'idée de vers *et de prose* mesurés hantait déjà, etc. Or l'idée de prose mesurée apparaît, tardivement, chez un Vigenère, comme une réaction explicite à l'échec des vers à l'antique de la décennie 1570. D'autre part, pour pouvoir faire des vers mesurés le problème n'est pas d'allonger ou d'accourcir, mais que les syllabes du français soient *déjà* en elles-mêmes longues ou courtes, que cela fasse système. Les vers s'appuieront sur ce système préexistant, s'il existe (mais il n'existe pas, c'est tout le problème). Enfin, ne prouve rien le fait qu'un Jacques de La Taille dans les années 1570 invoque ce passage précis de la *Deffence* pour justifier ses tentatives de vers mesurés à l'antique. Cela prouve uniquement qu'il a besoin d'un grand nom pour autoriser sa pratique…

A ces considérations de bon sens, il faut surtout ajouter l'*Orator*. Cicéron met dans le même sac mots composés et variation de quantité. De même que *iniquum* lui paraît meilleur que *inaequum* (§ 159), de même, *insanus* avec *in* longue sonne bien, tout comme *indoctus* avec *in* brève (§ 158). Les deux phénomènes sont regroupés, et traités à partir de la préférence pour *nescire* contre *non scire* (§ 157). *Non scire* aujourd'hui sonne mal: est « barbare, *barbarum* ». *Nescire* est « plus doux, *dulcius* » – d'une douceur non pas naturelle, mais travaillée par l'usage. Or ce qui a lancé la réflexion de Du Bellay au début de I-9, c'est que les doctes néo-latins jugent le français une langue « barbare & irreguliere », parce que, disent-ils, elle n'a pas « ses declinations, ses piez & ses nombres comme ces deux autres langues » (l. 4-8). Et de répondre que « nostre langue n'est tant irreguliere (…): veu qu'elle se decline » et que, « si elle n'est si curieusement reiglée », elle aurait moins « d'heteroclites & anomaux » comme en grec et en latin. Les deux langues anciennes, en fait de règle, seraient plutôt « lié(es) & gehinné(es) », enfermées dans la prison d'une règle extérieure. Le français, lui, aurait une règle intérieure. A barbare, barbare et demi. L'adjectif de Cicéron est amplifié par Quintilien dans tout le début de son chapitre I, 5 sur l'euphonie. Quintilien vise, lui, le maître d'école borné. A qui sait juger, les fautes apparentes, barbarismes et solécismes, n'en sont souvent pas. La grammaire normative est une chose, prison nécessaire pour enfants et débutants; le sens de la langue en est une autre (1.5.5-21 sur barbarismes, 1.5.34-54 sur les solécismes).

Autrement dit, du début de I-9 sur l'absence de régularité jusqu'à la question d'allonger ou non les syllabes, Du Bellay traite un même sujet. Ce n'est pas plus la grammaire que dans le chapitre I, 5 de Quintilien. C'est l'euphonie, la *uocalitas*, les mots bien sonnants, moins *uerba* que *uoces*, phonèmes. Ce point de vue ne cadre pas avec le nôtre, à l'évidence. Quand l'*Orator* passe sans transition de l'absence de hiatus aux contractions du type *sis* pour *si uis*, ou *in uas(is) argenteis*, l'éditeur moderne trouve que c'est arbitraire ou même absurde: à ses yeux ces faits de langue n'ont rien à voir avec l'euphonie. Mais si. Ce qui est en jeu est le jugement. Le peuple a été bon juge, en bon artiste la coutume a préféré *nescire* à *non scire*, *insanus* à *insanus*, *aufer* à *abfer*. « Si donc la coutume indocte est un tel artiste en matière d'euphonie, *suauitas*, que ne pourront l'art et la doctrine? » (*Or.* 161). La coutume, même indocte, a su créer de beaux sons en respectant une règle intérieure, indicible, aux antipodes de celles des grammairiens analogistes. C'est une même règle intérieure que doit retrouver le poète épique, et la retrouver lui aussi de l'intérieur. Alors à lui tout seul il sera l'usage, il créera de l'euphonie. Il « réduira en art » le matériau naturel de la langue tout comme Cicéron digèrera enfin le corpus du droit: non pour les forcer, mais pour les accomplir.

Allonger et accourcir les syllabes fait donc partie du même programme que créer des mots composés. C'est le petit plus qui change tout. C'est poursuivre, par le travail de quelques savants, l'œuvre collective et anonyme de tous. Cela ne relève pas des vers mesurés, mais des nombres au sens le plus général du terme.

On comprend que, pour l'allongement des syllabes, Du Bellay ne donne pas d'exemple: le français n'a pas de quantité à proprement parler, comme il l'affirme lui-même au début de II-7. En revanche, il donne un exemple de mot composé, un seul, mais bien placé, à la fin de la *Deffence*. C'est même le dernier exemple de toute l'œuvre.

« Tous les scavans hommes de France n'ont point meprisé leur vulgaire »: que Ronsard tenté par Scève écoute donc (II-12, l. 130). Voici pour finir les exemples domestiques que l'*Orator* se plaint de ne pas trouver à Rome. Ils sont au nombre de trois. Il y a d'abord Rabelais. Il y a ensuite « ces deux lumieres francoyses » que sont Guillaume Budé et Lazare de Baïf (l. 141). Ce dernier est d'abord vanté pour avoir traduit l'*Electre* de Sophocle, « mais davantaige a donné à nostre langue le nom d'epigrammes & d'elegies, avecques ce beau mot composé, aigredoulx: afin qu'on n'attribue l'honneur de ces choses à quelque autre » (l. 147-149). *Epigrammes* et *élégies*, ce sont du grec francisé: des mots adoptés. *Aigre-doux*, c'est un mot composé: de l'invention à partir d'éléments préexistants. Nous retrouvons exactement le distinguo de II-6 entre invention d'une part et accommodation de l'autre. En créant *aigre-doux*, Baïf a eu le geste d'un père fondateur, il a lancé une pratique que développera la Pléiade, et qui sera comme son drapeau. Honneur donc au poète savant qui a su créer du durable. La postérité, de fait, l'a approuvé, « comme celle qui donne (...) usaige aux (choses) non accoutumées » (II-6, l. 43). C'est bien le poète qui donne des noms à la langue, et non l'inverse, même si c'est l'usage qui les accepte ou non. Le prince-poète propose, le peuple dispose. L'un est tenté par le désir de forcer, l'autre, de résister. A trop forcer, c'est tyrannie; à trop résister, conservatisme. Créer une œuvre n'est ni l'un ni l'autre tout en étant l'un et l'autre.

Parfois donc – par fois très rare -, le grand poète donne à la langue un mot nouveau, ou du moins un mot composé. Il ne s'en déduit pas qu'il faille l'imiter inconsidérément, sans jugement. Ce serait pour le coup une imitation *in uerbis*, qui s'en tient à l'écorce des mots, tout comme les mauvais imitateurs de Rabelais (II-12, l. 135). Il n'y a pas lieu d'user et abuser du grand exemple pour créer des mots composés en quantité. La règle qui ressort du chapitre II-6, c'est la paucité du « quelque ». Du Bellay applique lui-même cette règle dans la *Deffence*. On le voit bien dans la longue liste qu'Aneau est trop heureux de dresser à propos du conseil d'user de mots « purement francoys » (II-6, l. 65). La liste comporte maints latinismes, certains qui ne sont pas restés et que donc nous voyons, à commencer par *hyulque*, d'autres qui ont été adoptés et que nous ne voyons plus, *adopter* pour *recevoir*, *rasséréner* pour *rendre serein*, ou même *donner la dernière main*, qui vient du *Brutus*, pour *mettre fin et parachever*. Mais Du Bellay ne va pas jusqu'aux mots composés. Sa pratique reste en retrait derrière Baïf. Cela confirme la lecture du chapitre II-6. L'invention de mots tient la vedette, elle est un rêve ultime de poète docte. L'adoption-francisation de mots, elle, est le critère d'un réalisme supérieur, d'une perfection plus grande.

Si donc le mot même de *son* n'apparaît pas au chapitre II-6, le contenu en est bien l'euphonie. Au passage, nous avons vu le terme latin qui rend ce mot grec chez Quintilien. C'est celui de *uocalitas*: les mots ou *uerba* sont alors envisagés comme *uoces*, c'est-à-dire en tant qu'ils sont matériau sonore. Dans la liste d'Hésychios sur le mot rythme, l'*euphônia* est rendue par *modulus in* uoce *concors*, « melodieuse consonance de *voix* » (II-8, l. 14). Or nous avons vu aussi le mot équivalent chez Cicéron. C'est celui de *suauitas*. A défaut de *son*, le chapitre II-6 a bien le mot de *douceur*, et même à la chute exacte de sa première partie théorique: la postérité donnera usage aux mots qu'ose le poète épique, « & douceur aux apres & rudes » (l. 45). Parlant du son à I-9, Du Bellay de même l'a aussitôt glosé par *douceur*: « Quand au son, & je ne scay quelle naturelle douceur... » (l. 56). La suavité est une douceur artificielle et non naturelle, c'est un produit de l'art, créé en pleine conscience par un artiste. Même s'il arrive que l'usage collectif y réussisse avec ses moyens inconscients, ce résultat n'est pas l'idéal. Comme toujours, la réussite visée est un maximum, un sommet de l'art. A de tels sommets l'œuvre ne peut être que signée, et d'un grand nom.

De ce point de vue, les mot de *douceur* ou de suavité sont pour nous trompeurs. Sous la plume de Du Bellay, cela ne parle pas de mollesse. Il suffit pour s'en rendre compte de se reporter au chapitre II-10 sur la prononciation, qui fait encore partie de l'art. Il faut donc dire les vers « d'un son distinct, non confuz: viril, non effeminé » (l. 4). Voilà la *suauitas*, voilà qui aura « bonne grace » (l. 11). Le jugement « tressuperbe » des oreilles répudie « toutes choses apres & rudes, non seulement en composition & structure de motz, mais aussi en modulation de voix » (l. 14-16). C'est du pur *Orator*, au début de ses paragraphes sur le son: les phrases pourront bien être « suaves et graves, *suaues grauesque* », mais avec des mots mal arrangés, « *incondita* », « elles offenseront les oreilles, dont le jugement est très-superbe, *superbissimum* » (§ 150). A phrases « suaves et graves » il faut des sons eux-mêmes suaves et graves: des vers « sonoreux et graves » quand dits par Virgile lui-même (II-10, l. 19).

Ces sons proviendront de la « composition » des mots (II-10, l. 15): le terme renvoie ici à tous les phénomènes de *compositio* que décrit II-6, et pas seulement aux mots composés. Ce qui compte, c'est la façon de composer les phonèmes pour en faire un beau signifiant, qui sonne bien. Composer, ou encore joindre, *iungere*, *iunctura*, ou encore construire, *struere*, *structura*, ou même, comme ici au fil de la plume, *condere*, « mettre ensemble, arranger ». Du Bellay ne s'embarrasse pas plus que Cicéron de spécialiser ces verbes, d'en faire des termes techniques comme Quintilien, chez qui *iunctura* désigne le seul hiatus, et *uerba composita* les seuls mots composés au sens moderne.

En ne spécialisant pas, on pense: on saisit mieux ce qu'est le phénomène d'ensemble, au-delà de chacune de ses apparitions ou espèces.

Par rapport à ma conclusion précédente sur la versification, l'étonnant est au fond que parlant de son Du Bellay n'évoque toujours pas la musique des phonèmes dans le vers. La métrique latine ne connaît que la quantité, même si les traités latins savent nommer tons et accents, soit *tonos* et *prosôdia* du grec (Quintilien, 1.5.22-31). La métrique française classique, de même, ne veut connaître que le nombre de syllabes, alors que les recherches sur la modulation mystérieuse font bien voir que le français est, là encore à sa manière, accentué. De tout cela, pas un mot dans la *Deffence*, parce que l'*Orator* n'en parle pas. En revanche, ce qui est développé, c'est le mot et l'idée de composition, elle constamment valorisée par l'*Orator.* Du Bellay repense complètement la notion, il la fait sienne au point de pouvoir la traiter de façon pour nous décousue et déroutante. C'est là qu'il faut chercher son sentiment du beau vers sonore.

L'enjeu que représentent les mots composés au sens moderne ne lui échappe pas pour autant, bien au contraire. Car dans l'*Orator* même ils sont le critère qui distingue le très grand poète du très grand orateur.

Plus haut, j'ai rappelé ce passage où l'*Orator* affirme que la grande prose nombreuse est supérieure à la poésie même, comme la liberté est supérieure à la prison. Mais il s'agit des mauvais poètes. Certes, le style de Platon est plus poétique que celui des « poètes comiques » grecs, qui écrivent l'équivalent d'une prose rimée: leurs petits vers ou *uersiculi* ressemblent à du langage de tous les jours (§ 67)[1]. Platon contre les petits poètes, c'est la *copia* du grand style contre le style simple. Les grands poètes copieux sont nommés ensuite (§ 68). Eux et les orateurs se ressemblent par le choix judicieux des mots, *iudicium electioque uerborum.* La différence, d'après les mauvaises langues, est que les grands poètes s'attachent moins aux *res* et plus aux *uoces*: moins au sens des mots qu'à leur son. Au signifié ils préfèreraient le signifiant. Sur ces bases, Cicéron veut bien admettre qu'ils ont un style grand et orné, comme celui de la *copia.* Mais le terme exact qu'il emploie en dit long. Ils ont une *uox* grande et ornée: un son grandiose. L'emploi de ce terme revient à faire sien l'avis des mauvaises langues. C'est crucial, puisqu'il s'agit de maintenir le primat de l'orateur sur le poète, comme d'ailleurs sur le philosophe ou l'historien. Si tous participent de la *copia*, sa puissance maximale n'appartient qu'à l'orateur (§ 61).

---

[1] C'est sur ce passage que s'appuie Horace dans la satire I, 4 contre les poètes comiques (en particulier v. 39-62), vers que cite à son tour Sébillet dans son chapitre sur l'invention (I, 3) pour en conclure de même que «ne sont differens lés vers (des mauvais poëtes entendoit-il) du langage vulgaire que de leurs nombres et leurs piedz» (Gaiffe p. 23; Livre de Poche p. 58)

Cicéron dégage alors la différence qui vaut critère. Les grands poètes « ont plus de licence que nous pour faire des mots nouveaux et des mots composés, *facienda iungendaque uerba* ». En contexte, il n'est pas dit que ce soit à leur avantage. Nous avons vu qu'à propos du *sonus*, de l'euphonie pour grands orateurs, Cicéron dans l'*Orator* ne traite pas des néologismes: ce serait risquer de ne pas être compris par un grand public qu'on doit soulever et bouleverser. La licence accordée aux poètes marque simplement qu'ils ne sont pas tenus par la même finalité. Mais si nous oublions le plaidoyer *pro domo*, avec ses méchancetés, on peut aussi voir là une façon très pertinente de décrire le style de la poésie, tout comme, auparavant, celui de la philosophie, des sophistes, de l'histoire (*Or.* 62-66). C'est ce que fait un commentateur comme d'Estrebay. Il prend en bien les propos de Cicéron sur la poésie.

Les petits vers de la comédie au style simple ne sont donc pas soulevés par une pleine symétrie qui donne belle modulation. Le style de Platon est plus grand et plus sonore. Il suffit pour s'en rendre compte de chanter des phrases de Platon puis d'Aristophane, ou en latin de Cicéron puis de Térence: c'est comme passer de la grande à la petite flûte. Seuls les vers héroïques de l'épopée peuvent rivaliser avec le grand style de la prose nombreuse. Eux ont pourtant la licence de créer néologismes et mots composés. Cela devient alors une différence qui les valorise. D'Estrebay a en effet l'intelligence, ou l'astuce, de jouer le *De Oratore* contre l'*Orator*. C'est le passage très résumé que j'ai cité où Cicéron nomme dans le même mouvement néologismes et mots composés, avec les mêmes verbes qu'ici dans *Or.* 68: *facere* et *iungere* (*De or.*, III, 154; ici p. 287-288). Cicéron y donne comme seul exemple... deux vers. Ils ont chacun un mot composé, que reprend d'Estrebay: *uersutiloquas* et *expectorat*. La preuve est ainsi faite que la poésie est fort loin d'être déchue de la grande *copia*, si le prince des orateurs est contraint de recourir à des exemples de poésie pour illustrer son propos sur la prose[1].

Cette relecture favorable à la poésie, et par un docte néo-latin, n'a sans doute pas échappé à Du Bellay. La *Deffence* commence par placer sur le

[1] Voici le texte de D'Estrebay: «*Si poëma numerosum quiddam grande, ornatum, sonorum dicimus. Nam Comicorum versiculi sunt iambici & trochaici, minuti, leues, summissi, cottidiani, nulla modulationum plena symmetria concitati. Grandior & consonantior Platonis oratio, non igitur opus est poëtae maximum certos aptare numeros, sed virtutes Oratoris persequi, quum versu sit astrictior, minusque liberè pedibus feratur. Si quis (quod facilè est) experiri volet, Platonis & Aristophanis sententias aliquot, aut Ciceronis & Terentij cantet, ut quasi tibiarum maiorum minorumque sonitu variantem dijudicet. Etenim quanquam quorundam, ut heroicorum grandis & ornata vox est poëtarum, quae sonitu cum oratione numerosa certare possit, tamen in ea licentia maior est faciendorum iungendorumque verborum. Verba deriuatione fiunt, ut indigenitalis, incuruescere* [= exemples de la fin du § 154 du *De Oratore*, livre III]. *Compositione iuguntur, ut expectorare, versutiloquus.* »

même pied Virgile et Cicéron, grande poésie et grande prose. Mais son second livre ne traite que de la poésie, et tente, au contraire de l'*Orator*, de lui donner le primat, la principauté. Virgile ne sera pas seulement l'antistrophe de Cicéron, son égal et son répondant, mais bien son supérieur. Dès lors, compenser en français les nombres du latin, c'est aussi compenser en poésie ce qui élève la prose. Pareille compensation n'est pas façon essoufflée de courir pour rattraper en marche un train déjà parti. Imiter ne vise pas à être égal, mais supérieur: non pas rattraper, mais dépasser. Si on lit l'*Orator*, c'est pour faire mieux. Le mieux en français passera par le mieux en poésie. On ne fera pas du Virgile en chantant simplement des phrases de Platon ou de Cicéron, même si c'est de bonne méthode, un bon point de départ. On fera du Virgile en faisant ce que l'*Orator* interdit à l'orateur: en inventant des mots, néologismes et mots composés. Premier titre des chapitres sur les nombres, «inventer des mots» annonce la couleur, contre Cicéron, en jouant le *De Finibus* contre l'*Orator*.

De ce point de vue, il vaut la peine de voir comment d'Estrebay finit sa relecture à contre-poil du passage sur la grande poésie. Il modifie la formule, d'ailleurs délicate, que j'ai traduite par «les mauvaises langues», *nonnullorum uoluntati*. A ce texte peu sûr d'Estrebay préfère la conjecture *uoluptati*. La phrase perfide de Cicéron devient:

> Parfois, pour le plus grand plaisir de certains, les grands poètes s'attachent moins au sens des mots qu'à leur son, ils vont jusqu'aux mots superflus, surtout quand des légendes, par hypothèse sans fondement, leur permettent de captiver l'auditoire[1].

Ce pourrait être en somme le fin mot de Du Bellay sur la musique du vers, et en tout cas le sujet de son chapitre II-6. Le lien que pose d'Estrebay entre sonorité et « fable » – mythologie ou pure fiction -, c'est celui de Du Bellay entre « douceur » et épopée.

8. Conclusion: l'*elocutio* comme clé de voûte

Pour conclure ce propos d'ensemble sur l'imitation d'après l'*Orator*, il nous faut d'abord vérifier que nous en avons fait le tour. On pourra ensuite méditer sur cette manière qu'a la *Deffence* de réduire l'imitation à la seule *elocutio*, figures de style et autres «manières de parler». Pareille réduction ouvre en effet sur le concept qu'il nous reste à traiter à propos de l'*Orator*,

---

1 «*Tum etiam nonnullorum voluptati, ut ociosorum vocibus magis quam rebus & sententiis inseruiunt, ut quum fabularum vanitate remorantur auditorem.*» L'idée ajoutée de mots «oisifs», comme dirait la *Deffence*, est un critère de plus qui différencie prose et poésie, d'Estrebay répétant sans cesse la nécessité de les fuir en prose.

celui de jugement ou *iudicium*. Les figures de style sont bien la clé de voûte de tout, et donc en cela aussi le point visible, le plus brillant, celui qui retient l'attention. Mais en termes de théorie de l'art, ce qui fait tenir l'ensemble, c'est le jugement, le coup d'œil du maître. A la clé de voûte matérielle répond une autre qui est immatérielle.

a. - Nous avons bel et bien fait le tour de ce que Du Bellay avait à dire de l'imitation, même si nous n'avons pas épuisé ce qu'il en dit – avec une œuvre aussi riche, tout ce qui précède n'est évidemment qu'un survol. La certitude provient du fonctionnement canonique d'une conclusion dans la rhétorique ancienne. Celle-ci a pour première partie obligée la récapitulation: la reprise point par point (*caput, capita*), de tout ce qui a été dit auparavant. Une telle reprise est elle-même à l'intérieur de la logique récapitulative. Ce qui conclut est aussi le sommet, ou simplement la somme.

Or nous avons déjà vu la formule qui récapitule les développements sur les nombres. Elle se trouve à la toute fin du chapitre II-9, et je l'ai déjà commentée plusieurs fois. Puisque les nombres au sens le plus général se résument à *sonus et numerus*, la première partie de la formule décrit ce qu'il ne faut pas faire. Du côté du son, être « hyulque » et être « rude »: pratiquer le hiatus, refuser la « douceur » euphonique ou *suauitas*. Du côté du reste, être « redundant »: ne pas composer des périodes qui se tiennent. La seconde partie de la formule décrit l'idéal. Du côté du son, faire des périodes « bien joinct(es) »: faire les liaisons entre mots, recourir à des mots eux-mêmes euphoniques. Du côté du reste, faire des périodes « numereu(ses) », qui « rempliss(ent) bien l'oreille », enfin qui ne dépassent pas « ce terme & but, que naturellement nous sentons, soit en lisant ou ecoutant » – ce naturel garantissant le plaisir ou *uoluptas* du grand public, des indoctes.

La formule d'ensemble, elle-même sans doute venue de Quintilien, conclut bien au-delà du seul chapitre qu'elle termine. Elle désigne clairement les chapitres II-6 à II-9: II-6 pour le son, II-7 à II-9 pour le reste, l'ensemble décrivant la totalité du phénomène des nombres. A donc été tenue la promesse faite au premier livre d'expliquer au second en quoi le français compensera les nombres du latin ou du grec. Cela n'a pas été traité à la sauvette, ou de façon fumeuse. Chantre du labeur, Du Bellay n'a pas ménagé sa peine, et la nôtre. Que la *Deffence* soit rédigée à la hâte en quelques mois ou pourpensée plus d'un an n'y change rien. Son auteur est nourri des traités de Cicéron et de Quintilien, dès le collège de Coqueret avec Dorat. La fermeté de sa récapitulation montre que sa réflexion, elle, n'est pas bâclée. La partie négative résume sèchement les critiques faites à Marot et plus encore à Scève: au Lysias et au Thucydide de l'*Orator*. La partie positive développe ce qui a été également développé en quatre chapitres. Sans les nombres, soit II-2 et 3; avec les nombres, c'est-à-dire II-6 à 9.

A ces quatre chapitres sur les nombres s'ajoute aussitôt un court épilogue, sur la bonne prononciation des vers (II-10). Il ne relève plus des nombres, mais encore de l'art ou « artifice », comme le prouve le titre de II-11: «De quelques observations oultre l'artifice». La suite de ce titre confirme que nous approchons de la fin finale. Une « invective », comme celle ici « contre les mauvais poëtes francoys », cela nous amène au second moment classique d'une conclusion. Après le *docere*, le *mouere*. Après la reprise point par point des arguments précis, et ici techniques, la reprise des « passions », de la véhémence[1]. On récapitule cette fois les attaques contre les poètes contemporains. Le dernier chapitre sera encore dans le registre du *mouere*, en passant à « exhortation » et « louanges ». Ce *mouere* est donc lui aussi structuré par le négatif puis le positif: sans les mauvais poètes, avec les bons. La très courte «Conclusion de tout l'œuvre» n'est alors qu'une clausule, ce qui est un des sens habituels de *conclusio* dans l'*Orator*. Non pas conclusion en bonne et due forme, mais chute, envoi: on boucle. Enfin l'ultime bouclage est lui aussi un diptyque, ennemi et ami: sonnet de vitupération contre «l'ennemi des bonne lettres» et complicité avec «l'ami lecteur». Nous pouvons de là comprendre que le chapitre sur la prononciation est en fait un envoi de tous ceux sur l'artifice, et pas seulement sur les nombres: les chapitres II-4 à II-9. Autrement dit encore, de II-4 à II-10, Du Bellay a bel et bien donné des *règles* pour la nouvelle poésie: puisque le reste, traité à II-11, est « sans aucunes traditions de reigles» (1.3), ne relève pas d'un enseignement possible.

Si maintenant on raisonne par le début, l'ordonnance du second livre est non moins claire. Il commence par un chapitre d'introduction, qui annonce, à son titre, «l'intention de l'aucteur ». II-2 porte sur les poètes français, d'hier et d'aujourd'hui; II-3 sur le naturel non suffisant en poésie. Ces deux chapitres traitent donc de l'art par la négative: de tous ceux qui ont « bien peu d'artifice » (II-3, l. 22). La poésie avec *ars* est quant à elle traitée juste après. II-4 décrit les divers genres de poésie qui ont, eux, beaucoup d'art: non pas l'épître marotique mais ovidienne, etc. II-5 culmine sur ce comble de l'art qu'est l'épopée, par excellence récapitulative. «Comble» est d'ailleurs un des mots de Quintilien pour dire la récapitulation dans la conclusion d'un

---

1 A l'aide de ce schéma canonique, j'ai de même supposé que le *Traité du Sublime* était complet. Longin le termine par une invective contre la décadence actuelle des esprits, et une exhortation à se libérer: *mouere*. Le *docere* est juste avant. La description de l'armée du Grand Roi de Perse lui sert à récapituler point par point, de façon imagée, chacun des éléments de la *copia*, cette armée d'armées. Du Bellay pratique cette sorte savante de récapitulation avec l'avis au lecteur final (voir p. 85, n. 4).

discours. D'une certaine manière, ce chapitre II-5 est un premier sommet, une première conclusion, ce que souligne son «Donques» initial. *Ergo*: c'est la fin d'un premier raisonnement. Le chapitre commence, nous l'avons vu, par une longue phrase qui récapitule tout ce qui précède, y compris le premier livre de la *Deffence*. Le poète épique aura une excellente *natura*; il sera instruit des arts et sciences, dont physique et mathématiques; il aura lu tous bons auteurs grecs et latins: tout cela résume le premier livre. Ce poète aura de plus toutes les qualités humaines. Noble mais pas accaparé par les affaires, il pourra pratiquer le fameux *otium cum dignitate* de Cicéron, la retraite studieuse de l'homme d'Etat. La liste peut ainsi culminer sur la « prudence » du poète épique, écho non fortuit de ce qui ouvre la *Deffence*, l'éloge du cardinal Jean Du Bellay, modèle du *prudens* affairé, incarnation de l'Hercule gaulois – sur lequel se clôt la «Conclusion de tout l'œuvre». Le poète épique est lui aussi un «prudent»: non pas seulement noble, mais au sommet de ce que la noblesse peut produire de mieux.

Si la *Deffence* en restait là, au poète épique de II-5, elle serait effectivement fumeuse. Elle ne montrerait pas les moyens de parvenir à un tel sommet. Nous en resterions donc à l'aveu de la fin de II-5, qu'un tel poète récapitulatif est un surhomme inaccessible, et par là décourageant. Pour sortir de l'impasse qui se profile, la solution, ce sont les nombres. Ceux-ci sont en effet, dans la machine de l'*Orator*, la crème de la crème, ou, pour rester dans l'image du point culminant, le sommet des sommets: le top du top, ou, dans les termes de Du Bellay, l'illustration. Ils sont le petit plus qui permet de taxer de préhistoire ce qui précède immédiatement. Nous le blé, et avant nous, les glands: les balbutiement de la civilisation, de la vraie grandeur. Le début des quatre chapitres sur les nombres ne portera donc pas sur le seul II-6, mais sur l'ensemble qui va de II-6 à II-9.

Ce tout début de II-6 est étrange, à première lecture. Aneau en critique la métaphore filée:

> Mais de peur que le vent d'affection ne pousse mon Navire si avant en cete Mer, que je soye en danger du nauffrage, reprennant la Route que j'avoy' laissée…

Le «reprennant la route» indique bien que nous sommes à un moment de redémarrage. La fin de II-5 a eu le ton ronflant d'une conclusion, à la Du Bellay. On se croirait dans l'*Olive*, avec cet hymne à la gloire, « seule echelle par les degrez de la quele les mortelz d'un pié leger montent au ciel & se font compaignons des dieux». Concluant sur le poète épique, Du Bellay s'est laissé emporter par la passion ou «affection» de son *mouere* personnel. *Coelo Musa beat.* A trop avoir du vent dans les voiles, le naufrage menace.

On se calme, et on reprend. Après l'envolée sur le poète épique il faut en revenir à des questions techniques[1].

Quoi qu'en pense Aneau, Du Bellay tient à cette métaphore. En effet, il la reprend au tout début de la « Conclusion » finale: « Or sommes nous, la grace à Dieu, par beaucoup de perilz & de flotz estrangers, renduz au port à seureté. » A la fin des fins, c'est donc le havre de grâce, le port-salut. Or il me semble que la métaphore provient elle aussi de l'*Orator*:

> Il s'ensuit, *Sequitur*, que nous avons à chercher le caractère propre et la formule idéale de chaque genre < de style >. Grande tâche et difficile, comme nous l'avons déjà dit souvent; mais c'est en nous embarquant qu'il fallait considérer ce que nous faisions; maintenant nous n'avons plus qu'à offrir nos voiles au vent, où qu'il nous emporte, *danda nimirum uela.* (§ 75)

Suivent les descriptions des styles simple, moyen et grand. C'est bien le même rôle de transition-introduction. Parler en général de l'orateur perfectissime, définir *a priori* ce à quoi il doit ressembler, sa *forma*, son idée platonicienne, c'est très beau. Mais venons-en au fait, aux détails techniques. Il faut redescendre du ciel des idées, ou, chez Du Bellay, du ciel où font monter la gloire et la Muse. On ne peut pas se contenter indéfiniment d'effets d'annonce. Une fois proclamé que les nombres sont le *nec plus ultra*, au plus près de la perfection, il est temps de dire à quoi ils ressemblent. Du Bellay, comme Cicéron, est embarqué. Aneau a raison, en un sens: le recours à la métaphore détone en effet par rapport au style que doit tenir un traité. Ce recours souligne pourtant une formidable appréhension, au moment de passer aux actes, de tenir les promesses. L'introduction a décrit l'horizon, enthousiasmant. Mais le vent de la passion qui soulève les débuts est retombé: eh bien ramez maintenant[2].

Cette lecture va dans le sens de celle que je proposais pour le titre de II-6, « D'inventer des motz ». Si inventer est le privilège du grand poète, ce qui le différencie *in fine* du grand orateur, on conçoit que le terme soit mis en vedette de l'ensemble des quatre chapitres sur les nombres. Il faut inventer non seulement des mots, mais une poésie qui dépasse en beauté la prose cicéronienne, qui se hausse donc au niveau de Virgile. Au lecteur judicieux, « prudent », de savoir lui aussi à partir de là « inventer » d'autres équivalents

---

1 Même « Mais » après une envolée identique à la fin de II-3, quoique dans un moindre registre. Du Bellay s'est emporté contre les courtisans et a vanté les poètes qui suent et travaillent: « Ce sont les esles dont les ecriz des hommes volent au ciel. Mais afin que je retourne au commencement de ce propos... » (l. 37-39). Après le *mouere*, repris à Speroni, retour au *docere*.

2 Des Autels donne implicitement acte à Du Bellay que la *Deffence* a traité des nombres en poésie, quand il se donne à lui-même comme nouvel horizon les « nombres en prose, chose non encor entendue en France que j'aye sceu » (*Replique*..., p. 69).

français aux nombres de l'*Orator*, en déduisant quantités d'espèces à partir des quelques genres que Du Bellay lui fournit. On est dans la logique du pillage de Rome recommandé à la toute fin de la *Deffence*. Imiter l'*Orator*, c'est piller ce que Cicéron a de mieux, pour faire mieux que lui. Puisque l'*ars* est la technique, sous ces étranges oripeaux gaulois la logique du pillage est exactement celle de l'espionnage industriel: copier pour dépasser. La rhétorique ancienne fournit à Du Bellay une technologie complète, en ordre de marche. C'est une aubaine pour envahisseurs.

« Pillez moy sans conscience les sacrez thesors... » (*Conclusion...*, l. 13). Les barbares du début sont de retour, emmenés par leur Hercule autochthone. Il y a de la sauvagerie dans ce violent désir d'être plus parfaits, plus civilisés que les autres. Cette sauvagerie rend compte de l'énergie avec laquelle Du Bellay s'empare des traités latins. *Furia francese*. Tels, à deux doigts de s'emparer du Capitole, les Gaulois saccagèrent Rome, tel il dépouille Cicéron et Quintilien: sans respect mais en connaisseur qui sait bien où sont leurs richesses. Mort aux vaincus – après tout, Cicéron le premier ne s'est pas gêné pour piller les Grecs. C'est un travail d'Hercule, l'Hercule gaulois, prince de l'éloquence, conquérant et civilisateur. Son butin signe la brute – une brute de travail, à la romaine -, pas l'abeille délicate au miel raffiné que feignent d'être Montaigne ou Erasme. D'un côté Cicéron, de l'autre Sénèque. Le résultat n'est une marqueterie mal jointe que pour la critique moderne, qui se complaît, encore et toujours, dans le fragmenté et le décousu. Au mal joint s'oppose pourtant le « bien joinct », le style lié de part en part. Il y a peu de chances qu'un chantre de la *compositio* comme Du Bellay nous ait laissé un fouillis dressé à la hâte.

b. - Son éloge de l'*elocutio* semble pourtant le conduire à une incohérence ou une contradiction majeure. La *Deffence* résume les cinq parties de la rhétorique à la troisième, déclarée la plus éminente, puisque d'élocution vient le mot même d'éloquence. En d'autres termes, Du Bellay paraît s'en tenir aux seuls mots. La où un Quintilien traite à fond toutes les parties de la rhétorique, Du Bellay ne garde apparemment que l'écume. On ne voit plus très bien alors de quel droit il peut critiquer, avec Quintilien, l'*imitatio in uerbis*, l'imitation qui copie la surface verbale.

En effet, son conseil pour imiter se réduit en dernière analyse à « rendre (...) la phrase & maniere de parler latine» (II-9, l. 22). Certes, *phrase* ici décalque le grec *phrasis*, mais enfin, cela revient au même point. Il faut imiter les figures de style du latin, et le plus simple pour cela est d'abord d'imiter les phrases latines, au sens moderne du mot phrase. D'ailleurs, la pratique de Du Bellay le confirme, puisqu'il est constamment à pasticher des phrases entières, des Latins ou encore de Speroni[1]. Le brio même de ces pastiches pose problème. On a bien l'impression que la pratique dément la théorie. Si Du Bellay imite, c'est d'abord *in uerbis.* Ou bien c'est une mauvaise imitation, ou bien est mauvaise la théorie de l'imitation mise en avant. Nous serions ainsi ramenés à la case départ. Il fallait justifier le fait d'avoir, dans l'*Olive*, imité des sonnets de Pétrarque, et parfois mot à mot. L'imitateur s'étend en long et en large pour nous expliquer que nous n'y avons rien compris, que c'était une imitation de la dynamique profonde, pas de la surface verbale: de la *uera uis* ou *dunamis*, pas des *uerba* ou *phrasis*. Mais toutes ses belles explications sont à leur tour la reprise textuelle, *uerbatim*, de phrases préexistantes, où seul est sien, et encore, le fil pour les lier. Loin de se justifier, il semble qu'il aggrave son cas.

L'attaque contre ses contemporains se viderait alors de son contenu. Il critiquerait ce qu'il pratique lui-même. Au second livre, les indoctes qui imitent en français des auteurs français reprennent par exemple à Rabelais des mots et plus encore un style rabelaisien. Ils perdent leur temps « à derober l'ecorce », et leurs plaisanteries sont lourdes (II-12, l. 135-139). Au premier livre, les doctes néo-latins qui imitent en latin des auteurs latins sont voués au même échec total. Reprendre à Virgile des hémistiches, à Cicéron « motz & sentences », soit le tout de l'*elocutio*, ce n'est pas imiter « mais transcrire » (I-11, l. 27-29). Pour bâtir une œuvre il faudrait retrouver « l'idée » platonicienne (l. 66), autrement dit la « forme » aristotélicienne (l. 46 et 63). Rabelaisiens ou cicéroniens, dans les deux cas les œuvres ainsi produites menacent d'être des centons, un pot-pourri de belles phrases mises n'importe où: une marqueterie, pas une *compositio.* L'analyse ne permettra pas la synthèse. Tout ce passage de I-11 est fort bien dit, et pour cause, puisque c'est le credo de Melanchthon, maître d'Aneau[2]. Mais en somme, cher blanc-bec, balayez devant votre porte. Persuadée que la *Deffence* n'est qu'une marqueterie, la critique moderne se sent assez forte pour pratiquer le soupçon. Elle croit retrouver la situation familière de la rivalité, ou de la paille et de la poutre. Ce Du Bellay qui attaque les autres ne connaît que trop bien leurs défauts, parce que ce sont d'abord les siens propres.

L'objection est importante, mais nous avons désormais le moyen de la lever. Le moyen est, encore et toujours, la logique du récapitulatif. Résumer n'est pas réduire. L'image de la pyramide permet de les différencier.

Lorsque Cicéron résume par les nombres et les clausules le *nec plus ultra* de la perfection, il n'oublie pas tout le reste. Les nombres couronnent

---

[1] Voir la très belle analyse d'un tel pastiche par Meerhoff, à la fin du chapitre qu'il consacre à la *Deffence*.

[2] Voir *Elementa rhetorices*, C.R. XIII, col. 497, cité par Meerhoff p. 149-150: n'imite pas Cicéron celui « *qui excerptas ex illo sententias ac versus, quasi Centones consuit* ».

l'*elocutio* qui elle-même couronne *inuentio* et *dispositio*. La base de la pyramide que sont les idées et les mots est non seulement indispensable mais plus considérable. Le raffinement du rythme n'aurait pas de sens tout seul, il n'en a que pour couronner le reste. La cerise sur le gâteau ne dispense pas du gâteau lui-même, tout comme la couronne ne fait pas le roi. De même, lorsque Du Bellay résume toute la rhétorique à la seule *elocutio*, il n'oublie pas les autres parties. Pas plus qu'il n'oublie l'*elocutio* quand il couronne ses développements sur l'art par la dernière partie de la rhétorique, la prononciation. Bien prononcer les vers récapitule tout de façon absolue, c'est un couronnement ultime. André Tournon est ainsi pleinement justifié d'accorder une telle importance à la ponctuation d'époque. Respectez la virgule ou *comma* à la fin d'une « incise » de période, les deux-points ou *colon* à la fin d'un membre, le point final ou *period* à la dernière clausule. Vous aurez non seulement une vision de la respiration d'une phrase française du XVIe siècle, mais aussi, de proche en proche, un sentiment intime de toute sa stylistique[1].

Réduire au contraire sera isoler le sommet de la pyramide. On croit alors que ce petit élément est une petite chose, un modèle réduit, un pyramidion. L'image-cliché de l'iceberg et de sa pointe serait ici celle d'un égyptologue oubliant de dégager le sable qui cache la base. Pour le dire sans image, c'est l'attitude de la critique moderne avec la rhétorique. La réédition des *Tropes* de Fontanier a durablement faussé la perspective et les hiérarchies. Les tropes ne sont qu'une partie de l'*elocutio*, qui n'est elle-même qu'une partie d'un ensemble bien plus considérable. Qu'on ait accepté de se focaliser dessus montre à quel point cette réduction répondait à une attente. Le pli général de la critique littéraire est désormais de surévaluer son pré carré, la stylistique, les mots, la surface. A d'autres les idées ou *res*. Dressant le bilan de vingt ans d'études sur Rabelais, François Cornilliat a ainsi pu organiser toute sa présentation en opposant le fond et la forme[2]. Du côté des *res*, la tendance à l'histoire littéraire, qui fait de Rabelais un évangéliste convaincu et convaincant. Du côté des *uerba*, la tendance plus sensible aux jeux de mots, à la langue ou plutôt aux langages de Rabelais. La réunion des deux paraît en définitive impossible à Cornilliat, contre le credo, qu'il dit moderne, que fond et forme sont inséparables.

---

[1] Voir André Tournon, «»Ny de la punctuation»... ». La période dont Du Bellay a la vision ressemble au verset claudélien, dont l'unité n'est pas donnée par la grammaire. L'unité d'un développement plein, court ou long, c'est le souffle, autre version du fleuve. Ce n'est pas plus affaire de poumons que le rythme n'est claquer dans les doigts. La phrase s'arrête, « non selon le souffle de celui qui parle ni selon la ponctuation du copiste, *librarius*, mais là où le rythme l'exige » (*Or*. 228).

[2] « On Words and meaning... ».

Le pli est tellement pris chez les littéraires qu'ils se féliciteraient plutôt de l'objection que je soulève. La critique est en fait heureuse de voir Du Bellay en tenir pour la seule *elocutio.* Il serait donc de notre côté à nous, celui des mots, de la « vraie » poésie. Certes, il a encore le mauvais goût de prétendre que le poète ressemble à l'orateur, et Virgile admirable à Cicéron détestable. En cela il serait prisonnier des préjugés de son époque, un peu trop portée à surévaluer la rhétorique, un peu trop monarchiste aussi. Notre époque garde au contraire, non sans de solides motifs, une vieille méfiance envers la rhétorique non restreinte, vue à juste titre comme propagande, impérialisme, goût du « message », *doxa* et dogmatisme. Mais à Du Bellay nous pardonnons volontiers, tant il met de passion à parler de ce qui nous passionne, le style, les mots, antonomases et autres acrostiches. De même, la formule de D'Estrebay sur les mots composés du grand poète paraît aller dans notre sens. Cicéron est assez perfide pour critiquer les grands poètes, lesquels à ses yeux « s'attachent moins au sens des mots qu'à leur son ». Pareille perfidie ne fait que confirmer qu'il est détestable. D'Estrebay, lui, a su dire la *uoluptas* que procurent les sons, au moins à quelques *happy few* ou *nonnulli.* S'il est ainsi contre Cicéron, il est avec nous.

Au bout de la logique de la réduction, ce que l'on trouve du reste n'est même pas le plaidoyer de Tournon pour la ponctuation d'époque. C'est plus simplement le refus de toute analyse stylistique, sentie comme encore trop sérieuse. Si on confond résumer avec réduire, le chemin a été tracé par la *Deffence*. De réduction en réduction, la beauté de la poésie se réduit de fait à sa pointe ultime et mystique, la prononciation. Ses amoureux fervents ne veulent même plus de science austère, mais qu'on les laisse vibrer à la musique des phonèmes.

Or la ligne de partage entre résumer et réduire n'est pas celle entre monde ancien et monde moderne. Elle est celle entre doctes et indoctes. Là où les profanes identifient volupté et surface, les gens du métier savent de science sûre que tout se tient, forme et fond. Du Bellay n'est pas plus avec nous que d'Estrebay.

La *Deffence* tient pour acquis tout ce qui précède l'*elocutio.* L'*elocutio* ne peut être isolée. Elle est la clé de voûte du tout, à la fois ce qui fait tenir l'ensemble et ce que les indoctes perçoivent, à juste titre, en premier. Imiter les phrases, les mots, c'est remonter du superficiel au profond, de l'écorce à la sève: c'est refaire le geste, mais pour retrouver l'esprit qui a guidé le geste. L'*imitatio indocta* conduira à l'*imitatio docta.* La pratique même de l'imitation, comme l'a posé Quintilien, passera de la catégorie de la pratique à celle de la théorie, de l'*usus* à la *doctrina.* Encore ne parle-t-on ici que de l'imitation du style et des figures de style. De proche en proche, l'imitateur retrouvera aussi, en amont, les problèmes balisés par l'*inuentio* et la *dispositio*. Il lui faudra se confronter avec les *res* ou « idées » et avec la façon de les disposer. On peut sans doute imiter aussi de façon superficielle l'invention ou la disposition d'une autre œuvre. Mais ce sera le même progrès pour un artiste que de retrouver l'esprit qui y a présidé. Autrement l'imitation ne sera que singerie[1].

Au demeurant, ce niveau de généralité n'est pas celui de la *Deffence*. Elle vise le dernier stade du perfectionnement d'un écrivain. C'est pourquoi Du Bellay a interdit l'imitation d'auteurs dans sa propre langue. Certes, il décalque *uerbatim*, mais des étrangers, latins ou italiens. Son interdit ne s'adresse pas aux grands débutants. Ceux-là doivent, comme les enfants, imiter d'abord les auteurs nationaux. Après ce cursus élémentaire, les plus avancés ne sont plus tout à fait des indoctes absolus. En imitant des étrangers, Du Bellay se met lui-même en situation d'être un indocte – un demi-indocte, ce qu'est tout écrivain par rapport à des sommets comme Cicéron ou Virgile. Le raisonnement est identique, mais repris « en spirale » à un plan supérieur. A un certain stade, en rester à l'imitation d'auteurs de sa propre langue empêche désormais de progresser. La raison est évidente. Si l'auteur copié a atteint une forme de perfection *in uerbis*, en variant les mots déjà employés l'imitateur ne peut que faire moins bien. Loin de retrouver l'esprit il le perd. En revanche, en copiant des étrangers il a des chances de continuer le cheminement éducatif qui l'a fait passer de la copie à la *copia*.

La copie des phrases latines le mènera alors, là encore de proche en proche, à retrouver la *copia*, la dynamique des grandes œuvres latines. Car la copie donne d'emblée l'essentiel: un sentiment intuitif du rythme qui a soulevé les phrases étrangères, qui leur a donné leur *mouere*. C'est le principe du déguisement, où habiter un vêtement donne un avant-goût de l'habitus qui va avec; c'est aussi le principe pascalien de l'agenouillement pour apprendre à prier. Singer est essentiel, un préalable nécessaire même s'il est, à l'évidence, non suffisant. Ici, de proche en proche, c'est toute la pyramide latine ou grecque qui sera dégagée du sable. L'amour des belles périodes ou tirades apprises par cœur et réécrites avec âme est ainsi, y compris pour Du Bellay, le point de départ, la première façon de s'approprier ce qui a enflammé ou simplement séduit. Mais il faut la suite. Est ici féconde la

---

[1] Sur les métaphores du singe et de l'abeille, voir l'article très documenté de G. W. Pigman III, «Versions of Imitation...». Dans son *De imitatione* (Venise, 1545), Bartolomeo Ricci distingue trois espèces d'imitation, *sequi, imitari, aemulari,* lesquelles d'ailleurs se résument à deux, suivre/imiter et rivaliser. C'est en fait le même mouvement que chez Quintilien: on passe de singer ou copier à rivaliser en maître, donc de l'indocte au docte. L'abeille de même copie (la collecte) puis reconstitue son miel (la digestion). Ce sont les deux stades fondamentaux, décomposer, recomposer, ou encore analyse qui détruit et synthèse qui reconstitue.

difficulté qu'impose la distance, le détour par la littérature étrangère. De même que la grammaire d'une autre langue permet de voir les règles de la sienne, de même, le passage par une autre littérature oblige un écrivain déjà avancé à comprendre et à « théoriser », c'est-à-dire, au sens propre du grec, à voir: à voir, au-delà de la surface de son *elocutio*, ses règles de fonctionnement.

Pour le dire dans les termes de la théorie aristotélicienne de l'art, l'amour des belles phrases n'est que la prédisposition, le don ou talent inné de l'écrivain. La disposition ou habitus se forme dans et par l'étrangement. Il n'y a pas de progrès possible avec le seul amour inné des auteurs de sa langue, qui condamne l'écrivain doué à rester proprement un amateur. Pour créer à son tour, il lui faut visualiser ses règles d'écriture, comprendre de mieux en mieux ce qu'il fait. Il lui faut donc lire et relire journellement, aussi bien les traités que les œuvres, tout comme écrire et réécrire tous les jours, théorie et pratique mêlées d'un lien indissoluble. Un habitus acquis ne vous lâche plus, il est permanent, d'une permanence qui signifie non pas surplace mais progrès constant. L'habitus est désir inlassable de perfection, d'atteindre ce qui est à portée d'expression: ce désir qui s'appelle *studium*. En ce sens du mot latin, l'éducation d'un artiste produit un éternel étudiant.

D'Estrebay est dans la même logique. L'*elocutio* là non plus ne peut être isolée. La volupté du son pour le son est certes le critère ultime qui différencie le grand poète du grand orateur. Mais tout le reste leur est commun, comme pour la *Deffence*. Voici en effet le début de son commentaire sur *Or.* 67:

> Il y a bien des points communs entre le poète et l'orateur. Même objet, une cause à plaider, débat ou procès. Mêmes moyens, la trilogie argumenter, bouleverser, plaire. Même façon d'avoir des idées aux antipodes de la *doxa*. Même style: non pas concis comme les philosophes, mais bien développé et du coup accessible à tous. Même ressort fondamental: élever le débat en remontant du cas particulier au cas général ou aux grands principes, et ces « thèses » ou « lieux communs », ne pas les traiter à la sauvette mais avec toute l'envergure qu'ils exigent. Mêmes passages admirables[1]: toutes voiles déployées et qui se terminent sur des chutes inattendues. Mêmes mots: bien choisis, bien placés, le tout dans des périodes bien rythmées, « nombreuses ». Tout cela explique qu'on trouve aussi peu de bons poètes que d'orateurs parfaits. Là-dessus les gens continuent à répéter la formule « on naît poète », et les poètes eux-mêmes osent affirmer « Un dieu est en nous, c'est son feu qui nous brûle »[2].

---

[1] Sur le concept rhétorique d'*admirationes* et le « qui me fera (...) admirer » de Du Bellay, voir p. 73, n. 2.

[2] «*Multa sunt poëtarum & oratorum communia. utrique nullam non intentant quaestionem. utrique docere, mouere, delectare volunt. utrique ferè differunt ex communi*

Un tel texte donne toutes ses résonances à la phrase de Du Bellay sur le poète qui saura « indigner, apayser », etc., phrase qui lui sert, justement, à « conclure (son) propos » (II-11, l. 110-114). Le *mouere* poétique n'est pas foncièrement différent du *mouere* de l'orateur, ce *mouere* récapitulatif « qui contient tout, *in quo sunt omnia* » (*De Or.*, II, 215). Au bout du parallèle, et comme Du Bellay, d'Estrebay ne croit pas une seconde qu'on puisse naître poète, artiste, sans travail, sans labeur, sans art ni doctrine. Seuls les indoctes aiment à le croire, jadis comme aujourd'hui.

Le concept d'imitation ainsi resitué ouvre directement sur celui de jugement ou *iudicium*.

J'ai noté plusieurs fois la frustration que provoque la procédure par laquelle Du Bellay constamment résume, et non réduit. Là où par exemple on aimerait qu'il nous décrive toutes les figures de style, il n'en cite que deux ou trois, l'épithète et l'antonomase. Mais nous avons vu aussi ce qui donne sens à cette procédure. S'il n'y a pas lieu de donner plus d'indications, c'est que le résumé se fie au jugement de son lecteur pour compléter. On s'adresse à des pairs, qui comprendront. L'absence d'exhaustivité ne peut être elle-même réduite à n'être qu'une facilité ou une désinvolture. Elle est liée de façon structurelle à l'idée même de jugement. Dans la théorie aristotélicienne de l'art, l'éducation de l'artiste va donc d'une imitation indocte à une imitation docte. Ce travail matériel a une visée qui ne l'est pas. L'enjeu est d'acquérir, dans et par la pratique longue, la sûreté du coup d'œil. En d'autres termes, l'enjeu est de former le jugement. Plus on est docte, plus on comprend l'esprit de ce qu'on imite, parce que soi-même on a développé de plus en plus son esprit, ses capacités à voir juste. Dans ces conditions, donner exhaustivement un catalogue de figures à des indoctes serait un crime plus qu'une faute. Ce serait leur faire croire qu'ils peuvent faire l'impasse sur une pratique longue, et longuement informée par une réflexion et une théorie constantes. Ce serait donc leur faire croire qu'ils peuvent se passer de former leur jugement.

---

hominum opinione. utrique relicta philosophorum nimia subtilitate, pleniorem magisque popularem dicendi ratione obseruant. utrique à propria caussa ad thesin locosque communes egressi, longè latéque spatiantur. utrique admirationes inducunt, & amplificationes, & inopinatos exitus. utrique selectis verbis compositis numeròque comprehensis utuntur. Quas ob rem tam pauci reperti sunt boni poetae, quam oratores summi atque perfecti: & vulgo dictum est nasci poëtas. Et hoc illi de se affirmare sunt ausi: Est deus in nobis, agitante calescimus illo [= passage constamment cité d'Ovide, commenté par Lecointe dans *L'Idéal...*]. » Je traduis *numerò* comme s'il y avait *numerosè*: voir *Or.* 149, etc., sur la *comprensio numerose*. Voir un passage très semblable chez Melanchthon, cité par Meerhoff p. 151, au début de sa note: *Elementa rhetorices*, Corpus Reformatorum, XIII, col. 496-504.

Or, s'il est un credo bien partagé au XVIe siècle, c'est que le jugement est supérieurement difficile. Comme le dit le célébrissime premier aphorisme d'Hippocrate, « *ars longa, uita breuis* », ou, plus exactement : « la vie est courte, l'art est long, l'occasion fugitive, l'expérience trompeuse, le jugement difficile »[1]. Nous venons de le voir avec un terme qui est proche de *iudicium*, celui de « prudence ». La prudence est la qualité culminante, architectonique, chez l'homme d'Etat comme chez le poète épique. Elle n'est pas donnée à tout le monde. Elle est supérieurement supérieure. Lorsque Du Bellay cite le peintre Timanthe dans la dédicace à son oncle le cardinal, il renvoie en fait au parallèle que dresse Quintilien entre le général en chef et l'orateur. S'adapter aux circonstances est le propre du très grand artiste, médecin chez Hippocrate, général et orateur chez Quintilien, et chez Du Bellay cardinal et peintre comme Timanthe cachant le visage d'Agamemnon à la mort de sa fille Iphigénie. Car l'adaptation signe la qualité éminente du jugement. Autrement dit, si le style et les figures de style sont une clé de voûte, c'en est une matérielle. L'*elocutio* est ce qu'on voit, ce qui fait tenir matériellement l'ensemble. Ce qui ne se voit pas n'est pas moins clé de voûte. La qualité du jugement est aussi ce qui fait tenir l'ensemble, de façon plus radicale encore puisque pure décision de l'architecte, du concepteur. Du jugement à son sommet sort le pur concept ou « Idée ».

Quintilien développe l'argument dans un chapitre (II, 13) que feraient bien de lire tous ceux qui croient que la rhétorique est un catalogue de recettes « certaines », fixées et déterminées une fois pour toutes. Loin, très loin de ce fixisme, aucun précepte n'est absolu : chacun en appelle au bon jugement. L'art rhétorique, comme l'art militaire ou l'art médical, exige donc

> un grand travail, un zèle assidu, un entraînement varié, des exercices répétés, un sommet absolu de « prudence », une totale présence d'esprit[2].

Soit la série *labor*, *studium*, *exercitatio*, *experimenta*, *prudentia*, *consilium*. C'est la même série ascendante que chez Hippocrate. La gradation nous permet de désigner et ce que nous avons traité, et ce qu'il nous reste à décrire. Du labeur acharné aux exercices multiples en passant par le *studium* passionné, ces premiers termes parlent d'imitation. Dans l'imitation l'*usus* sert la *doctrina*, c'est une pratique informée par la théorie, et qui l'informe. Les deux derniers termes, « prudence » et « conseil », renvoient quant à eux

---

1 Traduction Littré, p. 438 de l'édition D. Gourevitch d'Hippocrate, *De l'art médical*, Paris, Le Livre de Poche, 1994.

2 2.13.15 : « *Multo labore, adsiduo studio, uaria exercitatione, plurimis experimentis, altissima prudentia, praesentissimo consilio constat ars dicendi.* »

au jugement, par hypothèse le plus difficile. C'est ce concept qu'il nous faut voir maintenant.

C. Jugement

Ce concept achève la trilogie que j'avais baptisée *h*, *i*, *j*: *h* comme hiérarchie, *i* comme imitation, *j* comme jugement. Pour le dire en bref, le jugement de l'artiste docte est la somme des deux concepts précédents. Reste à expliciter plus au long cette formule par trop arithmétique.

Le concept de jugement n'a rien ici de spécifiquement rhétorique. Il est même on ne peut plus familier. Nous l'avons déjà vu à maintes reprises. Les marotiques qui croient pouvoir imiter Marot parce qu'il est apparemment facile font preuve d'un grand manque de jugement: le style simple est aussi aisé à lire que malaisé à écrire. Autre cas: pour apprécier le son d'un beau mot seul compte le jugement des oreilles, qui est aussi jugement de l'esprit. Ces deux situations ne semblent pas appeler de remarques particulières. On a là deux instances de l'exercice du jugement critique. D'un point de vue philosophique, juger est la vie même de l'esprit, sans cesse confronté à de nouveaux objets. Une faculté aussi générale se retrouve donc nécessairement à propos d'un peu tout, et en soi la présence massive du jugement dans la *Deffence* ne signifie pas grand'chose. Tout au plus peut-on ajouter que, d'un point de vue littéraire ou esthétique, le jugement se nomme parfois le goût. En somme, le seul problème que poserait au fond le concept serait de vocabulaire. *Jugement* date un peu. Dans le premier cas cité, le manque de *iudicium* des marotiques s'appellerait aujourd'hui manque de discernement. Dans le second cas, le bon *iudicium* de l'oreille se dirait plutôt bon goût, lequel apprécie un archaïsme comme *ajourner* et un latinisme comme *hiatus*, tout en rejetant *anuiter* ou *hyulque*.

Cette familiarité explique que le concept ait peu retenu l'attention. S'il n'y a pas lieu de décrire son sens, il est en revanche important pour notre propos de montrer son poids. La méthode sera la même que précédemment: lire l'*Orator* pour mieux saisir l'enjeu d'un concept de la *Deffence*. Du Bellay, de nouveau, radicalise. Les nombres sont, nous l'avons vu, un critère de qualité ultime, la différence entre la perfection et le presque parfait, entre la première et la deuxième place du palmarès. Il en va de même pour le jugement. Ici il ne s'agit pas seulement d'en avoir ou pas, puisque tout le monde est doué de jugement, d'esprit critique. Le tri se fait entre l'avoir bon ou mauvais. Ont mauvais jugement, par excellence, les marotiques ou plutôt leurs admirateurs. Ont bon jugement et l'auteur de la *Deffence* et les lecteurs qu'elle se contruit, et parmi eux, par excellence, ce lecteur idéal qu'est le poète épique à venir. Cet aperçu donne une première explication de ma formule arithmétique. Imiter sans avoir bon jugement, c'est se mettre hors de la hiérarchie: s'interdire de gravir les marches du podium.

1. - Le mauvais jugement des admirateurs des marotiques est évoqué trois fois. A II-3, Du Bellay les critique parce qu'ils « admirent voluntiers les petites choses, & deprisent ce qui excede leur jugement » (l. 17). A II-11, il répète ses attaques contre eux, « qui ne treuvent rien bon, si non ce qu'ilz entendent & pensent pouvoir immiter » (l. 115), et il pose un peu plus loin que « les jugements des hommes sont divers » (l. 136). Enfin, à II-1, le passage sur « Marot me plaist (dit quelqu'un) pour ce qu'il est facile » est surtout la preuve de « la diversité des espris, dont les uns treuvent bon ce que les autres treuvent mauvais » (l. 28). Une telle diversité ne renvoie pas à un relativisme où tout se vaudrait. Admirer Marot pour sa facilité n'est pas faire montre d'un grand esprit, d'un bon jugement. En énonçant son jugement, le « quelqu'un » se juge lui-même, selon la formule évangélique: « Nos jugements nous jugent ». Reprenons de ce point de vue les trois passages cités.

A II-3, l'idée d'excéder le jugement est d'abord un écho de la courte préface de la première *Olive*. De cette préface j'avais ainsi résumé le propos: imiter pour enrichir; imiter les étrangers pour enrichir la littérature nationale; et comprenne qui pourra. Le troisième élément n'est pas négligence mais mépris, condamnation. Dans les termes de la préface, cela donne:

> Quand à ceulx qui ne vouldroient recevoir ce genre d'escripre, qu'ilz appellent obscur, pource qu'il excede leur jugement, je les laisse avecq' ceulx qui, après l'invention du bled, vouloient encores vivre de glan.

Ce passage est rapprocher des mots de la *Deffence* contre les admirateurs des marotiques, et en général de tous ces poètes contemporains « sans doctrine, à tout le moins non autre que mediocre », et qui ont pourtant « acquis grand bruyt en nostre vulgaire »:

> Ceux, qui admirent voluntiers les petites choses, & deprisent ce, qui excede leur Jugement, en feront tel cas, qu'ilz voudront: mais je scay bien que les scavans ne les mettront en autre Ranc, que de ceux, qui parlent bien Francoys... (II-3, l. 17-21)

Les admirateurs sont donc du côté du « vulgaire ». Le succès public des marotiques ne prouve pas qu'ils soient dignes d'être admirés. Moi et les doctes savons: nous savons, nous, bien juger des choses, de la juste place où mettre sur le podium ce genre de poésie.

Or, de même que le blé et les glands viennent de l'*Orator*, de même en vient « excéder le jugement ». Que les néo-attiques en effet apprennent de Démosthène

> ce que c'est qu'atticisme; qu'ils mesurent l'Eloquence sur les forces de ce grand homme, & non sur la foiblesse de leurs talens, *imbecillitas*: 24. car aujourd'hui chacun ne loüe, que ce qu'il croit pouvoir imiter. Mais puisqu'ils ont bonne intention, & qu'il ne leur manque pour bien juger du stile attique, que d'avoir plus de lumiéres & de discernement, je veux bien les instruire en quoi consistent sa perfection & son véritable caractére. (trad. Colin)

En abbé du XVIIIe siècle, Colin arrondit comme il peut les angles abrupts de la formule polémique. *Studio optimo, iudicio minus firmo*, plus de zèle que de jugement: on n'est pas plus aimable. Sébillet est plein de zèle, lui qui s'adresse aux « studieux » en poésie française. Le désir passionné du meilleur, c'est bien. La possibilité d'y arriver, c'est mieux. D'emblée vos admirations vous jugent. On conçoit qu'Aneau réagisse à l'insulte par des insultes: « de dire qu'il excede leur jugement cela est trop peu estimé autruy, en si peu de cas »[1]. Du Bellay a mis le doigt là où cela fait mal.

La formulation de l'*Orator* nous renvoie alors aussitôt au deuxième passage contre les admirateurs des marotiques. Après avoir conclu II-11 sur le poète épique qui saura « indigner, apayser », etc., Du Bellay repense à ses ennemis préférés:

> Je m'attens bien, qu'il s'en trouverra beaucoup de ceux, qui ne treuvent rien bon, si non, ce qu'ilz entendent, & pensent pouvoir imiter: aux quels nostre Poëte [épique] ne sera pas agreable: qui diront qu'il n'i a aucun plaisir, & moins de profit à lire telz ecriz, (...) que Marot n'a Point ainsi ecrit. (l. 114-120)

Ne trouver bon que ce qu'ils pensent pouvoir imiter: « *quantum se posse sperat imitari* » – nous pouvons admirer, nous, le rendu de la traduction, à la manière d'Ezra Pound: de *posse*/*pensent* à *imitari*/*imiter*, la phrase de Du Bellay épouse la cadence même du latin. Le rendu ironique des manières de parler des admirateurs n'est pas moins réussi. On croirait les entendre grommeler, en effet, leur credo de l'*utile dulci*. C'est par avance un pastiche d'Aneau. L'étonnant P sur « Point » est comme un cri d'indignation.

La situation fondamentale est la même que précédemment. Moi je et eux la foule indistincte: c'est mon jugement contre le leur. Du Bellay récuse de tels juges. Il décide – il juge – qu'il ne leur appartient pas de le condamner. Bien au contraire à ses yeux leurs jugements les jugent, les condamnent, les

---

1 Remarque sur la préface de 1549 de l'*Olive*.

discréditent. Symétriquement, «je», en tête de phrase, peut donc les condamner à mon tour. On est bien dans un système hiérarchique. Qui n'est plus au-dessus, en position surplombante, est nécessairement en dessous. Pour discréditer les admirateurs, il faut soi-même exercer son jugement, et l'accréditer. En termes de système, l'alternative est la suivante. Ou bien, selon l'autre formule évangélique, on ne juge pas, de peur d'être jugé soi-même: des goûts littéraires on ne discutera donc pas. Ou bien on juge, et à ce moment-là il faut assumer. Le système hiérarchique est aussi une compétition pour la première place de juge: pour celui qui jugera les autres, qui sera juge souverain, au sommet de la pyramide. La critique littéraire étant, comme son nom grec l'indique, jugement, elle est ainsi un champ ouvert à la rivalité.

Plutôt que d'avoir de tels admirateurs, Du Bellay préfère les fuir. En bon lecteur d'Horace, il ajoute qu'il vaut mieux se contenter «de peu de lecteurs», mais bons (l. 130). «Trois ou quatre seulement» suffiront, pourvu que ce soit un Platon, un Horace ou un Auguste[1]. Ce ton général permet alors de situer la diversité des jugements:

> Tu as, Lecteur, mon Jugement de nostre Poëte francoys, le quel tu suyvras si tu le treuves bon, ou tu te tiendras au tien, si tu en as quelque autre. Car je n'ignore point combien les jugementz des Hommes sont divers, comme en toutes choses, principalement en la Poësie, la quelle est comme une Peinture, & non moins qu'elle, subjecte à l'opinion du vulgaire. (II-11, l. 133-140)

Hors contexte, cette fin de chapitre paraîtrait renvoyer à un monde de bonne compagnie. Cela semble d'autant plus familier que ce monde est, au moins officiellement, le nôtre. L'auteur modestement avance sa petite opinion, mais il a bien conscience que *de gustibus non disputandum est*, et qu'en matière de goût esthétique principalement, chacun est libre de décider ou «juger» comme il l'entend.

Le mot même d'opinion nous ramène donc à l'alternative du système hiérarchique, qui est le monde démocratique. Liberté d'opinion, voilà ce que semble reconnaître Du Bellay en parlant de la diversité des jugements. Mais l'opinion qu'il évoque est celle «du vulgaire». Cela seul obligerait à reconsidérer son point de vue. Le point essentiel est que nous sommes à la fin de la *Deffence*. Le lecteur auquel elle s'adresse a été construit comme ayant

---

1 Accessoirement, c'est du Malherbe: «Et trois ou quatre seulement/Au nombre desquels on me range...» (dernière strophe de l'ode «A la Reine, sur les heureux succès de sa régence». Sur Horace, voir par exemple la satire I, 10, v. 73-74: ne pas rechercher l'admiration de la foule, se contenter de peu de lecteurs. La fin de cette satire renvoie les mauvais poètes au public conquis des *discipulae*, ces «damoizelles» que méprise Du Bellay (II-5, l. 28): «allez larmoyer vos vers dans les salles où sont assises les jeunes filles, vos élèves» (v. 91).

bon jugement (j'y reviens plus bas). «Mon jugement» n'est pas modeste mais au contraire terriblement affirmatif, sinon souverain. Cela est de nouveau confirmé par l'*Orator*, à sa toute fin là aussi.

L'origine de l'ouvrage est la question posée à Cicéron par Brutus: quel est ton avis ou *iudicium* sur la meilleure forme d'éloquence (§ 2, *iudicare*, § 3, *iudicem*). La conclusion de l'ouvrage revient alors à la question posée:

> 237. *Habes meum de oratore, Brute, iudicium*: Tu as, Brutus, mon jugement sur l'orateur, lequel tu suivras, si tu l'approuves, ou te tiendras au tien, si tu en as quelque autre. Je n'entrerai pas en conflit avec toi là-dessus et jamais je n'affirmerai que mon avis, sur lequel j'ai montré tant d'assurance dans ce livre, soit plus vrai que le tien. Nous pouvons en effet non seulement en juger différemment toi et moi, mais je puis moi-même en juger autrement dans d'autres circonstances.

Toi et moi dans la *Deffence* sommes donc comme Brutus et Cicéron. Cela permet de situer les déclarations de modestie. Nous sommes entre pairs, à ce niveau où, comme on dit, les grands esprits se rencontrent. Brutus et Cicéron ne sont pas précisément les premiers venus.

Le genre du dialogue de bonne compagnie suppose audace et retrait. L'audace est d'affirmer hautement ce que l'on pense, avec tout le poids d'un Cicéron à soixante ans, d'un docte parmi les doctes: d'un aristocrate de l'esprit. Le retrait est dû à la philosophie du vraisemblable que rappelle la fin du paragraphe 237. L'exercice du jugement intervient dans des domaines où la certitude finale est inaccessible, ce qui est le cas ici, puisque pour les nombres tout repose en dernière analyse sur cet impondérable, le jugement de l'oreille. L'absence de vrai peut se dire l'absence de juge souverain, de position surplombante. Clore en maintenant « modestement » que la question reste ouverte, c'est souligner qu'on ne peut faire l'économie de l'exercice du jugement. La question ouverte ouvre aussi la lice où les pairs peuvent en découdre, confronter leurs avis. La modestie philosophique n'empêche donc en rien un mépris radical pour les petits esprits. La lice n'est ouverte qu'aux champions. Par rapport à un monde qui affirme que toutes les opinions se valent, on est ici face à une absence radicale d'égalité. La faculté de bien juger n'est pas donnée à tout un chacun, qu'elle soit d'ailleurs innée ou acquise, prédisposition ou habitus. Tous les jugements ne se valent pas, il en est de mauvais, de moyens, de bons, d'excellents. C'est une gradation: une hiérarchie.

Le corollaire est la possibilité d'affirmer à la fois absence d'objectivité et absence de relativisme. Seuls ceux qui ont le jugement sain jugent sainement des choses, y compris de celles qui relèvent du goût, poésie ou peinture. Cela nous amène au troisième et dernier passage contre les admirateurs des marotiques: les uns aiment Marot, les autres Heroët (II-1, l. 30). Nous avons déjà vu deux fois ce passage, et les deux fois par rapport à l'*Orator* dont il est un décalque à peu près exact: les uns aiment Ennius, les autres Pacuvius (§ 36). Mais c'est maintenant que nous pouvons en dégager toute la portée.

Le goût soit pour Marot soit pour Heroët prouve « la diversité des espris, dont les uns treuvent bon ce que les autres treuvent mauvais ». Pour l'*Orator* de même, cela prouve que sont divers les goûts, ou plutôt les jugements: *uaria sunt iudicia.* « Quand à moy, telle superstition ne m'a point retiré de mon entreprinse... »: « *hac ego religione non sum ab hoc conatu repulsus* ». En effet, « j'ay tousjours estimé notre poësie francoyse estre capable de quelque plus haut & meilleur style ». Le « j'ai estimé », repris de Cicéron, est le mot même qui précède l'énoncé d'un jugement. Mais Du Bellay particularise là où Cicéron généralise: « *existimauique in omnibus rebus esse aliquid optimum, etiam si lateret*, j'ai estimé qu'en toute matière il y avait un meilleur, un optimum absolu, même s'il est caché ». Et donc « un connaisseur en la matière devait être capable d'en juger, *iudicari* ». Autrement dit, la diversité des goûts n'empêche pas d'affirmer le sien, et de l'affirmer comme plus valable. Du coup, lorsque Du Bellay conclut ce mouvement par « Disons donques brevement ce que nous semble de notz poëtes francoys », le « semble » n'est pas une formule de modestie. Dire ce qu'il me semble, c'est énoncer mon jugement, mon avis. Et l'énoncer avec la plus grande force, au plus près de la vérité inaccessible. De fait, tout le chapitre suivant, II-2, est un jugement quasiment définitif, une condamnation plutôt, des poètes français avant Du Bellay.

En reprenant Cicéron, Du Bellay reprend en réalité l'*Ethique à Nicomaque* d'Aristote. C'est là qu'on trouve articulées philosophiquement absence d'objectivité – nécessité du jugement – et absence de relativisme – tous les jugements ne se valent pas. Seuls ceux qui ont le jugement sain jugent sainement des choses: la formule résume le credo qui rend possible la prudence aristotélicienne (*Eth. Nic.*, III, 4, 1113a)[1]. « Pour le vulgaire, *hoi polloi*, l'erreur en général vient du plaisir, qui paraît être le bien [moral] sans l'être réellement ». A la multitude s'oppose l'homme vraiment vertueux, « qui sait toujours juger les choses comme il faut les juger, et c'est le vrai qui lui apparaît dans chacune d'elles ». Le bien relatif à chacun est certes le bien tel qu'il lui apparaît. Mais

[1] C'est-à-dire III, 6 dans la trad. Tricot chez Vrin ou B. Saint-Hilaire au Livre de Poche. La numérotation traditionnelle que je reprends est celle des divers *Aristoteles latinus*, et de l'éd. Loeb. Ma traduction s'inspire de celle de Saint-Hilaire et de Jean Voilquin (Garnier-Flammarion) qui, lui, parle français.

> pour l'homme vertueux et honnête, c'est le bien véritable; pour le méchant, c'est, au hasard, ce qui se présente à lui. Il en va ainsi pour l'organe physique du goût: les gens bien portants estiment salubres les nourritures qui le sont véritablement, tandis que les malades en jugent tout autrement.

Tous les jugements ne se valent donc pas. Le goût sain juge mieux que le goût malade. Autrement dit, le goût sain est la règle du bon goût, le jugement sur lequel on doit se fixer pour savoir ce qu'il en est en fait de nourriture. De même, le jugement de l'homme vraiment vertueux est la règle sur laquelle se fixer pour savoir comment se comporter en fait de morale. En un sens, ajoute superbement Aristote, l'homme vertueux est lui-même « le canon et la mesure » de toutes choses, en grec *kanôn kai metron* ou en latin *mensura et norma*. « En toutes circonstances, il discerne le vrai bien ». De même, Cicéron peut être bon juge, alors même que manque en la matière une règle, *praescriptum* ou *formula*. C'est dire qu'il est lui-même la règle. A défaut de règle extérieure, objective, chacun doit se confier à son propre jugement, lui-même fixé sur le jugement de qui a meilleur goût

Sur ces bases, la question n'est pas de savoir si on a raison d'admirer plutôt Marot ou plutôt Heroët, plutôt Ennius ou plutôt Pacuvius. Le point est que tous ces admirateurs sont en bloc récusés comme bons juges. Certes, Du Bellay retravaille ici, on l'a vu, les répartitions de l'*Orator*. Pour Cicéron, Ennius et Pacuvius sont deux variétés du grand style, la première sans les nombres, la seconde avec. Pour Du Bellay, Marot est le style simple opposé à Heroët qui est le grand style. Mais le résultat est à peu près le même. Si Du Bellay comme Cicéron préfèrent la seconde branche de l'alternative, Heroët ou Pacuvius, ils considèrent aussi que les admirateurs n'admirent pas comme il faut, même quand ils admirent ce qui doit l'être. La diversité des goûts est en soi mauvais signe, signe qu'on a affaire à de mauvais juges. Les admirateurs se fondent sur l'opinion, pas sur la règle. La critique va plus loin qu'aimer ou ne pas aimer, qu'avoir des opinions en se fiant à son plaisir personnel. L'opinion et le jugement ne sont donc qu'apparemment semblables.

Le propos de Cicéron comme de Du Bellay est dès lors de donner une règle pour fixer le goût: pour former le jugement. Dans la *Deffence*, les admirateurs du style simple n'y connaissent rien, ils ne comprennent pas ce qui en fait les beautés, alors même que c'est, précisément, assez simple: *a fortiori* ne comprendront-ils rien aux vraies beautés du grand style. Dans l'*Orator*, les admirateurs de la perfection ultime, du grand style nombreux, sont dans le même cas: leur admiration n'est pas le fait de connaisseurs. Dans tous les cas, on n'a pas affaire à des *gnari* mais à des ignares. Aux ignares il faut donner une règle plutôt que des règles. Moins des règles précises, objectives – des critères – qu'une éducation de l'œil et du coup d'œil, bref, de la faculté de juger. La critique est une clinique. C'est en voyant nombre de malades sous la direction d'un grand professeur que l'apprenti médecin se fait l'œil, apprend à juger, ce qui s'appelle ici diagnostiquer. De même, c'est en suivant Cicéron que son lecteur apprend à bien discerner ce qui mérite d'être admiré, et ce qui ne le mérite pas. De la prédisposition à admirer (ou à soigner) on passe ainsi à l'habitus, au métier: c'est le mouvement qui va de l'opinion vague au jugement ferme.

Tout comme dans l'*Ethique à Nicomaque*, la variété des goûts montre surtout qu'aucun d'entre eux n'est fixé, formé, n'est donc digne d'être érigé en règle. Le vulgaire ou multitude est en somme dans le monde « démocratique » de l'opinion, un monde qui est, de droit, relativiste. L'aristocrate du goût ou de l'esprit est dans le monde « hiérarchique » où l'on cherche le meilleur, l'optimum, ce vraisemblable qui est ce qui se rapproche le plus du vrai. Ce monde-là n'est pas relativiste. Les deux systèmes ont assurément pour point commun de reposer sur la subjectivité. Ils ne peuvent se reposer sur des critères objectifs, ils ne peuvent faire l'économie du geste critique, du jugement, du diagnostic. Mais au système subjectif et relativiste s'oppose un système subjectif et, au sens fort du terme, arbitraire. C'est l'arbitrage des meilleurs esprits qui règle les questions, qui fixe la ligne à suivre. A la différence de l'oreille ou de l'usage, juges dont les motifs sont impénétrables, le grand critique ou le grand médecin sont tout à fait en mesure d'expliciter les motifs de leur décision, au moins à leurs pairs, qui comprendront. L'arbitrage n'est pas en dehors de la rationalité, il en est au contraire l'expression suprême. Dans la définition aristotélicienne du « prudent », *ratio* et *regula* traduisent tous deux le grec *logos*, cette droite raison sur laquelle se fixe le jugement.

Terminons ce point en relevant la trace portée de cette philosophie du goût chez Cicéron puis chez Du Bellay. C'est le propos sur la peinture, ou plutôt sur la critique de la peinture. Juste après Ennius, Pacuvius et la diversité des jugements, Cicéron ajoute que de même,

> en fait de Peinture les uns veulent des figures peu travaillées, peu finies, enfoncées & chargées d'ombres: les autres au contraire en demandent qui soient gayes, ornées, brillantes & d'un beau coloris, *conlustrata*. (trad. Colin)

Ces deux séries opposées d'adjectifs reprennent à l'identique celles du début sur le seul grand style, divisé en deux. Il y a le grand style caractérisé par « une composition rude, austère, peu nombreuse, peu finie » et celui où règne « une diction châtiée, polie, harmonieuse » (*Or.* 20). Autrement dit, il y a le grand style qui n'a pas de nombres, et celui qui n'en a pas[1]. Autrement dit encore, Cicéron évoque la peinture pour parler de perfection, en opposant la presque parfaite à la parfaite. L'illustration évoquée par *conlustrata* confirme qu'on se situe dans cette logique du petit plus qui change tout, la crème de la crème, le *nec plus ultra*.

Du Bellay ne peut pas parler de la peinture après son couple Marot et Heroët, puisque sa répartition n'est pas homologue à celle de Cicéron. En revanche, ses deux allusions à la peinture s'inscrivent dans le même propos sur la perfection. A I-5, il pose que traduire « n'est suffisant pour donner (au français) ceste perfection, &, comme font les peintres à leurs tableaux, ceste derniere main que nous desirons » (l. 73) – l'Avis au lecteur de l'*Olive* de 1549 rapproche de même peinture et « derniere main »[2]. Le latinisme *derniere main* vient sans doute du *Brutus*, dans un passage qui ne parle pas de peinture: *extrema manus*. Mais on voit la contamination avec l'*Orator*. La dernière main et la perfection, c'est passer en prose de l'absence de nombres à leur présence, comme on passe en peinture du *non finito* au *finito*. C'est cela qui donnera la dernière touche, le *nec plus ultra*: l'illustration dont parle le *conlustrata*.

On peut alors relire, à II-11, l'évidente reprise de l'*ut pictura poesis* d'Horace. Les jugements sont donc divers, et principalement à propos de poésie, « la quelle est comme une peinture, & non moins qu'elle subjecte à l'opinion du vulgaire » (l. 142). Chez Horace comme chez Cicéron, cela renvoie à l'exercice du jugement critique. La peinture n'est semblable à la poésie qu'en ceci. Celle qui aime la lumière, *sub luce*, et non l'obscurité, *obscurum*, c'est celle qui ne redoute pas le regard perçant du critique ou juge, *iudex*. « L'une a plu une fois, l'autre, si on y revient dix fois, plaira encore ». Plaire une fois, c'est plaire au vulgaire, à l'opinion changeante. Plaire encore et toujours, c'est relever du jugement. L'opposition entre lumière et obscurité se déplace sans doute chez Horace de l'œuvre au jugement sur l'œuvre. Mais la perfection est, là encore, du côté de la lumière: de l'illustration. Coup d'œil, éclairage, « lumières » au sens du XVIIIe siècle, le jugement fait toute la lumière sur ce qui de soi est éclatant. Illustration de la littérature et critique littéraire ont ainsi partie liée.

Au total, les considérations sur le mauvais jugement suivent un cheminement très polémique – on s'en doutait. L'*Orator* décide officiellement que ses adversaires ont un jugement faible, *imbecillitas*. Il

---

1 A rapprocher d'*Or.* 169, où la perfection de la prose nombreuse est comparée à la perfection de la peinture actuelle, contre ceux qui préfèrent « la vieille peinture avec son petit nombre de couleurs ».

2 Le lecteur est prié d'excuser les fautes « de cest ouvraige precipité, semblable à un fruict abortif, ou à ces tableaux ausquelz le peintre n'a encores donné la derniere main ».

suffit de voir l'évolution du mot *imbécile* pour sentir ce qu'une telle faiblesse a déjà d'insultant. Un pas plus loin, de façon plus sourde, le fait de relever la diversité des jugements revient à les renvoyer à la pure opinion. En termes romains, l'opinion, c'est la multitude et l'instabilité, là où le jugement est le sénateur et la fermeté. Tout le monde, certes, opine. Mais la qualité de l'opinant fait toute la différence. Quand Du Bellay annonce qu'il va dire ce qu'il lui semble des poètes français, il est comme le sénateur qui se lève au sénat pour donner, à son tour, sa *sententia*, son point de vue, son jugement mûrement pesé. Du Bellay passe sentence, et, en l'espèce, condamnation. Le grand public, lui, est renvoyé au vulgaire. Autrement dit, le soubassement philosophique derrière la diversité des jugements revient, dans l'*Orator* et dans la *Deffence*, à récuser que le vulgaire soit, à proprement parler, doué de jugement. Ce n'est pas tant que les admirateurs des marotiques aient mauvais jugement. C'est, plus simplement, qu'ils n'en ont pas, qu'ils n'imaginent même pas ce que c'est qu'en avoir. Un tel propos est d'un aristocratisme si intolérable qu'il ne peut, à l'évidence, être explicité. La politesse est, hier comme aujourd'hui, de faire comme si tout le monde jugeait, tout en marquant fermement sa différence.

2. - Après donc le mauvais jugement, le bon; ou, plus sourdement, après l'absence de jugement, sa présence. La polémique se renverse en éloge. Nos ennemis n'ont pas d'esprit critique, nous, en revanche, nous en avons, et du meilleur. Toi Brutus et moi Cicéron. Le problème pour Du Bellay est qu'il n'est pas un grand homme, pas encore. Il lui faut donc se construire en Cicéron, et construire son lecteur en Brutus: construire un « nous », une communauté et une connivence. L'opération prête facilement le flanc à la caricature et à la moquerie, ne serait-ce que pour se venger de tout ce qu'elle comporte d'insupportablement élitiste. Le thème élogieux des grands esprits qui se rencontrent peut se dire *asinus asinum fricat*, ou encore, à la Molière, « Nul n'aura de l'esprit, hors nous et nos amis ». *Asinus* cherche *asinum*, pour conspirer. Essayons pourtant de prendre au sérieux le pacte d'intelligence que Du Bellay propose à son lecteur, dans un dialogue passionné avec un « toy » aussi fantasmatique que Brutus est bien défini. Ce toy, c'est d'abord tout lecteur, puis le seul poète épique à venir, d'autant plus passionnant qu'il est encore plus improbable.

Le pacte de lecture est défini juste après la dédicace au cardinal Du Bellay:

> ¶ L'autheur prye les Lecteurs differer leur jugement jusques à la fin du Livre, & ne le condamner sans avoir premierement bien veu, & examiné ses raisons.

Juger, condamner: on appréciera l'équivalence. Chamard trouve que ce genre de recommandations « font sourire par leur naïveté ». C'est ne pas voir la tension extraordinairement élitiste que suppose l'exercice du jugement. Du Bellay fait de nécessité vertu. N'ayant pas le nom d'un Cicéron, ni soixante ans, il commence par afficher son anonymat. Il n'est même plus l'I.D.B.A. de la page de titre, mais le pur « autheur » dans sa nudité. Rien ne le précède. C'est ce qui suit qui va le constituer, le construire. Ses jugements sur la littérature française vont le donner à voir, à juger lui-même. S'ils peuvent le construire comme auteur, ils risquent aussi bien de le détruire, le perdre de réputation. L'auteur dans sa nudité en appelle donc à ce juge que sont les lecteurs, dans leur nudité eux aussi. Un pur auteur en appelle à de purs lecteurs, d'anonymat à anonymat. Lire c'est élire: c'est juger. L'auteur se choisit ses lecteurs, et réciproquement. Le prière de différer son jugement est certes un *topos*, mais qui va remarquablement vibrer tout au long de la *Deffence*.

Si cet avertissement ne sort pas de l'*Orator*, il provient en tout cas de *La maniere de bien traduire* de Dolet, tout aussi fondée sur Cicéron. Chez Dolet en effet, la première belle page, celle de droite, porte en son milieu quelques lignes seulement, bien dégagées:

AU LECTEUR

> Ly, & puis juge: ne juge toutesfois devant que d'avoir veu mon Orateur Francoys, qui (possible est) te satisfera quant aux doubtes, ou tu pourras encourir lisant ce livre.

Lire, et juger ensuite, c'est le mouvement même de Du Bellay, dont les lignes se trouvent elles aussi au milieu d'une belle page (a iii recto). Pour juger il faut attendre dans un cas le livre à venir de l'*Orateur français*, de l'autre les « raisons » exposées dans le texte qui suit et donc existe bel et bien, la *Deffence*. Le rapprochement permet de dire que la *Deffence* réalise le programme annoncé par le défunt Dolet. Au lecteur pas assez diligent pour voir le rapprochement, Du Bellay se charge du reste de rafraîchir la mémoire à un autre endroit bien en vue, la fin de son premier livre. Etienne Dolet y est cité non seulement comme celui qui « a formé < le projet de > l'Orateur francoys », mais aussi, d'abord, comme « homme de bon jugement en notre vulgaire » (I-12, l. 25). Le sens du prière de différer se précise. Ce n'est pas timidité naïve, mais affirmation hardie. Dolet et moi avons bon jugement: à vous d'être à la hauteur. En me condamnant sans m'avoir bien lu, sans avoir pesé mes raisons, vous vous condamnerez comme juge: vous montrerez que vous n'avez pas bon jugement. En ce cas, hors d'ici. C'est l'équivalent de la fière formule pythagoricienne. Que nul n'entre ici s'il n'est géomètre: s'il n'a bon esprit.

L'amitié avec le lecteur est ainsi sélective. On est aux antipodes de la fraternité ouverte à tous, au premier venu, de façon romantique et « démocratique », par exemple dans le fameux « Mon semblable, mon frère ». Une fois qu'on est dans une logique de sélection, il n'y a plus de raison de s'arrêter. Le club select va se rétrécir de plus en plus. Cela fait partie intégrante de sa beauté.

La question est donc: peut-on préciser la figure du lecteur? Le rejet de ceux qui ont mauvais jugement crée une première attente. Les admirateurs des marotiques, et les marotiques eux-mêmes, pèchent par manque de jugement mais aussi de doctrine, l'un n'allant pas sans l'autre. Le lecteur idéal de la *Deffence* sera donc un docte. C'est ce que semble confirmer aussitôt la toute fin de l'avis « Au lecteur », justement. Pour ce qui est des fautes d'impression, nos bons lecteurs corrigeront d'eux-mêmes, je serai excusé par « la discretion du lecteur scavant, qui ne s'arrestera à si petites choses. A Dieu, amy lecteur ». Le bon lecteur est le lecteur savant de ce savoir ou *scientia* qui est le couronnement de la *doctrina*. Mais on voit aussitôt la restriction. Le vrai docte est celui qui ne s'arrête pas aux petites choses. Il sait donc vraiment juger, il sait, selon l'adage d'Horace, que même Homère commet des fautes, *quandoque dormitat.* Il n'y a que les faux doctes pour s'obnubiler sur les fautes vénielles, pour ne plus voir les vraies grandes beautés: portrait d'Aristarque, juge trop sévère de l'épopée homérique.

A savant, savant et demi. Du Bellay scinde les doctes en deux. Nous connaissons le mouvement. Si le second livre attaque les marotiques, le premier attaque les doctes néo-latins, qu'ils soient français ou italiens. Les marotiques pèchent par trop peu de doctrine, les doctes, par trop de doctrine. Le même excès se retrouve pour le jugement: trop peu pour les marotiques, trop pour les doctes. Ces derniers sont « trop severes estimateurs des choses » (II-2, l. 26). La fin du premier chapitre du premier livre le dit très clairement. Le problème avec les doctes est que la passion les aveugle, trouble leur discernement: « l'affection qu'ilz portent aux langues estrangieres ne permet qu'ilz veillent faire sain & entier jugement de leur vulgaire ». Sont donc disqualifiés comme bons juges ceux-là mêmes qui seraient *a priori* les plus qualifiés pour avoir un jugement sain.

Dans ce balancement entre le trop peu et le trop, nous retrouvons assurément la visée de perfection « récapitulative »: l'idéal est de combiner *ars* et *natura*, doctrine des doctes *et* naturel des indoctes, langue étrangère *et* langue vulgaire. Mais le trop et le trop peu renvoient aussi, d'abord, à la logique du juste milieu aristotélicien. Juger de façon trop sévère n'est pas mieux que de façon trop laxiste. Si l'excès en tout est un défaut, l'excès du jugement est l'excès le plus redoutable. Car il faut avoir bon jugement, de façon supérieure, pour trouver le juste milieu entre deux extrêmes à éviter. La tentation d'Aristarque est donc un dévoiement majeur. C'est le jugement pris à son propre piège élitiste. Il a en effet sa passion propre, qui est d'en remontrer à tout le monde, à commencer par Homère. Les doctes qui méprisent leur langue vulgaire, ou qui s'arrêtent aux fautes d'impression, veulent trop avoir l'air d'être doctes. Un peu de doctrine éloigne du vulgaire, beaucoup y ramène. Entre Aristarque et le bon critique, il y a la même distance qu'entre le roi à la justice trop rigoureuse et le roi clément.

Dans la *Deffence*, un mot dit cette différence, celui de superstition, qui traduit le *religio* de Cicéron. Aussitôt que Du Bellay donne une règle explicite, il s'empresse d'ajouter qu'il ne faut pas être trop superstitieux à la respecter. Suivre la règle de façon superstitieuse serait comme appliquer les lois de façon rigoureuse. La *religio* supprime l'exercice du jugement, du discernement cas par cas. Si tout est prévu par des préceptes donnés d'avance, comme leur nom l'indique (pré-), il n'est plus besoin de juge, ni de jugement. Ce n'est plus du droit, mais une mécanique: prison des lois. Le juge est alors, paradoxalement, le premier à être prisonnier, pris par sa passion pour la rigueur. Les règles extérieures sont toujours au risque de tuer la règle intérieure, cette liberté suprême du roi clément.

Le lecteur que Du Bellay appelle de ses vœux sera donc un docte « modéré », au sens où la modération renvoie, comme la modulation, à la mesure ou *modus*. Non pas un cran en-dessous mais un cran en-dessus, maîtrise supérieure de qui est la règle faite homme. Le docte modéré est une figure du « prudent ». Au-dessus des doctes, il y a donc le vrai poète, et par excellence le poète épique. De façon à la fois étonnante et logique, c'est aux poètes qu'on finit par dire *tu*, ce sont eux les interlocuteurs privilégiés: « Doncques, ô toy... » (début de II-5). C'est d'autant plus logique que la doctrine ou le savoir ne sont pas ici des théories qui peuvent être coupées de leur pratique. Le vrai docte, c'est Corneille ou Cicéron: un grand praticien doublé d'un grand théoricien. Ils passent, royalement, comme la caravane proverbiale, en dépit des Aristarque qui aboient après le *Cid* ou les clausules. Théorie *et* pratique vont de pair, doivent idéalement aller de pair, comme l'art *et* la nature, la langue paternelle *et* la maternelle, le savoir *et* les applaudissements. Le demi-docte est comme le demi-habile de Pascal. Il n'est que docte, il se coupe du peuple. Le vrai habile ou, chez Du Bellay, le « scavant », pense et sent comme le peuple, mais avec une pensée de derrière, qui est l'*ars*. De docte à savant, c'est la gradation qui va de *doctrina* à *scientia*, elle-même nourrie de l'*imitation docta*. Si Marot le faux facile n'a pas su être épique, ce n'est pas qu'il ait manqué de doctrine, mais de savoir. Il en savait beaucoup plus que ne le croient ses admirateurs, mais beaucoup moins que ce qu'exige Du Bellay. A cette aune, même Scève le difficile n'en sait pas assez.

L'élitisme de la *Deffence* est celui d'un sénat de vrais poètes, ou d'un cercle fermé de prêtres. Le grand public n'est pas exclu de l'horizon, il s'en faut de beaucoup. Mais il est tenu à l'extérieur. Les sénateurs ou les prêtres sont entre eux, à huis clos, pour discuter de la façon d'agir sur les esprits de la multitude des profanes. Ils travaillent à la réussite des mystères, pour le jour où ils sortiront du temple. L'ésotérique ne pense qu'à l'exotérique. L'idée même d'épopée dit fortement ce désir de grand public. Le projet n'est pas de composer une épopée à usage restreint, ce rêve de doctes que serait un *Cid* à lire *inter nos*: une *Délie.* Un tel projet rend compte de l'acharnement à double détente. Le grand public est fermement prié de se tenir hors d'ici, mais les demi-doctes également. Loin d'être replié sur lui-même, le club select est l'équivalent d'un club de décideurs. C'est un élitisme de conquête, pas de repli.

Du Bellay se trouve ainsi dans une position ambivalente, aussi bien face au grand public qu'aux doctes. La situation est assez classique: il aime ses lecteurs rêvés et déteste ses lecteurs réels. Le grand public est le vulgaire insupportable de vulgarité et de limitation, qui admire ce qui ne le mérite pas. Mais ce grand public est aussi l'horizon rêvé, celui qu'il faut éduquer. Certes, on peut se contenter de trois ou quatre lecteurs seulement, qui seront des Platon ou des Auguste. Prince des philosophes ou maître de la terre, ces *happy few* sont en fait le gage de l'admiration à venir du plus grand nombre. Pour que ce grand jour advienne, il faut éduquer le grand public actuel, le détourner de la médiocrité. Tout comme le but est de franciser le français, il est de grandir le grand public. Quand il applaudira ce qui mérite de l'être, quand l'opinion des indoctes sera d'accord avec le jugement des doctes, on sera devant un vrai triomphe, césarien ou royal: alors passera vraiment le souffle de l'épopée.

Par rapport aux doctes, l'ambivalence est l'amour-haine pour les Italiens. C'est ce qui donne sa couleur nationale aux attaques contre les doctes. La démolition finale de l'Italie contemporaine montre où est l'enjeu. Vers 1550, la *Deffence* clôt avec brutalité un bon demi-siècle d'humanisme à l'italienne. Depuis la fin du XVe siècle, l'Italie est le terrain de manœuvres des grandes puissances extérieures, barbares à ses yeux. Elle est écartelée entre la France et l'Empire, entre François Ier et Charles Quint. Le type de l'intellectuel « prudent » n'y trouve plus à s'employer auprès du prince autochthone, tel le grand poète Pontano premier ministre à Naples avant l'arrivée des Français. La solution est alors de cultiver son latin. On se retire entre gens de bonne compagnie. On a la tentation de mettre, comme chez Speroni ou même d'Estrebay, le *delectare* au-dessus du *mouere.* Pendant que nous sommes retirés dans nos villas comme Cicéron à Tusculum, à Rome l'orage passera. La *Deffence* appelle les doctes à sortir, à conquérir. Ce n'est pas pour rien si elle s'appuie de toutes ses forces sur la monarchie française. Les doctes français sont assez fous pour juger « que le roy Francoys (...) a laissé les doctes en mespris » (I-10, l. 126). Qualifier ici la Sorbonne d'» Academie », c'est mettre dans le même sac théologiens crispés sur leur latin et doctes à l'italienne crispés, pour d'autres raisons, sur le même latin, classique cette fois. La sortie de l'enfermement s'appelle, à juste titre, l'épopée: l'union des doctes et des indoctes, du savoir et des applaudissements, du grand art et des grandes émotions.

Une fois posé le lectorat idéal que construit la *Deffence*, on peut terminer sur la figure de l'auteur qu'elle met en place, non moins idéale.

En termes de jugement, la tentation d'Aristarque menace aussi Du Bellay, même s'il s'en défend. Le chapitre II-2 est une démolition radicale des poètes français qui le précèdent: une condamnation. « Et si j'estoy du nombre de ces anciens critiques juges des poëmes, comme un Aristarque (...) j'en mettroy' beaucoup hors de la battaille... » (l. 57). Voilà assurément qui est parler « quasi comme juge souverain » (l. 68). Le fameux mot sur les épiceries tombe comme le couperet final, il guillotine d'un coup ballades et rondeaux. Ce juge est sans pitié. Mais il sait aussi qu'il ne peut en rester là. Le projet de conquête du grand public n'est pas là pour satisfaire le prurit de dire tout le mal qu'on pense de ceux qui y réussissent actuellement. Au négatif doit succéder le positif.

A la démolition de II-2 répond en effet un jugement d'un autre ordre. Il est annoncé dès le titre de II-4, « Quelz genres de poëmes doit *elire* le poëte francoys ». Elire, c'est de nouveau juger. Du Bellay commence l'éducation du futur poète en lui montrant, en bon maître, les bons modèles: « je ne veux pas (lecteur) que sans election & jugement tu te prennes au premier venu » (début de II-3). Sébillet est le mauvais professeur. Si on se fie à ceux qui n'admirent que ce qu'ils pensent pouvoir imiter, on n'ira pas loin. Le choix des modèles est capital, parce qu'il intervient à ce stade où l'élève a par hypothèse le moins de jugement, d'esprit critique. C'est un cercle vicieux, ou vertueux, que décrit la fin de II-3: « avant [d'imiter], faut qu'il ait ce jugement de cognoitre ses forces ». Le bon goût se forme en se fixant sur celui qui incarne la règle du bon goût. Mais encore faut-il, au départ, ne pas se tromper sur celui qui incarne la règle. Choisir son maître, choisir le modèle à imiter est un premier jugement, qui engage largement la suite. Ce premier jugement relève d'une prédisposition. On l'a ou on ne l'a pas en naissant, tout comme l'enfant a ou n'a pas de don pour la musique ou la géométrie. Pour savoir quel est « son naturel » (II-3, l. 48) et donc qui on va imiter, il faut avoir un jugement lui aussi naturel. Quand la *Deffence* s'adresse par priorité à la noblesse, aux nobles esprits, elle vise donc cette *natura* ou bon naturel qui précède l'habitus.

L'impératif qui court tout au long de ce chapitre II-4 est alors ordre du maître au débutant: « Ly donc & rely premierement (...). Jéte toy à ces plaisans epigrammes (...). Distile (...) ces pitoyables elegies », etc. C'est la liste de lectures et d'auteurs recommandés en classe, objet essentiel, on le sait, des programmes pédagogiques du XVIe siècle – et après[1]. Ensuite, au poète épique on peut dire seulement: « choysi moy » (II-5, l. 20). Le débutant a progressé dans l'habitus, dans le métier, en imitant les bons genres de poèmes il a commencé à former et fixer son jugement. On lui tient encore le langage de l'impératif, on lui indique encore les choix qu'il doit faire: ses jugements ne sont pas si mûrs qu'il puisse encore se passer de maître. Mais le datif éthique instaure la connivence, le pilotage accompagné. C'est toi qui maintenant choisis, mais en pensant à moi. Le métier entre.

La fin de ce chapitre, soulevée de *mouere*, résonne comme un grand classique de la pédagogie. Le maître a achevé son enseignement, son disciple va partir, il a conquis sa liberté de jugement. Il part dans le monde comme un moine boudhiste. Que le disciple donc oublie « toutes especes de vices » (l. 92), tout passe-temps, de Vénus aux banquets. Qu'il garde présent au cœur le « desir de l'immortalité » à quoi se résume mystiquement tout ce que lui a appris le maître (l. 90). Alors, cher disciple, tu pourras « entreprendre un œuvre digne de toy » (l. 100). De toi, non de moi ton maître. La *Deffence* est une éducation poétique. Par rapport à Sébillet et à notre idée actuelle de la technique et de l'enseignement, elle rappelle la relation qu'entretiennent maître et disciples chez les Orientaux. Mais c'est tout simplement l'idée ancienne de pédagogie. Les techniques précises n'étaient livrées que sous forme de secrets, à une élite d'étudiants, parce que le plus dur était de leur apprendre la liberté du jugement, du coup d'œil. Tant qu'ils n'auront pas compris cela, leur enseignement ne sera pas terminé.

Frustrante pour nous, « la breveté » dont usera le maître pour donner ses règles (II-1, l. 28) est donc bien une brièveté calculée, une ruse de pédagogue qui connaît son métier. Du Bellay sait ce qu'il veut et qui il veut. Educative, la *Deffence* lance à proprement parler une « école » poétique où il se voit bien en maître, voire en gourou. « L'autheur » ainsi construit y aurait toute autorité. Malheureusement, comme on sait, l'ami le plus proche lui volera le rôle. C'est Ronsard qui pourra vraiment dire « Vous êtes tous issus de la grandeur de moi ». La logique hiérarchique du jugement ne peut se passer de

[1] L'enjeu est souligné par Dolet dans le *De imitatione ciceroniana* de 1535. Alors que dans la théorie de l'enthousiasme c'est le dieu qui choisit celui qu'il va inspirer, chez Dolet apôtre du « labeur » c'est l'inverse: le futur auteur choisit, élit qui il va imiter, cela lui tient lieu d'inspiration.

rivalité, de concurrence. On ne s'est pas plus tôt construit une grande *persona* que d'autres songent à vous détruire en la reprenant.

Cette légère ombre au tableau se perçoit à demi-mots dès la *Deffence*. Moi le sonnet c'est tout de même mieux que toi l'ode. Mais à part cela, en somme, tout va bien. La différence de stature entre Cicéron et Du Bellay joue ici en faveur de ce dernier. L'*Orator* est une fin de carrière; la *Deffence*, un début. L'un clôt et l'autre annonce. Chez Cicéron «il y a longtemps qu'est réalisé ce qui devait l'être, *quod futurum fuit*» (§ 110). Chez Du Bellay, le poète à qui s'adresse l'auteur est, lui, le « poëte futur », à réaliser. D'un côté les actes ont accompli la puissance, leur auteur est un *has been*. De l'autre tout est en puissance d'accomplissement, la France « grosse de [Phebus Apollon] » va bientôt enfanter le poète rêvé (II-11, l. 94). De plus, celui à qui on s'adresse n'est pas le même. Le destinataire de l'*Orator* est le cher Brutus, mais qui penche, lui, du côté de cette nouvelle école néo-attique qui n'a plus rien à faire du style cicéronien. L'estime que l'auteur lui porte ne va pas sans une distance certaine, teintée de nostalgie: le chant du cygne adressé à qui va l'abattre. Eux dont je me moque, c'est un peu toi. La *Deffence* a la polémique plus gaie: vive nous et tant pis pour les grincheux. Entre le lecteur rêvé et « l'autheur » ce n'est pas la distance mais le fusionnel, la relation exaltée des débuts d'une grande entreprise comme la Pléiade. A Brutus Cicéron dit, dans ce même paragraphe 110, «quand je dis moi, c'est toi que je dis, *Cum dico me, te, Brute, dico*». On peut retourner la formule. Dans la *Deffence*, quand je dis toi, cher lecteur, cher poète futur, c'est moi que je dis: car je n'ai pas encore réalisé, il s'en faut de beaucoup, tout ce dont je suis en puissance. Gourou, maître ou prince de la nouvelle école, Du Bellay comme auteur a tous les charmes du jeune roi, aussi entraînant que le furent à leurs débuts François Ier ou François d'Assise.

Pour conclure, on peut revenir sur la question initiale de la diversité des traductions du mot *jugement*, quelque part entre discernement et goût. Certes, Du Bellay varie le terme, avec par exemple élire ou estimer, discrétion ou critique. Mais pour l'essentiel il conserve partout le terme jugement, tout comme Cicéron a partout *iudicium*. C'est le même problème que pour le mot *compositio*. Quand il s'agit seulement de traduire, on est bien obligé de varier les termes français selon les contextes. Quand on essaie de penser, il est préférable de conserver le mot latin. On voit alors l'unité du phénomène derrière la multiplicité des emplois.

Le bon goût de l'oreille est donc jugement, à son niveau, tout comme, au même niveau, la «composition» signifie euphonie. Le bon discernement de l'imitateur est lui aussi jugement, à un tout autre niveau, qui est celui où l'on décide du style et du modèle à suivre pour écrire ses propres

« compositions », au sens ici d'œuvres, de poèmes. De même donc que l'œuvre est un tout cohérent, dans ses grandes masses comme dans ses plus petits détails, de même, le jugement est partout au travail. Dès lors, sa présence massive dans l'*Orator* ou la *Deffence* ne relève pas du hasard. Réflexion sur ce qu'est une œuvre, les deux ouvrages donnent aussi, par nécessité philosophique, des indications sur la conception ancienne de tout jugement. Ces indications sont des banalités, sans aucun doute, pour eux sinon pour nous. Mais on peut accorder à la *Deffence* d'avoir poussé cette conception dans ses ultimes conséquences. Comme plus tard Montaigne dans les *Essais*, Du Bellay a bien perçu l'enjeu vital que représente le concept de jugement.

L'avantage de conserver les termes latins est alors de pouvoir énoncer un théorème unique. Quel que soit le sens précis du mot *compositio*, la qualité d'une composition dépend de la qualité du jugement. Le résultat final, le produit fini montre si l'ouvrier est bon, ou pas. Ce lien entre œuvre et ouvrier est devenu aussi difficile à comprendre que le lien entre œuvre et hiérarchie. La technique moderne est un monde de la règle « certaine », qui s'impose de l'extérieur. Elle triomphe précisément quand elle peut être mécanisée: se passer de l'ouvrier, et de son jugement, les remplacer par des critères fonctionnant en automatique, et donc, à terme, par des robots. Le monde technique ancien, et pas seulement celui des beaux-arts, valorise au contraire les règles intérieures, celles qui ne peuvent en aucun cas être indépendantes de l'ouvrier. D'un côté la prison du taylorisme, de l'autre une liberté supérieure, de l'artisan autant que de l'artiste. Mais la contrepartie de pareille liberté est nécessairement l'inégalité, les supériorités, les hiérarchies.

Dans ce monde où tout jugement est un jugement de valeur, deux proverbes déclinent le théorème, et par là rappellent son évidence perdue. L'un est « à l'œuvre on connaît l'ouvrier »; l'autre est la formule évangélique « nos jugements nous jugent »[1]. Les choix faits par le jugement s'extériorisent en autant de jugements concrets. Le produit fini est alors comme la concrétisation d'une qualité impalpable, abstraite. Si le jugement comme faculté est intérieur, et par là invisible, les jugements qu'il émet sont quant à eux extérieurs, visibles. En jugeant Marot imitable, les marotiques se jugent: ils donnent à juger leur manque de jugement, ou de jugeotte. En jugeant bon *hiatus* et mauvais *hyulque*, l'usage de la langue est, lui, un juge « superbissime » c'est-à-dire quasiment souverain: nul, pas même un Cicéron, n'a le droit de lui opposer son propre jugement. La qualité de juger que Du

[1] Pour ouvrier au sens très général d'auteur d'ouvrage, voir II-12, l. 143: l'*Institution du Prince* de Budé est « œuvre certes assez recommandé par le nom de l'ouvrier ».

Bellay donne à voir est plus proche de Cicéron que des marotiques, et pas seulement parce qu'il lui emprunte à pleines mains.

Au sommet de la hiérarchie se trouve le *princeps*, le souverain dont on ne peut pas contester les arrêts. En un sens, l'usage est roi. Mais il l'est par défaut, tant que ne se lève pas le poète épique qui pourra créer souverainement des mots, et en général recréer une langue plus haute, plus conforme à l'usage que l'usage même, parce que plus près de la vraie raison. En fait de roi, l'usage est Saturne, il est le roi paisible d'un âge d'or qui ignore la concurrence, ce qu'est censée être la *natura* laissée à elle-même. Le poète épique, lui, est du côté de Jupiter, tel Virgile du côté de César et d'Auguste. Il est ce qui récapitule c'est-à-dire ici réconcilie: les grands et le peuple, le nouveau et l'ancien. Il est celui qui crée un ordre après les désordres, par un *mouere* supérieur au *mouere* des séditions. La conquête épique est une reconquête de l'unité perdue. On ne peut plus retrouver la nature de façon naturelle, il y faut un art, une raison supérieurs. Pour plaire au peuple et le grandir il faut être plus intelligent que les intelligents, qui ne plaisent qu'à leurs pairs en intelligence. Le prince en son conseil, parmi ses pairs, songe moins à eux qu'au royaume. Et Du Bellay voudrait bien donner à voir Ronsard en bouillant second dont lui le roi doit modérer l'ardeur, en trop docte qui va tête baissée se couper du peuple, refaire les erreurs de Scève. Une langue à part, faite d'art seul, n'est pas au programme de la *Deffence*, parce que ce n'est pas un programme de roi.

Dans ce contexte royal ou jupitérien la formule arithmétique par laquelle je commençais s'explique aisément. Jugement = hiérarchie + imitation. La hiérarchie implique une tension constante vers le dépassement, des autres et de soi-même. L'imitation ne saurait y être une activité routinière ou platement scolaire. On est dans un monde de championnats et de palmarès, de compétition et de concurrence acharnée. Imiter y est rivaliser, parce que seule compte la première place. Pas pour elle-même, mais pour l'épopée dont elle est la pointe la plus visible. La première place est royale, elle tire tout un peuple après soi. Dans ce monde le nerf de la guerre, c'est le jugement. Dire qu'il est la clé de tout est dire que sur lui repose en dernière analyse la possibilité de l'emporter, de monter sur le podium ou, dans le vocabulaire de Du Bellay, de monter au ciel et se faire compagnon des Dieux.

IV. LE *DIALOGUE DES LANGUES* DE SPERONI

Comme source de la *Deffence*, le *Dialogo delle lingue* de 1542 compte nettement moins que l'*Orator*. Il convient maintenant de le remettre à sa juste place: celle d'un auxiliaire, utile mais subordonné à un dessein qui lui échappe. C'est dire que la chose sera plus vite expédiée que pour Cicéron, ne serait-ce que pour des raisons d'opportunité: grâce aux notes de Chamard, Speroni a été bien étudié. Là où je m'étendrai plus, c'est sur la question que soulève dans le *Dialogue* le personnage du Courtisan, et que Du Bellay fait sienne: la question majeure de l'Idée. C'est en effet la question du jugement à son plus haut, dans son rapport avec la conception de l'œuvre. L'Idée est la vraie clé de voûte de tout, et sera donc sur le fond la conclusion logique de mon propos d'ensemble.

Plutôt que Speroni, l'*Orator* est bien ce que j'annonçais: un texte-matrice fondamental. Ce n'est pas tant affaire de statistiques que de scénario. Chamard a largement sous-estimé les emprunts de Du Bellay à l'ouvrage de Cicéron, mais surtout il n'a pas vu ni donné à voir le statut privilégié de cette source. Renvoyer par exemple le mot *hyulque* au *De Oratore* est égarer. Certes, en matière de rhétorique latine, tout renvoie un peu à tout, et il n'est que de plonger dans des dictionnaires ou des concordances pour ramener ce qui paraît bien vite un butin suffisant. Si l'*Orator* a un statut à part, il le tient pourtant au fait simple qu'il est le dernier des grands traités de rhétorique cicéronienne. Cicéron y « récapitule » tout ce qu'il a été. Ce n'est pas un résumé, même si c'est aussi cela. C'est un accomplissement, le dernier mot sur sa dernière main. L'enjeu y est de décrire la perfection ultime. Les clausules sont une différence apparemment minime, voire ridicule, d'avec les autres styles. En réalité, ce petit rien est un différentiel majeur entre lui et ses rivaux. Du Bellay s'inscrit dans cette logique. L'ignorance qui le précède est toute relative. Marot et Scève ne sont pas les premiers venus, des apprentis. L'enjeu est de trouver un critère qui fera la différence, comme chez ces sportifs travaillant d'arrache-pied pour gagner les quelques centièmes de seconde décisifs. Au champion de poésie l'*Orator* fournit le dernier cri technologique. En fait de gourou, Cicéron est le vieux maître qui entraîne le jeune espoir et lui livre ses secrets. L'*Orator* lu et relu est un scénario parce qu'il est, d'abord, un camp d'entraînement.

Le *Dialogue des langues* de Speroni ne saurait prétendre un instant au même statut. Sa belle découverte par Villey est une histoire divertissante, en termes de rivalité cette fois universitaire, contre Chamard. Mais si l'on songe aux conclusions que tous deux en ont tiré, et qui ont tant pesé, c'est affligeant. Villey a mieux raisonné que Chamard: il fallait chercher chez ces Italiens que connaît si bien l'oncle, le cardinal Jean Du Bellay. Le résultat est impressionnant, puisque la *Deffence* reprend telles quelles une quinzaine de pages à Speroni. Mais conclure de là à l'absence radicale d'originalité est une erreur de jugement, qui ignore ce que c'était qu'imiter. Quoi que dise Villey, ce n'est pas Speroni qui a imposé sa loi à Du Bellay. C'est exactement l'inverse. Speroni est un auxiliaire, au sens militaire du terme, dans le vaste programme cadré par l'*Orator*. Du Bellay, en généralissime, s'en sert avec intelligence, à sa place, pour une attaque bien particulière. Loin d'être inféodé au propos de Speroni, il le détourne pour l'employer à ses fins propres, avec une liberté supérieure. Du Bellay a fait avec Speroni ce que Villey n'a su faire: il l'a repensé. L'affligeante histoire est celle de l'érudition s'illusionnant sur son rôle. Elle qui est la servante de la pensée a cru jouer les maîtresses. *Primum inuenire, dein iudicare*: trouver c'est bien, conclure juste, c'est autre chose.

Cette section sur Speroni se divisera en deux temps. Le premier montre comment Du Bellay a repris deux des « voix » du dialogue. Le second raisonne sur la théorie italienne de l'Idée, telle qu'elle est transmise par le Courtisan et prolongée par la *Deffence*.

A. - A I-10 Du Bellay est Pomponace (Pomponazzi), l'aristotélicien en guerre contre l'hellénisme. A I-3 et I-11 il est le cardinal Bembo, le cicéronien converti au vulgaire, contre celui qui ne l'est pas.

1. - Le chapitre I-10 ferait aisément figure d'ex-cursus aux yeux du lecteur avide de pure littérature. Du Bellay le traite explicitement comme tel. C'est un chapitre consacré « aux autres parties de literature » c'est-à-dire aux sciences (l. 4). La fin exacte du chapitre clôt le sujet d'un « Voyla quand aux disciplines. Je reviens aux poëtes & orateurs, principal object de la matiere que je traite, qui est l'ornement & illustration de notre langue». En somme, ce détour par les « sciences » ou « disciplines » était un détour pour rien. Or c'est là que Du Bellay a le plus emprunté à Speroni, quelque dix pages presque continues du *Dialogue*. Otez-les, il ne reste plus grand chose de ses emprunts massifs à l'Italien. La situation est étrange, et amènerait en tout cas, par elle-même, à mettre un bémol aux affirmations de Villey.

Ce chapitre est en fait cadré par l'*Orator*. C'est la logique de l'instruction. Le poète épique, récapitulatif, devra être « *instruict* de tous bons ars & sciences, principalement naturelles & mathematiques » (II-5, l. 2). Ne sourions pas: la Pléiade a en effet pratiqué nombre d'ouvrages de sciences naturelles, de l'Antiquité ou non, de Pline l'Ancien à bien d'autres plus obscurs. Même si pour les mathématiques, c'est moins net, on connaît bien désormais la poésie dite « scientifique » du XVIe siècle, fruit en effet de son goût encyclopédique. Ce qui compte pour Du Bellay est le fait qu'un tel savoir scientifique soit requis par Cicéron pour son orateur parfait. « Périclès l'a emporté sur tous les autres orateurs parce qu'il avait été le disciple du physicien Anaxagore » (*Or.* 15), et Démosthène, de Platon. Ces deux exemples prouvent que « nul ne peut parler avec quelque ampleur et abondance de choses grandes et variées », nul ne peut donc avoir la *copia* « sans la philosophie, *sine philosophia* » (§ 14). Or la philosophie antique est, on le sait, d'abord une physique, une réflexion sur la nature: Anaxagore est donc bien, en ce sens, un philosophe.

Cicéron détaille ce programme d'instruction plus loin. La culture de l'orateur parfait comprendra d'abord la logique formelle (§ 113-117), c'est-à-dire qu'il ait des lumières ou « *disciplina* » sur la dialectique (§ 115). Il lui faut ensuite des connaissances en philosophie générale (118); en physique, comme Périclès (119); en droit et en histoire (120). Ce programme pantagruélique a de quoi effarer, et retarder d'autant l'avènement d'un grand poète épique. Du Bellay doit tout à la fois le remplir, puisque son grand homme en a parlé, et à moindres frais, en proposant que là, on se contente de traductions. Si l'encyclopédie est un préalable nécessaire, rien n'interdit pourtant de l'acquérir en français. Les traductions sont très utiles « pour *instruyre* les ingnorans des langues etrangeres en la congnoissance des choses » (I-5, l. 71). *Instruere*, c'est le vocabulaire même de l'*Orator*.

Cette double contrainte explique le recours à Speroni. Les très longs passages qui lui sont alors repris sont le point de vue de Pomponace contre l'helléniste Lascaris. Grec réfugié en Italie, Lascaris plaide que le grec est la langue providentielle de la philosophie. Si on ne le sait pas, on ne peut pas penser. Pomponace est plus philosophe. En bon aristotélicien, il pose le développement infini sinon des individus du moins du savoir humain. Un individu passe de la puissance à l'acte, il actualise ce dont il est gros, puis vient un temps où, comme pour Cicéron, il a réalisé ses promesses: son futur est derrière lui. L'espèce humaine en revanche n'est pas tenue par les mêmes limitations. Elle est pour ainsi dire indéfiniment en puissance, son futur est toujours devant elle. Les progrès de la technique nourrissent par exemple de façon cumulative la venue de nouveaux progrès. Nous avons déjà vu ce thème, à I-9, où il est repris de Quintilien. On ne peut pas « icy alleguer l'excellence de l'antiquité » (l. 39): « il est permis d'ajouter à ce qui a existé avant nous » (10.2.9). Lascaris est ainsi renvoyé par Pomponace à une posture nostalgique. Il a beau être grec, il ne raisonne pas aussi bien qu'Aristote. Les progrès de la pensée ne dépendent pas de la langue de cette pensée[1].

En s'abritant derrière Speroni qui lui-même s'abrite derrière son maître Pomponace, Du Bellay se couvre sur son flanc gauche. L'adversaire est

1 C'est à l'aristotélisme de Pomponace que renvoie ainsi la doctrine de I-1 sur l'origine des langues, de pure orthodoxie – et banalité – aristotélicienne: non pas Cratyle mais Hermogène. Marie-Luce Demonet a montré à quel point la position de Du Bellay était banale (*Les voix du signe*, p. 390-391). Le « fantaisie » (I-1, l. 17) renvoie ainsi à la *phantasia* productrice de concepts, quoi que dise Aneau (voir p. 19, n. 3).

redoutable, puisque ce sont les Grecs bien vivants qui ont quitté Byzance et ont eux-mêmes instruit les Italiens. Il faut au moins un philosophe de la taille de Pomponace, italien qui plus est, pour oser répondre au terrorisme intellectuel des défenseurs du grec. Face à de tels doctes, il ne serait que trop facile en effet d'apparaître comme un indocte provincial. Les Grecs du chapitre I-2 sur les barbares ont une consistance redoutable. Ils sont là, et bien là, dans l'Italie contemporaine. En gommant le nom de Lascaris, Du Bellay le réduit, lui et le parti grec, à un « on » général, à un objecteur anonyme et d'autant plus pratique. «Et si on veut dire que la phylosophie est un faiz d'autres epaules que de celles de notre langue »: comprendre, « quand Lascaris dit que «*le cose di philosophia sono peso d'altre spalle*» », etc. On me dit, et moi je réponds. Moi Pomponace, moi Du Bellay. Autant les marques du dialogue entre Brutus et Cicéron restent présentes dans la *Deffence*, autant sont effacées celles du *Dialogue des langues*. La polyphonie devient monocorde. Comme l'a démontré Meerhoff, cela revient à écraser la subtile construction de Speroni. Aux discordances dont il joue Du Bellay préfère l'affirmation de son seul point de vue. L'adversaire n'a plus voix au chapitre.

Le passage de Cicéron à Pomponace est d'autant plus pertinent que tous deux proposent le même distinguo que Du Bellay, entre langue de la philosophie et langue éloquente, entre science et littérature. Le problème de Pomponace dans le *Dialogue des langues* est de défaire le lien entre bien penser et bien écrire. Cicéron a la même distinction, mais pour la regretter: «personne n'atteint à l'éloquence véritable [du grand style] parce qu'apprendre à penser est une chose, à parler une autre, et qu'on va chercher auprès des uns la science des idées et chez d'autres celle des mots » (*Or.* 17). Il est clair que c'est la seconde solution qui intéresse Du Bellay. Il serait, de nouveau, récapitulatif ou intégrant de bien penser *et* de bien dire. Il serait donc utile de faire de la philosophie, des sciences en général, en français. Le divorce entre une science en grec et une éloquence en français ne peut qu'affaiblir cette dernière. Ce n'est pas la position de Pomponace, pour qui la langue est indifférente à la pensée. Chez Cicéron ou Du Bellay, la pensée n'est pas indifférente à la langue: la littérature sera d'autant plus belle qu'elle s'appuie sur une solide instruction. L'ordre des priorités n'est pas le même. En philosophe, Pomponace met en avant la vie, l'énergie de la pensée. En orateur ou poète, Cicéron et Du Bellay placent en premier l'énergie de l'éloquence. Dès lors, chez eux la philosophie ou encyclopédie est seconde, c'est un auxiliaire, de nouveau au sens militaire du terme. Il ne saurait prétendre tenir la place du généralissime.

Instruere: les *instrumenta*, en termes d'armée romaine, c'est le matériel. L'équipement suivra. Sans matériel, pas de victoire, mais ce n'est pas le matériel qui fait la victoire. Du point de vue de l'œuvre à créer, la culture c'est bien, mais ce n'est pas tout, que cette culture se nomme philosophie, encyclopédisme, voire érudition au sens moderne. Du Bellay la range donc dans un sac à part, I-10; la met comme l'*Orator* avant les choses sérieuses, les nombres de son livre II; et puis n'en parle plus. Chez Speroni au contraire, le dialogue se termine presque là-dessus, parce que c'est cela l'important. C'est donc peu dire que Du Bellay est ici original. La vérité est dans le mot *instrumenta*: il instrumentalise Speroni, il le fait servir à des fins qui n'étaient pas les siennes. Il l'exploite sans vergogne. C'est un bon exemple de la logique du pillage, des « serves depouilles » (*Conclusion*, p. 81, l. 7). Copier est une jouissance. Plus je copie mon orgueilleux ennemi, plus je le dépouille et le réduis en esclavage. Et cet esclave, je l'envoie au front contre mes ennemis les plus redoutables. On reconnaît bien là la lourde patte, la « prudence » d'un général romain. Du Bellay, lui, n'a pas manqué de jugement, il a fort bien vu tout le profit qu'il pouvait tirer de sa source.

2. - Après Pomponace à I-10, l'autre rôle dans lequel entre Du Bellay est celui de Bembo. Celui-ci occupe plutôt, chez Speroni, le début du dialogue. Grand poète et théoricien autant que cardinal, Bembo est l'une des figures les plus en vue dans toute la « question de la langue » au début du XVIe siècle italien[1]. Il a évolué d'une position de cicéronien défenseur du seul latin à celle de cicéronien défenseur de la langue vulgaire, comme le dit Du Bellay à II-12 (l. 112-114)[2]. Cette position est à peu près celle de Dolet, autre grand homme de la *Deffence*. Elle est clairement celle de Du Bellay lui-même: la langue vulgaire, mais réglée par l'art. Que Du Bellay reprenne la « voix » de Bembo n'est donc pas une surprise. Mais de nouveau, cela ne manque pas de créer un décalage par rapport à Speroni. Meerhoff a en effet fort bien montré que Speroni, en fait, critique Bembo.

Le cardinal poète apparaît longuement à I-3 et brièvement à II-3. Commençons par le plus court. Le Bembo qui parle à II-3 est aussi la dernière occurrence de Speroni dans la *Deffence*. On peut en rendre compte en deux mots. C'est la belle envolée sur « Qui veut voler par les mains & bouches des hommes, doit longuement demeurer en sa chambre » (l. 30-37). Chez Speroni, Bembo répond là au « Courtisan », et du reste Du Bellay ajoute au texte italien le mot et l'idée de « poëtes courtizans ». Le courtisan est de la Cour papale à Rome, il reproche au cardinal d'aller tout droit vers l'échec. Personne n'a parlé et ne parlera un italien aussi docte qu'il se l'imagine. Le

1 L'ouvrage de Villey sur les sources de la *Deffence* reste une bonne introduction à l'énorme *questione della lingua* en Italie.

2 La formule de I-11 reprise de Speroni redit la même chose, avec les mots de Bembo dans le *Dialogue des langues* (l. 7-17).

cardinal écrase cette idée de son mépris, ou plutôt échappe à l'objection si réaliste par une envolée mystique. C'est quasiment une description de vie monastique: demeurer seul, être mort en soi-même, jeûner et veiller là où les autres ripaillent ensemble. Dans le *Dialogue*, on comprend sans peine que cela ne risque pas de convaincre le courtisan. Le cardinal se donne à voir, et à moquer gentiment, comme en effet un esprit profondément religieux, qui sait ce que veut dire être seul, qui sait redonner vie au sens originel de « monastique » – sur le grec *monos*. Du Bellay entre dans cet habit, mais on est prié de ne plus sourire. Le moine fera le poète, et hors de là point de salut. Au passage, on remarquera que cette reprise de Speroni n'est pas seulement la dernière dans la *Deffence*, mais aussi la seule dans son second livre. S'il n'y fait qu'une apparition, contre les indoctes, c'est que Speroni n'est utilisé vraiment que contre les doctes, donc au seul premier livre[1]. Du Bellay fait répondre aux doctes par un des leurs.

Dans le premier livre de la *Deffence*, Bembo occupe une place nettement plus importante. Plus exactement, l'important ici est sa discussion avec Lazzaro Bonamico. Celui-ci tient le même rôle de répondant que Lascaris face à Pomponace. Lascaris est l'helléniste défenseur du grec, Lazzaro est le latiniste défenseur du latin. Celui-ci formule longuement deux objections fondamentales et liées, celle sur la barbarie et celle sur les nombres.

Les langues vulgaires sont barbares, à commencer par français et provençal d'où dérive l'italien actuel. Un « Virgile en vulgaire », cela n'existera jamais, « *questo mai non sarà* ». L'affront est d'autant plus de taille que Lazzaro a commencé par lier aimablement barbares et bêtes sauvages. Contre pareil affront à la langue maternelle, « *la lingua nostra materna* », le courtisan et Bembo font cause commune. Le premier dit que Boccace lui suscite plus d'émotions que Cicéron, en l'attribuant à la nature des choses décrites. Le second corrige, en docte: ce n'est pas la nature mais l'art qui produit ces merveilleux effets que sont les grandes émotions. Mais Bembo est d'accord avec le courtisan pour dire que la lecture d'un Virgile en vulgaire ou d'un Homère en latin ne suscite pas le *mouere* (repris à I-5, l. 56). C'est donc à Lazzaro que Du Bellay répond par priorité à I-2: le français ne

---

1 En un sens, c'est ici la reprise d'une reprise. La belle formule par laquelle Du Bellay clôt le développement de Speroni est un souvenir de Virgile (et d'Ennius): « Ce sont les esles dont les ecriz des hommes volent au ciel ». La formule était déjà à I-10, l. 152, au milieu donc des longs passages repris à Speroni-Pomponace. – Villey est bien sensible au fait que la présence de Speroni dans le seul premier livre nuit à son argument sur l'absence d'originalité. Pour faire bonne figure, il en vient alors à supposer que la liste de II-4 doit venir intégralement, elle aussi, de quelque préface ou lettre italienne qui reste à découvrir. Mais Villey n'a pas vu que, de l'élégie à la comédie et tragédie, cette liste vient de Quintilien (10.1. 93-100). Si on la trouve chez un Italien, celui-ci l'aura aussi prise là.

doit être nommé barbare. Il lui suffit pour cela de s'appuyer sur les longs arguments de Bembo, même s'il ne les reprend pas à la lettre. Du Bellay repense l'économie générale de la réfutation. Puisque le début de Lazzaro est une anthropologie sur l'origine du langage, qui différencie l'homme de la bête, et que ce début est aussi le départ de la vraie discussion du *Dialogo*, la *Deffence* commence à son tour par une anthropologie des origines, qui est son chapitre I-1.

Quant aux nombres, c'est encore à Lazzaro que répond I-9. Son titre, « Response à quelques objections », veut dire surtout: réponse à l'objection majeure formulée par Lazzaro, comme l'a souligné Meerhoff. Les langues n'ont et ne pourront jamais avoir de nombres. Le début du chapitre se débat contre l'argument grammatical de Lazzaro, c'est-à-dire l'absence de déclinaisons et de conjugaisons, « *i nomi non declinabili, i verbi senza coniugazione* » (I-9, l. 7 et 18). Surtout, des arguments longuement développés par Lazzaro, Du Bellay, en homme « prudent », ne conserve qu'une formule tronquée, la plus caricaturale. C'est celle qui assimile les rimes à « des piedz ou des mains » (I-9, l. 33), soit « *le rime sono piu tosto come catena al sonetto & alla canzone, che piedi o mani di versi loro* ». L'admirateur des nombres méprise tant la langue vulgaire qu'il se moque dédaigneusement de ses pieds à elle: et pourquoi pas des mains. C'est le registre du corps, qu'a justement récusé en commençant Lazzaro. Du Bellay relève le gant, il ramasse l'injure pour en faire un drapeau. Oui, le français pourra compenser les pieds du latin par tous les moyens, y compris, pourquoi pas, par des mains. Au déni du corps répond le primat de l'énergie: réponse en effet de Barbare, mais qui s'apprête à vaincre Rome en faisant mieux qu'elle.

Pour répondre sur le fond à Lazzaro, l'ennemi numéro un, Du Bellay n'a pas besoin de Bembo: il s'en chargera lui-même. Tout juste Bembo fait-il une apparition à la fin exacte de ce chapitre I-9 (l. 87-101). L'apparition est remarquable, puisque c'est de nouveau ce style grandiose cher au cardinal, tel en tout cas que dépeint par Speroni. L'autre apparition est plus longue. A I-3, Bembo est convoqué sans interruption de « Ainsi puys-je dire... » à « ... petit prix » (l. 23-59), soit la quasi-totalité du chapitre. De nouveau, c'est un prodige d'éloquence pour faire l'apologie de l'éloquence. Le vulgaire pourra être aussi riche que latin ou grec, à condition d'être aussi bien cultivé et greffé que ces langues l'ont été. L'éloquence fleurie recourt à l'image des fruits, dans une horticulture ou une agriculture qui est, depuis les *Géorgiques* au moins, l'image même du labeur et de l'*ars* humains. Bembo n'a donc pas de mal à se rattacher à l'aristotélisme de Pomponace. Tout peut se développer, indéfiniment, tout peut s'épanouir, mais avec un travail assidu[1].

Cet emploi de Bembo est, on le voit, prudemment circonscrit. Du Bellay répond par avance à l'objection de Meerhoff. Celui-ci a eu l'excellente idée de rapprocher le *Dialogue des langues* du dialogue si proche sur la rhétorique, dans le même recueil de Speroni[2]. La position de Bembo y est reprise par un certain Antonio Brocardo, ami vénitien de Speroni et auteur de *Rime*. Brocardo se fait, pour ainsi dire, brocarder. Il commence haut et fort par affirmer, à la Bembo, la possibilité d'introduire des nombres en langue vulgaire. Les autres le laissent dire, et l'amènent progressivement à s'enferrer, à « lui retirer l'échelle » (Meerhoff). Pour finir, le défenseur des nombres est obligé de reconnaître qu'il ne sait trop à quoi ils peuvent bien ressembler en langue vulgaire. Autrement dit, Speroni a ridiculisé un sous-fifre sans attaquer de front le cardinal. Par contre-coup, cela laisse entrevoir sa position. Aux yeux de Speroni, si Pomponace a raison de dire qu'on peut penser en n'importe quelle langue, Bembo a tort de croire qu'on peut aussi être éloquent dans n'importe laquelle. Le distinguo entre science et littérature joue chez lui en défaveur du vulgaire. Aux objections techniques de Lazzaro, Bembo répond par de belles généralités sur « *Questa cosa di numeri* », « Quand aux piedz & aux nombres » (I-9, l. 24)[3]. Si on accule l'un de ses lieutenants à fournir des précisions, c'est la débâcle.

Pour Meerhoff, ce n'est pas bien grave, puisqu'il partage le point de vue de Speroni. Du Bellay se précipiterait sans réfléchir dans une impasse déjà repérée par l'Italien. En ce cas, on reconduit la position de Villey, de façon d'ailleurs autrement plus intéressante. La question est de nouveau de savoir qui l'emporte. Si on considère avec Meerhoff que les nombres dont parle Du Bellay sont aussi fumeux que ceux de Brocardo, l'avantage est à Speroni. Celui-ci a tendu un piège aux cicéroniens convertis au vulgaire, et Du Bellay est tombé dedans. Si maintenant on considère que, comme j'ai tenté de le démontrer, les nombres ne sont pas fumeux, la situation se renverse. Du Bellay a vu le piège, et l'a démonté pour en réutiliser à son avantage quelques bouts épars. Cette lecture va bien avec la façon dont il emploie Bembo. Il ne sait que trop qu'il ne faut pas lui confier la partie technique de l'opération. Bembo est l'ambassadeur, le noble porte-parole, mais derrière lui l'armée est en route avec de solides arguments.

En somme, il me semble que Du Bellay triomphe là où Bembo échoue. Il était donc évidemment capital, pour nous, de montrer que la

---

1 Voir I-9, l. 91: « la fin & corruption » d'une chose est « le commencement & generation de l'autre ».

2 Chapitre III de la première partie de Meerhoff.

3 Dans l'éd. M. Pozzi, p. 608; ici peu avant l'emprunt n° 12 à Speroni.

« compensation » des nombres latins annoncée à I-9 n'est pas du vent. C'est parce que Du Bellay sait qu'il leur a trouvé un équivalent qu'il va chercher Speroni. Il enterre par là même la question de la langue, bonne pour les Italiens, et sur laquelle Dolet n'est pas plus convaincant que Bembo. Paix à Bembo, mort en 1547; et à Dolet, mort, sur le bûcher, en 1546. Vouloir des nombres en italien ou en français, c'était bien: il serait temps de pouvoir, sinon on tombera sous les sarcasmes des doctes, les Speroni et autres d'Estrebay. Du Bellay ayant les moyens de sa polémique, il peut la reprendre à nouveaux frais. Là où Speroni, en 1542, se retranche derrière la polyphonie du dialogue, parce que rien n'est alors tranché, Du Bellay affiche bravement un point de vue unique. Les objections sont balayées dans l'anonymat. On les connaît bien, de l'intérieur, mais elles ne sont plus de saison[1].

Le généralissime n'est donc pas un petit jeune qui se jette sans réfléchir dans un piège à l'italienne. Ce n'est pas la fable du Barbare joué par le Grec, ou du loup piégé par le renard. Pour être jeune, le généralissime a parfaitement réfléchi, mesuré ses forces et celles de l'adversaire. Il sait de science sûre qu'il peut gagner, où et comment. Bref, il a ces « prudence » et « conseil » demandés par Quintilien à II, 13. Comme en plus il est jeune, nous nous trouvons devant ce prodige qu'était pour l'époque un *puer senex*, un jeune prince, non seulement fort et beau, mais intelligent: « prudent » comme un vieux routier.

B. - Le dernier rôle que reprend Du Bellay à Speroni est, à un moment donné, celui du courtisan (I-11, l. 37-67). C'est *a priori* surprenant, puisque nous avons vu Du Bellay endosser sans difficulté l'habit de Bembo contre ce même courtisan, décidément trop mondain, trop favorable à la langue « maternelle » ou naturelle qu'est l'usage de la Cour et du beau monde. L'intervention du courtisan est à la fin du *Dialogue des langues*, où c'est pratiquement le dernier propos un peu développé, avant que Lazzaro puis Bembo ne concluent. Le courtisan s'adresse au défenseur du latin, Lazzaro. Il doute sérieusement de la possibilité de ressusciter des chefs-d'œuvre en prenant phrases et mots à droite et à gauche. Là où Melanchthon parle de centon, lui parle des *membra disiecta*, des membres dispersés d'Hippolyte recueillis par le dieu Esculape. Mais il n'y a plus d'Esculape. Ce qu'il

---

1 Du Bellay de même reprend et dépèce à ses fins le *Ciceronianus* d'Erasme, réponse, en 1528, aux Italiens (les *Prose della volgar lingua* de Bembo sont de 1525, et rédigées avant; le *De arte poetica* de Vida, et le sac de Rome, de 1527; Longueil, le seul cisalpin admis comme cicéronien par les doctes Italiens, meurt en 1522). Tout cela, c'est désormais de l'histoire ancienne, y compris la reprise du débat en France autour des années 1540 (le *De imitatione ciceroniana* de Dolet est de 1535, la *Maniere*... du même Dolet est de 1540, la préface de Peletier à l'*Ars poetica* d'Horace, de 1541, etc.).

faudrait, c'est retrouver l'Idée. Or c'est impossible: « etant manque l'Idée, *essendo mancata l'Idea* », l'entreprise est vouée à l'échec (I-11, l.66). Le courtisan, on le voit, a du vocabulaire et de la culture. Il ne faudrait pas le confondre avec un villageois. Homme de cour, et de la Cour de Rome, cet homme du monde connaît la théorie qui est chic, celle de Platon, et sur ce beau sujet par excellence qu'est le mystère de la création artistique.

Il nous faut nous-mêmes aborder ce sujet, aussi fondamental que périlleux. Nous avons vu le jugement comme celui du critique: il reste à le voir, à son plus haut, comme celui de l'auteur. Non plus condamner ou louer les œuvres des autres, mais faire les grands choix pour la sienne. Je viens du reste de toucher ce problème de biais en utilisant l'image du généralissime, qui est celle de Quintilien quand il évoque la nécessaire « prudence » de l'orateur (II, 13). Comme le généralissime, l'auteur exerce son jugement à tout moment et pour tout détail – l'œil du maître. Mais par excellence *prudentia* et *consilium* s'appliquent surtout à un moment bien particulier, qui est le choix de la conception d'ensemble. Sur les épaules du général repose les grandes décisions, stratégiques et tactiques. Il lui faut pour cela le « conseil », c'est-à-dire le conseil de guerre qui fait le tour des divers avis ou jugements des plus haut gradés. Il lui faut aussi la « prudence », c'est-à-dire la visée prévoyante et du but à atteindre et des moyens pour y parvenir. Prudence et conseil sont les deux vertus de tout gouvernant ou décideur. Si l'on revient aux beaux-arts, l'équivalent du général est l'architecte tant loué, justement, par Platon. L'architecte est le plus proche de l'Idée, celui qui réalise l'idée parfaite de maison ou de palais. C'est bien cette image que file le courtisan de Speroni: pour reconstruire de grandes œuvres comme les Anciens, il faut retrouver le plan de la maison, le dessein qui organisait les ruines qu'ils nous ont laissées. Général ou architecte, l'auteur à venir doit entrer dans le rôle d'un grand concepteur.

En affrontant cette question à la fois centrale et insaisissable de la création artistique, nous allons reprendre un dossier si élégamment traité, en homme du monde, à l'italienne et avec du Platon, par Paul Valéry – lequel a d'ailleurs synthétisé tout un courant de réflexions contemporaines, de *Paludes* au *Temps retrouvé*. Cela impose de se tenir à la même hauteur de vues, ce qui n'est pas si facile. De même, en recourant à Speroni, Du Bellay se donne les moyens de critiquer en fait Sébillet, de faire comme si celui-ci avait une théorie moins brillante. Sébillet n'est pas assez italien pour être vraiment parisien, ses vues ne sont pas assez hautes pour un sujet aussi capital. La question de la création artistique étant quasi-divine, elle ne se traite bien, par hypothèse, qu'au plus près du démiurge, donc à la capitale, celle de France et plus encore celle du monde.

De Speroni, Du Bellay a donc retenu une nouvelle objection faite à l'ennemi numéro un, Lazzaro, et il fait flèche de tout bois: qu'importe que cela vienne du courtisan ailleurs honni. Du Bellay lui aussi pratique avec Speroni les *membra disiecta*, il dépèce allègrement le *Dialogue des langues*, en recompose un corps à lui. Mais au-delà, ce qui retient son attention dans ce passage est la leçon qu'il comporte: la leçon de l'Idée. Pour un lecteur de l'*Orator*, cela renvoie au célèbre début sur Phidias. Le plus grand des sculpteurs a créé son Jupiter ou sa Minerve en ayant « dans son propre esprit une vision à part de la beauté qu'il contemplait ». Il avait les yeux sur un de ces modèles idéaux que Platon appelle Idées (*Or.* 8-10). L'Idée renvoie donc à la création de l'œuvre. Sans Idée, pas d'œuvre. L'avertissement du courtisan revient à poser un défi grandiose à la création d'œuvres en français, puisque sont exclues les œuvres en latin. Le signe ultime et visible en sera sans doute la présence de nombres équivalents à ceux du latin ou du grec. Mais tout en amont de ce résultat, il faut aussi la présence d'une Idée. Celle-ci est liée au jugement, au plus haut: à la « prudence », au « conseil » du créateur. Nous entrons dans la tête du démiurge, que ce soit conseil privé du roi, conseil de guerre du généralissime avant la bataille, ou encore vision puissante d'un architecte à la Michel-Ange. Non pas en quête de ses idées, mais de son Idée.

A ce niveau de difficulté et de mystère, la description est singulièrement menacée d'être fumeuse. Pour circonscrire le danger, je regarderai d'abord la pratique même de Du Bellay, puis la philosophie grecque des Italiens du XVIe siècle, enfin la reprise de leur pensée de l'art dans le monde actuel.

1. - La pratique de l'imitation par Du Bellay est en effet une première réponse possible. Nous l'avons assez vu au travail pour comprendre comment il procède. Il s'y connaît en fait de *membra disiecta*. La problématique est celle de la marqueterie. Avec Speroni comme avec l'*Orator*, Du Bellay défait et refait. Il décompose et recompose[1]. L'image d'Hippolyte détruit par les monstres marins est celle, très classique, du *diasparagmos*. Comme l'a fortement raconté René Girard, le corps sacrifié est déchiré en tout sens, *dia-*, chaque membre de la communauté en emporte un morceau avec lui: membre pour membre. Le scénario de la reconstitution est bien établi par la mythologie égyptienne. On a trois temps. Le cadavre d'Osiris est d'abord dispersé. Sa sœur et femme Isis doit ensuite retrouver les morceaux épars.

---

[1] Il fait de même avec le *Ciceronianus* d'Erasme, utilisé à ses fins à lui. De façon générale, on a l'impression que Du Bellay se sert dans une œuvre qu'il a sous la main pour y « piocher » diverses formules ou idées, sur des sujets différents: voir par exemple l'emploi de l'épître II, 1 d'Horace à quelques lignes de distance (voir p. 72, n. 1 et n. 3), ou le recours à la préface du premier livre des *Elegantiae* de Valla (voir p. 75, n. 2 et p. 81, n. 1).

Enfin, elle confie le tout à Anubis pour qu'il en refasse un corps vivant – ou, dans le cas d'Hippolyte, à Esculape dieu de la médecine. Décomposer, recomposer; déconstruire, reconstruire. Ces termes latins sont les équivalents du grec analyser et synthétiser: Hippo-*lyte* est celui qui est ana-*lysé*, défait par ses chevaux.

Nous retrouvons les trois temps de l'imitation, telle que la raconte l'image de l'abeille, ou encore celle de l'innutrition. L'œuvre est d'abord déchiquetée à belles dents. Ces morceaux sont ensuite collectés, réunis et classés dans la ruche ou dans l'estomac: c'est la digestion. Avec ce tout amorphe on refait du vivant: c'est le moment lyrique de la récriture. Faite à partir d'une œuvre précédente, la composition est une recomposition. Imiter les meilleurs auteurs grecs a été pour les Romains « se transform(er) en eux », c'est-à-dire les « devor(er) » (I-7, l. 5). Nous retrouvons la logique violente du pillage, violence qu'édulcore la charmante image de l'abeille. Le préalable est que soit détruit à mort un tout vivant, qui avait sa cohérence. L'enthousiasme de la conquête appelle cela lui redonner vie.

Dans cette mythologie, l'Idée relève d'Esculape ou d'Anubis. Elle n'est pas seulement ce qui donne cohérence au tout, mais ce qui lui donne, ou plutôt redonne, une cohérence vivante. La cohérence froide, mortelle, est du ressort d'Isis, qui a rassemblé les morceaux. Les pièces enfin réunies ne reconstituent jamais qu'un cadavre, peu ragoûtant. Le travail propre de l'Idée est d'insuffler la vie, la chaleur, le souffle ou *spiritus*. Cette cohérence chaude, vivante, c'est en termes latins le *mouere*. Emotion et Idée ont partie liée. Mais on voit le problème. Un tel travail relève-t-il encore de l'imitation? Il y a un saut considérable entre déconstruire et reconstruire, entre tuer et ressusciter. C'est même un abîme. C'est là en tout cas que réside le mystère. Dans le monde où sont Sébillet et Du Bellay, il va de soi qu'un tel passage de la mort à la vie est divin. C'est la *uis diuina* des *Tusculanes* (I-6, l. 12; *Tusc.* I, 64). Sébillet dit en traduisant Horace que pour être vraiment poète il faut « entendement et esprit divin »[1]. Du Bellay parle de même de « ceste divinité d'invention » que les poètes ont plus que les autres (voir p. 29, n. 3).

Si la critique moderne sur l'imitation a préféré les images de l'abeille et de l'innutrition, ce fut pour laïciser, et ainsi esquiver l'éloge du démiurge, ou de l'architecte cher à Valéry. Le transit intestinal fait du passage de la mort à la vie quelque chose de tout naturel, tout comme paraît naturelle la diligence de l'abeille laborieuse. On a cherché à réduire le *vibrato* sur l'imitation à des processus « naturels » c'est-à-dire habituels. Le transit intestinal plus que la *translatio studiorum*, la société des abeilles plus que celle des hommes, voilà des images qui ignorent l'histoire et la crise – le *mouere*. Ce qui se passe dans

1 I, 3, Gaiffe p. 23; Livre de Poche, p. 57.

l'estomac ou dans la ruche ne nous regarde pas et est, en effet, sans intérêt. Comme souvent, la laïcisation ne fait que déplacer le mystère. Elle empêche d'en parler explicitement, et, en l'occurrence, elle aplatit la passion survoltée du XVIe siècle pour en faire un tranquille ruminement. Nous payons encore le fin sourire façon Anatole France, le positivisme du brave bourgeois qui trouve gentiment folklorique toute cette agitation de la Pléiade autour de la poésie. Quand ils ont le mot divin plein la bouche, nous savons, nous, lecteurs de Taine, à quoi nous en tenir. *Exit* l'Idée.

L'image de la marqueterie, tout aussi laïque, est un peu plus intéressante. Il faudrait d'ailleurs s'entendre sur ce qu'elle désigne. Sous influence de Montaigne, on a privilégié le désordre initial, en se focalisant sur la présence de pièces et de morceaux. La marqueterie en effet ne mythifie pas, elle donne à voir qu'elle est faite de *membra disiecta.* Mais elle est aussi ordre, remise en place, reconstitution d'un tout vivant. Elle obéit à un dessin ou dessein d'ensemble: à un *disegno*, l'un des mots italiens dans la théorie de l'Idée. La marqueterie est comme la mosaïque et en général tout puzzle. Tout dépend de la façon de les considérer. Si on se fixe sur le moment où les pièces gisent éparses, c'est pur désordre. Si on regarde le produit fini, à la bonne distance, alors apparaît la figure d'ensemble. Or l'image de la marqueterie n'a servi à la critique qu'à souligner le premier temps. Là encore, à trop vouloir démythifier on remythifie. La lucidité d'un côté se paie d'un aveuglement de l'autre. A trop rappeler qu'un tout recomposé est fait de membres épars, on a perdu de vue qu'il est, aussi, un tout. Sénèque, Erasme, Montaigne, ces trois auteurs vantent si bien les charmes de l'éparpillement et du centon qu'ils cachent l'Idée qui donne cohérence vivante à leur œuvre. Abusés, nous croyons que la vie même, le « naturel », ce n'est plus tant la digestion ou la ruche que le désordre à l'état brut – non plus Anubis, mais Isis par monts et par vaux. En démythifiant l'ordre du produit fini ils nous ont bien mystifiés.

2. - Pour continuer l'enquête sur l'Idée, il faut donc dépasser ce que fait Du Bellay et ce que disent les images: remplacer la pratique et la mythologie par la théorie et la philosophie.

La formule que Du Bellay reprend au courtisan de Speroni est un véritable bréviaire. Elle exprime en condensé la théorie qui circulait en Italie, à la fois platonicienne dans son vocabulaire et aristotélicienne dans ses fondements. Le courtisan a filé l'image de l'architecture, l'architecte étant chez Platon celui-là qui est proche des Idées. Les défenseurs du latin ne peuvent reconstituer le palais qu'est une œuvre antique en se contentant de lui reprendre ses mots et ses phrases. On risque de mettre la cuisine là où était la salle d'apparat, et ainsi de suite, ce qui serait un crime contre le *decor*. De proche en proche ils changeront « toute la forme de l'edifice », *forme* renvoyant ici au couple matière et forme. La forme est, chez Aristote, l'équivalent de l'Idée chez Platon – équivalent latin donné par Cicéron, nous l'avons vu. Pour reconstituer il faudrait avoir le plan. Pour avoir le plan il faudrait avoir l'Idée. Ces deux niveaux sont donnés par la dernière formule du courtisan. Pour réédifier le palais, « le monde » doit tirer l'exemple de l'Idée (I-11, l. 67): « *l'Idea, onde il mondo tolse l'essempio di edificarla* ». Qu'est-ce à dire?

Le mot d'*exemple* renvoie exactement au latin *exemplar*, « modèle idéal ». Du Bellay utilise en ce sens *exemple*, qu'il reprend à *Or.* 22 et 132 (I-8, l. 37 et II-12, l. 121). Un autre équivalent est chez lui le mot « archetype » qu'il emploie à propos des tragédies et comédies: « tu scais ou tu en doibs trouver les archetypes » (II-4, fin). L'archétype et en général le type est la figure visible de l'invisible. Le Christ sera ainsi dit dans la patristique grecque le Type: le Fils incarné donne à « voir » le Père, à le voir en énigme. L'archétype est donc le modèle à suivre pour accéder à travers lui à la perfection inaccessible. Nous avons vu ce raisonnement pour l'orateur ou le poète parfait. Démosthène ayant les yeux fixés sur la forme ou Idée de l'éloquence, et Virgile sur celle de la poésie, en les suivant nous « voyons » par eux cette Idée, ou nous l'entrevoyons. Les tragédies de l'Antiquité jouent le même rôle. Elles ne sont pas la perfection. Elles sont ce qui permet d'y accéder, de s'en rapprocher, à condition de les « voir » avec de bons yeux, un bon jugement. De même, le fidèle « voit » Dieu quand il voit le Christ, à condition de le regarder avec les yeux de la foi. Démosthène, Virgile, Sophocle, grâce à ces esquisses nous voyons la perfection littéraire, mais en énigme, pas face à face.

L'Idée est donc, à proprement parler, invisible. Le mot de « monde » qu'emploie le courtisan désigne cette difficulté fondamentale. Il y va de la limitation de l'esprit humain. Nous ne pouvons percevoir que par nos sens, dans ce monde-ci. L'Idée, elle, n'est pas incarnée, et ne pourra jamais l'être. Ce que nous pouvons voir et percevoir, en revanche, c'est ce qui dans ce monde dérive de l'Idée. Les œuvres préexistantes donnent figure à ce qui n'en a pas. Elles servent donc de médiation. Mais il ne faudrait pas prendre l'intermédiaire pour la divinité. Autrement dit, imiter les œuvres n'est qu'un moyen, cela ne remplace pas le geste fondamental du créateur, du recréateur. En rigueur de termes, il est donc faux de dire que l'imitation consiste à retrouver de l'intérieur l'Idée de l'œuvre imitée.

Certes, c'est là, en gros, la doctrine du classicisme, ce que semble dire Boileau, par exemple, à propos de La Fontaine reprenant un sujet à l'Arioste:

> ce n'est point une copie qu'il ait tirée un trait après l'autre sur l'original; c'est un original qu'il a formé sur l'idée qu'Arioste lui a fournie. C'est ainsi que Virgile a imité Homère; Terence, Ménandre; et Le Tasse, Virgile[1].

Nous retrouvons l'opposition familière entre l'imitation superficielle et profonde. Il convient pourtant de préciser. La Fontaine a « formé » un original, il a donc bel et bien créé une Idée, *via* l'Arioste. Le sujet fourni par le prédécesseur est de l'ordre du visible, il est donc comme le plan de l'architecte. Ce n'est plus tout à fait l'Idée, mais une idée, quelque chose d'encore très conceptuel, mais qui a déjà figure. Comme Speroni, l'Arioste a été instrumentalisé, il est un moyen au service d'une fin qui n'est pas celle de son œuvre à lui.

Relisons Quintilien d'un point de vue philosophique. L'imitation superficielle est donc *in uerbis*, l'écorce. L'imitation profonde, elle, permet de retrouver la *uera uis*, la sève. La sève de l'arbre n'est pas ce qui lui donne forme. Le mot latin de *uis* est l'équivalent du grec *dunamis*. Autrement dit, l'imitation docte ne fait pas en tant que telle accéder à la *morphè* ou à la *forma*, à l'Idée. Elle est capable, ce qui est déjà beaucoup, de dépasser les apparences, la matière dans ce qu'elle a de plus extérieur. L'imitation docte ne relève pas du couple matière et forme, mais de celui qui lie puissance et acte. Elle fait accéder l'auteur moderne à la puissance de l'auteur ancien. De cette puissance est jadis sorti l'acte, et le passage à l'acte a produit l'œuvre. En retrouvant la puissance, l'auteur moderne retrouve la dynamique qui lui permettra, à lui aussi, de passer à l'acte, de produire[2]. Mais l'œuvre en tant

---

1 *Dissertation sur Joconde*, cité par Michel Dassonville dans «Ronsard à l'œuvre», lui-même cité dans mon *Le sublime du «lieu commun»*, p. 403-408. A ma p. 404 il faut corriger «imitation» en... «imagination» dans la citation de Ronsard: lapsus symptomatique de l'influence de Dassonville sur ma réflexion d'alors. On complètera ces balbutiements sur l'Idée par la synthèse puissante de Jean Lecointe (*L'Idéal...*, p. 473-507).

2 *Cf.* ce que dit Lecointe de Ramus voyant dans la «ciceronianité» moins «une «forme ultime» [une Idée] visée par la croissance, mais plutôt un dynamisme interne à l'ensemble de la croissance elle-même. (...) Ni universel à proprement parler, ni tout à fait singulier, [la cicéronianité] relève de ce que la scolastique scotiste appelle, toujours d'après Avicenne, *formalitas*» (*L'Idéal...*, p. 550). D'où l'intérêt de Ramus pour l'éducation du jeune Cicéron et plus généralement pour le spécialissime: «la méthode de spécification [est liée] avec la volonté de saisir intellectuellement cette espèce «spécialissime» qu'est pour Ramus la réalité singulière de Socrate ou de Platon», quête du singulier à la manière de Duns Scot, dans «l'idée que l'individu est une espèce ultime de l'être, et tombe donc sous la même aperception que l'universel» (*L'Idéal...*, p. 566; voir aussi p. 47, n. 1 sur «espece imaginative»). Dans tout ceci, Ramus est dans la ligne des cicéroniens de l'Université de Paris, la seule alors à pourvoir rivaliser avec l'Université de Padoue. Padouans et Parisiens s'entendent pour dire que l'écrivain doit dégager l'idée parfaite de l'éloquence par un long travail, ce n'est pas l'Idée platonicienne «inspirée». Pour y parvenir, les Padouans mettent l'accent sur l'imitation de l'*elocutio* de

que corps vivant tient par une Idée, une forme. L'auteur moderne n'est pas exempté du devoir de créer une Idée originale pour avoir lu et bien lu une œuvre ancienne. La puissance acquise par l'imitation le met en puissance de créer l'Idée. C'est à la fois beaucoup, et peu. Cela ne suffit pas en tout cas à rendre compte du mystère de la création. On ne peut donc pas paraphraser la formule du courtisan sur l'Idée comme le fait Michel Dassonville: « demander à un poète ancien l'Idée », la « lui emprunter pour l'égaler ». Ce qu'on demande à un poète ancien n'est pas sa forme mais sa puissance, non pas son Idée mais sa dynamique[1].

Ce déplacement du problème est confirmé, me semble-t-il, par Du Bellay. Celui-ci introduit un concept supplémentaire, non moins aristotélicien, celui d'énergie. Il ajoute en effet au développement du courtisan de Speroni le membre de phrase suivant: «Finablement j'estimeroy' l'art pouvoir exprimer la vive energie de la nature... ». Notons ce verbe *estimer* qui souligne le poids du jugement personnel, engagé. L'art serait comme la nature s'il pouvait reconstituer une œuvre ancienne tout entière, avec son Idée. L'énergie, c'est l'*energeia* d'Aristote, le passage à l'acte. Du Bellay a déjà employé le mot plus haut, au singulier, en le liant précisément à la « divinité d'invention ». Les poètes ont plus que les autres l'invention: ils sont plus que les autres capables d'inventer des Idées d'œuvre. Outre cette invention, ils ont le tout de la *copia*, tout ce qui va de la « grandeur de style » aux « figures » et autres « lumieres de poësie». Tout cela est résumé, en bref, par le mot « energie », aussitôt lié à «je ne scay quel esprit, qui est en leurs ecriz, que les Latins appelleroient genius» (I-6, l. 13-17; voir p. 29, n. 3). L'énergie est «l'en-acte », elle est dans l'œuvre la trace

Cicéron (comme Du Bellay); les Parisiens, sur les intentions de Cicéron, sa démarche créative, individuelle: voir la thèse en cours d'Isabelle Hersant sur la notion d'enthousiasme.

1 Voici une paraphrase pour remplacer celle de Dassonville: « Le bâtiment est en ruines éparses, on ne sait comment les remonter, car on n'a pas le plan d'origine ni même à défaut un modèle typique d'époque que l'on pourrait suivre (= «l'exemple»). Pour recomposer l'ensemble, il faudrait donc tout réinventer *ab ovo*: demander un projet à un architecte, et encore à un architecte assez génial pour reconstituer de l'intérieur même pas un modèle typique de construction des Anciens, mais la vision ou dessein d'origine d'où procédait un tel modèle. Car à partir du moment où nous manque un modèle d'époque, nous manque *a fortiori* le dessein d'où sortait ce modèle. La contre-épreuve est facile: même quand subsistent des modèles typiques, par exemple pour reconstituer des vases ou des statues antiques en morceaux, il n'est pas évident de remonter de là au dessein d'ensemble qui a présidé à de telles œuvres. Le problème évoqué ici serait en somme de demander à un sculpteur moderne de refaire une statue antique dont on aurait les morceaux, mais dans un monde où ne subsisterait aucune autre statue antique. Sculpteur ou architecte, l'artiste moderne qui serait capable d'un tel prodige serait lui-même un créateur au sens fort du terme, à l'égal de la nature naturante, capable de créer indéfiniment des êtres et des plantes sans "modèle", sans équivalent jusque là. Bref, il est clair qu'il est plus économique, pour créer de l'émotion, de créer d'emblée des œuvres entièrement modernes.»

encore sensible de l'acte qui l'a fait être: le sang presque visible qui affleure sous la peau des mots. En lisant l'œuvre le lecteur docte repère, en amont, la puissance, la dynamique créative. La nature naturante crée, elle aussi, « comme divine qu'elle est » (I-10, l. 74), elle est donc démiurge, artiste, et par excellence. Tout ce qui est y a matière et forme: autant de créatures, autant d'Idées. Imiter la nature, ce sera là encore imiter non pas ses Idées mais sa puissance créative – créer non pas des doublons de ce qu'elle fait si bien mais des œuvres à part entière, chacune avec son Idée.

En ajoutant dans le texte de Speroni la formule sur l'énergie de la nature, Du Bellay situe sa pensée par rapport à celle de Sébillet, qui est aussi bien, en l'occurrence, celle de Ronsard dans l'*Abbregé*. Comme sa racine l'indique, le mot latin *genius* renvoie lui-même à la nature, au naturel. Il en va de même du mot *esprit* qu'emploie aussitôt Du Bellay. *Esprit* restera au XVIIe siècle la traduction habituelle du latin *ingenium*. Quand Sébillet décrit l'« entendement et esprit divin » des poètes, il traduit le « *ingenium et mens diuinior* » d'Horace. *Mens agitat molem*. L'esprit soulève la masse du monde, comme la forme fait tenir la matière. Jusque là Du Bellay est donc d'accord avec Sébillet. L'esprit, le génie sont du côté de la création artistique, du geste d'Isis redonnant vie à Osiris. Voilà un point sur lequel, du reste, tout le monde est d'accord, y compris les romantiques, si sensibles à la posture magistrale du démiurge. Le différend est ailleurs. Du Bellay, on l'a vu, critique radicalement l'affirmation de Sébillet selon laquelle on naît poète. Or cette affirmation est faite par Sébillet à propos du génie, de la capacité de créer. La nature du poète selon Sébillet désigne au plus haut ce que Quintilien identifie comme la « prudence » du généralissime. Ce n'est pas le talent inné, la prédisposition de qui est bien doué naturellement pour exercer un art particulier. Ronsard est sur la même ligne:

> L'invention n'est autre chose que le *bon naturel* d'une imagination, concevant les Idées et formes de toutes choses qui se peuvent imaginer (...) pour apres les representer, descrire et imiter. (...) [Autrement dit,] l'invention despend d'une gentille *nature d'esprit*... (*Abbregé*, chapitre Invention et Disposition, en Pléiade p. 1178-79, en Livre de Poche p. 472-473; je souligne)

Naturel ou nature d'esprit, c'est le même vocabulaire.

Comme Du Bellay récuse radicalement qu'on naisse poète, il lui faut mettre de l'art là où Sébillet voit une nature, un donné: dans la capacité même à créer. Du Bellay renvoie le naturel au seul début du processus qui mène à l'habitus du grand artiste, c'est-à-dire à ce point de départ qu'est la prédisposition. Il ne saurait admettre que le point d'aboutissement dépende lui aussi d'un naturel. Créer des Idées d'œuvre, et plus encore de chefs-d'œuvre, cela ne peut être que le propre d'un maître achevé, qui s'est donc fait à force d'art. L'enjeu est crucial.

Du Bellay repère alors ce qui fait à la fois la beauté et la faiblesse du raisonnement de Sébillet. C'est sa manière de réinterpréter radicalement le concept d'*inuentio*. Ronsard et Sébillet lui font dire ce qu'il n'a jamais voulu dire dans la rhétorique. Ces deux auteurs jouent, à juste titre, sur les possibilités du mot latin. Nous les avons vues à propos de l'innovation de vocabulaire.

Dans son sens le plus général, rappelé par les *Tusculanes*, l'*inuentio* est le privilège du père fondateur, du nomothète, Adam ou Moïse, ou encore Solon. L'*inuentor* d'une loi est celui qui a pris l'initiative de la proposer, son auteur. De façon générale, l'*inuentio* est la « force qui scrute les choses cachées », force que possèdent les donneurs de lois et les créateurs de peuples, ceux qui imposent des noms aux choses ou qui réunissent les hommes dispersés pour les faire vivre en société. On est bien dans le registre de l'Idée ou de la forme. L'*inuentio* est la puissance, la *uis*, qui permet à l'ordre de triompher du désordre. Elle est la puissance du créateur de mondes, qui vainc le Chaos originel.

En rhétorique, le mot *inuentio* a un sens bien plus étroit. Il désigne ce premier stade du travail qui consiste à mobiliser tous les arguments disponibles pour traiter une question donnée. L'invention est ici l'inventivité, pas la créativité: la capacité de mettre à jour et de rassembler un trésor déjà là. Le mot *inuentio* étant pris dans les traités par ce sens spécialisé, pour désigner la création et l'Idée Quintilien recourt donc à celui de *consilium* ou « conseil ». Peuvent être ainsi distingués le travail par lequel le général constitue et rassemble son armée d'arguments et celui par lequel il définit sa stratégie d'ensemble: inventivité, créativité. Mais la spécialisation du mot *inuentio* ne modifie pas les hiérarchies. Il est clair pour Quintilien que le *consilium* a le primat sur l'*inuentio*, que l'inventivité est subordonnée. Si la rhétorique n'a pas formalisé le travail stratégique, la créativité, l'Idée, c'est que cela ne peut l'être, alors même que c'est en amont de tout. La « première » partie de la rhétorique peut donc être l'*inuentio*, parce que là il est possible de donner des préceptes.

Le poète naît, l'orateur se fait: nous pouvons alors situer la portée du proverbe pour Sébillet. Même si l'avocat peut définir une stratégie, une Idée, le sujet de son discours lui est en général imposé. Il lui est dicté par la cause venue en procès. Le poète, lui, a une liberté entière pour le choix du sujet, et ce choix engage d'emblée toute l'Idée de l'œuvre à faire. La création ou créativité est donc autrement plus grande, plus visible, du côté du poète. En comparaison, du côté de l'orateur, c'est un art d'adaptation. Le poète est plus proche du geste créateur qui caractérise le dieu ou le démiurge, il est plus nettement créateur de monde. Pour Sébillet ou Ronsard, cette capacité à créer un monde en choisissant un sujet est l'invention. C'est en ce sens qu'on « naît » poète: pareille capacité est divine, c'est une nature qu'on a ou qu'on n'a pas, c'est une sorte de grâce qu'aucun travail ne pourra remplacer. En revanche, dans cette logique, on peut toujours devenir orateur à force de travail: besogner pour parler honorablement d'affaires publiques, procès et autres discours, dans un monde social et politique qu'il n'y a pas lieu de créer mais bien de servir. Dans ce monde-là, être une nature serait une impropriété, et créer, un désordre: le monde déjà créé n'a plus besoin de nomothète. Le poète crée, le roi conserve.

Du Bellay aussi, nous l'avons vu, sait parler de divinité d'invention.

Mais il se souvient aussi de la position d'un docte comme d'Estrebay. Quand celui-ci dresse un parallèle continué entre le poète et l'orateur, il ne conclut à leur différence qu'à la fin, sur un point ultime qui relève de l'*elocutio*. Le poète peut créer des mots composés comme aigre-doux, liberté que la grande prose ne peut se permettre. En revanche, le point de départ du parallèle pose tranquillement que poète et orateur traitent tous deux une *quaestio*, une forme ou une autre de procès ou de débat (texte cité *supra*, p. 305). Là où Sébillet regarde l'orateur du haut de la poésie, d'Estrebay inverse la perspective et regarde la poésie à l'aune de la grande prose. Le choix du sujet lui est indifférent, et donc aussi la question de l'Idée, du *consilium*, de la stratégie. Le travail compte plus à ses yeux que la nature puissante du stratège. Du Bellay n'a plus qu'à en déduire que cette nature puissante est elle-même le produit d'un travail.

Cette mise au point préalable permet de comprendre le mouvement du chapitre de Sébillet. L'invention devient chez lui la faculté de créer des Idées, même si le terme d'*idée* ne vient pas sous sa plume. De même, chez Ronsard, l'invention est liée à l'imagination, à la *phantasia* ou faculté humaine de concevoir des Idées. Dès lors, on peut dire de l'invention ce que Quintilien dit du mystère du généralissime. Pour Sébillet, son premier point « se prend de la subtilité et sagacité de l'esprit » (p. 24/58), équivalents de *prudentia* et *consilium*. Sébillet ajoute qu'y préside Minerve, déesse en effet de la prudence, particulièrement militaire. Il peut alors continuer en affirmant qu'on naît poète, et qu'on se fait orateur. Sa conclusion confirme ce retravail du terme *invention*. « Le surplus de l'invention qui consiste en l'art », le poète le prendra « des Philosophes et Rheteurs qui en ont escrit » (p. 25/58). Il y aurait donc une invention dicible, technique, celle des traités sur l'*inuentio*, et une autre, plus haute, indicible et non technique. Le technique ou *ars* est inféodé au non technique ou *natura*. Le raisonnement est impeccable.

Sébillet recommence l'opération avec la seconde partie de la rhétorique. La *dispositio* est la partie technique, ce dont parlent les traités. Mais il est une disposition non technique, que Sébillet nomme, d'un mot grec cette fois, « Economie ». C'est « le projét d(e) tout le futur bastiment » (p. 29/60). L'Economie est aussi invisible que l'Idée. La preuve en est la formule à laquelle Sébillet recourt pour la décrire. « Le pourtrait aussy et exemplaire de ceste Economie », le poète à venir pourra la trouver « ès œuvres dés susdis Pöétes françois » (p. 28/59). L'économie, comme l'a superbement montré Marie-José Mondzain, relève elle aussi de la *prudentia*[1]. Pour le généralissime, c'est elle qui règle la façon de disposer les troupes, là où il faut et comme il faut, pour la situation telle qu'elle est. L'économie est d'abord une pensée, une visée, en amont de la disposition effective. Le plan adopté pour la bataille est comme le plan de l'architecte, c'est la première visualisation ou incarnation d'une pensée invisible. Le mot d'*exemplaire* chez Sébillet est le même que celui d'*exemple* chez le courtisan de Speroni. L'imitateur, pour entrevoir l'économie, doit étudier soigneusement le modèle qui donne figure à l'invisible, modèle que Sébillet nomme « portrait ».

Quand Du Bellay évoque, lui, l'invention et la disposition, il écarte la relecture de Sébillet en s'en tenant au sens spécialisé que les deux termes ont en rhétorique. La disposition, c'est entendu, relève plus de « la discretion & bon jugement de l'orateur » que « de certaines reigles & preceptes » (I-5, l. 17): toute situation est individuelle, il faut donc à chaque fois que le généralissime exerce sa prudence, qui est comme une règle fixe dans un monde mouvant. Mais dans la perspective de Du Bellay, absence de règles fixes ne veut pas dire absence d'art et donc « nature » mais au contraire comble d'art. C'est la perspective même de Quintilien à II, 3. L'invention, elle, est renvoyée à la connaissance des choses, des *res*. Pour l'acquérir il faut « l'intelligence parfaite des sciences », cet encyclopédisme où les traductions peuvent être utiles. L'invention est donc un instrument au sens d'*instruere*, du matériel, de l'équipement: la « premiere & principale piece du harnoys de l'orateur » (l. 26-32). On revient au rôle inféodé de la philosophie et en général de la culture. Du Bellay a raison lui aussi. Dans les traités latins, l'*inuentio* n'est pas la conception de l'Idée du discours à faire, mais la capacité à mobiliser les idées ou *res* nécessaires à l'Idée: non pas la créativité mais l'inventivité. Les *res* sont, comme les *uerba*, de l'ordre de la matière, à laquelle seule l'Idée donne une forme. Par rapport à l'Idée, tout relève donc de ce que Sébillet appelle les « pierres » du bâtiment, ce bâtiment ou fabrique qu'est l'œuvre à construire[2].

On pourrait donc trouver que Du Bellay cherche pouilles à ce pauvre Sébillet, qui en somme raisonne ici de façon plus personnelle et astucieuse.

---

1 Voir la première partie d'*Image, icône, économie*...

2 Voir p. 23/58 la façon de qualifier le sujet du poème de « pierres », après les fondations ou « fondement » posées par l'Idée/invention. Les fondations sont invisibles, le sujet est visible.

Sur le fond, en gros, ils sont d'accord. Et même, lorsque Du Bellay parle à I-6 de « divinité d'invention », c'est de l'ordre du lapsus conceptuel par rapport à son propre système. Cela revient à réintroduire la notion de Sébillet: cette invention-là ne risque pas d'être l'invention de I-5, réduite à la mise à jour du matériau d'arguments nécessaire – ce qui a peu de chances d'être « divin ». Le lapsus montre que Du Bellay n'est pas insensible au sens plus large que Sébillet donne au mot invention, sens qui est celui des *Tusculanes* et qui est en somme son sens moderne. Loin du sens spécialisé des traités, l'invention est bien le mot pour dire une création originale. C'est d'ailleurs vers là que le tire Du Bellay à propos de la néologie: où il glose « inventer des mots » par « innover », autre geste suprêmement créateur et divin. Quand le grand auteur crée, il est démiurge, ni plus ni moins que l'architecte divin du *Timée*: ici, fabricant de mots, au même titre que cette nature qu'est l'usage.

Du Bellay et Sébillet – c'est-à-dire, aussi bien, Ronsard – sont donc d'accord sur un premier point essentiel. De quelque nom qu'on l'appelle, la création d'une œuvre est véritablement une création, au sens en tout cas où la nature naturante crée des êtres et des choses. Tous ont en tête l'artiste comme démiurge, le Phidias de l'*Orator* qui a les yeux fixés sur l'Idée. La divergence porte sur la question de savoir comment l'on devient Phidias, ou généralissime. Sébillet et Ronsard considèrent que cela relève d'un don supérieur, bien au-delà du simple talent qui prédispose à acquérir tel habitus plutôt que tel autre. Du Bellay, lui, pense que cette capacité, comme le reste, est le fruit du travail, son aboutissement ultime. La première position est plus mythique, plus proche de Platon et de son éloge de l'architecte. Le geste créateur y est donné à admirer. La seconde position est plus une vision de l'intérieur, entre gens du métier. Le geste créateur y est donné à conquérir.

Du Bellay reprend au fond le thème du fameux mot de Raphaël face aux œuvres de Michel-Ange, « Et moi aussi je suis peintre », ou celui de Victor Hugo, « Etre Chateaubriand, ou rien ». Conquérir ne veut pas dire ignorer les prédécesseurs, bien au contraire: les dévorer pour retrouver leur puissance créatrice, tout en sachant que cela n'est qu'un préalable. A terme, à force de travail, on aura assez formé son jugement pour inventer d'aussi belles Idées que les leurs. Ce sera le comble de la formation, pas un extra. La divinité du poète selon Sébillet vient d'en haut, par inspiration ou « afflation » divine. Cette même divinité vient, selon Du Bellay, d'en bas, par désir du sommet. On comprend qu'il soit à l'aise avec l'aristotélisme de Speroni, même emballé, de façon chic, sous les mots platoniciens du courtisan.

3. - Tout cela reste encore bien mystérieux. On peut tenter de le redire en termes plus modernes, d'autant qu'ils reprennent directement l'italien du XVIe siècle. L'Idée, c'est aussi bien le *concetto* que le *disegno*: le « concept »

et le « design », dessein autant que dessin. Ces deux derniers termes n'ont pas grande dignité philosophique aujourd'hui, parce que nous avons séparé art et technique. Ils sont pourtant riches d'enseignement, et nous permettront d'identifier l'idée moderne de création avec le mot ancien de « composition ».

Il n'y a pas lieu tout d'abord d'en rester aux seuls artistes au sens moderne. Puisque *ars* était le mot commun des beaux-arts et des techniques, on peut élargir hardiment le domaine d'application des vers célèbres de Boileau, « Ce qui se conçoit bien... ». Il vaut pour tous les produits du savoir-faire humain, qui sortent d'une conception ou Idée. Un produit bien conçu sera un produit bien vendu, et les choix pour le faire s'imposent aisément, ils coulent de source. La « conception » ou *concetto* n'est pas un concept au sens philosophique du terme, sens très spécialisé et qui a écrasé les autres. C'est un « concept » au sens qu'ont retrouvé de l'intérieur les grandes entreprises industrielles et commerciales, à commencer par les américaines – les Etats-Unis, ce pur pays de l'*ars*. Un *concept car*, c'est une Idée de voiture, ou plus exactement la première visualisation de l'Idée, le premier Type ou prototype. Il en va de même pour le *disegno* qui a donné *design*.

Dans tous les cas, le concept est à la fois unificateur et porteur de l'émotion. Il est ce qui porte toute l'entreprise de création d'un produit, ce qui l'in-forme dès ses débuts. Le concepteur vaut bien en dignité le conceptuel. Il relève de plein droit de l'éloge platonicien de l'architecte, cette figure par excellence de l'artiste. Léonard de Vinci à Chambord ou Michel-Ange ingénieur: Philibert Delorme plus que Ronsard. Ce n'est pas pour rien si ce dernier compare la création d'une épopée à celle d'un palais. L'architecture est elle aussi récapitulative, « architectonique ». La conception domine et inclut toute une pyramide d'arts et métiers, qu'elle connaît bien et auxquels elle donne une âme, une direction. La conception donne une cohérence vivante et non pas morte. Elle est liée au *mouere*. Roland Barthes l'avait fort bien donné à sentir, en rapprochant dans ses *Mythologies* la construction d'une voiture avec celle d'une cathédrale. Ce parallèle a l'avantage de rappeler le rôle du *mouere*. Un peuple tout entier accourt devant la DS (d'ailleurs rebaptisée... ID), comme il accourt à l'achèvement de la coupole du *Duomo* de Florence. Dans les deux cas, c'est une épopée.

Barthes tenait que celle-ci relève d'une sorte de génération spontanée, les ingénieurs modernes étant aussi anonymes que les constructeurs de cathédrale. Peut-être: c'était surtout, pour l'époque de Barthes, une façon d'esquiver la question du démiurge, du grand homme. La coupole est bien signée Brunelleschi, et derrière les cathédrales, comme l'a montré l'historiographie récente, il y a un maître d'ouvrage qui sait ce qu'il veut, évêque ou prince, ou prince-évêque, et qui ne laisse pas faire n'importe quoi au maître d'œuvre. De même, un nouveau modèle de voiture n'est pas précisément le fruit de la génération spontanée. Le *mouere* n'est pas seulement l'émotion: c'est le conseil de guerre maîtrisant toute l'aventure, pour aller à la victoire. Ces aventures épiques se décrivent aisément en termes militaires, césariens ou napoléoniens, avec ce que cela suppose de généralissime et d'état-major.

Ainsi posée dans sa plus grande généralité, la notion d'Idée ou de forme en matière d'art met très haut le défi de l'imitation. Certes, de l'imitation indocte on peut arriver à l'imitation docte, et ainsi perfectionner sa *doctrina*, sa connaissance intime d'un art ou métier. Il faut remonter des mots en apparence si aisés à leur source féconde, et faire passer l'imitation de l'*usus* à la *doctrina*, de la pratique à la théorie. Mais il n'est pas dit que cela même donne l'Idée, fasse passer à l'indispensable « conceptualisation ». « Etant manque l'Idée... »: Du Bellay ne dit pas que l'on puisse retrouver l'Idée. Pas en écrivant en latin, en tout cas. Entre imiter et inventer, il y a un saut. Cet abîme ou cette impasse ramènent Du Bellay à l'*elocutio*. Tout ce qu'on peut faire est retrouver de l'intérieur le souffle puissant, le *mouere* qui soulève les belles phrases, les beaux développements, les périodes ni tronquées ni redondantes. Pour autant, et contre la fameuse formule de Mallarmé, Du Bellay sait bien qu'un poème ne se fait pas seulement avec des mots – ils n'en sont que la matière -, mais aussi avec une Idée, qui seule garantit que le poème soit composé comme un tout: soit une œuvre. Et il prétend de plus que cette Idée, concept ou dessein, ne sortira pas toute armée du cerveau de l'artiste. Minerve, en effet, mais une Minerve qui se mérite et se conquiert, à force de travail pour rendre le jugement de plus en plus infaillible, et le jugement à son plus haut, celui du décideur, du généralissime.

L'intérêt ultime de raisonner avec les termes soi-disant modernes de concept et de dessein est de situer les revendications de l'écrivain à un statut privilégié. L'image démiurgique de l'architecte peut être récusée par tout artiste qui fait tout lui-même. Dès qu'il y a division du travail, dès que par exemple un peintre comme Rubens a des acolythes dans un atelier qui est une vraie usine, on sait bien qui est le patron, le généralissime: qui décide, avec un jugement infaillible – et s'il se trompe, on court tous à la défaite. La même division vaut dans le temps. Un Poussin travaille seul, mais de façon intensément réfléchie. A force de maquettes préparatoires, il trouve lentement ce qu'il appelle lui-même « l'idée » de son tableau, et se met alors à l'exécuter, vite. Malgré cet exemple mémorable, un artiste qui travaille seul peut considérer que l'idée d'Idée ne le concerne pas. Le vers célèbre de Boileau est ainsi vu comme abominable parce qu'il divise les tâches, et semble même introduire un avant et un après, autre façon de les diviser. D'abord concevoir, ensuite écrire, ou encore, *dixit* Racine, « Mon plan est fait, ma pièce est faite »: qui a jamais travaillé comme cela? On croit ou feint de croire que Boileau sépare le fond et la forme, et aussitôt on triomphe à bon compte d'un classicisme caricaturé. Mais lorsque Du Bellay vante l'Idée qui fait venir et tenir l'œuvre, il est, lui, au plus près de Boileau.

La forme verbale n'a pas à être séparée de la forme profonde, au sens d'Aristote: de l'idée au sens de Platon. L'Idée n'est pas le fond, le message, le sens, toutes visions naïves et indoctes. Ecarteler par exemple Rabelais entre un fond évangélique et une surface de calembours n'est que projeter sur son œuvre la répartition factice entre «historiens» et «littéraires». C'est un héritage du XIXe siècle, aux uns le sérieux, aux autres le folklorique. Serait tout aussi fallacieuse l'affirmation que les jeux de mots seraient premiers, que Rabelais a commencé à écrire comme porté par une verve irrépressible. Nous aimerions bien qu'il se jette à l'eau d'abord, comme nous devant la page blanche. Cela permettrait de ne pas poser la question du fond, de la conception, identifiée à tort aux idées de l'auteur, religieuses en l'occurrence.

Contre de telles vues, la question n'est pas celle des débuts effectifs de l'œuvre. Que chaque écrivain suive d'abord la route qu'il voudra. Qu'il commence par un plan, ou, selon la description de la *silua* chez Quintilien, par se jeter à l'eau. La façon de commencer ne modifie pas le processus de création, elle ne suffit pas à décrire la réalité du travail. Tous les chemins mènent à l'œuvre. Les idées abstraites ou les mots concrets devront tous être repris par un *logos* ou *ratio* d'artiste. La «raison» dont parle Boileau est un mot trompeur. Il désigne le fait que l'artiste prenne de plus en plus conscience de ses moyens et de ses fins. L'écrivain peut de mieux en mieux calculer ses effets; savoir où il doit raturer, et où ajouter; affiner son jugement, développer son coup d'œil. Il «voit» de plus en plus clairement l'Idée qui depuis le début in-forme ses tâtonnements, premiers mots ou premières idées. Il «sait» de même, de science de plus en plus sûre, comment procéder, régler sa production selon ses règles à lui. Plus il voit l'Idée, plus il sait ce qu'il a à faire et comment, mieux il compose son œuvre: plus elle approche de la perfection, cette perfection derrière laquelle court tout ouvrier digne de ce nom.

On peut dire alors que les romans rabelaisiens ou les *Essais* ont été bien conçus au sens de Boileau. Ce n'est pas dire que de telles œuvres procèdent d'une idée simplette, claire au sens intellectuel sinon cartésien. La clarté dont parle le «clairement» est la *perspicuitas*. Mais elle évoque la *claritas* de Quintilien: non pas la transparence du *docere* mais l'éclat du *mouere*, de la *copia*. La formule sur ce qui «s'énonce clairement» désignerait ainsi l'«illustration» de Du Bellay. Le vers célèbre dirait: à Idée bien «vue» œuvre éclatante; à ouvrier docte, lumière que voient même les indoctes. Mais de nécessité la verve visible coule d'une source invisible. Et tout comme l'écrivain peut commencer par où il voudra, de même, le critique peut bien l'attraper par où il pourra, y compris par le plus superficiel. On peut décrire Rabelais de façon très profonde en ne parlant que de ses jeux de mots, et de façon très superficielle en évoquant ses convictions religieuses. L'essentiel là aussi est de faire œuvre, en l'occurrence œuvre de critique: d'avoir une « vision » de Rabelais, et de trouver les moyens pour l'exprimer.

Le vocabulaire de la vue risque d'ailleurs d'égarer. L'artiste ne voit l'Idée qu'au sens métaphorique du verbe *voir*, tout comme, dans l'*Orator*, Phidias « voit » dans son esprit la *forma* du Jupiter ou de la Minerve qu'il va sculpter. L'artiste est acharné à donner forme et figure à ce qu'il « voit » avec les yeux de l'esprit, pour le voir enfin avec les yeux du corps, ou l'entendre avec la voix, etc., bref l'incarner, le vivre et le donner à vivre. De même, l'artiste « sait » d'une science qui est au-delà de ce qu'un maître peut transmettre au disciple – la *scientia* est au-delà de la *disciplina*. Vision et savoir ne sont pas extériorisables, exportables en dehors du processus de création. On ne peut guère que les donner à sentir à ceux qui sont du métier. La *ratio* n'est ni rationaliser ni même expliciter, en étant pourtant calcul et coup d'œil, éminemment dignes d'un être doué de *logos*. C'est en s'exprimant que l'artiste saisit ce qu'il voulait exprimer, pas avant. Seule l'œuvre achevée est hors de lui, exportable. Et même à ce stade final, saisir ne signifie pas comprendre, de façon intellectuelle. L'expression n'est toujours pas une idée au sens moderne du terme. C'est une incarnation, pas une abstraction. Son mystère reste entier.

L'imitation docte mène aux portes de ce mystère, elle ne le résout pas. A défaut d'être la solution, elle est la voie. Car chemin faisant l'artiste forme son coup d'œil, de plus en plus infaillible. Autrement dit, il forme son jugement ou *iudicium*, troisième et dernier terme de la trilogie *h*, *i*, *j*: *h* comme hiérarchie, *i* comme imitation, *j* comme jugement. Bien formé, le jugement peut permettre l'avènement de l'Idée. Là-dessus, comme dirait d'Estrebay, les gens continuent à répéter qu'on naît artiste; que l'art échappe à la rationalité; que ce n'est pas un métier. Etroites visions de ce que sont rationalité et métier.

Aujourd'hui la technique s'est réservé les notions d'œuvre, de produit fini, de progrès aussi: de technologie, mot grec et moderne pour dire en latin les règles de l'art. Face aux techniciens qui se vantent d'être seuls « scientifiques », les « littéraires », eux, pérennisent une séparation des tâches qui ne leur est pas favorable, alors que, pour parler comme la *Deffence*, ils auraient tant à conquérir. Leur fixation sur le verbal rejoint leur entêtement à voir partout marqueterie: à refuser Cicéron et toute idée de *compositio*[1].

---

1 Voir la très belle description de la « Composition » dans le *Traité du Sublime*, XXXIX, 3 (chap. XXXII chez Boileau).

L'union de la forme et du fond n'est plus alors qu'une formule mythique. Elle fait bien dans des dissertations scolaires, mais n'est pas opératoire. N'est pas moins mythique l'idée de travail. Au total, la notion même d'œuvre a disparu des beaux-arts: la notion de *modus operandi*. Les esthètes apprécient Phidias et ne savent même plus comment on fabrique une poterie. Le retour en force d'un éloge des humbles artisanats n'est pas seulement un traditionalisme, mais aussi le sentiment juste de l'unité perdue, du lien à la Péguy entre œuvre et ouvrier.

Mais en pratique, il n'y a pas aujourd'hui que des artisans, un brin passéistes. A l'autre bout de l'échelle, il ne manque pas d'œuvres puissantes et émouvantes, fort heureusement. On ne compte pas les Phidias orgueilleux, et orgueilleusement modernes, le tout à juste titre: dans tous les arts et techniques, qu'on soit artiste du ballon ou de la politique, du voilier ou du cinéma, de l'architecture ou de la chirurgie. La télé est là pour réunir les indispensables indoctes, et qu'ils applaudissent à tous les *Cid* du temps présent. Le dernier cri technologique reste, comme à l'époque de la *Deffence*, un des horizons de l'aventure occidentale, sinon humaine – et même si l'homme ne vit pas que de faire, d'être *faber*. Ce qui manque aujourd'hui, ce n'est pas la *uoluptas* mais, bien plus modestement, la possibilité de rendre compte des œuvres et des chefs-d'œuvre. Autrement dit, remettre à l'honneur la notion d'œuvre n'a rien de nostalgique. L'enjeu n'est pas en soi de réhabiliter Cicéron, ni de défendre la *Deffence*. L'enjeu est de se donner les moyens de décrire ce que font vraiment les artistes doctes qui savent, aujourd'hui comme jadis, soulever des foules d'indoctes – et leur faire croire en plus qu'eux-mêmes sont nés artistes.

L'enjeu du style lié dépasse alors ce que j'en disais en concluant moi-même sur l'absence de nombres, Lysias-Marot et Thucydide-Scève. La *compositio* n'est pas un choix stylistique parmi d'autres, plutôt Malherbe que Mallarmé, plutôt le goût classique que l'obscurité sublime, Cicéron que Sénèque. A un autre niveau d'analyse, ce n'est pas un choix. C'est ça ou rien. Le choix est entre être ou ne pas être artiste.

Composer en effet est l'équivalent ancien de l'actuel *créer*. Un créateur, un créatif crée à partir de l'existant. Il ne crée pas au sens de la théologie, selon lequel, en toute rigueur, Dieu seul peut faire exister l'inexistant, *ex nihilo*. Autrement dit, la composition est le mot ancien pour dire la création proprement humaine. Tout artiste est en ce sens un compositeur, même si le mot est désormais réservé aux seuls créateurs de musique – et aux typographes[1]. Le musicien prend des notes qui existent déjà et les dispose

---

1 «Compositeur: tout auteur d'ouvrage (1406)», d'après le *Dic. hist. de la langue française* publié par Le Robert.

pour en faire œuvre nouvelle, tout comme le typographe « compose » en prenant des lettres déjà là. Le peintre lui aussi organise son tableau comme on « compose » un bouquet, en disposant des touches en un certain ordre. Dans tous ces exemples qui survivent de l'ancien sens, on voit bien qu'une œuvre est en tant que telle un composé. Le plaidoyer de Cicéron contre les néo-attiques revient à récuser comme mythe l'idéologie du naturel, du décousu, de l'inachevé, de tous les bruts de décoffrage. On n'est pas artiste en n'étant que naturel. S'ils font œuvre, leur simplicité ou leur négligé ne peuvent être que de fausses simplicités, de faux négligés. Ils sont travaillés eux aussi, le fruit d'un labeur: ainsi de tel néo-attique recherchant exprès, avec *industria*, la phrase bancale. Mieux vaut donc le reconnaître, au moins entre gens du métier, entre doctes. Sinon, on ne peut plus expliquer qu'un véritable artiste mette son industrie à calculer les moindres détails[1].

Le credo moderne, flaubertien, de l'union du fond et de la forme ne fait ainsi que reconduire le credo ancien en faveur du style lié: de la création littéraire. En relèvent aussi les marqueteries mal jointes, si elles sont des œuvres, des effets de l'art et non un ratage pur et simple. Croit-on vraiment que les *Essais* ne sont pas « composés »? Croit-on vraiment que les romans rabelaisiens ne sont pas concertés? Certes, de telles œuvres ne relèvent pas du goût classique. Mais ce serait là s'en tenir à la lettre et non à l'esprit du classicisme.

La *Deffence* est donc une œuvre puissamment composée, structurée, une *compositio* ou en grec une synthèse, où tout se tient, où tout est calculé, des grandes masses au plus petit détail. De plus, et de manière auto-référentielle, elle a pour sujet la façon même dont on compose une œuvre littéraire qui se tienne, où tout réponde aux hautes exigences du style lié. Cette cohésion très forte oblige à revoir le sentiment que la *Deffence* serait une marqueterie. Du Bellay suit une Idée, son œuvre répond à une forme d'ensemble qui informe tout.

De ce point de vue, on peut tenter de reconstituer le cheminement qui mène l'artiste Du Bellay de l'intuition à l'œuvre. On peut supposer par exemple que la lecture de Speroni a été le point de départ, l'intuition qui

---

1 Il faudrait ici souligner l'impasse du fameux *Idea* d'Erwin Panofsky, qui attribue « trop facilement l'étiquette de maniériste à des théoriciens de fait aristotélisants » (Lecointe, *L'Idéal...*, p. 485). Panofsky oppose beau classicisant ou idéal (Raphaël) à beau tiré sur le motif (Caravage). Cela a du sens sur fond de naturalisme du XIXe siècle, l'*Odalisque* d'Ingres face à l'*Olympia* de Manet, la femme ou idéalisée ou « réaliste » (!). Mais cela n'a aucun sens par rapport à la théorie aristotélicienne de l'idée: l'*Olympia* suit autant une Idée que l'*Odalisque*, parce que toute œuvre a une idée ou dessein. Voir l'article très documenté de Sylvie Deswarte-Rosa, «*Idea...*» (je remercie Philippe Sénéchal pour cette précieuse référence).

mène à l'Idée, et que l'*Orator* a ensuite donné véritablement forme à cette première forme informe qu'est l'intuition. Speroni suscite la question, Cicéron permet d'y répondre[1]. Au premier Du Bellay doit le mot et l'idée de défendre, au second, d'illustrer. *Défense de la langue française*: l'intuition est donnée par le tout début du *Dialogo*. Le latiniste Lazzaro Bonamico et Bembo y conviennent d'un pacte, d'une répartition des rôles dans une sorte de procès. Le latiniste est chargé du *pro*, de louer le latin et blâmer la langue vulgaire; Bembo ajoute la possibilité de « pouvoir défendre » la langue vulgaire quand elle sera vitupérée[2]. La *Deffence* ne donne plus la voix qu'à l'avocat de la défense, au *contra* qui répond aux objections. Mais Du Bellay remplace Bembo dans ce rôle, car le cardinal reste trop dans les généralités. C'est l'*Orator* qui fournit et les arguments techniques et la forme générale, dans le même souffle. Le mouvement de remontée de Speroni à Cicéron est d'ailleurs logique, puisque l'*Orator* est déjà ce qui informe la pensée de Bembo. Du Bellay, en artiste conséquent, est allé au bout de son intuition de départ, il est remonté à la forme, à l'Idée qui donnait sens à l'intuition. On pourrait en dire autant du choix de Pétrarque. La forme-sonnet est l'intuition, la forme visible, à partir de laquelle il faut encore un travail pour remonter à la forme invisible, à l'Idée, à une « vision » complète, à la Pétrarque.

On peut alors décrire autrement les images que je donnais au tout début, celle du fleuve et de la source. Repenser l'*Orator* est ce qui permet la créativité: ce texte est véritablement matrice, mère-matière de l'Idée. En revanche, aller chercher le *Dialogue* de Speroni relève plutôt de la seule inventivité. En traduisant ce texte sur l'encyclopédisme souhaitable, Du Bellay est d'ailleurs de nouveau auto-référentiel, puisque Speroni préconise, pour faire gagner du temps à tout le monde, de traduire les *res*, l'encyclopédie, la pensée. Mais si Du Bellay est allé chercher Speroni, c'est qu'il tenait déjà son Idée, ou qu'elle le pilotait sans qu'il le sache encore. Ce n'est pas la source qui crée le fleuve, qui fait la création, qui est créative. C'est l'Idée ravageuse et stratégique qui crée, et qui pour s'alimenter se fournit en arguments, fait flèche de tout bois. Ce qui est premier est la vision du poète à venir. La stratégie prime la recherche des moyens, du matériel de

---

1 Pour ne parler ici que du livre I de la *Deffence*, contre Speroni, le livre II étant contre Sébillet. Il y a deux urgences: la parution du livre de Sébillet en 1548 (et la commande à Sébillet par Henri II des poèmes de l'Entrée parisienne de 1549) est sans doute l'intuition ou la réaction première, le premier « non ». Rappelons aussi, pour ou plutôt contre Speroni, la mort de Bembo en 1547. Sur intuition et « non », voir tout le début de *L'intuition philosophique* de Bergson, qui revient à formuler en termes bergsoniens, superbes, une théorie dynamique de l'Idée.

2 « Lazzaro. Je louerai volontiers le latin, avec le pacte de pouvoir en même temps blâmer la langue vulgaire (…). Bembo. D'accord, mais à condition que le pacte soit commun: quand vous la vitupérerai, je pourrai la défendre, *possa difendere*.» (éd. M. Pozzi, p. 592, avant l'emprunt n° 1 à Speroni).

guerre. Le fleuve ravage le paysage pour ses besoins, attire l'eau à lui comme lui est attiré par la mer. La créativité lance la machine de l'inventivité, et non l'inverse. Même si chronologiquement l'inventivité, l'intuition est première, on ne peut en aucun cas lui donner le primat. Ce serait supposer que la matière suffise à donner la forme.

Toujours de façon auto-référentielle, nos propres découvertes d'érudits ne nous exonèrent donc pas de la nécessité de retrouver l'Idée, la stratégie d'ensemble: de faire œuvre non d'historien mais de critique. Il arrive sans doute que la source mène souvent au fleuve, mais nous savons bien aussi que le chemin est encore long. Ce n'est que le début du travail. La situation est bien connue pour les sonnets pétrarquisants. Quand on a bien rappelé tout ce qu'un sonnet de Du Bellay ou de Ronsard emprunte à ses prédécesseurs, on est encore à pied d'œuvre pour rendre compte des vraies beautés, montrer en quoi le sonnet est une création. Assurément, nous n'en sommes plus à nous ébahir qu'un poème de la Pléiade pille à pleines mains. Mais nous croulons quand même sous ces amas de références, et nous en défendons en imaginant que ces poètes avaient le goût du collage, aimaient collectionner d'infinis fragments. Nous les prenons aisément pour Isis, et oublions Anubis, ou Esculape.

En d'autres termes, il faudrait éviter de voir là une poésie « savante ». Certes, ces poètes ont beaucoup lu et beaucoup emprunté, ce qui conforte notre propre position de savants cultivés, à la Villey. Mais cette science-là relève de l'inventivité, qui va chercher le matériau pour construire le poème. Ce n'est pas le sens de *scientia* dans la théorie de l'art. La science du poète est la maîtrise de plus en plus explicite de tous les moyens de son art. Cette science même est subordonnée au généralissime: à la maîtrise du dessein d'ensemble, de la conception, de l'Idée qui seule donne forme au matériau. La science sûre de l'artiste relève en dernière analyse de la créativité, du pouvoir de créer. Les poètes de la Pléiade sont donc doublement savants: au sens moderne, ils ont en effet une immense culture; au sens de la théorie de l'art, une immense maîtrise, ancrée dans de fermes conceptions, visions ou Idées. La culture ne suffit pas à rendre compte de leurs créations, parce que matière et forme ne sont pas du même ordre. Il n'y a pas de génération spontanée: l'entassement de matière ne suffit pas de soi à susciter le concept, l'Idée. C'est l'Idée qui suscite la culture, qui fait dévorer les prédécesseurs comme Palissy brûle ses meubles. Ce ne sont pas les meubles qui ont créé les plats émaillés, c'est au contraire l'idée d'émail qui a tout consumé. Le fleuve comme le feu a besoin de se nourrir, il attire tout à lui, dans une jouissance ravageuse qui est celle du creuset ou de la fournaise. Fleuve en crue ou incendie généralisé: images habituelles de la *copia* chez Cicéron.

Contre le goût pour Isis, pour les fragments, il serait temps de comprendre la logique infiniment copieuse du fleuve. D'Isis à Anubis, des *membra disiecta* au corps ressuscité, l'œuvre qui se.crée est comme le Nil. Le fleuve unifie et ordonne, il joint et compose, il fait un tout puissant de mille choses éparses, qu'il est allé chercher pour ses propres besoins de géant. Son inventivité débordante n'est que le signe extérieur d'une créativité elle-même en crue. Tout ce qui entre lui fait ventre, et le fait vivre, et lui donne un surcroît de forces, dans une euphorie toute rabelaisienne. La *copia* appelle la *copia*. Face à pareil pantagruélisme, nous avons peine à suivre. Le géant glouton nous paraît un effarant Moloch, qui va se donner une indigestion de culture, de lectures. Nous sommes comme pris au piège de l'image de l'innutrition, avec ce qu'elle traîne de triste positivisme. A force de numéroter dans le détail ce que l'auteur a avalé, nous risquons en tout cas de donner à voir le flux comme une indigestion. Autrement dit, il ne faudrait pas, à force de chercher d'où vient le fleuve, oublier de voir où il va, parce que c'est cela qui est premier, nouveau, qui est un événement: l'avènement quasi-divin d'une création, comme d'un nouveau roi.

CONCLUSION GÉNÉRALE

Le début de ce commentaire promettait un *thriller* conceptuel. En fait de concepts, celui d'Idée achève logiquement l'enquête. Dessein d'ensemble, projet entrevu et obstinément poursuivi, « vision » de l'œuvre à venir, l'Idée est première, elle a le primat: elle tient naturellement le rôle princier, celui du généralissime ou de l'architecte. C'est elle qui détermine tout dans ses moindres détails, c'est sur elle que repose toute l'entreprise. Pour nous lecteurs, ce concept de tous les concepts ne pouvait être regardé qu'en dernier, qu'en dernière analyse. Il fallait remonter du plus évident et superficiel au plus profond et difficile. On n'entre pas de but en blanc dans le conseil de guerre où règne le généralissime, on ne peut pas pénétrer d'emblée les mystères de la création artistique. Le mystère supposait donc une mystagogie.

Parvenus aux portes du saint des saints, il serait trop long de récapituler en bonne et due forme tous les concepts, et de refaire le chemin initiatique. Mais on peut du moins conclure le *thriller*, le mystère au sens cette fois policier du terme. Une fois élucidé le ou les meurtres, le détective réunit tous les protagonistes du drame, et ménage un ultime rebondissement. En laissant planer le doute, il fait sentir à tous leur part de responsabilité dans cette sombre histoire. Le meurtre passé n'est peut-être pas un événement isolé, il pourrait bien se reproduire. Autrement dit, le détective lui aussi conclut, il rassemble en faisceau les lignes de force à l'origine du drame, avec leurs prolongements possibles ou au contraire leur point d'arrêt.

Dans ces termes, la *Deffence* est une affaire d'assassinats en série. Nous n'en avons vu que deux, Marot et Scève; tout est prêt pour un troisième. Résumons l'enquête. Le meurtre le plus visible est bien connu. Le nom de Marot emblématise la mise à l'écart des « vieilles poësies francoyses », de toutes ces « episseries » que sont ballades et rondeaux (II-4, l. 3-6); sont surtout évincés les marotiques, plus encore que Marot. Aneau a été là pour crier au meurtre, à l'assassin, et jouer ainsi le chœur antique face au héros destructeur. Ces cris ont déclenché l'enquête, mais ils ont aussi empêché de voir l'autre meurtre, autrement plus important, celui de Scève, c'est-à-dire d'une poésie qui serait seulement docte. La police officielle – Chamard – n'y a vu que du feu. Ma propre enquête a tiré profit du travail de limiers au flair plus remarquable, Villey et surtout Meerhoff. Il ne restait plus qu'à leur ajouter l'eurêka, qui est venu de la lecture de l'*Orator*. Si Lysias est Marot, Thucydide, c'est bien sûr Scève. On peut alors reconstituer les sentiments filiaux de l'assassin. Tuer son père en poésie est pour Du Bellay un moyen de tuer le Scève qui est en lui.

L'ultime rebondissement, nous l'avons entr'aperçu à maintes reprises. Une intuition s'est précisée au fur et à mesure de l'étude des chapitres sur les nombres. Après Scève, c'est Ronsard qui est dans la ligne de mire, parce qu'il est sur la même ligne d'une langue à part, pour les seuls gens du métier ou doctes. Après les sentiments filiaux, les sentiments fraternels. Ils sont potentiellement tout aussi destructeurs. De même que les marotiques sont plus attaqués que Marot, il me semble pour finir que Ronsard est plus visé que Scève. Les contemporains sont plus encombrants que les grands aînés. Ils prennent plus votre espace vital, et il est moins facile de se défaire d'eux. Qu'on peigne donc Du Bellay en criminel ou en artiste qui a une Idée, le résultat est le même. On peut lui appliquer la formule d'Alain sur Balzac: cet homme cache de profonds desseins. Il calcule ses coups, et il voit loin. La parfaite maîtrise dont témoigne la composition de la *Deffence* permet de penser que ce maître joue aussi un jeu de go savant avec son plus proche rival. S'il est maître de lui, il l'est aussi de la concurrence. Il voit venir les complots contre la position royale qu'il tente d'occuper, celle de jeune chef d'une jeune Brigade.

Terminons donc en suivant les lignes de force de ces deux séries de meurtres: la ligne Marot et la ligne Scève.

Pour ce qui est de Marot, les théoriciens marotiques Aneau et Sébillet partagent presque tout avec Du Bellay, et pour cause: celui-ci ne fait que creuser une différence ultime, qu'il baptise « illustration ». Tous ont une vision très haute du jugement, lui-même clé de voûte de toute l'entreprise de création, parce que tous ont la même notion de l'art. Les points de clivage portent sur deux moments du jugement: celui du disciple et celui du démiurge.

Derrière Aneau et Sébillet, la pensée puissante est celle de leur maître Melanchthon. J'ai parlé des podiums paisibles de Sébillet, de cette façon de distribuer des palmes à tout le monde et de dédramatiser ainsi la compétition. Cela s'enracine en profondeur dans la visée éducative de Melanchthon, fondateur de l'Université allemande et à ce titre surnommé le *praeceptor Germaniae*. Le but essentiel est de former le jugement du disciple, du débutant. Le précepteur sait d'expérience que cela ne se fera pas d'un coup, que c'est un travail de longue haleine. Le chemin est long qui mène de l'imitation indocte à l'imitation docte, de la singerie à la maîtrise. Le podium paisible permet de ne pas décourager le débutant: les modèles à imiter sont dits accessibles plutôt qu'inaccessibles, et le maître s'emploie à expliciter le maximum de moyens techniques. L'*Art poëtique* de Sébillet est ainsi profondément honnête, parce que profondément pédagogue; Aneau, de même, est le principal du collège de la Trinité à Lyon. Ils sont persuadés que le jugement s'enseigne, lentement et sûrement. Du Bellay, lui, bondit à l'inaccessible. Il reprend à l'*Orator* toutes les formules qui concèdent qu'en montrant le meilleur on va plutôt décourager qu'encourager. Il se place donc du point de vue de la fin, quand le jugement est déjà formé, à croire qu'il naît tout armé comme Minerve. D'un côté, *chi va piano va sano*, et Du Bellay leur paraît surtout un petit jeune à former[1]; de l'autre, impatience de champion à brûler étapes et records.

Ce premier partage ne serait pas en soi insurmontable. Il l'est parce qu'il fait corps avec un second autrement plus radical. Si on envisage le jugement à son plus haut, il est celui du démiurge, du créateur: la capacité du généralissime à déterminer la bonne stratégie. A ce niveau-là, tout sépare Du Bellay des melanchthoniens. On pourrait dire que la différence est le *mouere*, ce *mouere* que la *Deffence* réclame si ardemment de son poète futur et qui est à ses yeux *le* critère, « la vraye pierre de touche » (II-11, l. 113). Melanchthon vante lui aussi, et avec quelle force, la *compositio ciceroniana*, le style lié[2]. Mais il est dans un monde où le souffle qui soulève le discours, souffle en effet divin, viendra en dernière analyse de Dieu, et de Lui seul. Là le jugement doit s'effacer, et se faire humble. Marot, Aneau, Sébillet récusent le grand style, l'épopée comme œuvre humaine. Ils privilégient non pas le

---

1 Voir la note d'Aneau à I-6, l. 5: «Pour discerner les bons traducteurs des mauvais, fault avoir jugement. Or le jugement est acquis avec l'aage & l'experience. Pour ce ne juge si jeune de chose si antique».

2 Outre Meerhoff, voir Lecointe, *L'Idéal...*, p. 561: «pour toute la tradition qui va de Georges de Trébizonde à Melanchton et Omphale, c'est la composition qui incarne la *ciceronianitas* ».

pathos mais l'éthos[1]. Aneau félicite ainsi Du Bellay d'avoir démembré et recomposé... Horace, héros pour lui du tempéré et du sourire. *Utile dulci*: joindre le profit au plaisir (II-11, l. 118), voilà bien un but auquel ne songe pas la *Deffence*, qui veut au contraire que son poète nous indigne, etc.[2]

L'éthos ou le pathos: il serait tentant de projeter sur cette opposition celle entre Réforme et papauté. De Luther à Calvin l'orgueil de l'habitus est en effet constamment dénoncé. Il n'est pas question pour eux qu'à force de travail, on puisse monter au Ciel et se faire compagnon des Dieux. Dieu seul a des Idées. C'est lui le généralissime, l'orateur n'est qu'un instrument entre Ses mains. Cela n'interdit pas de travailler, mais en ayant conscience de ses limites. A Dieu seul la gloire de la victoire. Si le créateur humain a des Idées, elles ne peuvent donc lui venir que de la « nature » c'est-à-dire de la divinité. En revanche, l'aristotélisme de fond de la *Deffence*, son éloge de l'œuvre par tous les moyens humains, tout cela ne cadre pas mal avec un oncle cardinal, ambassadeur à Rome et qui finit doyen du Sacré Collège. Michel-Ange aussi a des Idées. Le Courtisan qui, chez Speroni, résume la théorie italienne de l'Idée, fréquente précisément la Cour papale. C'est dire le lien intrinsèque entre catholicisme romain et théorie de la création humaine, lien que proclame encore plus la Sixtine commandée à Michel-Ange. L'habitus à son plus haut est un plein épanouissement de ce que l'humanité est en puissance de produire, même après la Chute et le péché originel. Le catholicisme italien est alors une pensée du progrès, aussi étonnant que cela puisse paraître quand on songe à la papauté anti-Lumières du XIXe siècle.

De ce point de vue, Du Bellay est le plus romain des poètes français, avant même d'être physiquement à Rome. Parce que les marotiques n'ont pas la moindre Idée du grand, qu'ils ignorent ou veulent ignorer la théorie même de l'Idée, à ses yeux ils ne feront jamais rien de grand. Former le jugement, c'est bien. Mais sans Idée, l'écrivain n'est guère qu'un artisan. Avec, un capitaine d'industrie. La ligne de partage tire l'un vers les glands et l'autre

---

1 J'ai développé ce point dans «Le mot *dialogue* chez Sébillet... ». Ce n'est pas à dire que Melanchthon ignore le *mouere*, bien au contraire. Il ignore plutôt le *docere* au sens cicéronien. Dès lors que chez lui «*docere*» signifie enseignement des grandes vérités, tout en fait relève du *mouere*. Mais ce n'est pas celui de Du Bellay. Comme chez Erasme, c'est une communication de *pectus* à *pectus*, de cœur à cœur, imaginée comme chez saint Augustin sans effets de séduction, sans domination de l'auditoire: un pathos idéalisé en éthos.

2 Du Bellay cantonne l'*utile dulci* à la seule épigramme (II-4, l. 15), genre mineur et marotique. Cela n'empêche pas un vibrant éloge par la *Deffence* d'Horace, «que je ne puis assez souvent nommer» (II-2, l. 94). Horace ayant la même doctrine d'ensemble que Cicéron ou Quintilien, Du Bellay se sert des expressions horaciennes, moins techniques, pour «orner» sa lecture de l'*Or.* Sur le fond, et sous réserve d'enquête, il me semble que le *dulcis* de l'*utile dulci* serait plutôt à rapprocher du *dulcia sunto*, où «doux» renvoie en fait au... *mouere* (*Ars poetica*, 99: «*Non satis est pulchra esse poemata: dulcia sunto*, ils doivent encore être pathétiques).

vers les blés. L'un est serf de la matière, l'autre en est maître. L'artisan est certes respectable comme l'âge d'or de Saturne: c'est le Latium où Enée débarque, c'est, comme on dit, l'enfance de l'art. Le souci des paysans et des potiers est la terre, la glaise qui impose sa loi, et qu'on domine tant bien que mal en refaisant les gestes traditionnels, selon les rites prescrits. Le capitaine d'industrie, lui, est Enée, ou toute figure démiurgique du pur concepteur: Napoléon aux yeux de Hegel. Il est l'esprit qui va, et qui donne forme à la matière. Etre Chateaubriand ou rien, c'est aussi se rêver en Napoléon. Rome remplace Sparte, et Jupiter, Saturne. Pour Du Bellay, vouloir être Virgile, c'est vouloir créer un monde[1].

L'opposition entre éthos et pathos se double ainsi, sans surprise, de celle entre humilité et orgueil. La position orgueilleuse de Du Bellay est du reste une évidence. Après s'être gardé sur sa gauche, le trop d'humilité à la Marot, il lui faut aussi et surtout se garder sur sa droite, le trop d'orgueil à la Scève. Or, en fait d'orgueil de la création, en fait de Michel-Ange, il trouve à côté de lui Ronsard. Et ce n'est pas rien.

En 1549 ou 1550, ces deux frères en poésie s'identifient chacun à une forme poétique. A Du Bellay le sonnet, à Ronsard l'ode. Nous avons vu comment la *Deffence* met en fait le sonnet au-dessus de l'ode. Le sonnet est une « invention » – une création -, « non moins docte que plaisante ». Il conjoint art et nature, il plaît aux gens du métier mais aussi aux autres. Reste alors à laisser entendre que l'ode est un cran au-dessous. Cela ne peut pas être dit explicitement, parce que Ronsard est d'abord un allié, dans l'attaque officielle contre doctes et marotiques: contre ces ennemis-là, c'est l'union sacrée. Mais l'après-guerre se prépare sourdement pendant la guerre, et on songe déjà au moment où l'allié deviendra un opposant. De ce point de vue, il n'est pas difficile de repérer que la machine théorique est toute prête pour démolir les prétentions de l'ode à tenir le primat, la principauté, à monter sur le trône. Cette machine s'appuie sur une série d'oppositions: entre le grand style « furieux » et le vrai grand style récapitulatif; entre Dante et Pétrarque; entre Pindare et Horace; entre innovation et composition de mots; entre invention « divine » ou « laborieuse ».

L'opposition fondamentale entre fureur et récapitulatif vient, comme il se doit, de l'*Orator*. Celui qui ne pratique que le grand style « est tout à fait méprisable, *maxime est contemnendus* ». Qui ne connaît que la grandiloquence

> a l'air d'un fou furieux aux yeux des personnes sensées, ivre comme une bacchante au milieu de gens qui n'ont pas bu, *furere apud sanos et quasi inter sobrios bacchari uinulentus uidetur.* (§ 99)

---

[1] Pour la similitude entre l'univers, œuvre divine, et l'œuvre de Virgile: Macrobe, *Saturnales*, V, 1, 19, cité par Perrine Galand-Hallyn, «Maître et victime… ».

Par opposition, le grand style supérieur est celui qui sait, comme dit Cicéron, ne pas être toujours et uniquement grand: celui qui pratique aussi style bas et moyen. Le grand style supérieur est celui qui récapitule les trois styles, dont le grand, et qui les règle ou « modère ». Or, la fureur du grand style, c'est précisément ce que revendique Ronsard dans les *Odes*[1]. C'est clairement là sa pente. Pour la critiquer, il suffira de refourbir Cicéron. Ou encore Horace: le désir du grand est toujours menacé de tomber dans un excès, critiquable par définition. « *Professus grandia turget;* (...) *qui uariare cupit* (...) *delphinum siluis adpingit* »: qui vise au sublime est boursouflé, qui veut la *uarietas* produit du monstrueux. Ces excès qui menacent en effet Ronsard sont dus selon Horace au défaut d'art, ce qui est la pire des accusations: «*si caret arte* »[2].

La deuxième opposition est celle entre Dante et Pétrarque, c'est-à-dire aussi bien entre Michel-Ange et Raphaël. Dante selon Bembo a la grandeur du sujet, mais aussi, comme Thucydide, un manque ultime de poli, c'est-à-dire l'*horridus*. Pétrarque, lui, a gravité *et* modération: sa douceur est une « grave douceur »[3]. Du Bellay le sait fort bien: il supprime Dante dans la fameuse triade florentine, pour ne garder comme Bembo que Pétrarque et Boccace[4]. Posée en 1525 par Bembo, l'opposition est redoublée ensuite par celle entre Michel-Ange et Raphaël. Michel-Ange est du côté de Dante, de la *terribilità*: il est l'Idée à l'état pur, héroïque, qui cherche comme dans ses fameux Esclaves à se libérer de la matière. Raphaël, lui, est du côté de la douceur, de la *soavità*. Au terrible répond la grâce, comme deux versions de la beauté. Ces répartitions nous paraîtraient aujourd'hui pencher en faveur de Dante et de Michel-Ange. Bembo et donc Du Bellay, eux, préfèrent en fait Pétrarque et Raphaël, parangon du goût classique, de l'équilibre, de la maîtrise. Le débat fait précisément rage, en Italie, dans les années 1545-1555. Vers 1545, les Florentins assimilent explicitement Michel-Ange à Dante, pour les louer tous deux: Benedetto Varchi compare longuement chaque tercet de la *Commedia* à chaque figure du *Jugement dernier*[5]. Il suffit alors

---

1 Voir, entre mille exemples, l'ode aux vers sans rime citée p. 63, n. 3: «la poitrine remplie/D'une trop vineuse fureur... », i.e *uinulentus*.

2 *Ars poetica*, 27-31; voir p. 50, n. 2.

3 La comparaison Dante-Pétrarque est dans les *Prose delle volgar lingua*, II, XX-XXI, p. 175-181. Dante est critiqué pour avoir usé de mots *rozze*, équivalent italien de *horrida*. Il a donc manqué de choix et de règle, «*senza alcuna scielta o regola*» (p. 178); il a agi «*piu licenziosamente che a grave e moderato poeta s'apartiene* » (p. 179).

4 Voir p. 23, n. 3 et p. 42, n. 1.

5 *Leçon sur la préséance dans les arts*, 1547, cité par François Lecercle (dans R. Aulotte, *Précis*..., p. 342). Contre Bembo (Vénitien, comme Speroni, mais défendant paradoxalement le toscan), les Florentins avaient déjà pris la défense de Dante.

aux Vénitiens de s'appuyer sur Bembo c'est-à-dire sur l'*Orator*: on peut préférer « le très divin » Raphaël à Michel-Ange comme on peut préférer Pétrarque à Dante, et qui pratique le seul terrible ne connaît pas la vraie grandeur[1]. La grave douceur n'est pas la mièvrerie, mais la supériorité absolue – et de fait Raphaël pour longtemps sera senti comme supérieur à Michel-Ange. La *Deffence* joue sur des répartitions de ce genre. L'ode y est du côté de Dante et de Michel-Ange. Le sonnet, de Pétrarque et de Raphaël. Et sur le podium des palmarès, au sommet est le sonnet.

A ces couples d'opposés déjà très solides vient s'en superposer un autre qui est peut-être le plus fondamental. Fureur et récapitulatif, Dante et Pétrarque sont en un sens de simples variations sur le thème Pindare et Horace. A Ronsard Pindare et le grec, à Du Bellay Horace et le latin. La *Deffence* se garde bien de nommer Pindare, ce Pindare dont la *terribilità* est l'emblème du premier style ronsardien. A propos de l'ode, Du Bellay ne cite qu'Horace (II-4, l. 57). Mieux: dès le tout début de la dédicace au cardinal, le même Horace est nommé par la périphrase « le Pindare latin » (l. 5). Notre goût pour le grec et pour Michel-Ange ne doit pas nous égarer. Aux yeux de Du Bellay, le primat est au latin, et à Horace. Son Horace n'est pas celui d'Aneau. Il est, comme Raphaël, un héros de l'équilibre maîtrisé, par rapport auquel le Ronsard pindarique fait avantageusement figure de déséquilibré, de frénétique. Etre tempéré signifie ici être supérieur, récapitulatif; de même, se modérer veut dire savoir où est le *modus*, la règle intérieure. Du Bellay est, au sens fort du terme, un poète du juste milieu. Modération, modulation, il est maître de lui comme il l'est de ses vers. Sa carrière dans le civil suffirait à le rappeler. Ce n'est pas parce qu'il est poète que l'oncle cardinal a fait de lui quelque chose comme son chef de cabinet. A ce poste-clé, et à Rome, il faut un summum de maîtrise équilibrée, sur un grand fond de travail.

Le goût pour Horace est d'ailleurs lié de très près au clan des Du Bellay, que ce soit Guillaume l'aîné ou Jean le cardinal. Leur poète attitré est en effet Salmon Macrin, l'Horace français (en latin). Né en 1490, il fréquente la cour ou salon du cardinal et est un vieil ami du jeune Joachim. Dès les années 1525, Macrin reprend à Horace la forme de ses odes et le même refus de toute ambition guerrière ou athlétique, caractéristiques de Pindare[2]. Pourtant, et dans le même mouvement, il revendique dès 1530 la gloire d'être le premier en France à pindariser – ses pièces pindariques de 1530-1535 sont adressées aux frères Du Bellay:

---

1 Lodovico Dolce, *Dialogo della pittura intitolato l'Aretino*, 1556 (cité dans *Venise et Rome*... de Michel Hochmann, que je remercie vivement pour ses aperçus si pénétrants).

2 Je reprends l'analyse de Jean-Eudes Girot, *Pindare en France avant Ronsard*, pp. 307-312.

Magna ipse primus quem probarit
Gallia tempus adhoc poetam.
Primus puellae tinnula Lesbiae
Qui plectra sumpsi, et Pindaricum melos...

Je suis le premier que la vaste Gaule ait jusqu'ici reconnu comme poète, le premier à avoir saisi le plectre argentin de la jeune Lesbienne et, sur une lyre encore inconnue de la foule, à avoir révélé le chant pindarique...[1]

En 1546, dans une pièce à Lazare de Baïf, il écrit encore que, s'il « ne prétend pas être semblable à Pindare », « le premier, *princeps*, (il a) gravi l'Hélicon, le premier chanté en latin sur une lyre lesbienne ». *Primus* ou *princeps*, ce sont les formules mêmes du *nos primi* de l'*Orator*, qui seront celles de Ronsard en tête de ses *Odes* et que nous avons vues dans la *Deffence*. Macrin, on le voit, n'oppose pas, lui, Horace et Pindare. Horace symbolise à ses yeux « ce que le poète latin lui-même représente pour Macrin: un modèle qu'il est d'autant plus beau d'égaler qu'on le déclare insurpassable »[2].

Cette coexistence pacifique entre Horace et Pindare est possible pour Macrin dans la mesure où il est lui-même l'un et l'autre, même s'il penche nettement du côté d'Horace. Du Bellay n'est plus dans la même situation. A partir du moment où c'est un autre qui prétend incarner Pindare, il devient urgent de souligner les dangers de l'imitation pindarique. Horace, justement, indique la voie. Dans une ode célèbre, et qui est à la base de la fortune de Pindare à la Renaissance, il déclare fou comme Icare celui qui se risquerait à imiter le Thébain[3]. A bon entendeur, salut. Horace décrit l'éloquence de Pindare comme un fleuve torrentiel descendu de la montagne, charriant avec audace des mots nouveaux dans des *numeri* sans loi: « *numeri lege soluti* ». L'image du fleuve sera reprise par Quintilien pour décrire Pindare: chez Cicéron c'est l'image même de la *copia*. L'absence de loi pour les nombres renvoie dans la *Deffence* à la question des vers sans rimes[4]. Avec l'innovation

---

1 *Carm.* IV, I, f° 19, trad. Soubeille, cité par Girot. En 1537, Pierre Galland entérine cette primauté, avec répétition du *Primus* en tête de vers: le premier en Italie Horace a chanté comme Pindare, le premier en France Macrin a chanté comme Pindare (et donc Horace), « *Primus ad Ausonias numerosus Horatius aures* (...)/*Primus ad armisonos diuino munere Gallos/Salmoni haec eadem Pindari ea arte feres* » (cité par Girot, p. 308).

2 Girot, p. 312.

3 *Carm.* IV, 2, début. Je suis l'analyse de Girot, p. 73-78.

4 Josse Bade explicite en sous-entendant à *lex*: «*metrica, non tamen rhythmica*, loi métrique, mais pas rythmique» (cité par Girot, p. 77). Pétrarque de même a écrit des vers sans rimes mais pas sans rythme: un rythme supérieurement libre, de façon royale. *Lege solutus* évoque, comme je l'ai indiqué plus haut, la formule qui définit l'absolutisme, d'un prince *legibus solutus*. *Cf.* le « mode » i.e *modus* dans le vers de Boileau contre Ronsard: « Régla tout, brouilla tout, fit un art à sa mode » (*Art poétique*, I, 124).

des mots, tout cela renvoie clairement à Ronsard. Le confirme la paraphrase de l'ode par Du Bellay, dans un sonnet en tête précisément des *Odes* de 1550:

> Comme un torrent, qui s'enfle & renouvelle
>   Par le degout des hauts sommés chenus,
>   Froissant & ponts, et rivaiges connus
>   Se fait (hautain) une trace nouvelle:
> Tes vers Ronsard, (...)
>   Courent (hardis) par sentiers inconnus
>   De méme audace, & de carriere telle.

Nous pouvons maintenant, grâce à Macrin, situer la portée de cet éloge. Du Bellay garde ici par-devers lui le début d'Horace, sur Icare et la folie qu'il y a à imiter Pindare. Mais la *Deffence* montre qu'il n'en pense pas moins. Macrin est plus explicite. Quand il paraphrase lui aussi l'ode horacienne, c'est bien pour faire l'éloge du poète latin, pas du grec:

> Si de ton propre aveu, [Horace], nul ne peut égaler le Tyrien Pindare, ce torrent qu'entraîne un cours impétueux et qui roule, précipité, dans son lit rapide, personne non plus, après tant de siècles révolus, n'a pu atteindre ta grâce, *lepos*, ni ta hardiesse dans l'entrelacement des mots en strophes transmarines, *audacter tibi transmarinis/Verba figuris*[1].

A imitation, imitation et demi. La grâce l'emporte sur la violence, *lepos* vaut plus que *uiolens impetus*. Horace est par rapport à Pindare comme, dans l'*Orator*, Isocrate par rapport à Gorgias, ou, chez Scaliger, Homère par rapport à Virgile. Celui qui vient après est aussi celui qui sait « modérer » son prédécesseur, le « régler ». Nous retrouvons le thème du progrès incessant de la civilisation. Pindare est renvoyé à une sorte de primitivisme, tout comme la fureur poétique ou les mots rudes de Dante[2].

A partir de cette opposition fondamentale, on comprend mieux les deux dernières que j'ai évoquées. Innovation des mots et divinité d'invention penchent aussi du côté de Pindare – de Ronsard. Nous avons vu le raisonnement tortueux de II-6. Inventer des mots serait splendide, geste

---

1 *Carm.* IV, 2, f° 22, «*De Q. Horatii Flacci laudibus*», trad. Soubeille, cité par Girot p. 312. Ce dernier souligne que l'adjectif *transmarinus*, «au-delà des mers», «désigne la Grèce dans ce contexte: mais si l'on songe à la rivalité franco-italienne que l'on perçoit dans la poésie de cette époque, l'adjectif peut fort bien désigner l'Italie par rapport au nouvel Horace que prétend être Macrin».

2 Dans la suite de son ode, Horace se présente lui-même avec «modestie» comme l'abeille butinant: petit poète, *paruus*, il compose des vers laborieux, *operosa*, avec *labor*. «Plus mon petit Liré...»: il ne faut pas prendre au pied de la lettre les déclarations de modestie de Du Bellay. Comme chez Macrin, elles valent par position, pour se démarquer du grand style pindarique, menacé d'être trop grand. Dire qu'on est comme Horace, c'est dire qu'on l'emporte en fait sur Pindare. Les lecteurs au bon jugement comprendront.

démiurgique du créateur absolu. Les « composer », en fait, c'est mieux, car plus proche de la vraie règle. La reprise ici d'un raisonnement de Sébillet permet d'identifier, derrière l'innovation des mots, Scève lui-même, qui a « bien et ingenieusement inventé » mais dont « la rudesse de beaucoup de mos nouveaux » n'a pas trouvé grâce auprès du public[1]. L'innovation est grosse du danger d'obscurité. En la revendiquant, Ronsard aux yeux de Du Bellay se situe là encore sur cette ligne scévienne ou pindarique de la « langue à part ». C'est beau et même grandiose, mais ce n'est pas la position cicéronienne, puisque l'*Orator* vise surtout à ne pas se couper du public. L'innovation entre donc dans la catégorie défectueuse du grand qui ne sait être que grand, c'en est une des modalités les plus visibles.

L'appel incantatoire à la « divinité d'invention » en est aussi une modalité. Dans le contexte de toutes ces oppositions, on comprend mieux en effet l'acharnement de Du Bellay à récuser que le poète naisse. Par-delà Sébillet ou Scève, c'est encore Ronsard qui est visé[2]. Si l'inspiration divine, « naturelle », remplace le travail de l'artiste pour créer l'Idée, on est dans le registre typiquement ronsardien de la fureur. Derechef, la *Deffence* lie au contraire la fureur au travail acharné, à la sueur et à la peine. L'*Enéide* est belle parce que « laborieuse », et non inspirée, furieuse. Tout relève de l'habitus de l'artiste. L'habitus du technicien subordonné est certes une seconde nature, il sait mettre en œuvre un programme défini par l'Idée, équiper par exemple l'œuvre en ornements. Mais l'habitus du généralissime est encore un cran au-dessus, quelque chose comme une troisième nature. L'Idée sort elle aussi d'un travail et donc de règles, issues de l'habitude de prendre les grandes décisions. L'image même de l'architecte permet en particulier de penser ce lien si important entre le créateur et son commanditaire, entre le maître d'œuvre et le maître d'ouvrage. Les décisions stratégiques sur l'œuvre à faire ne se prennent pas dans la solitude romantique du poète inspiré, rejetée à II-11 (voir p. 70, n. 2). La Sixtine n'est pas un désert. Qu'on l'appelle cogitation ou programme iconographique, le choix du sujet est une affaire capitale. Ce genre de

1 Voir p. 61, n. 1.

2 Après la *Deffence*, Des Autels applique précisément à Scève les formules par lesquelles Du Bellay loue, de façon d'ailleurs tactique, la « divinité d'invention » : voir p. 29, n. 3 et p. 50, n. 2. En termes théoriques, et comme l'a montré Mireille Huchon (« Le palimpseste de l'*Abbrégé* »), l'*Abbregé* de Ronsard reprend, en 1565, le mouvement même de l'*Art poëtique françois* de Sébillet. Ce n'est pas un hasard : c'est la même insistance, dès le début, sur la divinité du poète qui procède d'une « bonne nature », capable d'avoir « les conceptions hautes, grandes, belles » (*Abbregé*, en Pléiade II, p. 1175 ou p. 468). Là où Sébillet et Ronsard commencent par un nomothète « divin » Moïse ou Eumolpe (fondateur légendaire des mystères d'Eleusis), Du Bellay préfère commencer par la Tour de Babel, ou par Hercule remettant de l'ordre dans le chaos : deux visions opposées de la création humaine, l'une *a priori* et l'autre *a posteriori*.

grandes décisions sortent d'une collaboration entre grands stratèges, houleuse et fructueuse comme tout conseil de guerre. Ce qui tend les relations entre Michel-Ange et le pape, c'est que chacun d'eux a sa « vision », son Idée, et chacun sur les mêmes bases. Tous deux peuvent prétendre à l'inspiration divine, mais aussi au souci du public et du monde extérieur. Tous deux possèdent donc un habitus de dirigeant, cette troisième nature, acquise à force de travail acharné pendant toute une longue vie d'expérience.

Au total, l'enjeu de toutes ces oppositions entre Du Bellay et Ronsard est, très logiquement, le lien avec le commanditaire: à terme, être élu poète du roi, en suscitant la *uoluptas* de tous. Un tel enjeu justifie de garder quelques munitions pour le meurtre du rival, du frère. La trame est déjà ourdie. Mais comme on sait, Ronsard a pris le dessus. Pas si fou que cela, il a remonté sa pente pour devenir, lui, le poète récapitulatif, l'aimé du roi et du public. Il a d'abord quitté l'ode pour le sonnet, avec les *Amours* de Cassandre en 1552. Il a ensuite quitté même ce sonnet, encore trop du grand style, pour le sonnet de « beau style bas », celui de la *Continuation des Amours* en 1555. D'un point de vue plus théorique, il se convertira pour finir à la conception padouane qui est si nettement celle de Du Bellay. Le signe en est, en particulier, son très important travail de reprise et de correction, théorisé dans la préface posthume de la *Franciade* contre « le chaud bouillon de la jeunesse de ces singes imitateurs », lesquels, dit Lecointe, « s'inspirent des œuvres de sa première période, et se laissent emporter par cette première fureur que Ronsard est parvenu à discipliner en lui »[1]. Icare ne s'est pas brûlé les ailes, et sous Pindare a percé un Horace. La leçon de la *Deffence* a été entendue, sans doute sur les conseils de Muret, comme l'a souligné Lecointe – Muret, autre cicéronien, et lui aussi pour finir autre Romain. Dès lors, c'est Du Bellay le perdant de l'affaire, le vaincu de l'histoire. L'assassin a été assassiné; le prétendant au trône, détrôné. Le ton si particulier des *Regrets* dira ce sentiment étrange de se sentir en exil au centre même du monde, comme un Ovide à l'envers, alors qu'on avait rêvé d'être soi-même le premier « personnaige (...) au spectacle de toute l'Europe, voyre de tout le monde »[2].

Cette histoire-là suffit assurément à expliquer le peu d'échos immédiats de la *Deffence*, y compris d'abord chez ceux de la Pléiade, où ne manquent

---

1 Lecointe, *L'Idéal...*, p. 505-506, qui ajoute: « Ronsard était loin d'être parvenu à rallier à ses nouvelles positions padouanes l'ensemble du monde littéraire contemporain ». Sur l'importance de la correction, voir p. 70, n. 4.

2 Tout début de la dédicace au cardinal (l. 1-2). *Cf.* la toute fin de l'*Art poétique* de Peletier (p. 324): le poète récapitulatif devra être « la plus spectable personne du Théâtre: et ce Théâtre est l'Univers ».

pas les coups fourrés[1]. Au-delà, la tension contre un Ronsard en pleine montée en puissance rend compte de l'instabilité conceptuelle de la *Deffence*, instabilité qui a si justement frappé la critique moderne.

Sur fond commun de la théorie classique de l'art, l'instabilité de la *Deffence* ne tient pas au problème de l'imitation. La différence entre la bonne et la mauvaise imitation n'est instable qu'à nos yeux à nous. Certes, il n'y a pas de critère objectif qui permette de dire quand elle est profonde et quand superficielle. Il n'y a pas de critère, et pour cause, parce que la différence repose sur le jugement, sur le critique. Mais cela ne signifie pas que le critique puisse mal juger, et que tout se vaille dans un vaste relativisme. Confondre Rabelais imitant Lucien avec ses propres imitateurs serait comme confondre les dessins obscènes de Picasso avec de la pornographie. Seul le critique incapable de voir la différence considérera que la différence entre le bon et le mauvais est instable. L'instabilité n'est donc pas non plus du côté du jugement. Par hypothèse, toute la progression d'un artiste est là pour asseoir son jugement, pour le rendre de plus en plus infaillible, bref, pour le stabiliser. L'habitus est une fermeté, une voie de plus en plus tracée. Quand Du Bellay juge, quand il sépare les bons critiques des mauvais, il y met assurément beaucoup d'énergie et de tension, toute la chaleur de la polémique. Pour autant, il n'est en rien écartelé.

Ce qui l'écartèle, c'est de tenir à la fois la ligne Scève et la ligne Marot: à la fois l'art et la nature, le professionnel et le courtisan, c'est-à-dire le second et le premier livre de la *Deffence*. La grande tentation de Du Bellay est le trop d'art; mais son premier mot, « la nature » (I-1, l. 1). Sa pente à lui est d'être « obscur », comme le dit la préface de 1549 de l'*Olive*[2]. Il est donc logique que le grand modèle, ce soit Scève; le grand rival, Ronsard. On comprend qu'il bataille pour ne pas mettre l'Idée du côté de la nature, même d'une nature supérieure. L'Idée à ses yeux ne peut être que du côté de l'art, du geste démiurgique et royal qui donne forme à la matière informe. Il admire Ronsard d'être ce fleuve fracassant qui se crée son propre chemin, tel le dieu Mars, tel un jeune prince paré de toutes les audaces, et parti à la conquête d'un empire. Mais il a aussi une grande sagesse d'artiste, celle de ne pas trop forcer sa matière. L'enjeu n'est pas seulement de conquérir, il est encore de se maintenir. Il est d'être Scève *et* Marot, père et mère de sa patrie nouvelle. Non pas Mars, mais Jupiter, par excellence récapitulatif. *Materia, mater*: Du Bellay ne s'inquiète pas moins de sa mère-matière. Le génie natif

---

1 Du peu de fortune de la *Deffence* il n'y a donc pas lieu de conclure à son absence d'intérêt, comme le fait Reinhard Klesczewski dans un article d'ailleurs très documenté (« Mythenbildung... »).

2 Et le redit Aneau, à propos de la formule contre Scève « tumbé en obscurité » (II-2, l. 47): « Contemple icy ton image ».

de sa langue, le goût naïf de ses anciens auteurs, il en prend en effet la défense: contre Scève, contre Ronsard, contre tous les rêves de doctes, qui sont les siens. L'écartèlement entre art et nature donne toute sa tension au *thriller* conceptuel. Tuer Scève, contenir Ronsard, c'est tuer en soi le jeune homme, devenir *senex*.

La rivalité personnelle serait du reste anecdotique si elle ne renvoyait à une crise plus générale et profonde. Cette crise qui les traversent et qu'ils vivent intensément, c'est une tension à l'intérieur même du modèle récapitulatif. Du Bellay et Ronsard sont dans le même monde: celui cicéronien de la *copia*, du style lié ou « bien joint » qu'implique l'idée de *compositio*, enfin de la hiérarchie où le premier du palmarès intègre tous ses seconds. Ils sont donc unis dans leur lutte contre le style simple trop simple et le style docte trop docte: contre Lysias-Marot, contre Thucydide-Scève. Ils sont unis comme j'ai uni, de façon apparemment cavalière, Malherbe et Hugo, dont les Thucydide s'appellent Desportes ou Mallarmé. Mais après cette ressemblance fondamentale, il faut conclure sur les différences, non moins importantes. A l'intérieur du modèle récapitulatif, Du Bellay insiste sur le fait de composer et « se composer »[1]. Chez lui prédomine le *fiunt oratores*. On se fait poète, par travail, y compris pour l'Idée, pour la conception même de l'œuvre. Si l'œuvre poétique est un palais, l'architecte en est réfléchi de bout en bout, pour le dessein puis pour l'architectonique enfin pour les ornements: tout le parcours qui va de l'Idée à « l'épithèse » en passant par « l'antithèse » (voir l'analyse de II-9 et II-8). Tout étant concerté, mesuré, ce qui prédomine est le latin et Horace. Chez Ronsard au contraire prédomine le *nascunt poetae*. On naît poète. Le travail, oui, mais pas pour l'inspiration, le dessein d'ensemble. Le travail est réservé à l'architectonique et plus encore aux ornements. L'*Abbregé* raconte alors la descente progressive du divin à l'humain, l'humain piètre d'aujourd'hui, alors que chez Du Bellay comme chez Scaliger, aujourd'hui est ou peut être le point d'aboutissement d'un progrès ou progression, d'une remontée constante vers la perfection. Homère est chez Ronsard incomparable, du côté des dieux; chez Scaliger, c'est un primitif, un passé à dépasser. Du coup, Ronsard fait plus droit à la « douce folie » ou à la « douce rage », aux songes de malade, à la bacchanale. En cela il est plus près de Hugo, de la bouche d'ombre, il est traversé par mille tentations, de lune et de logomachies. On conçoit que Scève le tente, on conçoit aussi que Boileau le rejette avec véhémence, et le peigne justement en Icare orgueilleux, « trébuché de si haut »[2].

---

1 Voir p. 31, n. 2 et p. 53, n. 6.

2 *Art poétique*, I, v. 129.

La ligne de partage est particulièrement sensible avec l'emploi du mot de génie. Lecointe a souligné que, tel le hors caste de l'Inde hiérarchique,

> le Génie, comme le sacré, est fondamentalement «en dehors» de la hiérarchie [mais il] se veut également «au dessus» du monde. Ce qui marque donc la première forme d'affirmation de l'individualité du Génie, c'est cette revendication permanente du «point haut», à partir des représentations hiérarchiques de la personnalité récapitulative[1].

Ronsard procède clairement à cette manœuvre stratégique de contournement, où être hors pair est le plus sûr moyen d'être au-dessus de ses pairs. Face à ce génie hors du monde Du Bellay est le génie dans le monde. Il est fasciné par Rome et la centralité, même s'il rêve que Rome soit toute où il est, à Paris. Pour reprendre la vue cavalière que je proposais, si Ronsard l'a d'abord emporté, Du Bellay a eu sa revanche avec le classicisme, et ce dès Desportes: Raphaël et Horace plutôt que Michel-Ange et Pindare. En fait de génie, Du Bellay a été un prophète à plus long terme, avant que le romantisme à son tour ne revienne et à Ronsard et à la conception sacrée du génie, tout comme à Michel-Ange et à Dante. Ronsard est le torrent de montagne, au plus près des sommets et de la source divine; Du Bellay est ou se veut le fleuve majestueux épandu dans la plaine. A l'un l'impétuosité des temps de crise; à l'autre un Nil paisible, la *pax romana* qui consolide une civilisation. Ce sont deux figures du nomothète, du père fondateur, du « génie ». D'un côté Moïse descend de la montagne où Dieu lui a parlé[2]. De l'autre côté Hercule court l'empire pour en éradiquer les monstres. Plutôt les grandes inspirations, la « nature », ou plutôt les grands travaux, « l'art », le *labor*. Une telle ligne de faille dépasse, et de loin, l'aventure de nos deux poètes, tout en rendant exemplaire leur rivalité. C'est par exemple la grande opposition entre les peuples de pasteurs et ceux de cultivateurs, Israël nomade et l'Egypte sédentaire. Du Bellay méditant le meurtre de Ronsard, c'est au fond Caïn le cultivateur jaloux de son frère Abel, dont l'agneau sacrifié a plus la faveur du dieu. A l'un la Ville et la civilisation, à l'autre la forêt de Gastine et le « bocage »[3].

---

[1] *L'Idéal*..., p. 245: voir p. 29, n. 3.

[2] Moïse pour Sébillet, et pour Ronsard les poètes divins qu'évoquent et l'*Ode à Michel de l'Hospital* et l'*Abbregé*: «Divins d'autant que la nature/Sans art librement exprimoyent» (en Pléiade, I, p. 643, v. 549-550); divins «non tant pour leur divin esprit qui les rendoit sur tous admirables, que pour la conversation que ilz avoyent avecques les Oracles, Prophetes, Devins, Sybilles» (en Pléiade, II, p. 1175; ou p. 468).

[3] Les poètes divins de l'*Ode à Michel de l'Hospital* «paiss(e)nt par les campagnes/Les troupeaux dans les champs herbeux», v. 561-562. Voir la très belle analyse du titre *Le Bocage royal* dans Daniel Ménager, *Ronsard. Le roi*...

Au bout du compte, parler d'écartèlement à propos de Du Bellay ne saurait donc être son point de vue à lui. Pour nous modernes, la tension entre art et nature est un tissu de contradictions. Pour la *Deffence*, le problème est annulé, dépassé par le haut, intégré dans un tout supérieur. La problématique est celle de la royauté, ou de l'Empire. L'attaque contre les défenseurs du latin soude une alliance entre les vrais doctes et la Cour. Entre ces deux plaisirs que sont *uoluptas* de l'esprit (le Lazzaro de Speroni) et *uoluptas* du corps (le courtisan), Bembo-Du Bellay choisit l'un *et* l'autre, il récapitule. Un Virgile en français, ce sera le corps allé avec l'esprit, et tous deux soulevés par une même âme. Si on raisonne en termes de logique récapitulative, l'alliance entre art et nature n'est plus un antagonisme mais une perfection, avec tout ce qu'un tel mot évoquait en effet de tension, de désir vibrant. Le juste milieu est une « prudence » herculéenne, sur laquelle s'ouvre et se ferme l'œuvre: une prudence de généralissime, d'empereur, Jupiter conseillé par Minerve, ou Hercule modèle du bon roi. Le dessein de la *Deffence*, son Idée, est le projet d'être roi, de régner longuement sur la littérature par une monarchie universelle. C'est Auguste, et donc Virgile: la tête dans le ciel des Idées, les pieds dans la terre maternelle.

VARIANTES ET NOTES

Le texte de base est la première édition de la *Deffence*, c'est-à-dire le même que celui donné par l'édition Chamard – dont nous indiquons les numéros de pages entre crochets. Comme celle-ci, nous conservons l'orthographe originale; dissimilons *i* et *j*, *u* et *v*; résolvons les abréviations; corrigeons les erreurs évidentes. L'édition Chamard, du reste, est quasiment parfaite, hormis trois fautes: *permierement* pour *premierement* (I-3, à sa p. 25, l. 35); *doit* pour *doint* (II-7, à sa p. 145, l. 11); *éte* pour *eté* (II-7, à sa p. 149, l. 45). Nous conservons aussi la ponctuation originale, ce que n'a pas fait l'édition Chamard, en particulier les très nombreuses majuscules. Comme l'a montré André Tournon, et redit notre propre commentaire, il faut être très attentif à la distribution des deux-points, puisqu'ils marquent la fin d'un membre de période: d'une unité de sens et de souffle.

Liste des diverses éditions:

1549 – *La Deffence, et Illustration de la Langue Francoyse. Par I. D. B. A.*, Paris, Arnoul l'Angelier, in-8°. BNF Rés. X 1888; fac-similé, Lille, Giard et Genève, Droz, 1949. C'est le texte que nous suivons.

1553 – *La deffence & illustration de la langue Francoyse*, Paris, Arnoul l'Angelier, in-8°.

1557 – *La Deffence & Illustrastion* (sic) *de la Langue Francoyse*, Paris, Arnoul l'Angelier, in-8°.

1561a – *La Deffence & Illustration de la Langue Francoyse*, Paris, Charles Langelier, in-4° (rééd. en 1562).

1561b – *La Deffence et Illustration de la Langue Francoyse, par Ioach. Du Bellay Ang.*, Paris, Federic Morel, in-4°.

1568 – Edition de la *Deffence* dans le recueil d'Aubert, première partie, même titre que 1561b, Paris, Federic Morel, in-8°.

Pour les variantes, nous ne signalons que celles qui ne sont pas orthographiques. La plupart des variantes de l'édition Chamard portent sur la modification d'accents, *renommée* ou *laquéle* devenant *renommee* ou *laquelle*. De même, il suffit de se rappeler une fois pour toutes que la première édition écrit *à* pour *a* (du verbe avoir). Cela posé, on se rend compte que le texte de la *Deffence* a fort peu bougé. < > marque une addition, > < une omission, | | une substitution.

Pour les notes, il n'a paru ni utile ni décent de reprendre le matériau souvent abondant que l'édition Chamard a su donner. On n'a pas repris non plus le texte du *Quintil Horacien* de Barthélemy Aneau: il a été édité en Livre de Poche dans les *Traités de poétique et de rhétorique*, il le sera de nouveau dans une édition de la *Deffence* à paraître aux Classiques Didier. Cette édition-là devrait, outre un abondant dossier autour de la *Deffence*, donner intégralement le *Dialogo delle lingue* de Speroni, avec sa traduction française. Nous nous sommes donc contenté de fournir, en continu et en italien seulement, la partie du *Dialogo* à laquelle Du Bellay a emprunté. Enfin, on trouvera à la fin de ces notes un tableau de correspondance entre les passages de la *Deffence* et ceux de notre commentaire. – Une référence « Horace, 100 », tout court, renvoie au seul *Ars poetica*. Le nom de Cicéron n'est pas mentionné devant ses ouvrages de rhétorique (*De Inventione*, *De Oratore*, le *Brutus* et l'*Orator*). Les noms de Sébillet, Aneau, Fouquelin, Peletier et Ronsard suffisent à renvoyer à leurs traités respectifs, tous publiés dans les *Traités de poétique*... au Livre de Poche. Pour Sébillet, je donne d'abord la page de l'éd. Gaiffe, puis celle du Livre de Poche: « Gaiffe, p. 148; ou p. 125 ».

Page 15

10. *1561a* soubz |si| pesant

1. Cette phrase imite Horace, début de l'épître à Auguste (*Epist.* II, 1, 1-4).
2. Sur l'image finale de l'Hercule gaulois, voir p. 81, n. 4.
3. Du Bellay se compare à Teucer tirant ses flèches à l'abri du bouclier de son frère Ajax (*Il.* VIII, 266-272).

Page 16

42. *1549* heure|n|se
44. *1557*, *1561a* toy >il< a

1. Locution biblique, «*sub umbra alarum tuarum*» (*Ps.* XVI, 8, version des Septante). «Savoir, Vertu...»: *cf*; «L'esprit, la vertu, la conduite» (Ode VII à Jean du Bellay dans le *Recueil de poésie*).
2. Dans son tableau du sacrifice d'Iphigénie, Timanthe exprime la douleur de son père Agamemnon en le faisant se voiler le visage. Plutôt que d'*Or.* 74 (qui ne nomme pas Timanthe), c'est là une reprise de Quintilien 2.13.13, auquel est aussi empruntée la phrase suivante, sur Carthage.
3. Non pas Tite-Live, mais Salluste (*Jug.* XIX, 2): mentionnée par Quintilien 2.13.14.
4. Cette métaphore fait songer Aneau aux titres récusés à II-11: voir p. 72, n. 4.

5. Chamard considère que la *Deffence* est des environs de Pâques 1549. Yves Giraud le lui a contesté avec d'assez solides arguments. Le Privilège commun à l'*Olive* et à la *Deffence* est daté du 20 mars « 1548 » (ancien style), soit 20 mars 1549 (l'année ancien style commençant à Pâques). Au début de la *Deffence*, l'épître dédicatoire au Cardinal Jean Du Bellay est datée 15 février « 1549 », tout comme la page de titre porte « 1549 ». Comme on est avant Pâques, et si cette date est en ancien style, elle signifie que l'épître est datée dans notre calendrier du 15 février 1550. Cette lecture est la plus conforme aux usages du temps. Or Chamard demande « d'admettre que dans ce cas, *et dans ce cas seulement*, il y a eu une entorse au système de datation en usage à ce moment-là» (Giraud, p. 17, qui souligne). Il est plus simple de faire l'économie de cette exception à la règle. Giraud propose alors la chronologie suivante: 1°/ *Art Poetique françois* de Sébillet, entre juillet 1548 et Pâques 1549 (soit le 21 avril). 2°/ *L'Olive*, après le 22 avril 1549. 3°/ *La Deffence*, après le 15 février 1550. 4°/ Le *Quintil*, rédigé avant octobre 1550 (première édition connue, 1551). 5°/ *L'Olive*, deuxième édition, et l'*Iphigène* de Sébillet, entre octobre 1550 et Pâques 1551; la *Replique*... de Des Autels étant au plus tôt après le 20 août 1550.

Ajoutons que cette postériorité de la *Deffence* par rapport à l'*Olive* permet de rendre compte du passé qu'utilise Du Bellay à II-1, l. 25: (moi) « qui *ay osé* le premier des Francoys introduyre quasi comme une nouvelle poësie », reprise, au passé, de la formule de l'avis au lecteur de l'*Olive* de 1549, sur la forme de poésie « encore (...) peu usité(e) ».

Page 18

1. Traduction de Sainte-Beuve: « Jean Dorat, en faveur de la *Deffence de la Langue Française*. «Il n'y a qu'un seul bon augure, c'est de combattre pour la patrie», a dit la douce éloquence de la muse homérique. Et moi, je dirai en parodiant le poète: il n'y a pas de plus grand honneur que de combattre pour la langue de la patrie. Aussi, Du Bellay, de même que tes ancêtres se sont entendus appeler patriotes pour avoir défendu la terre de la patrie, de même, toi qui plaides pour la langue paternelle, tu auras à jamais un renom aussi comme bon patriote. » Le premier vers sont les mots d'Hector quand il entraîne les Troyens à l'attaque du camp des Grecs (*Il.*, XII, 243): vers célèbre, exemple de maxime dans Aristote, *Rhét.* II, 21, § 11, 1395a10. Sur Dorat, le célèbre maître de Du Bellay et Ronsard, *cf.* p. 45 n. 2 (blâme de Lycophron, son auteur de prédilection) et inversement II-8, l. 46-57 (éloge de l'anagramme, son genre chéri); et voir Geneviève Demerson, *Dorat et son temps.*

Page 19

1. Mot de Pline l'Ancien, *Hist. Nat.* VII, 1, 1.

2. D'ici à « diversement » (l. 29), emprunt n° 18 à Speroni: Pomponace répond à Lascaris; Du Bellay rappellera cette discussion à I-10, l. 30. A rapprocher aussi de l'emprunt n° 7 (Lazzaro). Du Bellay retourne en effet l'argument de Lazzaro. Pour celui-ci, l'italien est «une indistincte confusion de toutes les barbaries du monde», parce que l'italien a été forgé par l'apport des Huns et autres Gaulois descendus en Italie. Bembo s'oppose à cette vue, ce qui souligne une fois de plus ses affinités aristotéliciennes avec Pomponace. Quand ce dernier conteste qu'on puisse « louer une langue, et blâmer l'autre » (l. 15), il s'oppose à la règle du jeu qui a présidé au dialogue entre Lazzaro et Bembo, le premier annonçant qu'il va dans le même

mouvement «louer (le latin) et blâmer le vulgaire» (tout début du *Dialogo*). Hermogène plutôt que Cratyle: la position aristotélicienne sur l'origine humaine du langage est un grand classique, ou banalité, par exemple Rabelais, *Tiers Livre*, XIX, l. 29 sq («Les languaiges sont par institutions arbitraires et convenences des peuples»): voir le livre de Marie-Luce Demonet. Chez Speroni, Lascaris y oppose, non moins classiquement, le *Cratyle* de Platon; et Bembo considère que la logique de la position de Lazzaro devrait l'amener à préférer l'hébreu au latin comme langue «pure», originelle.

3. Selon Aneau, *fantasie* est ici pris «improprement pour volonté». Du Bellay vient en fait d'employer le mot «vouloir» à la l. 13: «vouloir, & arbitre des hommes», formule qui, elle, vient du Pomponace de Speroni («*dal voler de' mortali*») – Pomponace n'emploie pas *fantasia*. Fantaisie et vouloir indiquent deux modalités du phénomène de la création. La fantaisie renvoie à la capacité de formation de concepts ou notions: la *phantasia* est de façon très générale ce qui fait «voir» ou percevoir des objets, à défaut d'avoir accès aux intelligibles l'homme a par la *phantasia* moyen d'en saisir quelque chose. La volonté, elle, renvoie à la liberté absolue du créateur («arbitre» chez Du Bellay: *cf.* l'arbitraire du signe). Le modèle en est la *voluntas Dei*. Dans la présentation de saint Augustin, «la *volonté* précède toute détermination du monde à l'être», il n'y a pas de déterminisme ou de nature qui contraindrait cette liberté radicale (voir Lecointe, *L'Idéal...*, p. 550-551). L'homme de même, qui a reçu de Dieu pouvoir de nommer les créatures, a pleine liberté pour ce faire. Chamard est sensible à cette portée du mot *vouloir* quand il note à «je veux bien» (I-1, l. 38): «non pas *je consens* mais *je tiens à*. Sens très fréquent dans la *Deffence*». *Cf.* par ex. «A ma volunté que...» (II-12, l. 133), ou encore «j'ay bien voulu (...) ebaucher» (II-1, l. 4), ou même «J'ay bien voulu dire ce mot...» (I-11, l. 89): le «je veux» énonce hautement la liberté du démiurge, tout comme «j'estime» dit de façon hautaine l'exercice souverain du jugement.

4. Le doublon *conceptions et intelligences* contamine la formule de Speroni (début du n° 17): «*significando tra noi i concetti dell' intelletto*».

Page 20

1. Etymologie fantaisiste, transmise par les lexiques du premier XVIe siècle, et critiquée par Estienne dans son *Thesaurus* de 1572. Elle se fonde sur un passage mal compris de Strabon, XIV, II, 28. L'enjeu pour Du Bellay est de dénier aux néo-latins et surtout aux doctes Italiens le droit d'appeler les Français *barbari*. L'un de ces doctes est, par excellence, le Lazzaro de Speroni, donc en 1542 (voir emprunt n° 6). La polémique est toute fraîche dans le milieu du cardinal Jean Du Bellay, ambassadeur à Rome: «A mesure que la rédaction des *Historiae sui temporis* avançait, les relations de [Paolo] Giovio avec le parti français tournèrent au vinaigre. Dans une minute autographe sans date, mais qui correspond à la période du conclave de 1549-1550, lorsque Jean de Lorraine se trouvait à Rome, Du Bellay parle du manuscrit des *Historiae*», pour souligner les sentiments anti-français de Giovio. «Quand le texte imprimé parut à Florence en 1550, Claude d'Urfé se mit lui aussi de la partie et protesta contre l'emploi du mot *barbari* pour décrire les Français»: le mot n'y est d'ailleurs utilisé que dans les discours au style direct des chefs italiens, Giovio comme narrateur parlant des *Galli* (Richard Cooper, *Litterae in tempore belli*, pp. 249-250; chapitre très documenté sur les rapports entre Français et milieux intellectuels romains dans ces années-là). Sur Giovio, voir p. 57, n. 2.

Page 21

33. *1549 à 1557* prlolferés

1. Ce mot célèbre est un souvenir du Pseudo-Plutarque, remis à l'honneur par Erasme (commentaire à Paul, *1 Cor.*: LB VI, 729, n. 17). Anacharsis est nommé à I-10, l. 120.

2. Renvoie aux Grecs.

3. Le glissement de la langue aux mœurs est violemment critiqué par Aneau, qui y voit une faute de logique. Pourtant, il a pour lui une longue tradition. Il se trouve déjà dans la réponse de Bembo à Lazzaro (emprunt n° 9), qui met en avant « les personnes, les coutumes et la langue », dans un même contexte de renvoi au passé de la nation, italienne pour Bembo ou française pour Du Bellay. Mais surtout, le glissement est chez Cicéron, dans la bouche de Scipion défendant l'institution ancienne de la royauté à Rome: « Scipion – Dis-moi maintenant, Romulus régna-t-il sur des barbares? Lélius – Si, comme le disent les Grecs, tous les hommes sont ou Grecs ou barbares, je crains qu'il n'ait régné sur des barbares; mais si le nom de barbares doit s'appliquer non aux langages, mais aux mœurs, je pense que les Romains sont aussi loin que les Grecs d'être des barbares » (*De Rep.* I, XXXVII, 58). Voir aussi Horace, v. 289-291: « Le Latium ne serait pas moins puissant [que les Grecs] par la langue que par la vaillance ou la gloire des armes », si les poètes romains avaient su vingt fois sur le métier remettre leur ouvrage. A la fin de la *Deffence*, Du Bellay « glisse » de façon analogue quand il fait l'éloge de la France, en passant cette fois des biens accidentels ou extérieurs aux biens essentiels que sont les vertus: les premiers relèvent de la terre, les seconds des personnes ou mœurs (voir p. 76 n. 2).

4. *Cf.* les tout premiers mots du *De Or.*, « *Cogitanti mihi saepenumero...* » repris à I-10, l. 86).

5. Du Bellay retourne contre les Romains ce que Salluste avait écrit contre les Grecs. D'ici à « nostre tens » (l. 39), imitation en effet de *Catil.* VIII, 2-5.

6. Orthographe conforme à l'étymologie, *illorum*, et conservée seulement par les deux premières éditions. Même chose à I-11, l. 28.

Page 22

59. *1549* nommlels; *1561b-1568* nommelel

1. L'idée se trouve chez Budé, *Institution du Prince*, XV; Chamard cite aussi le début de l'*Epitome* de Guillaume Du Bellay.

2. Cet éclat, lat. *claritas*, est lié au thème de l'illustration, mot qu'on trouve un peu plus bas. Du Bellay retourne ce que dit Lazzaro chez Speroni (emprunt n° 6) contre les Français « qui le plus haïrent les Romains ».

3. L'accord se fait avec l'idée de *nous* contenue dans *nostre langue*.

Page 23

9. *1549* gralulde

1. La formule « l'ignorance de noz majeurs » se trouve déjà chez Sébillet (I, 2, début).

2. Salluste, *Catil.* VIII, 5. Ce *topos* fréquent est ainsi varié par Guillaume Du Bellay: «Mais noz ancestres (...) furent tousjours trop plus inclins à faire qu'à escrire» (début de son *Epitome*, voir p. 22 n. 1).

3. Chez Speroni, la double paire (« *due coppie* ») est d'abord citée par Lazzaro, qui dénie qu'à ces quatre on puisse comparer Pétrarque pour la poésie et Boccace pour la prose (emprunt n° 1; Lazzaro répète le mot d'*eccelenzia*). Plus loin dans le *Dialogo*, Bembo explicite le fait qu'à ses yeux la fameuse triade toscane se réduise aux seuls Pétrarque et Boccace, à l'exclusion de Dante. La langue de ce dernier est « plus lombarde que toscane, et là où elle est toscane, plutôt toscan de la campagne que de Florence» (éd. Pozzi, p. 612). Voir I-11, l. 11, et p. 42, n. 1, où Du Bellay élimine lui aussi Dante de la triade citée avec honneur par Peletier en 1541. Dans tous les cas, Dante est l'équivalent structurel du Thucydide de l'*Orator*.

4. Le substantif *diligence* a deux grands emplois. D'une part, il est lié au thème de la culture, voire de l'agriculture des langues: avec diligence, soin continu de ses jardiniers, une langue croît et embellit; avec le contraire, la négligence, elle dépérit (l. 36, « negligens»; l. 53, « plus diligens à la culture de leurs Langues que nous à celle de la nostre»; *idem* à II-6, l. 76, sur les mots «que nous avons perduz par notre negligence»). D'autre part, pour la poésie, l'acrostiche est une « curieuse diligence », qui prouve selon Cicéron que « les vers des Sybilles etoint faictz par artifice, & non par inspiration divine» (ce qui est positif selon Du Bellay, puisque pour l'art et contre la théorie de l'enthousiasme, de la fureur poétique: II-8, l. 69). De même, l'alternance alors toute nouvelle des rimes masculines et féminines est une « diligence fort bonne», si pas un principe absolu (II-9, l. 87). En poésie, la diligence désigne donc des soins très techniques, qui vont chercher loin dans les détails, bref qui sont « curieux », autre terme valorisé. Ces détails, ce sont précisément les nombres, qui sont en général un « artifice (...) curieux » (I-9, l. 55), deux termes aussi valorisants pour Du Bellay qu'ils sont dévalorisants en français moderne.

L'adverbe, lui apparaît deux fois, et les deux fois pour désigner le travail de l'imitateur. Celui-ci doit « sonde(r) diligemment son naturel » pour connaître ses forces (II-3, l. 47 = Quintilien 10.2.19, *consulat suas uires*). Il doit aussi « observ(er) diligemment toutes les plus rares & exquises vertuz » de l'auteur qu'il va imiter (I-7, l. 9 = Quintilien 10.2.16, *introspectis penitus uirtutibus*). Bref, l'adverbe revient à souligner ce que dit d'emblée Quintilien, « l'imitation seule ne suffit pas » (10.2.4), sans diligence elle est paresse. *Cf.* à I-9, l. 81, la «longue & diligente imitation» qui permettra de dépasser les Anciens. Cette longueur associée au soin continu finit par être un argument paradoxal: le français n'est pas encore au niveau des Anciens, eh bien tant mieux, car perfection longuement acquise durera plus longtemps, comme le dit toute la fin de I-9.

5. D'ici à « petit prix » (l. 59), emprunt n° 13 à Speroni, hormis sa phrase sur Gorgias; Bembo y répond à Lazzaro.

Page 24

65. *1561a* s'e<n>levera

1. Speroni n'a pas cet adjectif *franc*, qui évoque *français*, mais de façon problématique, puisqu'ici les rameaux « francs » sont... grecs. Sur l'importance des « exemples *domestiques* » (I-8, l. 37), voir le commentaire. L'image de la « grephe » est reprise à I-7, l. 10.

2. *Labeur* est constamment valorisé. Le grand poète épique à venir fera renaître une « laborieuse *Enéide* » (II-5, l. 24), et la traduction par Baïf de l'*Electre* de Sophocle « quasi vers pour vers » est une « chose laborieuse », donc louable car Baïf est encensé (II-12, l. 147). Le labeur paraît négatif lorsqu'il est celui des... traducteurs, qui font « chose laborieuse & peu profitable » (I-6, l. 32). Mais même là *laborieux* n'est pas foncièrement négatif. Le travail des traducteurs, ou encore leur « diligence & industrie » (I-7, l. 32) sont en soi louables, mais criticables parce que mal placées – argument semblable à I-11, à propos de l'apprentissage des langues mortes, valorisé par les doctes (mais à tort) parce qu'il se fait « avecques grand peine & industrie » (l. 85). Dans les deux cas, il ne s'agit pas de critiquer le travail ou « labeur » accompli, mais d'en réorienter le programme national. (Voir les autres occurrences: II-11, l. 50, « le dangereux labeur de ce combat » [qu'est la poésie] et l. 143, « l'industrie & labeur de ceux qui aspirent à cete gloire » qu'est l'illustration de notre langue.)

3. La variante est sans doute pour « s'eslevera » (qu'ont 1561b et 1568).

4. Souvenir de Speroni (emprunt n° 8). Lazzaro moque les progrès littéraires des peuples du Nord, tout à leur exaltation: « si tout va comme ils le désirent, je suis sûr qu'en peu de temps l'Allemagne et la France produiront, *produrrebbe*, de nombreux vrais Virgile ». Voir aussi un peu plus haut chez Lazzaro (fin de la p. 596): « Et verrons-nous jamais un Cicéron ou un Virgile toscan? ».

Page 26

1. Allusion aux traductions de l'Ecriture en langue vulgaire, et à la résistance qu'elles ont suscitée. Nouvelle attaque contre les théologiens à I-10, l. 125.

2. La fin de la phrase traduit Quintilien 3.3.1, qui a bien *partes*, ce qui est le mot normal (Aneau voulant ici *offices*; voir « office » à l. 23).

3. Du Bellay place toujours la nature en retrait par rapport à « l'artifice ». C'est cela qui l'amène à faire le tri parmi les cinq parties de la rhétorique. Les deux dernières, mémoire et prononciation, ne le retiennent pas dans la mesure où « elles sont données à chacun selon la felicité de sa nature » – mais d'ajouter aussitôt que même celles-ci relèvent d'un travail, d'un *usus*: « augmentées & entretenues par studieux exercice & continuelle diligence ». Inversement, et de façon logique, la disposition ne retient pas non plus son attention, dans la mesure cette fois où on ne peut en donner « certaines reigles & preceptes », où ne lui correspond aucune *doctrina* – la disposition repose sur le seul « bon jugement de l'orateur », sorte de nature sans doctrine (l. 17). Ne restent donc plus que l'invention et l'élocution, les seules à répondre pleinement à la trilogie *natura*, *doctrina* et *usus*: à relever vraiment de « l'art et doctrine ». (Voir les autres occurrences de *felicité*: I-1, l. 23, la félicité des langues compte moins que l' « artifice et industrie des hommes »; I-9, l. 29, le grec a de la félicité à faire des mots composés, mais derechef cela ne provient pas de « la nature desdites Langues » – Quintilien 1.5.70, *nec id fieri natura puto* -, mais du travail de « quelques scavans ».)

4. Souvenir d'*Or.* 44: « *sed propria magis prudentiae quam eloquentiae* ».

Page 27

38. *1557-1561a* g|u|yne
45. *1549* d'autre><
46. *1561a-1568* tout<e>
52. *1549-1561a* un><

1. *De Or.* I, 21: «*...ut omni de re, quaecumque sit proposita, ornate ab eo copioseque dicatur*».

2. L'image est déjà dans Sébillet (II, 9, début).

3. D'ici à «gaine» (l. 39), reprise de Quintilien 8.pr.13-15, qui a l'image *gladium/vagina*. Le lien «eloquution/eloquence» vient d'*Or.* 61 (*id.* dans *De Or.* II, 366), d'où vient aussi la formule «genre de dire», *genus dicendi*.

4. Le *dont* se rapporte au mot «elocution»: «élocution (dis-je) par laquelle... et dont la vertu...».

5. Si Du Bellay préfère ici le mot «energie» à son équivalent latin, c'est peut-être que celui-ci est *euidentia* ou, surtout, *illustratio*: cela ferait confusion avec le mot de son titre. Quintilien 6.2.32: «*Insequetur* enargeia [en caractères grecs], *quae a Cicerone inlustratio et euidentia nominatur*». La figure désignée ici est évidemment la description vive, qu'on l'appelle hypotypose ou «énargie» (la racine renvoie à l'idée de lumière, *cf.* le *arg* de *Argus*). La confusion est traditionnelle au début du XVIe siècle entre «énergie», lat. *efficacia* et «énargie», lat. *evidentia* (selon la glose à *enargeia* de Phrissemius dans l'éd. de 1528 de R. Agricola, *De inventione dialectica*, Cologne, Fr. Birckmann, p. 342). Pour une bibliographie récente, voir Perrine Galand-Hallyn, *Le reflet des fleurs*, p. 37. En revanche, à I-6, l. 15, «energie» a le sens aristotélicien d'être en acte, *en ergon*: voir p. 29, n. 3.

6. Alliance de mots usuelle en latin (Cicéron, *Pro Mil.*, 25; Tite-Live, *Hist.* VII, XIII, 6). «Manques et debiles»: incomplets et faibles.

Page 28

55. *1549* est *(au lieu de &)*
61. *1549* passe|y|
63. *1549-1561a* |c|edoit
81. *1549* vacqu|e|

1. Emprunt n° 3 à Speroni. Le courtisan considère que l'effet sur le public, «*sentimenti*» ou ici «affections», vient de la nature des choses (voir p. 73, n. 2). Bembo lui répond que l'effet vient de l'*elocutio* ou «*facondia*», et ajoute: «A preuve, lisez un Virgile en langue vulgaire, un Homère en latin, et un Boccace non toscan, et ils ne feront pas ces miracles». Les deux allusions mythologiques que Du Bellay ajoute sont expliquées par Perrine Galand-Hallyn (*Le «Génie» latin...*, p. 36 et 54). L'Etna, volcan, et le Caucase ont pour point commun le feu, puisque le Caucase est la montagne où Prométhée, voleur du feu pour les hommes, a été enchaîné (voir p. 29, début de n. 3, le «*simulacrum frigidum*» d'Erasme). D'autre part, Protée est chez Denys d'Halicarnasse l'emblème du style le plus puissant sur les «affections» (lat. *affectus*), celui de Démosthène, exemple canonique du *mouere* supérieur, celui qui combine tous les styles: «Etait-ce un dieu (...) qui trompait ainsi les regards des

hommes, ou bien les mille facettes du langage, chez un homme habile, qui abusaient totalement l'auditeur?» (*Dém.* V, 8, 2-3).

2. La traduction la plus récente et systématique est celle de Vasquin Philieul, sur commande de Catherine de Médicis (*Laure d'Avignon*, cent quatre-vingt quinze sonnets de Pétrarque en français, Avignon, B. Bonhomme, 1548; repr. Actes Sud-Papiers, 1987). Sur la fortune du sonnet en France avant Du Bellay, voir *Le Sonnet à la Renaissance*.

3. *Or.* 118 et 121.

4. *Br.* 126, «*extrema manus*», critiquée comme latinisme par Aneau (texte cité dans le commentaire, p. 157). Expression fondamentale, reprise dans l'avis au lecteur qui ouvre l'*Olive* de 1549, et variée dans celui qui clôt la *Deffence* (p. 85, l. 7). Du Bellay l'a sans doute trouvée dans Erasme (*Cic.* LB I, 983A ou p. 283): on ne peut pas «exprimer» Cicéron tout entier à partir de ses écrits, entre autres parce qu'il a laissé des œuvres qu'il n'a pu corriger, tel le *De Legibus*. Donc nous imiterons un Cicéron «*sui dissimile(s)*» (sur *exprimere* voir p. 29, n. 3). De même, chez un peintre comme Apelle ou un sculpteur comme Lysippe, inutile d'imiter une partie de l'œuvre abandonnée par l'artiste «avant qu'il n'y eût mis la dernière main, *non imposuisset artifex summa manum*»: ce serait imiter l'imperfection, *corruptum ac imperfectum.*

5. Horace, 133, vers commenté par Peletier (I, 6, p. 264), qui en profite pour corriger Du Bellay: Horace n'y parle pas «des traductions (car il n'en a point donné de précepte, comme de chose qu'il prisait peu) mais du sujet poétique».

Page 29

1. Selon le proverbe *traduttore, traditore*. Au traducteur ici honni répondra le «translateur» loué (I-10, l. 21).

2. Allusion sans aucun doute à Marot: il a traduit de l'hébreu les *Psaumes* de David et du grec *L'Hystoire de Leander et de Hero*, de Musée, sans savoir en effet ni hébreu ni grec, ni même l'alphabet ou «elementz» de ces langues, lat. *elementa.* Voir Jean-Eudes Girot, «Clément Marot traducteur de Musée»: *Hero et Léandre* était un texte d'étude à succès pour débutants hellénistes, même sans professeur, avec la trad. latine d'Alde Manuce en face du grec publiée d'abord en 1518 (Bâle, Froben; voir p. 43, n. 4 sur la *Batrachomyomachie*, l'autre grand succès scolaire de la littérature grecque).

3. »Divinité d'invention» évoque le *mens divinior* d'Horace, *Sat.* I, IV, v. 43, d'ailleurs associé à *ingenium*, que rappelle ici le «genius» de la fin de la phrase: sera vraiment un grand poète «*ingenium cui sit, cui mens divinior atque os/Magna sonaturum*». Sébillet a longuement réfléchi sur ce passage d'Horace qu'il rend par «entendement et esprit divin» (I, 3, éd. Gaiffe p. 22-23; ou p. 57-58). La suite immédiate rappelle la phrase célèbre de Quintilien sur Pindare (10.1.61), laquelle commence d'ailleurs par *spiritus*, *cf.* ici «Esprit»: «*Pindarus princeps spiritu, magnificentia, sententiis, figuris, beatissima rerum uerborumque copia*». Ce Pindare «qui est pour ainsi dire comme un fleuve d'éloquence», «Horace a considéré avec raison que personne ne pouvait l'imiter» (= Horace, *Carm.* IV, II, 1-32, voir la conclusion générale du commentaire; voir aussi l'application à Scève des l. 12-15 par Des Autels, p. 50, n. 2). Enfin, la formule après «bref» reprend la chute d'un développement de Buléphore sur l'éloquence de Cicéron, développement non moins «récapitulatif» que celui de Quintilien sur Pindare: «*Sed finge nos feliciter expressisse in Cicerone quicquid hominis exprimere potest absolus pictor, ubi pectus*

illud Ciceronis, ubi rerum tam copiosa, tam felix inventio, ubi dispositionis ratio, ubi propositionum excogitatio, ubi consilium in tractendis argumentis, ubi vis in movendis affectibus, ubi jucunditas in delectando, ubi tam felix ac prompta memoria, ubi tantarum rerum cognitio, denique ubi mens illa spirans etiamnum in scriptis, *ubi* genius ille peculiarem et arcanam adferens energiam*? Haec sic absint, quam erit frigidum imitationis nostrae simulacrum?»* (*Cic.*, LB I, 989C, ou p. 294 – je souligne). Jean Lecointe, qui a signalé cette source, souligne à quel point ce n'est pas le sens classique de *genius*: « Il est assez douteux que les «Latins» aient pu sans réticence appeler cela *genius* avant Pico et Erasme» (*L'Idéal...*, p. 221). Le conditionnel *appelleroient* de Du Bellay dit en somme que ce n'est pas là du latin classique.

Ces trois références permettent de préciser d'abord ce que signifient ici les termes d'énergie, d'esprit et de *genius*. Du Bellay reprend au texte d'Erasme le cadre général. On ne peut pas « exprimer» ces choses (l. 18), de même qu'un peintre ne peut « representer l'ame avecques le cors » (l. 19). Cette problématique de l'*exprimere* est développée par Erasme depuis 988D: « puisque l'homme est composé d'une âme et d'un corps, *quum homo constet ex anima & corpore* » (988E), même un peintre parfait comme Zeuxis, « *absolus pictor* », ne peut rendre l'âme d'un auteur comme Cicéron. Ce sera un portrait froid, « *simulacrum frigidum* » (voir p. 28, n. 1: « le froid sommet du Caucase»). Le lat. *exprimere* renvoie à l'idée de faire sortir, *ex-*, de donner à voir à l'extérieur ce qui est à l'intérieur (voir p. 28 n. 4 et p. 53, n. 6). C'est donc la problématique du visible et de l'invisible. Le portrait au « naturel» est une formule ambiguë: il y a une nature visible et une invisible. Il faudrait que le traducteur soit l'équivalent d'un très grand peintre qui, en peignant l'extérieur, donne à « voir», à saisir l'intérieur. Dans cette problématique, les termes d'Erasme forment un système simple. Ses deux formules finales sur *mens* et *genius* sont parallèles, quoique non symétriques: 1. *mens* -> 2. *spirans* -> 3. *in scriptis*, 1. *genius* -> 2. *adferens energiam* [-> 3. *in scriptis*, ou *in orationibus*]. Sont du côté du visible les écrits de Cicéron, ceux du moins qui nous restent de lui (Buléphore insiste sur cette perte, qui rend déjà impossible toute entreprise de reconstitution *ad integrum*). Sont du côté de l'invisible *mens* et *genius*. Le lien entre ces deux pôles est donné par le participe présent: «*mens spirans, genius adferens energiam*». Cet « esprit, qui est en leurs ecriz» n'est pas chez Erasme la *mens* mais le *spiritus*, le souffle qui soulève les pages et qui procède de la *mens*. Il faut se rappeler en effet que *spiritus* en latin est une image aussi vitaliste que *sanguis*. Le sang ou le souffle sont la vie même, ce qui irrigue la moindre veinule, la moindre partie d'un organisme vivant. Intermédiaires entre âme et corps, le sang ou le souffle sont mi-visibles, mi-invisibles, ils participent des deux. Le peintre ou le traducteur peuvent donner à voir les apparences extérieures, la peau: mais pas le sang qui court dessous, ou le souffle qui soulève la poitrine. *A fortiori*, ils peuvent encore moins donner à voir, « exprimer», la *mens* ou le *genius* d'où procède le *spiritus*.

Quand donc Du Bellay appelle *genius* cet «esprit, qui est en leurs ecriz», il fusionne le *mens spirans* d'Erasme. Du Bellay traduit *mens* par esprit, tout comme du reste Sébillet traduisant le *mens divinior* d'Horace. Là où Horace disait *ingenium* et *mens divinior*, Erasme dit *genius* et *mens*. Autrement dit, *genius* tire son proche parent *ingenium* du côté du divin, de cette sorte de divinité qu'était chez les Latins le génie, bon ou mauvais, «dieu naturel, propre à un lieu, une chose ou un homme quelconque» (Servius cité par Lecointe, p. 221; racine *gen-*, la génération, le naturel). Le génie est ainsi à la fois une nature et une surnature: la nature supérieure de ces hommes qu'on appellera, plus tard, des génies. Comme l'a montré Lecointe, c'est à partir de Pico ou Erasme que «l'idée du génie présente un lien intrinsèque avec l'individualité personnelle».

Reste à expliciter le sens du mot énergie. Il renvoie au binôme aristotélicien de la puissance et de l'acte, *ergon*. Un passage de l'*Ethique à Nicomaque* permet d'en préciser l'emploi (I, VII [Tricot, VI], 9-16, 1097b20-1098a20). Un artiste ou artisan a un ouvrage à accomplir, dit *ergon*. Le fait de produire cet ouvrage est l'*energeia*: l'activité de production elle-même. Enfin, «à l'œuvre on connaît l'ouvrier»: si le produit fini est de bonne qualité, on peut en déduire la qualité du producteur (§ 14, 1098a10). Mais cette différence de qualité n'empêche pas que l'analyse soit semblable pour toute œuvre et tout ouvrier. L'*energeia* ne désigne pas une qualité spécifique au seul bon ouvrier, artisan ou artiste. Cette analyse éclaire l'emploi du mot *energia* par Erasme. Au binôme puissance et acte correspond une tripartition: producteur -> production -> produit, ou encore ouvrier -> mise en œuvre -> œuvre (dans Aristote lat. d'Argyropoulos, *energeia/ergon* devient *operatio/opus*; trad. longuement discutée par Muret dans son commentaire à *Eth. Nic., VI, 4.*). *Mens* et *genius* sont du côté de l'ouvrier, de l'auteur, ou encore de la puissance: de ce qu'on ne voit pas, et qui reste de droit invisible. Les écrits sont du côté de l'œuvre, de la puissance actualisée: ils sont aussi visibles et extérieurs que l'esprit-*mens* est invisible et intérieur. Entre l'auteur et les produits de l'auteur, reste non la puissance actualisée, réalisée, mais la puissance en acte, *en ergon*, en train d'opérer. *Energeia* est ainsi le substantif formé sur *en ergon*: l'activité rendue presque visible, sous la peau des écrits, comme le sang ou le souffle sont presque visibles dans l'être vivant. Notons d'ailleurs qu'en termes théologiques, l'*energeia* est «l'opération du Saint-Esprit»: l'Esprit-*spiritus* opère dans le monde.

D'un point de vue très général, l'*energeia* désigne au fond le moment du verbe. La tripartition producteur, production, produit peut en effet se dire tout simplement sujet -> verbe -> résultat:. Par exemple le peintre -> peint -> un tableau, ou la Nature -> crée -> des créatures (voir «vive energie de la Nature», p. 44, n. 2). A partir de ce sens très général on peut rendre compte de l'emploi spécialisé d'*energeia* dans la célèbre analyse aristotélicienne de la métaphore vive (*Rhétorique*, III, 11, 1-4, 1411b21-1412a10; voir Paul Ricœur, *La métaphore vive*). Les mots mettent devant les yeux «quand ils signifient les choses en acte, *energoûnta*». «C'est la vie prêtée à un objet inanimé qui signifie l'acte», exemple «la flèche s'envola». Cette vie du verbe produit de l'effet sur le public. On s'explique à partir de là la confusion, après Aristote, entre la figure de rhétorique et le concept philosophique (voir p. 27, n. 5). La figure dite *enargeia* désigne l'effet sur le public, le concept *energeia* en décrit la cause. Une même confusion ou plutôt glissement est à l'œuvre dans le terme même d'énergie en français. *Energie* va finir par désigner, non pas de façon neutre le fait même d'agir, d'avoir une efficacité, mais bien une efficacité particulièrement remarquable. Dans le cas de l'artiste ou artisan, non pas la production, mais la bonne production. Ce glissement est déjà sensible dans la phrase de Du Bellay. L'énergie y est l'activité, le souffle d'un Cicéron: une efficacité supérieure. Autrement dit, le mot rendrait à lui seul le «*peculiarem et arcanam energiam*» d'Erasme, «l'activité particulière et profonde» (*peculiaris* est un mot chéri d'Erasme: la différence individuelle). Autrement dit encore, énergie aurait déjà ici son sens moderne, tout comme du reste génie. L'énergie du grand artiste est à l'activité habituelle des hommes ce qu'est le *genius* à l'*ingenium*: la même chose, mais en superlatif, en presque surnaturel. Et dans le cas qu'envisage Erasme, ce que produit l'efficacité cicéronienne, c'est l'effet sur le public, ou plutôt les affects: *genius* -> *energia* ->

affectus. On a en effet *adficere* -> *adfectus* comme on a *efficere* -> *effectus*. Dans le cas particulier où l'artiste est un orateur, le verbe latin qui rend *energia*, c'est *mouere*. Quand Des Autels plaide pour les ballades, qui suscitent le *docere*, les vers batelés (le *mouere*) et les vers couronnés (le *delectare*), il résume: toutes ces formes « ne sont indignes d'un poëte, veu leur energie à esmouvoir les courages» (*Replique...*, p. 67). A la «prose inspirée» dont a parlé Lecointe répond ainsi une prose efficace, ou énergique – avec un auditoire, au sens propre, d'énergumènes: de gens sous influence du *mouere*.

La citation d'Erasme par Du Bellay pose alors un problème simple. Erasme est du côté de Pico, et Du Bellay, de Bembo. Lecointe montre que le terme de *genius* résume l'opposition entre Pico et Bembo, qui apparaît dans leur correspondance du début du siècle. «L'insistance mise par Pico ou Erasme sur le *genius* s'accompagnera d'un déclin des représentations de l'inspiration divine, conservées seulement à titre ornemental et métaphorique (...). Le *furor*, dans son principe, n'est pas individualisé, même s'il trouve son séjour d'élection chez certains individus privilégiés; il n'a finalement que peu à voir avec le *genius*.» Pico tient donc que chacun doit suivre ses «*genium propensionemque naturae*». Bembo au contraire veut imiter le modèle cicéronien, et à ses yeux suivre ainsi sa pente naturelle est un défaut, celui de «*indulgere genio suo*». Pour Erasme comme pour Pico, le «génie» est du côté de l'éthos, du caractère personnel, du «*decorum peculiare*». Du Bellay au contraire, dans ce passage de la *Deffence*, s'il conserve l'idée de forte individualité présente dans *genius*, la tire aussi du côté du grand poète, c'est-à-dire du côté du pathos ou *mouere*, ou encore du *furor*. Du Bellay lie génie et inspiration divine, loin de les délier, grâce au rapprochement latent entre Pindare (citation de Quintilien) et Cicéron (citation d'Erasme), c'est-à-dire entre «divinité d'invention» et «genius».

La même opposition se retrouve avec la «varieté». La *uarietas* protéiforme chère à Erasme est l'expression d'une souplesse et d'un sourire relevant de l'éthos, typiques aussi, par excellence, de Marot. Le beau style simple marotique relève, dit Des Autels, de «ce Genie naturel et non affecté» (voir p. 48, n. 3; *cf.* aussi ang. *congenial*, «sympathique»). La variété de Du Bellay est ici celle de Pindare. Elle relève, elle, du pathos et de la *copia* inspirée du grand poète, soit du génie au sens romantique. «Le Génie, comme le sacré, est fondamentalement «en dehors» de la hiérarchie [mais il] se veut également «au dessus» du monde. Ce qui marque donc la première forme d'affirmation de l'individualité du Génie, c'est cette revendication permanente du «point haut», à partir des représentations hiérarchiques de la personnalité récapitulative [telle l'*orator perfectus* de l'*Or.*]» (*L'Idéal...*, p. 245; sur la *uarietas*, voir, du même Lecointe, «Naissance d'une prose inspirée»). Pindare, variété, nature ou «âme» puissante et géniale: autant de traits caractéristiques de l'ode, et de Ronsard (Lecointe cite d'ailleurs cette valeur qu'il dit plus «emphatique» du mot *genie* sous la plume de Binet, *Vie de Ronsard*: «divin Genie» à propos de Dorat; *L'Idéal...*, p. 220, n. 13).

Mais sur le fond, toute cette conception à la Ronsard n'est pas celle de Du Bellay. Celui-ci, conséquent avec Bembo, valorise plus le travail que la fureur, l'art que la nature, même rebaptisée *genius*, et son opération, *energie*. Du Bellay a modifié le sens de la phrase d'Erasme, ce qui est conforme à sa façon générale de faire servir le *Ciceronianus* à ses fins, comme il le fait avec Speroni. Du personnage caricatural de Nosopon, il critique comme Erasme l'imitation superficielle de Cicéron, mais en même temps il partage avec Nosopon (et Bembo) l'idée d'un Cicéron auteur récapitulatif, idée que déstabilise Erasme. Au total, si Du Bellay est ici du côté de

Ronsard, c'est de façon tactique et ponctuelle, pour mieux écraser de son mépris les traducteurs de grands poètes. Est d'abord visé, sans doute, Marot (l. 8). Au-delà de Marot Du Bellay attaque la conception que les marotiques ont du «naturel» (l. 20), et qui les empêche d'avoir la moindre idée de ce qu'est la vraie nature d'un poète antique.

Page 30

1. Voir I-3, l. 41-47.

2. D'ici à «Isocrate» (l. 20), trad. de Quintilien 10.1.108. L'anecdote sur le rhéteur Apollonius Molon, de Rhodes, vient de Plutarque, *Cic.* IV, 3. Cicéron a fait l'éloge d'Apollonius (*Br.* 316).

Page 31

1. Sens: si Virgile n'emporte pas la palme, ne surclasse pas Homère, c'est dû au fait que le sujet ou argument de l'*Enéide* est moins heureux que celui de l'*Iliade* ou de l'*Odyssée.* L'idée d'une supériorité de Virgile sur Homère va bientôt être proclamée hautement par J.-C. Scaliger dans ses *Poetices*, ouvrage qui, d'après Lecointe, influence déjà l'*Art poétique* de Peletier. Le début de cette phrase de la *Deffence* est justement repris par Peletier, qui l'accentue et amplifie en faveur de Virgile (I, 5, p. 257). Ce pourrait être ainsi une réponse aux considérations de Quintilien sur l'imitation des poètes (10.1.46-65), lequel place toujours Homère hors pair. Quintilien y nomme Hésiode à son § 54, Théocrite, § 55, et «Virgile imitant Nicandre», § 56; Du Bellay a évidemment lu ce passage: il cite ensemble Aristarque et Aristophane à II-2, l. 58, comme Quintilien à 10.1.54; sur ce chapitre X, 1 de Quintilien, voir p. 55, n. 4 et n. 6; sur Aristarque, p. 50, n. 4 et p. 71, n. 4. – De façon générale, l'argument de Du Bellay le pousse à mettre en premier des auteurs latins, dans la logique de la conversion de Bembo, d'abord, au modèle virgilien et cicéronien.

2. D'ici à «immiter» (l. 8), trad. de Quintilien 10.2.1. «Se compose» (l. 1) se retrouve d'ailleurs à la fin de II-3, l. 48, dans un passage emprunté à ce chapitre X, 2 de Quintilien sur l'*imitatio* (voir p. 53, n. 6).

Page 32

35. *1557-1568* sinon <de> luy

1. D'ici à la fin de la phrase, imitation de Quintilien 10.11.10, paraphrasé aussi par Peletier (I, 5, p. 256): «Car la nature des choses ne souffre jamais perfection de ressemblance».

2. D'ici à «regard», trad. de Quintilien 10.11.16. La «beauté des motz» évoque la formule sur l'*imitatio in uerbis* (10.11.27).

3. Sentences et mots font le tout de l'*elocutio* (même expression à I-11, l. 29): voir le commentaire.

4. Ce «quelqu'un» est Sébillet (II, 6): «imites à pied levé Saingelais és [odes] françoises» (Gaiffe, p. 148; ou p. 125). Du Bellay critique le même passage de Sébillet à propos de la chanson-ode «Laissez la verde couleur»: voir p. 55, n. 1.

5. La formule vient d'*Or.* 22; «exemple»: modèle idéal, comme à II-12, l. 121 (où c'est plutôt *Or.* 132). Voir aussi «domestiques» à I-3, l. 43. Lucrèce, que ne mentionne pas l'*Or.*, joue ici par rapport à Virgile le même rôle que Ennius: Lucrèce comme Ennius sont des poètes de l'*antiquitas*, perfection moindre. Sur Lucrèce de nouveau inférieur à Virgile: voir la chute de I-11, p. 45, n. 2.

Page 33

40. *1549 et 1561a* Enuie; *1553-1557* enuie
22. *1549-1561a* est *(au lieu de* &)

1. On attendrait le conditionnel *auroint*, mais seules les éd. 1561b et 1568 donnent *auroient.*

2. » Ilz» c'est surtout le Lazzaro de Speroni (emprunt n° 5), tout comme est Lazzaro le « on » de la l. 17, « on voudroit bien dire ». Chez Speroni, l'enjeu est précisé un peu plus loin (emprunt n° 6): noms et verbes sans déclinaisons sont les marques du français ancêtre « barbare » de l'italien actuel. Or les Français sont ceux qui le plus ont haï les Romains. A la l. 7, le terme «declinaisons» est générique, il inclut les conjugaisons.

3. Horace, v. 323: «*ore rotundo* ». *Cf. rotundus* dans *Or.* 40. Sur l'*elegantia* des Grecs: *Or.* 25. Le « *stroggulon stoma* » de Démétrius (*Du style*, 20) que cite Chamard est un autre problème, celui d'une « bouche grande ouverte » pour bien prononcer la période oratoire.

4. Quintilien 1.5.70, que traduit « telles choses (...) etrangers ». Voir p. 26 n. 3.

Page 34

56. *1549* est *(au lieu de &)*

1. La formule est reprise au Lazzaro de Speroni (emprunt n° 12), dans son long passage sur les nombres: « Dans le sonnet ou la chanson, les rimes sont plutôt comme des chaînes, que les pieds et les mains de leurs vers ».

2. *De Or.* I, 190 et 246; II, 142. *Cf.* l'idée de « reduire en un» les *membra disiecta* des bâtiments antiques (I-11, l. 54).

3. Les hommes d'autrefois étaient plus forts que ceux d'aujourd'hui: formule récurrente dans l'*Iliade* (I, 260-262, etc.).

4. *Cf.* Quintilien 10.2.7: « Nous naviguerions encore sur des radeaux», qui en déduit qu'il ne faut pas condamner l'*infelicitas* de notre époque, « aucun art n'étant resté dans l'état où il a été inventé » (§ 8). Le thème du progrès des techniques est repris au début de l'envoi au lecteur (voir p. 85, n. 1).

5. *Necessitas magistra*: Erasme, *Adages*, IV, VII, 55, LB II, 1109F.

6. Echo... possible du mot de Bembo dans Speroni (emprunt n° 4): « Certes notre langue vulgaire aujourd'hui n'a pas d'aussi grands auteurs, pourtant il n'est pas impossible qu'elle en ait un jour, pas moins excellents que Virgile ou Homère ». L'écho résume l'enjeu. Lazzaro déduit d'une absence de fait une absence de droit: jamais on n'a vu et jamais on ne verra de grand auteur en toscan, cela n'est pas possible. Bembo-Du Bellay répond que ce n'est pas impossible: l'absence de fait ne permet pas de conclure à une absence de droit. La formule est donc liée au futur récurrent de la *Deffence*, et au poète « futur», c'est-à-dire *futurus*: qui sera.

Page 35

64. *1553-1568* estranglons >< de

1. La critique d'Aneau sur ce passage porte à faux. Certes, physiologiquement, pour parler il faut «neuf instrumens: Langue, palat, gousier, deux levres, quatre dens» (Pierre d'Espagne cité par Aneau). Mais précisément, Du Bellay explique que le français a cette grâce de n'user que du premier instrument, la langue. Les Français ne parlent pas du gosier ou «estommac», comme les ivrognes i.e les Allemands; ils ne parlent pas non plus du palais ni des lèvres. La liste classique de Pierre d'Espagne est donc bien présente à son esprit. Tout ce passage est évidemment un *topos* dans les discussions nationalistes sur la supériorité «naturelle» du français; *topos* qui du reste, pour une fois, satisfait pleinement Aneau: « & là je te recognoy bon François».

2. C'est-à-dire le Lazzaro de Speroni (emprunt n° 11), qui nie de nouveau à Bembo, et avec violence, que «la lyre moderne ait ni nombre, ni ornement, ni consonance», et évoque alors l'histoire de Marsyas, ramassant la flûte que Minerve a jetée parce qu'elle lui déformait la bouche (Ovide, *Fast.* VI, 697 sq. et *Met.* 383 sq.). Plus loin dans Speroni (p. 606), Lazzaro oppose un autre mythe, au courtisan cette fois, celui de Midas qui préfère la flûte de Pan à, de nouveau, la lyre d'Apollon. Le courtisan répond qu'il préfère avoir des oreilles d'âne mais heureuses, à entendre sonnets et chansons en italien. La violence symbolique du docte défenseur du latin n'est pas moindre que celle de la *Deffence*, et la suscite largement.

3. Souvenir de Cicéron, *Tusc.* I, 3: le savoir ou *doctrina* de la Grèce nous a dépassé en tout genre d'ouvrages, «*in quo erat facile uincere non repugnantes*».

4. D'ici à la fin du chapitre («racines», l. 101), emprunt n° 14 à Speroni: Bembo répond à Lazzaro.

Page 36

1. Le mot apparaît pour la première fois en français dans l'*Institution du Prince* de Budé (1522), et se retrouve dans le *Pantagruel*, XVIII («Comment Panurge fit quinaud l'Anglais», l. 93). Quintilien 1.10.1 a *egkuklon paideian,* mais le latin des humanistes a avant Budé forgé *egkuklopaideia* (par ex. Joachim Vadianus dans son *De poetica et carminis ratione*, 1518, chap. XXXI, «*Artium orbem quam* egkuklopaideian *Graeci nominant Poetis apprime necessarium esse*»). Voir l'article de synthèse de Jean Céard, «Encyclopédie et encyclopédisme...».

2. Souvenir de Cicéron, *Acad.* I, 25 et *De Fin.* III, 5 (passage de nouveau sollicité, voir p. 60, n. 5), ou encore de Quintilien 2.14.1-4, qui justifie l'emploi en latin de l'hellénisme *rhetoricen* (§ 1) en le rapprochant de «*philosophi, musici, geometrae*»: inutile «de faire violence à ces mots en les changeant maladroitement en latin» (§ 4).

Page 37

33. *1561b-1568* muer de><

51. *1557-1561a* cueill|e|r

1. Du Bellay reprend la réflexion de Cicéron dans le *De Fin.* III, 15: c'est au début de cet ouvrage (en particulier I, 6) que Cicéron «se vante» d'avoir ainsi traduit le grec (voir le même «se vante», tout aussi positif, à II-6,1. 7). Voir la charge contre

les traducteurs/traditeurs, I-6, l. 2. L'importance du début du *De Fin.* est soulignée par l'imitation et citation qu'en fait Du Bellay au début de II-12.

2. D'ici à «formées» (l. 32), emprunt n° 17 à Speroni: «on», c'est Lascaris auquel répond Du Bellay-Pomponace. Quand Aneau critique la métaphore du «faiz», c'est donc le style de Lascaris/Speroni qu'il critique (voir Jean Lecointe, *L'Idéal...*, pp. 528-536, «Aneau et la *proprietas*», en particulier p. 533: «Tout se passe comme si Aneau identifiait le style «italien» avec le style «affecté»» – la question de savoir si Aneau a vraiment repéré la source Speroni reste d'ailleurs ouverte). Voir la reprise de la métaphore de l'épaule (qui vient alors d'Horace) à II-3, l. 46.

3. Voir I-1, l. 7-29, et pour cause: c'est l'autre emprunt à Pomponace que fait Du Bellay.

4. D'ici à «providence» (l. 58), emprunt n° 19 à Speroni: Pomponace répond à Lascaris, le «on» de «si on veut dire» (l. 52). Le «Je dy» (l. 58) qui lui répond aussitôt est donc Du Bellay-Pomponace.

5. A l'imparfait du subjonctif (= dans des conditions telles qu'elle y devînt stérile). Speroni: «*ove sterile divenisse*».

6. *Cf.* les fameuses – et négatives – *episseries* (épices) de II-4, l. 7.

Page 38

60. *1561a* elle ><exerce

1. D'ici à «des motz» (l. 84), emprunt n° 24 à Speroni. «Je» = Du Bellay-Pomponace.

Page 39

92. *1557-1561a* |re|prendre
109. *1549* l<'>ongueur

1. Premiers mots du *De Or.*, déjà repris à I-2, l. 31 (p. 21, n. 4).

2. D'ici à «en toute langue» (l. 116), emprunt n° 16 à Speroni. Pomponace répond à Lascaris. Après «speculation des choses» (l. 108), Du Bellay a remplacé la phrase de Pomponace par une de son cru, l. 108-112. L'emprunt précédent à Speroni s'arrêtant à «motz», la phrase qui va de «& ce...» à «...grandes choses» est aussi du seul Du Bellay.

3. Sens: paraître, lat. *uideri*.

Page 40

120. *1549-1553* S|chyt|es
131. *1557-1561a* lo><ng
150. *1553-1561a* permett|e|nt

1. Déjà évoqué à I-2, l. 14.

2. Sens: non autrement que jadis il fallait apprendre les jours (le calendrier) de la bouche des Chaldéens. *Chaldëes*: lat. *Chaldaei.* Voir I-4, l. 27. Toute cette fin de phrase vient de Cicéron, *Pro Mur.* 25, qui le dit, lui, des jurisconsultes. «Crever les yeux des corneilles, *Cornicum oculos configere*» (= tromper les plus habiles):

Erasme, *Adages*, I, III, 75, LB II, 140A, où Du Bellay a pu trouver la citation de Cicéron.

3. La Sorbonne, hostile à la politique religieuse de François Ier.

4. Cicéron, *Catil.* I, 2 (et *Verr.* IV, 56; *Dom.* 137). La guerre contre l'Ignorance sera en 1552 le motif fondamental de la fameuse ode de Ronsard à Michel de L'Hospital: «un guide, dont la docte main/Par un effroy Grec et Romain/Tournera l'Ignorance en fuite» (v. 498-500, en Pléiade, I, p. 641).

5. C'est-à-dire les théologiens, soutiens de l'Eglise. Un peu plus bas, ils sont comparés à des Géants «ennemis du Ciel» (l. 141), donc engagés comme il se doit dans une gigantomachie, révolte sacrilège contre Zeus (*Gigantum arrogantia*, Erasme, *Adages*, III, X, 93, LB II, 948D).

6. Plutarque, *Alex.* VII, 4 (et Aulu-Gelle, *Noct. Att.* XX, 11). Le mot d'acroamatique est juste avant la célèbre lettre d'Alexandre à Aristote. *Cf.* la trad. d'Amyot: sciences «que les disciples d'Aristote appelloyent proprement Acroamatiques, ou Epoptiques, comme qui diroit speculatives, qu'il faut avoir ouyes du maistre pour les entendre» (gr. *akroasis*, action d'écouter; gr. *epoptikos*, le plus haut degré d'initiation dans les mystères d'Eleusis).

7. D'ici à «main» (l. 147), emprunt n° 21 à Speroni. Pomponace répond à Lascaris.

8. Voir l'image du «reliquaire de livres» à I-11, l. 86.

9. Souvenir de Virgile, *Georg.* III, 9, «*victorque virum volitare per ora*», qui copie lui-même Ennius, «*volito vivu' per ora virum*» (lequel est cité par Cicéron, *Tusc.* I, 34). *Cf.* II-3, l. 31.

Page 41

1. D'ici à «les nostres» (l. 165), emprunt n° 23 à Speroni. Est un *topos* la référence aux gymnosophistes, philosophes indiens, nus et végétariens, avec lesquels Alexandre dialogua en arrivant en Inde. Est un autre *topos* l'allusion au voyage en Egypte, que fit par exemple Platon.

2. D'ici à «phylosophes» (l. 177), emprunt n° 25 à Speroni. C'est aussi là la fin d'un propos de Pomponace: une envolée lyrique. (Les propos de Pomponace, entre les n° 23 et 25, sont cités par Du Bellay à I-10, l. 58-84).

3. D'ici à «traictées» (l. 182), emprunt n° 20 à Speroni.

4. D'ici à «paroles mortes» (l. 195), emprunt n° 22 à Speroni. De façon très remarquable, Du Bellay condense en une seule période tout un long développement de Pomponace. La chute de sa période est aussi la fin de l'envolée du philosophe. Cette chute est la conclusion de l'ex-cursus de Du Bellay «quand aux disciplines» (l. 195).

Page 42

1. D'ici à la fin de la phrase, inspiré de Peletier, épître-dédicace (1541) à sa traduction de l'*Ars poetica* d'Horace (Longeon, *Premiers combats*..., p. 95-96). Du Bellay intègre Peletier comme il a intégré Dolet: en le dépassant. Lui en effet ne nomme pas Dante, cité par Peletier à égalité avec Pétrarque et Boccace (p. 97). Du point de vue de Du Bellay-Bembo, Dante, c'est le passé, Thucydide ou Ennius (voir p. 23, n. 3), et non un «scavant homme» comme Pétrarque et Boccace. – Chamard considère que tout ce chapitre I-11 s'inspire de l'épître-dédicace de Peletier: c'est

beaucoup dire. A noter en tout cas la même expression de « la latine pour le moins »: pour Peletier comme pour Du Bellay, il s'agit de savoir et d'imiter, d'abord, le latin.

2. D'ici à « indoctes » (l. 17), emprunt n° 10 à Speroni: Bembo critique Lazzaro.

3. Les « scavans hommes de France » sont détaillés à II-12, l. 130-141: Rabelais, Budé, Lazare de Baïf.

Page 43

28. *1557-1561a* de>< Hemystyches

42. *1549-1561a* il><

47. *1549-1553* leur<s>

1. D'ici à « erudition » (l. 22), emprunt n° 26 à Speroni. La suite immédiate de cette phrase de Pomponace est reprise à I-11, l. 83-85.

2. Sur cette orthographe de *leur*, voir p. 21, n. 6.

3. *Jurer aux mots*: *jurare in verba magistri*, Horace, *Epist.* I, I, 14. Le principe des cicéroniens était de n'user que de mots utilisés par Cicéron, d'où le volumineux lexique de « on » (Nizzolio) moqué dans le *Ciceronianus* d'Erasme (voir un exemple de cette pratique à p. 49, n. 4). Ironie habituelle, volontaire ou non: on critique les cicéroniens en latinisant comme eux – mieux qu'eux. « Motz & sentences » font le tout de l'*elocutio*: même formule à I-8, l. 22.

4. D'ici à la fin de la phrase, reprise d'Erasme, *Cic.*, LB I, 1017E-F (p. 345), à propos d'un discours de Christophe de Longueil. Le cas Longueil est longuement discuté par les deux protagonistes du *Cic.*, de 1016A à 1019A (p. 344-347). Brabançon élevé en France, qui vient de mourir, et jeune, il est le seul « barbare » (1017C) à avoir été reconnu comme cicéronien par les Italiens: son échec ne peut pas avoir été médité par Du Bellay (voir p. 76, n. 1). Longueil a suscité le *mouere*, ce qui est bien, mais sur des sujets aussi ridicules que la *Batrachomyomachie*: une Iliade pour rats et grenouilles – *Le grand combat des ratz et des grenouilles*, trad. Ant. Macault, Paris, Wechel, 1540, est un des grands succès scolaires de la littérature grecque de l'époque (voir Jean-Eudes Girot, article cité p. 29 n. 2). Longueil est de nouveau nommé à II-12, l. 115, comme la figure emblématique des cicéroniens français. La disparition des Pères conscrits, etc., a déjà été développée par Erasme (992D, p. 300 et 1016E, p. 343): on trouvera le premier passage dans Erasme, *Œuvres*, éd. J. Chomarat, p. 940-941 ou éd. C. Blum *et al.*, Laffont, coll. « Bouquins », 1992, p. 427. Voir enfin l'art. « Longueil » de Catherine Magnien dans les *Centuriæ*...

5. Saint Jérôme racontant à Eustochie le rêve où il comparaît au ciel devant le Christ. Celui-ci l'accuse: « *Non christianus es sed Ciceronianus* » (*Epist.* XXII; d'où le titre d'Erasme). Du Bellay a pu trouver la formule dans Lorenzo Valla, *Elegantiae* IV, pr., f. 174 r°, ouvrage qu'il utilise deux autres fois (voir p. 75, n. 2 et p. 81, n. 1).

6. D'ici à « redifier » (l. 67), emprunt n° 28 à Speroni. Le courtisan s'adresse à Lazzaro le cicéronien, lequel est donc le « ilz ».

Page 44

83. *1549* par><vanture

1. Voir « reduyre en art » à I-9, l. 36, à propos de Cicéron promettant de rassembler les *membra disiecta* du droit civil. Sur Hippolyte et Esculape (l. 48), voir

Ange Politien cité par Perrine Galand-Hallyn (*Le «Génie» latin...*, p. 33). L'humaniste florentin «compare le texte fort altéré du *De natura deorum* de Cicéron au corps désarticulé d'Hipppolyte et précise qu'il va jouer, lui, le philologue, le rôle salvateur d'Esculape», qui «les rassembla, les recomposa, les rendit à la vie» (*Miscellaneorum Centuria Secunda*, V, 2). Sur la problématique du démembrement, voir Thomas Greene, *The Light in Troy*, chap. 8, «The Past Dismembered».

2. Energie dans son sens aristotélicien le plus général: la Nature en puissance de créer -> crée (en acte, *energeia*) -> des créatures. Voir p.29, n. 3. (Du Bellay ajoute à Speroni la formule sur l'art et l'énergie de la nature.)

3. Sur le redécouverte de Sapho, voir le livre de Joan Dejean.

4. Souvenir d'Horace, *Epist.* I, XIX, 19: «*O imitatores, servum pecus!*» (cité par Erasme, *Cic.* LB I, 989B ou p. 294).

5. D'ici à la fin de la phrase («industrie»), emprunt n° 27 à Speroni – suite d'une phrase dont le début a été repris à I-11, l. 17-22.

Page 45

1. Voir l'image des reliques à I-10, l. 146.

2. Même infériorité de Lucrèce par rapport à Virgile à la chute du chapitre I-8, l. 40. Lycophron «obscur» est condamné comme l'est l' «obscurité» du poète français non nommé de II-2, l. 47 (i.e Scève). Lycophron est l'auteur chéri de Dorat, maître de Du Bellay et qui signe les vers grecs liminaires de la *Deffence*. Critiquer Lycophron revient peut-être à se démarquer du maître. Mais *contra*, Lycophron est loué à II-8, l. 47-54, pour l'invention de l'anagramme. Ronsard placera Lycophron avec Théocrite ou Aratos, c'est-à-dire parmi les «poètes humains», un cran en-dessous des «poètes divins» que sont Orphée ou Homère (*Ode* à Michel de L'Hospital, 1552, v. 587, en Pléiade, I, p. 644).

3. Dans le début du *De Finibus bonorum et malorum* I, 1-10, Cicéron se pose en champion de la langue latine. «C'est un rôle analogue, de défense nationale, que se donne à lui-même Du Bellay. Mais en ce faisant, il imite encore: il imite Cicéron, dont il se trouve suivre l'exemple et dont il copie le langage» (Chamard, *ad loc.*). Du Bellay s'est déjà inspiré du début du *De Fin.*, à propos des traducteurs, à I-10, l. 20-25.

4. D'ici à «immiter» (l. 13), trad. du *De Fin.* I, 10. Du Bellay «clôt» son premier livre (l. 19) en empruntant à Cicéron une «conclusion» qui est, en fait, le début d'un ouvrage... Cela permet surtout un jeu entre le passé et le futur. Les Romains depuis Cicéron «ont eu un modèle à imiter»; les Français n'ont pas encore, eux, leurs Cicéron.

Page 46

28. *1557-1561a* mettra delrechlef, &

Page 47

1. D'ici à «voir» (l. 14), trad. d'*Or.* 8-10. «Espece imaginative» rend le *cogitatam speciem* de Cicéron: un type idéal conçu par la *cogitatio. Species* est, avec *forma* ou *exemplar*, l'un des mots latins pour rendre le gr. Idée (voir le commentaire, p. 341, sur Ramus et le «spécialissime»). Le lien entre *cogitatio* et *imaginatio* (= gr.

phantasia) est implicite à *Or.* 8: toute beauté visible de ce monde n'est jamais que l'*imago* du type idéal invisible, lequel type ou Idée «nous ne saisissons que par la *cogitatio* et la *mens*, par l'imagination et la pensée».

2. 1557 et 1561a ont «plus trop», et de nouveau à II-12, l. 117.

Page 48

34. *1549* Qu'and à; *1553* Qu'ant à

1. *Cf. Or.* 14, «*Positum sit igitur in primis...*, Posons donc en premier lieu, ce dont on se rendra mieux compte par la suite, que sans la philosophie ne peut être réalisé l'homme éloquent que nous cherchons». Effet d'annonce chez Cicéron, de résumé chez Du Bellay.

2. *Or.* 106, «*nos primi*», et 171, «*nos ausi*». Voir p. 16, fin de n. 5, et le «*primus*» de Salmon Macrin cité dans la conclusion générale du commentaire.

3. D'ici à «style» (l. 37), imité d'*Or.* 36, sur Ennius puis Pacuvius, et la quête d'un «*optimum*». *Cf.* Des Autels appliquant à Marot ce que Cicéron dit du style simple (*Or.* 76 sq., cité dans le commentaire, p. 154): «de Marot, j'en estime ce que Ciceron faisoit, de l'Orateur excellent en plus bas genre de bien dire. Marot donq est facile, humble, imitant quasi la coutume de parler, & qui semble facile à tous d'estre suyvi: pource que ceste subtilité de parole, semble sans doute estre imitable à celuy qui la considere, mais rien moins à celuy qui l'essaye. Aussi n'ha on pas veu un de tous ceux qui ont imité Marot (non obstant plus grand savoir) qui ayt approché de sa grace, et qu'on prenne l'exemple de Dolet, & d'un autre en sa poësie que je ne nomme, pource qu'il est encores vivant.» Marot est «somme ce Genie naturel, & non affecté, qui fait vivre les vers, s'il n'ha beaucoup de sang, il ha prou de bon ius» (*Replique...*, p. 71; sur *genie*, voir p. 29, n. 3).

4. Qui font deux, unis par leur ouvrage commun, le *Roman de la rose*. Sur l'antiquité vénérable (l. 6): *Or.* 169, *antiquitas*. Cette «ancienneté» autochthone (l. 11) ne se confond pas avec «l'Antiquité» gréco-romaine (par ex. I-6, l. 29), bien autrement louée par Du Bellay. Voir la note 4 à «rare & antique erudition», p. 54.

5. Souvenir d'Horace, *Epist.* II, I, 79-85: «*...clament periisse pudorem/Cuncti paene patres* (...) *et quae/Imberbes didicere, senes perdenda fateri*».

Page 49

1. Horace, *id.*, 48-49, «*nisi quod Libitina sacravit*», et 34, «*Si meliora dies, ut vina, poemata reddit*».

2. » Des poëtes Françoys, à Salel», II, p. 361.

3. Allusion au titre célèbre de Jean Lemaire, les *Illustrations de Gaule et Singularitez de Troye* (1510-1513).

4. D'ici à «ignares» (l. 48), les quatre poètes non nommés sont, dans l'ordre, Marot, Héroët, Saint-Gelais, Scève. Sur le fait de «diminu(er) son livre», voir Marot-Lucilius p. 51, n. 3. Marot joue à incarner le type du *poeta inscius*, parce qu'il incarne le beau style simple. La *scientia* de son art s'acquiert par la lecture des techniciens, donc des traités de poétique et rhétorique – que doit avoir «lus et relus» le poète futur de Du Bellay (II-9, l. 12-20). Privé de ce savoir, Marot est limité, un cran en-dessous, à la seule *doctrina*: il est assurément aux yeux de Du Bellay un poète docte, il est du métier, il a appris à poétiser en poétisant, et en lisant et relisant les œuvres de ses

prédécesseurs (voir le tout début de II-4). Docte mais non « scavant homme» (par ex. à II-2, l. 82).

Cf. la fameuse formule d'époque selon laquelle «*Marotus Latine nescivit*». Michel Magnien a fait justice de l'idée qu'elle pouvait signifier que Marot ne lisait pas le latin. Elle veut plutôt dire «ne pas savoir bien parler latin, avec élégance et selon les règles de la grammaire» (Magnien, p. 817), sens des deux passages cicéroniens relevés par le *Thesaurus Ciceronianus* de Nizzolio (le Nosopon d'Erasme; *Br.* 140 et *Tusc.* V, 116; voir p. 43, n. 3), car l'auteur qui l'emploie, Boyssonné, est un cicéronien pur et dur. *Nescire*: ne pas avoir la *scientia* de la langue, par étude des traités. Boyssonné critique un dialogue où Marot est l'un des protagonistes. Le dialogue est contre la procédure juridique. «Puisqu'il est impossible de trouver aujourd'hui des juges et des avocats sachant parler un bon latin, *pure et Latine scientes*, les affaires en procès feraient mieux d'être traitées et réglées dans la langue vernaculaire que dans ce latin déformé» (p. 819 et 822). Boyssonné «n'aime guère y voir Marot plaider et disserter sur des expressions latines, *de Latinis dictionibus*; car s'il fut le plus grand poète de langue française, il ignorait le latin et ne connaissait rien au droit, *quando Marotus Latine nescivit (...) nec forum attigit unquam*» (p. 820 et 823).

Chamard considère que «scavoir» renvoie ici au vers célèbre de l'*Ars poetica* d'Horace (309), mis en exergue par Ronsard en tête de son *Abrégé de l'art poétique*: «*Scribendi recte sapere est et principium et fons*, Pour bien écrire il faut du bon sens, là en est le principe, là en est la source» (Boileau: «Aimez donc la raison: que toujours vos écrits/Empruntent d'elle seule et leur lustre et leur prix», *Art poétique*, I, 37-38). D'un point de vue étymologique, Chamard a raison, puisque fr. *savoir* < lat. *sapere*. Mais le *sc* pseudo-étymologique de *scavoir* le rapproche plus nettement, ici, de *scire* ou *scientia*. Qu'on l'appelle raison ou bon sens, le *sapere* renvoie à la *recta ratio* ou *orthos logos* d'Aristote, à l'œuvre dès le niveau de l'artisan ou artiste «docte»: pour devenir poète en poétisant, comme forgeron en forgeant, l'empirisme de la pratique doit être constamment accompagné d'une intelligence active qui fait progresser vers la maîtrise ou *doctrina*. Docte mais non savant, Marot a le *sapere* horacien mais pas la *scientia*. D'ailleurs, sa seule école est la Cour, non les traités: «La cour du roi, ma maîtresse d'école».

5. La variante *aornemens* (1557-1561a) évoque le lat. *adornare*.

6. Orateur athénien, qui n'écrivait pas ses discours et célèbre par sa rivalité avec Démosthène (*Br.* 36). Hortensius a été le grand rival de son cadet Cicéron: le *Brutus* explique pourquoi Hortensius a brillé jeune et décliné dans son âge mûr (319-325).

Page 50

1. Saint-Gelais est nommé en tête de la liste qui clôt l'Avis au lecteur de l'*Olive* de 1549: «un S. Gelays, un Heroët, un Ronsart, un Carles, un Sceve...». Il n'est donc nullement méprisé par Du Bellay. En revanche, celui-ci suppose («à mon avis») que tout ce qui se publie sous son nom n'est pas digne de lui. C'est sans doute une manière discrète de critique, d'exhortation à ne pas céder à la facilité du grand public – à rejoindre la Pléiade. Voir à II-4, l. 34 (p. 55, n. 1): Du Bellay n'y dit pas que deux des chansons qu'il critique ont été publiées sous le nom de Saint-Gelais dans des recueils collectifs. S'il avait voulu accentuer son supposé mépris, il l'aurait fait. Le genre de la chanson étant condamnable, sans « grace, ny erudition », Du Bellay crédite ainsi Saint-Gelais de ne pas en avoir écrit. On est dans la logique d'un éloge

« hiérarchisant», où chacun est mis à sa juste place, ni excès d'honneur ni indignité: voir le commentaire. Voir aussi p. 63, n. 4 (Saint-Gelais félicité pour la rime non superstitieuse *sûre/nature*).

2. Tomber d'un excès dans l'autre: c'est le mouvement d'Horace, 25-31, «*Brevis esse laboro,/obscurus fio*, Souvent la peur d'un mal nous conduit dans un pire;/Un vers était trop faible, et vous le rendez dur:/J'évite d'être long, et je deviens obscur... » (Boileau, *Art poétique*, I, 64-68). Scève obscur par trop de *labor*: voir la critique de Lycophron et Lucrèce plus «obscur(s)» qu'Homère et Virgile, à la fin de I-11. Voir aussi Des Autels, après son éloge de Marot comme représentant du beau style simple. Marot « en son genre» n'a pas été dépassé. Mais il l'a été «d'un [genre] à mouvoir les affections, d'un autre [genre] en imaginations & apprehensions ingenieuses, inventions divines, propres & poëtiques descriptions, haultesse de style, gravité de sentences, magnificence de mots innovez & translatez, & en toutes sortes de diverse & variable erudition [= reprise de I-6, l. 12-15: voir p. 29, début de n. 3; sur l'innovation des mots, p. 61, n. 1]. Il est vray que cestuy dernier au commencement de l'edition de son œuvre (c'estasavoir alors que ce doux poëte, duquel j'ay parlé Marot estoit adoré pour sa facilité) fust accusé d'obscurité trop grande ». Des Autels lui-même dit l'avoir d'abord trouvé obscur, et aujourd'hui non, «maintenant que je m'exerce à suyvre ces imaginations, & que je sens la force de la passion par luy vivement exprimee. Je ne l'estime donq point tant obscur, qu'elaboré & non vulgaire: & le mets, non maugré moy, au premier lieu de noz Poëtes, de ceux mesmement qui ont pris tel subjet: car plus facile est la comparaison en semblable matiere» (*Replique...*, p. 72-73; « variable erudition»: voir la «varieté» à la Pindare, p. 29, n. 3; Des Autels continue en blâmant Lemaire: texte cité dans le commentaire).

3. Sens: qui suivent les principaux poètes comme on suit des porte-enseignes à l'armée.

4. Quintilien 10.1.54, «*Aristarchus atque Aristophanes, poetarum iudices*». Voir p. 31, n. 1 et aussi p. 72, n. 2 (le lecteur impitoyable d'Horace est un « Aristarque», v. 450, autant qu'un Quintil).

5. Allusion au célèbre «*Amicus Plato, sed magis amica veritas*», apophthegme qui remonte, en substance, à Aristote, *Eth. Nic.*, I, VI (trad. Tricot: IV), 1, 1096a15.

6. Cicéron, *De Nat. Deor.* I, 10: « *Ipse dixit*», qui est l'adage II, V, 87 d'Erasme (LB II, 576E).

7. D'ici à « nature de l'homme» (l. 78), trad. de Quintilien 12.1.18.

Page 51

99. *1549-1557* ap|tles*; 1561b-1568* als|pres

1. Chair, nerfs et sang sont chez Cicéron ou Quintilien les métaphores habituelles de la santé éclatante du vrai grand style: Charles Causeret détaille la « longue série des termes» provenant de la comparaison entre corps et style (p. 155-159: *plenus/tenuis*, constitution robuste contre délicate, etc.). Voir «charnuz, & nerveus» à II-7, l. 34, et le commentaire, p. 261. La peau, lat. *cutis*, désigne chez Quintilien l'*imitatio* superficielle, *in uerbis* (10.2.15; « *sanguis* » par ex. à 10.2.12).

2. Horace, 367-373, où les «*columnae*» désigne les colonnes des portiques où se trouvaient les librairies à Rome, et sur lesquelles on affichait les titres des ouvrages à vendre.

3. Chamard voit dans «cerveau myeux purgé» la contamination de deux expressions d'Horace: *Sat.* I, IX, 11, *cerebri felicem*; *Epist.* I, I, 7, où il s'agit de l'oreille du poète, «purgée» donc attentive à la voix de la sagesse: «toujours le même propos touche mon oreille attentive, *purgatam aurem*». Le «nez meilleur» rappelle du même Horace *Sat.* I, IV, 8, *emunctae naris*, expression qui se retrouve chez Phèdre: le nez bien mouché, c'est-à-dire le flair subtil (Quintilien 12.10.17 a «*Attici emuncti*», les Attiques au goût fin). En tout état de cause, la satire I, 4 d'Horace est certainement très présente à l'esprit de Du Bellay, avec la satire I, 10 qui lui répond. Toutes deux traitent en effet de la poésie, à propos du satiriste ancien Lucilius. A I, 4, c'est lui, et non Horace, qui est dit avoir le nez fin et du plaisant ou *facetus*, comme Aristophane qu'il imite. En revanche, il composait des vers durs, «*durus componere versus*» (v. 8), et en écrivait trop. Pour être poète, il ne suffit pas, comme moi Horace, de versifier de la prose mais d'avoir *ingenium* et *mens divinior* (v. 39-62 = *Or.* 67 et Sébillet, I, 3, début; «*membra disiecta*» au v. 62; voir aussi p. 29, n. 3). Donc dans le «fleuve bourbeux» de ce Lucilius trop facile pour être un poète digne de ce nom, «il y avait bien des passages à effacer, *erat quod tollere*», faute de travail ou *labor* (v. 11-12). Horace y revient à la satire I, 10: Lucilius est louable pour son sel attique, mais blâmable pour ses vers durs, sans *compositio* (v. 1-3), dans lesquels il y a «souvent plus à retrancher qu'à laisser, *saepe plura quidem tollenda reliquendis*» (v. 50-51). Lucilius ainsi mis à sa juste place est un prototype de Marot, lui aussi loué et blâmé, Marot «qui auroit augmenté sa gloire» s'il eût «diminué son livre» (II-2, l. 30). Du Bellay a peut-être repris à cette satire I, 10 la formule de la «tourbe» (l. 53: *cf.* «*poetarum seniorum turba*», v. 67), tout comme il lui reprendra le mot de Romulus à Horace (voir p. 77, n. 1): porter du bois à la forêt, c'est grossir les *catervae* des Grecs (v. 35), les escadrons, à rapprocher de l'image militaire des «port'enseignes» et du «sergent de bande» (l. 54 et 59).

4. D'ici à «Grece» (l. 100): *Or.* 27.

5. C'est le souhait que le Sénat romain adressait aux empereurs.

Page 52

1. Par exemple, Cicéron, *Pro Arch.* 15; *De Or.* I, 113; Quintilien 2.19.2, sans oublier Horace, 408-411. Voir là-dessus les réflexions de Peletier à I, 2.

2. *Br.* 187: «*Mihi cane et Musis*, je joue (de la flûte) pour moi et pour les Muses», repris dans Valère-Maxime, *Fact. et dict. mem.*, III, VII, 2. C'est l'adage III, V, 80 d'Erasme (LB II, 846C).

3. *Or.* 24.

Page 53

1. Quintilien 10.1.40 rapporte ce mot de Cicéron sur les *vetustissimi auctores*: «*ingeniosis quidem, sed arte carentibus*». C'est, en substance, *Or.* 169. L'adage suivant, «Que les poëtes naissent», a été allégué par Sébillet, I, 3 (Gaiffe, p. 25; ou p. 58): *Fiunt oratores, poetae nascuntur*, on devient orateur, on naît poète.

2. D'ici à «vigiles» (l. 37), emprunt n° 15 à Speroni. Bembo répond au courtisan, lequel ne songe qu'aux plaisirs du corps (voir aussi emprunt n° 2, Pozzi p. 634, où Lazzaro dit au courtisan qu'il ne cherche qu'à satisfaire son «appétit»). La description peut paraître surprenante, puisque Bembo fait du poète une sorte de moine ascétique. Mais Jean Lecointe a montré combien François d'Assise fut un modèle

pour François Pétrarque: même sortie hors du monde (*L'Idéal*..., pp. 234-245; voir p. 29, n. 3). Le paradoxe est plutôt dans la différence avec le saint, qui, lui, ne cherche pas à plaire. Le poète que décrit Bembo vise à susciter la *uoluptas*, plaisir du public qui inclut un plaisir sensuel comme celui que recherche le courtisan. Ascèse personnelle pour produire la volupté des autres. Du Bellay va développer de nouveau le thème des plaisirs corporels à II-5, l. 89-96, avec emprunt, cette fois, à Pétrarque.

3. *Cf.* le « volent» emprunté à Virgile, à I-10, l. 152.

4. D'ici à « se doit immiter» (l. 41), trad. de Quintilien 10.2.14, sur le choix de l'auteur à imiter, choix dit *electio* (« *elegerimus*»: « elire » au titre du chapitre suivant, II-4). Quintilien ajoute que ce choix doit se faire « *exactissimo judicio* », avec un jugement on ne peut plus pesé. Ces conseils sur l'imitation sont redits à II-5, l. 36: choisir Tite-Live ou Salluste, etc., «selon le genre d'ecrire, ou ilz se sentiroint propres ».

5. Quintilien 10.2.19: « *Tum in suscipiendo onere consulat suas vires* ». Les épaules: Horace, 38-40, « *Quid valeant humeri* ». Voir aussi les épaules pour porter la philosophie, métaphore de Pomponace critiquée par Aneau (I-10, l. 28).

6. Comme Chamard, nous adoptons *sonde*, que donne seulement l'éd. 1568, les autres ayant *fonde*. « Se compose» est le premier mot de I-8, ce qui autorise à rapprocher les deux contextes, imitation d'un auteur et création de soi comme poète épique. L'imitation des vices extérieurs (l. 43-44) évoque un passage d'Erasme sur les « disciples de Platon qui croyaient imiter leur maître par le seul fait de serrer les épaules » (*Cic.* LB I, 985D ou p. 287). Vient surtout du *Ciceronianus* la chute du chapitre sur le singe. C'est un véritable leitmotiv du dialogue que de dénoncer les « singes cicéroniens, *Ciceronis simii* » (986A ou p. 288, etc.). La fin du dialogue développe le thème. Erasme en cite la source, qui est Politien dans sa lettre à Paolo Cortesi (1023E ou p. 354): ces singes « s'efforcent seulement d'exprimer les traits extérieurs de Cicéron, *exprimant lineamenta*» (sur *exprimere* voir p. 29, n. 3). Cortesi répond qu'il veut ressembler à Cicéron non comme le singe à l'homme mais comme le fils au père.

Page 54

12. *1549-1561a* au><IX.

1. Horace, 268-269, « *Vos exemplaria Graeca/Nocturna versate manu, versate diurna* ». « Exemplaire»: modèle idéal (voir exemples « domestiques » dans l'index). Lire et relire les œuvres elles-mêmes permet d'accéder à la *doctrina*, à l'état de poète « docte ». Lire et relire les traités, ensuite, permet de compléter la doctrine et d'accéder à la *scientia* (voir « leuz, & releuz » à II-9, l. 18). Le stade suprême sera l'imitation docte, celle d'un Rabelais imitant Lucien (II-12, l. 132) et retrouvant la *uis* ou puissance de celui-ci. La progression est solidement en place. Pour qu'il y ait progrès, il faut du jugement à chaque stade: bien choisir les bons auteurs, bien les lire, bien les imiter. Sans jugement, l'amas mécanique de lectures ne produira pas mécaniquement le grand poète.

2. *Cf.* l'emploi positif d'*episseries* à I-10, l. 43. Rondeaux et autres virelais ont certes été traités en 1548 par Sébillet, mais celui-ci les donne déjà, en fait, comme une ancienneté à dépasser/imiter par « analogie», par lente accommodation et redescente sur terre des modèles. Sur l'*analogon* aristotélicien, correspondance analogique qui fonde l'idée même de gr. *prepon* ou lat. *decorum*, voir Lecointe, *L'Idéal*..., p. 103-104

et 110; Du Bellay emploie «analogie» à II-6, dans un passage où il est très proche de la pensée de Sébillet (voir p. 61, n. 1).

3. Horace, 343, « *Omne tulit punctum, qui miscuit utile dulci* ». Il est frappant de voir que Du Bellay ne nomme pas Marot à propos de l'épigramme alors même que celui-ci a, et brillamment, imité Martial. Ainsi mise en tête de liste, au début des divers « genres de poëmes » (titre du chap. II-4) ou « especes de poesies » (l. 65), pareil oubli vaut message. Les sept espèces d'abord mentionnées ont toutes été illustrées par Marot, hormis l'ode: épigramme, élégie, chanson/ode, épître, coq-à-l'âne/satire, sonnet, églogue – où Marot, *in fine*, est nommé, comme pour clore la liste. Ces espèces étant marotiques, elles sont donc aussi traitées par Sébillet. D'où la nécessité de s'en distinguer d'autant plus fermement qu'on en est apparemment plus proche, selon la logique de la rivalité. Sur l'ordre de la liste, d'élégie à tragédie, voir p. 55, n. 4.

4. Il faut prendre garde que, dans cette formule souvent citée, « erudition» n'a en rien son sens moderne de « savoir documenté », sens qui est déjà d'ailleurs celui du lat. *eruditio*. Il en va ici comme pour tous les mots parlant de « science» ou de « doctrine»: on est à l'intérieur de la théorie de l'art. L'adjectif *rudis* désigne, comme *horridus*, un état grossier, primitif. *E(x)-rudire* signifie littéralement «dé-grossir»: polir, porter à son point de perfection; Littré cite Marguerite de Navarre, où « l'erudition de son prochain» est le progrès spirituel d'autrui, objectif que doit se fixer un prédicateur. Dans la *Deffence*, « erudition» est donc associé à « doctrine» (II-3, l. 10), «grace» (II-2, l. 46), « ornement» (II-11, l. 83; voir aussi « variable erudition» p. 50, n. 2). Il s'agit ici d'orner le vers avec un ornement, une perfection tirée de l'antique. Le sentiment que cela est érudit au sens moderne tient en fait au mot de «vestige»: le poète exhume en effet une beauté, comme un érudit ou un archéologue – comme un « antiquaire », au sens ancien et moderne de ce mot.

La formule en rappelle deux autres. A II-11, l. 129, « peuple ennemy de tout rare, & antique scavoir», où *scavoir* est le savoir propre à l'artiste: cette *scientia* n'est pas une érudition au sens moderne (voir p. 49, n. 4). A II-6, l. 67, « enchasser ainsi qu'une pierre precieuse, & rare, quelques motz antiques en ton poëme, à l'exemple de Virgile, qui a usé de ce mot Olli pour Illi», où *antique* renvoie à l'*antiquitas*, c'est-à-dire à l'ancienneté autochthone, Ennius pour Virgile comme Guillaume de Lorris pour Du Bellay (voir p. 48, n. 5 sur les deux sens du mot antiquité). On remarquera la différence entre l'archaïsme et la reprise gréco-romaine. Les archaïsmes sont à employer modérément, « parfois ». Les ornements tirés de l'antique, sans cesse: « qu'il n'y ait vers... ». La conception qu'a Du Bellay de l'ornement permet d'identifier ce qui va être repris de l'antiquité. Le vestige peut être ou une figure ou un « nombre». Les figures sont décrites à II-9, ces « manieres de parler» relèvent de ce que j'ai appelé l'épithèse. Les nombres ou *numeri* incluent les figures, mais aussi des effets rythmiques (II-7 et II-8). Ce sont bien les nombres qui polissent et mettent la dernière main, qui donnent donc de « l'erudition ».

Une telle abondance d'ornements est sentie comme une menace par Des Autels. Il approuve de quitter «ce vice nommé des Grecs *aschématon* ou *aschématismon*, qui est quand l'oraison est sans figures & ornemens», mais craint que la *Deffence* ne pèche par l'excès inverse, le trop après le trop peu. Par exemple, la métaphore, utilisée avec modération, «est plaisante & illustre le vers» – renvoi direct à l'idée d'Illustration du titre de Du Bellay -; «trop frequente & affectee, comme qui en fagotteroit beaucoup l'une sus l'autre, & en moins d'une periode en mettroit plus d'une douzeine, elle est obscure & ennuieuse» (*Replique*..., p. 68-69). Des Autels se méprend, en rêvant d'un côté à la parcimonie du beau style simple, économe d'ornements (*Or.* 81-84), et en oubliant de l'autre côté la *uarietas* des figures, élément-clé du grand style: il ne s'agit pas de multiplier à la douzaine la même figure dans une seule période, mais de recourir à divers figures ou nombres, *a variety of ornaments.*

5. Souvenir d'Horace, 83-87, encore repris par Peletier, II, 5. Sur l'ode, voir François Rouget, *L'apothéose d'Orphée...* Le discours de l'ode lie les événements de ce bas monde au Destin ou *Fatum* (« discours fatal des choses mondaines »). L'ode a aussi pour sujet tout ce qui intéresse les jeunes gens, tout ce qui est de leur âge, les trouble et les agite (lat. *sollicitudo*): voir Aristote, *Rhétorique*, II, 12, sur les mœurs de la jeunesse.

Page 55

1. Le premier et le troisième titre sont des chansons de Saint-Gelais, parues dans une plaquette d'*Œuvres* publiées en 1547 (éd. Blanchemain des *Œuvres*, 1873, I, 127 et 66). La deuxième chanson est de Pernette Du Guillet, l'amie de Scève. Toutes les trois se trouvent dans un recueil collectif, *Deploration de Venus sur la mort du bel Adonis. Avec plusieurs chansons nouvelles*, Lyon, J. de Tournes, 1545, 1547, 1548 (voir *RHLF*, 1896, p. 97 et l'article de Perrine Galand), ou encore dans le recueil à la suite du *Discours du Voyage de Constantinople* de La Borderie, Paris, Arnoul l'Angelier, 1546 et 1548 – le propre éditeur de la *Deffence.* Sébillet considère que « la chanson approche de tant prés l'ode» (II, 6, Gaiffe, p. 151; ou p. 127), juste après avoir cité le même incipit que Du Bellay, *Laissez la verde couleur*, en tête d'une liste de chansons de Saint-Gelais qu'il appelle odes et auxquelles il trouve « perfection et douceur ». C'est le passage de Sébillet sur l'imitation « a pied levé » (voir p. 32, n. 4). D'où le rejet violent de Du Bellay. Sur Saint-Gelais, voir p. 50, n. 1.

2. Les *Pontiques* sont des épîtres, envoyées du Pont-Euxin (la Mer Noire); les *Tristes* sont des élégies, car sans destinataire précis. Sébillet a déjà fait le rapprochement entre épître et élégie (II, 7).

3. Le « vers héroïque» ou vers du grand style est alors le décasyllabe. Il est de dix syllabes quand la rime est masculine, et de « onze » quand elle est féminine: même chose chez Sébillet. A ne pas confondre apparemment avec l'hendécasyllabe nommé plus bas, l. 70 (voir p. 56, n. 3). Même raisonnement pour l'octosyllabe, de neuf syllabes quand rime féminine.

4. Quintilien 10.1.94, « *Horatius* (...) *ad notandum homines praecipuus* ». Tirée d'un chapitre que Du Bellay a évidemment lu, cette citation permet de retrouver chez Quintilien le même enchaînement que dans cette fin de chapitre. Quintilien en effet parle d'abord de l'élégie (§ 93), où nous Latins « défions les Grecs »; suit la satire, « toute nôtre », donc sans modèle antique (§ 94-95); puis l'ïambe des Grecs, peu populaire à Rome (§ 96); enfin les auteurs de tragédies (§ 97-98) et de comédies (§ 99-100). Chez Du Bellay, la suite sonnet, églogue et hendécasyllabes correspond donc à l'ïambe. Pour Quintilien, « l'ïambe comme forme indépendante, *ut proprium opus* » se trouve chez Horace même, mêlé à l'épode. Le mot d'ïambe en vient à désigner tout poème de caractère mordant, ce qui ne semble pas correspondre au sonnet ou à l'églogue. En revanche, dans ce paragraphe sur l'ïambe, Quintilien semble assimiler cette forme avec la poésie lyrique, puisqu'il y dit que « parmi les *lyrici* seul Horace

mérite d'être lu». C'est peut-être cela qui donne à Du Bellay le sentiment d'être autorisé à insérer ici le sonnet, etc., formes de la lyrique. Voir p. 56, n. 3 sur l'hendécasyllabe.

5. « N'ayes honte de nommer Perot. Car il le vault bien» (Aneau). Du Bellay traduit en effet la phrase suivante: « *Usus est Horatius, in eo libro qui Odae inscribitur, undeviginti metrorum generibus.* » (Nicolas Perotti, dans son étude sur la métrique d'Horace souvent imprimée au XVIe siècle avec les éd. de ce poète).

6. « *Fistula cera juncta* », Virgile, *Buc.* III, 25-26, c'est-à-dire la flûte de Pan, dont les chalumeaux sont « joints » entre eux par de la cire, ou de la poix. La « *musa rustica et pastoralis* » de Théocrite est louée par Quintilien 10.1.55: « Admirable en son genre est Théocrite », au sein d'un passage dont Du Bellay a donné la substance à I-7, l. 22-27.

Page 56

71. *1553-1561a* Pontan, >< d'un

1. L'*Arcadia* (1502) de Sannazar, roman pastoral mêlé de vers, est un des grands succès de librairie du siècle. Sur le genre du prosimètre, voir Nathalie Dauvois, « *De la « Satura »...* ».

2. Eglogue de 1544 (le dauphin est né le 19 janvier 1544). Marot a récrit la fameuse IVe *Bucolique* de Virgile (II, p. 700-702). Voir p. 63, n. 3 l'ode de Ronsard sur le même sujet, elle aussi sur le mode prophétique. Voir aussi p. 65, n. 5 sur le prophétisme de l'acrostiche. Marot meurt en septembre 1544: sa dernière œuvre annonce encore plus un changement vers le grand style, il embouche « la trompette bellique » pour la victoire de Cérisoles, qui est du 15 avril 1544 (II, p. 707-709). Eglogue prophétique et ton épique visent dans les deux cas le retour d'exil. Du Bellay en tire la conclusion qu'être Français et écrire en grand style vont de pair.

3. Comme le remarque justement Aneau, le vers de « onze » syllabes existe déjà, Du Bellay l'a dit lui-même dans ce chapitre, l. 46 (p. 55, n. 3). Mais celui-ci désigne ici non un vers mais une forme poétique, à l'égal du sonnet. Voir p. 55, n. 4, où Quintilien de même désigne par le nom d'un vers, l'ïambe, un *opus* à part: une forme équivalente à l'élégie dont il vient de parler. Ce raisonnement ne permet pas pour autant d'identifier avec certitude à quelle forme songe ici Du Bellay. Quelque chose comme les célébrissimes *Basia* de Jean Second? L'hendécasyllabe est en tout cas le grand vers italien du premier XVIe siècle, à l'imitation des hendécasyllabes latins.

4. Echo, là encore, de Sébillet (II, 8), qui lie « Eglogue, Moralité, Farce », en voyant dans la moralité l'équivalent français de la tragédie grecque et latine, et dans la farce, de la comédie latine. C'est aussi à Sébillet que Du Bellay reprend l'idée de mettre le théâtre sous patronage princier, alors qu'il végète pour l'instant comme « entreprises privees » (Gaiffe, p. 163; ou p. 132).

5. C'est-à-dire le poème épique: voir Sébillet, II, 14; Peletier, II, 8; les préfaces de Ronsard à la *Franciade*. Pour la bibliographie, voir le numéro spécial de la *Nouvelle Revue du XVIe siècle*, n° 15/1, 1997.

6. Ce portrait de l'*otium* du poète peut être un souvenir de Juvénal, énumérant les conditions qui favorisent le poète (*Sat.* VII, 56-58).

Page 57

23. *1568* unlel admirable

1. *Cf.* Sébillet à propos de la vogue de l'*Amadis de Gaule*, ce qui est écrire «au gré des damoiselles» (I, 4, Gaiffe p. 31; ou p. 61). Sur le lien entre *Tristan* et *Iliade*, Ronsard dira de même que sa *Franciade* n'est pas une histoire des rois de France mais «un Roman comme l'Iliade et l'Æneïde»: le mot traduit l'it. *romanzo*, et «c'est bien comme poème romanesque qu'*Orlando furioso* est perçu à l'époque» (épître au lecteur en tête de la *Franciade* de 1572, en Pléiade p. 1182 et note 10; sur «roman», voir p. 61, n.4). Sur le lien entre épopée et roman, voir Giorgetto Giorgi, «Epopea e romanzo...».

2. Rappel du précepte à la fin de II-3, l. 40-50: imiter «celuy dont il se sentira approcher de plus pres». Les *Historiae sui temporis* auxquelles travaillait alors Paolo Giovio (parues à Florence en 1550, voir p. 20, n. 1) entremêlent ainsi narration et harangues, à la manière de Tite-Live.

3. D'ici à «inferieures» (l. 65), trad. d'*Or.* 3-5. «Je retarde l'etude»: «*tard(o) studia*», le zèle, l'ardeur.

Page 58

1. Martial, *Epigr.* VIII, LVI, 5: «*Sint Maecenates, non deerunt, Flacce, Marones*»; Peletier (II, chute du chap. 8, p. 317): «O qu'il y eût encore un Auguste, pour voir s'il se pourrait encore trouver un Virgile!»

2. Cette phrase traduit Cicéron, *Tusc.* I, 4. *Honos alit artes*: Erasme, *Adages*, I, VIII, 92, LB II, 330F.

3. Donat, *Vie de Virgile*, XV, 58, «*Frangatur potius legum veneranda potestas*»: Auguste commanda de conserver le manuscrit de l'*Enéide*, en dépit des lois romaines (inviolabilité des dernières volontés: Virgile voulait tout brûler).

4. Alexandre, qui a une «monarchie universelle»: *monarque* est ici sans doute plus proche, pour le sens, d'*empereur* que de *rois* et *princes* (voir Alexandre « grand monarque», II-11, l. 62). Le «renaitre d'Homere»: Plutarque, *Comment lon pourra apparcevoir si lon amende et profite en l'exercice de la vertu*, XVI. Amyot traduit: «qu'Homere fust ressuscité».

5. Plutarque, *Alex.*, XV, 3 (Amyot: «un excellent heraut pour dignement chanter tes louanges»). De «O bienheureux» à «renom» (l. 83), trad. de Cicéron, *Pro Arch.* 24 – qui a *praeco* et non *buccinator*, «héraut qui sonne de la trompette». Ce dernier mot se trouve dans Cicéron, *Ad Fam.* XVI, XXI, 2, «*polliceris buccinatorem fore existimationis meae*». A noter que le *Pro Arch.* est de nouveau sollicité un peu plus bas (voir p. 59, n. 3): ce discours contenant de belles pages sur le poète, il est une référence fréquente des divers arts poétiques du XVIe siècle.

Page 59

91. *1549* immortalitél.l mais
95. *1549-1561b* au>< jeux
103 *1561a-1568* incorruptib><le
Titre *1549* de>< Motz

1. Souvenir du fameux «*Exegi monumentum aere perennius*» d'Horace (*Carm.* III, XXX, 1), qui développe l'idée que pyramides et autres merveilles du monde (le Colosse de Rhodes) durent moins que les écrits.

2. C'est-à-dire: les plaisirs de l'amour, la gourmandise, la paresse des lits de plume. Pétrarque, sonnet VII: «*La gola, e'l sonno, e l'ozioso piume*». Voir aussi Salluste, *Jug.* II, 4. Du Bellay reprend, à l'envers, le thème déjà développé à II-3, l. 27-38.

3. D'ici à «plaisirs», souvenir du parallèle du *Pro Arch.* 13, entre moi adonné aux études et les autres qui s'amusent, *ceteri*. Le *Pro Arch.* a été traduit un peu plus haut (voir p. 58, n. 5).

4. D'ici à «louez», souvenir de Pline le Jeune, *Epist.* III, XXI, 3: «*Postquam desiimus facere laudanda, laudari quoque ineptum putamus*».

5. *Incorruptibile* n'est peut-être pas une faute d'impression, comme le veut Chamard: lat. *incorruptibilis.*

6. Cette métaphore critiquée par Aneau est un souvenir possible d'*Or.* 75. Voir «renduz au port» au début de la *Conclusion*, p. 81.

Page 60

17. *1549* avoiltl

1. Même formule et même contexte à I-10, l. 24.

2. Horace, 359-360: «*quandoque bonus dormitat Homerus/Verum operi longo fas est obrepere somnum*». Le précepte d'user de quelques mots nouveaux provient aussi des réflexions de l'*Ars poetica*, 46-72: v. 48, «*Si forte necesse est...*»: «quand la necessité...». Ces réflexions sont aussi résumées par Sébillet (I, 4, Gaiffe p. 32; ou p. 61) et par Peletier (I, 8).

3. D'ici à «vulgaire» (l. 20), trad. de Cicéron, *De Fin.* III, 3.

4. Cette phrase traduit *De Fin.* III, 4.

5. La phrase traduit *De Fin.* III, 5 (texte déjà sollicité: p. 36, n. 2): Du Bellay applique au grec et latin ce que Cicéron, plaidant pour le latin, dit du seul grec.

Page 61

50. *1557-1561a* en lsoln

1. Souvenir très net du développement correspondant de Sébillet (I, 4, Gaiffe p. 32-33; ou p. 61-62), comme le souligne l'unique emploi par Du Bellay du mot «analogie», concept essentiel de Sébillet (sur lequel voir p. 54, n. 2). Le «futur poëte» de Sébillet doit innover «tant modestement et avec tel jugement, que l'aspreté du mot nouveau n'égratigne et ride les aureilles rondes [= *teretes aures*, *Or.* 28]. Car l'envie [trouvera toujours à] redire en ce qui est bien et ingenieusement inventé: comme elle a naguéres fait en la Delie de Sceve, Poëme d'autant riche invention qui pour le jourd'huy se lise [mais où l'envie réprouve] la rudesse de beaucoup de mos nouveaus...» Du Bellay est ici pleinement d'accord avec Sébillet: sur l'innovation des mots, et sur Scève.

2. Peletier se souviendra de cette phrase, à propos, en général, de l'imitation (I, 5, p. 256): «L'office d'un poète est de donner nouveauté aux choses vieilles, autorité

aux nouvelles, beauté aux rudes, lumière aux obscures, foi aux douteuses, et à toutes leur naturel et à leur naturel toutes».

3. Même précepte chez Ronsard (Pléiade p. 1188; ou p. 485), qui a comme liste Ulysse, Achille, Hercule, Ménélas, Nicolas (pour gr. *Nikoléôs*). La *Deffence* écrit Crasse pour Crassus, Ennie pour Ennius, Hortense pour Hortensius, Marsye pour Marsyas, Nicies pour Nicias, Posthumie pour Postumius.

4. Quintilien 8.3.25 cite le *olli* (*En.* I, 254) avec d'autres exemples, mais non le *aulaï* (*En.* III, 354). La renaissance des vieux mots est évoquée par Horace, 70. *Cf.* Erasme, *Cic.* (LB I, 997E ou p. 308): Buléphore souligne que Cicéron tire des ornements d'Ennius et autres Lucilius ou Pacuvius; Nosopon lui répond «Assurément, car sans ces ornements, *ornamenta*, un discours paraît pauvre et vulgaire. Mais sertis comme autant de pierres précieuses ou semés comme des fleurs, ils rendent admirable ce qu'on écrit, *Haec ceu gemma flosculive intertexta, reddunt admirandum quod scribitur*». L'*antiquitas* de ces mots a chez lui, ajoute-t-il, «je ne sais quelle majesté». Pour les mots «antiques», *cf.* «rare & antique erudition» (p. 54, n. 4). Ronsard est du même avis: «Tu ne dois rejetter les motz de nos vieux Romans, ains les choisiras avecques meure et prudente election» (Pléiade p. 1177; ou p. 470), précepte détaillé un peu plus loin: «Tu ne desdaigneras les vieux motz François», avec d'autres exemples (Pléiade p. 1188; ou p. 485).

Page 62

10. *1553, 1562b-1568* doi><t
18. *1549* adoptive. bref

1. Peletier reconnaîtra que cette rime est «(s)ienne» (II, 1, p. 288: tout ce chapitre est sur la rime), et qu'il aime rimer, lui, «superstitieusement» (p. 287: *cf.* II-7, l. 41). Voici ses vers («A une Dame», recueil de 1547, f. 82 v°): «Si vous traittiez ma loyauté/Misericordieusement,/Alors melodieusement/Je chanteroy' vostre beauté». Fouquelin dans sa *Rhétorique française* (p. 387) approuve comme harmonieuse la rime ou «Epizeuxe» de «franchement, genereusement, pudiquement, vertueusement».

Page 63

1. Reprise et critique directe de Sébillet (I, 7, Gaiffe p. 70-71; ou p. 83): «tu peus rymer bien & deuement le simple contre le composé», exemples de Marot et Scève à l'appui. Sur la rime équivoque, voir Sébillet, I, 7 (Gaiffe, p. 62-63; ou p. 77-78) et ma note complémentaire (dans l'éd. Gaiffe, rééd. 1988, p. 249-252). Voir surtout François Cornilliat, *Or ne mens*.

2. It. *versi sciolti* (*cf.* lat. *solutus*). Sébillet en traite à II, 15 (Gaiffe p. 192-194; ou p. 147-148); Peletier, à II, 2, p. 291.

3. Pétrarque les a pratiqués dans ses sextines et sa chanson «*Verdi panni*». «Agriculture» traduit la *Coltivazione* de Luigi Alamanni, publiée en 1546 (Paris, R. Estienne). Du Bellay a un seul sonnet en vers sans rime dans toute son œuvre, le sonnet 114 de l'*Olive* («Arriere, arriere ô mechant Populaire!»). Ronsard a également un seul poème, l'ode III, 12, publiée dans les *Odes* de 1550: «Sur la naissance de François, dauphin de France», d'ailleurs toute inspirée d'Horace («En quel bois le plus separé», en Pléiade, I, p. 760-761; voir à II-4, l. 67 l'éloge de l'églogue de Marot

sur le même sujet). Ronsard y met en scène la «douce folie» de sa Muse qui l'éloigne du vulgaire: «Je cri'ray des vers non sonnez/Du Grec ny du Latin Poëte/(...) Ayant la poitrine remplie/D'une trop vineuse fureur» (v. 9-15).

4. La rime *maître* et *mettre* est, elle, à éviter: fin du chapitre, l. 52. Du Bellay ici critique Sébillet qui autorise *estre/maistre* (I, 8, Gaiffe p. 84-86; ou p. 89-90; Sébillet y distingue ressemblance de «son» et «d'orthographe»). Sébillet lui aussi préfère ne pas «superstitieusement s'arrester a la riche ryme pour mettre un mot impertinent ou moins propre», exemple de Saint-Gelais à l'appui, félicité d'avoir rimé *seure* (= *sûre*) et *nature*.

5. Le mot est dans Sébillet, mais pour désigner l'uniformité, ou reprise d'une strophe à l'autre d'un même schéma des rimes (II, 3 et II, 5, éd. Gaiffe, p. 123 et p. 137; ou p. 110 et p. 119).

6. Le *Traicté touchant le commun usage de l'escriture françoise*, Paris, 1548, livre qui ne traite pas spécifiquement des praticiens (avocats et magistrats qui pratiquent le droit), mais, de façon générale, de la dépravation de l'orthographe.

7. Sébillet, lui, ne fait pas «grande conscience de rymer morsure contre asseure» ou encore «seure contre nature». La rime *maitre/mettre*, à éviter, se distingue de celle, autorisée par Du Bellay, entre *maitre* et *prestre* (voir ici n. 4). Le précepte est déjà formulé par Jean Bouchet (*Epistres familieres*, 107e, Poitiers, 1545, f. LXXII r°; l'épître date de 1537): «En bon Francois ce mot cy, advertisse,/Est long sur i, & brief ce mot, notice (...) Peu de gens sont qui ces reigles bien gardent,/Moins de lecteurs qui si pres y regardent.»

Page 64

1. Cette phrase trad. *Or.* 67; «à l'oraison»: lat. *in oratione*, «en prose».

2. Confusion de nouveau constatée par Estienne Pasquier, fidèle lecteur de la *Deffence* (*Recherches de la France*, VII, 1, p. 1371-1374).

3. De «Bardus V» à «ire» (l. 28, fin de la phrase), Du Bellay recopie presque textuellement Jean Lemaire, *Illustrations de Gaule et Singularitez de Troye*, I, 10 (éd. Stecher, I, p. 70), y compris l'erreur de la référence à Diodore: non pas livre VI mais V, 31. Chamard cite une autre réminiscence de ce passage de Diodore chez Jean Bouchet en 1516. Outre les *Recherches de la France* de Pasquier (IX, 1), il faut citer sur le sujet Claude Fauchet, *Recueil de l'origine de la langue et poesie françoise, ryme et romans*, 1581. L'existence d'une poésie gauloise sert évidemment un *topos* nationaliste, et Du Bellay pourrait sans peine «alleguer» (l. 28) bien d'autres exemples fournis par ce type de propagande. Chamard cite ainsi Jean Le Fèvre, *Les Fleurs & Antiquitez des Gaules*, 1532, publié dans P. Jannet (et A. de Montaiglon), *Anciennes Poësies Françoises*, VIII, 176-240: le mot *antiquité* y renvoie à l'*antiquitas* (voir p. 48 n. 4).

Page 65

36. *1557-1561a* Se|mbla|ble|ment

51. (et 53) *1561b-1568* Pto|le|mee

52. *1568* d|u| miel

1. Même expression chez Sébillet, I, 3 (éd. Gaiffe p. 24; ou p. 58): Cicéron, *Acad.* II, 95 et Erasme, *Adages*, I, IV, 42, LB II, 168B.

2. Exemples repris par Tabourot au début de son chapitre «Des Anagrammatismes ou Anagrammes» (*Bigarrures*, I, 9, f. 103 r°). L'anagramme sur Henri II est dans le *Bouclier de la Foy* de Nicole Grenier, chanoine de Saint-Victor à Paris (Paris, V. Gaulterot, 1548). En citant d'abord François Ier, Du Bellay rattache l'anagramme à la renaissance des lettres. Tabourot commence aussi par le même exemple, et en explicite la portée: «Du temps du Grand Roy Francois, avec les bonnes lettres, cette invention resuscita en France, & fut trouvé sur son nom...». François Ier, puis Henri II: l'anagramme est un genre essentiellement royal.

3. D'ici à «Juno», trad. du grec d'Isaac Tzetzès, dans sa notice au roman de Lycophron, *Alexandra* (Bâle, J. Oporin, 1546, p. 3). Lycophron, ici loué, est blâmé pour son obscurité à la fin de I-11: voir p. 45, n. 2.

4. Artémidore, *Oneirokritika*, IV, 25 (Venise, Alde, 1518, f. 120 r°; trad. lat. par Cornarius, Bâle, Froben, 1539): «Il faut bien noter que les Anagrammatismes donnent grande ouverture à l'intelligence des songes» (trad. par Tabourot, *Bigarrures*, I, 9, f. 102 v°, qui cite aussi le passage de Tzetzès).

5. La fin de cette phrase traduit le grec de l'évêque Eusèbe Pamphile (264-340), *Vie de Constantin* (Migne, *Patr. lat.*, II, col. 1285). Exactement, le passage provient d'un discours latin de Constantin à l'Eglise, traduit en grec par Eusèbe; R. Estienne l'a publié en 1544, à la suite de la *Préparation évangélique* du même Eusèbe: d'où la confusion de Du Bellay. Chez Eusèbe/Constantin, l'acrostiche est en grec: Du Bellay cite la version latine de saint Augustin (*Civ. Dei*, XVIII, 23; *servator*: sauveur), reprise, comme le note Aneau, dans les *Oracula Sibyllina* édités par Sébastien Castellion (Bâle, J. Oporin, 1546). Le premier vers latin en est «*Judicii signum...*, Signe du jugement: la terre se couvrira d'une sueur glacée...», d'où ici «signes du Jugement (dernier)» (l. 65). Tabourot cite une partie des vers grecs au début de son chapitre XV sur les acrostiches (f. 152 v°). – Après François Ier et Henri II pour l'anagramme, le Christ pour l'acrostiche: les exemples choisis soulignent l'éminente dignité de ces deux formes, liée à leur dimension prophétique. Pour le prophétisme, voir l'églogue de Marot louée à II-4, l. 67.

Page 66

Titre 1549 quelque><

1. *De Div.* II, 110-112.: «*Non esse autem illud carmen furentis, cum ipsum poema declarat (est enim magis artis et diligentiae quam incitationis et motus)* (...). *Hoc scriptoris est, non furentis; adhibentis diligentiam, non insani.*» «Inspiration divine» de Du Bellay traduit donc, et évite, le *furor* de Cicéron.

2. C'est-à-dire, d'abord, de Sébillet, qui a un chapitre sur la coupe féminine (I, 6), où il nomme l'apostrophe et les *e* masculin et féminin (éd. Gaiffe, p. 48 et 42-44; ou p. 71 et 67-68).

3. Marco-Girolamo Vida, *De arte poetica*, Rome, 1527. Sur cette poétique proche des milieux padouans, au plus loin de l'inspiration, voir Jean Lecointe, *L'Idéal...*, p. 500-504: «le «divin» y est seulement présent pour la galerie».

Page 67

20. *1549* entre<s>

1. Voir au début de II-4, «Ly, donques, & rely...»: là lecture des œuvres de poètes, ici lecture des traités. Voir aussi p. 49, n. 4: la lecture des traités permet de passer de la *doctrina* à la *scientia*.

2. *Topos* nationaliste de l'époque. Chamard cite Joachim Perion, *Dialogorum de Linguae Gallicae origine, ejusque cum Graeca cognatione, libri quatuor*, 1554; Henri Estienne, *Traicté de la conformité du Language François avec le Grec*, 1565. Voir p. 81, n. 3, sur les Gallo-Grecs. Sur le mot de phrase (gr. *phrasis* = lat. *elocutio*, Quintilien 8.1.1), voir le dossier de citations des années 1540 rassemblé par Glyn Norton («La notion de *phrasis*...»). Ainsi Antoine Alaigre ou Allègre, trad. de Guevara, *Du mespris de la Court*, avis au lecteur: «la phrase du Castillan est trop plus copieuse, que la Francoyse, & la liayson bien fort differente. Donc si prends mescontentement en quelque periode mal sonnant, ou troncqué...» (Lyon, Dolet, 1542, p. 4: sur *liayson* et periode *troncqué*, voir le commentaire). La «phrase» est liée à la *proprietas* de chaque langue: voir encore Louis Le Roy, *De la vicissitude*, Paris, P. L'Huillier, 1576, II, f. 23 r°-v° (qui résume la théorie de la *Deffence* sur la traduction). Si la «phrase» est le tout de l'*elocutio*, incluant mots isolés et mots groupés, alors logiquement «rendre en français l'*elocutio* du latin» se dira *paraphraser*: mettre une «phrase» en regard d'une autre, *para*, avec la difficulté que l'*elocutio* est le propre de chaque langue. C'est ainsi que Des Autels emploie *paraphraste*: soulignant que la *Deffence* et en général la Pléiade recherchent «l'honneur de l'eloquution», il ajoute qu'en cela ils sont des «Paraphrastes (car ce nom veulent ilz avoir)», ce qui vaut mieux «que ceux, qui sans autre connoissance que de leur sens naturel escrivent à l'avanture» (*Replique*..., p. 58-59).

3. Fin de l'*Antérotique* de Du Bellay, v. 188: «Ou que l'enroué des Cymbales», où cela donne «vehemence» à la satire. D'après la *Concordance* de Cameron, parmi les expressions précédentes, Du Bellay dans toute son œuvre poétique n'emploiera en fait que les suivantes:

- «Le vivre me faict mourir», «Le vivre m'est odieux»: *Tombeau de Marguerite de Valois*, 223 et 245.
- «au fraiz de son ombrage», *Olive*, LXXVIII, 4; «le fraiz de sa neuve ramee», *Recueil de Poesie*, Prosphonématique, 8; «le fraiz des arbrisseaux», *Divers jeux rustiques*, XVI, 151.
- «l'épaiz de sa neuve ramee», *Olive*, XLV, 7.

4. *Cf.* «Le doz des cerfz legercourans», «De l'an leger-volant»: *Vers lyriques*, V, 36 et VIII, 66.

Page 68

53. *1549* descriptionsl.l comme
68. *1549-1553* d'ecrire; *1561a* d'escrire; *1561b-1568* descrire

1. «La vierge chasseresse» est le v. 134 de l'*Epithalame*. Le syntagme se retrouve quatre autres fois dans toutes les œuvres poétiques de Du Bellay, dans trois octosyllabes et un heptasyllabe. «Je voy' le deux fois né»: *Vers lyriques*, VII, 9. Le «Pere foudroyant» est une variation sur l'exemple de Quintilien 8.6.29 pour l'antonomase, «*Divum pater atque hominum*».

2. D'ici à «Iris», trad. d'Erasme, *De duplici copia uerborum ac rerum*, I, 2: «*Siquidem extant etiamnum mirabiles aliquot Maronis experientiae de speculo, de*

fluvio gelu concreto, de Iride, de solis exortu, de quatuor anni partibus, de signis coelestibus.» (LB I, 4A; tout le début du *De copia* est traduit par J. Chomarat, éd. des *Œuvres* d'Erasme, p. 233 sq.). *Experientiae*: «exercices faits avec soin», donc «essais». Dans la liste d'Erasme, Du Bellay omet le miroir (*En.* VIII, 22-25) et garde: *Georg.* III, 360 (le fleuve glacé) et I, 231-232 (le Zodiaque); *En.* IV, 700-701 (Iris) et VIII, 287-304 (Hercule). Le «lever du soleil» que cite Erasme (par ex. *Georg.* I, 441-443) évoque l'exemple forgé juste avant par Du Bellay, sur le fils d'Hypérion c'est-à-dire le soleil (l. 53-56). Autrement dit, l'exemple sur Orient et Occident est une variation sur un thème très classique, et d'abord virgilien.

3. Voir Quintilien 8.6.40-41.

4. Dans l'ensemble des œuvres poétiques de Du Bellay, on trouve «Donnent vigueur à mon feu devorant», *Olive*, XL, 4; «Maintenant donq', que ce mordant souci», *Recueil de poesie*, Chant triumphal..., 141.

5. Dans l'œuvre poétique de Du Bellay, on a fréquemment «fleuve impetueux» ou encore « vent impetueux» (dix occurrences).

6. Même précepte chez Ronsard: ne pas plus oublier les articles que les pronoms *je* ou *tu* (en Pléiade p. 1183; ou p. 479).

7. C'est le dernier vers du sonnet en tête de l'*Art poëtique* de Sébillet. Même précepte chez Peletier (II, 2, p. 291) et Ronsard (en Pléiade, p. 1185; ou p. 482).

Page 69

6. *1549* toute><

1. La même remarque est développée par Pasquier, *Recherches de la France*, VII, 7.

2. *Or.* 173, qui a «*ipsa natura*» rendu ici par «naturellement» l. 94. *Hiulcus* se trouve aussi dans le *De Or.* III, 171.

3. Chamard cite Budé, *Institution du Prince*, XII: «Or est la bonne prononciation (qui se nomme par les Grecs hypocrisie) autant comme l'ame, le mouvement & l'esperit de l'oraison.» De 1549 à 1561a, les premières éditions remplacent le upsilon initial du mot grec par un êta.

4. *Or.* 55: «*Utcumque se affectum videri et animum audientis moveri volet, ita certum vocis admovebit sonum.*» L'anecdote célèbre sur Démosthène est partout, entre autres dans *Or.* 56.

5. *Or.* 178: «*Versus inventus est terminatione aurium, observatione prudentium.*»

6. *Or.* 150: «*aures quarum est judicium superbissimum*».

Page 70

1. Donat, *Vie de Virgile*, XI, 43-44: «*Pronuntiabat autem maxima cum suavitate et lenociniis miris. Seneca tradidit Julium Montanum poetam solitum dicere involaturum se quaedam Vergilio, si vocem posset et os et hypocrisim: eosdem enim versus, eo pronuntiante, bene sonare; sine illo, inarescere, quasi mutos.*» *Cf.* le début de la préface posthume de la *Franciade*: les alexandrins «sentent trop la prose tres-facile, & sont trop enervez & flaques» (en Pléiade, I, p. 1161).

2. D'ici à «etudes» (l. 10), repris de Quintilien 10.3.24-25 («*cogitatio*» y est au § 22); lui-même discuté par Pétrarque, *La vie solitaire*, I, VII, 3-8; *cf.* Tacite, *Dial. de*

or. XII. A noter que *cogitatio* a un autre sens chez Quintilien, à 10.1.1: savoir théorique – preuve supplémentaire que Du Bellay suit ici essentiellement le chapitre X, 3 de Quintilien. Celui-ci préfère qu'on fuie les forêts, et dit que Démosthène travaillait ainsi, loin de tout ce qui pouvait distraire son attention. Du Bellay omet ce grand nom – il parle ici de poésie -, mais il est du même avis, comme le montre la suite sur la « solitude & le silence » (« *silentium noctis* » au § 25 de Quintilien, et surtout « *silentium et secessus* » au § 28). En conséquence, le délicieux portrait du poète cherchant l'inspiration dans les forêts (l. 7-9) n'est pas, en fait, l'idéal de Du Bellay: c'est encore une charge contre le poète « furieux » à la Ronsard.

3. Verbe repris par Pontus de Tyard en 1552, qui en inverse le sens, peut-être pour répondre à ce passage précis. Le Solitaire place la fureur au dessus du travail: « N'entreprenne temerairement [lat. *temere*, sans bon jugement] chacun de heurter aux portes de Poësie: car en vain s'en approche, & fait ses vers miserablement froids celui auquel les Muses ne font grace de leur fureur, & auquel le Dieu ne se monstre propice & favorable.» (*Solitaire premier, ou Prose des Muses, & de la fureur poetique*, p. 22).

4. D'ici à « flattent», repris du chapitre de Quintilien sur l'*emendatio* (10.4.1-2), dont le tout début dit « *Sequitur emendatio...* ». Chez Du Bellay comme chez Quintilien, la correction suit immédiatement les propos sur le travail loin des forêts. On est typiquement dans le modèle padouan de création littéraire, tel qu'exposé par Vida ou Scaliger. Ce modèle a trois moments principaux. « Le premier, tout «artificiel», consiste en l'acquisition de la «compétence» poétique, par assimilation des techniques scolaires, apprentissage par cœur et imitation des modèles [i.e le précepte de «lire et relire»]. Le deuxième est celui de «l'inspiration»: dans des circonstances psychologiques favorables, mal précisées, mais où la mémoire joue un grand rôle – et nous savons que mémoire et imagination sont proches parentes dans la psychologie rhétorique antique – un premier jet s'élabore, au matériau composite. La troisième étape est celle de la révision et de la correction, où est requise une extrême sévérité envers soi-même, de peur d'*indulgere genio suo* [de suivre sa pente naturelle, son «génie»]. On peut d'ailleurs considérer que, pour Scaliger, l'antithèse Homère-Virgile, Grèce-Rome, oppose ainsi le «moment de la nature et de la fureur» au «moment de l'*emendatio*», transposant à l'histoire le schéma padouan de la création littéraire individuelle. Homère et la Grèce se sont arrêtés en chemin, comme le mauvais écrivain trop complaisant envers lui-même. La latinité virgilienne, elle, sait s'élever à cette forme supérieure de l'activité littéraire qui ne consiste plus d'abord dans l'ajout, mais dans le retranchement » (Jean Lecointe, *L'Idéal...*, p.505). Lorsque Ronsard vantera la contrainte des décasyllabes, qui obligent à « ruminer» et réfréner « la premiere course impetueuse des fureurs et des monstrueuses imaginations de l'esprit», il signe un reniement de sa première pratique et sa conversion à l'esthétique de Scaliger (préface posthume de la *Franciade*, en Pléiade, p. 1174: cité par Lecointe, *id.*, p. 506).

Page 71

38. *1549* marinier|e|s

56. *1549* no|m|

1. Cette fameuse description vient de Pline l'Ancien, *Hist. Nat.* VIII, LIV, 126.

2. Le seul exemple connu de ce mot grec vient de Cicéron, *Ad Quint. fr.* II, 1, et signifie « un homme que la Muse a frappé » ou, selon H. Estienne, « *Recitator*

clamosus, vel personare omnia faciens (...). *Sunt qui interpr. versificator obstreperus*» («versificateur qui importune, en faisant du vacarme ou *strepitus*»: *Thesaurus*, 1572, II, col. 830).

3. Croyance rapportée par Pline l'Ancien, *Hist. Nat.* VIII, X, 28, et par Erasme, *Adages*, I, IX, 11 (LB II, 336D). Erasme y propose d'adapter l'adage *nec elephanti diutius* à l'auteur incapable d' «accoucher». Au début de son chapitre X, 3 cité par Du Bellay un peu plus haut (sur la cogitation), Quintilien compare l'acte d'écrire à la génération naturelle: celle des plantes dans la terre labourée, celle des animaux (10.3.2-4). Pas de progrès possible sans *diligentia* du labour profond, et de même, «la nature a voulu que rien de grand ne se réalise d'un coup, et, à tout ce qu'il y a de plus beau, elle a opposé par avance la difficulté, elle qui, pour la génération même, a fixé comme loi que les animaux les plus gros restent le plus longtemps dans les entrailles maternelles» (§ 4). On a ici un juste milieu, l'ours qui lèche son petit, et deux extrêmes à éviter: l'enfantement ou trop rapide ou trop lent des nouveaux poèmes.

4. Ce précepte d'Horace est ainsi formulé par Peletier (II, conclusion, p. 323): «[Que le poète] soit prompt à communiquer ses écrits à un ami, intime et choisi». Le sens de «blesser avec les ongles» est difficile. «Du Bellay veut dire sans doute qu'un bon censeur ne craint pas de souligner nos fautes sur le papier d'un coup d'ongle énergique» (Chamard). Voir Erasme sur Atticus censeur de Cicéron avec des corrections à l'ongle ou au crayon de cire rouge: «*Atticum cujus unguiculos ac miniatulas cerulas se metuere scribit Cicero, quibus ille notare solitus est quae in M. Tullii scriptis offendebant*» (*Cic.*, LB I, 980D ou p. 278: Cicéron, *Ep. ad Atticum*, XV, 14 et XVI, 11). *Cf.* le verbe *ongler* chez Cotgrave «to scratch, or marke with a nayle». Chez Horace, auquel emprunte ici Du Bellay (v. 438-450), le censeur mettra un «*atrum signum*» ou signe noir, sur ou en face des vers qu'il condamne. Le passage d'Horace n'est pas plus clair: le signe noir peut désigner soit un trait qui biffe le vers contesté, soit un obèle dans la marge (c'est-à-dire un trait vertical signalant un passage à supprimer). Du Bellay contamine peut-être avec le passage de l'*Ars poetica* (v. 292-294) que Boileau a rendu par «Vingt fois sur le métier remettez votre ouvrage:/Polissez-le sans cesse et le repolissez» (I, 172-173). Il faut polir ou *castigare* «*ad unguem*»: comme le marbrier éprouve le poli en passant l'ongle sur la pierre.

5. Même précepte chez Peletier (II, 10, p.) et Ronsard (en Pléiade p. 1177; ou p. 470). Voir aussi la préface posthume de la *Franciade*, citée ici dans le commentaire.

6. Par exemple Quintilien 10.1.89, «*versificator quam poeta melior*». Le terme de *rymeurs* vient de Sébillet où il est déjà péjorativement opposé à «Pöétes» (I, 2, fin).

Page 72

75. *1549-1553* t><aictent
89. *1553-1561a* B|e|nniz

1. Anecdote célèbre sur Alexandre: Horace, *Epist.* II, 1, 239-241 (traduite un peu plus bas: voir ici, n. 3); Pline l'Ancien, *Hist. Nat.* VII, 38, 125; Plutarque, *Alex.* IV, 1 ou *Fort. ou Vert. d'Alex.* II, 2.

2. Le Quintilius d'Horace, v. 438: d'où le titre d'Aneau, *Le Quintil horacien*, ou censeur de la *Deffence*. Ce Quintilius est ensuite nommé «Aristarque» (v. 450), antonomase du critique impitoyable (voir p. 50, n. 4, où Du Bellay se voit bien en

Aristarque des autres). Aneau doit appliquer à Du Bellay la formule d'Horace: l'auteur qui refuse les corrections préfère «s'aimer seul, sans rivaux» (v. 444).

3. Cette phrase traduit Horace, *Epist.* II, 1, 115-117.

4. Allusion aux titres de, dans l'ordre: Jean Le Blond, *Le Printemps de l'Humble esperant, où sont comprins plusieurs petitz œuvres semez de fleurs, fruict & verdure...*, 1536; François Habert, *La Jeunesse du Banny de Lyesse*, 1541; François Sagon, *Le Coup d'essay*, 1536 (contre Marot); Charles Fontaine, *La Fontaine d'Amour*, 1546. La plupart de ces métaphores, très représentatives en effet de l'esprit du temps, sont regroupées dans l'épître-préface de *L'Adolescence clémentine* de Marot: «Ce sont Œuvres de jeunesse, ce sont coups d'essay: ce n'est (en effect) aultre chose, qu'un petit Jardin, que je vous ay cultivé de ce, que j'ay peu recouvrer d'Arbres, d'herbes et fleurs de mon Printemps» (I, p. 17). Du Bellay a recouru à l'image du printemps, à la fin de sa dédicace au cardinal (l. 39): «les premiers fruictz, ou pour myeulx dire, les premieres fleurs du printemps», comme Aneau l'a remarqué: «Tu usurpes le titre du printemps, lequel en un autre poëte françois tu rejettes & desires secher».

5. Allusion aux devises de, dans l'ordre: Marot, *Epistre du Despourveu...* (I, p. 72); Jean Le Blond; François Habert (voir note précédente); Michel d'Amboise, qui signe *L'Esclave fortuné*; Jean Bouchet, qui signe du décasyllabe *Le Traverseur des voyes perilleuses*. La présence de Marot dans cette liste semble contredire l'éloge, ailleurs, de Marot. Peut-être faut-il considérer que Du Bellay renvoie ici le poète à sa propre jeunesse, quand il était encore tributaire d'un style qu'il saura lui-même dépasser rapidement: l'*Epistre du Despourveu* est de 1518 ou 1519. En 1549-1550, l'habitude de s'appeler par ce genre de devises, assurément, commence à dater. Jean Bouchet, encore actif, a alors près de soixante-quinze ans; né en 1476, il est comme un témoin de l'ancien goût.

Page 73

1. *Topos* classique: Cicéron, *De Senect.* VIII, 26, Plutarque, *Cat.* II, 6.

2. »Tourner çà et là à son plaisir» est la description canonique de l'effet que suscite le *mouere*: l'auditoire tout entier est subjugué, il est esclave de l'orateur. Voir *De Or.* I, 30: «*uoluntates impellere quo uelit* [*orator*], *unde autem uelit deducere*»; Horace, 100: «*animum auditoris agunto*»; ou même, de façon plus inattendue, le courtisan de Speroni (emprunt n° 2): «gouverner les sentiments des lecteurs». Voir aussi l'image de la «chesne» de l'Hercule gaulois sur laquelle se clôt la *Deffence* (voir p. 81 n. 4): elle exprime la même idée qu'ici celle de «bride». Il s'agit de rendre l'ensemble des auditeurs enchaînés, sous le joug et le charme. Le *Traité du Sublime* de Longin dit cela admirablement: le *mouere* y est une «force invincible qui enlève l'âme de quiconque nous écoute (I, 4; voir XV, 9: les images «domptent, pour ainsi dire, elles soumettent l'auditeur»).

La série «indigner, etc.» rappelle celles de Cicéron. *De Or.* I, 53: «*uel ad iram aut ad odium aut dolorem incitandis uel ab hisce eisdem permotionibus ad lenitatem misericordiamque reuocandis*»; *Br.* 188: «*Gaudet, dolet, ridet, plorat, favet, odit, contemnit, invidet, ad misericordiam inducitur, ad pudendum, ad pigendum, irascitur, miratur, sperat, timet*»; *Or.* 131: «*ut irascatur judex, mitigetur, invideat, faveat, contemnat, admiretur, oderit, diligat, cupiat, satietate afficiatur, speret, metuat, laetetur, doleat*». Ces listes sont organisées classiquement par paires, depuis la *Rhétorique* d'Aristote: à chaque passion correspond celle qui la fera tomber.

« Indigner, apaiser» renvoie soit au couple *indignatio* et *miseratio*, soit à celui d'*ira* et de *lenitas*. « Ejouyr, douloir»: *gaudere* (ou *laetari*), *dolere* (ou *timere* chez Quintilien 9. 2. 26: « *et irasci nos gaudere et timere et admirari et dolere et indignari et optare* ». « Aymer, hayr»: *favere, odi*. En revanche, admiration et étonnement qui finissent la liste de Du Bellay me paraissent plutôt synonymes. Le terme d'*admirationes* désigne en tout cas un type précis de passages dans un discours, à l'instar des *indignationes* ou *miserationes*: une *admiratio* suscite l'admiration comme une *indignatio* soulève l'indignation ou une *miseratio*, la pitié. Voir Cicéron, *Part. orat.* 32: sera *suauis* une narration « qui a des passages qui nous étonnent, qui captivent, des dénouements inattendus, par endroits des mouvements pathétiques, des dialogues, de la douleur, de la colère, de la crainte, de l'allégresse, des désirs, *quae habet admirationes, exspectationes, exitus inopinatos, interpositos motus animorum, colloquia personarum, dolores, iracundias, metus, laetitias, cupiditates*». Voir aussi Quintilien 9.2.6-11, qui montre exemples de Virgile à l'appui comment l'interrogation peut servir les divers sentiments, dont pour l'*admiratio* les vers d'*En.* III, 56-57, « Où ne contrains-tu pas tous les cœurs des mortels,/Maudite soif de l'or? ». Voir enfin le parallèle par d'Estrebay entre orateur et poète, cité dans le commentaire (p. 305).

Page 74

1. Voir II-4, l. 23: « quelque vestige de rare, & antique erudition».

2. Cet exigeant est le poète Antimaque de Colophon (*Br.* 191). La formule « pour tous auditeurs » sera reprise à la fin de l'avis au lecteur de l'*Olive* de 1549: « Il me suffist pour tous lecteurs avoir un S. Gelays, un Heroët, un de Ronsart... ».

3. Horace, *Sat.* I, X, 72 sq. Du Bellay confond l'Octavius que cite Horace avec Auguste: il s'agit en fait d'un historien, ami de Virgile.

4. *Or.* 237 (c'est la fin de l'ouvrage): « *Habes meum de oratore, Brute, iudicium* ».

5. Horace, 361: le célèbre « *Ut pictura poesis* ».

6. *Cf. Or.* 105: si Démosthène « atteint souvent à la perfection, nous nous y efforçons souvent et si lui a la capacité, nous avons, nous, la volonté, *illum posse, nos uelle*» (voir p. 85, n. 2).

7. La *cornucopia* est le symbole même de la *copia* – celle, du reste, d'Apulée ou d'Erasme plutôt que de Cicéron. Voir Terence Cave, *Cornucopia, figures de l'abondance...*

Page 75

30. *1553-1561a* Nations, >< leurs Loix

1. D'ici à la fin de la phrase, trad. de Plutarque, *Them.* VI, 3.

2. Souvenir probable de Valla: « *Videntur mihi non modo ditionis nostri homines, verum etiam linguae propagatione caeteris omnibus antecelluisse*» (*Elegantiae*, I, pr., f. 2 r°; cité par Eugenio Garin, *Medioevo...*, p. 115). Du Bellay a déjà cité les *Elegantiae* (voir p. 43, n. 5); il va reprendre le mouvement de cette préface du livre I dans sa propre « Conclusion »: voir p. 81, n. 1.

3. Le *topos* peut venir de Salluste, *Catil.* V, 9 ou d'Horace, *Epist.* XVI, 2.

Page 76

1. D'ici à « eloignées » (l. 59), Du Bellay s'inspire des fameux éloges de l'Italie par Pline l'Ancien (*Hist. Nat.* III, VI, 41) et surtout Virgile (*Georg.* III, 136-176), texte majeur du nationalisme italien de la Renaissance. Est emprunté à Pline le début de la première phrase sur la « temperie » de l'air (§ 41: « *Tanta ea vitalis ac perennis salubritas, talis caeli temperies, tam fertiles campi* »). De Virgile viennent: la deuxième phrase, sur villes et rivières (v. 155-157; les forêts, elles, sont dans Pline § 41); toute la quatrième phrase (l. 52-59) qui a trois sections ou membres, séparées par des deux-points. Dans l'ordre:

- or, argent et fer (l'Italie en a, v. 165-166, pas la France);
- gemmes et odeurs (v. 136-139) qu'a l'Arabie, pas l'Italie ni la France;
- enfin tigres, lions et poisons (que n'ont ni Italie, v. 151-152, ni la France).

Cette longue *comparatio* est une façon de venger Longueil (voir p. 43, n. 4). Celui-ci, raconte Erasme, plaida au Capitole sa cause de « barbare » fait citoyen de Rome, devant un Sénat factice, composé de lettrés. Le premier des chefs d'accusation contre lui était que dans sa jeunesse « il avait, en prononçant l'éloge de la France (où il résidait alors), osé l'égaler sur quelques points avec l'Italie » (*Cic.*, LB 1017D ou p. 344).

2. Du Bellay glisse de l'éloge d'un pays à l'éloge des personnes. En ce dernier cas, le vrai éloge se fonde non sur les accidents ou biens extérieurs mais sur les vertus: voir Laurent Pernot, *La rhétorique de l'éloge*... C'est la doctrine aristotélicienne, reprise par Cicéron, *De Or.* II, 46 (qui mentionne *pietas* et *fortitudo*) et surtout 342-345 (qui cite parmi les vertus « *magnitudo ac robur* », « magnanimité de couraiges »). Du Bellay renvoie les ressources physiques de la France, et de l'Italie, à l'accidentel. *Cf.* le glissement de la langue aux mœurs, p. 21, n. 3.

3. D'ici à la fin de la phrase, trad. de Plutarque, *Cat. l'Anc.* XII, 7 ou *Apophth. des Rom.* IX, 29. Une amphictyonie est une association de cités grecques, sorte de confédération ou hanse, à caractère d'ailleurs plus religieux que politique: la plus célèbre est celle basée par Athènes à Délos. Amyot explicitera le terme par « les estats de la Grece »: les Etats Généraux.

Page 77

1. Horace, *Sat.* I, X, 31-35: « *In silvam non ligna feras* ». Romulus (Quirinus) ajoute: « C'est folie plus grande de grossir les bataillons grecs, si fournis déjà », image militaire qui conviendrait bien à l'esprit de la « Conclusion » de la *Deffence*, ainsi qu'au chapitre II-2 (voir p. 51, n. 3).

Page 78

1. Longueil est déjà plus haut, implicitement, l'emblème du cicéronien latinisant pur et dur: voir p. 43, n. 4.

2. Les éditions de 1557 et 1561a ont « plus trop », comme déjà à II-1, l. 15.

3. Reprise de l'expression de I-8, l. 37 (= *Or.* 132). *Exemples*: modèles idéaux, exemplaires.

4. Donc au niveau de Pétrarque et Boccace: voir « scavans hommes de nostre tens » à I-11, l. 12; voir aussi p. 85, n. 4, sur le « lecteur scavant ».

5. *Cf.* la note d'Aneau au sonnet I de l'*Olive*: «Rabelais, que tu ne daignes nommer expressement, sinon par le nom d'Aristophane».

Page 79

147. *1549* donnlel

155. *1549* Languel.l mais

1. *Tragedie de Sophocles intitulee Electra (...) traduite du Grec dudit Sophocles en rythme Françoyse, ligne pour ligne & vers pour vers...*, Paris, Et. Roffet, 1537. Aneau commente: «Tu louës maintenant ce que tu as reprins paravant [à I-5 et I-6]. Oblieuse inconstance.»

2. Chamard relève l'adjectif «aigres doulces» chez Marot, *L'hystoire de Leander et de Hero* (v. 302, II, p. 508), et conjecture que le «gentilhomme» ami de Du Bellay pourrait être soit Ronsard soit le fils même de Lazare de Baïf, le jeune Antoine, son camarade au collège de Coqueret.

3. Idée reprise par Du Bellay, presque dans les mêmes termes: *Recueil de poesie*, ode IV «A Madame Marguerite, D'escrire en sa langue», v. 36 sq.

Page 81

3. *1549* avoluls

16. *1549-1561b* lcles faulx

18. *1561a* lflecondes

1. Parvenir à bon port revient à assimiler la *Deffence* à un récit de voyage: voir II-6, l. 2, où les métaphores de la mer et du naufrage viennent sans doute de l'*Or.* Mais ensuite, les images militaires dominent. Elles évoquent un texte de Valla que Du Bellay a déjà traduit et que Chamard cite ici longuement (*Elegantiae* I, pr.; voir p. 75, n. 2). Du Bellay inverse le propos, puisque Valla appelle les Romains aux armes contre «les Gaulois, *id est* les Barbares», comme Camille autrefois.

2. Racontant la célébrissime histoire des oies du Capitole, Tite-Live, soucieux de donner aux Romains la palme de la victoire, prétend que Camille aurait défait les Gaulois par les armes, mais il semble bien (Polybe) que Rome ait acheté sa liberté sans beaucoup de gloire: c'est le non moins célébrissime «*vae victis*», l'épée jetée par un Gaulois dans la balance où on pesait l'or du paiement. Histoire fondatrice: les Romains nommeront Camille le Second Fondateur de Rome et le second Romulus. En se plaçant dans l'hypothèse d'une victoire gauloise, Du Bellay raye toute la suite.

3. Juvénal, *Sat.* X, 174, «*Graecia mendax*». Du Bellay fait allusion à l'invasion de la Grèce par les Gaulois, passés par la Macédoine et qui pillèrent Delphes avant d'être défaits (279 av. J.-C.). Les survivants passèrent en Asie Mineure où ils fondèrent la nation des Galates, ou Gallo-Grecs. Cette histoire servait le mythe du français descendant directement du grec (voir p. 67, n. 2).

4. Sur le célèbre mythe de l'Hercule gaulois, symbole de l'éloquence et du *mouere*, je me permets de renvoyer à mon article «D'Hercule à Pantagruel...». Sur le *mouere* enchaînant les auditeurs, voir p. 73, n. 2. Le «grand Hercule» est mentionné au tout début: image quasi-royale, là aussi, du cardinal Jean Du Bellay. Le retour du thème «boucle» le propos.

Page 83

1. Du Bellay ferme son ouvrage par un sonnet, tout comme Sébillet avait ouvert le sien par un autre sonnet. L'effet d'écho est sensible dans leurs titres: « à l'Envieus » (Sébillet), « A l'Ambicieux» (Du Bellay).

2. Horace, *Carm.* IV, VIII, 29: « La Muse donne le Ciel ».

Page 85

19. *1561a* est >< mal

1. Reprise du thème fondamental de la « derniere main» (voir p. 28, n. 4) et, en général, de celui du progrès des techniques (voir p. 34, n. 4).

2. *Or.* 105: le vouloir (voir p. 74, n. 6) et *Or.* 4: les plus grandes choses (« à tous ceux qui ambitionnent des choses grandes et hautement désirables, *res magnas et magno opere expetendas*, il convient de tout essayer»).

3. Le principal réformateur de l'orthographe au XVIe siècle, Louis Meigret, a été nommé plus haut (voir p. 63, n. 6; un état récent de la question dans l'article de Pauline Smith). La position de Du Bellay là-dessus est conforme à sa problématique générale. Meigret tient le rôle du docte, dont la réforme est en effet la plus raisonnable de toutes celles qui ont fleuri à cette époque. Meigret a donc du jugement, il sent mieux la rationalité profonde de l'usage. Mais si l'usage n'accepte pas même cette réforme, il n'y a plus qu'à s'incliner. L'*ars* ne peut forcer tyranniquement la *natura*. D'où le rejet final, par Du Bellay comme d'ailleurs par Ronsard, de toute audace orthographique.

4. Cette dernière phrase a été omise par les deux dernières éditions, 1561b et 1568, sans doute parce qu'elle a été lue de façon littérale. En fait, Du Bellay tire parti du genre de l'excuse ou *excusatio* pour rassembler en un bouquet final tous les thèmes de la *Deffence*. Il transforme les traditionnelles considérations techniques en une *recapitulatio* ou conclusion:

- l. 1-5, brièveté, parce qu'on s'adresse à un futur disciple, l' « amy» lecteur du titre et de l'adieu;
- l. 5-16, thèmes cicéroniens de la perfection et du vouloir des grandes choses;
- l. 16-22, éloge circonstancié de l'usage, qui vaut rappel de la tension, là encore cicéronienne, entre l'*ars* et la *natura*, entre « mon jugement » (l. 18) et celui du peuple – cette tension est fondamentalement une problématique royale, où le grand poète/orateur sera le *moderator* de l'usage, non son tyran;
- l. 22-26, éloge du *iudicium* ou « discretion» du bon lecteur, lecteur lui aussi « scavant » homme, donc à la hauteur des « scavans hommes de nostre tens» (I-11, l. 12; voir p. 78, n. 4). Répétons que *doctrina* et *scientia* ne sont pas l'apanage des professeurs mais des professionnels, des gens du métier. La *scientia* est le sommet de l'art, au-delà même de la *doctrina* d'un poète docte mais sans «scavoir» comme Marot (voir p. 49, n. 4). Cela clôt une progression sensible dans le texte de la *Deffence*, qui commence plutôt par les « doctes » et finit plutôt par les « scavans ».

Sperone Speroni, *Dialogo delle lingue*, 1542, éd. M. Pozzi, pp. 585-635. Le dialogue a pour interlocuteurs « Bembo, Lazaro [= Lazzaro Bonamico, le défenseur du latin], Cortegiano [le Courtisan de Rome], Scolare [un étudiant], Lascari [= Lascaris, le défenseur du grec], Peretto [= le philosophe Pomponace, ou Pomponazzi] ». Seuls sont présents les quatre premiers. L'étudiant leur raconte l'entrevue qu'il a entendue entre Lascaris et Pomponace. Le texte italien complet du dialogue est aussi dans Pierre Villey, *Les sources italiennes de la* Deffence, pp. 111-146; Villey donne la traduction de Claude Gruget, parue en 1551, pour les seuls passages repris par Du Bellay, pp. 42-67. Sur Speroni, voir, en français, l'ouvrage de Meerhoff (I, 3), et Jean-Louis Fournel, *Les dialogues de Sperone Speroni...*

Je numérote les emprunts, avec renvoi au passage correspondant de la *Deffence*.

Tableau des emprunts de la *Deffence* à Speroni (emprunts *stricto* ou *lato sensu*):

1. = I-3, l. 18
2. = II-11, l. 113
3. = I-5, l. 56
4. = I-9, l. 54
5. = I-9, l. 6 et 18
6.: *cf.* I-2 et I-9, l. 6-20
7. = I-1, l. 7
8. = I-3, l. 67
9. = I-2, l. 19
10. = I-11, l. 7-17
11. = I-9, l. 72-78
12. = I-9, l. 33
13. = I-3, l. 23-59
14. = I-9, l. 87-101
15. = II-3, l. 27-37
16. = I-10, l. 86-116
17. = I-10, l. 27-32
18. = I-1, l. 7-29
19. = I-10, l. 32-58
20. = I-10, l. 177-182
21. = I-10, l. 145-147
22. = I-10, l. 182-195

ou, à l'inverse:

I-1, l. 7 = 7
I-1, l. 7-29 = 18
I-2 = 6
I-2, l. 19 = 9
I-3, l. 18 = 1
I-3, l. 23-59 = 13
I-3, l. 67 = 8
I-5, l. 56 = 3
I-9, l. 6 et 18 = 5
I-9, l. 6-20 = 6
I-9, l. 33 = 12
I-9, l. 54 = 4
I-9, l. 72-78 = 11
I-9, l. 87-101 = 14
I-10, l. 27-32 = 17
I-10, l. 32-58 = 19
I-10, l. 58-86 = 24
I-10, l. 86-116 = 16
I-10, l. 145-147 = 21
I-10, l. 158-165 = 23
I-10, l. 165-177= 25
I-10, l. 177-182 = 20

23. = I-10, l. 158-165	I-10, l. 182-195 = 22
24. = I-10, l. 58-86	I-11, l. 7-17 = 10
25. = I-10, l. 165-177	I-11, l. 17-22 = 26
26. = I-11, l. 17-22	I-11, l. 37-67 = 28
27. = I-11, l. 83-85	I-11, l. 83-85 = 27
28. = I-11, l. 37-67	II-3, l. 27-37 = 15
	II-11, l. 113 = 2

[Emprunts n°s 1-8, pp. 592-597, avec, au tout début, l'idée même de *défendre*:]

BEM. Questo officio di lodar la lingua latina per molte ragioni dee esser vostro (...).

LAZ. E io, poi che volete così, volentieri la loderò, con patto di potere insiememente biasimar la volgare, se voglia me ne verrà, senza che voi l'abbiate per male.

BEM. Son contento; ma sia il patto comune, che, quando voi vituperarete, io possa *difendere*.

LAZ. Volentieri. (...) Dunque, senza altro proemio fare, io dico incominciando che, quantunque in molte cose siamo differenti dalli bruti animali, in quest'una principalmente ci discostiamo da loro, che ragionando e scrivendo comunichiamo l'un l'altro il cor nostro: la qual cosa non possono fare le bestie. Dunque, se così è, quegli più diverso sarà dalla natura de' bruti, il quale parlerà e scriverà meglio. Per la qual cosa chiunque ama d'esser uomo perfettamente, con ogni studio dee cercare di parlare e scrivere perfettamente; e chi ha vertù di poterlo fare, ben si può dire a ragione lui esser tale fra gl'altri uomini, quali sono gl'uomini istessi per rispetto alle bestie. La qual vertù di parlare e di (594) scrivere i Greci e Latini quasi ugualmente s'appropriarono. Onde le loro lingue vengono ad esser quelle che, sole tra tutte l'altre del mondo, ci fanno diversi per eccellenzia dalle barbare e dalle irrazionali creature. E è ben dritto; conciosia cosa che tra' poeti volgari niuno ve n'abbia il quale a giudicio di Fiorentini possa agguagliarsi a **[1 = I-3, l. 18]** *Virgilio né ad Omero, né tra gli oratori a Demostene o a Marco Tullio. Lodate quanto volete il Petrarca e il Boccaccio,* voi non sarete si arditi che né eguali però né inferiori troppo vicini gli facciate agli antichi; anzi da loro tanto lontani li troverete che tra quelli non sarete osi d'annoverargli. Ora non voglio nominar d'uno in uno i scrittori greci e latini di grande eccellenza, ch'io non ne verrei a capo in un mese; ma son contento di queste due coppie. Troverassi a costoro in altra lingua alcun pare? Dirò di me: mai non sono di sì rea voglia e sì tristo che, leggendo i lor versi e l'orazioni, non mi rallegri. Tutti gl'altri piaceri, tutti gl'altri diletti, feste, giochi, suoni, canti vanno dietro a quest'uno. Né dee uomo meravigliarsene, peroché gl'altri solazzi sono del corpo e questo è dell'animo. Onde quanto è più nobile cosa l'intelletto del senso tanto è maggiore e più grato questo diletto di tutti gli altri.

CORTEG. Ben vi credo ciò che dicete; peroché qualunche volta io leggo alcune novelle del nostro Boccaccio, uomo certamente di minor fama che Cicerone non è, io mi sento tutto cangiare, massimamente leggendo quella di Rustico e d'Alibech, d'Alatiel, di Peronella e altre cotali **[2 = II-11, l. 113]** *le quali governano i sentimenti di chi le legge e fanno fargli a lor modo.* Per tutto ciò io non direi dover uomo arguire l'eccellenzia d'alcuna lingua; più tosto credo la natura delle cose descritte avere vertù d'immutare il corpo e la mente di chi legge.

(595) BEM. Questo no, ma la facondia è sola o principale cagione di far in noi così mirabili effetti. E ch'egli sia il vero, **[3 = I-5, l. 56]** *leggete Virgilio volgare, latino Omero e il Boccaccio non toscano, e non faranno questi miracoli.* Dunque messer Lazaro dice il vero, quando di tali effetti pone la cagion nelle lingue; non prova per questo la sua ragione non si dover imparar altra lingua che latina e greca. Peroché se la nostra volgare oggidì non è dotata di così nobili auttori, **[4 = I-9, l. 54]** *già non è cosa impossibile che ella n'abbia,* quando che sia, poco meno eccellenti di Virgilio e d'Omero, ciò è che tali siano nella lingua volgare, quali sono costoro nella greca e nella latina.

LAZ. Quando egli avverrà che la lingua volgare abbia i suoi Ciceroni, i suoi Virgilii, i suoi Omeri e i suoi Demosteni, allora consiglierò che ella sia cosa da imparare come è ora la latina e la greca. Ma questo mai non sarà; conciosia cosa che la lingua non lo patisce per esser barbara, sì come ella è, e non capace né di numero né di ornamento. Ché se que' quattro, non che altri, rinascessero un'altra volta e con l'ingegno e con la industria medesima, con la quale latinamente poetarono e orarono, parlassero e scrivessero volgarmente, essi non sarebbero degni del nome loro. **[5 = I-9, l. 6 et 18]** *Non vedete voi questa povera lingua avere i nomi non declinabili, i verbi senza coniugazione e senza participio, e tutta finalmente senza nissuna bontà?* E meritamente per certo; conciosia cosa che, per quello che io n'oda dire da' suoi seguaci, la sua propria perfezzione consiste nel dilungarsi dalla latina, nella quale tutte le parti dell'orazione sono intere e perfette. Ché se ragione mancasse di bia-(596)smarla, questo suo primo principio, ciò è scostarsi dalla latina, è ragione dimostrativa della sua pravità. Ma che ? **[6; *cf.* I-2 et I-9, l. 6-20]** *ella mostra nella sua fronte d'aver avuto la origine e l'accrescimento da' barbari, e da quelli principalmente che più odiarono li Romani, cioè da' Francesi e da' Provenzali, da' quali non pur i* *nomi, i verbi e gli adverbi di lei, ma l'arte ancora dell'orare e del poetare sì si derivò. Oh glorioso linguaggio! Nominatelo come vi piace, solo che italiano non lo chiamate, essendo venuto tra noi d'oltre il mare e di là dall'Alpi, onde è chiusa l'Italia: ché già non è propria di Francesi la gloria che stati ne siano inventori e accrescitori; ma dall'inclinazione dell'imperio di Roma in qua, mai non venne in Italia nazione nissuna sì barbara e così priva d'umanità, Unni, Gotti, Vandali, Longobardi, ch'a guisa di trofeo non vi lasciasse alcun nome o alcun verbo d'i più eleganti ch'ella abbia.* E noi diremo che volgarmente parlando possa nascere Cicerone o Virgilio? Veramente se questa lingua fosse colonia della latina, non oserei confessarlo; molto meno il dirò, **[7 = I-1, l. 7]** *essendo lei una indistinta confusione di tutte le barbarie del mondo.* Nel quale caos prego Dio che mandi ancora la sua discordia; la quale, separando una parola dal l'altra e ogn'una di loro mandando alla propria sua regione, finalmente rimanga a questa povera Italia il suo primo idioma, per lo quale non meno fu riverita dalle altre provincie, che temuta per le armi. Io veramente poco ho letto di queste cose volgari, e guadagnato parmi d'avere assai in perdere di studiarle, che egli è meglio non le sapere che saperle; ma quante volte per mia disgrazia n'ho alcuna veduta, altretante meco medesimo ho lagrimato la nostra miseria, pensando fra me quale fu già e quale è ora la lingua onde parliamo e scriviamo. *E noi vedremo giamai Cicerone o Virgilio toscano?* Più tosto rinasceranno Schiavoni che Italiani volgari; salvo se per gioco non si dirà in quel modo che i servi fanno il lor re e i prigionieri lor podestà. Ma tal Virgilio e (597) tal Cieerone, Mori e Turchi possono aver nelle lor lingue; (...). (...) Ma il buono e il vero Virgilio, il quale, lasciando l'ombre da canto, doverebbe l'uomo abbracciare, ha la lingua latina, come la greca ha l'Omero; e facendo altramente siamo a peggior condizione che non sono gli oltramontani, li quali essaltano e riveriscono sommamente la nostra lingua latina e tanto ne apprendono quanto possono adoprar l'ingegno; **[8 = I-3, l. 67]** *il quale, se pare in loro fosse al disio, mi rendo certo che di breve la Germania e la Gallia produrrebbe di molti veri Virgilii.* Ma noi altri suoi cittadini, colpa e vergogna del nostro poco giudizio, non solamente non l'onoriamo, ma a guisa di persone sediziose tuttavia procuriamo di cacciarla della sua patria e in suo luoco far sedere quest'altra, della quale (per non dir peggio) non si sa né patria né nome.

[Emprunts n°s 9-11; pp. 598-602:]

BEM. Troppo aspramente accusate questa innocente lingua, la quale pare che molto più vi sia in odio che non amate la latina e la greca. Peroché ove ci avevate promesso di lodar quelle principalmente e la toscana alcuna volta, venendo il caso, vituperare, ora avete fatto in contrario: quelle non avete lodato e questa una fieramente ci biasimate, e per certo a gran torto, peroché ella non è punto sì barbara né sì priva di numero e d'armonia, come la ci avete dipinta. Ché se la origine di lei fu barbara da principio, non volete voi che in ispazio di quattrocento o cinquecento anni' sia divenuta cittadina d'Italia ? Per certo sì; altramente li Romani medesimi, li quali di Frigia cacciati vennero ad abitare in Italia, sarebbero barbari; **[9 = I-2, l. 19]** *le persone, i costumi e la lingua loro sarebbe barbara*; l'Italia, la Grecia e ogni altra provincia, quantunque mansueta e umana, si potrebbe dir barbara, se l'origine delle cose fosse bastante di recar loro questa infame denominazione. Confesso adunque la lingua nostra materna essere una certa adunanza non confusa ma regolata di molte e diverse voci, nomi, verbi e altre parti d'orazione; le quali primieramente da strane e varie nazioni in Italia disseminate, pia e artificiosa cura de' nostri progenitori insieme raccolse, e ad un suono, ad una norma, ad un ordine si fattamente compose che essi ne formarono quella lingua, la quale ora è pro pria nostra, e non d'altri; imitando in questo la madre nostra natura, la quale di quattro elementi diversi molto fra loro per qualità e per sito ci ha formati noi altri più perfetti e più nobili che gli elementi non sono. (…) (600) nulladimeno egli serà quasi che dalle stelle inclinato a parlare e scriver meglio volgare che non latino in un soggetto e in una materia medesma. Che dee fare egli ? Che ciò sia il vero, **[10 = I-11, l. 7-17]** *vedete le cose latine del Petrarca e del Boccaccio, e agguagliatele alle loro volgari: di quelle niuna peggiore, di queste niuna migliore giudicarete. Dunque, da capo consiglio e ammonisco voi, messer Lazaro, scrivere e parlare latino, come quello che assai meglio scrivete e parlate latino che non volgare; ma voi gentiluomo, il quale o la prattica della corte o l'inclinazione del vostro nascimento stringe a far altramente, altramente consiglio; e facendo altramente non solamente non viverete inonorato, ma tanto più glorioso quanto scrivendo e parlando bene volgare, almeno a' volgari sarete caro; ove malamente scrivendo e parlando latino, vile sareste a' dotti parimente e indotti.* Né vi persuada l'eloquen-(601)zia di messer Lazaro più tosto a divenir mutolo che componere volgarmente (…)

(602) LAZ. Monsignore, io negai la lingua moderna aver in sé numero, né ornamento, né consonanzia, e lo nego di nuovo, non per esperienzia ch'io n'abbia ma per ragione (…) Per la qual cosa chi non ha tempo o vertù di sonare i leuti e i violoni della latina, più tosto si de' stare ozioso che por mano ai (603) tamburi e alle campane della volgare, imitando **[11 = I-9, l. 72-78)** *l'essempio di Pallade, la quale, per non si distorcere nella faccia sonando, gittò via la piva, di che era stata inventrice, e fu a lei più gloria il partirla da sé e non degnar d'appressarlasi alla sua bocca che non fu utile a Marsia il ricoglierla e sonarla; onde ne perdette la pelle.* Vero diceste, Monsignore, que' primi antichi Toscani essere stati sfor zati a parlare in

questa maniera, non volendo con silenzio trapassar la lor vita, e che noi altri posteriori abbiamo fatto dell'altrui forza nostra virtù.

[Emprunts n°s 12-14; pp. 606-611, Lazzaro Bonamico au Courtisan; passage important, qui explique le point de vue des doctes défenseurs du latin, auquel répond Du Bellay-Bembo:]

LAZ. Io vi ricordo, gentil'uomo, che l'auttorità concistoriale non è giudice competente del suono e degl'accenti delle parole latine, onde se alcuna volta la lingua latina le pare tener della bergamasca, ella non è però bergamasca; né perché tale sia giudicata più vi dovete meravigliare che già vi siate meravigliato, avendo letto in Ovidio Mida Re più solere lodare lo stridere delle cannucce di Pan che la soavità della cetra d'Apollo. CORTEG. Ecco, io son contento di confessarvi che le mie orecchie in tal caso non siano umane ma d'asino, se voi mi dite per qual cagione la numerosità e consonanzia dell'orazioni e de' versi di questa lingua chiamaste musica d'archibusi, conciosia cosa che i gran maestri di canto, cui è propria professione l'armonia, rade volte o non mai fanno canto o mottetto che le parole di lui non siano sonetti o canzoni volgari. Questo è pur segno che i nostri versi son da sé pieni di melodia.

LAZ. Già non è, gentil'uomo (come forse pensate), l'armonia del canto e quella delle prose e de' versi una cosa medesima, ma molte sono e diverse; onde non solamente delle cose volgari ma de' *chirie* ancora e dei *santus* si fanno canti e mottetti, della cui armonia generalmente s'intende ogni orecchia; peroché quali sono i sapori alla lingua, e agl'occhi e al naso i colori e gl'odori, tale è il suono agl'orecchi degl'uomini, li quali per lor natura e senza studio veruno facilmente discernono tra 'l piacevole e 'l dispiacevole. Ma il numero e l'armonia dell'orazione e del verso latino non è altro che artificiosa disposizione di parole, dalle cui sillabe, secondo la brevità e la lunghezza di quelle, nascono alcuni numeri, che noi altri chiamiamo piedi; onde misuratamente camina dal principio alla fine il verso e l'orazione. E sono di diverse maniere questi tai piedi, facendo i lor passi lunghi e corti, tardi e veloci, ciascheduno al suo modo, e è bell'arte quelli insieme adunare si fattamente che non discordino fra sé stessi, ma l'uno all'altro e tutti insieme siano conformi al soggetto; peroché d'alcune materie alcuni piedi sono quasi peculiari, e fra lor piedi quali meglio, quali peggio s'accompagnano al loro viaggio, e qualunche persona quelli a caso congiugne, non avendo riguardo né alla natura di quelli né alle cose di che intende di ragionare, i versi e l'orazioni sue nascono zoppe, e non dovrebbe nutrirgli. E di questa cotal melodia non ne sono capaci gl'orecchi del vulgo, né lei altresì possono formare le voci della lingua volgare, la cui prosa io non so dire per qual ragione sia numerosa chiamata, se l'uomo in lei o non s'accorge o non cura né di spondei né di dattili né di trochei né d'anapesti e finalmente di niuna maniera di piedi, onde si move l'orazione ben regolata. Veramente questa nuova bestia di prosa volgare o è senza piedi e sdrucciola a guisa di biscia o ha quelli di specie diversa molto dalla greca e dalla latina; e per conseguente di così fatto animale, come di mostro a caso creato oltra il costume e l'intenzione d'ogni buono intelletto, non si dovrebbe fare né arte né scienzia. I versi veramente, in quanto son fatti d'undici sillabe, non paiono in tutto privi di piedi, ché le sillabe in loro hanno luogo e officio di piedi; ma in quanto quelle cotali possono esser lunghe e brevi a lor voglia, mai non diro che sia diritto il lor calle, salvo se Monsignor [= Bembo] non dicesse le rime esser l'appoggio de' versi, che gli sostengono e fanno andare dirittamente. La qual cosa non mi par vera, peroché, per quello ch'io n'oda dire, **[12 = I-9, l. 33]** *le rime sono più tosto come catena al sonetto e alla canzone che piedi o mani di versi loro.* E tanto voglio che ne sia detto da me, brevemente certo per rispetto a quello che se ne può ragionare, ma a bastanza, se alla vostra richiesta, e troppo forse, se alla presenza di Monsignore si riguarderà, il quale meglio di me' conosce e può numerare i difetti di questa lingua.

(608) BEM. *Questa cosa di numeri* come si stia e se così la prosa come il verso toscano n'ha la sua parte e in che modo la si abbia, per essere assai facile da vedere ma lontana dal nostro proponimento, ora con esso voi non intendo di disputarla; anzi confessando quello esser vero, che ne diceste, non tanto perché sia vero quanto perché si veda ciò che ne segue, **[13 = I-3, l. 23-59]** *io vi dico questa lingua moderna, tutto che sia attempatetta che no, esser però ancora assai picciola e sottile verga, la quale non ha appieno fiorito, non che frutti produtti che ella può fare: certo non per difetto della natura di lei, essendo così atta a generar come le altre, ma per colpa di loro che l'ebbero in guardia, che non la coltivorno a bastanza, ma a guisa di pianta selvaggia, in quel medesimo deserto ove per sé a nascere cominciò, senza mai né adacquarla né potarla né difenderla dai pruni, che le fanno ombra, l'hanno lasciata invecchiare e quasi morire. E se que' primi antichi Romani fossero stati sì negligenti in coltivare la latina quando a pullular cominciò, per certo in sì poco tempo non sarebbe divenuta sì grande; ma essi, a guisa di ottimi agricoltori, lei primieramente tramutarono da luogo selvaggio a domestico; poi, perché e più tosto e più belli e maggior frutti facesse, levandole via d'attorno le inutili frasche, in loro scambio l'innestarono d'alcuni ramuscelli maestrevolmente detratti dalla greca; li quali subi-*(609)*tamente in guisa le s'appiccarono e in guisa si ferno simili al tronco, che oggimai non paiono rami adottivi ma naturali. Quindi nacquero in lei que' fiori e que' frutti si coloriti dell'eloquenzia, con quel numero e con quell'ordine istesso il quale tanto essaltate; li quali, non tanto per sua natura quanto d'altrui artificio aiutata, suol produrre ogni lingua.* Peroché 'l

numero, nato per magistero di Trasimaco, di Gorgia, di Teodoro, Isocrate finalmente fece perfetto. *Dunque se greci e latini uomini, più solleciti alla coltura della lor lingua che noi non semo alla nostra, non trovarono in quelle, se non dopo alcun tempo e dopo molta fatica, né leggiadria né numero, già non de' parer meraviglia, se noi ancora non n'avemo tanto che basti nella volgare; né quindi de' prender uomo argumento a sprezzarla come vil cosa e da poco.* Oh, la latina è (610) migliore d'assai! Oh, quanto sarebbe meglio dir fu e non è, ma sia stata per lo passato e sia ancor tuttavia sì gentil cosa! Tempo forse verrà che d'altra tanta eccellenzia fia la volgare dotata; ché, se per essere a' nostri giorni di niuno stato e men gradita, non si dovesse apprezzare, la greca, la quale era già grande sul nascimento della latina, ne' nostri animi non dovea lasciar fermare le radici d'un'altra lingua novella; e altrettanto direi della greca, per rispetto alla ebrea: concluderebbesi finalmente dalle vostre premisse dover essere al mondo sola una lingua, e non più, onde scrivessero e parlassero li mortali; **[14 = I-9, l. 87-101]** *e avverrebbe che ove voi crederеste d'argumentar solamente contra la lingua toscana, e quella con vostre ragioni estirpare del mondo, voi parlareste eziandio contra la latina e la greca. Benché questa pugna si estenderebbe non solamente contra i linguaggi del mondo, ma contra Dio, il quale ab eterno diede per legge immutabile ad ogni cosa criata non durare eternamente, ma di continuo d'uno in altro stato mutarsi, ora avanzando e ora diminuendo, finché finisca una volta, per mai più poscia non rinovarsi. Voi mi direte: troppo indugia oggimai la perfezzione della lingua materna; e io vi dico che così è come dite; ma tale indugio non dee far credere altrui esser cosa impossibile che ella divenga perfetta; anzi vi può far certo lei doversi lungo tempo godere la sua perfezzione, qualora egli avverrà ch'ella se l'abbia acquistata. Ché così vuol la natura, la quale ha diliberato che qual arbor tosto nasce, fiorisce e fa frutto, tale tosto invecchie e si muoia; e in contrario che quello duri per molti anni, il quale lunga stagione arà penato a far fronde.* Sarà adunque la nostra lingua, in conservarsi la sua dovuta perfezzione lungamente disi-(611)derata e cercata, simile forse ad alcuni ingegni, li quali, quanto men facilmente apprendono le dottrine, tanto difficilmente le si lasciano uscire della memoria.

[Emprunt n° 15, pp. 615-616, le Courtisan à Bembo:]

Questo a' dì nostri chiaramente si vede in un giovane padovano di nobilissimo ingegno, il quale, benché talora con molto studio che egli vi mette, alcuna cosa componga alla maniera del Petrarca e sia lodato dalle persone, nondimeno non sono da pareggiare i sonetti e le canzon di lui alle sue comedie, le quali nella sua lingua natia naturalmente e da niuna arte aiutate par che e' gli eschino della bocca. Non dico però che uomo scriva né padovano né bergamasco, ma voglio bene che di tutte le lingue d'Italia possiamo accogliere parole e alcun modo di dire, quello usando come a noi piace, sì fattamente che 'l nome non si discordi dal verbo, né l'adiettivo dal sostantivo: la qual regola di parlare si può imparare in tre giorni, non tra' grammatici nelle scole ma nelle corti co' gentiluomini, non istudiando ma giuocando e ridendo senza alcuna fatica, e con diletto de' discepoli e de' precettori.

(616) BEM. **[15 = II-3, l. 27-37]** *Bene starebbe, se questa guisa di studio bastasse altrui a far cosa degna di laude e di meraviglia; ma egli sarebbe troppo leggera cosa il farsi eterno per fama, e il numero de' buoni e lodati scrittori in piccol tempo diventerebbe molto maggiore, che egli non è. Bisogna, gentiluomo mio caro, volendo andar per le mani e per le bocche delle persone del mondo, lungo tempo sedersi nella sua camera; e chi, morto in sé stesso, disia di viver nella memoria degli uomini, sudare e agghiacciar più volte, e quando altri mangia e dorme a suo agio, patir fame e vegghiare.*

CORTEG. Con tutto ciò non sarebbe facil cosa il divenir glorioso, ove altro bisogna che saper favellare. Che ne dite voi, messer Lazaro? Io per me son contento, contentandosi Monsignore, che la vostra sentenza ponga fine alle nostre liti.

[Emprunts n°s 16-28, pp. 621-634; pour l'essentiel, emprunts du chapitre I-10: Peretto est Pomponace l'aristotélicien, dialoguant avec Lascaris, défenseur du grec:]

LASC. Volentieri v'ascolterò, se vi dà il cor di provarmi questa nuova conclusione, ché io non la intendo, né la giudico intelligibile.

PER. **[16 = I-10, l. 86-116]** *Ditemi prima: onde è che gli uomini di questa età generalmente in ogni scienza son men dotti e di minor prezzo che già non furon gli antichi? Il che è contra il dovere, conciosia cosa che molto meglio e più facilmente si possa aggiugnere alcuna cosa alla dottrina trovata che trovarla da sé medesimo.*

LASC. Che si può dire altro, se non che andiamo di male in peggio?

PER. Questo è vero, ma le cagioni son molte, tra le quali una ve n'ha, e oso dire la principale: che noi altri moderni viviamo indarno gran tempo, consumando la miglior parte de' nostri anni, la qual cosa non avveniva agli antichi. E per distinguere il mio parlare, porto ferma oppenione che lo studio della lingua greca e latina sia cagione dell'ignoranzia, ché se 'l tempo, che intorno ad esse perdiamo, si spendesse da noi imparando filosofia, per avventura l'età moderna generarebbe quei Platoni e quegli Aristotili, che produceva l'antica. Ma noi vani più che le canne, pentiti quasi (622) *d'aver lasciato la cuna e esser uomini divenuti, tornati un'altra volta fanciulli, altro non facciamo diece e venti anni di questa vita che imparare a parlare chi latino, chi greco e alcuno (come Dio vuole) toscano; li quali anni finiti, e finito con esso loro quel vigore e quella prontezza, la quale naturalmente suol recare all'intelletto la gioventù, allora procuriamo di farci filosofi, quando non siamo atti alla speculazione delle cose.* Onde, seguendo l'altrui giudicio, altra cosa non viene ad essere questa moderna filosofia che ritratto di quell'antica; però così come il ritratto, quantunque fatto d'artificiosissimo dipintore, non puo essere del tutto simile alla idea, così noi, benché forse per altezza d'ingegno non siamo punto inferiori agli antichi, nondimeno in dottrina tanto siamo minori quanto lungo tempo stati sviati dietro alle favole delle parole, coloro finalmente imitiamo filosofando, alli quali alcuna cosa aggiugnendo dee avanzare la nostra industria.

LASC. *Dunque, se lo studio delle due lingue nuoce altrui sì malamente come voi dite, che si dee fare? Lasciarlo?*

PER. *Ora no, che non si potrebbe; percioché l'arti e le scienzie degl'uomini sono al presente nelle mani de' latini e de' greci; ma sì fare debbiamo per l'avenire, che d'ogni cosa per tutto 'l mondo possa parlare ogni lingua.*

(623) LASC. Come, mastro Piero, che è ciò che voi dite? Dunque darebbevi il core di filosofare volgarmente? e senza aver cognizione della lingua greca e latina?

PER. Monsignor sì, pur che gli auttori greci e latini si riducessero italiani. LASC. Tanto sarebbe trasferir Aristotile di lingua greca in lombarda, quanto traspiantare un narancio o una oliva da un ben colto orticello in un bosco di pruni; oltra che **[17 = I-10, l. 27-32]** *le cose di filosofia sono peso d'altre spalle che da quelle di questa lingua volgare.*

PER. *Io ho per fermo che le lingue d'ogni paese, così l'arabica e l'indiana come la romana e l'ateniese, siano d'un medesmo valore, e da' mortali ad un fine con un giudicio formate*; che io non vorrei che voi ne parlaste come di cosa dalla natura prodotta, essendo fatte e regolate dallo artificio delle persone a bene placito loro, non piantate né seminate: le quali usiamo sì come testimoni del nostro animo, **[18 = I-1, l. 7-29]** *significando tra noi i concetti dell'intelletto. Onde tutto che le cose dalla natura criate e le scienzie di quelle siano in tutte quattro le parti del mondo una cosa medesma, nondimeno, perciò che diversi uomini sono di diverso volere, però scrivono e parlano diversamente; la quale diversità e confusione delle voglie mortali degnamente è nominata torre di Babel. Dunque, non nascono le lingue per sé medesme, a guisa di alberi o d'erbe, quale debole e inferma nella sua specie, quale sana e robusta e atta meglio a portar la soma di nostri umani concetti; ma ogni loro vertù nasce al mondo dal voler de' mortali.* **[19 = I-10, l. 32-58]** *Per la qual cosa, così come senza mutarsi di costume o di nazione il* (624) *francioso e l'inglese, non pur il greco e il* *romano, si può dare a filosofare; così credo che la sua lingua natia possa altrui compitamente comunicare la sua dottrina. Dunque, traducendosi a' nostri giorni la filosofia, seminata dal nostro Aristotile ne' buoni campi d'Atene, di lingua greca in volgare, ciò sarebbe non gittarla tra' sassi, in mezo a' boschi, ove sterile divenisse, ma farebbesi di lontana propinqua e di forestiera, che ella è, cittadina d'ogni provincia; forse in quel modo che le speziarie e l'altre cose orientali a nostro utile porta alcun mercatante d'India in Italia, ove meglio per avventura son conosciute e trattate che da coloro non sono, che oltra il mare le seminorno e ricolsero. Similmente le speculazioni del nostro Aristotile ci diverrebbono più famigliari che non sono ora, e più facilmente sarebbero intese da noi, se di greco in volgare alcun dotto omo le riducesse.*

LASC. Diverse lingue sono atte a significare diversi concetti, alcune i concetti d'i dotti, alcune altre degl'indotti. La greca veramente tanto si conviene con le dottrine che a dover quelle significare natura istessa, non umano provedimento, pare che l'abbia formata; e se creder non mi volete, credete almeno a Platone, mentre ne parla nel suo *Cratillo.* Onde ei si può dir di tal lingua (625) che, quale è il lume a' colori, tale ella sia alle discipline: senza il cui lume nulla vedrebbe il nostro umano intelletto, ma in continua notte d'ignoranzia si dormirebbe.

PER. Più tosto vo' credere ad Aristotile e alla verità, che lingua alcuna del mondo (sia qual si voglia) non possa aver da sé stessa privilegio di significare i concetti del nostro animo, ma tutto consista nello arbitrio delle persone. Onde chi vorrà parlar di filosofia con parole mantovane o milanesi, non gli può esser disdetto a ragione, più che disdetto gli sia il filosofare e l'intender la cagion delle cose. **[20 = I-10, l. 177-182]** *Vero è che, perché il mondo non ha in costume di parlar di filosofia se non greco o latino, già crediamo che far non possa altramente*; e quindi viene che solamente di cose vili e volgari volgarmente parla e scrive la nostra età. **[21 = I-10, l. 145-147]** *Ma come i corpi e le reliquie di santi, non con le mani, ma con alcuna verghetta per riverenza tocchiamo*; così i sacri misteri della divina filosofia più (625) tosto con le lettere dell'altrui lingue che con la viva voce di questa nostra moderna ci moviamo a significare: il quale errore, conosciuto da molti, niuno ardisce di ripigliarlo. **[22 = I-10, l. 182-195**; l'emprunt inclut «*Dunque... intelletto*», qui se trouve plus loin] *Ma tempo forse, pochi anni appresso, verrà che alcuna buona persona non meno ardita che ingeniosa porrà mano a così fatta mercatantia; e per giovare alla gente, non curando dell'odio né della invidia de' litterati, condurrà d'altrui lingua alla nostra le gioie e i frutti delle scienzie*: le quali ora perfettamente non gustiamo né conosciamo.

LASC. Veramente... [Pomponace continue par une analogie avec le Christ d'abord blâmé avant d'être adoré: Lascaris lui répond que c'est là rêver d'un « rédempteur de la langue vulgaire, *il redentore di questa lingua volgare* ».]

(627)

PER. Monsignor, le ragioni dianzi addotte da me non sono lievi, che io debba dirle per ischerzare; e non è cosa così difficile la cognizion delle lingue che uomo di meno che di mediocre memoria e senza ingegno veruno non le possa imparare, quando non pur a' dotti, ma a' forsennati Ateniesi e Romani solea parlare eloquentemente Cicerone e Demostene, e era inteso da loro. Certo anni e lustri miseramente poniamo in apprender quelle due lingue, non per grandezza d'oggetto ma solamente perché allo studio delle parole contra la naturale inclinazione del nostro umano intelletto ci rivolgiamo; il quale, disideroso di fermarsi nella cognizione delle cose onde si diventa perfetto, non contenta d'essere altrove piegato, ove, ornando la lingua di parolette e di ciance, resti vana la nostra mente. *Dunque, dal contrasto che è tuttavia tra la natura dell'anima e tra 'l costume del nostro studio dipende la difficultà della cognizion delle lingue, degna veramente non d'invidia ma d'odio, non di fatica ma di fastidio, e degna finalmente di dovere essere non appresa ma ripresa dalle persone, si come cosa la quale non è cibo ma sogno e ombra del vero cibo dell'intelletto.*

LASC. Mentre voi parlavate così, io imaginava di vedere scritta la filosofia d'Aristotile in lingua lombarda, e udirne parlare tra loro ogni vile maniera di gente, facchini, contadini, barcaroli e altre tali persone con certi suoni e con certi accenti, i più noiosi e i più strani che mai udissi alla vita mia. (...)

(627) PER. E io, se stato vi fossi, arei detto non doversi la filosofia dolere, perché ogni uomo, per ogni luogo, con ogni lingua il suo valore essaltasse; questo farsi anzi a gloria che a vergogna di lei, la quale, se non si sdegna d'albergare negl'intelletti lombardi, non si dee anche sdegnare d'esser trattata dalla lor lingua. **[23 = I-10, l. 158-165]** *L'India, la Scitia e l'Egitto, ove abitava sì volentieri, produsse genti e parole molto più strane e più barbare che non sono ora le mantovane e le bolognesi*; lei lo studio della lingua greca e latina aver quasi del nostro mondo cacciata, mentre l'uomo, non curando di saper che si dica, vanamente suole imparare a parlare e, lasciando l'intelletto dormire, sveglia e opra la lingua. **[24 = I-10, l. 58-86]** *Natura in ogni età, in ogni provincia e in ogni abito esser sempremai una cosa medesima, la quale, così come volentieri fa sue arti per tutto 'l mondo, non meno in terra che in cielo, e per esser intenta alla produzzione delle creature razionali, non si scorda delle irrazionali, ma con eguale*

artificio genera noi e i bruti animali; così da ricchi parimente e poveri uomini, da nobili e vili persone con ogni lingua, greca, latina, ebrea e lombarda, degna d'essere e conosciuta e lodata. Gli augelli, i pesci e l'altre bestie terrene d'ogni maniera, ora con un suono, ora con altro, senza distinzione di parole, i loro affetti significare; molto meglio dover ciò fare noi uomini, ciascuno con la sua lingua, senza ricorrere all'altrui. Le scritture e i linguaggi essere stati trovati non a salute di lei, la quale (come divina che ella è) non ha mestieri del nostro aiuto, ma solamente a utilità e commodità nostra, accioché absenti, presenti, vivi e morti, manifestando l'un l'altro i secreti del core, più facilmente con-(629)*seguiamo la nostra propria felicità, la quale è posta nell'intelletto delle dottrine, non nel suono delle parole; e per conseguente quella lingua e quella scrittura doversi usare da' mortali, la quale con più agio apprendemo; e come meglio sarebbe stato (se fosse stato possibile) l'avere un sol linguaggio, il quale naturalmente fosse usato dagli uomini*, così ora esser meglio che l'uomo scriva e ragioni nella maniera che men si scosta dalla natura; la qual maniera di ragionare appena nati impariamo e a tempo quando altra cosa non semo atti ad apprendere. **[25 = I-10, l. 165-177]** *E altrotanto arei detto al mio maestro Aristotile, della cui eleganzia d'orazione poco mi curarei, quando senza ragione fossero da lui scritti i suoi libri; natura aver lui adottato per figliuolo, non per esser nato in Atene ma per aver bene in alto inteso, bene parlato e bene scritto di lei; la verità trovata da lui, la disposizione e l'ordine delle cose, la gravità e brevità del parlare esser sua propria e non d'altri, né quella potersi mutare per mutamento di voce; il nome solo di lui discompagnato dalla ragione (quanto a me) essere di assai piccola auttorità; a lui stare, se (essendo lombardo ridotto) esser volesse Aristotile; noi mortali di questa età, così aver cari i suoi libri trammutati nell'altrui lingua, come gli ebbero i Greci, mentre greci li studiavano. Li quai libri con ogni industria procuriamo d'intendere per divenire una volta non ateniesi ma filosofi.* E con questa risposta mi sarei partito da lui. (630)

LASC. Dite pure e disiderate cio che volete; ma io spero che a' di vostri non vedrete Aristotile fatto volgare.

PER. Perciò mi doglio della misera condizione di questi tempi moderni, ne' quali si studia non ad esser ma a parer savio: che ove sola una via di ragione in qualunche linguaggio può condurne alla cognizione della verità, quella da canto lasciata, ci mettiamo per strada, la quale in effetto tanto ci dilunga dal nostro fine quanto altrui pare che vi ci meni vicini; che assai credemo d'alcuna cosa sapere, quando, senza cognoscere la natura di lei, possiamo dire in che modo la nominava Cicerone, Plinio, Lucrezio e Virgilio tra' latini scrittori, e tra' greci Platone, Aristotile, Demostene e Eschine; **[26 = I-11, l. 17-22]** *delle cui semplici parolette fanno gl'uomini di questa età* *le loro arti e scienzie in guisa che dir lingua greca e latina par dire lingua divina, e che sola la lingua volgare sia una lingua inumana, priva al tutto del discorso dell'intelletto;* **[27 = I-11, l. 83-85]** *forse non per altra ragione, salvo perché questa una da fanciulli e senza studio impariamo, ove a quell'altre con molta cura ci convertiamo* come a lingue, le quali giudichiamo più convenirsi con le dottrine, che non fanno le parole dell'eucaristia e del battesmo con ambidue tai sacramenti (...). (631) Ma quello che non è stato veduto da me, spero dover vedere (quando che sia) chi nascerà dopo me, e a tempo che le persone certo più dotte, ma meno ambiziose delle presenti, degneranno d'esser lodate nella lor patria, senza curarsi che la Magna o altro strano paese riverisca i lor nomi; ché se la forma delle parole, onde i futuri filosofi ragioneranno e scriveranno delle scienzie, sarà comune alla plebe, l'intelletto e il sentimento di (632) quelle sarà proprio degli amatori e studiosi delle dottrine, le quali hanno ricetto non nelle lingue ma negli animi d'i mortali.

SCOL. Già s'apparecchiava messer Lascari alla risposta, quando sopravenne brigata di gentiluomini che venivano a visitarlo, da' quali fu interrotto l'incominciato ragionamento; per che, salutati l'un l'altro con promessa di tornare altra volta, il Peretto e io con lui ci partiamo. CORTEG. Così bene mi difendeste con l'armi del maestro Peretto che il por mano alle vostre sarebbe cosa superflua; per la qual cosa, avvegna che il parlare intorno a questa materia fosse vostra professione, nondimeno io mi contento che vi tacciate. Ma del soccorso prestatomi, parte da l'auttorità di così degno filosofo, parte da le ragioni antedette, io ve ne rendo infinite grazie; e vi prometto che per fuggire il fastidio dello imparare a parlare con le lingue de' morti, seguitando il consiglio del maestro Peretto, come son nato così voglio vivere romano, parlare romano e scrivere romano. E a voi, messer Lazaro, come a persona d'altro parere, predico che indarno tentate di ridurre dal suo lungo esilio in Italia la vostra lingua latina e, dopo la totale ruina di lei, sollevarla da terra; ché, se quando ella cominciava a cadere, non fu uomo che sostenere ve la potesse e chiunque alla rovina s'oppose a guisa di Polidamante fu oppresso dal peso, ora che ella giace del tutto, rotta parimente dal precipizio e dal tempo, qual atleta o qual gigante potrà vantarsi di rilevarla? Né a me pare, se a' vostri scritti riguardo, che ne vogliate far pruova, considerando che 'l vostro scrivere latino non è altro che uno andar ricogliendo per questo auttore e per quello ora un nome, ora un verbo, ora un adverbio della sua lingua; **[28 = I-11, l. 37-67]** *il che facendo, se voi sperate (quasi nuovo Esculapio) che il porre insieme cotai fragmenti possa farla risuscitare, voi v'ingannate, non vi accorgendo che nel cadere di sì superbo edificio una parte divenne polvere e un'altra dee esser* (633) *rotta in più pezzi; li quali volere in uno ridurre, sarebbe cosa impossibile, senza che* *molte sono l'altre parti le quali, rimase in fondo del mucchio o involate dal tempo, non son trovate da alcuno. Onde minore e men ferma rifarete la fabrica, che ella non era da prima, e venendovi fatto di ridur lei alla sua prima grandezza, mai non fia vero che voi le diate la forma che anticamente le dierono que' primi buoni architetti, quando nova la fabricarono; anzi ove soleva esser la sala, farete le camere, confonderete le porte, e delle finestre di lei questa alta, quell'altra bassa riformarete; ivi sode tutte e intere risurgeranno le sue muraglie, onde primieramente s'illuminava il palazzo, e altronde dentro di lei con la luce del sole alcun fiato di tristo vento entrerà che farà inferma la stanza. Finalmente sarà miracolo, più che umano provedimento, il rifarla mai più eguale o simile a quell'antica, essendo mancata l'idea, onde il mondo tolse l'essempio di edificarla.* Per che io vi conforto a lasciar l'impresa di voler farvi singulare da-(634)gl'altri uomini affaticandovi vanamente senza pro vostro e d'altrui.

LAZ. Perdonatemi, gentiluomo, voi non poneste ben mente alle parole del mio maestro Peretto, il quale non solamente non ricusava, come voi fate, d'imparar greco e latino; anzi si lamentava d'essere a farlo sforzato, disiderando una età, nella quale senza l'aiuto di quelle lingue potesse il popolo studiare e farsi perfetto in ogni scienzia. La quale oppenione io non laudo, né vitupero, perché quello non posso, questo non voglio; dico solamente non essere stata bene intesa da voi, onde la diliberazione vostra non avrà origine né dall'autorità né dalle ragioni, ma dal vostro appetito, lo quale seguite quanto v'aggrada, che altrettanto io farò del mio; ché se 'l viaggio che io tengo è più lungo e più faticoso del vostro, per avventura non fia sì vano, e al fine della mia giornata a buono albergo sano, quantunque stanco, mi condurrà.

BEM. Messer Lazaro dice il vero e v'aggiungo che 'l Peretto in quell'ora (come a me pare) disputò delle lingue, avendo rispetto alla filosofia e altre simili scienzie. Per che, posto che vera sia la sua oppenione, e così bene potesse filosofare il contadino come il gentiluomo e il Lombardo come il Romano, non è pero che in ogni lingua egualmente si possa poetare e orare; conciosiacosa che fra loro l'una sia più e meno dotata degli ornamenti della prosa e del verso che l'altra non è. La qual cosa fu tra noi disputata da prima, senza far parola delle dottrine, e come allora vi dissi così vi dico di nuovo che, se voglia vi verrà mai di comporre o canzoni o novelle al modo vostro, cioè in lingua che sia diversa dalla toscana e senza imitare il Petrarca o il Boccacio, per aventura voi sarete buon cortigiano, ma poeta o oratore non mai. Onde tanto di voi si ragionerà e sarete conosciuto dal mondo quanto la vita vi durerà, e non più, conciosia che la vostra lingua romana abbia vertù in farvi più tosto grazioso che glorioso. [Fin du *Dialogo delle lingue*]

OUVRAGES ET ARTICLES CITÉS

I. AUTEURS ANCIENS

Amyot, *Projet d'éloquence royale pour Henri III*, éd. P.-J. Salazar, Paris, Les Belles-Lettres (coll. « Le corps éloquent »), 1992.

Aneau, Barthélemy, *Le Quintil horacien*, 1551 (pour la première éd. connue), repris dans les *Traités...*

Bembo, Pietro, *Prose della volgar lingua* (1525). *Gli Asolani. Rime*, éd. C. Dionisotti, Milan, TEA (« Classici italiani TEA »), 1989.

Cicéron, *Orator*, éd. et trad. Albert Yon, Paris, Les Belles-Lettres (Coll. des Universités de France), 1964; trad. par l'abbé Colin, *Traité de l'Orateur*, Paris, de Bure, 1737.

Colin: voir le précédent.

Démétrius, *Du style*, éd. et trad. Pierre Chiron, Paris, Les Belles-Lettres (Coll. des Universités de France), 1993.

Denys d'Halicarnasse, *La composition stylistique* (*Peri syntheseôs onomatôn*), éd. et trad. Germaine Aujac et Maurice Lebel, Paris, Les Belles-Lettres (Coll. des Universités de France), 1981.

Des Autels, Guillaume, *Replique aux furieuses deffences de Louis Meigret*, Lyon, J. de Tournes, 1551.

Dolet, *Dialogus de imitatione ciceroniana, adversus Desiderius Erasmum, pro Christophoro Longolio*, Lyon, Dolet, 1535.

— *La maniere de bien traduire d'une langue en aultre*, Lyon, Dolet, 1540; éd. partielle dans Longeon, *Premiers combats...*

Du Bellay, *La Deffence et Illustration de la Langue Françoyse*, éd. Henri Chamard, Paris, STFM, 1948, rééd. 1997.

Erasme: « LB » renvoie à *Opera omnia*, Leyde (Lugduni Batavorum), 1703-1706.

— « Cic. » = *Ciceronianus*, 1528, trad. par Pierre Mesnard, in Erasme, *La philosophie chrétienne. L'éloge de la folie, l'essai sur le libre arbitre, le Cicéronien, la réfutation de Clichtove*, Paris, Vrin, 1970.

— *Œuvres choisies*, éd. J. Chomarat, Paris, Le Livre de Poche, 1991.

Fauchet, Claude, *Recueil de l'origine de la langue et poesie françoise, ryme et romans*, 1581, éd. Janet G. Espiner-Scott, Paris, Droz, 1938.

La Taille, Jacques de, *La Maniere de faire des vers en françois, comme en grec et en latin* (1573), éd. P. Han, Chapel Hill, Univ. of North Carolina Press, 1970.

La Taille, Jean de, *De l'art de la tragédie*, 1572, in *Saül le Furieux*, éd. E. Forsyth, Paris, STFM, 1968, rééd. 1998.

Longin, *Traité du Sublime*, trad. Boileau, éd. F. Goyet, Paris, Le Livre de Poche, 1995.

Marot, *Œuvres poétiques*, éd. G. Defaux, Paris, Garnier, 1990-1993.

Pasquier, Estienne, *Les Recherches de la France*, éd. M.-M. Fragonard, Fr. Roudaut *et al.*, Paris, Champion, 1996.

Peletier, Jacques, *Art poétique*, 1555, repris dans les *Traités...*

Quintilien, *Institution oratoire*, éd. et trad. Jean Cousin, Paris, Les Belles-Lettres (Coll. des Universités de France), 1975-1980.

Rabelais, *Les cinq livres. Gargantua* (etc.), Paris, Le Livre de Poche (« La Pochothèque »), 1994.

Racine, *Œuvres complètes*, Paris, Gallimard, « Pléiade », éd. R. Picard, 1966.

Ramus, *Dialectique*, 1555, éd. M. Dassonville, Genève, Droz, 1964.

Rapicio, Jovita, *De numero oratorio*, Venise, Alde, 1554.

Rhétorique à Hérennius, éd. et trad. Guy Achard, Paris, les Belles-Lettres (Coll. des Universités de France), 1989.

Ronsard, *Œuvres complètes*, éd. J. Céard, D. Ménager et M. Simonin, Paris, Gallimard (Pléiade), 1993-1994.

Salmon Macrin, Jean, *Œuvres*, éd. G. Soubeille, Publ. de l'Université de Toulouse-le-Mirail, 1978; *Epithalames et Odes*, Paris, Champion, 1998.

Sébillet, Thomas, *Art poétique françois*, 1548, éd. Félix Gaiffe, Paris, STFM, 1910, rééd. 1988; également dans les *Traités...*

Sperone Speroni, *Dialogo delle lingue*, 1542, éd. Mario Pozzi in *Trattatisti del Cinquecento*, Milan/Naples, Riccardo Ricciardi, tome II, 1996, pp. 585-635.

Tabourot, Estienne, *Les Bigarrures*, I, éd. F. Goyet, Genève, Droz, 1986.

Traités de poétique et de rhétorique de la Renaissance, éd. F. Goyet, Paris, Le Livre de Poche, 1990.

Tyard, Pontus de, *Solitaire premier*, éd. S. Baridon, Genève, Droz, 1950.

Valla, Lorenzo, *Elegantiae*, Paris, Simon de Colines, 1544.

Vida, Marco-Girolamo, *De arte poetica*, Rome, 1527, repr. New York, Columbia UP, 1976; trad. fr. par P. Bernay, Paris, 1845.

II. OUVRAGES ET ARTICLES MODERNES

N.-B. – Dans la réédition 1997 de l'édition Chamard à la STFM, Jean Vignes a donné une importante bibliographie complémentaire (p. XIII-XXVII), à laquelle on renvoie le lecteur.

Aulotte, Robert, *Précis de littérature française du XVIe siècle*, Paris, Puf, 1991.

Bobillot, Jean-Pierre, « Histoires de césure: contre-remarques sur la versification de Mallarmé », revue *Op. cit.*, 11 (nov. 1998), pp. 151-162.

Bury, Emmanuel, « Style et période », *Littératures classiques*, 28, 1996, pp. 275-283.

Cameron, Keith, *Concordance des Œuvres poétiques de Joachim Du Bellay*, Genève, Droz, 1988.

Causeret, Charles, *Etude sur la langue de la rhétorique et de la critique littéraire dans Cicéron*, Paris, Hachette, 1886.

Cave, Terence, *The Cornucopian Text*, Oxford, Clarendon, 1979; trad. fr. *Cornucopia. Figures de l'abondance au XVIe siècle: Erasme, Rabelais, Ronsard, Montaigne*, Paris, Macula, 1997.

Céard, Jean, « Encyclopédie et encyclopédisme à la Renaissance », *L'Encyclopédisme*, éd. A. Becq, Paris, Aux amateurs de livres, 1991, pp. 57-67.

Centuriae latinae : cent une figures humanistes de la Renaissance aux Lumières offertes à Jacques Chomarat, éd. C. Nativel, Genève, Droz, 1997.

Cooper, *Litterae in tempore belli*, Etudes sur les relations littéraires italo-françaises pendant les guerres d'Italie, chapitres II, « Guillaume Du Bellay, homme de guerre », et XI, « Jean Du Bellay, Rabelais et les milieux intellectuels romains, 1534-500 », Genève, Droz, 1997.

Cornilliat, François, « "Qu'on ne m'allegue point que les poetes naissent": ardeur et labeur dans la *Deffence* », colloque *Du Bellay*, Angers, Presses de l'Université, 1990, II, pp. 677-688.

— *Or ne mens. Couleurs de l'éloge et du blâme chez les « Grands Rhétoriqueurs »*, Paris, Champion, 1994.

— « La Complaincte de Guillaume Preudhomme, ou l'adieu de Marot à la "Grande Rhétorique" », *Clément Marot, « Prince des poëtes françois », 1496-1996*, éd. G. Defaux et M. Simonin, Paris, Champion, 1997, pp. 165-184.

— « On Words and meaning in Rabelais' criticism », *Etudes rabelaisiennes*, XXXV, 1998, pp. 7-28.

Dassonville, Michel, « Ronsard à l'œuvre », *Mélanges Saulnier*, Genève, Droz, 1984, pp. 361-367.

Dauvois, Nathalie, *De la « Satura » à la Bergerie. Le prosimètre pastoral en France et à la Renaissance et ses modèles*, Paris, Champion, 1998.

Deguy, Michel, *Tombeau de Du Bellay*, Paris, Gallimard, 1973.

DeJean, Joan, *Sapho, les fictions du désir: 1546-1937*, Paris, Hachette, 1994.

Deloffre, Frédéric, *Le Vers français*, Paris, Sedes, 1973.

Demerson, Geneviève, *Dorat et son temps: culture classique et présence au monde*, Clermont-Ferrand, Adosa, 1983.

Demonet, Marie-Luce, *Les voix du signe. Nature et origine du langage à la Renaissance (1480-1580)*, Paris, Champion, 1992.

Deswarte-Rosa, Sylvie, « *Idea* et le Temple de la Peinture. I. Michelangelo Buonarotti et Francisco de Holanda. II. De Francisco de Holanda à Federico Zuccaro », *Revue de l'art*, n° 92, 1991-2, pp. 20-41 et n° 94, 1991-4, pp. 45-65.

Dix études sur la Délie *de Maurice Scève*, éd. Fr. Charpentier, Paris, Presses de l'ENSJF, 1987.

Ferguson, Margaret W., *Trials of Desire: Renaissance Defenses of Poetry*, New Haven, Yale UP, 1983.

Fournel, Jean-Louis, *Les dialogues de Sperone Speroni: libertés de la parole et règles de l'écriture*, Marburg, Hitzeroth (« Ars rhetorica », n° 2), 1990.

Galand-Hallyn, Perrine, *Le reflet des fleurs*, Genève, Droz, 1994.

— *Le « génie » latin de Joachim Du Bellay*, La Rochelle, éd. Rumeur des Ages, 1995.

— « Maître et victime de la «docte variété»: l'exégèse virgilienne à la fin du Quattrocento », *Europe*, n° sur Virgile, janv.-fév. 1993, pp. 106-117.

— « Chanson et ode chez Saint-Gelais et Du Guillet» (titre provisoire, à paraître dans *Lyon et l'illustration de la langue française*, éd. G. Defaux (colloque de Lyon, 6-9 décembre 2000).

Garin, Eugenio, *Medioevo e Rinascimento*, Rome et Bari, Laterza, 1980.

Gendre, André: « *Les Amours* 1552-53 de Ronsard, étude stylistique des dix-neuf sonnets en une seule phrase », *Francia*, 15 (1975), pp. 13-44.

— « Quelques clôtures du sonnet dans les *Regrets* », colloque *Du Bellay*, Angers, Presses de l'Université, 1990, I, pp. 31-43.

— « L'ancien et le nouveau dans le sonnet verlainien », *Verlaine 1896-1996*, éd. M. Bercot, Paris, Klincksieck, 1998.

Giorgi, Giorgetto: « Epopea e romanzo nelle poetiche italiane e francesi del Cinquecento », *Riflessioni teoriche e trattati di poetica tra Francia e Italia nel Cinquecento*, éd. E. Mosele, Fasano, Schena, 1999, pp. 141-150.

Giraud, Yves, «La *Deffence et Illustration* est-elle bien de 1549?», *Francia*, 14, avril-juin 1975, pp. 16-20.

Girot, Jean-Eudes, « Clément Marot traducteur de Musée », *Clément Marot, « Prince des poëtes françois », 1496-1996*, éd. G. Defaux et M. Simonin, Paris, Champion, 1997, pp. 121-137.

— *Pindare en France avant Ronsard: de l'émergence des études grecques à la publication des* Quatre Premiers livres des Odes *(1550)*, thèse (CESR, Tours), à paraître.

Goyet, Francis, *Le sublime du « lieu commun ». L'invention rhétorique dans l'Antiquité et à la Renaissance*, Paris, Champion, 1996.

— «De la rhétorique à la création: hypotypose, type, pathos», *La rhétorique: enjeux de ses résurgences*, éd. J. Gayon *et al.*, Bruxelles, éd. Ousia, 1998, pp. 46-67.

— «D'Hercule à Pantagruel: l'ambivalence des géants», *Etudes rabelaisiennes*, XXXIII (1998), pp. 177-190.

— «Le mot *dialogue* chez Sébillet: «fiction», éthos, églogue», *Riflessioni teoriche e trattati di poetica tra Francia e Italia nel Cinquecento*, éd. E. Mosele, Fasano, Schena, 1999, pp. 35-50.

Greene, Thomas, *The Light in Troy. Imitation and Discovery in Renaissance Poetry*, New Haven et Londres, Yale University Press, 1982.

Hochmann, Michel, *Venise et Rome: deux écoles de peinture et leurs échanges*, à paraître.

Huchon, Mireille: «Le palimpseste de l'*Abbrégé de l'Art poétique françois*», *Aspects de la poétique ronsardienne*, éd. P. de Lajarte, Caen, Centre de Publications de l'Université de Caen, 1989, pp. 113-128.

Jacoubet, Henri, Compte-rendu de *Cadences, poèmes rythmés*, par Georges Lafourcade, tirage à part de *Marsyas* (n° 201, mai 1939), in *Annales de l'Université de Grenoble*, nouvelle série, t. XVII, 1942.

Klesczewski, Reinhard, «Mythenbildung in der Literaturgeschichtsschreibung. Das Beispiel der *Deffence* von Du Bellay», *Offene Gefüge. Literatursystem und Lebenswirklichkeit. Festschrift für F. Nies zum 60. Geburstag*, éd. H. Kraus, Tübingen, Narr, 1994, pp. 3-16.

Lausberg, Heinrich, *Handbuch der literarischen Rhetorik*, Munich, 1960; trad. ang., *Handbook of Literary Rhetoric*, Leyde, Brill, 1998.

Le Flanchec, Vân Dung, *Le nombre dans* Délie *de Maurice Scève*, thèse dactylographiée, Paris-IV, 1999.

Le Sonnet à la Renaissance, éd. Y. Bellenger, Paris, Aux Amateurs de Livres, 1988.

Lebensztejn, J.-C., «De l'imitation dans les Beaux-Arts», *Critique*, janv. 1982, pp. 3-21.

Lecointe, Jean, « Naissance d'une prose inspirée », *Bibliothèque d'Humanisme et Renaissance*, LI-I, pp. 13-57.

— *L'Idéal et la différence. La perception de la personnalité littéraire à la Renaissance*, Genève, Droz, 1993.

Longeon, Claude, *Premiers combats pour la langue française*, Paris, Le Livre de Poche, 1989.

Lote, Georges, *Histoire du vers français*, Presses de l'Université de Provence, IV-VI (XVIe et XVIIe siècles), 1988-1991.

Magnien, Michel, « »Marotus latine nescivit»: la lettre de Jean de Boyssonné à Jacques Delexi. Présentation, résumé, transcription », *Clément Marot, « Prince des poëtes françois », 1496-1996*, éd. G. Defaux et M. Simonin, Paris, Champion, 1997, pp. 817-824.

Meerhoff, Kees, *Rhétorique et poétique au XVIe siècle en France. Du Bellay, Ramus et les autres*, Leyde, Brill, 1986.

Ménager, Daniel, *Ronsard. Le roi, le poète et les hommes*, Genève, Droz, 1979.

Millet, Olivier, « Entre grammaire et rhétorique: à propos de la perception de la phrase au XVIe siècle », *L'information grammaticale*, n° 75 (sur la langue du XVIe siècle), oct. 1997.

Mondzain, Marie-José, *Image, icône, économie. Les sources byzantines de l'imaginaire contemporain*, Paris, Le Seuil, 1996.

Morel, Jacques, *La Renaissance III, 1570-1624*, tome V de la coll. « Littérature française », Paris, Arthaud, 1973.

Morin, Yves Charles, « La graphie de Jean-Antoine de Baïf: au service du mètre », *Nouvelle Revue du Seizième Siècle*, 1999, n° 17/1, pp. 85-106.

Noël, F., *Gradus ad Parnassum*, nouvelle éd. par F. de Parnajon, Paris, Hachette, 1881.

Norton, Glyn P., « La notion de *phrasis* dans la traduction française de la Renaissance », *Réforme, Humanisme et Renaissance*, 15, 1982, pp. 102-108.

Paré, François, « Du Bellay et l'institution littéraire au XVIe siècle », *Studi francesi*, XXXV, fasc. III, 1991, pp. 469-473.

Pernot, Laurent, *La rhétorique de l'éloge dans le monde gréco-romain*, Paris, Institut d'Etudes Augustiniennes, 1993.

Pigman, G. W. – III, « Versions of Imitation in the Renaissance », *Renaissance Quarterly*, XXXIII, n° 1, printemps 1980, pp. 1-32.

Pons, Alain, « Rhétorique et invention chez Vico », *La Rhétorique: enjeux de ses résurgences*, éd. J. Gayon *et al.*, Bruxelles, Ousia, 1998, pp. 185-199.

Rouget, François, *L'apothéose d'Orphée. L'esthétique de l'ode au XVIe siècle de Sébillet à Scaliger (1548-1561)*, Genève, Droz, 1994.

Saint-John Perse, *Œuvres complètes*, Paris, Gallimard, Pléiade, 1972.

Seguin, Jean-Pierre, *L'invention de la phrase au XVIIIe siècle. Contribution à l'histoire du sentiment linguistique français*, Louvain, Peeters, 1993.

Serroy, Jean, préface du *Bourgeois gentilhomme*, Paris, Gallimard (coll. Folio/Théâtre), 1998.

Shaw, Mary Lewis, *Performance in the Texts of Mallarmé. The Passage from Art to Ritual*, University Park, The Pennsylvania State UP, 1993.

Smith, Pauline M., « Le XVIe siècle: les débuts de la standardisation du français moderne », *Ecriture, langues communes et normes. Formation spontanée de koinès et standardisation dans la Galloromania et son voisinage*, éd. P. Knecht et Z. Marzys, Genève, Droz, 1993, pp. 43-58.

Thiry, Claude, « Rhétoriqueurs de Bourgogne, rhétoriqueurs de France: convergences, divergences? », *Rhetoric, Rhétoriqueurs, Rederijkers*, éd. J. Koopmans *et al.*, Amsterdam, North Holland, 1995, pp. 101-116.

Tournon, André, « "Ny de la punctuation". Sur quelques avatars de la segmentation autographe des *Essais* », *Nouvelle Revue du Seizième Siècle*, 1999, n° 17/1, pp. 147-159.

Villey, Pierre, *Les sources italiennes de la « Deffense (...) » de Joachim Du Bellay*, Paris, Champion, 1908.

INDEX

INDEX DES NOMS

Les noms et chiffres en italiques renvoient à la seule *Deffence*. Pour celle-ci, le relevé des occurrences est exhaustif. Pour les notes et le commentaire, il ne l'est pas: ne sont pas reprises les mentions faites en passant, mais seulement celles qui correspondent à une discussion un peu développée.

Une deuxième liste donne à part les auteurs dont Du Bellay a traduit au moins un passage; une troisième, les emprunts à l'*Orator* de Cicéron.

I. Noms de personnes

II. Auteurs traduits par Du Bellay

Les chiffres sans titre d'ouvrage correspondent à une simple mention de leur nom, pas à une traduction directe.

*III. Correspondance entre les passages de l'*Orator *et la* Deffence*:*

Dans l'ordre de l'*Orator*:

Or. 3-4	II-5, l. 48-65 et p. 85, l. 14
14	II-1, l. 20
22	I-8, l. 37
24	II-3, l. 18
(25	I-9, l. 15)
27	II-2, l. 98
36	II-1, l. 30
(40	I-9, l. 14)
44	I-5, l. 17
55	II-10, l. 6
61	I-5, l. 39
67	II-8, l. 1
(74)	p. 16, l. 33
75	II-6, l. 2
105	II-11, l. 146

Dans l'ordre de la *Deffence*:

p. 16, l. 33
I-5, l. 17 = *Or.* 44
I-5, l. 39 = 61
I-5, l. 72 = 118
I-5, l. 72 = 121
I-8, l. 37 = 22
(I-9, l. 14 = 40)
(I-9, l. 15 = 25)
II-1, l. 20 = 14
II-1, l. 25 = 106
II-1, l. 25 = 171
II-1, l. 30 = 36
II-2, l. 6 = 169
II-2, l. 98 = 27
II-3, l. 18 = 24
II-5, l. 48-65 = 3-4

INDEX DES MOTS

Les mots et chiffres en italiques renvoient à la seule *Deffence*. Ne sont donc pas mis en italiques les mots latins ou grecs des notes et du commentaire. Les italiques de *genius* ne signalent pas que le mot est latin, mais qu'il est au texte de la *Deffence*.

On trouvera ici: I. la liste d'Aneau, II. le glossaire des mots de la *Deffence*, III. les notions commentées, IV. les passages de la *Deffence* cités dans le commentaire.

I. La liste d'Aneau

Mots qui ne sont pas « purement français » d'après sa remarque à II-6, l. 65.

II. Glossaire des mots de la Deffence

abject, humble, au plus bas de l'échelle (lat. *abiectus*; voir *abject* dans les notions), *21*, *25*, *56*
absurde: voir *voix*
accommodé à, attaché à, se conformant à (lat. *accommodatus*), *50*
acroamatique, *40* et n.
affection, passion (lat. *affectus*)
ajourner, *62*
aliene, étranger, *62*
- *de mal dire*, éloigné de médire (lat. *alienus*, *male dicere*), *55*
ambicieux, d'un solliciteur (lat. *ambitiosus*), *15*
amuser (*s'-*), perdre son temps à, *32*, *78*
anuyter, *62*
aornemens, *49*
argument, sujet (d'une œuvre littéraire), *30*, etc.
assener, *62*
astrainct, restreint, assujetti (lat. *adstringere*), *64*
au fort: voir *fort*
bailler, donner, *61*
bande: voir *sergent*
barbare, *20* et n., *33*
braves (*faire les -*), « to preferre himselfe before others » (Cotgrave), *43*
brehaigne, stérile, *39*
buccinateur, *58* et n.
certain (antéposé; voir les notions), déterminé, fixe
commotion, émotion au plus haut degré (sur lat. *mouere*), *66*
competemment, dûment, de façon appropriée (lat. *competenter*), *37*
concion, discours public (lat. *contio* à tort écrit *concio*), *57*
conferer, comparer (lat. *conferre*), *75*
confesser, avouer, concéder (lat. *confiteri*), *75*
contemptible, méprisable, *22*, *53*, *85*
contention, débat, controverse, *49*
cultiveur, cultivateur, *25*
debile (lat. *debilis*), *27*
debilité, affaibli, *58*
declarer, exprimer, faire voir clairement (lat. *declarare*), *66*
declination, déclinaison, *33* et n.
dependu, dépensé, *34*
desseing (it. *disegno*; voir *protraict*), dessin et dessein *85*
dire (*mal -*): voir *aliene*
discretion, discernement, *27*
doctrine, théorie, savoir théorique ou philosophique (lat. *doctrina*), *37*, *38*
domestique, *24*, *32* et n., *78*
donner en, charger dans (« Donner dedans les. *To breake in upon, rush among the thickest of, them* », Cotgrave), *81*

ententif, attentif, « diligent » (Cotgrave), *38*
episseries, *37*, *54*
estommac, *35* et n.
etude, zèle, ardeur (lat. *studium*), *57*
etudes (*les doctes* -), les endroits où l'on étudie pour devenir savant (*cf.* it. *studio* ou *studiolo*), *70*, *71*
excuser (à la p. 85) = ce qui me servira d'excuse, c'est qu'il s'agit ici d'une première édition
exquis, recherché, excellent (lat. *exquirere*), *51*
extenuer, rabaisser, faire apparaître comme mineur ce qui est important (lat. rhét. *extenuare*), *22*
fabrique, toute espèce de construction, *43*
feuvre, ouvrier, forgeron (lat. *faber*), *72*
fort (*au* -), au surplus (*cf. au fort aller*, au pis aller), *51*
franc, *24* et n.
gehinnante, *68*
gehinné, contraint (*cf.* fr. *géhenne*), *33*
gestes, hauts faits, exploits (lat. *gesta*), *21*
gueule, bouche, d'où plaisirs de la table (*cf. fine gueule*), *59*
habitude, au sens philosophique (lat. *habitus*, dans les notions), *38*
hanter, fréquenter, *71*
hayons = haïssons, *39*
hendecasyllabe, 55n, *56*
heroïque (*vers* -), décasyllabe, *68*
incorruptibile, *59* et n.
ineptement, contre les règles, l'*aptum* de la grammaire, *20*
injures, dommages (lat. *iniuriae*), *59*
isnel, *62*
limites, frontières (lat. *limes*), *75*, *77*
lourderie, plaisanterie grossière, *78*
loz, louange, *45*, *58*
luc, luth, *54*
majeurs, ancêtres (lat. *maiores*), *23*, *33*
manque, incomplet, manchot (lat. *mancus*), *27*, *53*
mecaniques (*gens* -), artisans, *60*, *71*
modestement, avec modération (lat. *modeste*; voir *modestie* dans les notions), *55*
molestie, peine, ennui (lat. *molestia*), *30*
monarchie, domination universelle, *24*, *35*, *44*
monarque, empereur, *58* et n.
obscurité, absence de gloire (lat. *obscuritas*), *77*, *83* (*obscur*)
ocieux, oisif, inutile (lat. *otiosus*), *68*
opiniatre, qui ne démord pas de son opinion, *35*
opprimé, comprimé, étouffé sous (lat. *opprimere*), *77*
paravanture, peut-être

III. Notions commentées

IV. Passages de la Deffence *dans le commentaire*

TABLE DES MATIERES

IMPRIM'VERT®

Achevé d'imprimer par Corlet,
Condé-en-Normandie (Calvados),
en Mars 2022
N° d'impression : 175511 - dépôt légal : Mars 2022
Imprimé en France